C. A. PRESS

EL PODER DE TU CUMPLEAÑOS

ANDREA VALERIA, mexicana de madre alemana y padre rumano, comenzó sus estudios en psicología en Inglaterra pero terminó graduándose en comunicación, y ahora es una de las astrólogas más renombradas del mundo hispanohablante, con treinta y cinco años de experiencia. Ha escrito catorce libros de astrología en español e inglés, algunos de los cuales han sido traducidos al ruso y al portugués, y es una reconocida figura de la radio y la televisión. Ella no se cansa de decir que la astrología es la parte poética de la astronomía, y sabe que Galileo Galilei diría lo mismo, por eso escribió este libro. Andrea divide su tiempo entre Cuernavaca, México, y Nueva York.

EL PODER DE TU CUMPLEAÑOS

366 DÍAS DE REVELACIONES ASTROLÓGICAS Y ASTRONÓMICAS

ANDREA VALERIA

C. A. PRESS
Penguin Group (USA)

C. A. PRESS

Published by the Penguin Group

Penguin Group (USA) Inc., 375 Hudson Street, New York, New York 10014, U.S.A.

Penguin Group (Canada), 90 Eglinton Avenue East, Suite 700, Toronto, Ontario, Canada M4P 2Y3 (a division of Pearson Penguin Canada Inc.)

Penguin Books Ltd, 80 Strand, London WC2R 0RL, England

Penguin Ireland, 25 St Stephen's Green, Dublin 2, Ireland (a division of Penguin Books Ltd)

Penguin Group (Australia), 250 Camberwell Road, Camberwell, Victoria 3124, Australia (a division of Pearson Australia Group Pty Ltd)

Penguin Books India Pvt Ltd, 11 Community Centre, Panchsheel Park, New Delhi – 110 017, India

Penguin Group (NZ), 67 Apollo Drive, Rosedale, Auckland 0632, New Zealand (a division of Pearson New Zealand Ltd)

Penguin Books (South Africa) (Pty) Ltd, 24 Sturdee Avenue, Rosebank, Johannesburg 2196, South Africa

Penguin Books Ltd, Registered Offices: 80 Strand, London WC2R 0RL, England

First published by C. A. Press, a member of Penguin Group (USA) Inc. 2011

1 3 5 7 9 10 8 6 4 2

ISBN 978-0-9831390-1-0

Printed in the United States of America

Quiero dedicarle a todos los matemáticos, astrónomos, astrólogos y astrologistas, *a los teóricos cuánticos,*
exploradores y poetas, y a todos los que miran alguna noche estrellada hacia los astros que nos acompañan arriba,
por haberme inspirado a escribir este libro. Y, de antemano, a quien lo lea y encuentre
una pequeña respuesta a la gran pregunta socrática: "¿Quién soy?".

CONTENIDO

AGRADECIMIENTOS

En primer lugar, tengo que agradecerles a mis doctores: Dr. Russell Berdoff, Dr. Silver y Dr. Gorodezky, quienes me salvaron la vida unos meses antes de comenzar a escribir este libro. Y, más que nadie, a León García Soler, quien estuvo a mi lado cuidándome y aguantando todas mis controversias. A mis hijos, Gwendollyn, Leopoldo, Christianne y Everardo, porque sin ellos nadie me hubiera criticado mis palabras tan atinadamente. A Diane Stockwell, por creer que podría yo cumplir con mi palabra escrita; a Erik Riesenberg, quien no se desesperó cuando el tiempo se alargaba; a Carlos Azula, genial personaje para escoger lo que bien vale la pena; y a Cecilia Molinari, quien siempre tenía una gran sonrisa, hasta cuando yo escribía "sí" con "z". Por último, quiero agradecerles a los bomberos de West 10th Street, Nueva York, quienes llegaron a explicarme que me estaba muriendo y no me dejaron ir —aunque dicen algunos que la muerte es nuestro casamiento con el universo. Sinceramente, es mejor estar viva.

Andrea Valeria
Cuernavaca, Morelos, México

INTRODUCCIÓN

El hombre es la medida de todas las cosas.
—Protágoras

El zodiaco es un tesoro de fuerza espiritual, unido a la vez con cada ser humano. Y para cada ser humano, su cumpleaños es una fiesta que celebra a su gusto. Ligado a esta celebración del día en que nacimos, se encuentra nuestro horóscopo personal, calculado con la fecha, la hora, la longitud y la latitud del lugar de tu nacimiento. Con la magia del día de tu cumpleaños se puede conocer y reconocer mucho de tu persona —así como cuando dices que eres argentina, mexicana, guatemalteco, japonés, boliviana o chileno— además de tus gustos personales para amar, comer, regocijar, trabajar y compartir. Pero *El poder de tu cumpleaños* te ofrece un poco más. Es el primer libro de este milenio que te permite reconocer momentos importantes de la astronomía, relacionados con tu propio día de nacimiento (o la de tus seres amados, amigos, jefes o recién conocidos).

Para mí, no cabe la menor duda de que existe una correspondencia directa entre los movimientos de los planetas, las emanaciones de la energía solar y las influencias de la Luna sobre todo lo que vive sobre la Tierra. Hay una sincronía demasiado evidente entre los grados matemáticos de cada signo (indicado por tu día de nacimiento) y los arquetipos humanos que florecen bajo su energía. Cierto es que somos todos uno con el universo y ciertísimo es que si la Luna causa las mareas y el cuerpo humano contiene un gran porcentaje de agua, la Luna nos afecta en su ir y venir. La astrología, la astronomía y la humanidad tienen una relación excelsa.

El poder de tu cumpleaños ha sido un acto de amor para ustedes, lectores, y para mi santa profesión. Estos tiempos difíciles son un buen momento para aplicar lo que alguna vez dijo Sócrates: "Conócete". En aquel entonces decían que en el cumpleaños de cada quien, aparece su genio, su mago y su yo profundo. Esa metáfora me gusta, pues entonces aquí, entre estas páginas, encontrarás consejos, intimidades, posibilidades y el poder de tu día, para sentir que, como aseguró el maestro Jedi Obi-wan Kenobi en *Star Wars*, la fuerza está

contigo. Pero eso no es todo. También descubrirás cómo cada día del año trae a la vez brillos de personas y personajes históricos que han hecho que este planeta sea así de maravilloso, y nos muestra que, así como puede haber maldad en el mundo, el humano puede ser increíble y forjar su destino y el de los demás. Todo esto se los reparto con amor, porque somos todos polvo de estrellas y estamos todos emparentados.

Al abrir *El poder de tu cumpleaños*, descubrirás que el libro está dividido en doce capítulos, uno por mes, con una página dedicada a cada uno de los 366 días del año, incluyendo el día extra del año bisiesto. Y, a su vez, cada día te revelará datos interesantes, momentos importantes de lo sucedido a través de la historia, un breve pasaje sobre lo que puedes conocer y reconocer de la persona nacida en ese día en especial y algo histórico que une a la astrología con la astronomía. Los rubros de cada día los escogí porque representan lo que a mí me gustaría encontrar en un libro como este, y es lo que yo quiero compartir con ustedes para realzar aunque sea un momento de sus vidas. Lo que sigue es una explicación más detallada de cada parte de cada día para mejor comprender de qué se trata.

Al iniciar el día, encontrarás una cita de alguien que dijo alguna vez algo que compagina con tu día como inspiración personal. Reléela de vez en cuando, para que esa inspiración perdure.

Luego sigue **Tu día,** que es un esbozo de algo que ilumina tu día de nacimiento junto con características de tu signo. Léelo y conócete desde un punto de vista cósmico.

La parte de **Amor, salud y bienestar** está ligado a lo que toda persona que me viene a ver (llevo cuarenta años practicando el arte de ser *astrologista*), quiere saber, aunque no siempre se los puedo contestar, porque tenemos todos —gracias a Dios o al cielo— algo maravilloso que se llama el libre albedrío. Mi bienestar, por ejemplo, es estar sentada en mi estudio, inspirándome al ver los pájaros volar sobre la Pirámide de Teopanzolco que está al otro lado de la calle. Pero hay quienes prefieren estar suavemente cayendo por el aire con un paracaídas, haciendo el amor, escuchando música o haciendo surf. Eso está en ti, y por tu libre albedrío, tú tienes el don de decidir qué es lo que mejor te hace tanto para tu bienestar como en tu vida amorosa. Yo simplemente te regalo algunas palabras de orientación para que te ayuden a conocerte mejor.

El próximo rubro se titula **Desarrolla tu riqueza y prospera**, porque aunque nos hemos dado cuenta que la economía no es una ciencia exacta y sabemos que la astrología tampoco lo es, quizá sumando una con la otra, nos pueda ir un poco mejor. La complejidad de todo lo relacionado con tener y no tener parece ser algo que solo mejora cuando, entre todos, damos un poco más. Por eso a este le sigue la siguiente sección.

Poder dar es una sección cortita, para recordarte que en la vida, una de las cosas más importantes es dar, sin pensar en las consecuencias de dicha acción. Cada quien tiene la posibilidad de dar, y a veces necesitamos un empujón o idea para hacerlo. Toma estás palabras como eso, un empujoncito hacia algo mejor. Curioso es aprender que en persa, la palabra *dar* significa la puerta del palacio real. Tomando esto en cuenta, recuerda que la acción de poder dar debe abrirnos puertas para sentirnos uno con nuestros semejantes.

Después de descubrir lo que puedes dar, encontrarás un recuadro que te brindará más datos divertidos e interesantes sobre tu día. Comienza con **Tu verbo motor**. Esto proviene de algo que he estudiado desde que comencé a tomar dictado sobre astrología, a los doce años, recitado por mi madre en alemán. Todo verbo es el comienzo de un poder, nos muestra una acción, un estado o una ocurrencia, y se convierte en el meollo de todo asunto. Tu verbo es algo que puedes acomodar como quieras, y hacer crecer o inventarle posibilidades de vida, eso queda en tus manos. Mientras buscas poner a tu verbo en acción, recuerda que lo que sigue, **Angelus**, es el nombre del ángel o un punto de luz que siempre estará contigo. Por lo menos espero que así lo consideres. Y para cerrar este recuadro, tenemos las **Celebridades de tu día**, una lista de hechos y personas que ocurrieron o nacieron en tu misma fecha de cumpleaños. Creo importante que algunos los reconozcas, para identificarte y divertirte con la ocurrencia de compartir tu día con esa persona o evento. A su vez, es posible que encuentres nombres desconocidos, pero eso es a propósito para que te atines a investigar quién es ese personaje y así aprendas algo nuevo para compartir o un dato que te pueda servir como iluminación o simplemente diversión. Aprovecho esto para hacerte notar que al principio de cada capítulo encontrarás una sección vacía donde podrás ir agregando tus allegados y así también podrás usar este libro para recordar los cumpleaños de tus seres queridos.

Estoy sumamente orgullosa de presentarte la siguiente sección de cada día: **Astronomía, hermana de la astrología moderna**. Esto es algo que sin el poder de Google no hubiera logrado hacer en tan poco tiempo. Aquí comparto datos astronómicos y/o astrológicos, porque ambos están relacionados. Cabe destacar que cuando éramos quizá más felices, hace algunos miles de años —porque no nos enterábamos de toda la maldad del mundo y al mismo tiempo teníamos más tiempo disponible para ponderar y mirar las nubes— los estudiosos de la astronomía eran también astrólogos. Ptolomeo, Galileo, Kepler, Copérnico, la lista es enorme y el respeto al arte astrológico era sincero. Como dijo alguna vez el gran pisciano Albert Einstein: "La imaginación es más importante que el conocimiento". Pues, si no fuera por la imaginación de tantas personas, no sabríamos lo que mide un año luz ni cómo es posible que no se nos caiga la Luna encima ni cómo llegar a Júpiter, entre otras miles o millones de novedades. Encontrar una hazaña astronómica para cada día del año, que de modo cósmico te una con el universo, ha sido un trabajo de titanes y me ha permitido aprender a amar a mis semejantes, en especial aquellos que crearon los buscadores y sitios repletos de información que me hicieron posible escribir y compartir estos datos contigo. Espero que los disfrutas, y recuerda que hay información invaluable en todos los días de este libro, así que aventúrate a leer está sección de cualquier otro día del año que no sea el tuyo.

Finalizo tu día con **Tu clave secreta**. Esta la escribí con cada día y signo en mente, para que leas la de tu día o la de tus seres queridos, y la uses para descubrir el poder de tu cumpleaños.

Este libro es un acto de amor que habla de ti y te conecta con el universo. Espero que al entrar en las páginas de *El poder de tu cumpleaños*, encuentres información personal y del mundo que te inspire y te revele el poder que tienes adentro para aprovechar tu libre albedrío y disfrutar de la vida junto a tus seres queridos.

LOS PODERES DE LOS 12 SIGNOS

La astrología abarca todo. No tienes que creer en predicciones para gozar lo que lees porque no pretende decirte qué hacer mañana, como tampoco habla de la fecha pronosticada del 2012, porque bastante mal nos está yendo en el mundo entero para pensar que aun será peor. Las cosas son como son, porque fueron como fueron, y el ser humano tiene un regalo maravilloso, que aparentemente no tienen los demás seres vivos. Se llama el *libre albedrío*. Así que la astrología hay que disfrutarla, comprenderla y utilizar la información que te brinda para lo que tú creas te hará mejor.

ARIES
21 de marzo a 20 de abril
Elemento: Fuego
Cualidad: Cardinal

De fulgor enérgico, su gran poder aparece cada vez que dice o piensa: "Yo soy". Su espíritu de adolescente es aun algo inseguro y por esa misma razón es a veces algo agresivo. El planeta que rige a Aries es Marte, y su relación directa con el futuro de la astronomía puede ser comparada con la física cuántica. Aries siempre hace sentir su presencia dondequiera que esté y saben ser muy versátiles. Pueden mostrarse vigorosos o violentos, emprendedores o agresivos, conquistadores y orgullosos a la vez.

Cuando quieren salirse con la suya, pueden ser maravillosamente explosivos, en cantidades variables, lo cual les permite convencer a quien quieran de lo que sea.

Si no activan su intelecto, se desperdicia y cuando no aprovechan su gran vitalidad, se trunca. Aries puede, cuando quiere, regalarnos el aurora de todos los días o algo parecido. Y su mejor ganancia es una aventura.

TAURO
21 de abril a 21 de mayo
Elemento: Tierra
Cualidad: Fijo

Tauro se descubre por medio de la productividad y sus satisfactores. Representa la materia virgen, el vehículo para ser uno mismo, y la frase "yo tengo" es la base de su propio poder y lo que necesita para despertar contento o contenta. Dicen los antiguos que Tauro es la red sobre la cual se teje el alma. El planeta que rige a Tauro es Venus y su relación directa con la astronomía debería ser con una supernova. La firmeza, la terquedad, lo constante, estable y seguro es lo que lo representan. Llevan en sí una impresionante dosis de emotividad y energía, a veces algo incontrolable. Necesita Tauro ser dominado por sí mismo para tomar el su propio toro por los cuernos. Tauro (como todos nosotros) respira aproximadamente veintiún mil veces al día y, cuando lo hace, cada vez se conecta con el universo. Poseer es algo que hacen con garbo y jugar que son niños golosos les cae perfecto. Ettore Scola dijo que "el baile es la soledad de la gente que no tiene necesidad de palabras". El baile a Tauro le hace bien.

GÉMINIS
22 de mayo a 21 de junio
Elemento: Aire
Cualidad: Mutable

Géminis representa el primer toque de autoconciencia. Cuando piensa, cuando se sabe pensando, entra en un estado poderoso, como si se le acabara de apretar el botón de "poder" automático.

Llevan una dualidad innata que les es casi incontrolable. El planeta que los rige es Mercurio y su relación directa con la astronomía y el futuro es la *energía* oscura. Cuidado, esto no es igual a la *materia* oscura que forja el destino de Acuario. Géminis se desarrolla mejor cuando se acerca a otros, aunque se sienta solo, para tener a quien decirle "yo pienso". Entienden y convencen cuando así lo desean, y te dejan confusa y perdida cuando te abandonan. Son los amos en hacer muchas cosas a la vez y ven cómo salir adelante de lo que sea. Géminis debe siempre tener un buen diccionario en casa, y renovarlo cada vez que aparezca una nueva edición, así como estar al tanto de las novedades mundiales, para estar a tono con lo que sucede por doquier. Como bien dijo Pedro Salinas, un poeta de este signo: "Lo que eres me distrae de lo que dices".

CÁNCER
22 de junio a 22 de julio
Elemento: Agua
Cualidad: Cardinal

Cáncer vive para retener experiencias que fluctúan entre la soledad y el amor a los demás, diciendo "yo siento". Y al sentir, su poder se ensancha y se convierte en parte del vehículo lunar (o lunático, Cáncer escoge) por medio del cual el alma hace contacto con un mundo de experiencias. Las emociones son lo suyo, y bien harían en tomar decisiones veinticuatro horas después de cualquier propuesta. Cáncer nace con un encanto fascinante, que convence y sino, se autoconvence de que ya convenció.

Cáncer es un vehículo importante para la cosmología cuántica y se hará un favor si indaga en lo que es. Si le parece muy complicado, puede cambiar de giro y ponerse a estudiar todas las lunas nuevas que están descubriendo a partir del año 2011. Cáncer vive entre la realidad y la ficción, algo que hace su vida más interesante. Por lo general, la relación con su madre, o la relación con el mundo porque no la tuvo, es algo complicado. Si logran dominar su gran intuición, la vida les es más fácil y divertida. Dicen que su signo es el portal del hombre por donde entran las almas de los recién nacidos.

LEO
23 de julio a 23 de agosto
Elemento: Fuego
Cualidad: Fijo

Leo es Leo porque quiere. Y Leo usa su poder diciendo "quiero", quizá antes de nacer, pues dicen que los que nacen Leo es porque quieren serlo. Con este signo comienza un estado de ánimo para poder desarrollar los sentidos y los órganos del cuerpo, y sobre todo

el ego. Por lo mismo, su relación astronómica con el futuro es justamente las locuras encontradas que podrán hacerse realidad (si así lo desea Leo) como un planeta descubierto y localizado a 4000 años luz de nosotros compuesto totalmente de diamante. Tiene su explicación astronómica que Leo sabrá encontrar, como a la vez sabrá Leo lograr (si quiere) alcanzar, lo que quiera. Pero, a veces, por no escuchar a sus semejantes, todo lo pierde. La grandeza de la vida, el entusiasmo, exagerar y actuar como si el mundo fuera suyo les es natural. Leo se encuentra dentro de lo que Leo mismo crea y, a la vez, necesita imponerse. Debe tener muchos espejos en casa para atreverse a reconocer quién es, y de lo que realmente necesita cuidarse es de no ser demasiado orgulloso para escuchar a quien le puede aconsejar. Cuando un Leo no es persona armonizada, hace daño; cuando sí, cura al mundo.

VIRGO
24 de agosto a 23 de septiembre
Elemento: Tierra
Cualidad: Mutable

Virgo es un poderoso analizador. Presentado al mundo desde hace miles de años como quien abraza a su pareja y coordina, así es que comienza la vida de los sentidos. Critica y analiza porque busca entendimiento y perfección. En otras épocas representaba las virtudes, y es verdad que quisiera ser perfecto. Virgo es creador y generador, siempre y cuando no se trunca a sí mismo y se convierta en intolerante. Su don de la palabra debe ser alimentada con lecturas de personalidades de su propio signo, y su gran poder de preguntar lo que hace crecer el alma, le permitirá navegar en un futuro astronómico atestiguando y mirando a través de los novedosos telescopios del futuro, desde donde la visión hacía el espacio desconocido le permitirá ver lo que se imagine, ilimitadamente. Virgo necesita aprender a no perderse en detalles porque allí pierden fuerza analítica, cuando su mayor poder es precisamente el análisis. Usen sinónimos para la misma idea; examinen, ensayen, averigüen y razonen para que puedan ayudarnos a todos a mejorar.

LIBRA
24 de septiembre a 23 de octubre
Elemento: Aire
Cualidad: Cardinal

Gran percepción, juicioso, razonamiento ante todo y saber analizar son atributos de Libra, cuyo mayor poder siempre será saber liberar, liberarse o encontrar los justos medios para que el humano pueda convivir libremente con sus semejantes. Con Libra comienza el pensamiento abstracto, y comparte con Tauro su regente: Venus. Libra debe tomar en cuenta la posibilidad de que la Teoría de Cuerdas es lo que astronómicamente le incumbe. Esta teoría reconcilia (según Brian Greene) la mecánica cuántica y la relatividad. Libra es el único de los doce habitantes de los doce signos del zodiaco que debe recordar lo contrario al dicho conocido: "Libre siempre estará mejor". Para Libra, a veces hasta estar mal acompañado es mejor que estar solo, porque es a través de la pareja que encuentra su equilibrio propio. Las decisiones pueden costarles trabajo, por no querer lastimar. Este signo tiene que ver con el mundo solar y el mundo planetario, entre el ego espiritual y la personalidad.

ESCORPIÓN
24 de octubre a 22 de noviembre
Elemento: Fijo
Cualidad: Agua

Puede porque quiere, porque lo que Escorpión sabe hacer mejor que nadie es desear; su deseo es su máximo poder. Regido por Plutón (sea planeta grande o enano, da lo mismo porque sus propiedades siguen siendo las mismos), su energía estará siempre enfocado en algo creativo. Transformar, recrear y conjurar una gran reserva de sabiduría para comenzar de nuevo, renacer y sentirse uno con el universo, esa es su fuerza. Lleva átomos de Prometeo en su ser y muchos lo envidian porque Escorpión tiene sabiduría secreta que le permite encontrar tesoros espirituales en lugares inconcebibles. En la astronomía moderna, las observaciones del año 2011 nos permitieron ver un hoyo negro, literalmente comiéndose una estrella. Lo inesperado y lo que tenga que ver con hoyos negros es lo de Escorpión. La reserva de energía que tiene es única y lo dicho por Robert Musil lo debería aprender de memoria: "Todo lo que se piensa es afecto o aversión". ¿Qué más quiere? Escorpión siempre quieres más.

SAGITARIO
23 de noviembre a 21 de diciembre
Elemento: Fuego
Cualidad: Mutable

Existe quién y dónde dicen que la humanidad nació bajo este signo; quizá por ser el único que es mitad hombre y mitad animal, convertido en centauro. Por eso, "ver o veo" es lo que enaltece su poder. Regido por Júpiter, la heliosismología y las ondas (del tipo que sean) es lo suyo. La astronomía puede traerle a Sagitario profundos reconocimientos sobre su persona si se indaga en esta ciencia o arte, como le quieran llamar. Ondas gravitacionales, de radio, milimétricas, es un signo de intercambio en el plano que lo pongan, y el conocimiento de la naturaleza es imperante. Pone el dedo sobre la llaga

cuando es necesario. Astrólogos de antaño decían que solo existen seis tipos de sagitarianos: filósofos, profetas, profesores, atletas, consejeros y los divertidos. En Sagitario, el ego ya asimilado se organiza y se desarrolla. Cuidado, pues el fracaso los desorienta más que a otros, y no contar con su gran optimismo siempre duele. Su gusto por la aventura es grande; y su conciencia a menudo nos inspira.

CAPRICORNIO
22 de diciembre a 20 de enero
Elemento: Tierra
Cualidad: Cardinal

Organizarlo todo, porque tu poder estiva en lo que organizas mientras estás organizando, ya que es un poder que tiene muchas vertientes. Construir cosas, vidas, lugares, ideas, hasta dicen que a Capricornio le toca construir el nuevo humano, pero yo no podría describir cómo será. Desarrollar su gran habilidad ejecutiva es un gran acierto para el capricorniano que lo logra, y sin exagerar, puedo decirles que es puesto que cuentan con una gran resera interna que los ayuda en el momento preciso. Mientras más control tienen, más felices son, pero recuerden que esto puede convertirlos en pragmáticos aburridos en lugar de permitirles usar la sabiduría que deberían obtener. En relación a la astronomía moderna y futurista, los pulsares son sus primos lejanos, o sus familiares. Un pulsar es una estrella de neutrones en rápida rotación. Capricornio puede pasarse la vida tratando de demostrar que sus emociones no lo gobiernan, cuando lo que deberían hacer es aprovecharlas para afinar y disfrutar su vida.

ACUARIO
21 de enero a 18 de febrero
Elemento: Aire
Cualidad: Fijo

Acuario sabe. Sabe muchas cosas, pero frecuentemente no le interesa explicarlas porque está en constante revolución interna, aprendiendo y dándose cuenta de aun más. Su alma sabe que debe llenar su vida de gloriosas oportunidades, y atreverse a vivirlas es su némesis. Su poder es saber esto y más. Acuario es regido por Urano, el planeta más excéntrico de nuestro sistema solar. Pero necesita fijar sus vibraciones erráticas para recargarse y entenderse como el "diferente" del zodiaco. La psicología individualista se originó con un acuariano, Alfred Adler, y esto lo entiende como el deber de superarse para nunca detener su desarrollo individual. Acuario era considerado como el portador de un punto llamado *fortuna fortunatum* (la fortuna de la buena suerte). Su acercamiento a la nueva astronomía requiere ser el primero en comprender y acercarse a cualquier forma de ser extraterrestre, porque su nombre viene desde miles de años atrás de la idea del "dios que da vida". Acuario tiene el don de poder maniobrar oportunidades como si fueran experiencias planeadas, y amainar la vida de los demás es su premio cósmico.

PISCIS
19 de febrero a 20 de marzo
Elemento: Agua
Cualidad: Mutable

Piscis es el ciudadano del mundo que, por ser el último del zodiaco, es el de mayor importancia, ya que gracias a Piscis siempre queremos seguir adelante, vivos o mejorando. Elevar y mejorar la condición humana es lo suyo, siempre y cuando sepa que *creer* es su poder universal, y que cada vez que dice "creo" se convierte en portador de algo. Esto puede hacerles aparentar lo que no son, porque están constantemente librando batallas internas, siendo a la vez el signo de solvencia universal. Piscis es dualidad de sí mismo y dualidad de su misma alegoría. Teje ilusiones aunque a veces se pierde en explicaciones. Piscis ve el futuro como algo que existe aquí y ahora, y su aproximación al futuro de los conocimientos por venir en la astronomía tiene que ver con las vidas paralelas y la realidad virtual. Piscis necesita su alma gemela para poder transitar por el mar de historias que tiene que afrontar.

NOTA DE LA AUTORA

Antes de que comiences a leer tu día y los de tus seres queridos, quiero que tengas en cuenta un par de cosas. Primero, las fechas de los signos varían de año en año, dependiendo de la entrada del Sol a cada signo del zodiaco. Si te encuentras en la cúspide entre dos signos, lo mejor que puedes hacer es consultar efemérides astronómicas, que se pueden conseguir totalmente gratis en Internet o consultado un astrólogo serio. Lo otro que quiero que recuerdes es algo que muchos por ahí no saben o se olvidan y que lo repito a través del libro para que siempre lo tengan en mente: todos tenemos a todos los signos en nuestros horóscopos personales. Esto nos permite acomodar el poder de nuestro día al sumar la fuerza de cada signo donde queramos que nos ayude, nos aclare o nos fortalezca. De esta manera, los doce dones o propiedades fantásticas, facultades cósmicas o influencias musicales, las compartimos, cada quien de manera total y absolutamente personal.

ENERO

¿Quiénes cumplen años este mes?

1 _____
2 _____
3 _____
4 _____
5 _____
6 _____
7 _____
8 _____
9 _____
10 _____
11 _____
12 _____
13 _____
14 _____
15 _____
16 _____

17 _____
18 _____
19 _____
20 _____
21 _____
22 _____
23 _____
24 _____
25 _____
26 _____
27 _____
28 _____
29 _____
30 _____
31 _____

TU DÍA, CAPRICORNIO

Nacer el primer día del año del calendario gregoriano es un reto personal y lleva una fuerza cósmica especial. Afrontar la vida como venga es lo tuyo... conquístala y moldéala a tu gusto, y al decidir lo que quieres, esa misma fuerza "cósmica" te ayudará a lograrlo, hasta el final de tus días. Recuerda que tu signo con su regente, Saturno, desde tiempos antiguos era conocido como *la estrella del sol,* y eso, traducido a nuestra vida moderna, puede tener un significado importante. Tú le importas a alguien y, frecuentemente, le importas a muchos. Tu ejemplo personal porta e importa. Y siempre dejas huella.

Tu verbo motor:

Aprovechar

ᚼ AMOR, SALUD Y BIENESTAR ᚼ

Cuando se trata del amor, no te limites ni te pases de la raya, porque de hacerlo, tu fuerza para amar y sentirte amado/a se puede convertir en un gran enredo.

En cuanto a tu salud y bienestar, necesitas suavizar tu personalidad para curar desde un catarro hasta algo más grave. El conocimiento de lo que eres capaz de aguantar y no soportar es importantísimo para tu bienestar físico. De hecho, el llegar a reconocer pequeños síntomas de tu cuerpo y cómo "consentirlo" de manera muy personal sería algo excelente. Ten en cuenta que *paz* es una palabra que debería acompañarte durante toda tu vida, tanto dándola como recibiéndola. "Cuando encuentras paz en ti, te conviertes en quien vive en paz con los demás", dicho de los primeros peregrinos que llegaron a América. Y al encontrar eso, tu paz interna, descubrirás la verdadera felicidad.

Angelus:

Abalim, el ángel del trono.

ᚼ DESARROLLA TU RIQUEZA Y PROSPERA ᚼ

¡Se dice fácil, como si todos no quisiéramos aumentar nuestros bienes! Pero para esto, para conseguir más, tú eres el alquimista de las estrategias, lo he dicho frecuentemente, porque es merecer que lo comprendas. Sin tener un buen plan, trabajas a la mitad, alcanzas menos, y para ti, más de lo que sea, siempre será mejor.

ᚼ PODER DAR ᚼ

Hay un dicho que expresa que la gente no se merece nada... porque las cosas, la suerte y el bienvivir se ganan. Tú, curiosamente, eres de las pocas personas que miden tranquila y justamente a los que sí se

1 DE ENERO

Al conocerte, conoces a Dios.
—Clemente de Alejandría

lo merecen. Espero también que hayas aprendido cómo hacerlo, eso de dar. Así, habría más justicia en el mundo.

ASTRONOMÍA, HERMANA DE LA ASTROLOGÍA MODERNA

La primera vez que se celebró el año nuevo en esta fecha fue en el año 153—setecientos cuarente y siete años después de que apareciera en el calendario el mes de enero. Para Capricornio, Saturno siempre será su planeta protector. Saturno, el amo del tiempo y de las esperas, mide unos 121 000 kilómetros de diámetro, tarde 29,46 años en darle la vuelta al Sol y todos conocemos la imagen de sus majestuosos anillos. Tiene, además, una luna gigante (Titán) que ha sido cuidadosamente trazada desde la nave espacial Casini, revelándonos secretos fabulosos. Saturno tiene unas sesenta lunas y los babilonios le llamaban *sagush,* la estrella del Sol.

 TU CLAVE SECRETA

Cada uno de tus pasos tiene entrada y salida a algo totalmente nuevo. ¡Aprovecha!

Celebridades de tu día:

Almudena Fernández, Carlos Yushimito, J. D. Salinger, Mariano Azuela, Maurice Bejart, Paul Revere, Lorenzo el Magnífico (de' Medici), Guccio Gucci, Xavier Cugat, y el euro, que se inauguró en en el mercado financiero mundial el 1 de enero de 1999.

2 DE ENERO

Los dioses antiguos no han muerto.
Al fondo de tu ser, dormitan,
Y en tus sueños se despiertan.
—Poema sumerio

TU DÍA, CAPRICORNIO

Naciste con fortaleza, y con esos dones triunfas. En el fondo esto significa que tu solo/a, te sabes proteger, porque dentro de ti existe un profundo conocimiento del mundo. Un profundo conocimiento

Tu verbo motor:

Aprender

de los procesos de la naturaleza inherentes al ser humano es tu punto fuerte, y hay pocos como tú para arreglar asuntos entre quienes no se entienden. Si te digo que en algunos lugares hoy es considerado el Día la la Ciencia Ficción, eso debería alegrarte. Podrías imaginarte cualquier cosa y, como dice el muy citado Michio Kaku, físico cuántico, nunca hay que olvidar que hoy día todo es posible.

⋘ AMOR, SALUD Y BIENESTAR ⋙

Cuando amas, las palabras te brotan como poeta, aunque a menudo no te atreves a decirlas. "Quién me quiere... para que yo sienta queriencia" es lo que pareces emanar. Tu mundo amoroso es más difícil para ti que para el o la que amas, por la simple razón de que te cuesta trabajo expresar lo que sientes. Podrías ponerte a leer novelas de amor para comenzar a sentir lo lindo que es hacer feliz a tus seres amados.

Al entrar en el tema de la salud, cuando subes de peso, ten cuidado. Y si lograras comer un poco menos de lo que acostumbras, mejor. Tu cuerpo necesita ascetismo, y si lo logras, una buena parte de todo tu

Angelus:

Uriel, traducido del hebreo

antiguo como

"mi luz viene de Dios".

problema de salud se resolvería. La sabiduría de Saturno, el planeta que rige tu signo, te confiere esa transacción: cuidar el cuerpo y sanar el alma. Tu talento estará siempre en ayudar a los demás a *aguantar* y a *resistir*, dos palabras que parecen sinónimos, pero no lo son —y eso, tú más que nadie lo debe comprender.

⋘ DESARROLLA TU RIQUEZA Y PROSPERA ⋙

Quien nazca este día puede y debe trazar nuevas tácticas para conseguir algo relacionado con estímulos financieros. Curioso es que

naciste con la sabiduría de tus ancestros, y en tu casa siempre debe estar presente una reproducción de tu árbol familiar, por más grande o condensado que sea, para que te inspires en sus hazañas y tomes ejemplo de sus ganancias o pérdidas. Poco a poco, con Saturno —el planeta que rige tu signo— todo lo antiguo te ayuda a ver que de lo pequeño, nace lo grande, y lo grande depende de lo que tú quieras alcanzar.

⋘ PODER DAR ⋙

El verbo "dar" en sí, pertenece al mundo de Cáncer, el signo directamente opuesto al tuyo. Es importante que comprendas que eso no significa que puedas dar más ni menos que otros, pero sí quiere decir que cuando crees que la persona que recibe hará lo que amerita. Afloja tu persona un poco, y aprende a dar simplemente porque sí.

ASTRONOMÍA, HERMANA DE LA ASTROLOGÍA MODERNA

Lo hecho bajo el signo de Capricornio es duradero. ¿Será por eso que la primera cápsula que dejó la atmósfera de nuestro planeta un 2 de enero de 1959, emprendiendo un viaje hacia la Luna, encontró (solita) el suave viento solar y para siempre seguirá en órbita alrededor del Sol? Pues, de la misma forma que aquella cápsula, tu vida encuentra su camino y sigue. Entre más transcurre tu vida, Capricornio se va despertando, más se manifiesta individualmente y más beneficio es su despertar. Así, los nacidos bajo este signo llevan en el alma la sabiduría de toda la humanidad, pues antes de que se inventara el telescopio, Saturno ya se miraba en el cielo nocturno a ojo de buen cubero.

 TU CLAVE SECRETA

Adquirir conocimientos que satisfagan tu curiosidad.

Celebridades de tu día:

Isaac Asimov, Paz Vega, Edmund de Rothschild, Cuba Gooding Jr.,
Mehme IV (sultán otomano), Isidoro de María y Debora Duarte.

TU DÍA, CAPRICORNIO

Ustedes, nacidos el 3 de enero, son uno de los más atrevidos de su signo, quizá por la influencia numerológica que te impone tres fuerzas importantes: la capacidad de sobreponerte ante males, la habilidad de encontrar recursos personales para mejorarlo todo y un gran interés (que debe ser alimentado) por el mundo que te rodea, comenzando con tu planeta, tu entorno y, por supuesto, tu persona. Saberte interpretar es la clave de una vida fortuita para que logres entender que la unión hace la fuerza.

Tu verbo motor:

Explicar

⚜ AMOR, SALUD Y BIENESTAR ⚜

Tu corazón lo sabes dar como regalo ejemplar, aunque esto no quiere decir que amarás solo una vez en la vida. Como bien dijo Victor Hugo (el escritor francés nacido Piscis, signo que debe hacerle bien a Capricornio), "En los ojos del joven arde la llama. En los del viejo brilla la luz". Tú puedes enamorarte de manera total tanto a los cinco años como a los ochenta —tu corazón no tiene edad. Recibir tu amor es un regalo, pero tendrás que aprender cómo asegurar al objeto de tu deseo que tu amor es sincero.

La sinceridad es algo que necesitas practicar tanto con tus sentimientos como con tu propio cuerpo para que puedas reponer cualquier falla corporal con esa racionalidad que sabes poder poner a buen uso cada vez que la necesitas, de manera impresionante. Tu signo tiene que ver con ascender, superar y medrar. Por lo mismo, al lograr algo bajo estos escenarios, por más pequeños o grandes que sean (nunca te limites), sentirás auténtica felicidad. Busca siempre entender a los dioses mitológicos relacionados con tu signo.

Angelus:

Casujoiah, ángel del "quizá".

⚜ DESARROLLA TU RIQUEZA Y PROSPERA ⚜

Para ti, *tener* no tiene que ver con capricho ni con vanidad. Comprender el valor de las cosas para poderlas juntar y aumentar es lo que sabes, o deberías saber reconocer. Por esto, como amuleto, carga en tu bolsa o cartera un dólar bien doblado. Siempre. Gran parte de tu prosperidad (en amores, placeres y favores) tiene que ver con tu talento para atraer lo bueno. Y si no lo has notado, es porque te estas des-per-di-cian-do. Ten en cuenta que los nacidos este día florecen y prosperan con adversidad. Es importante que lo aprendas desde corta edad, y que lo compruebes, así sentirás la gran fuerza íntima que ese don te da.

3 DE ENERO

Una casa sin libros equivale a un cuerpo sin alma.
—Marco Tulio Cicerón

⚜ PODER DAR ⚜

Como dijo Tolkien, nacido un día como este: "Todo lo que tenemos que decidir es qué hacer con el tiempo que nos es concedido". Sigue leyendo a este autor, te conviene para entender como *dar* debidamente.

ASTRONOMÍA, HERMANA DE LA ASTROLOGÍA MODERNA

En la tarde del 3 de enero del año 2004, antenas desde el espacio profundo recogieron la señal de una nave espacial llamada *Spirit*, que descendió al planeta Marte, tal como se había planeado. Los tonos, que no eran más que frecuencias sostenidas de radio, eran la manera en que el *Spirit* se comunicaba con los científicos de la N.A.S.A. desde el cuarto planeta del Sol, mientras que a 12 000 millas por hora, había entrado la nave a la atmósfera marciana. Todo función bien, suavemente se posó sobre piedras de otro planeta a 0 millas por hora y, cinco años después, al recibir el Premio Nobel en Medicina, Carol Greider dijo que su premio ilustraba la importancia de los descubrimientos que aparecen por mera curiosidad. Me inspiré con el *Spirit*, dijo la premiada, y "comprendí que cualquier manera de abordar un problema puede ser cambiada si buscamos científicamente respuestas simplemente siguiendo nuestros instintos". Seguir tu instinto, Capricornio, es algo que puedes hacer por haber nacido el 3 de enero. Debes recordar, que "misión cumplida" siempre será una frase que fácilmente puedes lograr, si cambias un poco de perspectiva.

Celebridades de tu día:

Tongolole, Mel Gibson, Sergio Leone, George Martin, Michael Schumacher, J. R. R. Tolkien, Diego Morcillo Rubio de Auñón y Marco Tulio Cicerón.

 TU CLAVE SECRETA

Con principios personales, los resultados pueden ser perfectos.

4 DE ENERO

El universo está hecho de historias, no de átomos.
—Muriel Rukeyser

TU DÍA, CAPRICORNIO

Específicamente para ti, encontré la frase que redondea el día, pues eres de los Capricornios suertudos, y la suerte la carga Júpiter (que todos cargamos en algún lado), aunque tu signo es regido por Saturno. Por esto, es de suma importancia para los nacidos este día que aprendan, manejen y organicen sus tiempos, ya que nadie va a cuidar tu tiempo mejor que tu propia persona. Y al hacerlo, comienzas a configurar y confabular tu propio paso hacia una felicidad encontrada, forjada y puesta en tu vida como guante o zapato de cenicienta —dicen que ella también era capricorniana. Además, eres de los agraciados que pueden lograr resultados *casi* perfectos.

Tu verbo motor:

Mostrar y demostrar

❧ AMOR, SALUD Y BIENESTAR ❧

Sin entender el ir y venir de las fases de la Luna, del paso del planeta que rige tu signo (Saturno), así como el paso adecuado hacia la comprensión de tus propias emociones, mal aparece el amor. Y como dice una canción mexicana, "Amor es el pan de la vida". El tono y las palabras te quedan como anillo al dedo. Para ti, son la clave. Y, para que funcione todo como debe, necesitas invertir *tu tiempo*, poción secreta para tu bienestar sentimental.

En temas de salud, nadie como tú para conocer y reconocer tu propio cuerpo. Esto significa que si puedes tomar algún curso sobre medicina alternativa, excelente. Y para ti y tu intimidad, continuar siempre será alargar o seguir sano, sana, reconfortado. Júpiter, como te mencioné anteriormente, te acompaña con la misma fuerza que E.T. sabía que tenía que llegar a su casa.

Angelus:

Ouestucatí, el ángel de las manos benditas.

Lo importante en tu caso particular es que encuentres ese lazo para ponerlo a buen uso y lo domines. La dicha tuya siempre estará presente, pero tienes que aprender a reconocerla.

❧ DESARROLLA TU RIQUEZA Y PROSPERA ❧

De los doce signos del zodíaco, nada como Capricornio para esperar su turno y aguantar mientras usa sus dones como alquimista de las estrategias en prosperar. Y de los capricornianos, son los nacidos entre el 3 y el 5 de enero quienes ganan partidas si logran imaginar alguna "pirámide personal" como tarea de meditación cósmica o metafísica. No es tan complicado como parece; se relega a una simple asociación de ideas que funcionan como plan general. Eso sí, cuando encuentres cómo ganar, guarda la clave como secreto personal.

❧ PODER DAR ❧

Lo que tú llamas dar no siempre es lo que los demás llaman dar. Dar tiene que ver con todo el entorno, no solamente con el hecho. Dar también significa proponer, conceder, procurar o indicar. Eso te lo deberías aprender de memoria.

ASTRONOMÍA, HERMANA DE LA ASTROLOGÍA MODERNA

Históricamente, este día tiene gran importancia. La Luna 1, conocido como Mechta, que en ruso significa "sueño", fue lanzada como el primer navegante cósmico el 4 de enero y bautizado como la primera nave que alcanzó una cercanía a nuestra Luna al llegar a 5995 kilómetros de la superficie lunar. Hoy y hasta siempre seguirá en órbita alrededor del Sol entre la Tierra y Marte, y gracias a ese primer viaje, aprendimos que existen partículas de energía en el llamado cinturón de radiación de Van Allen. Una hazaña catalogada de suma importancia es el resultado del buen uso de este día, y ya que estamos de acuerdo con que todos tenemos algo de polvo de estrellas, planea siempre a largo plazo para recordar que *la suerte está contigo*.

 TU CLAVE SECRETA

Tener la seguridad que siempre habrá aun más que conseguir.

Celebridades de tu día:

Isaac Newton, Jorge Russek, Cary Grant, Jacobo Grimm, Louis Braille, Sir Frank W. Dyson, Carlos Saura y la Bolsa de Valores de Estados Unidos, que abrió sus puertas por primera vez en Wall Street el 4 de enero de 1865.

TU DÍA, CAPRICORNIO

Mientras más creas que eres el mejor, aun mejor para ti. Naciste con el don de poder imaginar lo que puedes hacer y lograrlo, siempre y cuando no te ofusques, es decir, siempre y cuando veas claramente lo que quieres sin engañarte. Tu fuerza estriba en participar contigo mismo, porque nadie como tú para convencerte de lo que realmente vales. Inclusive existen escritos antiguos que dicen que los nacidos este día pueden ser "brillantes", pero que todo depende de su enfoque personal. Si este es tu día, es buen día para liberarte cada año que festejes uno más. Saber que esto se puede hacer bajo un sinnúmero de circunstancias es excelente cosa. Justamente en este día se liberaron muchas cosas y personajes en la historia universal, como Shah Jahan, quién nacido este día, construyó el Taj Mahal en memoria a su esposa, uno de los edificios construidos por amor más impresionantes del mundo.

Tu verbo motor:
Esclarecer

ᴥ AMOR, SALUD Y BIENESTAR ᴥ

Tú, para poder amar como lo desea tu pareja, necesitas entender que querer es tanto una cooperación como un sentimiento. Y siempre que puedas, dile la verdad al ser amado, y a ti mismo también, aunque duela. Darte cuenta de quién eres es lo que necesitas para tener a quien amar.

En cuanto a tu salud, convéncete de que la disciplina de la meditación no solamente mejora la materia gris de nuestro cerebro, sino que, en tu preciso caso, puedes aprender a dirigir tu propia energía hacia los doce signos del zodíaco, al hombre cósmico. Tienes algo de lector de mentes que te permite encontrar cómo reponer desgastes corporales y *pensarte* sano. Es un enorme don que, al usarlo, te permite encontrar esa gracia interna que nos deja ser felices.

Angelus:
Hodniel, el ángel que curaba la estupidez de los hombres.

ᴥ DESARROLLA TU RIQUEZA Y PROSPERA ᴥ

En realidad, si pudieras, multiplicar todo por cinco sería lo indicado. Ama cinco veces más, ten cinco veces más, ahorra cinco veces más y quizá aprende cinco veces más, para que la riqueza que aumentes te dure. Los nacidos este día tienen varios dones específicos, y uno de ellos es saber orientar la avidez para que el día te rinda frutos.

Yo soy yo y mi circunstancia.
—José Ortega y Gasset

ᴥ PODER DAR ᴥ

En tu vida, para pasarla bien, tendrás que aprender a dar. Una cosa se liga con la otra. Pero, ten en cuenta que dar no siempre tiene que ver con algo material, específicamente en tu caso.

ASTRONOMÍA, HERMANA DE LA ASTROLOGÍA MODERNA

Ver una galaxia espiral por un telescopio, en fotografía o en una pantalla es algo espectacular. Las galaxias tienen tres categorías básicas, catalogadas por su protuberancia central (la distribución redondeada de las estrellas al centro). Son elípticas, espirales o irregulares. Nosotros vivimos en la Via Lactea. Una de las galaxias más bellas, conocidas como Messier 101 o NGC 5457, recientemente fotografiada desde el telescopio Hubble, se encuentra a cuatro años luz de nosotros. Una galaxia puede tener miles de millones de estrellas orbitando su centro. Chaucer escribió una oda a la Vía Lactea en el año 1380, y tú, Capricronio, debes permitirte conocer esta parte del universo y verla cada vez que puedas, porque la ciencia te hace mucho bien.

 TU CLAVE SECRETA

Saberte capaz de ser el o la mejor.

Celebridades de tu día:

Umberto Eco, Alvín Ailey, Jean Dixon, January Jones, Rey Juan Carlos de España, Diane Keaton, Charlie Rose y Julio Garavito Armero.

6 DE ENERO

Si no tenemos paz, es porque hemos olvidado que
nos pertenecemos los unos a los otros.
—La Madre Teresa

TU DÍA, CAPRICORNIO

Día de los Santos Reyes, día de los astrólogos, día de los magos, este es un día que tiene mucha magia y los nacidos hoy necesitan ponerse a tiro para saberse dueños de algo muy especial. La Galette des Rois o la Rosca de Reyes trae siempre un muñequito de la buena suerte, y tú también traes una dosis mágica que solo tú conoces y necesitas amaestrar.

Tu verbo motor:

Repartir

Impenetrable te llaman algunos, pero necesitas NO solidificarte como una estatua, sino aprender que el mundo está a tu alcance. Tú puedes ser tu mejor portavoz. Tu temperamento es mucho más fuerte de lo que tú mismo crees, y por lo mismo a veces aguantas o soportas demasiado. La palabra "saturnino" significa triste y taciturno, y tiene raíces relacionadas con el planeta que rige tu signo: Saturno. Pero se nos olvida que como planeta, tiene un magnífico resplandor intenso, algo que tú puedes provocar para pasarla mejor, bien o maravilla. Está en tus manos.

☙ AMOR, SALUD Y BIENESTAR ❧

Es imposible encontrar un común denominador absoluto a Capricornio, sin embargo, por ser regidos por Saturno, cuentan siempre con una gran reserva interna que los ayuda cuando se ponen a buscar cómo. Aguanto lo que soy, se dicen, pero harían mucho bien en pedir ayuda —ayuda para amar, para ayudar, para pedir perdón y para gozar. Tú puedes ser tan contrastante que quienes te aman se confunden, y solo tú tienes la gran capacidad de abrir, como caja de Pandora, ese acervo de bondad que llevas en ti.

Durabilidad, refinamiento y prudencia es lo tuyo, pero aprende (por favor) a ponerle el sazón adecuado que te permitirá rodearte de asuntos que no te inhiban, amores que te regalen felicidad y la calma que sabes necesitar, como la representación del ancla de la vida que está integrada en tu símbolo.

☙ DESARROLLA TU RIQUEZA Y PROSPERA ❧

Encauzar la palabra ambición es un paso importantísimo para ti. Al lograrlo, se te abrirán puertas que ni imaginabas existían. Combinando tu persona con la de los otros signos, encontrarás mayor alegría y riqueza personal: con Aries, sin dureza, con Tauro, el paso firme; con Géminis, lo superficial; con Cáncer, el valor; con Leo, el mantenimiento; con Virgo, la inteligencia y el cuidado; con Libra, la separación de tiempos; con Escorpión, la conversación; con Sagitario, la búsqueda; con Capricornio, el gusto; con Acuario, la consciencia y con Piscis, lo sistemático. Ten en cuenta que el número que llevas del mes tiene mucho que ver con la acumulación de bienes —a ti te tocará descifrar cómo.

Angelus:

Gadal, ángel de los
ritos mágicos.

☙ PODER DAR ❧

Canaliza como mejor puedas tus emociones para que entiendas cómo dar todo lo que eres capaz de repartir. Tu estructura interior es fiel, y necesitas dejarte ir de vez en cuando para gozar en lugar de estar a la defensa. Verás que así, darás lo que no pensabas poder dar.

ASTRONOMÍA, HERMANA DE LA ASTROLOGÍA MODERNA

¿Sabes lo que es un exoplaneta? Es un planeta que orbita una estrella que no es de nuestro sistema solar. Y es algo que está relacionado a la gran pregunta astronómica que se contestará seguramente antes del final de este milenio (y esto sí es una predicción): ¿Existe o no existe vida en otro lugar del universo? Los astrónomos, con sus maravillosos telescopios modernos, ya han encontrado más de mil seiscientos exoplanetas, y eso que apenas comenzamos. Existen especulaciones, conjeturas y teorías sobre el génesis del sistema solar, y recomiendan que todo esos datos sean estudiados por cualquier astrónomo principiante. Saturno es el planeta que representa el tiempo y la historia, y por esto tú, habitante del signo regido por Saturno, debes esforzarte un poco para aprender algo sobre el cielo que nos abriga, así podrás repartir tus conocimientos cuando se brinde la oportunidad. Eso te dará, y dará a quien enseñes, estructura —algo que bien vale la pena.

Celebridades de tu día:

Juana de Arco, Melchora Aquino, Gustave Doré, Khalil Gibran, E. L. Doctorow, Juan Goytisolo, Capucine, Rafael Vidal y Yuri.

 **TU CLAVE SECRETA**

Seguir tus sueños... comienza con levantarte de la cama.

TU DÍA, CAPRICORNIO

El número 7 es uno de los más escogidos como numero de la suerte, y esto, anudado con Capricornio, tu signo, representa una persona apta a convertir principios abstractos en estructuras sólidas y cómodamente planteadas. Durar, perdurar y esperar, verbos que generalmente están relacionados con tu signo, en este caso no funcionan. Lo tuyo es agarrar el toro por el cuerno y dominarlo. Es más, hay muchos toreros que son de signo Capricornio, quizá por azar y quizá no. Pero eso sí, llegar a la cumbre de lo que sea —una montaña, un trabajo, una renovación espiritual, una determinación o un esfuerzo— es lo que debes abordar en la medida que más te convenga. Los obstáculos te hacen crecer, ganar y lograr lo que te propones, y si deseas controlar, aprende cómo hacerlo sin endurecer tu alma.

> **Tu verbo motor:**
>
> *Mostrar*

❦ AMOR, SALUD Y BIENESTAR ❧

Tu cuerpo es sabio al amar, al sentirse saludable y cuando consigue lo que piensa merecer. No separes el cuerpo de tu alma. Mirarte de vez en cuando en el espejo, en toda tu desnudez, es algo que te hará bien para reconocer tus puntos buenos y malos. Relajarte y eliminar tus inhibiciones es algo que te producirá mucho más bienestar de lo que imaginas posible. Y un buen contraste entre la pasividad y el deporte enérgico debería producirte bienestar físico además de bienestar mental.

> **Angelus:**
>
> *Nachiel, ángel del dar, importante para la salvación de la humanidad.*

❦ DESARROLLA TU RIQUEZA Y PROSPERA ❧

El orden es algo que debe ser inherente a tu manera de ser, y si ese no es el caso, ponte a estudiar por ti mismo o toma algún curso que te muestre como abordarlo. Sin orden te será difícil desarrollar tu estructura financiera, y con método además de disciplina, no habrá quién te detenga.

❦ PODER DAR ❧

La astrología nunca debe mostrarte lo que *debes* hacer, sino marcar la calidad de lo que *puedes* lograr, y cada uno de nosotros pone la cantidad de lo que queremos dar a nuestras vidas. En tu caso, con mayor razón.

7 DE ENERO

Yo creo que Dios es la manera que abordas todo lo que está fuera de tu control.
—Nostradamus

ASTRONOMÍA, HERMANA DE LA ASTROLOGÍA MODERNA

Un día como este, pero en el año 1610, Galileo Galilei hizo su primera observación de las cuatro lunas de Júpiter: Ganymede, Callisto, Lo y Europa. En un libro llamado *Sidereus Nuncius* (El Mensajero Sideral), escribió su teoría heliocéntrico que consideró la Iglesia ser algo escrito contraria a su creencia. La teoría describía cómo y por qué los planetas le daban la vuelta al Sol, y por eso, fue posteriormente encarcelado por la Santa Inquisición. Galileo era matemático, astrónomo, filósofo, maestro de perspectiva y es considerado como el padre de la física moderna, así como el padre de la ciencia. Con su telescopio confirmó las fases de Venus y con su genio nos dejó para toda eternidad sus palabras, "y sin embargo se mueve", así defendiendo su posición sobre el movimiento de la Tierra alrededor del Sol. Galileo escribió varios tratados astrológicos y calculó de puño y letra los horóscopos de sus dos hijas, quienes eran religiosas. Con una de ellas, Sor María Celeste quien se puso ese nombre en honor a su padre, sostuvo un interesantísimo ir y venir de cartas, cuyo contenido está repleto de consejos astrológicos, entre otras cosas. En aquella época, el estudio de astrología era una disciplina ligada a las matemáticas y a la astronomía. Galileo era de signo Acuario, y en ese rubro hablaremos más de él, pero el hecho de haber visto por primera vez en la historia humana conocida las lunas de Júpiter debe estar ligado a tu brillante persona de una manera o de otra. Tú decides.

 TU CLAVE SECRETA

Tener la seguridad que siempre habrá aun más que conseguir.

Celebridades de tu día:

El Papa Gregorio XIII, Nicanor Zabaleta, Charles Adams, Jean Pierre Rampal, Juan Gabriel, Nicolas Cage y Francisco Rodríguez.

8 DE ENERO

No somos más que una raza avanzada de monos en un planeta menor de una estrella muy común. Pero comprendemos el universo.
Eso nos hace seres muy especiales.
—Stephen Hawking

TU DÍA, CAPRICORNIO

Stephen Hawking, el científico más brillante de nuestra era, dice que cree que los virus de computadoras deben ser considerados como algo vivo. Y tú, que naciste el mismo día que este interesante y especial personaje, podrías inventarte algo igualmente espectacular. Porque lo tuyo es eso. Impactar. Y mientras logras lo que quieres, o para lograr lo que deseas, tu ambición y tu tenacidad siempre deben sentirse presentes, pues son parte importante de tu gran fortaleza. Tu sentido de responsabilidad a veces te aqueja, es decir, eres capaz de poner eso primero, y no siempre es lo mejor porque tiendes a exagerarlo en ambos sentidos, hacia ti mismo como hacía los demás. En las historias mitológicas, dicen que saliste del mar como el personaje que traía sabiduría. ¡Felicidades!

Tu verbo motor:

Exponer

☙ AMOR, SALUD Y BIENESTAR ❧

Frecuentemente los nacidos bajo el signo de Capricornio nacen con un gran sentido de responsabilidad que de pequeños suelen aquejarlos. Y, posiblemente, habiendo nacido el 8 de enero, tienes un cerebro de persona mayor sobre hombros de niño. Por lo mismo, tiendes a enamorarte porque idealizas a esa persona, creyendo que es lo que no es —aprendizaje importante para que logres enamorarte de quien verdaderamente te convenga. Y la conveniencia, en tu caso, es en realidad quién te comprenda.

Cuida de que las fronteras que tú misma construyes no construyan una barrera que no te permita encontrar la guía espiritual que sí necesitas y que tanto bien te haría, tanto para tus emociones como para tu salud. Tu camino personal debe proporcionarte gran apertura vital.

Angelus:

Farvashí, ángel de los creyentes.

☙ DESARROLLA TU RIQUEZA Y PROSPERA ❧

Paciencia a largo plazo es tu mejor aliado, pero la de dar tres pasos hacia adelante y quizá dos para atrás, a la larga siempre ganando.

Teniendo con quién o para quién conectarte te animará, siempre, para lograr lo que no solamente crees necesitar, sino que a la vez sabes merecer. El planeta que rige tu signo, Saturno, pasa por tu propio signo cada veintiocho a veintinueve años, y por lo mismo a los veintiocho o veintinueve años —y de nuevo a los cincuenta y siete—, la vida te permitirá revaluar lo que tienes para renovar lo que quieras. ¿Qué más quieres, quieres más?

☙ PODER DAR ❧

En la vida de Capricornio, el tiempo cuenta mucho. A veces cuenta demasiado, porque tus medidas de darte en el tiempo a menudo no están a la par con el tiempo de quienes viven o trabajan contigo. Busca un tiempo, diariamente, para dar un poco más de ti, y verás que la vida te será mucho más amena.

ASTRONOMÍA, HERMANA DE LA ASTROLOGÍA MODERNA

Al crecer nos hacemos preguntas: de dónde salieron las moléculas, los átomos las partículas mínimas y las máximas que hacen posible la vida? Y así comienza nuestro largo camino hacia el entender algo, suceso que siempre nos conduce a preguntar más. "El tiempo es algo que inventamos para que todo no sucediera de una sola vez", dijo alguna vez Einstein (de signo Piscis), pero el tiempo ya estaba ocupado por el signo de Saturno, el tuyo, y para entender el tiempo que usas para contar lo tuyo, pones a Saturno a buen uso para que poéticamente te muestre alguno de sus secretos. Así aprendes que lo que es caliente es energético y lo frío tiene poca energía y se mueve más lento, así como la luz tiene su velocidad, la Tierra sus movimientos, y Capricornio está presente para enseñar lo que pueda, como lo dicho sobre tu día.

 TU CLAVE SECRETA

Aprender para enseñar y enseñar escuchando a quienes preguntan.

Celebridades de tu día:

Carolina Herrera, Uesugí Kagkatsu (gran samurái), John Milton, Francisco Gonzalez Bocanegra, Gypsy Rose Lee, José Ferrer, Elvis Presley, Lewis Lapham, Boris Vallejo, Stephen Hawking, David Silva y Baltasar Gracián.

TU DÍA, CAPRICORNIO

Edmund W. Sinnot es biólogo y, sin lugar a duda, los nacidos en un día con esta fecha tienen un nexo especial con la biología. Las ciencias naturales que tienen que ver con el estudio de la vida y su estructura, función y crecimiento deben ser considerados cada vez que puedas.

Tu verbo motor:

Atar cabos

¿Será por eso que en algunos lugares del mundo hoy es el llamado Día de jugar a Dios? Pues, si es así, ten cuidado y no exageres cuando hablas o piensas de tu gran importancia en este mundo. Si mantienes una liga con el mundo que te rodea, el clima, la diversidad física de tu entorno, el pensamiento ajeno y quienes viven contigo, no tienes pierde y dejarás una huella positiva por donde pases.

❧ AMOR, SALUD Y BIENESTAR ☙

Estar a la altura de toda circunstancia es lo tuyo cuando de amor se trata. Sabiéndolo y consciente de ello, siempre estarás preparado para cualquier situación, tranquilo y en paz. Inspírate, si te atreves, con las historias de amor más conocidas y las fábulas que siempre enseñan por medio de un pequeño cuento algo que el lector debe sentir como una reflexión sobre sí mismo.

Cuando de salud hablamos, la de Capricornio es generalmente buena, pero más fuerte aún es su capacidad de regenerarse en momentos de falla personal, tanto a nivel físico o mental. Tus procesos son cíclicos, como el crecimiento de una planta, y para cumplir con las responsabilidades de la vida común y corriente, debes estudiar el paso del tiempo en la vida diaria. Así, tu bienestar irá siempre de la mano de lo que realmente te conviene.

Celebridades de tu día:

Simone de Beauvoir, San José María Escrivá, Joan Baez, Michiko Kakutani, Catalina Saavedra, Richard Nixon, Kate Middleton, Pablo Santos y Giselle Blondet.

❧ DESARROLLA TU RIQUEZA Y PROSPERA ☙

Tu riqueza y tu prosperidad están ligados a tus valores. Esto puede ser una medida conveniente y positiva si escoges el camino del bien, es decir, si mejoras y acrecientas lo tuyo poniendo las cosas en su debido lugar. Para ti es importante recordar que primero deben pasar las personas, y luego los bienes. De esta manera obtienes las cosas que mereces. Los pasos deben también llevar un ritmo, como uno/dos/tres, permitiendo que el "el paso tan chévere" llegue después.

---

9 DE ENERO

Sin lugar a duda, la materia sostiene más posibilidades de lo que podemos soñar hoy día.
—Edmund W. Sinnott

❧ PODER DAR ☙

Dar con ética, pero como dice el gran Aristóteles, la virtud es un medio. Sería maravilloso si, en lo posible y cuando se te presenta el momento, pienses en la posibilidad de resolverle un problema a alguien, o a ti mismo, para que alumbres y mejores alguna parte de su o tu vida. ¡Tu fuerza primal estriba en poderlo hacer!

ASTRONOMÍA, HERMANA DE LA ASTROLOGÍA MODERNA

En la astronomía antigua, el símbolo de Capricornio era representado por un cabra-pescado y arriba del símbolo aparecía siempre un águila que, a su vez, representaba a *horus*, "resplandor brillante que aparece en el horizonte". Hoy día nos preguntamos si el dibujo conocido de Capricornio no será una V de victoria disfrazado. Capricornio tiene como habitante de su signo a Copérnico, el astrónomo que especuló y demostró matemáticamente que la Tierra rodeaba al Sol. Y muchos astrónomos de aquella época (1543) tardaron en hacerle caso. Este descubrimiento es considerado por astrónomos como una de las hazañas más importantes de la historia de la ciencia de la astronomía. La astronomía moderna es considerada una ciencia, mientras que la astrología moderna está relegada al estudio de asuntos humanos. En la página 47 del *Science Desk Reference* en el New York Public Library, dice: "La astrología es la relación que se dice existir entre los cambios y las posiciones de los planetas y el Sol y las características, ocurrencias de eventos y desarrollo personal de una persona". Tú, Capricornio, habiendo nacido este día, podrías atar los cabos adecuados para entender esto a la perfección.

Angelus:

Gabriel, ángel a quien la fuerza le llega de todas partes.

 TU CLAVE SECRETA

Tu gran fuerza es implementar ideas abstractas convirtiéndolas a estructuras beneficiosas.

10 DE ENERO

La verdad es la consecuencia de una meditación solitaria y sin interrupciones.
—Sir Isaac Newton

TU DÍA, CAPRICORNIO

Este día, el primero del año con doble dígito, da una fuerza muy especial a sus habitantes —algo comprendido a grandes rasgos por los ocupantes del mismo— y les da la posibilidad de impresionar casi de inmediato a los demás. Pasar desapercibido no es "lo tuyo", ni tampoco debe serlo. Posiblemente te cueste trabajo desarrollar para dominar este don, porque es algo que tienen que ganarse, no simplemente amaestrar. Es un merecido cósmico. Creer en el famoso *sí se puede* es algo que necesitas sentir, aprender y usar para alcanzar tus metas. Y tus metas, por haber nacido este día, sí se alcanzan, (toda proporción guardada).

> **Tu verbo motor:**
>
> *Reconocer*

✺ AMOR, SALUD Y BIENESTAR ✺

Todo Capricornio necesita saber que para su enloquecido corazón, donde hay fé, habrá manera. Esto, guárdalo como un secreto personal, pero conocido es que el signo, el décimo del Zodíaco, tiene a Saturno a su lado como regente, y esto los hace difícil de amar. La causa es que además de que te cuesta trabajo *entregarte* (en todos los sentidos de la palabra), también aparentas ser algo inaccesible, aun cuando te derrites de amor. Esto no significa por ningún motivo que no puedas vivir grandes pasiones, pero sí significa que a menudo tu mensaje no es el que conviene. Necesitas explicarte suavemente y mejorar ese don que se llama *dulzura*.

> **Angelus:**
>
> *Melki, semidivinidad que porta el deseo de la Gran Vida.*

En el tema de la salud, con cierta frecuencia Capricornio tarda en darse cuenta que realmente no se siente bien. Suelen repetir "no pasa nada", pero debes saber reconocer cuando tu cuerpo te manda señales. Inclusive, serías capaz de creer que sabes más que tu mismo doctor. Permiso te dan los astros para ser competitivo, pero no con tu misma persona por favor. Organizarte y organizar tu mundo es algo que te va bien.

✺ DESARROLLA TU RIQUEZA Y PROSPERA ✺

Controlar tus propias finanzas es importantísimo, porque con seguridad financiera llenas un 75% de tus metas personales. Si te fijas, esas metas están bien relacionadas con las demás. Es de suma importancia que aprendas a meter en cintura tu impaciencia. Debes permitirte despertar, casi todos los días, preparada o preparado para afrontarlo todo. Y, si te sientes debilitado para lo mismo, respira hondo y profundo para volver a tu estado normal, que es hacer el intento para estar repleto de tu gran fuerza personal, prosperar y, por supuesto, bien amar.

✺ PODER DAR ✺

Pocos lo han dicho mejor: "Es cuando das de ti que verdaderamente das". Tus reservas íntimas son enormes y si lograras dominarlas, usarlas, reconocerlas, no solamente podrías sobreponerte a lo que la vida te pone en el camino, sino que lo harías con una gran dosis de talento, y finalmente sabrías cómo ayudar y consolar a quien lo necesita.

ASTRONOMÍA, HERMANA DE LA ASTROLOGÍA MODERNA

El 10 de enero del año 2011, fue llamado "descubierto" el Kepler 10-b, planeta constituido de pura roca, un hallazgo considerado de suma importancia para la historia de la astronomía porque ese planeta (a solo 560 años luz de nosotros) rodea su propio Sol. Ese Sol lleva el nombre de Kepler-10 y es un poco más grande que la Tierra. El planeta 10-b tiene en sus entrañas piedras, peñascos y cantiles. Fuerte como una roca, dicen que son los nacidos este día, algo que parecería reverberar por todo el universo, pero que tú llevas como veta dorada.

 TU CLAVE SECRETA

Reconocer que las palabras de los sabios nos orillan a vivir bien.

> **Celebridades de tu día:**
>
> *Aleksei Tolstoy, Frank Sinatra Jr., Antonio Muñoz Molina, Félix Trinidad, Nelson Cuevas, Trino Alvarado, Ana Bárbara y Vicente Huidobro.*

TU DÍA, CAPRICORNIO

Existe un espíritu llamado el espíritu del cumpleaños, y tú eres portador o portadora del mismo. ¿Por qué? Por nacer el 11 de enero, que sumadando el número 11 entre sí y luego el 1, dan 3 —un número sagrado al cual se le atribuyen virtudes místicas. Además, volviendo a tu día en particular, el 11 es el primer número que no puede ser contado con todos los dedos de las dos manos, y lleva las cualidades de la intuición, la paciencia y la espiritualidad —tres dones que debes investigar para llevarlos a buen uso. Dicen que es considerado número maestro por los astrólogos de antaño. Tu signo, Capricornio, acentúa la seriedad de este número, pues el regente de tu signo, Saturno, tiene ese talento, y Saturno, como buen hijo del Sol, reparte.

Tu verbo motor:

Recompensar (tanto a los demás como a ti mismo/a)

❦ AMOR, SALUD Y BIENESTAR ❧

En tiempos muy antiguos, en época de los caldeos, Capricornio era uno de los signos pertenecientes a los mares, lo cual te brinda una profundidad mística cuando abrazas, cuando amas, cuando deseas. Eso sí, a la vez, *cuidado*, pues tu ego se manifiesta en tu propia personalidad y eso puede provocar que cuando deseas lo que no es conveniente, te ciegues; y cuando no cuidas tu cuerpo, te enfermes.

Angelus:

Tiempo, ángel alado con un sol en la frente y la fuerza para controlar los actos que realiza cada humano.

Tu bienestar tiene que ver con tu empeño y el fervor que le pones. Si te equivocas, aparecerá una arrogancia que debes eliminar. Tendrás, a la vez, la posibilidad siempre de impresionar y convencer cuando sabes que tienes la razón.

❦ DESARROLLA TU RIQUEZA Y PROSPERA ❧

Mientras más aprendes a desarrollar precisamente esto, tu riqueza moral y material, más prosperas. Lo importante es, como dicen en inglés, *to get on the right track*, es decir, ir por buen camino. Esto es algo que pudiera costarte más trabajo que a los demás de tu mismo signo, pero la recompensa, una vez que has encontrado el camino adecuado, es grande. Rebelándote contra ti mismo podría, a veces, esclarecer tu camino.

11 DE ENERO

El universo, como lo observamos, es un maravilloso e inmenso motor. Su orden, su belleza, su crueldad, hacen que todo sea impresionante.
—Jorge Santayana

❦ PODER DAR ❧

Dar con gusto es algo que necesitas aprender. Y cuando des, recuerda que debe ser siempre un poco más de lo que esperabas dar. De esa manera, todo encontrará su nivel.

ASTRONOMÍA, HERMANA DE LA ASTROLOGÍA MODERNA

El rasgo más distintivo de Saturno, conocido por el hombre, son sus brillantes anillos. Estos, a pesar de su gran extensión, son extremadamente finos, de unos pocos cientos de metros. Saturno, además, tiene más satélites que cualquier otro planeta y dicen que si construyes una tina, la llenas de agua y sueltas uno por uno los planetas en ella, solo Saturno flotaría. Cada catorce años, Saturno esconde sus anillos, y Capricornio, cada catorce años (contados desde el año de tu nacimiento) encuentra una fuerza algo mística y muy personal para reponerse de cualquier mal, por lo general asociados estos con algo que tiene que ver con el tiempo y el orden social.

 **TU CLAVE SECRETA**

El principio de estabilidad en tu vida es tu fuerza vital.

Celebridades de tu día:

Alexander Hamilton, Eugenio María de Hostos, Alfonso Arau, Jamelia, Sonia Lopez y el anexo de Transilvania a Rumania, ocurrido el 11 de enero de 1919.

12 DE ENERO

Quizá no son estrellas sino aperturas en el cielo desde donde el amor de los desaparecidos es vertido y brilla sobre nosotros para que sepamos que ellos están bien y contentos.
—Frase de los esquimales

TU DÍA, CAPRICORNIO

Te tocó ser algo incrédulo, Capricornio. Es más, si eres dueño de este libro, te felicito, porque por lo general, los nacidos este día, a pesar de que el número 12 es tan místico, mágico y astrológico, polígono, dodecaédrono, no se abrirían a leerlo. En varias religiones, en la magia y en la historia antigua, el número 12 impera. Jacobo tenía doce hijos, doce eran los dioses principales del Panteón Griego y doce fueron los apóstoles de Jesus. La mayoría de los calendarios del mundo tienen doce meses, la astrología occidental y la China tiene doce signos, y las horas del día se cuentan en doce, a.m. y p.m. Las unidades del tiempo son siempre divisibles por doce: sesenta segundos, sesenta minutos, veinticuatro horas... ¡Hasta los trabajos de Hercules eran doce! Y quizá en tu DNA personal, ese recuerdo sigue vigente y te hace ser tan cuidadoso con tu diario deambular, tus planes, proyectos y tu ánimo de conquistar el mundo. Eso sí, la fibra para conquistar lo que quieres, la traes pegado a tu número tan especial.

Tu verbo motor:

Definir

✦ AMOR, SALUD Y BIENESTAR ✦

Por lo general, debe ser bastante dichosa la persona a quien amas, pues para ti, aunque a veces te cuesta confesarlo, el amor es uno, único y para siempre. Creo mereces saber que un día como este, en el año 1908, fue enviado el primer mensaje de larga distancia desde la Torre Eiffel por primera vez. ¿Qué que tiene que ver contigo? El hecho de que tus propósitos, mientras más a largo plazo sean, mejor serán para tu vida y la de los que te acompañan.

Angelus:

Kabniel, ángel creado para curar la estupidez de otros.

✦ DESARROLLA TU RIQUEZA Y PROSPERA ✦

La habilidad que probablemente aun no has descubierto es cómo desarrollar tu riqueza. Los nacidos el día 12 frecuentemente tardan en hacerse ricos, y luego se hacen más ricos y más ricos, dependiendo, por supuesto, en qué sinónimo le adjudican a la palabra "rico". Explorar lo desconocido, pero real, en vez de viajar a lo desconocido, es lo tuyo. Por lo que lo tuyo son las novedades o el complejo proceso de la naturaleza. Lo que siempre te ayudará a enriquecerte en todos los sentidos es adquirir conocimientos que alimenten tu curiosidad.

✦ PODER DAR ✦

Capricornio de este día 12, tú debes enfocarte en dar para ayudar, dar para mejorar, dar para impresionar de vez en cuando, por tú bien y el de los demás.

ASTRONOMÍA, HERMANA DE LA ASTROLOGÍA MODERNA

Existen muchas definiciones y asuntos relacionados con eso que los astrónomos y los escritores de ciencia ficción llaman "interplanetarios". Hay polvo interplanetario, médium planetario, centelleo interplanetario y más. Todo esto nos afecta. El polvo es en realidad una partícula cargada y los centellos son fluctuaciones en señales recibidos de frecuencias causadas por irregularidades en los vientos solares. En realidad, todo esto se puede comparar con el clima sobre la Tierra, y eso a ti te debería interesar, pues el clima te afecta más que a otras personas, y tener un barómetro (que sepas leer) es algo que podría resultar positivo y productivo.

 TU CLAVE SECRETA

Tener en cuenta que el ser humano es la conciencia del planeta.

Celebridades de tu día:

Charles Perrault, José de Ribera, Luise Rainer, Haruki Murakami, Jorge Pupo, Heather Mills, Olivier Martinez, Jack London y Carlos Villagrán.

TU DÍA, CAPRICORNIO

Tu día será parte de la eternidad para siempre, y aunque existe una idea algo desconcertada sobre el número 13, siempre ten en cuenta que este número está relacionado desde hace milenios con la sabiduría, de la misma forma que el signo astrológico de Capricornio es considerado el más filosófico de todos. Pero no se me alebresten, pues todos tenemos a Capricornio en algún lado de nuestro horóscopo personal, aunque tu podrías desarrollar su fuerza con envergadura total. Tu aventura siempre será la de tu propia conciencia y tus encuentros siempre tendrán alguna respuesta fortuita. No te dejes impresionar por la existencia de la *triskaidekaphobia*, (miedo al número 13), porque para los aztecas el número 13 era el más sagrado de todos los números: significaba el tiempo, la consumación y el cumplimiento.

Tu verbo motor:

Estructurar

⚜ AMOR, SALUD Y BIENESTAR ⚛

Ser el mejor, lo máximo y superior es el pan nuestro de cada día, especialmente cuando amas. Y, como tentempié sensual, hacer el amor arriba de tu ser amado, ¡también te funciona! La salud tiene (para ti) mucho que ver con la renovación espiritual. Con esfuerzo personal te superas mejor y más que otros, como, por ejemplo, cuando tienes un catarro o algo más grave. Cuida de no pasar por alguien para quien los logros y hacer lo que sea "mejor que otros" es lo principal. Eso te orillaría a tomar demasiadas responsabilidades y perder la parte dulce de la vida, algo que necesitas aunque no quieras creerme. El dulce despertar es más importante que cualquier otra cosa.

Angelus:

Admael, ángel que dominaba la Tierra.

⚜ DESARROLLA TU RIQUEZA Y PROSPERA ⚛

Controlar parecería ser lo más importante, pero cuidadito cuidadito, sería mucho mejor si encontraras quien te susurra al oído algunos consejos que te mostraran como retener tus deseos de hacerlo todo tu solita, y planearas con cuidado cuánto es lo que quieres para tener lo que deseas —ni más ni menos que eso. Tus metas deben tener un punto final, para que después de alcanzarlas puedas gozar. Y solo así, serás todo lo dichoso que mereces ser.

13 DE ENERO

El aforismo o la frase es y son las formas de la eternidad.
—Friedrich Nietzsche

⚜ PODER DAR ⚛

Dar con gusto tanto lo material como la enseñanza te facilitará la "buena vida".

ASTRONOMÍA, HERMANA DE LA ASTROLOGÍA MODERNA

El retorno a la base, eso es lo tuyo. Saber desde dónde comienza todo para poderlo explicar, y entender algo del por qué estamos aquí, en este punto específico en el maravilloso universo, es clave para ti. Los contenidos y sus efectos es lo que puedes hacer ver a quienes te interesen y, por lo mismo, la estructura básica de eso que llamamos átomo, su verdadera anatomía, puede permitirte mostrar que lo comprendes todo porque te interesa el verdadero conocimiento humano. La estructura en sí de un solo átomo es muy parecida a nuestro propio sistema solar: un núcleo masivo central, (como nuestro Sol), orbitado por electrones (parecidos a los planetas del sistema solar). Y ese mismo núcleo con su carga positiva, los electrones con su carga negativa y la atracción eléctrica entre las dos cosas mantiene ese sistema. Saber hacer entender esto a otros es algo que muchos te agradecerán. ¡El átomo es de lo que está hecho todo lo que nos rodea! Y tú podrías convertirte en quien nos lo puede hacer comprender. ¿Quién no te lo va a agradecer?

 TU CLAVE SECRETA

Mejorar tu entorno con tus conocimientos.

Celebridades de tu día:

Osvaldo Farres, Pietro Metastasio, Francisco Montes Reina, Patrick Dempsey, Juan Diego Flórez, Orlando Bloom, Enrique II, Julia Louis-Dreyfus y Joe Pass.

14 DE ENERO

En la permanencia y la persistencia se distingue el alma sólida del débil.
—Thomas Carlyle

TU DÍA, CAPRICORNIO

Los templarios fueron aprobados el 14 de enero de 1129 en el Concilio de Troya, un hecho que pone en evidencia la gran fuerza de este día entre muchas otras cosas históricas. La primera agrupación de los hippies se juntaron a mostrar cómo querían cambiar al mundo en un día como este, en el año 1967. Ambas cosas son una muestra fehaciente de la gran diversidad que tienes para afrontar, conquistar y gozar a este mundo. Eres de los escogidos, de los que realmente podrían disminuir la avaricia y la terrible ambición de tantos humanos haciéndoles ver y sentir que lo espiritual también cuenta. ¡Suertudo, suertuda, si logras durante gran parte de tu vida poner a buen uso algo de este gran don, ¡y lástima si no lo aprovechas!

> **Tu verbo motor:**
> *Realizar*

AMOR, SALUD Y BIENESTAR

Dos cosas son tuyas: una aparente modestia y una ponderación repartida. Pero combinada, cuando enflamado en el amor, todo depende de la confianza que tengas en tus propias capacidades —algo que debería llegarte a paladas.

Tus necesidades vitales a menudo se reducen a no cuidar tu cuerpo como deberías, y me encantaría si no dejaras de tomar vitaminas por receta médica y, a su vez, llevaras una dieta sana, cosa que todos los nacidos este día deben cuidar. Siempre y cuando estés construyendo algo —ideas, amores, planes, cosas— vas por buen camino. Y cuando te encuentres de malas, sube algo, una escalera, una colina, un precio, eso te refuerza.

> **Angelus:**
> *Casiel, ángel que su frase representante dice: "Creo en mi".*

DESARROLLA TU RIQUEZA Y PROSPERA

Una fuerte ambición se esconde tras muchas otras cosas, y bien te hará sacarla a relucir (a esa ambición) para que sepan todos que posiblemente sueñas más de lo que creen, aunque piensen que no te das cuenta de la realidad, que a veces es cruda. Si logras hacer una buena mancuerna con tu ambición y tus realizaciones, verás que implementar las estructuras necesarias para triunfar es más fácil de lo que creías.

PODER DAR

Por una humanidad más tranquila, así y por eso debes dar. Las cantidades no importan tanto como la idea que te permite repartir cualquier cosa.

ASTRONOMÍA, HERMANA DE LA ASTROLOGÍA MODERNA

Varias cosas parecen increíbles y otras inimaginables. Y tú, con tu frase clave y el verbo que llevas, podrías divulgarlo para que aquellos que no creen en la inmensidad del cerebro humano o la rareza de la realidad entiendan que todo lo que nos imaginamos puede suceder si es que no existe ya. Pensemos en los átomos, tan abundantes, y enfoquemonos en lo que dice Bill Bryson, que tiene su Mercurio (pensamiento) en Capricornio: "Los átomos son fantásticamente durables... cada átomo que posees con toda certeza ha pasado ya por varias estrellas... y hasta un billón de ellos podría haber pasado por algunos conocidos como Shakespeare, Buddha o el Genghis Khan". Tú, Capricornio, aprende esto y de esto, y pasa la voz.

 TU CLAVE SECRETA

Capricornio de este día, debes recordar que tu palabra vale.
Reparte, pues.

> **Celebridades de tu día:**
> *Nostradamus, Albert Schweitzer, Hendrik Willem van Loon, Nina Ricci, Andy Rooney, Maureen Dowd, Steven Soderbergh, Emily Watson y José Luis Rodríguez (El Puma).*

TU DÍA, CAPRICORNIO

Tu responsabilidad (al nacer Capricornio, llegas con una buena dosis de esta) es con las futuras generaciones. Y eso, se dice fácil. Para cumplir y aprovechar ese don necesitas salvaguardarlo. Difícil cosa quizá, pero no tanto si aceptas que tus intuiciones deben ser puestas al uso de sueños futuros perdurables, y entiendes que necesitarás esforzarte para que mirando hacia adelante, sientas orgullo simplemente porque estas planeando lo que sabes que otros necesitan. Y, por supuesto, inclúyete así como a los tuyos. Tu día tiene un peso histórico. Eso puede alentarte a escoger siempre el camino, instintivamente, que te conviene, pero también podría orillarte a escoger lo que no conviene, por no darte el tiempo suficiente de ponderar tus acciones. Aplícate un poco más y verás lo bien que te irá.

> **Tu verbo motor:**
>
> *Contrapesar*

⫷ AMOR, SALUD Y BIENESTAR ⫸

Libérate de pequeñeces, corajes inútiles y tiempo desperdiciado para poder mostrar todo lo que deseas a quien ames. Así, lo demás se te hará fácil. Es decir, la salud y el bienestar vendrán solitos, simplemente porque al labrar tu tiempo personal de manera estructurada y con gusto, entrarás en acción conveniente. Si te das el tiempo de ver todo lo que ha comenzado en un día como este, verás que esta fecha, 15 de enero, trae lo suyo a cuestas. Como tú.

⫷ DESARROLLA TU RIQUEZA Y PROSPERA ⫸

De vez en cuando, toma un tiempo para estar contigo mismo. La necesidad de calma y sosiego es imperante para que puedas coordinar cómo desarrollar tu riqueza y prosperar de manera conveniente. En realidad, para ti, nacido el 15 de enero, el valor para actuar, tomar decisiones y echar a andar lo conveniente tiene demasiado que ver con una paz interna que te guía, casi sin tener necesidad de pedir ayuda o consejos. Y este don es algo que aparece al encontrar esa paz interna que te dejará eliminar acciones que no te aportan gran cosa, salvo llenar tu tiempo de asuntos que no te hacen falta. La prosperidad viene con esa calma, que seguramente sabrás encontrar.

> **Angelus:**
>
> *Saphiel, un ángel guardián.*

⫷ PODER DAR ⫸

Dar siempre con ternura es tu fuerte y tu ancla. Nunca lo olvides.

ASTRONOMÍA, HERMANA DE LA ASTROLOGÍA MODERNA

Es imperante que sepan que Wikipedia, la enciclopedia que ha cambiado al mundo, apareció por primera vez el 15 de enero de 2001, y que en ese mismo día del año 2009 el capitán Sullenberger guió su averiado jet con 155 almas abordo, y amarizó en el Río Hudson. Hay cosas que tienen que ver con nuestro bienestar y que habremos de festejar, aunque no tengan que ver con la majestuosidad de la astronomía o la mágica poesía de la astrología. Aunque, en un debate, podríamos discutirlo. Agathon, en el año 445 a de C, ya dijo que "ni un dios puede alterar el pasado", pero todo pasado altera el futuro. Piensa en el 15 de enero de 2004 cuando el *Spirit* de la NASA rodó, bajándose así de su plataforma de aterrizaje, y puso sus seis llantas sobre la superficie del planeta Marte; los científicos dijeron textualmente: "Marte es nuestra caja de arena y estamos listos para jugar y aprender". Tú, que naciste en un día parecido, toma nota para cuando te toque mejorar al mundo que te rodea.

 **TU CLAVE SECRETA**

Encontrar como no limitarte.

> **Celebridades de tu día:**
>
> *Moliere, La Reina Margarita de Suecia, Osip Mandelstam, El Rey Saud de Arabia Saudita, Pitbull, Aristotle Onassis, Gaman Nasser, Jean Bugatti y Martín Luther King Jr.*

16 DE ENERO

Quien quiera ser feliz, que lo sea: del mañana, nada sabemos.
—Lorenzo el Magnífico

TU DÍA, CAPRICORNIO

De los nacidos bajo el signo de Capricornio, quien sabe ser feliz como la felicidad que describe la Francesa Margeuritte Duras —"la felicidad es un don que traen algunas personas por dentro"— son los nacidos dentro del número 16 del primer mes del año. Será porque la naturaleza, que es sabia, dotó a los orugas con 16 patas, o porque puede ser contada y/o partida de 231 modos diferentes. O será que simboliza construcción y destrucción, y para aquellos que escojan y usen la palabra *construir* para los hechos, los sueños y los pasos de su vida, nada mejor. Y de la palabra "mejor", solo hay un paso chiquito hacia la idea de la felicidad. Nunca olvides que el Viejo Testamento cuenta 16 profetas y el Nuevo Testamento cuenta 16 apóstoles y evangelistas, y en las catedrales, las rosas casi siempre tienen 16 pétalos. Y nunca dejes de agradecerle a la vida haber nacido este día.

Tu verbo motor:

Proponer

❧ AMOR, SALUD Y BIENESTAR ❧

Mientras tus impulsos naturales pueden ser razonablemente expresados, estás protegido. Mientras más te organices y te sientas de cierto modo a salvo, o seguro para seguir adelante, mejor. Y aunque a menudo puedas imaginar que estas mejor solo o sola, cuando te imaginas eso, no sabes lo que haces, porque por todo lo arriba mencionado bajo la importancia de *tu día*, al compartir tu tiempo con otra o con otras personas, brota lo mejor de ti.

Angelus:

Vametel, ángel zodiacal de la sabiduría.

Capricornio, siempre debes poner atención en los huesos, según el antiguo dibujo del hombre astrológico, o homo signorum, usado en diagramas de tiempos antiguos. Tu bienestar viene acompañado de quien te sabe mirar, y de aceptar la mirada de quien te gusta. Curiosa cosa para alguien nacido bajo tu signo astrológico, pero los nacidos este día, tienen eso que otros llaman "lo suyo".

❧ DESARROLLA TU RIQUEZA Y PROSPERA ❧

Para desarrollar tu riqueza y salir adelante, lo debes hacer con prudencia. Lo debería repetir tres veces para que me entiendas. La prudencia y sus derivados es y son tu fuerte. Mesura, templanza, sensatez, tu sigue buscando las palabras que sientas mejor convengan para entender cómo, cuándo y dónde aumentar lo que deseas aumentar. Inclusive, atrévete de vez en cuando a comprar un billete de lotería, algo que tu número personal podría ayudarte a ganar.

❧ PODER DAR ❧

Para ti, dar está ligado a invertir regularmente un porcentaje de tus ganancias a una causa digna, sea para ti o para algo altruista.

ASTRONOMÍA, HERMANA DE LA ASTROLOGÍA MODERNA

El gran astrónomo Johannes Schoner, conocido a la vez como gran matemático, nació el 16 de enero de 1477. Era sacerdote, astrónomo, astrólogo, geógrafo, cosmógrafo, cartógrafo, matemático, hacedor de globos terráqueos así como de instrumentos científicos, además de editor de pruebas científicas. Lo conocían como uno de los mejores astrólogos de sus tiempos, y tuvo mucho que ver con la publicación *De revolutionbus* de Copérnico, en el año 1543; un libro que contiene 330 páginas —100 páginas de tablas y más de 20000 números tabulados. En el, expone su teoría heliocéntrica —los planetas giran alrededor del Sol— en lugar de lo expuesto por Ptolomeo. "Este tonto astrólogo nos quiere hacer creer que la ciencia astronómica y las sagradas escrituras están equivocadas", escribieron en esa época. Y su libro fue puesto en el índice de LIBROS PROHIBIDOS. Es bueno y productivo que sepas la historia de la astronomía para que te propongas o propongas lo válido al expandir tus conocimientos personales.

 TU CLAVE SECRETA

No limitarte por el "que dirán" y ampliar tus conocimientos, todos los días.

Celebridades de tu día:

André Michelin, Carlos Pellicer, Fulgencio Batista, Ernesto Halffter, Katy Jurado, Susan Sontag, Paula Pareto, Albert Pujols, Kate Moss y Sade.

TU DÍA, CAPRICORNIO

Cada vez que puedas, deja que tus instintos básicos te lleven de la mano y no te detengan. Usa tu propia perspectiva para organizar tu vida, claro está que siempre y cuando sea para bien de quien esté a tu alrededor además de tu propia persona. A veces puedes parecer ser un poco paradójico, y esto sucede cuando te reprimes. Prácticamente no hay capricornianos que no tengan un lado refunfuñador, pero esa refunfuñaduría te sirve para poner las cosas en su lugar y darte cuenta que posiblemente existen muchas menos cosas que no te complacen que las que sí te complacen. Darte cuenta de esto es algo importantísimo. Y cuando lo logres, verás que la vida te será menos complicada y mucho más cómoda.

Tu verbo motor:

Escoger

☙ AMOR, SALUD Y BIENESTAR ❧

Se dice que el cuerpo humano es un arreglo maravilloso y ordenado de patrones electromagnéticos, ondas de luz en movimiento y vibraciones, y que somos, además, parte de una ciencia espacial novedosa que se inclina a permitir que nos redescubramos como seres cósmicos. ¿Improbable? Quizá, pero si tú logras sentir lo mismo, adelante caminante en casi todos los sentidos. El 17 de enero te sitúa como uno los habitantes de Capricornio que mejor puede entender la fuerza cósmica que nos permite mirar al cielo y pedirle algo, sabiendo que nos entiende. Para que tengas una real afinidad con otra persona es imperante que él o ella comprendan ser. Hay cosas que exiges que parecen ser poco importantes para los demás, pero de suma importancia para ti.

Angelus:

Taharial, ángel de la pureza.

Y esto llena la gran mayoría de los aspectos de tu vida. Tu bienestar está ligadísimo con tu estado de ánimo, algo que debes consentir. Fíjate en dónde se encuentra el planeta Mercurio en tu propio horóscopo —estará en Sagitario, Capricornio o Acuario— y lee lo que puedas sobre ese signo para entender cómo acomodar tu ánimo.

☙ DESARROLLA TU RIQUEZA Y PROSPERA ❧

Lo importante en esta área es lo mucho o lo poco que te entiendes con quienes trabajan a tu lado. Su ánimo, el de los que laboran contigo, te pueden motivar o apagar, y es importante que lo sepas. Tu potencial es enorme, pero necesitas sentirte rodeado (sea de una sola persona o todo un equipo) de gente que te permiten desarrollarte como sabes hacer, y que no te limiten. Tu autoconfianza es algo que siempre debes consentir —al igual que tu bienestar mencionado previamente—, apapachar y saber echar a andar a tu conveniencia.

La ciencia sola no puede resolver el misterio de la naturaleza, y esto es porque en el último análisis, nosotros mismos somos parte del misterio que estamos tratando de resolver.
—Max Planck

☙ PODER DAR ❧

Da cuando sientas que lo merecen.

ASTRONOMÍA, HERMANA DE LA ASTROLOGÍA MODERNA

Que tú comprendas y sientas lo importante que es saber algo de astronomía tiene mucho que ver con tu gran sentido de poder escoger lo conveniente para tu propia vida, porque un toque de explorar es algo que te puede centrar, específicamente cuando comprendas que todos somos parte de un todo y te atrevas a repartir ese conocimiento.

La palabra astronomía viene del griego y significa "ley estelar"; es el proceso por el cual tratamos de entender el origen de nuestro universo. El filósofo de la Grecia antigua Parménides de Elea, en su proemio "Sobre la naturaleza", describe dos versiones de la realidad: "Lo que es, es una sola cosa, y la existencia es infinita", aunque en su obra, dice también que el tiempo es solo una ilusión. Unos 2400 años después, Albert Einstein dijo: "El tiempo es algo inventado por el hombre para que todo no nos suceda de una sola vez". Parten de ideas similares, y ambos coinciden con 2500 años de diferencia que "ser" nunca fue ni será; es totalmente presente *ahora*, indivisible. Si tú asimilas esto, te puede servir como vitamina al alma.

 TU CLAVE SECRETA

Entender el pasado para forjar tu futuro.

Celebridades de tu día:

Michelle Obama, Eartha Kitt, Freddy Rodríguez, Françoise Hardy, Muhammad Alí, Vidal Sassoon, Luis Echeverría, Al Capone, Benjamín Franklin, James Earl Jones, Pedro Calderón de la Barca y Popeye.

18 DE ENERO

La causa de la causa es causa de lo causado.
—Viejo aforismo del derecho penal

TU DÍA, CAPRICORNIO

Este día promete lo que tú quieras encontrar. Este día, de todos los días del año, con el signo de Capricornio como premio mayor, permite a los nacidos usar un enorme porcentaje de su propia persona, fuerza, agallas y, por supuesto, esfuerzo para lograr lo que sienten merecer. Puede ser que tarden, puede ser que tenga que ver con algo de inmediatez, pero tú eres capaz de cambiar tu propio tiempo y aprovecharlo a tu favor. Ten en cuenta que en la astrología antiquísima, desde tiempos de los egipcios, al signo de Capricornio le decían *krokodeilos* porque notaron que disfrutan su vida, y emiten un sonido gutural sensual cuando hacen el amor. Con esta información puedes descubrir que el propio poder con el que naciste es enorme, siempre y cuando lo uses de manera correcta, ya que las ventajas egoístas es lo que debes ignorar.

Tu verbo motor:

Alentar

AMOR, SALUD Y BIENESTAR

Razón y ponderación es lo que necesitas balancear para darte cuenta de lo enorme que pueden ser tus ganas de amar. Falta que te atrevas, y espero que siempre te des el gusto de probar antes y te comprometas después. No permitas que tu gran orgullo se interponga entre lo que sabes que conviene.

Tu personalidad consciente es lo que siempre deberá prevalecer para que te sientas bien físicamente y te atrevas a forjar hacia adelante, pensando en tu propio bienestar. Porque eso, el bienestar, es algo que tu signo y día personal te permite repartir. Por supuesto que Saturno es el planeta que rige tu signo, pero el Sol es el objeto estelar que calienta tu ánimo y el número 18 te permite reconocerlo.

Angelus:

Mehiel, ángel de la vivificación.

DESARROLLA TU RIQUEZA Y PROSPERA

Necesitarás siempre escoger para adelantar tu suerte, y para eso, ten en cuenta que el tiempo puede ser tu guillotina o tu río caudaloso. Debes buscar hacer las cosas en su debido momento. El tiempo que tú escoges usar para una u otra cosa es el secreto de tu prosperidad. Protéjete, o más bien aprende a valorar las horas del día para que no

te agarren desprevenido porque no escogiste el momento preciso para hacer o deshacer lo que individualmente sabes era lo correcto. Y la palabra correcto puede ser fácilmente intercambiado por sus sinónimos como atildado, apropiado, normativo, proporcionado o justo.

PODER DAR

Dar en secuencias apropiadas, es lo que debes aprender.

ASTRONOMÍA, HERMANA DE LA ASTROLOGÍA MODERNA

Los astrónomos de antaño llamaban a las constelaciones "el zoológico sagrado". Y el filósofo neoplatónico Porfirio escribió una definición importantísima sobre la lógica hace varios miles de años, además de ser, con Pitágoras, el primer vegetariano conocido. En el año 300 a. de C., Porfirio escribe: "Las almas, cuando terminan su círculo vital, regresan al cielo por las puertas de Capricornio". Esa es la primera frase escrita sobre el sitio de Capricornio en el cielo. Hay quienes dicen que desde la época de los sumerios se hablaba de Capricornio como el padre de la luz. Y si es cierto que todo el universo está conectado con todo lo que existe, de allí, su reputación (de Capricornio) de ser quien nos orilla a pensar y pregonar como dijo alguna vez Sócrates: "Una vida sin autoexaminarse no vale la pena ser vivida". Tú llevas la clave de la historia del cosmos como legado del ser humano.

 TU CLAVE SECRETA

Saturno y la Luna (regentes de Capricornio y su signo opuesto Cáncer), llevan lo adecuado para proteger a todo rey.

Celebridades de tu día:

Ruben Darío, Montesquieu, Cary Grant, Jacob Bronowski, Jose María Arguedas, Gilles Deleuze, Pedro Rodríguez, Philippe Starck y Oliver Hardy.

TU DÍA, CAPRICORNIO

Todos los días, al despertar, estés donde estés, bajo toda circunstancia, deberías darle gracias al mundo por estar allí, porque, si naciste el 19 de enero, los días deben recordarte de alguna manera que el consciente colectivo es parte de tu persona. Es decir, no solamente verás que lograr todo lo que quieres es imperante, sino que formas parte de la responsabilidad de lo bueno y lo malo del mundo entero, y tú puedes forjar un camino de cierta importancia para quienes están a tu lado. El orden no altera el producto de tus hazañas, porque toda responsabilidad personal tiene que ver con el bienestar de los demás. Lo que nunca debes olvidar es tener un poco de humor para aligerar tus acciones, porque de lo contrario, podrías cerrarte oportunidades que aparecen simplemente porque tú estás allí, presente, con tu gran sentido de estructura, que puede hacer o deshacer lo que ni siquiera imaginas.

Tu verbo motor:

Lidiar

❧ AMOR, SALUD Y BIENESTAR ❧

Que bueno sería si realmente no juzgas a quienes quisieran amarte de antemano, porque aunque tus pasiones pueden ser enormes, tienes tendencia a hacerte una idea de las personas sin darles la oportunidad de lucir su interés (en ti, por supuesto). La sociedad en general es tu media naranja, y es imperante que lo entiendas. Y lo mismo vale al cuidar tu cuerpo. No descartes lo que podría hacerte bien simplemente porque te has hecho una idea de antemano que tal cosa "no es para ti". Recuerda que Acuario, el más excéntrico de todos los signos, está muy cerca de tu persona, y debes permitirle permear algo de tu ser. De todos los capriconianos, eres el menos estructurado, para bien tuyo, porque al atreverte, puedes escoger caminos novedosos que te llevarán a un triunfo merecido.

Angelus:

Phalgus, ángel del buen juicio.

❧ DESARROLLA TU RIQUEZA Y PROSPERA ❧

Si pudieras conseguir una computadora cósmica, o construirte una, sería magnífico porque tus ideas para desarrollar aun más de lo que sea son bastante impresionantes. Una lectura de lo escrito por Carlos Castañeda, sobre lo que aprendió con su personaje preferido, Don Juan, podría hacerte ver cómo manipular lo que necesitas para prosperar, para desarrollar tu firmeza hacia conseguir esa riqueza que crees necesitar y para transformar tu ego en algo total y absolutamente positivo.

19 DE ENERO

Las estrellas son la luz de las calles de la eternidad.
—Grafiti anónimo

❧ PODER DAR ❧

Dar ideas que surjan efecto es lo tuyo.

ASTRONOMÍA, HERMANA DE LA ASTROLOGÍA MODERNA

Tres, dos, uno y PUM, un día como este de 2006, la N.A.S.A. envió la nave espacial llamada *Nuevos Horizontes* hacia Pluto por primera vez en la historia humana. Programada para llegar nueve años después, y aunque hoy el pequeño ex planeta es el más lejano del sistema solar, el viajero es despertado una vez al año, accionado por plutonio, y su meta es averiguar y conocer más de este, el ex planeta, que aunque devaluado astrológicamente simplemente cambió de nombre. Como dijo Jeffrey Brown, uno de los científicos encargado de este magno experimento: "Un chihuahua, a pesar de su tamaño, es aun un perro", así es para Plutón. Y para Capricornio, este objeto tiene un significado especial, pues en el año 2008 entró a tu signo y permanecerá allí hasta el viernes 24 de marzo de 2023. Este mismo pequeño ex planeta rige las masas. En efecto, desde la fecha en que entró a Capricornio, los astrologistas serios del mundo entero han dicho que cambios enormes podrían ser puestos en marcha precisamente a través de las grandes cantidades de gente que buscarán hacerse escuchar. Gracias, pues, Capricornio y Plutón.

 TU CLAVE SECRETA

Estar a tono con tus ideales y listo para defender tu posición.

Celebridades de tu día:

Edgar Allen Poe, Paul Cezanne, Javier Pérez de Cuellar, Janis Joplin, Robert E. Lee, José Alfredo Jiménez, Dolly Parton y Ricardo Arjona.

20 DE ENERO

La incertidumbre es la única certidumbre que existe, y sabiendo vivir con inseguridad es la única seguridad.
—John Allen Paulos

TU DÍA, CAPRICORNIO

"Y sin embargo se mueve", dicen que dijo Galileo, de signo Acuario, el astrónomo/astrólogo más importante de todos los siglos. Estaban tan seguro de lo que decía, que hasta hace unos años el mismísimo Papa Juan Pablo le pidió a Stephen Hawking, de signo Capricornio, que le explicara las palabras del famoso científico. Aquí vemos como un signo y otro se complementan. Pero el número 20 en sí era para los mayas el número del dios solar, y en el Tarot es el número que siempre acompaña a la fuerza, que por lo tanto, debe estar contigo. Déjate siempre llevar por tu intuición, y si este día cae bajo las influencias de Acuario, sabiendo que Capricornio puede terminar el día 20 o 21 de enero, lee ambos días, pues tendrás el gran don de tener aun un poco más de lo que quieras o desees de un signo o de otro.

Tu verbo motor:

Percibir

☆ AMOR, SALUD Y BIENESTAR ☆

"El conocimiento del amor al servicio del amor", una frase más filosófica que otra cosa, pero que te va como anillo al dedo cuando de amor se trata. Y ojo, tú eres quien puede realmente exprimir el lado filosófico de cualquier cosa, aunque pareciera que ni siquiera te interesa el asunto. Por los astros que te acompañan por haber nacido este día, la filosofía y la búsqueda de conocimiento que implica es algo que no debes ignorar, pues estarías eliminando una parte de ti mismo que podría orillarte a conocer, reconocer y lograr casi todo lo que alguna vez creías imposible. No en balde, un 20 de enero fue declarado presidente de los Estados Unidos el primer afro-americano —un paso gigante para la democracia mundial. La fuerza de este día te permite ser el dueño de la estructura y la disciplina que necesitas para alcanzar tus logros.

Angelus:

Kabirí, uno de los siete creadores del mundo.

☆ DESARROLLA TU RIQUEZA Y PROSPERA ☆

Saturno, planeta que rige tu signo, es quien dispone del tiempo y por lo tanto también simboliza límites. Tiene una enorme reputación astrológica porque también tiene que ver con el miedo y con las fuerzas de las confrontaciones, y esto te permite luchar con esto mismo y beneficiarte cuando lo haces sin titubear. Tu personalidad está puesta a la luz sin que los demás sepan todas las batallas internas que tienes, simplemente porque tu percepción del mundo es clara. Ver la realidad de frente te ayudará, siempre, a prosperar.

☆ PODER DAR ☆

Sería magnífico si aprendieras a dar lo que quiere "el otro".

ASTRONOMÍA, HERMANA DE LA ASTROLOGÍA MODERNA

Aquí es imperante hablar de la música de las esferas, presentada ante el mundo por primera vez por Pitágoras y relacionada con lo que todos los grandes filósofos consideran un prerrequisito de la belleza: la armonía. La historia cuenta que Pitágoras un día escuchó el martillar de un herrero y de allí comenzó a estructurar su concepto de la música de las esferas desde los intervalos de los planetas y el planeta Tierra. Para Pitágoras, la música era una de las dependencias de la divina ciencia de las matemáticas, y sus armonías a la vez controladas por medio de proporciones matematicas también. En sus escritos aparecen sus leyes de intervalos musicales con todos los fenómenos de la Naturaleza, incluyendo, por supuesto, las distancias entre los astros y nosotros. Este concepto antiguo tiene que ver con las proporciones dentro de los movimientos de cuerpos celestiales y, a su vez, con nuestro propio deleite con la música del mundo y la necesidad de cada humano de entender su importancia. Capricornio, tú puedes proporcionarnos la clave para entender esto mismo.

 TU CLAVE SECRETA

Repartir lo que sabes que necesitamos.

Celebridades de tu día:

Federico Fellini, Eugene Sue, George Burns, Juan García Esquível, Ray Anthony, David Lynch, Bill Maher, Lorenzo Lamas y Freddy Guzmán.

TU DÍA, ACUARIO

Así llega Acuario. Trae su propio pregonar y, al llegar, cambia todo porque quiere y puede. Y una vez que te conocen, Acuario se vuelve imprescindible. Urano, el planeta que rige este signo tarda ochenta y cuatro años en dar la vuelta al Sol, y lo hace casi acostado a 98 grados. (La Tierra se inclina a 23 grados). Sobre su propio eje tarda solamente once horas, o sea que en veinticuatro horas, en Urano amanece y anochece dos veces. Los nacidos bajo este signo no pueden evitar ser algo diferentes con un planeta tan especial protegiéndoles. Y por lo mismo, tú, Acuario, tienes que aprender a concentrarte, algo que a veces pareces ignorar por tener la cabeza llena de tantas cosas. Puedes ser el más distante, o puedes llegar a distanciarte tanto que tardan los demás en comprenderte. A tal grado, que el gran psicoanalista Alfred Adler, (acuariano por nacimiento) originó la *psicología individualista*. Ten en cuenta que tus ganas de realizar hacen que por medio de tus propios poderes creativos, siempre puedas salir adelante.

Tu verbo motor:

Contribuir

❧ AMOR, SALUD Y BIENESTAR ❧

Dichosos ustedes que se prenden y se apagan con un amor que a veces dura unos minutos y a menudo toda la vida. Tus pulsaciones vienen en olas, innovan, se alejan, crean, aprenden. Y, siempre al tanto de tu intuición personal, a menudo encuentras como curarte de cualquier mal de manera bastante holística, o fuera de lo común y nada corriente. Tu bienestar tiene que ver con las utopías que has soñado, tienes o tendrás porque de no fraguarlas, te asfixias. Expresarte es algo tan importante como el pan nuestro de cada día y mientras más descubras —novedades, palabras, ideas, planes y proyectos— mejor.

Angelus:

Halacho, genio de las simpatías.

❧ DESARROLLA TU RIQUEZA Y PROSPERA ❧

Hay pocos multimillonarios en tu signo, porque de hecho, en realidad no es la riqueza lo que te mueve. Para ti es mucho más importante, o debería serlo, la aventura misteriosa de entregarte cada vez que quieras a algo, a alguien, una idea o un proyecto o, porque no, un amor también. Tus caprichos y tus antojos tienen por lo general un mayor interés en tu vida, y una vida plena, para ti, siempre será equivalente a ser feliz. Tus ideales de prosperidad son también tan excéntricos como tu persona, y eso es excelente, porque así dejas el paso para quienes creen tropezarte, ya que siempre habrá personas que te envidien. Y tú, como si nada. Dichoso y dichosa.

---

21 DE ENERO

Se oye el rumor de un pregonar,
que dice así: acuariano ya llegó... Llegó.
—Nestor Mili

❧ PODER DAR ❧

Don locura, con locamente. Pero para ti, dar es compartir.

ASTRONOMÍA, HERMANA DE LA ASTROLOGÍA MODERNA

Dicen que Hypatia, filósofa y matemática cuya vida pueden ver en la magnífica película *Agora*, nació un 21 de enero. De que era de signo Acuario, estoy segura. Era la guardiana de la biblioteca de Alexandría, filósofa y astrónoma, matemática y profesora. Hija del filósofo Theon, Hypatia logró hazañas en literatura y en ciencia que por mucho pasan a los filósofos de su época. Le explicaba los principios de la filosofía a sus alumnos y era acusada de ser pagana y maga por sus enemigos. Ella editó el famosísimo libro *Almagast* de Ptolomeo y escribió un libro sobre astrología llamado *El canon astrológico*. La vida de este fantástico personaje encaja perfectamente a tu signo; ha sido citada durante cientos de años por famosos como Marcel Proust y ni más ni menos que Carl Sagan en su libro *Cosmos*. Recientemente un asteroide fue bautizado con el nombre *238 Hypatia* y una tipografía moderna lleva su nombre Hypatia Sans Pro. *Hypatia y la eternidad de Ramon Galí* es un libro sobre ella que lleva los cordones de la antigüedad hasta su importancia en nuestras vidas, y en especial en aquella personas de signo Acuario, quien siempre deja huellas.

 TU CLAVE SECRETA

Tendrás la oportunidad de siempre acertar, errando.

Celebridades de tu día:

Carlos V, Cristóbal Balenciaga, Lola Flores, Plácido Domingo, Christian Dior, Jack Nicklaus, Paul Allen y Marie Trintignant.

22 DE ENERO

El encanto es un producto de lo inesperado.
—José Martí

TU DÍA, ACUARIO

El salmo de la Biblia número 22 es un grito de angustia y una alabanza a la vez. Dichosos los acuarianos con este número, porque

Tu verbo motor:

Explorar

siendo tan diferente a los demás signos, ustedes nacidos un 22 de enero, tienen la oportunidad excelsa de vivir a lo máximo, cualquier cosa. De gozar y sufrir, de tener y perder, y de salir airoso o airosa cuando deciden que "ya basta", puesto que eso es su fuerza. El número 22 (en cualquier signo) es el de maestro, pero el maestro acuariano posee la inteligencia y la inventiva necesaria para encontrar la capacidad para realizar sus ambiciones.

ᕬᕗ AMOR, SALUD Y BIENESTAR ᕬᕗ

La humildad frente a tus seres queridos es imperante, pues tu carácter puede repentinamente mostrar una frialdad que asusta o un enojo total y absolutamente desconocido e inesperado (a veces, hasta por ti). ¡No vayas a equivocarte y perder algún ser amado sin saber exactamente por qué! Cada experiencia de amor, para ti, es la mejor. Pero, si no comprenden que eres un ser que necesita su independencia, cuidado.

En cuanto a salud se trata, cuida siempre tu circulación, tanto corporal como cuando andas "circulando", y no te confíes demasiado del frío. Tu bienestar muy personal aparece cuando te sales con la tuya, excelente cosa si la logras.

ᕬᕗ DESARROLLA TU RIQUEZA Y PROSPERA ᕬᕗ

Saber respetar el dinero y conocer el valor de las cosas, materiales y otras, es necesario. Lo que tienes que cuidar un poco es precisamente lo que tú consideras "lo demás". Eso es algo que no todos los nacidos bajo tu signo saben, y aunque lo entiendan, no todos lo pueden aprovechar. Tú, sí. Aunque Carlos Slim Helu es de tu signo, no es de tu día, y posiblemente no tengas toda la destreza por juntar tantísimo dinero como él. Pero ten en cuenta que prosperas cuando te sucede que solamente quieres lo suficiente para comprarte lo que deseas... lo demás, te importa poco.

ᕬᕗ PODER DAR ᕬᕗ

Siendo Acuario, dar tiene que ser parte de tu vida cotidiana.

ASTRONOMÍA, HERMANA DE LA ASTROLOGÍA MODERNA

En el año 1968, pasaron muchas, muchísimas cosas. Una de ellas fue el primer Apollo 5, módulo lunar que despegó hacia el espacio extraterrestre el lunes 22 de febrero de ese año. Con ese Apollo ensayaron ascenso, descenso y fue confirmado exitoso bajo todos los aspectos de su aventura, después de 670 minutos de vuelo, dejándolo en órbita para que se desintegrara. Explorar con la posibilidad de que tu propio viaje (por la vida) le sirva de ejemplo a quienes te conocen, es algo que va con tu aura cósmica. Ernest Shakleton, Charles Lindberg y Buzz Aldrin son algunos acuarianos exploradores, y es interesante saber que según Monsieur Michel Gauquelin, astrólogo, sicólogo, perito en estadística y creador de lo que el llamó *Neo-Astrología* (basado en una astrología comprobable), dijo alguna vez que las palabras claves para todo Acuario es mostrar la verdad al hombre —algo que los científicos, astrólogos y filósofos tratan de hacer.

Angelus:

Ebuhuel, ángel de la omnipotencia.

 TU CLAVE SECRETA

Hacer lo tuyo a tu manera.

Celebridades de tu día:

Iván el Grande, Sir Francis Bacon, Raica Oliveira, Grigori Rasputín, Mela Chucha, D. W. Griffith, U. Thant, George Ballanchine y Bionca.

TU DÍA, ACUARIO

Acuario por lo general, y Acuario del 23 de enero específicamente, tiene el deber de ser todo lo presumido que quiera. Experiencias múltiples que alimentan tu alma es algo que debe enorgullecerte constantemente, ya que tienes el don de consolar algo y alentar a quien lo necesite. Y ese don es algo que debe permitirte creer que eres alguien nada más porque sí. Eso sí, cuidado de no hacerte ver como arrogante, pues ese don también lo tienes, y lidear entre presunción y arrogancia no es fácil si quieres caer bien, que es un imperante para ti. *Ayudar* no solamente forma parte de tu persona, sino que es algo que te permitirá llegar a *ser* quien quieras, recibiendo las locuras que necesitas y el cariño que mereces simplemente por ser acuariano de esta fecha.

Tu verbo motor:

Corresponder

⫸ AMOR, SALUD Y BIENESTAR ⫷

Tiendes a enamorarte de quien no esperabas, o de recibir las caricias de quien nunca imaginabas. Esta es una característica irremediable de tu signo en general, pero los nacidos bajo el primer decenio de Acuario (desde el primer día de Acuario hasta el 30 de enero) a veces se pasan de tueste en el area de escoger su amado o amada. No se alebresten porque Acuario sabe también llevar toda una vida con su amorcito corazón, dejando a los criticones con la boca abierta.

Angelus:

Píhon, ángel que abre las puertas por donde entran los rezos de quienes pasan al sueño celestial.

En lo que a la salud y bienestar se refiere, tú eres alguien que necesita aire fresco cuando duermes. Debes ocuparte de dormir las horas necesarias para seguir tu alocado paso y no dejar que tu vida vaya más rápido que tu ser.

⫸ DESARROLLA TU RIQUEZA Y PROSPERA ⫷

Se sabe desde tiempos antiguos que Acuario prospera con despertar, pero su modo y manera de hacerlo por lo general no tiene que ver con riqueza material, sino que con la riqueza del alma, porque una vez que han encontrado algo que los apasiona, no pueden parar aunque no tengan la merecida remuneración. Unas clases de Suze Orman (de signo Géminis, que le va bien a Acuario) sobre las leyes del dinero te haría mucho bien para entender el cómo, cuándo y dónde de las finanzas.

23 DE ENERO

Todos tenemos derecho de ser presumidos, hasta lograr el éxito.
—Benjamin Disraeli

⫸ PODER DAR ⫷

Debes dar, por supuesto, pero con medida.

ASTRONOMÍA, HERMANA DE LA ASTROLOGÍA MODERNA

Posiblemente haya sido en esta fecha que los astrónomos de la dinastía Ming de China hayan visto —después de que el Emperador, asustado, les informó lo que había visto vagamente— un objeto que llamaban k'obsing, *estrella invitada*. Las fechas precisas son difíciles de calcular,porque en aquella época, cada calendario era considerado como un símbolo de alguna dinastía, y los astrónomos que eran a la vez astrólogos acomodaban las fechas según los acontecimientos reales. Los chinos se consideran los observadores más antiguos y precisos de los fenómenos celestiales, nombre que le pertenece al signo de Acuario. Ese objeto extraño se encontraba en la constelación de Cassiopeia, a unos 20 000 años luz de nosotros. Lo que significa que los chinos, Kepler y nosotros si lo miramos, estamos viendo algo que nació hace veintitantos mil años, puro viaje al pasado, algo que también pertenece al siglo de Acuario. Y tú, Acuario de este día, eres el escogido para comunicarlo.

 TU CLAVE SECRETA

Dicho por Michio Kaku, acuariano: "Vivimos en una época dentro de la cual lo que podamos imaginarnos, puede ser cierto".

Celebridades de tu día:

Vicente Ferrer, Sergei Eisenstein, Chita Rivera, Stendhal, Edouard Manet, Elvira Lindo, Django Reinhardt, JeanneMoreau, Princesa Carolina de Monaco, Wily Mo Peña, José Enrique Sánchez y Antonio Villaraigosa.

24 DE ENERO

Grandes almas tienen voluntad; almas endebles solo tienen deseos.
—Proverbio chino

TU DÍA, ACUARIO

Para los indígenas aymara, hoy es la fiesta del dios de la prosperidad, y tú, nacido este día, debes tomar esto en cuenta como conspiración personal hacia la conquista de tus deseos posibles. Los aymara son considerados como uno de los más antiguos grupos humanos de Sudamérica y su idioma es una de las más extrañas del género humano,

Tu verbo motor:

Iluminar

ya que al hablar parecen representar el pasado como algo que va por delante, y el futuro como algo que ya pasó. Los nacidos el 24 de enero deben poder comprender y manipular esto como mejor les convenga. Dice el astrólogo Dane Rudhyar que tu preciso grado de Acuario puede usar el uso disciplinado de energías espirituales para restaurar la armonía natural... algo que ya quisiéramos demasiados poder hacer.

✦ AMOR, SALUD Y BIENESTAR ✦

Amas plenamente, aunque quien te ame necesita comprender que el amor es el pan de tu vida, siempre y cuando tengas otras cosas en tu plato. Tu meta es amar, sí, pero no como paso único en la vida, y tu motivación dentro del amor es hacer comprender que tú eres capaz de producir algo —poco o mucho de un

Angelus:

Eloeus, uno de los ángeles constructores del universo.

sentimiento inmenso que abarca patrones armónicos y conciencias espirituales. Tu proceso de estar sano, también tiene que ver con el mundo que te rodea, algo que siempre debes tener en cuenta y tu bienestar te repartes conforme te vas sintiendo, hasta hartarte, o hartar a quien quiere ayudarte. Una técnica de sanar fuera de lo común y corriente es lo que debes conocer para estar siempre a tono.

✦ DESARROLLA TU RIQUEZA Y PROSPERA ✦

No es fácil hablarte de riqueza, porque para ti no tiene el mismo significado que para los demás. Pero sí es importante que recuerdes cuando puedas que es mejor ser rico y sano que pobre y enfermo. Eres de las pocas personas que a veces lo olvida, y luego ya es demasiado tarde. Sin embargo, para ti, siempre hay una mejor mañana,

sea el presente o un futuro próximo. Cuando logres darte cuenta de la gran cantidad de amor que eres capaz de repartir, sabrás que te estarás desarrollando de manera excelsa.

✦ PODER DAR ✦

Tú necesitas dar, pensándolo dos veces, para no equivocarte.

ASTRONOMÍA, HERMANA DE LA ASTROLOGÍA MODERNA

El Voyager 2 ha visitado más planetas que cualquier otra nave espacial. Ha pasado por Júpiter, Saturno, Urano y Neptuno, y tiene más de veintiséis años viajando. Se opera desde Pasadena, California. Uno de los descubrimientos con el Voyager 2 que sorpendió a los científicos fue las imágenes de una de las lunas de Urano. Miranda, esta luna, tiene valles, quebradas y peñascos, y esto indica que lleva una vida de periodos de actividad tectónica y termal. Además, los creativos de la N.A.S.A. descubrieron cuando pasó cerca de Urano (un 24 de enero) que los polos norte y sur estaban más bien cercanos a su ecuador. Esto significa que la materia que fluye en el interior del planeta y que generan su campo magnético son mucho más cercanos a su superficie que aquellos de nuestra Tierra. El viaje de Voyager 2 amplió el conocimiento de la diversidad totalmente inesperada de los planetas, nuestros compañeros de nuestro sistema solar. Lo mismo haces tú, Acuario, con tu presencia entre tus seres queridos.

 TU CLAVE SECRETA

Comprende que eres bastante distinto a los demás, y aprovéchalo.

Celebridades de tu día:

Edith Wharton, Michio Kaku, Adriano, Farinelli, Rafael Caldera, Neil Diamond, Benjamín Urrutia, Luis Suárez Fernández, Mary Lou Retton y el 24 de enero de 1848 se descubrió el oro que disparó la fiebre de oro en California.

TU DÍA, ACUARIO

Definitivamente, los nacidos bajo el signo de Acuario son los más individualistas del zodíaco, pero eso no significa que sean los *únicos*, y esa es la palabra que los acuarianos, nacidos un 25 de enero deben estudiar. ÚNICO, singular o inigualable. Esto, porque tú tiendes a nutrir una cierta rigidez que puede causarte ceguera emocional, algo que te fastidia y hace que se fastidien quienes quisieran ser tus buenos compañeros. Ser Acuario es un premio, pero hay que recordar que todos tienen a ese signo en algún lugar de su horóscopo personal, y tú, como individuo sorprendente, necesitas tener en cuenta que la astrología comprende más que el simple signo zodiacal. Curiosamente, muchos de tu signo son buenos astrólogos. Por lo mismo, investiga en las artes de la sociología, psicología y fisioterapia para que a la vez apliques ese gran talento que llevas a cuestas a simplificarle la vida a los demás.

Tu verbo motor:

Aclarar

ᐊᕽ AMOR, SALUD Y BIENESTAR ᕽᐅ

Formar relaciones es algo que o te es muy fácil o algo difícil, pero casi nunca, como dirían los franceses *comme-ci, comme-ca*, o término medio. Sucede que a veces te preguntas, "Pero como pude querer tanto a tal o cual persona", y sucede que sí la o lo quisiste más que tanto. Pero quien te ama necesitará comprender que la libertad es algo que va con tu signo de manera especial. Así, tu salud también generalmente es algo que solo tú entiendes, y es de suma importancia que encuentres un doctor en quien confiar, para que tengas acceso inmediato cada vez que lo necesites. Bienestar es lo que tienes que dar, no buscar. Una vez que sepas por dónde, lo demás, es decir tu propio bienestar, llega fácilmente.

Angelus:

Qaddís, uno de los ángeles del concilio de Dios.

ᐊᕽ DESARROLLA TU RIQUEZA Y PROSPERA ᕽᐅ

Por lo general, una vez que encuentres la posición, sea la que sea, que te agrade, y dentro de la cual puedas desarrollarte a tu manera, tu prosperidad se desarrollará sola. Pero necesitas que te suelten la rienda, claro, toda proporción guardada, para que mejores tu posición así como tu comodidad laboral. Una vez aclarado esto, vas por muy buen camino.

25 DE ENERO

Estamos hechos de la misma cosa que las estrellas.
—Brian E. Cox

ᐊᕽ PODER DAR ᕽᐅ

Tú necesitas dar para que otros se desarrollen con la misma libertad que la tuya.

ASTRONOMÍA, HERMANA DE LA ASTROLOGÍA MODERNA

Este día, en el año 1939, en la Universidad de Colombia de Nueva York, por primera vez en la historia de América, se condujo el primer experimento de fisión nuclear. Midieron entonces óxido de uranio adentro de una cámara de ionización y lo irradiaron con neutrones. Parece alquimia mistificada, pero así, midieron la energía expedida. Y desde ese momento (bajo los efectos de Acuario, regido por el planeta Urano), científicos se dieron cuenta que las reacciones en cadena sí eran posibles. Y para bien o para mal, cambió el mundo. Urano, regente de Acuario, planeta que orbita entre Saturno y Neptuno a unos 2 816 352 000 kilómetros del Sol, es el tercer planeta en tamaño de nuestro sistema solar. Desde épocas de la antigua Grecia, Urano era el dios supremo, hijo y pareja de Gaia, la diosa de la creación. Urano entró al signo de Aries en noviembre de 2011 donde permanecerá hasta mayo de 2018. Se le considera el planeta que tiene gran influencia sobre las nuevas generaciones y, por lo mismo, esperamos que de aquí a 2018 hayan más novedades de lo que cualquiera de nosotros podemos imaginar. Para encontrar el camino adecuado, habrá que preguntarle a alguien de signo Acuario.

 TU CLAVE SECRETA

Atreverte a repartir el bien.

Celebridades de tu día:

Juventino Rosas, Virginia Woolf, Antonio Carlos Jobim, Corazón Aquino, Etta James, Xavi Hernández, Alicia Keys, Robert Burns, W. Somerset Maugham, Ana Ortiz y Carlos de Haes

Aquellos que pueden dejar de tener libertad para obtener un poco de seguridad temporaria, no merecen libertad ni seguridad.
—Benjamin Franklin

TU DÍA, ACUARIO

En la Palestina de antaño, este era el día de los árboles, y las familias plantaban un árbol por cada hijo nacido durante el año, algo que va, mitológicamente, con tu persona. Naciendo este día, tienes mucho que aguantar, y mucho que repartir. Y cuando encuentres el camino que te indique como exponerle al mundo lo que le quieres decir, y puedas sembrar, saldrás ganando. Tienes el don de saber cómo mostrar el poder colectivo a quien no lo ha comprendido, que a la vez significa que tu misión es ayudar a quienes no encuentran su propio camino. Es un especie de responsabilidad que pocos tienen, y tú eres entre los escogidos para aclararle a otros como mejorar su vida. Lo ves claro, y espero que hagas lo mismo por ti. Esto podría resultarte más difícil que responder por otros, pero lo lograrás tomando el tiempo necesario para pensar en ti.

Tu verbo motor:

Entregar

❧ AMOR, SALUD Y BIENESTAR ❧

De los más tiernos del zodiaco es tu día, porque el número 26, según su simbolismo, tiene que ver con la búsqueda de la erradicación del mal y, según el Evangelio de San Lucas, es el número de generaciones desde David hasta Cristo. Quien te ame de verdad, tiene suerte, y para ti amar es un verbo vasto que incluye la vida en sí. Tiendes a descuidar tu persona un poco, y mucho bien te hará tener quien vele por ti. El bienestar te viene fácil, siempre y cuando no exageres tu eccentricidad.

❧ DESARROLLA TU RIQUEZA Y PROSPERA ❧

Prosperas sin darte cuenta y, por lo mismo, no cuidas tus bienes materiales como deberías. Tener una buena pareja es algo que te hace mucha falta, y si la o lo encuentras, procura incluir a esa persona en la manera que imaginas podrás conseguir aun más, o juntar lo necesario para vivir bien. Tus asociados tendrán más que ver de lo que tú mismo quisieras, pero con tu gran intuición verás que vas a poder reconocer quién verdaderamente te conviene para tener una vida cómoda. Te la mereces.

❧ PODER DAR ❧

Tú tiendes a dar con pudor, sin embargo, eres alguien que debe permitirse dar para que las cosas florezcan a largo o corto plazo.

ASTRONOMÍA, HERMANA DE LA ASTROLOGÍA MODERNA

En un día como este, pero del año 66, por quinta vez en la historia escrita, pasó el cometa Halley, que puede ser visto con el ojo humano y pasa por nuestro planeta cada setenta y cinco o setenta y seis años. Se dice que este cometa ha sido visto desde el año 466 a. de C. Aristóteles pensaba que los cometas eran irregularidades en la atmósfera del planeta Tierra, y Sir Isaac Newton publicó su *Principia* cientos de años después, describiendo una versión mucho más moderna sobre los cometas, faltándole muchos detalles. La palabra cometa viene del griego antiguo *kometes*, que significa *de pelo largo*, y la mayoría viven en nuestro propio sistema solar. En 1705, Edmond Halley escribió en su *Sinopsis de la astronomía de los cometas* un tratado correcto, y por esto el cometa fue bautizado con su nombre.

Angelus:

Urpaniel, ángel que aleja todo mal.

Halley es el más activo de todos los cometas conocidos. La última vez que fue visto desde la Tierra fue en 1986, bajo el signo de Acuario, y la próxima vez será en julio de 2061. Hagamos cita para verlo desde donde quieran, porque debe verse con la magnificencia que se merece. Tú, Acuario del 26 de enero, debes recordar que cuándo eliges trazar un camino, como lo hace el cometa Halley, eres capaz de exhibir una fuerza de voluntad y una determinación increíbles, solo asegúrate de hacerlo más seguido que el cometa Halley.

 TU CLAVE SECRETA

Encontrar tu propia manera de encender el interés de los demás.

Celebridades de tu día:

Juan Pablo Duarte, Roger Vadim, Jules Feiffer, Jacqueline du Pré, Angela Davis, Ellen DeGeneres, Frank Costello, Sergio Perez, Douglas MacArthur, Paul Newman y Gustavo Dudamel.

TU DÍA, ACUARIO

La gran diferencia entre ayer y hoy, el 26 y el 27, es que tú llevas el don de repartir ideas, de curtirlas, mejorarlas y hacer ver a quien se cruce por tu camino que escuchándote, aprenderán algo consistente al ampliar su propia visión del mundo. En muchos casos y momentos, sin que leas esto y creas que tu don es mágico, necesitarás poner manos a la obra de manera adecuada a quien sepas que necesita de ti, pero ten siempre en cuenta que mientras más estudies, mejor podrás entender como aprovechar este talento. Lewis Carroll, matemático y autor de *Alicia en el país de las maravillas* entre muchos otros libros, nació este día, y desde que tengo uso de razón (astrológica) mi consejo o ruego es que tú consultes de vez en cuando la obra arriba mencionada como VADEMECUM cósmico. Encontrarás, misteriosamente, respuestas a muchas preguntas personales si lo haces.

Tu verbo motor:

Fructificar

⊰⊱ AMOR, SALUD Y BIENESTAR ⊰⊱

En algunos lugares del mundo, en este mismo día, se celebra las horas del nacimiento de las conjeturas sobrenaturales y eso posiblemente te permita lograr tus sueños en el área del amor. Y si tu pareja es fuera de lo común y corriente, investiga el por qué, no lo o la desprecies.

Tu cuerpo deberá ser, como repetían en épocas antiguas, tu templo, y debes hacer todo lo posible por mantenerlo en perfecto estado, comiendo lo adecuado, ejercitándose debidamente y durmiendo suficiente. Tu persona merece eso y más. El bienestar vendrá por sí solo cuando lo logres.

⊰⊱ DESARROLLA TU RIQUEZA Y PROSPERA ⊰⊱

No confundas abundancia con opulencia, porque podrías acabar protegiéndote contra cualquier error mínimo al querer más de lo que en realidad no necesitas, y así, te perderás el todo por la nada. Un vidente chino alguna vez dijo que "tú eres todo el mundo y sin embargo sigues pensando que aun hay más", palabras que parecen quedarte como anillo al dedo, palabras que cuando las acomodas a tu persona verás que la prosperidad adecuada vendrá solita. Y, escuchando las historias de los demás, donde estés y como puedas, verás que tu gran facultad de adaptarte a las circunstancias es algo que entrelazas con tus deseos de mejorar tus adquisiciones. Sean materiales o no.

Angelus:

Memuneh, ángel diputado, el asignado, dispensador de sueños por el cual opera el universo.

27 DE ENERO

La ley fundamental de la vida es superar, superar lo que sea que detuviese el desarrollo individual.
—Alfred Adler

⊰⊱ PODER DAR ⊰⊱

Rico, bueno y sabroso tendrás que ser, ya que esas cosas sabrás dar, y espero logres, a la vez, dártelo a ti misma. Da de ti, sin dejar lo que quieres guardar para ti.

ASTRONOMÍA, HERMANA DE LA ASTROLOGÍA MODERNA

Son aproximadamente 6000 las estrellas que puede un humano contar durante una noche clara; y son aproximadamente 6000 libros los que uno puede leer en una vida. La relación de una cosa con otra tiene mucho valor místico, mágico y maravilloso. Y ambas cosas alimentan el alma. La National Geographic Society fue fundada el 27 de enero de 1888, con fines de educar en las areas de geografía, arqueología, ciencias naturales y el estudio de la cultura del mundo. Su meta es inspirar a los humanos para que se preocupen y cuiden a su planeta. La relación entre el conteo de las estrellas, los libros leídos y el interés en cuidar nuestro planeta se vuelve mayor al comprender algo sobre la realidad de cada cosa, y para ti —nacido el mismo día en que se funda algo tan importante para el conocimiento como la National Geographic Society— es un regalo cósmico importante. Nuestro cielo nocturno y los libros son dos de las cosas que han acompañado al hombre a través de los siglos. Tycho Brahe, un noble danés mundialmente conocido por sus observaciones astronómicas, planetarias y astrológicas, habla en *De Nova Stella*, uno de sus libros importantes, sobre la relación del hombre, las estrellas y el conocimiento que de allí se puede obtener. Tú podrías ser el propulsor de algo parecido.

 TU CLAVE SECRETA

Saberte capaz de combinar todo tipo de conocimiento.

Celebridades de tu día:

Wolfgang Amadeus Mozart, Katherine Mansfield, Lewis Carroll, Lil Jon, Mikhail Baryshnikov, Gaston Suárez y Keith Olbermann.

28 DE ENERO

Primero te ignoran. Luego se ríen de ti. Despues se pelean contigo.
Al final, sales ganando.
—Mahatma Gandhi

TU DÍA, ACUARIO

Tu personalidad es magnética y bastante excitante. ¡Cuidado! Puedes impresionar a otros, y de vez en vez, impresionarte a ti mismo a tal grado que olvidas que la banalidad también existe. Tener una interesante y buena profesión es algo que necesitas lograr para reconquistar tu presencia diariamente. Lo primero es lograr saber quién eres, cuánto puedes aportar y qué puedes darle a los demás sin escatimar. De lo contrario, te encontrarás imitando tus propios patrones en lugar de seguir adelante y mejorar tu mundo, algo que podrías hacer (sin quererla cambiar). El pasado y el futuro son tan importantes para ti como el presente, y mientras más aprendas de estas tres cosas, mejor para ti. Tu vida debe consistir en pasos continuos hacia arriba y adelante, y logros que aun quizá te imaginas.

> **Tu verbo motor:**
>
> *Escoger*

AMOR, SALUD Y BIENESTAR

Tienes una profunda necesidad de fijar tus vibraciones erráticas para recargarte en el verdadero amor y la condición humana que necesitas para lograr dar y recibir todo el amor que todo ser necesita. Comprende que tus frecuencias personales oscilan en ondas bastante diferentes a los demás, tu originalidad es grande, y permítete confiar y tratar de entender muchos puntos de vista, no solamente los tuyos.

> **Angelus:**
>
> *Umabel, ángel que domina la física y la astronomía.*

En relación a tu bienestar físico, también debes poner atención a los mínimos detalles que pueden incomodarte. Son señales. Para lograr el bienestar, sigue tu propia intuición.

DESARROLLA TU RIQUEZA Y PROSPERA

Para ti, tu prosperidad y riqueza son una jugada. En grande. La fuerza del número de la fecha de tu nacimiento anudada con tu signo astrológico evoca palabras como mixto, adaptable, conciliador, transigente, intermediario, acomodadizo, selectivo y coordinador. Todo eso hace una suma de experiencias vividas y momentos de calma durante las cuales tienes oportunidades algo inusitadas para reacomodar tus valores. Si encuentras el camino, lo que consigas estará en tus manos por tu propia voluntad. Pero no para siempre.

PODER DAR

"¡Nadie necesita tanto!", dijo quien recibió el premio gordo de la lotería de noventa y siete millones de dólares en el invierno de 2001. Y, por consiguiente, repartió lo que creyó que Dios NO le había dado. Hasta la fecha, vive feliz. Yo creo que nació un 28 de enero.

ASTRONOMÍA, HERMANA DE LA ASTROLOGÍA MODERNA

La Real Academia de Ciencia fue fundada el 28 de enero de 1724, en San Petesburgo, Rusia, por Pedro el Grande (signo Géminis). Hoy día tiene importantes instituciones que investigan, entre otras, física nuclear, matemáticas, computación, biología molecular y observatorios astrofísicos, y han regalado al mundo 19 Premios Nobel, el último de física en 2010. El premio fue por haber encontrado un alotropo de carbono cuya estructura es de un átomo de grosor, tres millones de las cuales tendrían un milímetro de grosor, llamado *grafeno*. Su uso podría llenar varios libros de ciencia ficción, hecha realidad. Esto es algo que cualquier acuariano sabría gozar. Como festejo especial de este día, unos años antes, el mismo premiado Andre Geim levitó una rana a dos metros de altura por medio de un campo magnético específico con un millón de veces la fuerza del campo magnético de nuestro planeta. Esto, en conjunto con el grafeno, podría ser la base para una nave espacial mejor que las de Star Trek, navegada, por supuesto, por alguien de signo Acuario.

 TU CLAVE SECRETA

Entender que poco te detiene, y saber por qué.

Celebridades de tu día:

José Martí, Santo Tomás de Aquino, Johannes Hevelius, Jackson Pollock, Nicolas Sarkozy, Carlos Slim Helu, Arthur Rubinstein, Martín Cardenas, Elijah Wood, Colette y Margot Glantz.

TU DÍA, ACUARIO

"Venimos a componer el futuro", con ese sello deberían llegar quienes nacen cualquier 29 de enero. Resulta que un día como este, en 1845, "El cuervo", ese maravilloso poema escrito por Edgar Allen Poe, apareció impreso en un periódico el *New York Daily Mirror*, primera publicación del autor firmado con su nombre. ¿Por qué es tan importante en la vida de alguien nacido este día? Porque los poemas, los libros, los países y las cosas tienen signo astrológico, y Acuario es un signo que te llevará al precipicio de la realidad y su contrapunto varias veces en tu vida. Y, apareado con este poema, llevas un *je ne sais quoi* en tus entrañas. Algo que te permitirá siempre salir adelante bajo toda circunstancia, y te hará ver que tu vida no puede ser común y corriente.

ᚥ AMOR, SALUD Y BIENESTAR ᚥ

El amor para ti tiene que ver con mostrar que amas más que nadie, y quien te ame y comprenda esto, tiene que ser alguien especial. No es por nada que en un lugar recóndito de nuestro planeta hoy se celebra el agasajo de expectativas vencidas, algo que en realidad, solo alguien como tú sabría festejar. Importante es que tengas cuidado con tus exageraciones para que no intervengan en tu salud personal, y que no le pidas demasiado a la vida para conquistar tu bienestar. Ese "algo muy especial" debería serte suficiente.

Angelus:

Pachriel, uno de los siete grandes, acompañado siempre de 496 000 ángeles ministeriales.

ᚥ DESARROLLA TU RIQUEZA Y PROSPERA ᚥ

En México hay una canción muy conocida que comienza, "Y tú que te creías el rey de todo el mundo". ¿Lo habrá escrito para ti el autor? Posiblemente solo tú sabrías como contestar airadamente esta pregunta, pero si crees que sí, buena cosa. Y si no estás seguro o segura, aplícate para que te atrevas cotidianamente a pensar que sí fue escrito para ti. La prosperidad que te espera podrá ir y venir, y para ti en realidad, alcanzar tus metas de vez en cuando es más importante que los logros finales. O por lo menos, así debería ser.

ᚥ PODER DAR ᚥ

Da, preguntando, porque frecuentemente das sin pensar en hacer el bien, cuando debes hacer el bien al dar.

---

29 DE ENERO

Si no es ahora, ¿cuándo? Si no es ahora, ¿dónde?
—Frase alemana tradicional

ASTRONOMÍA, HERMANA DE LA ASTROLOGÍA MODERNA

No siempre lo grande es lo que impera. La estrella Kapteyn es una enana roja de magnitud 9, de clase M1, a unos trece años luz de la Tierra. La estrella fue catalogada por el astrónomo Jacobus Kapteyn (de signo Capricornio el maestro). Sus estudios sobre la Vía Láctea fueron importantes y su descubrimiento de la evidencia de la rotación galáctica es algo que nos ha ayudado a conocer mejor los movimientos del universo. Kapteyn, con todo y su mínimo tamaño tiene "el segundo movimiento propio más grande de todas las estrellas conocidas", según el *Diccionario de Astronomía Oxford-Complutense*. La estrella tiene una alta velocidad radial, y su órbita alrededor de la Vía Láctea es en movimiento retrógrado. En varios libros de ciencia ficción esta estrella ha sido mencionada como el hogar de especies inteligentes de todos tipos que viven en nichos ecológicos, así como en juegos computadorizados del sistema *frontier*. Podrías haber inventado todo esto tú, nacido un 29 de enero por "improbable pero cierto", frase que acompaña a tu personalidad como la historia de Kapteyn.

 TU CLAVE SECRETA

Saber ordenar tus poderes.

Celebridades de tu día:

Oprah Winfrey, Cristina Saralegui, Thomas Paine, W. C. Fields, Anton Chekhov, Romain Rolland, Vicente Blasco Ibáñez, John D. Rockerfeller Jr., José Luis de Villalonga, Germaine Greer y Elia Barceló.

El universe es cambio; nuestra vida la crea nuestros pensamientos.
—Marcus Aurelius Antoninus, *Meditations*

TU DÍA, ACUARIO

Entre los cambios y los pensamientos estás tú, nacido un día como este. Y entre cambio y cambio vas encontrando tu vida. Y esa es la mejor manera en que puedes lidiar con lo que tus pensamientos van creando para tu misma vida. Parece complicado, pero en realidad no lo es. El complicado o la complicada pudieras ser tú, porque así has decidido ser y vivir. Tú sabes bien como tratar a quienes te resultan personajes interesantes e únicos en lugar de pantallas sobre las cuales proyectas lo que quisieras que fueran. Y eso es un don. Sabes ver la relación que existe entre la visión mental y espiritual y su realidad. Y, de antemano, te felicito.

> **Tu verbo motor:**
>
> *Pesar (las situaciones)*

◄━ AMOR, SALUD Y BIENESTAR ━►

Algo enredado tu manera de ser personal, y muy a gusto tu modo de amar. Es más, podrías dar unas clases de cómo abrazar, besar, amar, y habrían muchas personas contentas, a gusto con tus recomendaciones. Sabes, a la vez, cómo revaluarte, y eso tiene mucho que ver con la salud, la tuya por supuesto. También, las circunstancias que te aportan bienestar las ves venir desde muy lejos y sabes aprovechar el momento, siempre y cuando tu estado de ánimo esté a tono con tu ego personal, algo que debes procurar. Tus experiencias, mientras más colectivas sean, te aportarán mayor satisfacción y ventura.

> **Angelus:**
>
> *Manu, ángel que preside sobre el destino.*

◄━ DESARROLLA TU RIQUEZA Y PROSPERA ━►

Tu manera de pensar debe ser promovida, estudiada y reconocidamente rápida, con respuestas inmediatas a tu antojo. Ideas novedosas y originales son tu fuerte, y eso mismo debe poderte ayudar a desarrollar tanto tu riqueza como tu prosperidad, aunque la prosperidad es algo que podrías ayudar a otros a conseguir, tanto como a ti mismo. Esa originalidad debe ser tu mejor amiga cuando estés en momentos de necesidad. Cada evento en tu vida debe ayudarte a prosperar, si logras ponerte de acuerdo con tu gran inteligencia.

◄━ PODER DAR ━►

Tu deberías enforcarte en dar como si fueras tú el representante del bienestar colectivo.

ASTRONOMÍA, HERMANA DE LA ASTROLOGÍA MODERNA

En la International Astronomical Union se puede comprar un nombre asignado a una estrella que tiene simples números y, por una pequeña cantidad de dinero, te envían un mapa de su locación. Las astrónomos no están muy de acuerdo con esta compra/venta, pero a mí me parece el regalo perfecto para alguien con Acuario predominante en su carta cósmica personal porque son, y tú en especial, exploradores innatos de lo desconocido. Julio Verne, Galileo Galilei, Lord Byron, George Simenon, Yoko Ono, Princesa Carolina, Peter Gabriel, Paris Hilton y tantos otros quienes sobresalen por su excentricidad pertenecen a tu signo. Los nacidos el 30 de enero a menudo, sobresalen aun más, porque ese número combinado con tu signo encarna la esencia de las fluctuaciones rítmicas que caracterizan asuntos humanos. El reloj es prueba de lo mismo. Un círculo de 360 grados, dividido en doce secciones nos da tu número, el 30. Así que 30 simboliza algo muy especial en el ciclo del tiempo, base de todo estudio astronómico. Y para el año 2014, habremos llegado a un nuevo ciclo, especialmente para aquellos nacidos un 30 de enero.

 TU CLAVE SECRETA

Saberte único para gozar tu individualidad.

> **Celebridades de tu día:**
>
> *Franklin D. Roosevelt, Phil Collins, Lupillo Rivera, Vanessa Redgrave, Wilmer Valderrama, Príncipe de Asturias Felipe de Borbón y Santa Ángela de la Cruz.*

TU DÍA, ACUARIO

Los momentos de silencio, tuyos propios, están puestos en tu camino para que recibas inspiración personal y desarrolles ciertas fuerzas íntimas que te ayudarán en todos los aspectos de tu vida. Es decir, si puedes lograr estar siempre abierto a tu muy especial fuerza espiritual, tu vida será creativa y llena de momentos agradables. Suerte tienes de haber sido parido este día y gusto debe darte saberte un ser bastante especial. Aplicar lo que aprendes de la vida para tu propio bienestar es importantísimo, y más aun ya que la necesidad de alimentarte con tu gran capacidad de concentración mental es algo que te fortificará siempre. Encontrar tu propio ritmo es necesario, así como el dicho latino, *E pluribus unum* (de muchos, uno), es algo que nunca debes olvidar.

Tu verbo motor:

Aplicar

❧ AMOR, SALUD Y BIENESTAR ❧

La aventura, la solidaridad colectiva y la liberación de tus sentimientos es algo que puede orillarte a enamorarte si no demasiadas veces, demasiado. Y, por lo mismo, espero que encuentres a quien amar toda la vida, para que tengas en quien descargar tanto amor. Tu vida debe estar llena de muchas sorpresas que, con tu propio ecléctico ser, necesitas aprender a canalizar para guardar cierta calma. Algún ejercicio que te permita sentir que dominas tu propio cuerpo casi a la perfección es imperante, y teniendo tu propio espíritu libre es el mejor de todos los bienestares posibles para ti.

Angelus:

Iadiel, ángel de la mano de Dios.

❧ DESARROLLA TU RIQUEZA Y PROSPERA ❧

Inventor, genio loco o granjero, pasando por cualquier otra labor te va bien, siempre y cuando tú sientas que la remuneración que recibes es la justa. Una vez establecido eso, prosperarás. Pero no olvides que la solidaridad colectiva es algo que deberías incluir siempre en tu vida. Pertenecer a una agrupación que realmente ayuda a otra, desde la Cruz Roja hasta el pequeño grupo que lee cuentos en un parque a niños, pasando por lo que puedas imaginar, y luego, por supuesto, realizar, es de suma importancia para prosperar debidamente en tu vida.

❧ PODER DAR ❧

Por el número de tu día combinado con el mes, aprender a darte lo que necesitas para reforzarte es de suma importancia.

31 DE ENERO

La felicidad existe sobre la Tierra, y se gana por medio del ejercicio de la razón, conocimiento de la armonía del universo y la práctica constante de la generosidad.
—José Martí

ASTRONOMÍA, HERMANA DE LA ASTROLOGÍA MODERNA

En el año 1990, con la luna pasando por el signo de Acuario así como todos los habitantes de la Tierra, se vendió al precio más alto jamás pagado por un Atlas, el de Ptolomeo (Cosmographia) a 1.925.000 libras esterlinas. Claudius Ptolomaeus, conocido hoy como Ptolomeo, era matemático, astrónomo, geógrafo y astrólogo, además de poeta. Vivía en Egipto, que en su época era regido por los romanos, escribía en griego y murió en Alejandría. Tan universal como debe ser todo acuariano, sus escritos han sido de gran importancia para la ciencia tanto europeo como islámica. Entre los importantísimos escritos que nos legó, están sus estudios geográficos. Hasta hoy día son considerados obras maestras sus mapas, ya que fue él quien hizo una descripción básica de la Tierra dejando varios escritos sobre cómo hacer un mapa. Para ti, Acuario del 31 de enero, sería tan importante visitar su obra en la biblioteca Apostólica Vaticana como para los que sienten la gloria al visitar la Meca.

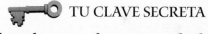 TU CLAVE SECRETA

Aprender a entenderte y aprovecharlo.

Celebridades de tu día:

Norman Mailer, Kenzaburo Oe, Mario Lanza, Philip Glass, Jorge Debravo, Justin Timberlake, Concepción Arenal, Jackie Robinson, Franz Shubert, Patricia Velásquez, La Reina Beatriz de Holanda y Atahualpa Yupanquí.

FEBRERO

¿Quiénes cumplen años este mes?

1 _____
2 _____
3 _____
4 _____
5 _____
6 _____
7 _____
8 _____
9 _____
10 _____
11 _____
12 _____
13 _____
14 _____
15 _____

16 _____
17 _____
18 _____
19 _____
20 _____
21 _____
22 _____
23 _____
24 _____
25 _____
26 _____
27 _____
28 _____
29 _____

TU DÍA, ACUARIO

Para los nacidos un 1 de febrero, todo lo que es, les pertenece. Parece un oxímoron, pero para ustedes, siempre les hará bien conocerSE un poco más. Diariamente, paso a paso y golpe a golpe, como la canción. Tu paso por esta vida es contradictoria, para bien de ustedes. En lo bueno y en lo malo. Un ejemplo de esto es Santa Brígida de Irlanda, la única hada convertida en santa.

Tu verbo motor:

Impulsar

Los antiguos egipcios tenían ligas esotéricas con algo llamado orfismo, y dentro de esa creencia hablan de un Acuario que es como tú: "¿Quién eres?", le preguntan al acuariano, y contesta, "Soy un hijo de la Tierra y el estrellado Cielo". Ese es tu don, y tú le tienes que encontrar el justo medio, medido por cada uno de ustedes que hayan nacido este primer día del mes y único 1 de Acuario.

❧ AMOR, SALUD Y BIENESTAR ❧

Una vez que despierta el amor en ti, es como una bomba. Explotas. Revives. Caes y vuelves a nacer, repentinamente habiendo conocido algo inesperado. Dichosos. Que te quieran a la vez es música del cielo, pero tú, amando, tienes suficiente para dos. La salud, es otra cosa. Eres muy sensible a los cambios climáticos y a los sentimientos del prójimo. Puedes contagiarte mirando, esperemos que siempre sea para tu bien,

Angelus:

Rosabis, genio de los metales y representante de la hora 11, número en orden del zodíaco de Acuario.

para tu bienestar, para tu mejoría, para que sigas el camino hacia lo que mereces, por haber nacido este día. De lo bueno, mucho. Del bienestar, lo que mereces.

❧ DESARROLLA TU RIQUEZA Y PROSPERA ❧

Bajo impulsos inmediatos encontrarás mayor prosperidad, y sin pensar demasiado, pero con estrategias ya formadas, podrás desarrollar la riqueza que crees convenirte. Lo importante es que te pongas una meta razonable, que vaya con tu verdadero "yo", y no busques encontrar lo inalcanzable.

❧ PODER DAR ❧

Como el va y viene de las olas, da según tu humor.

---

1 DE FEBRERO

Que eso que sea, sea; que eso que no sea, no sea. ¿No es eso?
Así es. Eso es ser Acuario.
—Dicho popular

ASTRONOMÍA, HERMANA DE LA ASTROLOGÍA MODERNA

Las *superposiciones* son estados de la materia que pueden ser tanto números cero como números uno al mismo tiempo. Así, tú, el Acuariano de hoy, puede ser una cosa u otra. Y justamente lo último y más complejo para crear una computadora cuántica que cambiará nuestro mundo y que hace diez años existía, está por realizarse antes de 2017 —algo que se podrá controlar, con precisión arbitraria—, y si no me creen, vean los datos en el American Physical Society de EE. UU.: "Es nuestra absoluta convicción que al comprender la naturaleza del universo físico, se beneficiará toda la humanidad". Este lema y tema de su objetivo le va como guante a tu manera de poder ser, y la de una gran mayoría de acuarianos.

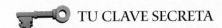 TU CLAVE SECRETA

Actualizarte siempre.

Celebridades de tu día:

Clark Gable, Lisa Marie Presley, María Elena Walsh, Langston Hughes, Emilio G. Segrè, Tego Calderón, Muriel Spark, Renata Tebaldi, Valentín Elizalde, John Ford y Gabriel Batistuta.

2 DE FEBRERO

Si no ha sucedido algo extraño durante el día, no ha sido un día interesante.
—John Wheeler

TU DÍA, ACUARIO

Tu verbo motor:

Persistir

Si no estás de acuerdo con las palabras mencionadas arriba que encajan con tu día, no naciste el 2 de febrero. Lo digo porque tú mismo tienes la gran y alucinante capacidad de disfrazarte entre alguien elegantísimo y exigente y tu otro yo, enloquecidamente entretenido y fuera de lo común, con algunos extraños gustos atravesados. Uno de los seres tanto divertidos como a veces, de gran distinción. ¿Conocerte bien? Algo difícil.

❧ AMOR, SALUD Y BIENESTAR ❧

Como dijo NOVA recientemente, "Llevas una estrella por dentro", como todos. Pero es cierto que somos parte, todos y todo, de la gran explosión, y eso te hace sensible al mundo a tu alrededor, algo que en tu caso específico, se concentra en tu modo de amar. Es decir que puedes, repentinamente, sentir lo que no esperabas, simplemente porque a miles de años luz algo está sucediendo que tú ni siquiera imaginas. Y eso te orilla a decir o a hacer lo inconcebible. Para bien o para mal, eso ya depende de tu libre albedrío, algo que tienes en gran dosis. La salud entra como el clima a nuestro lar, y tu bienestar te llega cuando logras hacer la cuantificación de lo que tienes y lo que puedes dar.

Angelus:

Jukar, un príncipe de ángeles.

❧ DESARROLLA TU RIQUEZA Y PROSPERA ❧

El 2 de febrero del año 1779, hubo quien rehusó pagar sus impuestos, y no es que no debas pagar los tuyos, pero sí es cierto que debes llevar un presupuesto adecuado a tus ganancias, y pagar lo justo equitativo y saludable, para aumentar, como tengas planeado, tu bienestar, tu riqueza y prosperidad.

❧ PODER DAR ❧

Para dar, estudia profundamente tu verbo motor. A menudo tendrás que persistir para saber a quién dar sin equivocarte.

ASTRONOMÍA, HERMANA DE LA ASTROLOGÍA MODERNA

De acuerdo a la fiesta del 2 de febrero, *Groundhog Day*, si cuando emerge de su cueva la marmota el día está nublado, significa que pronto acabará el frío; pero si ve su sombra por la aparición del Sol, regresará a su hogar y habrán aun seis semanas más de frío. Este festejo es un legado de un antiquísimo cuento europeo que a su vez se parece al festival de IMboic, que tenía que ver con predicciones climáticas, cosa que también aborda Aristóteles cuando describe los patrones del clima en su escrito *Meteorológica*. Diferentes tipos de calendarios y fe con un tema en común: las predicciones. Hay quienes dicen que este día es como la mayoría de los profetas, predicen y desaparecen, pero las predicciones han sido parte de nuestra vida desde hace milenios. Informalmente, desde hace miles de años y formalmente desde el siglo IX. Sin embargo, la naturaleza caótica de la atmósfera no siempre le atina, y para sentirte en casa, es imperante que sepas que tanto las predicciones y la atmósfera son parte de la familia de Acuario; así que si realmente te interesa ser meteorólogo, esto es algo que podría permitirte avanzar en la vida.

 TU CLAVE SECRETA

Cambiar sin sobrecargar tus propios circuitos.

Celebridades de tu día:
James Joyce, José Guadalupe Posada, Stan Getz, el Papa Benedicto XIII, Jascha Heifetz, Bárbara Mori, Miguel Obando y Bravo, Eric Arturo del Valle, Farrah Fawcett, Tego Calderón, Shakira y Ayn Rand.

TU DÍA, ACUARIO

Quien nace este día tiene la suerte y el misterio de llevar en sí un karma misterioso y oculto. Primero, tienen que averiguar que es un karma. Según el concepto religioso hindú, es el ciclo de causa y efecto: lo que podrías hacer, lo que has hecho y lo que puedes lograr en un eterno paso por la vida. Lo que haces, siempre tendrá efecto, pero lo que no haces también, y esto es algo que necesitas administrar como si fuera una manda. Mientras más lo amaestras, mejor para ti y más pronto llegarás a ser y tener lo que sabes merecer. La consecuencia de tus actos, los cambios de las estaciones, lo que llevas en tu ADN heredado, los deseos que quisieras alcanzar y la tendencia de la naturaleza que compartes con el mundo tienen demasiado que ver con lo que haces de tu vida. Y necesitas aprender como lidiar con todo. No debe serte tan difícil como aparenta para ti, puesto que tu karma te lo indica.

Tu verbo motor:

Indagar

❧ AMOR, SALUD Y BIENESTAR ❧

Tu bienestar tiene demasiado que ver con el amor, ese el amor que te permite alcanzar lo que deseas. Si estás contento en tu relación, lo demás debe serte fácil. Y si cuidas tu cuerpo con la inteligencia de alguien que conoce su karma, no debes tener demasiado problema con tu cuerpo, tus pasos o tu bienestar. Todo esto relacionado con sentirte bien con tu propia persona tiene algo que ver con la numerología; la suma del 3 con el 2 (febrero) suma 5. Hay dos canciones, una llamada "El misterio del número 5 y la otra "Mambo número 5", y debes tener a ambas sonando en tu casa la estrella de cinco puntos que te rodea.

Angelus:

Burekhan, mensajero de luz.

❧ DESARROLLA TU RIQUEZA Y PROSPERA ❧

Tu prosperidad tiene que ver con la manera en que te ves a ti misma y con que puedas estar de acuerdo con la persona que miras en el espejo. Dicen que quien nace el 3 de febrero debe reconocer que el 5 es su número mágico, para apostar, resguardar, reconocer como fabuloso y conocer más reconocer la Ley de Cincos. Al encontrarlo y emplearlo en tu vida, verás como aumentas lo que mereces poder aumentar.

---

3 DE FEBRERO

A lo que ellos llaman riesgo, yo le llamo reto.
—Leopoldo Fernández Pujals

❧ PODER DAR ❧

Debes dar tantas veces como puedas, sabiendo que la palabra *eureka* te acompaña. En otras palabras, al dar logras hallar algo.

ASTRONOMÍA, HERMANA DE LA ASTROLOGÍA MODERNA

Dentro de las estrellas masivas, fuertes vientos estelares se forjan entre la atmósfera extendida de la estrella y crean fotones de rayos X (campos magnéticos enredándose entre la fotosfera se calientan suficientemente para producir rayos X). Pero, en realidad ni las estrellas masivas ni las menores debería tener suficiente fuerza como para producir rayos X, y sin embargo, al ser examinadas por telescopios de rayos X, vemos que sí fueron producidos en ambos casos. ¿Y esto que tiene que ver contigo? Tú, igual que las estrellas masivas o menores, seas como seas, por haber nacido un 3 de febrero, tienes la capacidad de reacomodar, interactuar y producir efectos impresionantes o por lo menos espectaculares simplemente porque sí. Entre las estrellas se producen rayos inesperados, entre tu persona y una nueva idea, se producen acontecimientos.

 TU CLAVE SECRETA

No le des importancia más que a lo que es importante.

Celebridades de tu día:

Antonio José de Sucre, Félix Mendelssohn, Gertrude Stein, Juan Negrín, Norman Rockwell, Simone Weil, Jacques Soustelle, Camilo Torres Restrepo, Paul Auster, Carlos Filipe Ximenes Belo, Elizabeth Blackwell y Daddy Yankee.

El tiempo marcha hacia lo desconocido.
—Anónimo

TU DÍA, ACUARIO

¿Qué es el tiempo? Depende quien conteste, su circunstancia y la época que estemos pasando. Lo que si sabemos es que el tiempo es una categoría —dependiendo de lo que se está viviendo— y tiene que ver con acciones, como lo que uno esté haciendo hace rato, ahora o después. Y tú, Acuario del 4 de febrero, tienes un lugar de privilegio en el "ahora" por razones quizá cósmicas que te permiten (si tú lo permites) lograr proezas al conectar tu consciencia con el lado espiritual de tu alma. Y esto puede o no puede tener que ver con algo religioso, dependiendo de tu propio ego, que es grande. Si tus logros tienen que ver con la contribución de algo producido por ti, mejor aun. Si tu tiempo es algo muy personal que nada tiene que ver con el reloj, excelente. Y si tus hazañas tienen que ver con tu área de trabajo propio, magnífico.

Tu verbo motor:

Triunfar

⊰ AMOR, SALUD Y BIENESTAR ⊱

Tu signo en general representa el ser, la persona, renovada —especialmente cuando de amor se trata. Esto significa que cada momento, con respecto al amor, puede aportar algo diferente —algo común para Acuario y algo menos común para quien recibe tu amor. Esto debes tomarlo en cuenta al recibir reproches de quien te quiere. Lo que pudiera molestarte, siempre te sirve, y si logras amaestrar ese don, tu salud estará bastante protegida a la vez. Tus sentimientos están muy relacionados con tu bienestar, algo que refuerza, si lo tomas en cuenta.

Angelus:

Iobel, uno de los doce poderes.

⊰ DESARROLLA TU RIQUEZA Y PROSPERA ⊱

Prosperar tiene muchísimos sinónimos. Bien te haría escoger algunos para concentrarte en lo que realmente quieres, ya que tu cielo cosmos te colma de ganas de comerte al mundo entero. Prosperar es igual a adelantar, mejorar, progresar, enriquecerse, florecer, perfeccionar, aumentar, triunfar, ganar, chaparse, encumbrarse o imponerse. Tú escoges.

⊰ PODER DAR ⊱

Cuando te llegue la hora de dar, hazlo pensando en que es para ti.

ASTRONOMÍA, HERMANA DE LA ASTROLOGÍA MODERNA

Posiblemente, durante nuestras vidas lograremos observar la llegada de ovnis, objetos extraterrestres no identificados, con seres vivos adentro de ellos, que se comunicarán con nosotros por Internet y no desde el cielo. Y posiblemente también, si así sucede, será por medio de Facebook, el servicio social en la red lanzado el 4 de febrero de 2006, que tiene ya más de 700 millones de usuarios (su controvertido creador, Mark Zuckerberg es de signo Tauro). En América del Norte, Facebook lleva el 69% de penetración, en America Latina, un 58%, y en el año 2008 el diccionario Collins de inglés, declaró que *Factbook* era la nueva palabra del año. No podría ser más que acuariano su enorme impacto. Ha demostrado afectar el mundo político, reúne familias que han perdido a seres queridos, y su aparición y su uso ha impactado nuestras vidas de manera urania, dejando estelas de revueltas fenomenales. Esto, ustedes nacidos este día, bien comprenden, crean y gozan. ¿Será por eso que dicen que estamos en la época de Acuario?

 TU CLAVE SECRETA

Comprender el misterio de la fuerza que puede estar contigo.

Celebridades de tu día:

Johann Ludwig Bach, Fernand Léger, Charles Lindbergh, Rosa Parks, Betty Friedan, Belisario Betancur, Isabel Martínez de Perón, Dan Quayle, Pepa Flores, Óscar de la Hoya, y Danna García.

TU DÍA, ACUARIO

En algún lugar del mundo, hoy se celebra el día del Banquete del Próximo Día Festejado, lo cual se puede encontrar en casi todas las religiones conocidas si busca uno con cuidado y tiene uno tiempo de hurgar en google dentro de los 13,500,000 sitios apropiados. Sumado a la novedosa palabra más usada por la juventud mexicana, "oooorale", se complementa con tu manera de poder ser. Si tienes el empeño adecuado, eres capaz de aprovechar cada momento de tu vida, eso sí, solo si te dejas ir un poco y no pones barreras que poco valen la pena.

Tu verbo motor:

Aportar

❦ AMOR, SALUD Y BIENESTAR ❦

Primero tienes que decidir lo que quieres, a quién quieres y qué quieres de esa persona. Luego tienes que sentir que lo o la mereces. Con esto, conseguir ese amor debe serte fácil. Sin eso, pierdes tu tiempo, que es algo que a la vez te hace bien. Eres bastante más complicado de lo que imaginas, y variadas son las veces que imaginas algún mal, sin tenerlo. Una vez que comprendas que tú eres quien rige tu cuerpo y no la intemperie de lo que le sucede, el bienestar viene solo y fuerte. Sabrás, así, cómo gozar amando en buena salud y gustosa.

❦ DESARROLLA TU RIQUEZA Y PROSPERA ❦

Proteger lo tuyo es lo que haz de hacer para tener más y prosperar con lo que tienes. No permitas que otros intervengan en lo que tú crees saber hacer para aumentar tus bienes, sean materiales, físicos o hasta algo imaginados. Es decir, permítete tratar de lograr lo que los demás podrían llamar sueños. Aprende de otros que pudieras considerar como tus modelos, que respetes, que admires. Es importante que te atrevas a seguir sus pasos, con los cambios que tú creas necesarios.

Angelus:

Labezerín,

el genio del éxito.

❦ PODER DAR ❦

Tú deberías dar para que a quien le des, pueda desarrollar "lo suyo".

---

5 DE FEBRERO

Al final, no son los años de tu vida lo que cuenta. Es la vida en tus años.
—Abraham Lincoln

ASTRONOMÍA, HERMANA DE LA ASTROLOGÍA MODERNA

El 5 de febrero de 1962, cinco de los entonces nueve planetas acompañados del Sol y la Luna se aliñaron en el cielo nuestro por primera vez en cuatrocientos años. Es un fenómeno que han usado pitonisas para predecir el fin del mundo, pero en realidad no es más que algo que sucede de vez en cuando en nuestro maravilloso sistema solar. Volverá a suceder el 8 de diciembre de 2040. Eso sí es una predicción precisa, pero pensar que nos afecta no tiene sentido. La palabra conjunción es usada en la astronomía y la astrología, y significa que desde la Tierra parecen estar alineados. Esto, en realidad, no puede suceder por las órbitas de los planetas. Para que esto sucediera exactamente —dicen los astrónomos que lo saben calcular— tendrían que pasar 180 trillones de años. Pues nuestro sistema solar apenas tiene unos 4,6 billones de años. La alineación exacta (con todo y la Luna) no podría suceder antes de ochenta y seis con cuarenta y cinco ceros. Algo que solo tú, nacido el 5 de febrero de cualquier año, podrás (quizá) medir.

 TU CLAVE SECRETA

Entender que todo es una interacción.

Celebridades de tu día:

Madame de Sevigné, Felipe Villanueva, Carlos Tevez, John Boyd Dunlop, William S. Burroughs, Charlotte Rampling, Sofia Mazagatos y Cristiano Ronaldo.

6 DE FEBRERO

Siempre he preferido el reflejo de la vida a la vida misma.
—Francois Truffaut

TU DÍA, ACUARIO

No te tomes demasiado en serio la frase del gran cineasta que nació el mismo día que tú, pero sí date el gusto de pensar en el reflejo de su, tu o alguna vida comparada con lo vivido. Verás que, con el efecto Urano sobre tu propia vida, siendo Urano el regente de tu signo astrológico y siendo a la vez Urano quien representa los fenómenos fuera de lo común, tienes el gran don de retar los desafíos que aparecen en tu vida, y hacer los cambios necesarios para salir bien. ¡Qué gran regalo cósmico! Y ya enterado, no dejes de buscar por todos los recovecos posibles el modo y la manera de usarlo. Nadie como tu para proteger a la vez tu integridad.

> **Tu verbo motor:**
> *Racionalizar*

ᨭᚱ AMOR, SALUD Y BIENESTAR ᚱᨭ

Tu amor es sencillo, pensante y curioso. Y la curiosidad tiene sus bemoles. Bien harías en guardarlo en un lugar privado para no echar a perder un buen amor o un gran amor, por andar indagando en lo que sería mejor que no supieras, o viceversa.

Cuando de tu salud se trata, busca un buen doctor que te conozca bien y ten su teléfono siempre a mano para poder consultarle en lugar de inventarte alivios que poco bien te harán. Ten la seguridad que tu bienestar personal estará siempre a tono con lo que crees necesitar si tu cuerpo se encuentra en forma.

ᨭᚱ DESARROLLA TU RIQUEZA Y PROSPERA ᚱᨭ

Renovar podría ser otro de tus verbos motores y, por lo mismo, a la hora de planear como aumentar lo que sea tu santa voluntad, bien harías en estudiar ese mismo verbo en relación a tus planes, proyectos y posibilidades. Tus amigos siempre podrán ayudarte, pero, por lo mismo, saberlos escoger es imperante. Cuidado de no parecer demasiado distante cuando te acercas a quien quieres ayudar o a quienes le quieres pedir ayuda. No necesitas comprobar tus capacidades, pero sí hacer ver tus seguridades.

> **Angelus:**
> *Kabshiel, quien invoca y confiere gracia y poder a la vez.*

ᨭᚱ PODER DAR ᚱᨭ

Lo tuyo es dar con un poco de irracionalidad para que no dudes en dar.

ASTRONOMÍA, HERMANA DE LA ASTROLOGÍA MODERNA

Apiaria Universae Pholosophiae Mathematicae, una colección enciclopédica de curiosidades matemáticas escritas en el año 1642, por Christoph Grienburger, el filósofo jesuita, matemático, astrónomo, intrigado por la relación entre la astronomía y astrología. En su portentosa enciclopedia, Grienburger se tomó el trabajo de calcular seriamente, en base a cálculos matemáticos y principios de la física, cuanta fuerza sería necesaria para sacar a la Tierra de su órbita —partidario a las teorías de Galileo, el ilustre acuariano.

Tú, nacido un 6 de febrero como el gran Christoph Grienburger (existe un cráter sobre la Luna bautizado con su nombre), eres de la talla de quienes tratan de buscarle tres patas al gato, ¡y acabas por convencernos de que tienes razón!

 TU CLAVE SECRETA

Todas las leyes dejan de tener sentido algunas veces.

> **Celebridades de tu día:**
>
> *Francois Truffaut, Mario Bettinus, Babe Ruth, Ramón Novarro, Zsa Zsa Gabor, Óscar Sambrano Urdaneta, Camilo Cienfuegos, Tom Brokaw, Bob Marley, Ronald Reagan y Ricardo La Volpe.*

TU DÍA, ACUARIO

El número 7 es un número cósmico en todos los signos, desde tiempos en donde no existía aun la escritura. Existen dibujos antiquísimos en donde están plasmados siete puntos de luz que se movían en el cielo —cinco planetas, el Sol y la Luna—, según dice el astrólogo y arquitecto Bastiaan van Wingerden. Y cuenta la leyenda budista que al nacer, Buda se paró y dio siete pasos. Ten en cuenta que uno de los citados papeles en psicología del Dr. George A. Miller argumenta que el número de objetos que todo humano puede retener en su memoria (razonar, comprender y aprender) son siete. El nombre de la obra magna del doctor es *Límites sobre nuestra capacidad para procesar información*. Esto seguramente significa que tú, habiendo nacido bajo este número, llevas la de ganar.

Tu verbo motor:

Preconocer

⤛ AMOR, SALUD Y BIENESTAR ⤜

Digamos que quizá logres siete amores, y lo decimos porque sabemos que tienes la capacidad de amar a siete personas a la vez, pero eso también podría incluir tus padre, tu madre, tu mujer, tus hermanos, amigos y hasta una mascota, así que no te adelantes aunque creas que eres culpable. Y para cerrar con broche de oro el amor que llevas por dentro, importante es que la frase afroamericana *hoochie coochie*, que significa alguien que baila o mira bailar quien tiene sensualidad en todo, hasta en la mirada. Así que, aplícate. Tu salud y tu bienestar estarán en el lugar adecuado, una vez que entiendas y sepas usar toda la sensualidad que llevas por dentro.

Angelus:

Hasriel, ángel que detiene y aparta el mal.

⤛ DESARROLLA TU RIQUEZA Y PROSPERA ⤜

Los supersticiosos creen que romper un espejo trae siete años de mala suerte, y que enterrando los pedazos, se convierte la mala suerte en buena, y así tu riqueza y tu prosperidad. Cuando creas que no tienes, no puedes o no te alcanza, debe aparecer algo que convierta tu angustia en solución. Tu capacidad de reconocer por dónde encontrar la luz al final de túnel (cualquiera que sea) es lo que te proporcionará más riqueza de lo que deseas, y con ello la posibilidad de gozar tu prosperidad. Esto es algo que no le sucede a todos.

Él nació para la buena suerte.
Eso ya lo verás.
Tengo setecientos dólares,
así que no te metas conmigo.
—Muddy Waters, de su canción "Hoochie Coochie Man"

⤛ PODER DAR ⤜

Es bueno que tú des siete veces al día, por semana, por mes o por año, pequeñeces o inmensidades, dependiendo de tus posibilidades.

ASTRONOMÍA, HERMANA DE LA ASTROLOGÍA MODERNA

E 7 de febrero de 1979, Plutón entró dentro de la órbita de Neptuno por primera vez desde que ambos fueron descubiertos. Y cinco años después, en 1984, durante una misión del Challenger STS-41-B, los astronautas B. McCanless (nacido Géminis) y R. Stewart (nacido Leo) se atrevieron a realizar la primera camita por el espacio sin correa utilizando una unidad de propulsión para astronautas, permitiéndoles distanciarse de su nave espacial sin estar amarrados a ella. Hoy día ya tenemos localizados casi 2000 exoplanetas, y aunque por ahora pudiera ser evidencia circunstancial, porque no, y en especial porque no tú, nacido este día, abordas la idea de que cuando nos llegue la noticia de la existencia de vida extraterrestre —que sería tan importante como la teoría heliocéntrica de Copérnico o la de evolución de Darwin—, quizá esa noticia podría hacernos bien, haciéndonos mejorar como especie.

 TU CLAVE SECRETA

Saberte capaz de cualquier cosa.

Celebridades de tu día:

Charles Dickens, Ricardo Palma, Alfred Adler, Alejandro Jodorowsky, Frederick Douglass, Juliette Gréco, Chris Rock, Sinclair Lewis, Silvio Zavala y Ashton Kutcher.

8 DE FEBRERO

*Las leyes de la naturaleza no son más que
los pensamientos matemáticos de Dios.*
—Euclides

TU DÍA, ACUARIO

Tu figura cósmica es uno de los más firmemente serios de tu signo. Es decir, siendo acuariano, con todos los dimes y diretes de tu persona, eres un Acuario con tantos talentos, que necesitas escoger muy bien el que te acomode (y eso por supuesto que tiene que ver con tu propio DNA, y tu individualidad).

Tu verbo motor:

Impulsar

Bien te haría buscar inspiración de algunos de tus compañeros de día, no para copiar, pues mejorar a Julio Verne está difícil, pero para indagar en lo que hicieron, el cómo y en qué forma, y tomar ejemplos históricos para que hagas algo para tus semejantes, mínimo, máximo o simplemente personal.

⊰⊱ AMOR, SALUD Y BIENESTAR ⊰⊱

Queremos saber todo del amor, pero el amor se tiene, se hace y se siente entre dos, y así cómo podrías inspirarte en quienes hayan nacido en tu misma fecha, busca con quien integrar tu muy especial modo de amar hablando y discutiendo, antes de pasar por eso que se llama enamorando, pues cuando caes enamorado no ves claro. El árbol de la vida es algo que beneficia el contorno físico del acuariano nacido en esta fecha, es decir, la idea primal del hombre y de la mujer. Cuando puedas decir que tu forma y tu espíritu se entienden, tu bienestar estará en estado pluscuamperfecto. ¡No lo olvides!

Angelus:

Urzla, ángel glorioso y benéfico que imparte sabiduría.

⊰⊱ DESARROLLA TU RIQUEZA Y PROSPERA ⊰⊱

Posiblemente, lo que tú llames riqueza es algo exagerado, así que ten cuidado. Para ti, lo más importante en esta área de tu vida es saber cuánto necesitas, no cuánto quieres. Para prosperar, no es imperante que tengas "más", es importante que sientas que estás consiguiendo lo que mereces. Y merecer, en el diccionario está descrito como "hacerse digno/digna de premio o castigo. ¡Aguas!

⊰⊱ PODER DAR ⊰⊱

Tú necesitas dar como si fuera para ti, digno de premio o castigo.

ASTRONOMÍA, HERMANA DE LA ASTROLOGÍA MODERNA

Proclus fue uno de los últimos filósofos de los neoplatónicos clásicos del cuarto siglo d. de C. Llamado el "sucesor", *Proklos ho Diádochos*, su obra, influenció enormemente la filosofía medieval occidental, así como a los estudiosos del islamismo. Se sabe exactamente qué día nació, porque como a la mayoría de los sabios de la época, su horóscopo fue calculado por Marinus, otro filósofo, matemático, astrónomo, astrólogo. De Alexandría, Proclus viajó a Atenas para estudiar en lo que era en aquel entonces el centro filosófico de ese mundo, para estudiar en la famosa Academia fundado unos 800 años antes por Platón. Se autonombró "un sacerdote del universo entero". Escribió también un comentario importante sobre los elementos de la geometría, escrito por Euclid, que hasta la fecha es uno de los más valerosos estudios en existencia sobre la historia de las matemáticas antiguas. Para ti, nacido un 8 de febrero, es interesantísimo estudiar algo de las vidas de tus compañeros de día, porque de ellos puedes inspirarte para lograr lo que aun no sabes que deseas o necesitas.

 TU CLAVE SECRETA

Interesarte en el pasado, para mejorarlo todo.

Celebridades de tu día:

Julio Verne, Proclus, Robert Burton, Dimítri Mendeleev, Martín Buber, King Vidor, Lana Turner, Alejandro Rey, James Dean, John Grisham y Florinda Meza.

TU DÍA, ACUARIO

Deliciosamente infantil o precaria inocencia es lo tuyo, aunque difícilmente lo reconoces. Y tu sabiduría es grande, si logras comunicar lo que quieres en lugar de evitar lo que debes. Eres uno de los únicos seres que pueden comprender que los méritos de la ciencia a veces se sobre imponen a la metafísica, o al revés. Pero esto guárdatelo, porque muchos científicos creen que la filosofía científica es tan importante como la ornitología es para los pájaros. Tu naciste con el gran don de poder decidir sin compromisos externos. Crees lo que eres porque eres lo que crees, y por lo mismo, tendrás enfrentamientos inesperados en tu vida que, a su vez, te harán ver el meollo de asuntos que ni siquiera sabías que podrían importarte. ¡Excelente atributo!

> **Tu verbo motor:**
>
> *Afirmar*

⫸ AMOR, SALUD Y BIENESTAR ⫷

El amor es una de las cosas más difíciles de definir, hay quienes dicen que el amor es como la suerte, que es amistad, que es la verdad eterna. Yo te pediría que tú pienses en tu propia definición del amor para que a la hora de la hora, no titubees, sino que lo busques y lo encuentres desde temprana edad. Para ti es importante ver en qué lugar se encuentra tu luna (bajo que signo estaba cuando naciste) para apuntalarlo aun un poco más. De cierto modo, tu relación con el amor influencia tu bienestar y salud personal, y por lo mismo, recuerda las palabras de Shakespeare diariamente si quieres: "Ama todo, confía en pocos, no le hagas daño a nadie".

> **Angelus:**
>
> *Zabkiel, uno de los regentes del orden de los tronos.*

⫸ DESARROLLA TU RIQUEZA Y PROSPERA ⫷

Desarrollar lo que quieres es algo que necesita calma y sosiego, y esa misma calma a menudo te es bastante difícil de encontrar. Eso, por tu carácter que a menudo parece la de un adolescente, aunque tengas entre doce y ciento doce años. Tener buenos conocimientos de matemática podría ayudarte muchísimo, así como el juego del ajedrez. Amaestrando ambas cosas sin exagerar, verás que el mundo te abrirá puertas inesperadas y la suerte que unos dicen que algunos tienen y otros no, marchará feliz a tu lado.

Dicen que el mundo eterno de la astronomía contrasta con el aparente mundo efímero de la Tierra.
—Max Delbrück

⫸ PODER DAR ⫷

Para dar, tu debes hacerlo como si fueras un "Don", sin pensar en cantidades.

ASTRONOMÍA, HERMANA DE LA ASTROLOGÍA MODERNA

Si te digo que el genial Brian Greene ha trabajado insistentemente en la simetría de espejo de las formas de algo llamado Calabi-Yau, y esto lo llevó a ser uno de los expertos mundiales en la teoría de cuerdas. Greene tomó clases universitarias a los doce años, ya que a los cinco, ya podía multiplicar cifras de cinco dígitos. Su genial libro *El universo elegante* habla de eso mismo, la teoría de cuerdas, y propone que los electrones y los quarks dentro de los átomos no son cero-dimensionales, sino que oscilan linealmente. Esta es una teoría matemática que predice la posibilidad de que exista diez u once dimensiones, presentándonos con la posibilidad de que el universo es algo multidimensional. Podrías así, Acuardio, ser de dos signos astrológicos a la vez, algo que para ti, que llevas el signo de la vasija que carga el agua, podría serte de gran utilidad, como signo que da vida y salud a la vez.

 TU CLAVE SECRETA

Fijarte bien en lo que sucede en el mundo además de tu alrededor.

Celebridades de tu día:

Carmen Miranda, Adalberto Ortiz, J. M. Coetzee, Mía Farrow, Brian Greene, Alejandra Guzmán, Alice Walker, Vladimir Guerrero, Carol King y Javier Mariscal.

10 DE FEBRERO

La inteligencia es la habilidad de adaptarse a los cambios.
—Stephen Hawking

TU DÍA, ACUARIO

Hay quienes dicen que los nacidos este día son los únicos que saben como evitar la desesperación, secreto único que a la vez refuerza el alma y se puede ser encontrado en el Libro de las Revelaciones. Dicen también que el 10, el 19 y el 21 de febrero son los mejores días para casarse, siendo el 10 el único 10 que cae bajo el signo de Acuario. Para ti, con el mes dos y la fecha diez, debes sentirte apoyada con el número del día de nacimiento. No solamente se empareja con la cantidad de dedos que tenemos en las manos, ni es simplemente un número sagrado, sino que de los diez mandamientos, una décima parte de lo suyo debe ser repartido en los mandamientos judíos y diez generaciones entre Adán y Noa. Estos son hechos que o son fortalecidos por este número, o tú lo fortaleces, dependiendo del caso. Tú día de nacimiento es uno de los números más interesantes en matemáticas, pero no olvides que así como todos tenemos a todos los signos en nuestro horóscopo personal, también todos tenemos un diez emplazado en algún lugar recóndito de nuestras vidas.

Tu verbo motor:

Mejorar

AMOR, SALUD Y BIENESTAR

Alex Comfort nació un 10 de febrero, el escritor del súper vendido *Joy of Sex*, libro que deberías tener en casa para consulta, lectura y para impresionar, libro que en su época revolucionó a sus lectores. Hoy, en su nueva versión, está escrito para mujeres tanto como para hombres, y esto te lo cuento porque es algo que tú, nacido un 10 de febrero, necesitas tomar en cuenta. El gusto de hacer el amor, debe ser total para ti. Y eso es algo importante tanto para tu salud como para tu bienestar. Lo creíble, lo justo y lo que te satisfaga es lo tuyo, en las tres acciones titulares de esta sección. No debes trivializar ninguno de los tres, ni el amor ni la salud ni el bienestar, y los tres los debes de gozar.

Angelus:

Iahhel, ángel que inspira la meditación y, además, ilumina.

DESARROLLA TU RIQUEZA Y PROSPERA

¡Como si fuera tan fácil para ti desarrollar tu riqueza! Ni tanto que lo queme el santo, ni tanto que lo alumbre... y sin embargo, bien puedes hacerlo. Pero para ti, en realidad, ambas cosas no tienen primer lugar ni segundo. Prosperar puede venir antes de desarrollar porque tú debes, o puedes, encontrar el camino para que así sea. Deber y poder tampoco tienen prioridades. Para ti, así es mejor. Y cuando todo mejora, enriqueces.

PODER DAR

Tu debes lograr dar de acuerdo con los atributos de quien recibe.

ASTRONOMÍA, HERMANA DE LA ASTROLOGÍA MODERNA

Hoy día tenemos la seguridad de que existen las estrellas llamadas "estrella enana marrón", pero antes del año 1994, eran una simple predicción. Ahora se conocen cientos. Unas diez veces el tamaño del planeta Júpiter, pero unas cien veces menores que nuestro Sol, aun no se sabe cómo se forman o de qué manera nacen. ¿Son planetas o son estrellas? Y si tú naciste Acuario, y de alguna manera te interesa cómo encajamos en el universo, date un tiempo para pensar que existen estudios sobre investigación física, investigación electrónica, investigación científica de comunicaciones, de estudios aeroespaciales, físico nuclear, física óptica, física de plasma, astrofísico, cosmólogo, físico experimental y físico cuántico —un enorme acervo de estudios que cualquier acuariano puede abordar, porque su mundo está en el futuro. Esto es algo que han dicho la gran mayoría de los científicos.

 TU CLAVE SECRETA

Entender que todo sirve, aunque a la vez, no necesitamos tanto.

Celebridades de tu día:

Guillermo Prieto, Bertolt Brecht, Boris Pasternak, Alex Comfort, Don Omar, Roberta Flack, Elvira Dávila Ortiz, Mark Spitz y Luis Donaldo Colosio.

TU DÍA, ACUARIO

No creas que el dicho de Aristóteles es un azar. De todos los nacidos bajo el signo de Acuario, los nacidos un 11 de febrero, son los más filosóficos, aunque nunca se les haya ocurrido. La palabra filosofía en realidad lo que significa es amor a la sabiduría. Si te interesa saber más, estúdialo. Ahora lo que es imperante saber es que aprender a razonar, a observar y a pensar largo y tendido es lo que necesitas para salir airoso de toda discusión, relación, idea, cambio o "estar". Claro está que recordar las palabras de Sócrates, "Yo solo sé que no sé nada" no es imperante para tu vida, pero recordar que él, uno de los filósofos más conocidos de todo los tiempos y de la historia, es recordado hoy día, y seguramente seguirá siéndolo cuando lleguen los extraterrestres a enseñarnos algo verdaderamente nuevo.

❧ AMOR, SALUD Y BIENESTAR ❧

Siendo tan filosófico, no vacilas en pensar en el amor. Acceder a él te es más difícil, pero una vez enredado en ese sentimiento, se te abre el mundo, posiblemente una y otra vez, pero cada vez es porque lo sientes total y absolutamente. ¡Qué delicia¡ ¡Qué ricura¡. Si no has dicho esto algunas veces ya, mal andan tus astros, pues al decirlo, quien te escuche, debería creerte. Tu salud es efímera, ni tan tan, ni muy muy, porque no te ocupas lo suficiente. ¿Y el bienestar? Como decía la maravillosa Marguerite Yourcenar, "Ser feliz es una gracia interna", y tú la llevas a paladas.

Angelus:

Mantus, uno de los espíritus supremos.

❧ DESARROLLA TU RIQUEZA Y PROSPERA ❧

Prosperar para ti debe ser algo que encuentras diariamente, de manera algo fútil. Buscas mejorar, aumentar y conseguir, pero te distraes en el camino, porque encuentras algo que te parece mejor y de mayor importancia. Eso te permite soñar despierto, contar estrellas y recrearte para concretar lo que verdaderamente necesitas. Te debes sentir lo suficientemente libre para buscar lo que te decían que no era posible, y entonces, al conseguirlo, demostrarás que la prosperidad te llega a paladas, pero no como los demás creían.

❧ PODER DAR ❧

A ti te toca dar con integridad, para así sentirte a gusto y no dejar de hacerlo.

---

11 DE FEBRERO

En todas las cosas de la naturaleza, existe algo milagroso.
—Aristóteles

ASTRONOMÍA, HERMANA DE LA ASTROLOGÍA MODERNA

Comencemos con algo dicho hace poco por Stephen Hawking, quien no es filósofo sino físico cuántico: "No somos más que un avanzado tipo de monos sobre un planeta menor rodeando una estrella bastante común. Pero podemos entender el universo. Eso nos hace súper especiales." Y tú, con tu gran capacidad de ser pensante, podrías ser de los personajes que al mirar el cielo ven más allá. Simplemente busca una fotografía tomada con el telescopio Hubble en 2003, del llamado "Ojo de Dios", el Helix Nebula, descrito por astrónomos como un túnel de un trillón de millas de gases resplandecientes a unos 650 años luz cerca de la constelación de Acuario. La fotografía lleva el nombre técnico NGC 7293. Parece que desde hace más de 4000 años, el signo Acuario tiene que ver con el alma del humano, el cual pasará por Acuario para abrir los ojos y aprende a decir NO, tomando las aguas del cráter de la eternidad, cuyas aguas son el néctar de los dioses. Esta es una bella historia que los astrónomos tendrán que entender para confesar que la astrología *sí* es la parte poética de su ciencia cósmica.

 TU CLAVE SECRETA

Tu referencia casi siempre la encontrarás en el futuro.

12 DE FEBRERO

Vivir no es tan necesario como crear.
—Federico Luppi

TU DÍA, ACUARIO

Puedes no estar de acuerdo con lo dicho por Luppi, pero habiendo él actuado en más de cien películas, algo sabrá sobre la creación, y para los nacidos este día, si no crean, no han vivido. Así de fácil. O no han vivido lo suficiente como para gozar su propio mundo a su debido tiempo.

Tu verbo motor:

Aceptar

Tu ritmo personal es la clave de tu existir —es decir, que solo tú puedes guiar el cómo, cuándo y dónde de tus actos, deseos y hasta tus oportunidades, porque tu día te concedió un don genial. Tu creas, sin saberlo, tus propias coyunturas. La vida parece consentirte. Claro está que tú tienes que tomarlas en cuenta y usarlas debidamente, pero eso, debe serte bastante fácil.

AMOR, SALUD Y BIENESTAR

De los acuarianos, los nacidos este día son unos de los más cachondos, lujuriosos y sensuales. Y esto puede hacer que los escogidos por ti sean de los más felices, siempre y cuando no te digan: "Simplemente no te comprendo". Cuando este sea el caso, corre. Encontrarás quien sí te entienda y te haga feliz, puesto que lo sensual es algo importante y cabal para tu vida. La sensualidad elimina un gran porcentaje del estrés del diario deambular, y el diario deambular de alguien nacido este día es algo estresante. ¿Por qué? Por la simple razón de que frecuentemente no eres comprendido. Por lo tanto, una buena relación sensual, alivia. Te alivia. Y aliviada, tu bienestar está a la vuelta de la esquina.

Angelus:

Chasdiel, ángel que regala bondad al mundo.

DESARROLLA TU RIQUEZA Y PROSPERA

La vinculación que tienes con los demás, tiene mucho que ver con el desarrollo de tu riqueza y prosperidad. Tu signo es el signo del futuro, y por lo mismo, ten cuidado. No pongas todas tus esfuerzos en mejorar lo que viene y te olvides de la cotidianidad. La relación que logres tener con la ciencia del mundo de tu propio espíritu es lo que podrá definitivamente ayudarte a tener lo que aspiras, lograr lo que buscas y hacerte sentir que posees lo suficiente.

PODER DAR

Para ti, dar se necesita hacer siempre y cuando no te estreses.

ASTRONOMÍA, HERMANA DE LA ASTROLOGÍA MODERNA

Un encuentro hecho realmente en el cielo ocurrió el 12 de febrero de 2001, cuando por primera vez en la historia conocida del humano, una nave espacial dijo aterrizó en el asteroide Eros, que mide unos treinta y tres kilómetros de largo. Mineralogía, morfología, distribución de su masa y su campo magnético además de la medición de vientos solares fueron estudiados, para que nosotros, los que tenemos algún meteoro en casa, podamos saber de qué están constituidos. Con una caída libre en 1998 que pudo ser abortada y un viaje de unos 1900 días a una distancia de 3,2 billones de kilómetros, una vez posado del aparato (del tamaño aproximado de un coche) sobre Eros, las señales de radio tardaron quince minutos en llegar a la Tierra. Buen nombre, Eros, copiado del dios del amor, y buen número para ustedes, nacidos este día, el 433 —el número en la cola de los asteroides con su órbita calculado. "Todos muy contentos", dijeron los científicos, al igual que los padres de quienes hayan nacido este día.

 TU CLAVE SECRETA

Saber repartir algo de la felicidad que traes por dentro.

Celebridades de tu día:

Julio Verne, Federico Luppi, Abraham Lincoln, Lou Andreas-Salomé, Charles Darwin, Anna Pavlova, Ángel María de Rosa, Jorge Gaitán Durán, Alfonso Paso, Joaquín Sabina y el cumpleaños de Santiago de Chile (1541).

TU DÍA, ACUARIO

¿Quién te entiende? ¿Te lo han dicho varias veces en tu vida? Estás desproporcionadamente fijado en lo que sucede a tu alrededor y eres algo perfeccionista en tu modo y manera de pedir desde un buenos días y esperar respuesta que te complazca. Con suerte (eso ya depende de ti) habrá quien te ame y aquellos que te consideran imposible de comprender. Y, en primer lugar, eso no debe importarte demasiado, pues tu vida estará siempre llena de asuntos, relaciones, momentos y recuerdos tan gratos y otros tan especiales, que no necesitas ocuparte de quien no te capta o te descubra repentinamente. La vida no te depara estancamientos ni nubes grises sin que te sirvan de algo bastante preciso. ¡Yo, por ejemplo, quiero ser tu amiga!

Tu verbo motor:

Templar

❧ AMOR, SALUD Y BIENESTAR ❧

Quizá no te habías dado cuenta, pero naciste el día en que todo el mundo está pensando en el amor, porque mañana ya habrá llegado el día de San Valentín. Eso te orilla a estar en el meollo de "lo-que-tenía-que-pasar-pasó". Tus amores siempre estarán presentes de modo y manera especial Así, mientras menos lo pienses, mejor. Porque las ganas de amar está muy metida en tu alma, las posibilidades de amar te vienen fácil y el amor tuyo facilita tu vida, porque no escatimas —ni deberías de hacerlo. La salud es algo que siempre tendrás que monitorear y tu bienestar está dispuesta a ayudarte, como si la palabra fuera una persona, presente para aparecer cuando la llamas.

Angelus:

Hahayel, príncipe de los ángeles del concilio divino.

❧ DESARROLLA TU RIQUEZA Y PROSPERA ❧

Se necesita más de una buena idea para lograr toda la riqueza y prosperidad que uno quisiera. Ideas tienes muchas, y un común denominador de tu propio signo, Acuario, es el flujo de bienes y activos corrientes que pueden aparecer durante tu vida. Desarrollar un plan a largo plazo sería lo indicado, y es lo que posiblemente te sea algo difícil. Pero trata de tener siempre un "guardadito", como decían las abuelas de antes, por aquello que se ofrezca. Esto te brindará calma y sosiego simplemente porque sabrás que ese resguardo te sacará, precisamente de eso. De cualquier apuro.

13 DE FEBRERO

Eso es lo que es el aprendizaje. Repentinamente comprendes algo que has comprendido durante toda tu vida, pero de manera diferente.
—Doris Lessing

❧ PODER DAR ❧

Tú sí debes saber lo que puedes escoger, dar, querer, entregar y resolver, porque haber nacido un 13 de febrero te hace bastante especial. Da, pero no sin saber que puedes realmente prescindir de lo que das.

ASTRONOMÍA, HERMANA DE LA ASTROLOGÍA MODERNA

Hace más de cuatrocientos años, un 13 de febrero, Galileo Galilei, quizá el más importante e interesante astrónomo universal, llegó a Roma para ser juzgado por la santa inquisición por profesar que nuestro planeta Tierra giraba alrededor del Sol. Ellos (los inquisidores) juraban que el Sol giraba alrededor de la Tierra. "Y sin embargo se mueve", dijo el gran hombre ante un cuerpo de ignaros, y selló su nombre ante la eternidad. Copérnico propuso que el Sol controlaba nuestro sistema planetario y Giordano Bruno fue quemado en la hoguera por estar de acuerdo. Ptolomeo, Copérnico, Tycho Brahe y Johannes Kepler, entre otros, viendo con ojos investigadores a nuestro cielo nocturno, supieron descifrar majestuosos movimientos estelares, que hasta hoy día, llenan libros de astronomía y de astrología que nos ayudan a soportar lo que venga. El 13 de febrero es el día de los valientes, según algunos estudios de África antigua, así que tú, nacido este día, tienes estos dones y esta magia con los que regocijarte y disfrutar.

 TU CLAVE SECRETA

Como dijo Sócrates: "¡CONÓCETE!".

Celebridades de tu día:

George Simenon, Ivan Krylov, Jean-Jacques Servan-Schreiber, Omar Torrijos, George Segal Peter Gabriel, Rafael Márquez y William Bradford Shockley.

14 DE FEBRERO

El amor es el astrolabio de los misterios de Dios.
—Rumi

TU DÍA, ACUARIO

Misteriosos, encantadores, entretenidos y a la vez *difíciles* (ustedes elaboren su propio significado de la palabra) son los nacidos en este a veces amoroso día. Sabemos que aproximadamente unas 360 000 personas nacen al día en el mundo, y fallecen aproximadamente la mitad de ese número mundialmente, durante un solo día eso nos deja unos 160 000 personas nuevas cada 14 de febrero. Todos tienen inevitablemente algo en común: unas ganas inagotables de usar su libertad personal para poder gozar cada momento de sus vidas. Y hay quienes nos aseguran que existen siete beatitudes del cuerpo: salud, belleza, agilidad, fuerza, libertad, placer y longevidad compartidas con siete beatitudes del alma: estar de acuerdo, honrar, poder, seguridad, felicidad, conocimiento y amistad. Está en ti escoger. Úsalos. Reparte lo que puedas y usa lo que quieras, que todas esas bendiciones nacieron contigo.

> **Tu verbo motor:**
>
> *Perdurar*

❦ AMOR, SALUD Y BIENESTAR ❧

Aprender a amar con respeto es lo tuyo. Amor es, según el diccionario el sentimiento que partiendo de una insuficiencia propia, busca el encuentro con otro ser. Este es uno de los significados del amor, ya que cada quien tiene el suyo, pero el puesto para este día debe aportar exactamente lo que necesitas para complementarte. Es decir, no necesitas alquimia para amar, porque llevas por dentro todo lo que se necesita para encontrar a quien puede acoplarse a ti para ayudarte a ser una mejor persona. Y una vez que encuentres a ese "alguien" (puede ser una o varias veces en tu vida), la salud y tu bienestar irán de la mano. Porque el amor es tu mejor amuleto personal para logros de cualquier tipo.

> **Angelus:**
> *Mídael, jefe y capitán en el orden celestial.*

❦ DESARROLLA TU RIQUEZA Y PROSPERA ❧

Acuario simboliza la solidaridad colectiva, la cooperación, la fraternidad y el desapego hacia los asuntos materiales. Y para ustedes, nacidos a la mitad del mes, pero casi al final del signo, estos sentimientos se acrecientan conforme vas aumentando años a tu vida.

Esto no significa que no debas desarrollar tu riqueza, o aumentarla, pero sí quiere decir que personalmente debes de medir y pesar los pasos necesarios para abrirte camino en esa área de tu vida. Sabemos que tú propones y Dios dispone, pero en tu caso muy particular, mientras más propongas, más florecimiento habrá.

❦ PODER DAR ❧

A veces dar una promesa puede mejorarlo todo.

ASTRONOMÍA, HERMANA DE LA ASTROLOGÍA MODERNA

Nacer este día, tiene lo suyo. Astronómicamente, en 2002, por primera vez en la historia del hombre una nave espacial hizo un baile de amor; Shoemaker Near entró en órbita alrededor del asteroide 433 Eros. Digno nombre para un asteroide a quien le hacen una danza de amor. Nunca se había hecho algo parecido en el universo, y me han dicho que muchos asteroides están celosos, sentimiento que pasa frecuentemente este día. Casi todos los países que practican el cristianismo celebran el día de San Valentín. Toda América Latina más Francia, Alemania, Austria, España, Japón, Panamá, Estados Unidos, el Reino Unido, Australia, Nueva Zelanda y la historia escrita nos pide recordar que el primer corazón amoroso fue enviado el 14 de febrero de 1415. El Duque de Orleáns encarcelado, se lo envió a su esposa. El amor, sí es una cosa esplendorosa, así que tú, nacido un 14 de febrero, mejor abraza, besa y quiere mucho a quien escojas.

 TU CLAVE SECRETA

Progresas con brío por medio de conocimientos personales.

> **Celebridades de tu día:**
> *Gregory Hines, Carl Bernstein, Florence Henderson, Jimmy Hoffa, Frederick Douglass, Mayra Gómez Kemp, Maceo Parker y Renée Fleming.*

TU DÍA, ACUARIO

Si, como dice el escritor Bill Bryson, "Cada átomo que poseemos casi seguramente ha pasado por varias estrellas y ha sido parte de millones de organismos en su camino hasta llegar a ser parte de ti", sería

Tu verbo motor:

Observar

maravilloso pensar que por la misma lotería que permitió que hayas nacido, llevas algo de Galileo Galilei en tu alma. Y lo logras simplemente con la posibilidad de que, observando, comprendes lo que necesitas para llevar una vida digna. Acuario es quien porta un símbolo de la condición humana evolucionada, alguien que sabe que la experiencia de su vida es lo que lo empuja hacia adelante. Y quien nace el 15 de febrero tiene una liga directa con las ondas de todas la cosas, si pone empeño en buscarlas. Tu alma y tu persona están de acuerdo en ser quien eres, así que abre tu vida a la posibilidad de comprender el "yo" colectivo, es decir, el nosotros.

❧ AMOR, SALUD Y BIENESTAR ❧

La circulación de la sangre entrega lo que necesitas a tu corazón para que a su vez tu corazón comprenda que ante todo, el amor existe cuando hay dignidad. Algo que pocos logran entender, y tú estás entre esos pocos. O por lo menos, deberías estarlo. Así, cuando sabes que puedes, quieres, y cuando quieres, fluye bien todo lo tuyo, incluyendo la salud y algo de tu bienestar, porque el bienestar del acuariano nacido un 15 de febrero, tiene un don etéreo que a veces se te escapa porque no le pones suficiente atención. Una búsqueda hacia la serenidad es lo que necesitas para vestirte con la calma que mereces, y un lugar donde siempre puedes regresar para encontrarla, sea en los brazos de tu amada o amado o en un lugar recóndito donde tomar el descanso merecido.

❧ DESARROLLA TU RIQUEZA Y PROSPERA ❧

Tienes que impresionar y apasionarte por algo para que te rinda la prosperidad que buscas o quisieras desarrollar. Tu intuición es menos importante que tus sensaciones, y el adiestramiento personal de cómo entender esto es de suma importancia para tus logros. No olvides que cuando amas bien, cuando te apasionas por algo o por alguien, vas por buen camino. Tus sentimientos rigen de manera importante tu prosperidad.

❧ PODER DAR ❧

Solamente debes dar lo que crees que sirva para aprender.

15 DE FEBRERO

Los libros entran a nuestras almas y nos dejan al descubierto nuestros propios secretos.
—William Hazlitt

ASTRONOMÍA, HERMANA DE LA ASTROLOGÍA MODERNA

A los diecisiete años, Galileo Galilei miró la suave oscilación de una lámpara en una catedral y, curioso como era, midió el tiempo que tardaba en el ir y venir con su propio pulso. Nadie había notado la ley del péndulo antes que él, y con eso, comenzó su fama. En la universidad, salvo las matemáticas, era nulo, y le aburrían las materias, así que dejó de estudiar, dando clases de matemáticas para ganarse la vida. Pero este gran hombre ya traía el genio por dentro y, al escuchar una conferencia sobre *El infierno de Dante*, se interesó en calcular la locación, la forma y las dimensiones del mismo (infierno). Su deducción del tamaño de Lucifer (2000 brazos de largo) impresionó tanto a los presentes que al año ya era profesor en la universidad que lo había corrido. El mismo Alberto Einstein lo llamó *el padre de la ciencia*,

Angelus:

Balkin, ángel maestro benéfico.

y este gran hombre además de ser el padre de la física moderna, la astronomía moderna y de la ciencia de la observación, era también astrólogo. Stephen Hawking, entre otros, declaró que Galileo probablemente contribuyó más a la creación de las ciencias modernas y al método científico que cualquier otra figura de la historia. Enorgullécete, acuariano, de compartir su signo, y busca seguir sus pasos como puedas, aunque fuese mirando su carta astral. En las palabras del propio Galileo: "No puedes enseñarle nada al ser humano; solo puedes ayudarle a encontrar lo que trae dentro de sí".

TU CLAVE SECRETA

Conocer, reconocer y recapitular sobre tu propio signo astrológico.

Celebridades de tu día:

Galileo Galilei, Henry Adams, John Schlesinger, Antonio Ordóñez, John McEnroe, Gloria Trevi, Douglas Hofstadter y Alfred North Whitehead.

16 DE FEBRERO

El ser humano es, ante todo, un ente histórico; su esencia está en el cambio.
—David Flores Espinoza

TU DÍA, ACUARIO

Cierto es que para ti, la historia de dónde vienes, tu árbol familiar y tu familia debe ser parte de tu vida diaria, aunque creas que la canción que dice, "Yo no tengo padre, yo no tengo madre, yo no tengo a nadie que me quiera a mí", te queda como anillo al dedo. Porque eso jamás sería cierto. Llevas en tu persona el peso de quienes vinieron antes (familiares) y quienes vendrán después, y no debes olvidarlo nunca. Por lo general, los nacidos este día tienen Mercurio, representante indicador de tu enfoque mental, también en Acuario, y esto alebresta tu muy especial modo y manera de pensar hasta cuando estás tranquila. A la vez, te hace ser una persona divertida, pero desconcertante hasta para ti mismo, y encontrar tus raíces familiares te permiten sentirte mucho más a gusto y en paz con quien eres: una persona que debe ser escuchada.

> **Tu verbo motor:**
>
> *Interesar*

❦ AMOR, SALUD Y BIENESTAR ❧

Corrientes, ondas y el olor del aire que respires es lo tuyo. Regido por Urano, las ondas —ondas musicales, el suave sentir entre una persona y la otra y el sonido del silencio entre los amantes cuando hacen el amor y cuando callan a la vez, así como los perfumes que trae cada nuevo día— son algo que debe poder embriagarte si lo deseas o fastidiarte si estas de mal humor. Porque los humores también viajan sobre ondas. Algo junto a tu cama que te permite despertar contento es importante, y así tu mismo podrás eliminar la mitad de las dificultades del día simplemente porque vives "en buena onda", algo que siempre mejorará tu salud y te acompañará al buscar el bienestar.

> **Angelus:**
>
> *Gambiel, ángel específicamente para Acuario.*

❦ DESARROLLA TU RIQUEZA Y PROSPERA ❧

De manera independiente es la mejor para desarrollar cualquier tipo de riqueza y toda prosperidad. La originalidad, la espiritualidad y el valor son los adjetivos que te ayudarán siempre cuando deseas aumentar cualquier aspecto de tu vida, incluyendo el peso (o perderlo, si eso te hace sentir mejor, aumentando en grados tu felicidad). Re-

cuerda que el símbolo de tu signo representa la condición humana en evolución. ¡Excelente cosa!

❦ PODER DAR ❧

Lo tuyo es dar, despertando interés.

ASTRONOMÍA, HERMANA DE LA ASTROLOGÍA MODERNA

¿Sabías que llevas una estrellas por dentro? Claro, ya lo dijo alguna vez Carl Sagan al repetir cada vez que podía: "Nuestro planeta, la sociedad y nosotros mismos estamos construidos de polvo de estrella". Y eso te enaltece, te compromete y te muestra que cualquier cosa que te puedas imaginar puede suceder. Es posible que te cueste comprenderlo o aceptarlo, pero cierto es que según los astrofísicos, cada átomo en tu cuerpo se originó hace millones, billones, de años dentro de una estrella o en el momento del gran estallido. Y no solamente tus átomos, sino que todo lo que nos rodea. Y cada segundo el Sol, el nuestro, convierte unos quinientos millones de toneladas de hidrógeno a helio y, así, todo se va convirtiendo en los noventa y dos elementos de la tabla periódica que compone lo que nos rodea, contando desde hace unos trece millones de años. Una historia tan espectacular como la de tu propia vida, que vas construyendo, segundo por segundo, evento por evento. Tú, nacido un 16 de febrero en un momento preciso, eres único.

 TU CLAVE SECRETA

Comprender lo especial que eres e indagar el por qué.

> **Celebridades de tu día:**
>
> *Henry Adams, Sonny Bono, Margaux Hemingway, Natalie Angier, Ice-T, Kim Jong-il, Margot Frank y Carlos Paredes.*

TU DÍA, ACUARIO

La libertad de hacer lo que deseas durante casi todo el día es algo que llevas en tus entrañas, y difícilmente lo puedes esquivar, aunque como decía John Lennon (Libra), "La vida es lo que te sucede mientras tu planeas otra cosa". La vida te llega, tú la dominas, y eso nadie te lo debe impedir. Y nadie mejor que ti para descifrar cómo hacer para que diariamente te vaya un poco mejor, simplemente porque así lo deseas. Los demás pueden verte como alguien demasiado intenso/intensa (a veces) pero tú sigue tu camino y no dejes de vociferar lo que quieres, lo que necesitas y lo que quisieras que hicieran por ti, pues tu naciste con gran capacidad para dar, y por lo mismo, aprender a pedir es algo que debes dominar.

Tu verbo motor:

Improvisar

❧ AMOR, SALUD Y BIENESTAR ❧

Amar es recibir, deberías escribir en algún lugar de tu corazón. Y, al mismo tiempo, mide lo que pides cuando amas, para que no parezca que solo importa *tú, y tú, y nadie más que tú.* Eres capaz de hacer sentir esto, aunque tú no lo creas. Poner tus propias reglas es algo que puedes lograr, pero tus relaciones personales no deben sufrir por lo mismo, y cuando te sientes vulnerable, personalmente, puedes estar a punto de caer con alguna enfermedad (desde catarro hasta algo más serio) si no cuidas tu dieta y tu cuerpo, que siempre debe estar en forma. El peso no importa tanto como la facultad de hacer lo que te gusta, y al lograrlo, tu sentido de bienestar estará donde lo necesites para adornar tu cuerpo como merece.

Angelus:

Pistis Sophia, ángel de la fe.

❧ DESARROLLA TU RIQUEZA Y PROSPERA ❧

Invertir en arte o objetos bellos (como adorno personal, para impresionar en casa o permitiendo que se sepa por quién se interese en lo mismo) puede traerte grandes recompensas. Bien harías en invertir desde temprana edad en cosas que realmente te fascinen, aunque sean piezas comunes y corrientes, porque tienes un especie de categoría personal que sabe escoger lo que otros no saben ver. Y, así también, te conviene invertir en inventos, asuntos descomunales o lo menos usual. Tu falta de prejuicios y tu norma de ir un poco a contracorriente, a la larga, te puede aportar una prosperidad que ni siquiera esperabas.

17 DE FEBRERO

El poder de Dios crea, construye, edifica, aumenta, confiere más libertad.
—José Comblin

❧ PODER DAR ❧

Tú debes dar lo que crees no necesitar, por favor.

ASTRONOMÍA, HERMANA DE LA ASTROLOGÍA MODERNA

Cuando está en reposo, la masa está quieta, aunque tiene energía en potencia. Pero para que se mueva, se necesita algo de energía y nosotros sabemos (o deberíamos saber) que la energía no puede ser creada ni destruida, solo puede ser transformada de una forma a otra. Así es que esa energía en potencia se convierte en energía cinética al moverse. Y así eres tú. Esa ley de la física la deberías conocer y aprender de memoria: "La energía cinética de un objeto es la energía que posee según su movimiento". Como ejemplo, los carros de una montaña rusa logran su energía máxima cinética al estar en el lugar más bajo, para poder subir. Una vez arriba, se convierten en energía potencial. Lo mismo aplica para ti. La suma de tus logros, con tu propia energía, es siempre constante. La fricción y lo demás no tienen que ver con lo que eres capaz de hacer. La palabra *kinético* viene del griego *kinesis*, que significa movimiento, y es la misma raíz que la palabra cinético (de cine). Los primeros científicos a divulgar esta ley la llamaron *fuerza viviente*. Los nacidos este día la traen a paladas; por eso pueden lograr tantas cosas.

 TU CLAVE SECRETA

Creer que puedes, aunque te digan que es imposible.

Celebridades de tu día:

Vicente Fernández, Julia de Burgos, París Hilton, Valeria Mazza, Michael Jordan, José José, Isabelle Eberhardt y Eduardo Zamacois.

18 DE FEBRERO

Sé quien eres y di lo que quieras porque aquellos que se molestan
no importan y aquellos que no se molestan tampoco.
—Dr. Seuss

TU DÍA, ACUARIO

Ser del último día de Acuario te da un gran corazón. Se puede decir que eres, en realidad, platónico —quien hace miles de años declaró que el corazón era caliente, pulsante, excitable y el motor de nuestro enojo y orgullo, culpable de nuestros deseos eróticos, pero no del amor en el más inalcanzable sentido. El filósofo Platón opinaba que había un gran paso entre la pasión y la piedad, entre la lujuria y el amor, y eso te va como anillo al dedo. Te sale lo bueno del corazón, y luego la perfección ya viene de otro lugar. Tú sabrás cual. Tú sabrás cómo, cuándo y dónde: las tres gracias del eterno divagar del ser humano. Uno de tus atributos es lo que los científicos llaman "la teoría de la mente", que significa que comprendes los pensamientos y las motivaciones de los demás. Aprovéchalo y úsalo para bien.

> **Tu verbo motor:**
>
> *Reanimar*

❧ AMOR, SALUD Y BIENESTAR ☙

Esperanza es la palabra que te enaltece; amando o sufriendo. El diccionario define la esperanza como un estado de ánimo en el cual se nos presenta como posible lo que deseamos. Tú, con *esperanza*, dándola o recibiéndola, puedes llenar tu vida plenamente. ¡No hay quien te supere! Tienes un lugar asegurado en el rincón de los milagros, simplemente por haber nacido el 18 de febrero, y mientras más creas en ti y en lo que puedes lograr, mejor. El bienestar viene con la capacidad de entender que es mejor haber nacido con suerte que con dinero.

> **Angelus:**
>
> *Shamsha, uno de los*
> *príncipes de los ángeles.*

❧ DESARROLLA TU RIQUEZA Y PROSPERA ☙

Para desarrollar tu riqueza, necesitas asimilar lo dicho en el párrafo anterior y tener presente que la suerte llega cuando la oportunidad toca a tu puerta y tú contestas. Es decir, lo tendrás que "trabajar", o quizá tendrás que trabajar un poco más que otros para conseguir lo que crees merecer y sabes poder conquistar. Ponle atención siempre a la circulación de tu sangre por tu cuerpo y asegúrate que tu dieta sea ligera. ¡Así llegarán a las neuronas de tu cerebro la suficiente fuerza para resolver lo que quieras!

❧ PODER DAR ☙

Aprende a no dar más de lo que quisieras tú tener.

ASTRONOMÍA, HERMANA DE LA ASTROLOGÍA MODERNA

En el mundo de la ciencia y la astronomía, cada respuesta trae consigo diez nuevas preguntas. En el genial libro del maestro neuro-endocrinólogo Robert Sapolsky, *Porque las zebras no padecen de úlceras*, el autor habla de las interacciones entre el cuerpo y la mente, y como el estrés predispone a unos a ser más vulnerables a las enfermedades que otros. El autor nos propone que la ciencia nos provee con algunos de los rompecabezas estimulantes que la vida puede ofrecernos que frecuentemente mejoran nuestras vidas. Continúa diciendo que la ciencia no nos cura del misterio, pero lo reinventa, lo vigoriza y presenta estimulación que nos ayuda a vivir mejor, presentándonos con variables accesibles. Esto parecería escrito específicamente para ti, nacido un 18 de febrero de cualquier año de este siglo o el anterior. Creo importante que lo sepas y creo necesario incluirlo aquí y, por qué no, recordarte que un día como este, en 1930, fue descubierto el ex planeta Plutón.

 **TU CLAVE SECRETA**

Saber medir tu suerte.

> **Celebridades de tu día:**
>
> *Toni Morrison, André Breton, Wallace Stegner, Yoko Ono, Milos Forman, Alberto Blanco, Nikos Kazantzakis, Alexander Kielland, Molly Ringwald y Humberto Fernández Morán.*

TU DÍA, PISCIS

¿Por qué eres de un signo y no de otro? Es una pregunta digna de llenar otro libro, difícil de contestar, pero posible de responder con precisión. Importante para todo Piscis nacido el primer día (por lo general) de su signo. Nada de lo tuyo es capricho, sino pura voluntad porque sabes instintivamente lo que necesitas para forjar tu vida como quisieras (aunque a veces puedes sentir una confusión repentina y pasajera). El juego "intersocial" es importante durante toda tu vida, y si tienes momentos durante los cuales crees que la soledad te alienta, es en lo único que no debes hacerte caso. El número 19, en numerología, es considerado el *príncipe de los cielos*, nombre asignado por la simbología védica. Tu conciencia es la parte primordial de tu ser, y conocerla, reconocerla y hacerle caso es imperante. ¡Suertudos los de Piscis que llevan este don en sí!

> **Tu verbo motor:**
>
> *Servir*

❧ AMOR, SALUD Y BIENESTAR ❧

Tu amor es de lo más bonitos del zodiaco, y esto se lo puedes mostrar a quien quieras. El amor tuyo es a punto de ser sagrado, sin llegar a tanto. Puro, preciso, y gustoso. Lo difícil es tener esa misma reciprocidad, cada vez es una novedad en gestión. La salud es algo que comienza con los pies, con lo cual quiero decir físicamente. Necesitas zapatos siempre cómodos y tener cuidado al andar. ¿Y tu bienestar? No tiene límites cuando te va bien, pero ¡ojo!, tampoco cuando pasas por épocas difíciles. Por lo mismo es imperante que tu trabajo se desenvuelva en algo que verdaderamente te permite *respetarte*, algo que no debe serte demasiado difícil.

> **Angelus:**
>
> *Farun Faro Vakshur, ángel del antiguo Persia, redentor y protector de la humanidad.*

❧ DESARROLLA TU RIQUEZA Y PROSPERA ❧

Una vez que encuentres el acomodo en tus labores, de niño en casa, de adolescente en tus estudios y de adulto en tu trabajo, siempre debe ser manejado como algo del cual te sientes orgulloso. Así, estarás dispuesto a desarrollar lo necesario para lograr lo que tú consideras la riqueza que programas. Sea una riqueza corporal, de príncipe o con lo que otros fácilmente llaman "lo necesario", palabras que los de Piscis saben digerir maravillosamente.

❧ PODER DAR ❧

Tú debes dar siempre con un pequeño esfuerzo.

---

19 DE FEBRERO

El universo es todavía un lugar de misterio y maravillas.
—Sir Martin Rees

ASTRONOMÍA, HERMANA DE LA ASTROLOGÍA MODERNA

Antes que Copérnico, Aristarchus de Samos, astrónomo griego nacido unos 1783 años antes que Copérnico (19 de febrero de 1473), decía que la Tierra giraba alrededor del Sol. El gran astrónomo Copérnico mantuvo y sostuvo que la Tierra giraba alrededor del Sol. Pero no fue hasta la publicación de seis libros en relación a las revoluciones de las órbitas celestes, en 1543, del mismo acuariano Copérnico, que comenzó a resonar esta verdad. Esta teoría se llama cosmología heliocéntrica, y puso en movimiento lo que también hoy día se llama la revolución copernicana. Copérnico era matemático, astrónomo, astrólogo, médico, polígloto, polaco, erudito clásico, traductor, artista, clérigo católico, jurista, gobernador, líder militar, diplomático y economista. Lo relacionado con el 19 de febrero es un día que puede manifestar deleites inesperados, aunque tú no lo creas. Una nota importante para ti es que Piscis comienza el 20 de febrero en los años bisiestos, por lo que en esos años, tú perteneces a Acuario. Dichoso, tú, de poder ser parte de estos dos maravillosos signos.

 TU CLAVE SECRETA

¡Diariamente descubren novedades, entérate!

> ### Celebridades de tu día:
>
> *Benicio del Toro, Nicolás Copérnico, Seal, Andre Breton, Príncipe Andrew, Cristina Fernández de Kirchner, Merle Oyeron, Luigi Boccherini, David Gross, Karen Silkwood, Ryu Murakami y Jaime Bayly.*

TU DÍA, PISCIS

Cualquier cosa es posible. Muchas cosas te complacen y naciste con el don de atraer. Atraer a la gente, ideas y, a veces, malos entendidos. Malos entendidos que acaban bien, porque tu vida a veces parece salir de la historia de "este era un gato con los pies de trapo y los ojos al revés... ¿quieres que te lo cuente otra vez?". Para ti, tu día y tu signo, tan al principio de Piscis y alejándose tan rápidamente de Acuario, significa que si andas con cuidado, logras lo que quieres de manera inusitada, única y, a veces, casi genial. Nunca olvides que llevas en tu ADN cósmico una dosis bastante grande de humanismo, de forma a la vez diferente y escandalosamente fuerte. Y, si no lo empleas de manera dinámica y positiva, se revira, entonces cuidado. Tus tendencias son demasiadas plurales para no entender esto, y tu carácter demasiado fuerte para no dejar de ser tan espontáneo como sensacional.

Tu verbo motor:

Tomar (la vida a paladas)

⚜ AMOR, SALUD Y BIENESTAR ⚜

Abandónate al amor cuando sepas que puedes, y así encontrarás tu media naranja. Instrúyete bien en el asunto para que puedas querer tan fuerte como deseas y dejar cuando sientas que sus caricias no corresponden a las tuyas. ¡Así de fácil, aunque cueste trabajo! Curiosamente, un gran porcentaje de los nacidos este día viven muchos años. Y curiosamente, todos los piscianos de este día deben, necesitan y les recomiendo que se integren a uno, dos o cualquier movimiento colectivo para su propio bienestar. Teniendo el don, como lo tienen ustedes, de impresionar, mientras más sea por el bien, tanto mejor. Porque de lo contrario, pueden salirse con la suya, pero hacer a la vez daño.

Angelus:

Hamael, ángel de la dignidad.

⚜ DESARROLLA TU RIQUEZA Y PROSPERA ⚜

Escoger la pareja adecuada, sea para la vida o el negocio, es algo muy importante para ustedes. "Nuestras quimeras son aquellos con las cuales más nos parecemos", dice Victor Hugo, un pisciano importante. ¿Riqueza? La mayoría de los que aparecen en la lista de los nacidos este mismo día heredaron su riqueza, y algunos no prosperaron con ello. Tú debes marcar tu diferencia para que realmente aprendas como guardar lo que quieres y lograr prosperar de forma merecida.

⚜ PODER DAR ⚜

Lo tuyo es un caso extraño. Tu debes dar si sabes que te lo agradecerán.

ASTRONOMÍA, HERMANA DE LA ASTROLOGÍA MODERNA

¿Cómo será el mundo en millones de años? Solo los astrónomos calificados pueden vislumbrarlo. Y los astrologistas, que escribimos y dialogamos como los adherentes poéticos de lo mismo, nos aplicamos a escucharlos. Nacer, vivir y morir son los tres verbos eternos. Para nosotros y para el cielo, las estrellas y el futuro del universo sufren de lo mismo. Ahora existe quien nos promete que en unos cien billones de años, ya no habrán tantas estrellas, diciéndonos que las leyes de la física y la cosmología son tan exactas que podemos predecir lo que será. Pero, tú estás en un lugar perfecto para contestar siempre: "Lo que tenía que pasar pasó". Tú, nacido un 20 de febrero, eres de los conocedores de algo tan especial, que se te recomienda mirar hacia arriba cada noche que puedas; eso te llenará de fuerza y bendiciones para alcanzar aun más.

 TU CLAVE SECRETA

Persistencia con lo práctico y una buena dosis de dignidad.

Celebridades de tu día:

Kurt Cobain, Rihanna, Pierre Boulle, Gordon Brown, Sydney Poitier, Patty Hearst, Gloria Vanderbilt, Cristina Sánchez, Ibrahim Ferrer y Ansel Adams.

TU DÍA, PISCIS

Los rayos cósmicos son los que, según los astrólogos, te permean cuando inhalas por primera vez en tu vida, y de alguna manera las olas electromagnéticas afectan tu paso por la Tierra y te bendicen con una manera muy personal de asumir tus experiencias. Te dejan un soplo de vida con algo absolutamente personal y único. El número 21 es muy potente, y es el tercer número estelar. Aquí aparece una estrella mágica, de 21 puntos y se dice que mirándola cada mañana, encuentras fuerza cósmica, si naciste un día 21. Vivimos en el siglo XXI, y el saludo para presidentes y reyes se hace con 21 cañonazos. Todo esto te lo cuento, porque la preservación de las costumbres de tu familia, hogar y país, y la cultura es lo tuyo —conceptos de arquetipos conocidos, misteriosos y simplemente la cultura más aparente en tu vida. Tu propia consciencia es lo que debe regirte para que logres aprovechar y emplear para bien lo que eres capaz de lograr.

> **Tu verbo motor:**
> *Asumir "lo tuyo"*

❧ AMOR, SALUD Y BIENESTAR ❧

Por supuesto que el amor no le pertenece solamente a Piscis, pero la leyenda romana nos cuenta que Piscis fue transformado en dos peces, para existir tanto como Venus con el amor, mientras huían tan rápido como podían por el río Eufrates de Tifón, el monstruo de muchas cabezas. No huyes del amor, pero el amor se te presenta de tantas maneras que se necesita bajar de las estrellas fuerza estelar, fuerza física, imaginaria, controlada y absoluta para poder amar como debes. Además, tu bienestar llega cuando tienes con quien compartirlo y tu salud entra por los pies. Tenlos bien puestos en el suelo y todo marchará como debe.

> **Angelus:**
> *Rikbiel, ángel escogido para conducir el carruaje divino.*

❧ DESARROLLA TU RIQUEZA Y PROSPERA ❧

Si logras pasar un fin de semana, acompañado, haciendo todo lo que te gusta, viendo las estrellas, sintiendo que tu chamán te ayuda, manifestándote a lo lindo, platicando con Gaia (el planeta), a gusto con los elementos, habrás llegado al primer paso para desarrollar tu riqueza y prosperar. ¿Cómo y por qué? Pues, porque Piscis para prosperar material y físicamente, tiene que estar a tono con sus gustos y saberse capaz de forjar no solamente su propio destino, pero algo relacionado con el destino de los demás —tenga esto que ver con construir motores de coches, vender medicinas en una farmacia o ser cosmonauta.

21 DE FEBRERO

No vemos las cosas como son, las vemos como somos nosotros.
—Anaïs Nin

❧ PODER DAR ❧

Tú lo que debes dar son consejos válidos a quienes los necesitan.

ASTRONOMÍA, HERMANA DE LA ASTROLOGÍA MODERNA

Aun nos falta mucho, muchísimo que aprender sobre los planetas de nuestro sistema solar. La exploración planetaria de los siguientes diez años es algo incierto, explica Steve Squyres, visto hace algunos años en el programa *60 Minutes* en su capítulo, "The Next Giant Leap for Mankind". Neptuno se encontraba en el signo de Escorpión durante la mayor parte del año de nacimiento de Squyres, 1956. Neptuno es el planeta que rige tu signo, Piscis, y Capricornio, signo de Squyres le va bien a tu signo. El alguna vez dijo que duerme poco pensando en Marte, a 106 millones de millas de su cama, y tú, del 21 de febrero, tienes mucho que aprender de los nacidos bajo este signo. Siempre necesitas tener a mano un cuadernito y algo con que escribir, forma parte de tu clave secreta, pues la investigación cósmica te aportará momentos importantes en tu vida. Para comenzar, recuerda que tus ideales son irreprochables y eso tiene mucho que ver con tu futuro.

 **TU CLAVE SECRETA**

Aprovechar tu pasado para gozar tu presente.

> **Celebridades de tu día:**
> *Anaïs Nin, Nina Simone, Andrés Segovia, Antonio López de Santa Anna, W. H. Auden, cumpleaños de la revista* New Yorker, *José María Cano y Carlos Calvo.*

*Cuando verdaderamente comprendes quién eres,
quizá no continuarás buscando lo que no eres.*
—Plautino

TU DÍA, PISCIS

En tiempos de los romanos, justamente este día era guardada para elaborar un gran festín para la familia y seres queridos con regalos y uno que otro maestro invitado. Esto podría ser una buena indicación de que tus grandes decisiones deben ser tomadas en casa, que sentarse alrededor de una buena mesa es algo que debes planear cada vez que puedas, y si tú eres quien ofrece el pan nuestro de cada día a quien puedas, en la medida de tus posibilidades, estarías mostrando que sabes leer los astros y tu destino de la mejor manera posible. De por sí, dicen que el alma de Piscis llega a la Tierra para traer lecciones de paz y que su misión es frecuentemente mal entendida. Tú, Piscis, logras entender lo que enseñas y siempre estás a la expectativa por tener sentimientos muy sensibles hacia los demás. Si no te consideran noble, no estas usando tus dones. Y ser compasivo es algo que puedes usar para tu propio bien.

Tu verbo motor:

Crear (consciencia)

✥ AMOR, SALUD Y BIENESTAR ✥

Diferentes ciclos es lo tuyo. Es decir, por lo general, ames a una sola persona o a muchas durante tu vida, te encontrarás en ciclos de aproximadamente siete años, cambiando de modo de amar, de querer y quizá hasta de besar. Pero esto no debe interferir en tener una vida feliz. Al contrario, debe ayudarte a lo que más necesitas tú, y la gran mayoría de los nacidos bajo tu mismo signo, autoprotección. Una vez que entiendas como protegerte lo suficiente para pedir y exigir en todo tipo de relaciones, tu salud y tu bienestar serán a la vez presa fácil para ser usados a tu favor.

Angelus:

Lor, ángel labriego de todas las eras.

✥ DESARROLLA TU RIQUEZA Y PROSPERA ✥

Desarrollar tu riqueza y, por lo mismo, lograr la prosperidad que deseas tiene que ver con experiencia. Varios empeños podrás encontrar que te interesen, y a todos les sacarás el provecho necesario para aumentar aquello que crees merecer o desear. Lo que tienes que aprender a balancear es si estas aprendiendo algo que creas te

sea útil. Con esa medida, los dados están echados para sacarte doble seis cada vez que comienzas algo nuevo.

✥ PODER DAR ✥

Tú don es brindar información, pues lo mejor que puedes dar es eso mismo. Infórmanos.

ASTRONOMÍA, HERMANA DE LA ASTROLOGÍA MODERNA

En el año 1632, tú no habías nacido, claro está, pero ese día tuvo que ver con todos los habitantes vivos hoy sobre la Tierra porque fue un 22 de febrero de ese año cuando Galileo Galilei expresó su famoso diálogo sobre los dos sistemas del mundo, dentro del cual comparó el sistema de Copérnico con el de Ptolomeo, donde uno explicaba que los planetas giraban alrededor del Sol, mientras que el otro estipulaba que el universo giraba alrededor de nuestro planeta. Luego convirtió este en libro y se lo dedicó y entregó ese mismo día a su patrón Ferdinando II de' Medici, Gran Duque de la Toscana, y se convirtió en seguida en un éxito de ventas. ¡Por razones de retraso intelectual y celos, el libro fue puesto en el índice de libros prohibidos por la Iglesia Católica, ¡donde no fue removido hasta el año 1835! Sabiendo lo que le podría suceder, Galileo se refería a su libro como *El diálogo de las mareas* y fue escrito como un diálogo entre dos filósofos y un hombre común. Albert Einstein dijo que "este libro es una mina de información para quien sea que esté interesado en la historia cultural del mundo occidental y su influencia sobre el desarrollo económico tanto como político." Y de allí en adelante, se convirtió Galileo en el padre de la ciencia moderna. Algo que todo nacido en tu fecha debe saber y hacer saber.

 TU CLAVE SECRETA

Agrandar tu entorno cada vez que puedas.

Celebridades de tu día:

Luís Buñuel, Jimena Navarrete, Drew Barrymore, Federico Chopin, George Washington, Ted Kennedy, Arthur Schopenhauer, Giulietta Masina, Rolando Villazón y Heinrich Rudolf Hertz.

TU DÍA, PISCIS

Porque un verdadero maestro es eternamente un estudiante, y tú eres un *excelente maestro*, aparece para tu día la frase tan impresionante de uno de los cosmólogos más importantes del momento. Inclusive existe un enigma que asegura que la gran mayoría de incidentes y eventos están directamente conectados con el número 23. A ustedes, por tener la combinación de Piscis y el número 23, les toca indagar, proponer, mostrar y/o enseñar cómo y por qué razón. Tus preguntas así como tus contestaciones merecen un toque del profesor que puede ser parte amigo, parte confidente, motivador, alguien que motiva a otros a buscar aun más en el área del conocimiento, de cualquier cosa. Así como el astrólogo debe mostrar la cantidad de ti mismo que puedes usar para tus logros, tú tienes la posibilidad de mostrarle a quien quieras lo que necesita para lograr, más no lo que no puede lograr. Además, escoger la dimensión adecuada para esto es algo que debe venirte fácil. ¡NO lo desperdicies!

> **Tu verbo motor:**
>
> *Escampar*

◀══ AMOR, SALUD Y BIENESTAR ══▶

Sabiendo lo que quieres, lo encuentras. Y mientras más interactúas entre grupos sociales, mejor. Las relaciones interpersonales son lo tuyo, y saber escoger es lo que necesitas aprender. Los valores espirituales son importantes para tu vida, aunque puedes cambiar tu manera de pensar al enamorarte. La presencia de Dios te persigue, y necesitas calma y sosiego para lograr que tu cuerpo mantenga el bienestar que mereces. Tiempo para reponer y permitir descansar tu cuerpo debe ser permanente, y un buen conocimiento profundo de tu persona física (cuidar tu peso, tu piel, ejercitarte, etc.) es importante.

> **Angelus:**
>
> *Jevanael, uno de los príncipes que encantan a los planetas.*

◀══ DESARROLLA TU RIQUEZA Y PROSPERA ══▶

Aprendizaje. Una y otra vez, lo dice la numerología de tu signo, lo dice el ángel que te cuida y lo pregona. Toma algún curso, tengas la edad que tengas —y si aun no la tienes, anota esto para que cuando la tengas lo hagas— para entender y luego enseñar, cómo aumentar tus ganancias. Tus pesos y centavos. Tus ahorros. Tus porcentajes. Y como NO PERDER o disminuirlos.

---

23 DE FEBRERO

Los agujeros negros me fascinan porque en ellos muchas leyes de la física que conocemos fallan, y así podemos aprender cosas nuevas de la naturaleza.
—Kip Thorne

◀══ PODER DAR ══▶

Tú das todo con medida.

ASTRONOMÍA, HERMANA DE LA ASTROLOGÍA MODERNA

El famoso astrónomo Simon Newcomb alguna vez dijo que cuando comienzas a buscar algo, por lo general lo encuentras. Nacido pisciano, y con pocos estudios, hizo contribuciones importantísimas acerca del tiempo relojero, la economía, la estadística y la astronomía. Durante toda su vida buscó la manera de medir y comprobar la velocidad de la luz, y aunque no dio con ella, Newcomb es un ejemplo magnífico de los atributos de quien nace pisciano un 23 de febrero. Encuentras otras cosas mientras buscas lo primero. Así, en esta fecha pero en el año 1987, Ian Shelton, en Chile, fue la primera persona en cuatro siglos en mirar una estrella que explotaba con sus propios ojos, a 160 000 años luz de nosotros. Shelton calculó que para haber visto tal cosa, tendría esa estrella que radiar 200 millones de veces la energía del Sol. Este tipo de explosión se llama supernova, y marcó la muerte cataclísmica de una estrella, las cuales también nacen, viven y mueren como todo en este universo.

 **TU CLAVE SECRETA**

Tu gran valor espiritual.

> **Celebridades de tu día:**
>
> *Federico Luppi, Román Balorioty de Castro, Dakota Fanning, Mayer A. Rothschild, Karl Jaspers, Gotham Chopra, Linda Cristal, Peter Fonda y W. E. B. DuBois.*

24 DE FEBRERO

La soledad no es la experiencia de lo que nos falta, es más bien la experiencia de lo que somos. Al compartir, nos comprendemos mejor.
—Thomas Wolfe

TU DÍA, PISCIS

Dicen los que saben, y digo yo, que los signos contiguos son los más diferentes entre sí. Como hermanos de una misma familia, Acuario, está hecho para abrazar al mundo y Piscis, construido para mostrarle al mundo que él o ella puede encontrar. Tú, Piscis, siempre puedes solo/sola. Pero cuando encuentras con quien, hablar de ti es algo que debes lograr. Te refuerza. Usa tu impregnada soledad para las canciones tristes, para reconfortar a los que llevan tristeza en el alma y de vez en cuando para atreverte a llorar. Eres en realidad tan receptivo/a a los sentimientos ajenos, que a menudo podrías contagiarte con la pesadumbre de los demás, y allí sí, solo en compañía de quien te comprende, encontrarás como realizar tus sueños. Castillos en el aire es lo tuyo, porque los logras alcanzar.

Tu verbo motor:

Causar

❧ AMOR, SALUD Y BIENESTAR ❧

¡Ay amor! es el comienzo de muchísimas canciones de ese sentimiento inexplicable. Y tú deberías tener una canción específica para cada ser querido o querida. Porque las melodías, y el enamoramiento, te vienen fácil. Y, si ese no es tu caso, necesitas ayuda. La salud es algo que tienes que estudiar para reconocer tu cuerpo, tus reacciones y las cosas un poco fuera de lo común y corriente que tu organismo aguanta, necesita o siente.

Angelus:

Assiel,

ángel que todo lo cura.

¿Bienestar? Realimentación física y mental es lo tuyo, porque eres capaz a veces, de curarte, imaginándote sana.

❧ DESARROLLA TU RIQUEZA Y PROSPERA ❧

Nada es más importante que la educación para prosperar; sea al mejorar tus ideas para crear, al ir a la escuela para aprender, o a escuchar a quienes saben más que tú. Orgulloso debes estar al saber que este día, hace tiempo, se aprobó la moción vinculada a la educación de jóvenes y adultos en Latinoamérica, y feliz de saberte encaminado hacia un desarrollo personal novedoso y profundamente humanista a la vez. La riqueza y la prosperidad llegan una vez que comprendas esto de la mejor de todas las maneras posibles. Con integridad.

❧ PODER DAR ❧

Tú das como si fuera manda, pero espiritualmente.

ASTRONOMÍA, HERMANA DE LA ASTROLOGÍA MODERNA

Stanislaw Lem (Virgo) es escritor de ciencia ficción, filosofo y sátiro. Sus libros han sido traducidos a cuarenta y un idiomas y ha vendido más de 27 millones de ejemplares. Es mejor conocido por ser el autor de la novela *Solaris*. En el fondo de su historia, Lem presenta la naturaleza del pensamiento humano y de la identidad humana, así como los problemas realmente éticos que la ciencia nos ofrece. Y nadie como tú, nacido el 23 de febrero, puede comprender mejor y explicar el significado de lo dicho por este, el más importante escritor de ciencia ficción a quien quieras. Algo de suma importancia por lo que viene a partir de 2012. "Con suficiente imaginación, cualquier hombre podría escribir toda una serie de versiones de su propia vida", escribe Lem en una ocasión. La película *Solaris*, dirigida por Andrei Tarkovsky, fue presentada por primera vez bajo el signo de Piscis, el signo opuesto de Virgo, presentado para ti como un yin/yang, un concepto fundamentado en la dualidad de todo lo que existe en el universo, según la filosofía oriental.

 TU CLAVE SECRETA

Atreverte a reconocer lo desconocido.

Celebridades de tu día:

Steve Jobs, Edward James Olmos, Carlos V, Giovanno Pico Della Mirandola, Pedro de la Rosa, Pablo Milanés y Wilhelm Grimm.

TU DÍA, PISCIS

Quién sino tú para encontrar la felicidad en tu propio mundo, pues los nacidos este día llevan en su alma cósmica un número, que según San Agustín, representa la ley. Y con eso, alcanzan lo que quieren cuando lo desean, siempre y cuando repartas felicidad al lograrlo. Dicen también que el viaje de los tres reyes magos tardó veinticinco días, y es lo que tarda el Sol en dar una vuelta sobre su eje. Está escrito en el Libro de las Mándalas, que el 25 de febrero tiene una bendición espiritual que refuerza a los individuos siempre y cuando defiendan "su" verdad, es decir, se mantengan en la raya de sus propios valores. Y por lo mismo, cuando te encuentres en medio de algo confuso, se honesto contigo mismo, porque eso te permitirá avanzar con brío hacia el logro de tus sueños.

Tu verbo motor:

Llevar

❧ AMOR, SALUD Y BIENESTAR ❧

Parece que escuchas sin que realmente esté presente una melodía muy propia, algo que te permite encontrar a quien te hace falta en el momento preciso. Casi siempre. Y, si al mismo tiempo ese "alguien" es con quien quieres compartir el amor, excelente. Pero nunca olvides que la amistad tiene que estar involucrada con tus pasiones. Tu corazón, regido en general por el signo Aries, late y tiene su propio ritmo. Por lo mismo, no lo descuides, y con el corazón tranquilo, tu bienestar siempre estará presente.

❧ DESARROLLA TU RIQUEZA Y PROSPERA ❧

Dicen que Piscis es el mejor traductor de la vida real y que la frase "ya lo logré", les pertenece. Pero en realidad, siendo regidos por el planeta Neptuno, sus estrategias pueden ser ilusoriamente fabulosos, aunque si se toma el tiempo para dejar de alucinar, pueden ser de los más sagaces del zodiaco. Tu dualidad, en lo que a bienes y prosperidad se refiere, debe siempre tener a su lado un tercer juego "por si acaso". Y con eso, saldrás ganando aunque no parezca cierto.

Angelus:

Lamassu, ángel y espíritu de la bondad.

❧ PODER DAR ❧

Tú tienes el poder de dar sin fijarte en las cantidades, pero no exageres.

---

25 DE FEBRERO

Todo lo que tocas, cambia. Todo lo que cambias, te cambia.
La única verdad que perdura es el cambio. Dios es cambio.
—Octavia Butler

ASTRONOMÍA, HERMANA DE LA ASTROLOGÍA MODERNA

Neptuno, el planeta que rige tu signo, descubierto en la modernidad en el año 1846, y octavo en orden de los planetas del Sol, tiene mucho que ver con los mitos de la creación en casi todas las religiones. En febrero de 2012, Neptuno entró de lleno a su propio signo, (el tuyo, Piscis) y allí permanecerá hasta los primeros días de abril de 2025. Esto es un gran cambio para el mundo y para los pisicanos en general. Robert Kennedy dijo algo que nos puede abrir la mente tanto astronómica como astrológica que tiene que ver con Neptuno en Piscis, y en particular se puede aplicar en tu vida: "Algunos de nosotros vemos las cosas como son y preguntamos ¿por qué? Y otros sueñan cosas que nunca han existido y dicen "¿por qué no?".

 TU CLAVE SECRETA

Decirte varias veces al día: "¿Por qué no?".

Celebridades de tu día:

George Harrison, Rudolf Steiner, Pierre-Auguste Renoir, José María Aznar, Anthony Burgess, Nestor Kirchner, José de San Martín, Julio Iglesias Jr., Cesário Verde y Enrico Caruso.

26 DE FEBRERO

Todas las fuerzas del mundo no son tan poderosas como una idea cuyo momento ha llegado.
—Victor Hugo

TU DÍA, PISCIS

Febrero loco y marzo otro poco tiene que ver, a veces, con Piscis. Pero los nacidos un 26 de febrero son los menos emotivamente piscianos porque la relación entre tú como individuo solitario, y tu ser del gran colectivo, está en crisis. De vez en cuando es una crisis insoportable, pero por lo general es una crisis pequeñita que por ser Piscis, sientes un poco más que aquellos que son de otro signo astrológico. Esto es en realidad algo muy positivo, porque te orilla a cambiar a menudo, y esos cambios te ayudan a crecer, mejorar, a veces a improvisar y frecuentemente a pensar, algo que a todos nos hace mucho bien. "Me gustas cuando callas porque estás como ausente", escribe Neruda de signo Cáncer, signo que se entrelaza con el tuyo cuando padeces y con quien puedes casi siempre encontrar alivio. Porque una de las cosas más interesantes y positivas de tu ser es la necesidad de tener con quien "despotricar", verbo que sin ser el tuyo por defecto, debes aprender a dominar y usar cada que sientes algún átomo de crisis.

Tu verbo motor:

Metamorfosear

AMOR, SALUD Y BIENESTAR

Sabes sobreponerte a toda dificultad, sabes amar con locura y eso es un especie de premio por nacer este día. Espero que lo puedas aprovechar o que logres encontrar a quien amar aunque no sea la persona perfecta. "Eres como la noche, callada y constelada. Tu silencio es de estrella, tan lejano y sencillo". Esta línea es del mismo poema arriba mencionado y tiene la misma fuerza esotérica para tu bienestar. La salud es algo que dominas cuando estás presente, ante tu ser amado o amada.

Angelus:

Potentates, una fuerza alternativa para el orden de los poderes.

DESARROLLA TU RIQUEZA Y PROSPERA

Quien sino tú para encontrar algo totalmente diferente, amasarlo, componerlo, mejorarlo y convertirlo en algo que te hace prosperar sin dejar de pensar en aumentar tu riqueza, porque la riqueza de alma, espíritu y materia es tan importante para ti como la riqueza de tener un cuerpo fuerte y sano.

PODER DAR

Puedes dar, porque ya lo probaste en ti, así que ahora reparte lo que tienes para dar a los demás.

ASTRONOMÍA, HERMANA DE LA ASTROLOGÍA MODERNA

Percy Seymour, doctor en astrofísica y director del planetario del Instituto Politécnico Plymouth de Inglaterra, escribió un libro que se llama *Astrologia, la evidencia de su ciencia*. Él propone lo ya dicho por el poeta Ralph Waldo Emerson: la astrología es astronomía aplicada a los asuntos de los hombres. Con una carrera súper distinguida, leerlo como astróloga es un regalo. Lo que él nos propone es encontrar una explicación dentro de la gran escala del universo, un modelo explicable sobre como nos influyen los planetas, la Luna, el Sol. En una entrevista en el año 1984 le respondió al periodista de la BBC que no podía imaginar como los planetas, el Sol y la Luna podrían afectarnos, pero sí repitió su famosa frase sobre la astrología: "Algo que no es místico ni magnético sino que magnético". Seymour dice que no hay que perder de vista los hechos fundamentales de que los resultados más importantes son precisamente aquellos que no tienen interpretación teórica. Estoy segura que tú, nacido un 26 de febrero, podrías pasar la voz y prepararnos para cuando sepamos más sobre el 97% del universo que nos es desconocido.

 TU CLAVE SECRETA

Pasar la voz si te parece. Callar si crees que puedes.

Celebridades de tu día:

Victor Hugo, Johnny Cash, Michel Houellebecq, Natalia Fourcade, Honoré Daumier, Buffalo Bill, Ariel Sharon, Carmen Martínez Bordiu, Fats Domino, Theodore Sturgeon y Antonio de la Rua.

TU DÍA, PISCIS

El tiempo es lo que nos permite que nos suceda todo lo que nos debe o no debería suceder, dijo un filósofo de la antigüedad y luego uno más moderno, sin copiarse. Tu día sumado a tu signo forman parte de lo que llamamos "personajes que se salen de las fronteras del tiempo", porque ustedes regulan o des-regulan su propio tiempo. Ustedes mandan en ese área de sus vidas. ¡Lo importante es que sepan aprovechar este don, y no lo desperdicien! Darío Fo, ganador del Premio Nobel de Literatura, escribe que hay que aprender a vivir con el tiempo asignado, y eso es algo que podrías haberlo dicho tú, habiendo nacido un 27 de febrero de cualquier año en todo lugar.

Tu verbo motor:

Reconocer

⫷ AMOR, SALUD Y BIENESTAR ⫸

Tu amor debe ser directo, fuerte, deseoso de dar y tomar, y duradero. Parecería fácil, porque parece el final de un cuento de hadas, pero siendo como eres, cuidado. No dejes de tratar de llenar todos los arriba mencionados y muestra tu amor. No lo escondas. La salud se mide, en tu caso, con tu energía y la movilización de tus esfuerzos. Tu bienestar se ve en relación a tus éxitos, que cuando no suceden como quisieras, necesitas revalorar. Tu cuerpo debe ser consentido con ejercicios bien dirigidos y asignados.

⫷ DESARROLLA TU RIQUEZA Y PROSPERA ⫸

Cualquier evidencia de lo superfluo debe ser eliminado para que el acceso al desarrollo de lo que consideras importante llegue de modo y manera directa y sin confusión. Es más, eso puede ser un especie de termómetro cósmico, el saberte capaz de hacer o escoger el camino más recto hacia lo que quieres, y no tomar lo que podría parecer un camino enredado pero más fácil. Lo tuyo es pura subida y el descanso inmediato cuando sientes que ya llegaste a conseguir tu ideal.

Angelus:

Vehuel, ángel del orden de los princípios.

⫷ PODER DAR ⫸

Lo tuyo es dar lo que te hubiera gustado que te dieran.

---

27 DE FEBRERO

Y después de todo este tiempo, el Sol nunca le dice a la Tierra, "me la debes"... Mira lo que sucede con un amor tan grande... Ilumina todo el Cielo.
—Hafiz de Persia

ASTRONOMÍA, HERMANA DE LA ASTROLOGÍA MODERNA

Mientras que el mundo occidental pasaba por la Edad Media, los persas preservaron mucho de la ciencia, astronomía, astrología, matemáticas, geografía y filosofía clásica con gran diligencia. Bagdad y Damasco eran ciudades de gran cultura, y en aquel entonces los orientales usaban frecuentemente lo que ahora se llama Astrología Eleccional, ahora llamada Astrología Horaria, que se usaba como una forma de adivinación personal para la vida diaria. Nunca mencionaban las palabras "malo" ni "bueno"; sino que se abocaban a lo "favorable" o "desfavorable". Una excelente traducción del *Almagest* de Ptolomeo se encontraba en casas de eruditos, y el famosísimo astrólogo Abu Ma'shar (805–885) escribió: "Solo observando la gran diversidad de los movimientos planetarios podemos comprender las variedades innombrables de los cambios de este, nuestro mundo". Las raíces de los persas datan a un poco antes del año 3500 a. de C. Y en el horóscopo del país, de signo Piscis, está marcado la primera declaración de los derechos humanos, alrededor del año 550 a. de C., considerado con los signos compartidos de Libra y Piscis.

 TU CLAVE SECRETA

Reconocer la historia humana para asegurarte que es un poema cíclico, escrito por el Tiempo sobre tu memoria.

Celebridades de tu día:

Elizabeth Taylor, H. W. Longfellow, Marian Anderson, Chelsea Clinton, John Steinbeck, Constantino el Grande, Josh Groban, Mayra Suarez y Pablo De Santís.

28 DE FEBRERO

La habilidad es lo que eres capaz de hacer; la motivación determina lo que haces. La actitud determina lo bien que lo haces.
—L. Holtz

TU DÍA, PISCIS

Einstein dijo algo que debe haber sido dirigido directamente a quien haya nacido un 28 de febrero. "No tengo ningún talento específico, soy solamente apasionadamente curioso". Sin la pasión y la curiosidad, dejas atrás tus dones. Ambas cosas, la pasión y la curiosidad, por supuesto que tienen signo astrológico (como todo), la pasión, regida por el Sol; y la curiosidad, regida por la Luna.

Tu verbo motor:
Mandar
(con superioridad)

Debes indagar en que signo se encuentra tu Luna y tu Sol, por supuesto que está entre 8 y 9 grados de tu propio signo, lo que debe permitirte, según la simbología sabian, dejar atrás a quien quieras, sin que te cueste demasiado trabajo. ¡Adelante caminante, pues!

⊰ AMOR, SALUD Y BIENESTAR ⊱

Mientras no dejes atrás a tus seres amados, todo está bien, porque podrías creer sentir que quien te conviene de verdad no es lo que quieres, hasta que la o lo pierdes. El amor y la intuición, en tu caso particular, van de la mano. No desperdicies ese talento que tienes para comprenderlo. Acaricia y déjate acariciar, ama y deja que te acaricien, porque eso es parte de lograr la salud corporal que necesitas para eso que llamamos el bienvivir. El bienestar pasajero no es lo tuyo, el bienestar íntegro, compartido, total es lo que busca tu cuerpo y tu alma. Permítete ese bien, por favor.

Angelus:
Kemuel, el medidor ante las ventanas del cielo para permitir novedades.

⊰ DESARROLLA TU RIQUEZA Y PROSPERA ⊱

Siendo de elemento Agua y de cualidad Mutable, tienes tendencia de dejar que el dinero venga a ti así como cualquier otra cosa material, que a la vez físicamente pudieran ayudarte a prosperar como persona (estudios, filosofía, conocimiento, etc.). Pero tu aura cósmica está constituido para que tengas que casi correr detrás de lo que te conviene para prosperar en todos los aspectos. Y, una vez alcanzado el vaivén adecuado, todo te será posible.

⊰ PODER DAR ⊱

Tú debes dar sin limitaciones ajenas.

ASTRONOMÍA, HERMANA DE LA ASTROLOGÍA MODERNA

El 28 de febrero de 1930, el joven astrónomo Clyde Tombaugh encontró en el cielo el antes planeta ahora no planeta y esperamos que dentro de algún tiempo será de nuevo llamado planeta Plutón. Una onza de las cenizas de Tombaugh, de signo Acuario, están a bordo de la nave espacial *New Horizons* (la nave pasará por Plutón en el año 2015). En el pequeño contenedor están escritas las palabras: "Internados aquí adentro están los restos del americano Clyde W. Tombaugh, descubridor de Plutón y de la 'tercera zona' del sistema Solar". La tercera zona es la parte de nuestro sistema solar que se extiende más allá de Neptuno e incluye le Cinturón de Kuiper, la Nube de Oort y las regiones intermediarias. Quien sino tú, nacido en un día que cada cuatro años se extiende hacia el 29, para conocer y reconocer los intrigantes y maravillosos secretos de nuestro universo.

 TU CLAVE SECRETA

Guardar los secretos que son solamente tuyos, y saber algunos secretos de los demás.

Celebridades de tu día:
José Vasconcelos, Michel de Montaigne, Rafael Amaya, John Turturro, Amat Escalante, Paul Krugman, Imanol Uribe y Octavio Ocampo.

TU DÍA, PISCIS

Mi gran y querida amiga Jean Roucar de Buñuel nació un 29 de febrero, y gustaba de aclarar que su edad se dividía entre cuatro, por cumplir años cada cuatro años. De 2012 al 2050 el año bisiesto sucederá solo diez veces (2012, 2016, 2020, 2024, 2028, 2032, 2036, 2040, 2044 y 2048). Para ver las fechas anteriores, consúltenlo en la red. Gioachino Rossini, por ejemplo, tendría que haber esperado cuatro años para cumplir dos y mi amiga, nacida en 1924, murió de veinticuatro años en lugar de los 96 que tenia. Dicen que habiendo nacido este día tienes un extra de inteligencia, amabilidad, curiosidad y orgullo. Es un día sin santo, por lo tanto, podría ser totalmente tuyo.

Tu verbo motor:

Proponer (lo poco usual)

❧ AMOR, SALUD Y BIENESTAR ❧

El mismo Michel de Montaigne, nacido en un día como este, dijo algo que vale para todos los nacidos este día: "Si me presionas en decir porqué la amé, no puedo describirlo mejor que diciendo porque ella era ella y yo era yo". Amor es embonar, dicen que piensan los nacidos este día. Y sobre la salud, bien hacen los del 20 de febrero en confiar en la naturaleza, dejándola cuidarnos, siempre y cuando la respetemos. ¿Bienestar? Si tomas en cuenta que como dijo también Montaigne, hasta el personaje más importante del mundo se sienta sobre su propia nalga, nada puede impresionarte a tal grado que no te sientas bien estando sentado o sentada sobre la tuya.

Angelus:

Ángeles del Trono (dicen que existen setenta, tú escoge).

❧ DESARROLLA TU RIQUEZA Y PROSPERA ❧

Cristóbal Colón usó un 29 de febrero para convencer a los indígenas americanos de sus poderes al predecir un eclipse lunar esa noche, en el año 1504. Dicen los numerólogos que los nacidos cualquier día 29 (del mes que sea) son peleoneros, y que no se muestran como son. Eso, para alguien que quiere realmente hacer la fortuna que cree merecer, podría ser excelente. El pleito puede ser simplemente de inteligencia, y habrán ganado más de lo que otros imaginaban. Lo que digo yo es que su creatividad es divertidísima, su originalidad bastante imponente y haciendo lo que hace un abogado, aunque no lo sean, salen ganando.

❧ PODER DAR ❧

Lo tuyo es dar con finura, además de divertidamente.

29 DE FEBRERO

No me importa tanto lo que soy para otros, como lo que soy para mí mismo.
—Michel de Montaigne

ASTRONOMÍA, HERMANA DE LA ASTROLOGÍA MODERNA

Joycelyn Bell es una astrónoma inglesa que descubrió el primer pulsar y dijo: "Una de las ideas que jocosamente entreteníamos es que podrían haber sido unos pequeños seres verdes —una civilización del espacio extraterrestre quienes de algún lado nos estaba enviando señales". Ella con su equipo construyeron un radio-telescopio que recibía señales regularmente a razón de uno por segundo. Presidente de la Sociedad Real de Astronomía, no recibió el Nobel, algo repudiado fuertemente por el famosísimo Fred Hoyle, quien impresionado con los niveles de la energía en el universo dejó de ser ateísta, y se convirtió en panspermista. Los pulsares son estrellas súper densas, pequeñas que rotan sobre su eje con una gran rapidez y emiten rayos de radiación electromagnéticos. Algunos son tan precisos como un reloj atómico, y solamente pueden ser encontrados cuando están dirigidos hacia nuestro planeta. La relatividad general y la radiación gravitacional son hechos confirmados gracias a estos efectos, así como la posibilidad de haber detectado los sistemas planetarios extrasolares, algo que definitivamente nos lleva al tercer milenio y los viajes al espacio y a otra dimensión. Todo esto está tan a tono con los Piscis de este día tan especial, porque el mundo del futuro está (para ustedes) a ojo de buen cubero, siempre.

 TU CLAVE SECRETA

Saberte capacitado para dialogar entre tu mente y tu persona.

Celebridades de tu día:

El Papa Hilarius murió de risa este día en 486, nacimiento del primer club Playboy, Gioachino Rossini, Balthus, Dinah Shore, Michele Morgan, Iván García, Carlos Humberto Romero y Antonio Sabato Jr.

MARZO

¿Quiénes cumplen años este mes?

1 _____	17 _____
2 _____	18 _____
3 _____	19 _____
4 _____	20 _____
5 _____	21 _____
6 _____	22 _____
7 _____	23 _____
8 _____	24 _____
9 _____	25 _____
10 _____	26 _____
11 _____	27 _____
12 _____	28 _____
13 _____	29 _____
14 _____	30 _____
15 _____	31 _____
16 _____	

TU DÍA, PISCIS

Tu signo astrológico debe ser tu santuario, ya que por fecha, conlleva todo lo que necesitas para tu propio bienestar. Tu corazón y tus emociones te rigen tanto como el planeta Neptuno que cuida tu signo, y el conjunto de esto produce una persona que intuitivamente sabe por donde ir para encontrar el camino más adecuado siempre y cuando escuche su propio corazón, o sea, sus sentimientos. Lo que necesitas es realmente saber entender lo que te está indicando (ese corazón), que no es cosa tan fácil.

Tu verbo motor:

Integrar

Tienes el don de tener siempre dos lados para escoger: el que conviene y el que parezca la salida fácil, y para escoger, sigue tus corazonadas —no lo que te dicen que debieras de hacer, sino lo que NO deje de tener que ver con algo altruista o lo que consuele, sea que te consuele a ti o a alguien presente.

❧ AMOR, SALUD Y BIENESTAR ❧

Tu amor es profundo y, por lo mismo, puede que duela cuando sientes desarraigo, abandono, desperdicio. A todos les duele esto, pero a ti, un poco más. Pero ese poco más a la vez te permite reconocer cuando el verdadero amor se acerque a ti, aunque fuera más de una vez en tu interesante vida. Tu propia vulnerabilidad es algo que siempre estará ligada con tu estado de salud, no lo olvides. Y tu bienestar tiene que ver con el lograr ratos de ocio, para recargar tus pilas, aunque no te sientas cansado.

Angelus:

Hormuz, ángel encargado del primer día de cada mes.

❧ DESARROLLA TU RIQUEZA Y PROSPERA ❧

Generalmente, la economía no es tu punto fuerte, pero esto no significa que no puedas aumentar, desarrollar y refortalecer tu riqueza intermitentemente durante tu vida. De hecho, muchos magos son de signo Piscis, y para ti, nacido específicamente el primer día de marzo, estudiar sus modos diferentes de presentar su vida, siempre será algo que puedas transformar en tu manera de hacer lo mismo, pero en el mundo de las finanzas.

❧ PODER DAR ❧

Lo tuyo es dar espiritualmente, lo cual significa hacer un esfuerzo para que lo que des sirva para aumentar la felicidad de quien recibe.

1 DE MARZO

Cada objeto en el universo ejerce una fuerza gravitacional sobre cada otro objeto.
—Isaac Newton

ASTRONOMÍA, HERMANA DE LA ASTROLOGÍA MODERNA

Un 1 de marzo en el año 1954 fue lanzado el experimento de una bomba de hidrógeno sobre el Atolón Bikini, pero volaba cerca el ángel Hormuz y los resultados para unos fueron positivos y para otros negativos. El mismo día, pero en el año 1968, se bautizó el movimiento de unos estudiantes franceses como "el año de las barricadas". Ambas cosas, momentos históricos, cambiaron el mundo del pasado y nos llevaron hacia al mundo moderno de ahora —un lugar con posibilidades de misterios desconocidos, movimientos regeneradores y libertadores para muchos. Las tormentas solares nos afectan (como la de 1858, la tormenta geomagnética más fuerte registrado hasta ahora, o la del año 1989 que apagó toda electricidad en la ciudad canadiense de Québec por unas nueve horas), como también ocurre con la fuerza y los efectos de las manchas solares —las tormentas de nuestra estrella. Lo que aparece y desaparece en la historia del 1 de marzo es la racionalidad del ser humano. Tú, nacido este día, llevas la delantera y la posibilidad eterna de transformar, cambiar o mejorar de manera individualista algo del mundo.

 TU CLAVE SECRETA

Reconocer que una buena idea puede cambiar el mundo.

Celebridades de tu día:

Javier Bardem, Justin Bieber, Harry Belafonte, Jean-Michel Folon, Mercedes de Acosta, Glenn Miller, Jacques Rivette, Yola Ramírez, Ralph Waldo Ellison y la ciudad de Río de Janeiro.

2 DE MARZO

Sépanlo, las buenas acciones anulan las malas. Esto es un recordatorio para los pensantes.
—El Corán

TU DÍA, PISCIS

Algo importante dice un libro antiquísimo (*Les 360 Degrés du Zodiaque*) para ti: "Los nacidos el 2 de marzo, (grado doce o trece de Piscis), pueden convertirse en símbolo de valor para aquellos que lo conocen". Eso significa que tienen una enorme cantidad de fuerza de voluntad, y desperdiciarlo sería triste. Esto, la fuerza de voluntad, es el arma espiritual mayor, usado como un valor individual. Asegura victoria a la larga, y debe entender que ya no es suyo, una vez que lo pone a buen uso. Por lo mismo, dichosos ustedes que lo comprenden y lo saben usar. Para eso sirve la astrología, para darse cuenta de la fuerza de cada individuo, no para pronosticar el futuro. Como decía mi madre, astróloga: "La astrología no debe definir lo que vas a hacer, te presenta lo que puedes hacer para que tu misma o mismo pongas las cantidades necesarias y logres lo deseado.

Tu verbo motor:

Adquirír

AMOR, SALUD Y BIENESTAR

Romántico y soñador, si no has encontrado aun tu espíritu asertivo, sigue buscando, pues naciste con él. La vida, posiblemente, te afrontará a situaciones inesperadas, como prueba de la famosa frase, "sí se puede", y tu necesitas mostrar que puedes. Cuidado con permitir que tu carácter no interfiera con ese amor que se va porque no le demuestras lo que él o ella necesita, concéntrate en tu ser amado más que en ti. Como todo pisciano, la salud y tu sentido de bienestar tiene mucho, a veces demasiado, que ver con recibir suficiente cariño, amor y/o respeto.

Angelus:
Nabu, ángel y profeta.

DESARROLLA TU RIQUEZA Y PROSPERA

Tu fase mutable te dota con la posibilidad de que los demás no comprenden tus propuestas, aunque los dibujes en blanco y negro. Tu energía física tiene mucho que ver con tu desarrollo y la prosperidad que con esta fase de tu vida puedas alcanzar, y mucho bien te haría en encontrar un ejercicio (que debe ser realizado diariamente) en el cual no solamente encuentras sosiego, sino también gusto y facilidad para reconocerte como "ganador". Eso será prueba fehaciente de que en el ámbito de tus finanzas, lograrás lo planeado.

PODER DAR

Tu puedes dar si planeas a largo plazo lo que piensas brindar.

ASTRONOMÍA, HERMANA DE LA ASTROLOGÍA MODERNA

Para el año 2050, seremos nueve mil millones de personas en el mundo. Para contar de uno a un millón, según los matemáticos, tardaríamos veintitrés días, contando ocho horas diarias. Eso les da una idea de la cantidad enorme de habitantes que vivimos en nuestro planeta Tierra. Con nueve mil millones de habitantes, habrán aproximadamente 755 millones de personas de cada signo en el año 2050, y sí, todos se parecerán en algo. El maestro Isaac Asimos bien dice: "Más se ha aprendido sobre el universo en esta última generación que en todas las generaciones anteriores, ¿que nos espera entonces en la generación siguiente? Es emocionante investigar en lo desconocido para alumbrar lo que antes era considerado oscuro, porque así lo que nos queda por saber será aun más emocionante."

 TU CLAVE SECRETA

Reconocer que si el universo tiene 26 000 000 000 años luz de diámetro, la inmensidad de las oportunidades no tiene límite.

Celebridades de tu día:

Mikhail Gorbachev, Desi Arnaz, Daniel Craig, Lou Reed, el Papa Pío XII, Eduardo Rodríguez, Tom Wolfe, Dr. Seuss, Ricardo Escobar, Ricardo Lagos, estreno de la película King Kong *en Nueva York en 1933.*

TU DÍA, PISCIS

Te riega Neptuno con sus aguas llamadas gigantes helados, y a veces eso pareces, aunque de todos los signos del zodiaco, el tuyo es el más mutable, fantasioso, que como buen pez que eres, nadas siempre en direcciones diferentes, la tuya siendo una de los más impresionables. Puedes despertar un día siendo un escéptico absoluto y al día siguiente un creyente en lo que hayas escogido defender. Eres de los grupos marginales de los piscianos, y eso a veces te ayuda, a menudo te desestabiliza y frecuentemente te permite comprender lo incomprensible.

Tu verbo motor:

Ser (sagaz)

❦ AMOR, SALUD Y BIENESTAR ❦

Dicen algunos que tu amor es igual que un viaje tempestuoso, porque así como puedes amar hasta la locura, si Venus de mal aspecto un día, se te olvida. Nunca olvides que el uso de toda la inteligencia que tienes es tu mayor protección. Y para emplear este don como se debe, necesitas estudiar la palabra sutilidad, cuyos sinónimos son *agudo, perspicaz* e *ingenioso*. Tres palabras que puedes emplear para sentirte mejor bajo toda circunstancia y, así, encontrar eso que llaman bienestar, que no es más que un conjunto de cosas que TÚ tienes que escoger para vivir bien.

Angelus:

Fe, una de las virtudes convertida en ángel.

❦ DESARROLLA TU RIQUEZA Y PROSPERA ❦

En la simbología de tu fecha de nacimiento y los grados de tus signo, está plenamente indicada, simbólica y mitológicamente, la posibilidad de elaborar un plan con maña para tus logros, con lo que se pudiera llamar astucia. Y si la palabra te incomoda, lastimia, pues de no usarla, estarías renegando de lo que eres y lo que puedes desear. La astucia es tu protección cósmica, algo que a lo largo verás lo importante que será para ti emplear.

❦ PODER DAR ❦

Tú puedes y te viene bien dar con astucia, pero con veracidad.

---

3 DE MARZO

No se le puede enseñar nada a nadie, solamente puedes ayudarlo a descubrir lo que trae en sí.
—Galileo Galilei

ASTRONOMÍA, HERMANA DE LA ASTROLOGÍA MODERNA

Los radio telescopios detectan objetos en el universo por medio de las ondas que este envía. La antena del telescopio intercepta las ondas y las convierte en una señal eléctrica. La señal va a una computadora y, una vez detectada, es usadas para comunicarse con naves espaciales, galaxias y cuerpos desconocidos. El propósito de los telescopios es para detectar esas ondas de radio de objetos que producen imágenes de los mismos. Pero los astrólogos consideramos que cada ser vivo tiene algo de un telescopio: recibimos ondas de los planetas de nuestro sistema solar y reflejamos (cada quien de modo y manera diferente), proyectamos y nos acomodamos con esas ondas de manera muy particular. Tu particularidad es parte de la gran generosidad que tienes para comprender lo que vendrá.

 TU CLAVE SECRETA

Estar siempre glamorosa o embelesado y para salir ganando.

Celebridades de tu día:

Alexander Graham Bell, Jackie Joyner, el profeta Zoroaster, Jean Harlow, Jorge Asís, Arthur Kornberg, Ragnar Frisch y Jessica Biel.

4 DE MARZO

*Los átomos del universo tardaron menos de una hora en aparecer;
para que aparecieran los planetas, pasaron cientos de millones años,
pero cinco mil millones de años pasaron antes
de que apareciera el ser humano.*
—George Gamow

TU DÍA, PISCIS

En algún lugar del mundo, este es el día de las utopías Piratas representado asuntos innovadores, humorosos y que retan el diario deambular, así podrías ser tú si naciste un 4 de marzo. No cabe duda que el día refleja asuntos fuera de lo común con el hecho de que el Congreso de Estados Unidos entró en efecto, juntándose por primera vez en la ciudad de Nueva York, en 1789, y Frances Perkins se coronó como la primera mujer en un gabinete ministerial de Estados Unidos en 1933. Para afrontar, gozar y conquistar lo que te suceda, necesitas comprendas que de los piscianos eres un poco fuera de lo común y corriente, pues tu posición en la vida tiene que ver con la conquista del don de mando que tienes. Además de esto, debes de estar siempre abierto a eso que algunos llaman el sexto sentido, la facultad de intuir lo no explicable en términos de lo que es considerado lo común y corriente.

Tu verbo motor:

Fascinar

⇜ AMOR, SALUD Y BIENESTAR ⇝

Por todo lo arriba mencionado, tu pareja necesita entender que tu manera de amar será siempre algo diferente, por el simple hecho de que no pides ni das con facilidad, en lo que al amor se relaciona. Pero, una vez aclarado esto, nadie te olvida. La salud de los piscianos tiene mucho que ver con tu encanto especial y diferente. ¡Encantas hasta a los microbios! Y por lo mismo, no dejes de acercarte a curas que son consideradas holística. Tu bienestar lo llevas por dentro. Siempre y cuando puedas fascinar a por lo menos una persona al día, estás bien.

Angelus:

Temeluch, ángel que cuida a los demás.

⇜ DESARROLLA TU RIQUEZA Y PROSPERA ⇝

Los bienes van y vienen con la mayoría de los piscianos y, por lo general, saben gozar tanto con mucho como con poco. Tu imaginación cruza barreras a veces inconcebibles y, por esto, logras impresionar con poco y dejar boquiabierto a quienes te han querido hacer menos o te han criticado por algo que ni siquiera comprendían. Tu posición es envidiable, bajo la gran mayoría de las circunstancias.

⇜ PODER DAR ⇝

Lo tuyo es dar cuando menos se lo esperan.

ASTRONOMÍA, HERMANA DE LA ASTROLOGÍA MODERNA

Si enumero todo lo que hizo George Gamow, nacido en Odessa, Rusia, podría llenar todas las páginas de este libro. Gamow llevo a cabo investigaciones, descubrimientos, escritos y teorías cuánticas durante su larga vida. También estudió todas las combinaciones de las cuatro bases de nuestro ADN y escribió una gran cantidad de libros para neófitos sobre ciencia. Ilustraba sus libros, comprobaba lo que podía matemáticamente y, con su gran sentido de humor, escribió un papel científico mostrando como la fuerza Coriolis afecta la manera en que las vacas mastican ese bolo alimenticio que mastican por segunda vez. El humor es algo que esperamos exista entre todo lo existente en el universo, y claro está que tiene signo y planeta que lo rige. Júpiter, el antiguo regente de Piscis, que ahora es Neptuno.

 TU CLAVE SECRETA

¡Comprender que tus caprichos no son vanidad!

Celebridades de tu día:

Antonio Vivaldi, Chastity Bono, P. D. Ouspensky, Rodolfo Galeotti Torres, Jean-Claude Schmitt, Ofelia Medina, Cecilia Todd, Míriam Makeba, George Gamow, Landon Donovan y Emilio Estefan.

TU DÍA, PISCIS

Nos parecemos todos de alguna manera a una semilla, relacionado esto a nuestro proceso de crecimiento. Y los nacidos este día, 5 de marzo, llevan en sí un componente fuerte para poder pararse sólo y depender de la voz que trae por dentro. Cada día, para ti, puede ser un ciclo nuevo, novedoso y único. Llevas por dentro un poder que transmite un especie de campo de batalla personal. Creer en algo es de suma importancia para tener la fuerza de seguir siempre adelante, pase lo que pase, pero ese "algo" puede ser tus creencias religiosas, una persona o algo que te has inventado para construir tu propia metáfora.

> **Tu verbo motor:**
>
> *Frecuentar*

❦ AMOR, SALUD Y BIENESTAR ❧

Tu amor puede ser tan fuerte que el objeto de tu amor se puede llegar a sentir atrapado. Por adorarte demasiado, o por no herirte, tu necesitarás, por lo mismo, acomodar o reacomodarte en tu amor para ayudar a quien te ame a amarte y comprenderte más. Tu sistema digestivo siempre será reflejado por y entre tus emociones, pero esto no significa que no debas dejar pasar una enfermedad por pequeña que sea. Consulta siempre a un doctor, aunque te achaquen de ser algo hipocondríaco. Cuando tienes a quién amar o quién te ame, tendrás un gran porcentaje de bienestar en tu vida, algo que debes siempre atender, custodiar y defender.

> **Angelus:**
>
> *Barah, una de las divinidades del avatar.*

❦ DESARROLLA TU RIQUEZA Y PROSPERA ❧

Tu mayor riqueza y prosperidad personal mucho deberían tener con los bienes, los males, los consejos y las atenciones familiares. ¡Aunque fueras huérfano! Porque si lo fueses, el buscar antecedentes históricos familiares te marcarían el camino indicado. Aprende lo que dijo hace unos 1500 años Hafiz de Persia para desarrollar tu riqueza y prosperar: "Desde que la felicidad escuchó tu nombre, ha estado corriendo por las calles tratando de alcanzarte".

❦ PODER DAR ❧

Tú puedes dar, solo si es con amor. ¡Hazlo! Te sentirás maravilloso.

---

5 DE MARZO

El que hace un favor a quien se lo merece, se lo hace a sí mismo.
—Plauto

ASTRONOMÍA, HERMANA DE LA ASTROLOGÍA MODERNA

Dicen los libros antiguos (cuando la astronomía y astrología eran ciencias practicadas por las mismas personas) que el signo Piscis es el signo que simboliza la eternidad. Nadie mejor que Hendrik Van Loon para describirlo, en su libro maestro *La historia de la humanidad*, de dominio público y dedicado a un niño Jimmie, a quien le dice: "La escena de nuestra historia está puesta sobre un pequeño planeta, perdido en la inmensidad del espacio". Y en el prólogo describe así la eternidad: "Allá en el lejano norte, en una tierra llamada Svithjod, se yergue una roca. Tiene ciento cincuenta kilómetros de alto y ciento cincuenta kilómetros de ancho. Una vez cada mil años, un pequeño pájaro llega a esta piedra y sobre ella afila su pico. Cuando la roca ha sido así desgastado, entonces un solo día de la eternidad habrá pasado". Tú, nacido el 5 de marzo, podrás llevar esta historia hasta el fin del mundo, por comprenderla casi toda.

 TU CLAVE SECRETA

Saberte el representante de la perpetuación.

> **Celebridades de tu día:**
>
> *Rosa de Luxemburgo, Rex Harrison, Giovanni Battista Tiepolo, Heitor Villa-Lobos, Pier Paolo Pasolini, Felipe González, Eva Mendes y Alejandro Gangui.*

6 DE MARZO

Los cambios son la única cosa que permanecen tal cual,
porque los cambios son los únicos constantes.
—Proverbio

TU DÍA, PISCIS

Hay matemáticos que dicen que el 6 es el número perfecto. ¿Entonces será que tú, nacido un día 6, heredas algo de esa perfección? ¿O tendrás un ADN perfecto flotando en tu persona cósmica? Los cubos tienen seis caras, como debes tenerlas tú para sentirte íntegramente conforme con tu propia persona. Y lo puedes lograr si te esfuerzas un poco, así que cuando se pueda, esfuérzate. Los números de sabores en la medicina llamada ayurveda son seis: dulce, amargo, salado, agrio, picante y astringente. ¿Podrás comparar tu manera de ser así, suave, duro, contrariado, imperdonable, divertido y sabiondo? Porque no, los dones ya los tienes, simplemente necesitas saberlos acceder, algo que no debe serte demasiado difícil.

Tu verbo motor:

Esforzar

➤ AMOR, SALUD Y BIENESTAR ➤

"Seis besos yo te di", dice una canción que se canta acalorado, triste o apasionadamente. Tú escoges, y con tu conocido don juanismo, o poder de seducción, cuando amas, todo te perdonan, porque por lo general, lo sabes hacer tan bien como un Casanova cualquiera. Y si no te parece cierto, aprende a tocar la guitarra (que tiene seis cuerdas) y verás que eso te ayuda a soportar cualquier malestar. Darte como personaje que sabe curar los males de tristezas ajenas es algo que está fuertemente indicado en tu vida, y eso, ante todo, debe proporcionarte cierto bienestar. La cantidad y el cómo depende, en tu caso preciso, del signo de tu ascendiente: Aries, con guía; Tauro, improvisando; Géminis, dudando; Cáncer, nada estereotipado; Leo, sin inhibiciones; Virgo, sin conformismo; Libra, jugando; Escorpión, sin miedo; Sagitario, sencillamente; Capricornio, una y otra vez; Acuario, organizadamente; y Piscis, creativamente.

Angelus:

Rempha, genio del tiempo.

➤ DESARROLLA TU RIQUEZA Y PROSPERA ➤

Ganas aprendiendo. Parecen palabrejas de la abuela que no sabe que tan difícil es acomodarse en este nuevo mundo con tantos atajos, pero para alguien nacido el 6 de marzo, no lo es. El meollo es no dejar tu aprendizaje de lado por tratar de conquistar algo nuevo, sino saber y poder seguir en lo que has escogido elaborar, estudiar o construir. Una vez que lo entiendas, y sepas como amoldarte a esta idea, la prosperidad vendrá sola.

➤ PODER DAR ➤

El momento justo para que tú puedas dar con gusto es al prosperar.

ASTRONOMÍA, HERMANA DE LA ASTROLOGÍA MODERNA

Cuando escucho la maravillosa canción que comienza con un "Ay que bonito es volar", llamada "La Bruja" (un son jarocho de Catemaco, Veracruz, pueblo de brujas), siempre pienso en el Observatorio Kepler, lanzado el 6 de marzo de 2009, y diseñado específicamente para localizar planetas parecidos al nuestro. Dicen algunos que fue lanzado el 7 de marzo, pero en la astronomía y la astrología el tiempo es de suma importancia. Fue el 6 de marzo a las 10:49:57 de Cabo Cañaveral, que era en ese momento las 03:49:57 en tiempo universal (de Greenwich), dándole el signo Géminis a su ascendiente con el Sol en Piscis y la Luna en Cáncer. Es un magnífico horóscopo para un aparato que está cambiando nuestra manera de pensar sobre la posibilidad de vida extraterrestre. Kepler, la nave, tiene todo. Una cuenta en Twitter, vueltas anuales al Sol, una cámara con mira fija a un lugar específico del cielo, y resultó ser casi tan interesante como tú. ¿Es más, nunca se te ha ocurrido ser astronauta?

 TU CLAVE SECRETA

Nunca dejar de planear cómo salir adelante.

Celebridades de tu día:

Miguel Ángel, Shaquille O'Neal, Gabriel García Márquez, Julio Bocca, Aracely Arámbula, Juan Luís Vives, Alan Greenspan, Cyrano de Bergerac y David Gilmour.

TU DÍA, PISCIS

¿Qué haríamos sin nuestros celulares, teléfonos y lo que sigue? No es casualidad que un 7 de marzo le fue concedido su patente a Alexander G. Bell para su invento: el teléfono. Tu llevas en tus entrañas, y las lleva quien haya nacido en este mismo día del año que fuera, una liga existencial con todo tipo de comunicación y, por lo tanto, con la palabra y las leyes de la atracción.

Tu verbo motor:

Escoger

Estas son siete y estudiarlos debe traerte lo que necesitas para lograr lo que quieres y sentirte orgulloso de quién eres, algo muy importante para los nacidos en este día. Para ti, aquí están para que no se te olviden: el principio de la mente, el principio de causa y efecto, el principio de la correspondencia, el principio del ritmo, el principio de las vibraciones (todo siempre está en movimiento), el principio de la armonía y el principio de las polaridades o la dualidad —todo tiene sus opuestos, importantísima cosa para que tengas en cuenta.

⊁ AMOR, SALUD Y BIENESTAR ⊰

El amor tiene que ser compartido con el placer para ustedes. Pero, por lo general, la maestría del asunto es importantísimo, y ustedes tienen que asumir la parte del maestro. Todo Piscis tiene en su alma suficiente fortaleza para poder enseñar lo que otros aun no han aprendido, pero las personas nacidas este día deben proporcionarse el gusto de compartir, cuando aman, lo que ya saben y lo que quisieran que su pareja sepa.

Angelus:

Mastho, ángel mágico transcendental.

El principio de pocas sorpresas es lo que deben entender, para que la salud que deben gozar sea justa. Es decir, no te descuides físicamente y, sobre todo, entiende que tu seguridad emocional es la pila que sostiene tu bienestar —y las pilas, sí se pueden recargar. Siempre.

⊁ DESARROLLA TU RIQUEZA Y PROSPERA ⊰

Los extremos en tu vida marcan tu paso. El agua se convierte en nubes y puedes salir de casa sin un centavo y regresar con las bolsas llenas. Todo pisciano debe indagar en la meditación, en algo espiritual y en los rezos, hasta dar con el paso espiritual que te brinda sosiego. La vida casi siempre te ofrecerá dos caminos, y saber cuál escoger puede ser lo que marcará tu vida en varias ocasiones. Si encuentras algo en que sostenerte, algo espiritual, verás que tu vida será tan agradable como quisieras, durante la gran mayoría de tus días.

7 DE MARZO

La vida es cambio... el crecimiento es opcional... escoge sabiamente.
—W. Somerset Maugham

⊁ PODER DAR ⊰

Para dar, lo tienes que hacer sin titubear. Si titubeas, deja de dar.

ASTRONOMÍA, HERMANA DE LA ASTROLOGÍA MODERNA

Los misteriosos y los misterios tienen planeta que los rige: Neptuno. Y Neptuno rige tu signo: Piscis. Por lo mismo, conocer, reconocer, además de interesarte en los diez misterios máximos de las estrellas es algo que debes estudiar, saber y valorar. Por ejemplo, han comprobado que una estrella enana (cerca de la constelación Centauro, BPM 37093) está constituida de carbono cristalizado, conocido como diamante, equivalente a 10 mil millones de trillones de trillones de carates. Las magneto-estrellas son especies de cadáveres de estrellas con campos magnéticos mil millones de veces más fuertes que cualquier imán existente sobre la Tierra. Una estrella neutrona nace de una explosión de una supernova que comprime el núcleo de la misma, convirtiéndola en una bola del tamaño de una ciudad pequeña, a un paso de ser un hoyo negro. Estas son los objetos más densos del universo. Casi como tú, cuando estas deprimido. Tal como arriba, sucede abajo, así como por dentro y por fuera. Crea tu vida por medio de lo que verdaderamente piensas y entérate de las maravillas del cielo.

 **TU CLAVE SECRETA**

Viendo partes comprendes todo lo demás.

Celebridades de tu día:

John Herschel, Maurice Ravel, Piet Mondrian, Rachel Weisz, Viktor Savinykh, Robert de Montesquieu, Georges Perec, Aarón Díaz y Lola Beltrán.

8 DE MARZO

Un pensamiento puede ser original,
aunque lo hayas vociferado cientos de veces.
—Oliver W. Holmes

TU DÍA, PISCIS

Debes aprender a hablar fuerte para que te oigan, porque los nacidos un 8 de marzo tienden a bajar la voz en lugar de subirla para hacerse escuchar. De la fuerza de tu día sale a lucir el poder unificador de los mitos y los símbolos de lo que verdaderamente vale la pena, y hay quienes han dicho que este es el día que representa la resurrección en sí. Importantísima es tu propia participación en y con experiencias colectivas, y a ti solo o sola te toca encontrar cómo, cuándo y por qué individualmente. Sería maravilloso si todos los nacidos este día tomaran clases de oratoria, o algo similar, para hacerse oír y aprender a decir con fuerza lo que realmente sienten. La convicción de que la fe puede realmente ayudarte es grande, y tener cerca de tu cama un efigie de quien consideras tú guía es recomendable.

Tu verbo motor:

Renovar

⚜ AMOR, SALUD Y BIENESTAR ⚜

No desperdicies la palabra *resurrección*, cuyo significado es antiquísimo: victoria sobre la muerte. Tú, nacido un 8 de marzo, cada vez que haces el acto del amor te unes a esa fuerza tan vital en su significado de ser parte de la eternidad de la vida. Esta es una celebración conectada con renacer y renovar. Tu amor debe ser, por favor, creativo. Tu salud es un reflejo del mundo que te rodea, cuidado. Y tu bienestar es algo que encuentras en los momentos menos esperados. A la vez, tus satisfacciones personales te sostienen inesperadamente, como un don etéreo.

Angelus:

Rhamiel, ángel de la misericordia.

⚜ DESARROLLA TU RIQUEZA Y PROSPERA ⚜

No eres la mejor persona para desarrollar riquezas materiales personales, y bien harías en pedir consejo para desarrollar el don adecuado para mejorar tu posición físicamente próspera. Sin embargo, aparentas tenerlo todo, y la búsqueda de aumentar tus bienes no es algo que te debe preocupar demasiado. Eso te llega casi por arte de magia, y si no es el caso, búscate alguien que pueda ser tu asesor financiero.

⚜ PODER DAR ⚜

Lo tuyo es dar cuando crees que es merecido.

ASTRONOMÍA, HERMANA DE LA ASTROLOGÍA MODERNA

Es posible que tú no lo sepas, pero de todos los nacidos bajo el signo de Piscis, tu fecha, el 8 de marzo, es una de las más relacionados con lo inexplicable. Buscar los antiguos mitos, las mitologías y las alegorías relacionadas con tu signo es algo que deberías de hacer. Con Piscis termina el zodiaco pero, a la vez, vuelve a comenzar. Quizá por eso tus emociones son profundamente personales, para darte fuerza y seguir adelante y no perder el hilo de tus planes, pensamientos o sentimientos. La constelación de Piscis lleva el nombre plural, en latín, de pescado, con Acuario al oeste y Aries al este. Los primeros dibujos pintaban a dos pescados amarrados en el mismo lugar con un cordón larguísimo. En uno de los mitos griegos, Afrodita y su hijo Eros se transformaron en peces para escapar del maldito Tifón, amarrados para no perderse el uno del otro. En tiempos antiguos, los sirios no comían pescado por respeto a los dioses y su historia.

 TU CLAVE SECRETA

Saberte de acuerdo contigo mismo o misma.

Celebridades de tu día:

Lynn Redgrave, Josefina Aldecoa, Joseph Pla, Carl Philipp Emanuel Bach, Oliver Wendell Holmes Jr., Francisco Rabal, Kim Ung-Yong y Palito Ortega, Juana de Ibarbourou y se celebra el día internacional de la mujer.

TU DÍA, PISCIS

Saber que Yuri Gagarin y Bobby Fisher nacieron el mismo día que tú, podría confundirte y enredar al mundo, o despistarte por sentir que es demasiada competencia, pero todo lo contrario. Si los átomos viajan de un cuerpo a otro, como explica Bill Bryson en uno de sus libros, tú podrías llevar algunos a cuestas. Las fuerzas del pisciano que tienes por haber nacido en este día tan especial te permitirán tener una relación casi sagrada entre lo que eres y lo que puedes ser. Eres un Piscis con el don que te permitirá disciplinarte de manera tal que tú puedes ser maestro y discípulo de tu propio ser, algo que el gran Teilhard de Chardin llamaba el "poder del sí mismo". Esto es un legado del sánscrito que no debe ser interrumpido por ti —simplemente, conéctate.

Tu verbo motor:

Transferir

AMOR, SALUD Y BIENESTAR

Técnicas sublimes, dicen los antiguos, cuando del amor se trata, dado o recibido por quien haya nacido un 9 de marzo. Debes aprender a reconocer muy bien tu propio cuerpo, cómo alimentarlo debidamente, fortalecerlo e inducirlo a funcionar para que tú estés todo lo cómodo que un cuerpo sano puede ofrecerte. Y recuerda siempre que la manifestación del poder es en realidad la posibilidad de llenarse de todo el bienestar factible. Toda proporción guardada, por supuesto.

Angelus:

Metatrón, rey de los ángeles.

DESARROLLA TU RIQUEZA Y PROSPERA

Alguien parecido a ti dijo que dentro de cien años, poco importará cuánto tenías en tu cuenta bancaria, el tipo de casa que habitabas o la marca del coche que manejabas. Pero el mundo será algo diferente, quizá, porque fuiste de cierta importancia en la vida de un niño. La neta, esta es la base o lo que individualmente podría o debería describirte cuando hablan de ti. Las circunstancias de tu bienestar material pueden ser algo particulares. Eso es un hecho, a ti te toca reconocer y usarlas debidamente.

PODER DAR

Lo que sabes alimenta el alma de quien lo recibe.

9 DE MARZO

La mejor manera de tener éxito en la vida es hacerle caso a los consejos que les damos a los demás.
—Autor desconocido

ASTRONOMÍA, HERMANA DE LA ASTROLOGÍA MODERNA

Fue el 9 de marzo de 1611 cuando el joven Johannes Fabricius publicó por primera vez en la historia, un estudio científico sobre las manchas solares, hecho con un aparato novedoso llamado el *telescopio*, algo que había sido sugerido por Giordano Bruno y Johannes Kepler, ambos astrónomos y astrólogos. Genios. Posiblemente si los hubieran enviado a un viaje al futuro (digamos hasta abril de 1961, cuando Yuri Gagarin se coronó como el primer humano de la historia en viajar al espacio) a cualquiera de los tres —Fabricius, Bruno o Kepler—, no lo habrían contado. Bruno fue de por sí quemado en la hoguera, y los otros dos murieron en paz. Sin embargo han sido casi siempre los artistas quienes han podido predecir en sus palabras, ideas o pinturas, lo que nos depara el destino.

 TU CLAVE SECRETA

Acceder a tu mismo ser.

Celebridades de tu día:

Yuri Gagarin, Raul Julia, Juliette Binoche, Bobby Fisher, Luis Barragán, Walter Mercado y Fernando Bujones.

10 DE MARZO

Alzo hoy la voz a la mitad del foro, a la manera del tenor que imita la gutural modulación del bajo, para cortar a la epopeya un gajo.
—Ramón López Velarde

TU DÍA, PISCIS

Si tu vida no tiene gajos epopéyicos, has desperdiciado el tiempo. Vivir para gozar y gozar tu vida es lo tuyo. Así como el número 10 es el comienzo de una nueva orden de números y la culminación de lo que vino antes, sábelo ahora, que las letras desde los hebreos y los griegos también se incrementaban de diez en diez. El décimo verso de la Biblia forma parte del tercer día de la creación, y hay quienes aseguran que por eso, cada deseo, desdicha, don y deber que disfrutes o desaires, lo podrás disfrutar o disminuir a la tercera potencia. Dios dijo en la Biblia que eso era bueno. Esa tercera parte del día de la creación de alguna manera te pertenece.

Tu verbo motor:

Perpetuar

⫷ AMOR, SALUD Y BIENESTAR ⫸

Amor es una palabra mágica para ti. Y la salud la tendrás bien, siempre y cuando encuentres tu propia red de energías biológicas y bienestar, significativo si tu alma encuentra un hogar espiritual personal y renovable. Tu propia vida, la manera en que elaboras tu paso en las buenas y en las malas, te nutre. Claro está que tu llevas la batuta, como un director a la altura de Herbert von Karajan, Leonard Bernstein o Daniel Barenboim, ninguno de Piscis, pero todos con el llamado oído absoluto musical. Tú tienes lo mismo en tus vivencias inmiscuidas con la habilidad de integrar cualquier momento, encajándolo perfectamente para lograr tu bienestar.

Angelus:

Phalgus, el genio del juicio.

⫷ DESARROLLA TU RIQUEZA Y PROSPERA ⫸

La cuenta final siempre sale a tu favor, aunque a veces tendrás que esperar mucho más de lo que creías. Tienes que trabajar bastante más de lo que esperas, sin embargo, al final siempre juntas aún un poco más. Buena cosa sería si al final de cada día, podrías ganar terreno en algo nada material, para que sientas que tu oficio, alguna palabra o una idea enriqueció tu espíritu.

⫷ PODER DAR ⫸

Tú puedes dar poco, pero con excelencia.

ASTRONOMÍA, HERMANA DE LA ASTROLOGÍA MODERNA

Júpiter era el planeta que regía la suerte de Piscis, pero fue cambiado por Neptuno, considerado mucho más adecuado para la melancolía que invade a todo ser nacido bajo el último signo de zodiaco. Júpiter irradia más cantidad de energía al espacio de lo que recibe del Sol y es el cuarto objeto más brillante en nuestro cielo nocturno, después del Sol, la Luna y Venus. El 10 de marzo de 1982, causado sin causa real, ocurrió un pequeño susto producido por una predicción hecho por el profesor John Gribbin en su libro *El efecto Júpiter*. El profesor aseguraba que en esa fecha habría una alineación de los planetas Mercurio, Venus, la Tierra, Marte, Júpiter, Saturno y Plutón que provocaría una alteración de la rotación de la Tierra, que a su vez podría acabar con gran parte de la vida sobre nuestro planeta. Y, como bien sabían los nacidos un 10 de marzo, no pasó nada más que un aumento de unos cuarenta milímetros en las mareas y un gran texto en muchos periódicos al día siguiente que decía: EL EFECTO JÚPITER SOLO PARA FIESTEROS. Ahora aparece este efecto en la lista de los diez Apocalipsis que obviamente no han sucedido. Quien haya nacido el 10 de marzo sabe que las predicciones son para los perdedores y los perdedores no nacen en un día como este.

 TU CLAVE SECRETA

La causa de la causa es causa de lo causado (Máxima jurídica).

Celebridades de tu día:

León García Soler, Borís Vian, Sarita Montiel, Osama Bin Laden, Sharon Stone, Cristián de la Fuente, Edie Brickell, Colin McGinn y Pablo de Sarasate.

TU DÍA, PISCIS

Lo dicho por Freud es algo que pocos comprenden. Pero tú, nacido un 11 de marzo, no solamente lo entiendes, sino que tu consciencia debe ser retroalimentado diariamente, de manera poco sofisticado,

Tu verbo motor:

Redimir

para darle rienda suelta a tu imaginación. Tú inspiras a otros, pero para que esto sea algo positivo, necesitas estar en paz contigo mismo o misma. Debes estar consciente de lo que puedes y no puedes, debas o no debas, entregas o no debes entregar para lograr todas las emociones que te quedan por conocer. Y cuando dudes, mira tu propio pasado, algo que siempre debe brindarte fuerza para seguir adelante.

AMOR, SALUD Y BIENESTAR

Tu amor es una fuente de recursos interminables, incansables e imaginativa. Y, cuando encuentras quien llena esos sustantivos, caes redondo. ¡Nunca vayas a huir cuando sientas el flechazo! Puede ser que te cueste trabajo controlarte, por lo mismo tendrás que fijarte bien si es el amor o el poder del amor lo que te tiene así. Tu signo lleva en él la representación del mundo antiguo y el mundo moderno, por lo mismo,

Angelus:

Reschith, espíritu por el cual fluye la esencia de divinidades.

nunca dejes de buscar alivio en lo poco usual, ni de manifestar tu interés por tener el bienestar que siempre has deseado, mientras más novedoso, mejor para ti.

DESARROLLA TU RIQUEZA Y PROSPERA

Un buen consejo para los nacidos el 11 de marzo de cualquier año es trabajar sobre el ego espiritual que llevas en ti, agrandándolo, pues hay demasiados nacidos bajo tu signo que olvidan que el ego es algo que puede alentar a mejorar. Es decir, te puede ayudar a dar de ti solo lo que no te es indispensable como el tiempo, el espacio y tu yo genuino. Así, al prosperar, sabrás de qué modo gastarte.

PODER DAR

Tu lo que puedes y deberías dar es calor humano.

Los logros más complicados del pensamiento son posibles sin la asistencia de nuestra consciencia.
—Sigmund Freud

ASTRONOMÍA, HERMANA DE LA ASTROLOGÍA MODERNA

Hay quienes dicen que la astrología es el más bello oficio del mundo. Hay quienes proclaman que viven con la cabeza dentro de las estrellas viendo y aprendiendo, y a la vez contemplando lo que podría ser, que según Urbain Le Verrier (nacido un 11 de marzo), era la mecánica celeste. La mecánica celeste estudia los movimientos de los objetos celestes, aplica la física a las estrellas y planetas para producir las efemérides —los cálculos que usamos tanto astrólogos como astrónomos para medir las distancias y medidas de los (en este caso) planetas en relación al Sol y todo lo que se encuentra en nuestro magnífico sistema solar. Le Verrier se puso a calcular, imaginar, y se gastó en su precisa predicción y luego descubrimiento de la existencia del planeta Neptuno. El mismo es el que rige tu signo. De esa manera, y como ejemplo, nunca dejes de buscar lo que te dicen es imposible.

 TU CLAVE SECRETA

No atreverse es perderse.

Celebridades de tu día:

Rupert Murdoch, Torquato Tasso, Sam Donaldson, Dominique Sanda, Nina Hagen, Juan Carlos Barreto, Soraya y Astor Piazzolla.

En lugar de dar, reparte.

12 DE MARZO

Ese es el método: reestructurar el mundo en el que vivimos
de alguna manera, y luego ver que sucede.
—Frederik Pohl

TU DÍA, PISCIS

Hace más de una década, Viktor Savinykh (de Piscis) fue el astronauta número cien en viajar al espacio. Tu hubieras podido o podrías lograr hazañas iguales o mayores, porque nacer un 12 de marzo es, si te aplicas, como sacarse la lotería. Tienes un número mágico, y sobresalir en lo tuyo es lo indicado. El valor (de valientes) está tan marcado en tu día que nada debe asustarte ni de niño ni de adulto, y si tienes un chiquitín de esta fecha, cuídalo pues es capaz de creerse Superman antes de comprender que es un cuento terráqueo. En tu camino está indicado el poder de reestructurar lo que necesita ser reestructurado —ubica y mejora lo que está a tu alrededor, y ayuda a los demás a hacer lo mismo. Quizá esto sea por haber nacido al principio del tercer decano del conteo de tu signo. ¡Espero encuentres el camino adecuado para usar este interesante don!

Tu verbo motor:

Manifestar

❧ AMOR, SALUD Y BIENESTAR ☙

Nada te va mejor que el amor, y suertudos aquellos o aquellas que se encuentran en tus brazos, porque el amor es el primer paso de recompensa en tu interesante vida. Como todo pisciano, pisar con paso firme es importante; por lo mismo, nunca dejes de traer zapatos cómodos, aunque vayas a una boda a alguna casa real. Y, sabiéndote capaz de sentirte cómodo en el medio ambiente en el que te encuentres, tu bienestar estará a la orden del día.

Angelus:

Mefathiel, ángel que abre puertas.

❧ DESARROLLA TU RIQUEZA Y PROSPERA ☙

Toma unas clases de economía, de finanzas, de mercado, de proyectos de recursos humanos, de programas administrativas, de contadores, de ciencias sociales, de análisis, de modelos de computación y, en fin, de cualquier cosa relacionado con los mercados del mundo. Con eso, te prepararás para desarrollar lo que necesitas para aumentar tus posibilidades en cualquier empleo, incluyendo el de mago o constructor.

ASTRONOMÍA, HERMANA DE LA ASTROLOGÍA MODERNA

Todos los días del año suceden cosas históricas —desde nacimientos importantes, muertes recordadas, descubrimientos geniales a observaciones personales— que nos recuerdan algo muy personal. Hoy, por ejemplo, ustedes nacidos un 12 de marzo podrían celebrar desde la victoria del general Romano Belisarius contra los ostrogodos, ganándose Roma en el año 538; la fundación de las Girl Scouts en Estados Unidos en el año 1912; la reposición de Moscú como capital de Rusia en el año 1918; o el nacimiento de Vaslav Nijinsky, considerado por algunos como el mejor bailarín de todos los tiempos. O simplemente *tu* cumpleaños, que significa el hecho de que nuestro planeta dio una vuelta completa al Sol en 525 600 minutos o 527 000 horas (si es año bisiesto).

 TU CLAVE SECRETA

Entender que tu gran fuerza es la de poder reforzar.

Celebridades de tu día:

James Taylor, Liza Minnelli, Vaslav Nijinsky, Gustavo Díaz Ordaz, Jack Kerouac, Raúl Alfonsín, Moctesuma Esparza, Héctor Luís Bustamante y Adolph Ochs.

TU DÍA, PISCIS

Hoy es el día de Diotima de Mantinea, la instructora de ni más ni menos que Sócrates, citada por Platón en su *Simposio*. Ella era vidente y sacerdotisa. El simposio de Platón tiene que ver con el hombre o la mujer en el nivel del génesis, profesando el propósito y la naturaleza del amor. Algo que todo ser humano pondera, pero que tú, por nacer un 13 de marzo llevas en tu ADN cósmico, simplemente porque sí. Y lo importante de este hecho es que te des cuenta de la enorme importancia que tiene tu poder de servirte a ti mismo o misma, cuando realmente piensas antes de actuar. Así, resaltará tu gran intuición creativa.

Tu verbo motor:

Guiar

❧ AMOR, SALUD Y BIENESTAR ☙

Es menester que te sientas seguro y a salvo de lo que "pudiera suceder" cuando te enamoras. ¡Pero no exageres! Tus amores deben ser placenteros, no demasiado cuidadosos, pues tienes el gran don de saber amar y hacer feliz a quien amas. Necesitas aprender a dar algo de tu propia vitalidad para que te sientas capaz de producir los resultados que mereces y pides —tanto en el amor como en el área de tu persona física. Para lograr ese bienestar que mereces, no permitas que interrumpan tus planes y verifica, cuando puedas, que lo que construyes es lo que realmente deseas.

❧ DESARROLLA TU RIQUEZA Y PROSPERA ☙

Tu propia creatividad (que es lo que te llevará a alcanzar lo que te permitirá tener más de lo que quieres), puede ser ejercitada como un músculo. haciendo ejercicios que la refuerzan como vitaminas cósmicas. Elimina olores que te disgustan, tomar clases de algo que realmente te agrada, colecciona algo que te produce placer y juega con regularidad algún juego de mesa. Con eso alimentas tu muy personal capacidad de mejorar no solamente tus bienes, sino que también tu vida en general.

Angelus:

Pagiel, ángel que cumple deseos.

❧ PODER DAR ☙

Dar creativamente significa que a veces un dibujo encima de una piedra encontrada en un campo mágico aumenta la calidad de una amistad.

13 DE MARZO

Después de todo, somos uno, tú y yo. Juntos sufrimos, juntos existimos, y para siempre nos recreamos los unos a los otros.
—Teilhard de Chardin

ASTRONOMÍA, HERMANA DE LA ASTROLOGÍA MODERNA

Tuvo suerte Percival Lawrence, porque no solamente es famoso como matemático y astrónomo, sino que al fundar el Observatorio Lowell, su esfuerzo culminó en el descubrimiento del "antes-sí-y-por-ahora-no" planeta Plutón, cuyo nombre es recordado con la *p* y la *l* de su apellido. El Observatorio es uno de los más antiguos de Estados Unidos y recibe alrededor de 70 000 visitantes al año. La irradiancia que es la energía de todas las longitudes de onda que incide sobre una superficie en un tiempo dado, es lo que investigaba Percival, y mirando la luz del Sol que reflejaba Urano, encontró a Plutón. Hoy día, en ese observatorio, pero con un telescopio más potente, se están buscando más planetas extrasolares. "Expandiendo nuestro universo" es lo que dicen que están realizando desde ese maravilloso lugar, algo que se puede traducir para quienes hayan nacido un 13 de marzo a "expandiendo tus conocimientos del cielo", con la bendición seguramente del Percival Lawrence.

 TU CLAVE SECRETA

Encontrar y elaborar tu propia misión en la vida.

Celebridades de tu día:

Joseph Priestley, William Ramesey, Percival Lawrence, L. Ron Hubbard, William H. Macy y Neil Sedaka.

14 DE MARZO

La ciencia sin religión es coja, la religión sin ciencia es ciega.
—Albert Einstein

TU DÍA, PISCIS

Dicen que San Anselmo y San Bernardo regalaban catorce beatitudes en el paraíso para el cuerpo, salud, belleza, agilidad, fuerza, libertad, placer y longevidad, y que las beatitudes del alma también eran siete, que sumadas llevan a catorce: ponerse de acuerdo, honrar, poder, seguridad, felicidad, sabiduría y amistad. Si apartas suficiente tiempo, las catorce beatitudes las podrás dominar, y con eso aunque tengas alguna que otra pena (que siempre ayudan a aumentar la resistencia), vas a lograr eso que algunos llaman la gran felicidad.

Tu verbo motor:

Motivar

◈ AMOR, SALUD Y BIENESTAR ◈

Tus amores pueden ser fugaces, hasta que encuentres tu propia fuente de gusto, algo que no te será fácil, pero totalmente factible. Y cuando estés en brazos de esa persona, el resplandor será evidente.

Para lograr una vida saludable, es importantísimo que no te enajenes con tus propias limitaciones para que concentres tu energía en lo que SABES PODER HACER. Y así, el bienestar tuyo no solamente te será fructífero, sino que a la vez podrás repartirlo. Y, así, podrás repetir a quien lo merezca: *carpe diem*.

Angelus:

Memunim, ángel diputado que llega cuando lo llamas.

◈ DESARROLLA TU RIQUEZA Y PROSPERA ◈

Tu riqueza a veces parecerá escabullirse, específicamente cuando tu cuerpo no está todo lo sano que debiera estar. Es decir, tu prosperidad tiene que ver con el desarrollo de un cuerpo sano. Comidas frugales, ejercicio diario, aunque sea poco, y un cuidado significante en lo que pudiera lastimar tu diario deambular —como las medicinas no recetadas o las locuras pasajeras—, te será de gran ayuda. Hacerle caso a lo que es reconocidamente favorable para el cuerpo es algo que necesitas aplicar en tu vida.

◈ PODER DAR ◈

Tú puedes y debes dar buenos consejos a quienes llevan malos modos.

ASTRONOMÍA, HERMANA DE LA ASTROLOGÍA MODERNA

Albert Einstein ayudó a descifrar conceptos novedosos para el mundo, en la ciencia y en la física. Descubrió la teoría de la relatividad conocida por millones de personas como E=Mc2. Con eso creó una nueva visión del cosmos. Su teoría básicamente explica que la masa y energía son dos aspectos esencialmente de la misma cosa. Masa, energía, espacio y tiempo eran sus puntos claves, y este hombre de mente superior, le gustaban las mujeres bastante, le encantaban los chistes y, claramente, dijo para que el mundo lo escuchara: "Dios no juega a los dados con el mundo". Su cerebro fue robado y posteriormente estudiado, habiéndose encontrado que la parte relacionada con las matemáticas era bastante más ancha que lo normal. Masa y energía son a la vez diferentes manifestaciones de la misma cosa —un concepto poco familiar para la mente común y corriente. Sin embargo, tú, nacido el mismo día que el de Einstein, te hará bien comprenderlo para integrar a tu vida su otra máxima importante: "La imaginación es más importante que el conocimiento. El conocimiento está limitado a todo lo que hoy sabemos y comprendemos, mientras que la imaginación abraza al mundo entero y todo lo que habrá que conocer y comprender". ¡Vale!

 TU CLAVE SECRETA

Imaginar lo que quieras para que se cumpla.

Celebridades de tu día:

Albert Einstein, Michael Caine, Quincy Jones, Billy Crystal, Príncipe Alberto de Mónaco, Johann Strauss (de los valses), China Zorrilla, Georg Philipp Telemann, Diane Arbus y Pedro Duque.

TU DÍA, PISCIS

El número 15 es algo serio. Y tiene muchísimos significados místicos, mágicos y especiales. Cinco es el número representativo de gracia y tres es el número de la perfección divina (según la Biblia), por lo tanto el quince se refiere a la energía de precisamente eso. Gracia Divina (aunque, un 15 de marzo de 44 a. de C. fue asesinado Julio César, y de ahí la reputación de los Idos de Marzo). Teniendo tanta fuerza, históricamente sucedieron muchísimas cosas un 15 de marzo, entre ellas, el hecho de que en 1965 el Presidente Johnson de Estados Unidos declaró el derecho a votar para todos los americanos —día de júbilo y libertad para tantos. Y eso es lo que ustedes, nacidos este día representan. Tú tienes el poder de sobreponerte a cualquier influencia nociva. Tu naciste con la sapiencia de poder entender que cada persona es como una iglesia con un alma parecido a Dios, y esto no lo olvides. Úsalo para crear una vida positiva, capaz de gozar y hacer gozar a quienes creen merecerlo.

Tu verbo motor:

Comprender

⁂ AMOR, SALUD Y BIENESTAR ⁂

Cada vez que te enamores, habrá una crisis, pero cada crisis aportará una fuerza purificadora tan grande, que a menudo te creerás ser el "rey del amor del mundo". Por lo mismo, hay que tener en cuenta que tanta fuerza corporal tiene que ser cuidada, así que no exageres ni desgastes tus energías, para seguir siempre tan sano como deberías ser. Tu bienestar tiene mucho que ver con números, teniendo en cuenta que un número es un objeto matemático que se usa para contar y medir.

Angelus:

Parasurama, ángel de los avatares, encarnación divina.

⁂ DESARROLLA TU RIQUEZA Y PROSPERA ⁂

Tener más, querer más, juntar más, sentir más, poder más, entender más, cuidar más, fortalecer más y mejor, adelantar más, entregar más, saber más, comprender más, explicar más, compartir más, asistir y ayudar más, trabajar más, descansar más (simplemente repartiendo mejor tus horarios) y tratar de mejorar un poco más el mundo en la medida de tus posibilidades, estas son las claves para desarrollar y prosperar en tu vida.

15 DE MARZO

Para crear buena filosofía debes renunciar a la metafísica, pero ser un buen matemático.
—Bertrand Russell

⁂ PODER DAR ⁂

Tú puedes y debes dar ¡justamente! Como dice la definición de la palabra "justamente": "Ni más ni menos que exacta y precisamente".

ASTRONOMÍA, HERMANA DE LA ASTROLOGÍA MODERNA

Aunque no seas un buen matemático, ni juegues ajedrez como el campeón mundial Veselin Topalov (ganó el Óscar del ajedrez), quinto en orden mundial, saberlo jugar para ti, nacido un 15 de marzo, sería excelente ejercicio. Dicen que existen un número mayor de jugadas y juegos de ajedrez que átomos en el universo, y tomando en cuenta que es un juego inventado por el hombre quien aun no comprende el universo en su totalidad, te pone a la delantera simplemente por tener conocimiento de cómo jugar o ganar en este juego, descrito como una ciencia, un arte y un deporte a la vez. Es uno de los únicos juegos del mundo dentro del cual no entra el factor suerte, y jugarlo es una metáfora para el pensamiento crítico, la lógica, el razonamiento y la resolución de problemas. El programa Children in Chess, en la ciudad de Nueva York, demostró que hubo un aumento del 5,37% en calificaciones escolares en los niños que participaron. Ustedes, nacidos un 15 de marzo, si se aplican, podrían asumir un porcentaje equivalente o mayor al aprenderlo. Como se aplica en el juego, cuando vez una buena jugada, busca una mejor, ¡así juégate la vida!

 TU CLAVE SECRETA

Comprender que toda catarsis es una purificación.

Celebridades de tu día:

Gabriel Álvarez de Toledo, Eva Longoria, will.i.am, Ruth Ginsburg, Veselin Topalov, Ry Cooder, Víctor Muñoz y Washington, D.C.

16 DE MARZO

Yo sí creo que cuando nos enfrentamos a los retos que nos impone la vida, es una maravillosa oportunidad para construir nuestra fe, nuestra fuerza interna y valor.
—Sasha Acevedo

TU DÍA, PISCIS

En Estados Unidos, tu número es el más conocido por aquello del *sweet sixteen*, equivalente a la quinceañera nuestra, pero allí se celebra a los dieciséis. En la astrología, quien haya nacido un 16 de marzo nace con la gran oportunidad de saber cómo realizarse bajo confrontaciones. Es más, algunos estudios de leyes, como hobby o como doctorado, enaltecería toda situación, porque al defenderte es cuando mejor reacciones, algo que no debes olvidar. Desarrollarte diariamente es algo que logras con gran facilidad. Tus impulsos son generalmente espirituales, y por lo mismo, el encuentro con una fuerza personal con respuestas idealistas, impresionarán a quien quieras. Quien te conoce, no te olvida, y eso puede ser una bendición.

Tu verbo motor:

Atinar

✺ AMOR, SALUD Y BIENESTAR ✺

Amas porque sientes encontrar respuesta a tus deseos, pero a veces tus deseos son demasiados complicados, así que no impongas tu voluntad sin darle oportunidad a quien te ama. Y al amar, no te enredes; simplemente, entrégate. Bebe siempre suficiente agua para que tu cuerpo pueda hacer todo el trabajo que necesita realizar para mantenerte en forma. Estate pendiente de tu sistema inmunológico y ten en cuenta que el bienestar que todos buscamos comienza, especialmente para ti, cuando te sientes bien en cuerpo y alma.

✺ DESARROLLA TU RIQUEZA Y PROSPERA ✺

Una vez que hayas escogido la carrera que quieres abordar, aunque estés por terminarla, si quieres hacer algún cambio, atrévete y hazlo. El justo medio de trabajo y vida personal es lo mejor para los nacidos este día, porque de lo contrario, el cuerpo no te rinde como debería. El estrés es la enfermedad moderna, pero tú necesitas encontrar el modo y la manera de eliminarlo de tu vida, quizá más que la gran mayoría de la gente. Y, por lo mismo, consiéntete lo suficiente como para que tu prosperidad no sea tu prioridad, sino más bien desarrolla tus gustos de la manera más cómoda para ti y los tuyos.

✺ PODER DAR ✺

Lo tuyo es dar cómodamente. Gasta únicamente lo que puedas.

ASTRONOMÍA, HERMANA DE LA ASTROLOGÍA MODERNA

En el Centre of César Vallejo de la University College London en Inglaterra, existe un DVD de once minutos llamado "Traspié entre dos estrellas", paráfrasis del poema de Vallejo (nacido un 16 de marzo) con el mismo nombre. Vallejo, impulsador de la vanguardia latinoamericana, es poeta magno y, como tal, lo presentó aquí, en esta sección, porque la astrología es sin lugar a dudas la parte poética de la astronomía. La única liga que tuvo el poeta con la astrología fue en el año 1938, cuando en un acto desesperado, su mujer Georgette Philipart llamó a un astrólogo y a un hechicero como último recurso para curar a su marido de una extraña fiebre que finalmente causó su muerte. No puede haber poesía sin pensar en las estrellas, y su poema "Traspié entre dos estrellas" es considerado como líneas que explican rasgos que puede usar la ciencia para representar el conocimiento. Y para ustedes, del día 16 de marzo, reproduzco lo dicho por José. M. Delgado García, de la Universidad de Sevilla: "Nosotros, los neurocientíficos, estamos lejos aún de esa maravillosa sencillez para llegar al fondo de nuestro mundo interior que tienen los titiriteros y los poetas, pero en ello estamos".

Angelus:

Caíla, ángel mágico.

 TU CLAVE SECRETA

Saberte como puente fiel entre una cosa y otra, siempre.

Celebridades de tu día:

César Vallejo, Mónica Cruz, Jerry Lewis, Isabelle Huppert, Teresa Berganza, Erik Estrada, Bernardo Bertolucci, James Madison y Luis E. Miramontes.

TU DÍA, PISCIS

Por razones meramente astrológicas, los nacidos un 16 de marzo son muy receptivos a todo lo que sea cultura, y aunque no lo crean, (por si nunca se les ha ocurrido), o crean que les miento, lean varias veces lo que dice el diccionario sobre el tema: la cultura es un "conjunto de conocimientos que permite a alguien desarrollar su juicio crítico". Pero tengan en cuenta que existe una lista de 164 definiciones de la palabra, aunque se usa generalmente bajo tres diferentes premisas: Gusto para las artes finas y las humanidades; un patrón de conocimientos humanos, creencias y comportamientos; y actitudes compartidas de valores, metas y prácticas que caracterizan un grupo cualquiera. Tú, toma la tuya (cultura) y goza, aprende, comparte. Nada habrá mejor para ti, así construyes con brillo tu propia identidad.

Tu verbo motor:

Fomentar

⚜ AMOR, SALUD Y BIENESTAR ⚜

Y para seguir con la misma idea, el amor tuyo se cultiva o lo cultivas. Mucho bien te haría si lograras enamorarte varias veces de personas que tienen diferentes culturas. Sin embargo, cuando de salud se trata, recae frecuentemente en consejos familiares, de tu madre, abuela, padre, hermanos. Mientras más caso les hagas, mejor. Volviendo a lo tuyo, la cultura: mientras más cultivado te sientas, mayor bienestar en relación a tus gustos, anhelos y planes.

⚜ DESARROLLA TU RIQUEZA Y PROSPERA ⚜

Talentos tienes, y varios. Si aun no los has desarrollado, aplícate, pues será a través de estos que podrás desarrollar precisamente tu riqueza y prosperar llanamente. La Luna que rige nuestras emociones y es imperativo para los nacidos bajo el signo de Cáncer, a ti te afecta bastante, y tener un calendario lunar te será de gran ayuda. De esta manera, verás cómo reaccionas con las lunas llenas y sobre todo crecientes, así como ciertas horas del día que te son más propicias que otras para tomar decisiones importantes.

Angelus:

Izads, anfitriones celestiales.

⚜ PODER DAR ⚜

Para ti, lo mejor es dar de lo bueno, cuánto puedas.

17 DE MARZO

Lo que somos es el resultado de lo que pensamos.
—Buda

ASTRONOMÍA, HERMANA DE LA ASTROLOGÍA MODERNA

Existe algo llamado *astronomía cultural*, que describe campos interdisciplinarios relacionados con sistemas astronómicos de sociedades tanto modernas como antiguas. La astronomía es considerada la ciencia más antigua entre las ciencias naturales, con orígenes religiosos, mitológicos y a la vez prácticas astrológicas entrelazadas hasta hoy día, aunque la gran mayoría de astrónomos consideran que la astrología es algo que sirve para divertirse. Sin embargo, muchas de las grandes mentes que cambiaron al mundo como Copérnico, Kepler, Galilei, Tycho Brahe, estudiaban el cielo y elaboraban complicadas cartas astrales. En la antigüedad, los dioses y los espíritus regían todo, y hoy día, según encuestas serias, están divididos frágilmente a la mitad los astrónomos creyentes y los ateos. El famoso astrónomo Robert Jastrow en su libro *God and the Astronomers* llega a esa conclusión. Jastrow, por cierto, era astrónomo, físico y cosmólogo. Una des sus frases famosas es la siguiente: "Existe un especie de religión en la ciencia, es la religión de una persona que cree que existe orden y armonía en el universo, y que cada efecto tiene que tener su causa".

 TU CLAVE SECRETA

Preguntarte antes de contestarte.

Celebridades de tu día:

Nat King Cole, Rudolf Nureyev, Elis Regina, Otto Gross, María Sabina, Jorge Ramos, Mia Hamm, Rob Lowe y Juan Carlos Onganía.

"The greatest thing, you'll ever learn, is just to love, and be loved in return"
Lo máximo que aprenderás es simplemente amar y, a cambio, ser amado.
—Eden Ahbez, autor de la canción "Nature Boy"

TU DÍA, PISCIS

Y sí, así es. Nat King Cole, quien cantó esta canción, nació bajo el signo Piscis, y tú, nacido el 17 de marzo, llevas sangre que ama por todas tus venas, así que mientras no tengas a quien amar, busca hasta encontrar. Para vivir satisfactoriamente, tú, más que muchos, necesitas amar, por lo que la famosa frase, "el amor es el pan de la vida", te va mejor que anillo al dedo. No evadas tu realidad diciendo o confrontándote, pretendiendo que tú no eres así, porque te estarás entonces privando de conocer quién eres.

Tu verbo motor:

Corresponder

☙ AMOR, SALUD Y BIENESTAR ❧

El párrafo anterior habla solamente del amor, así que lo puedes leer de nuevo y saltar en este a la salud, que en tu caso específicamente es como si llevaras en ti un jardín personal que debe ser regado con cantidades específicas, por ser más sensible que la mayoría de los piscianos —que de por si viven en un mundo de perceptibilidad aguda. La buena salud sentencia tu bienestar, y tener un médico de cabecera que te conoce como si fuera tu familiar es lo indicado.

☙ DESARROLLA TU RIQUEZA Y PROSPERA ❧

Al dictaminar que necesitas desarrollar tu riqueza para complacer a quien amas, vas por muy buen camino, porque nada ni nadie te detiene. Esto es una particularidad totalmente tuya, que debes desarrollar para ayudarte a prosperar como quieres, y que te orillará a no perder el hilo de tus planes, cosa que suele sucederte. Recuerda, por favor, que cuando cambias de dirección, puedes convertirte en quien realiza ilusiones, (tuyas y ajenas), haciendo sentir que tu energía te sirve tanto a ti, como a quienes están a tu lado.

Angelus:

Eshíniel, ángel que protege con encantos.

☙ PODER DAR ❧

Sería excelente si pudieras hacer un regalo a quien verdaderamente lo necesita, simplemente porque te nace, trascendentalmente.

ASTRONOMÍA, HERMANA DE LA ASTROLOGÍA MODERNA

Tu vida podría ser comparada a la de un cometa: demasiadas personas creen saber lo que es —o, en tu caso, quién eres— y finalmente desconocen lo que significa, de donde viene, o, en cuanto a ti, no se dan cuenta de tu propio valor, que es enorme. Un cometa es un pedazo enorme de gases, hielo y desperdicios rocosos que rodean el Sol. Su núcleo es aproximadamente el tamaño de una montaña de nuestro planeta, y cuando se acerca a nuestra estrella, el calor vaporiza todo material helado. De esta manera, el núcleo comienza a desintegrarse y produce una cola de polvo que se extiende hasta un millón y medio de kilómetros en el sentido opuesto del Sol. La palabra cometa tiene su raíz en el griego antiguo *kometes*, que significa cabellera. El más famoso es el cometa Halley, el cual ya pasó por la Tierra y volverá a pasar el 28 de julio de 2061. Frecuentemente los cometas son descubiertos por astrónomos aficionados. Tu podrías personalmente (por haber nacido un 16 de marzo) ser redescubierto por quienes te han conocido desde hace tiempo como alguien muy especial.

 TU CLAVE SECRETA

Saberte y reconocerte como el valedor (amigo siempre solidario).

Celebridades de tu día:

Sergio Pitol, Ana Obregón, Stéphane Mallarmé, Queen Latifah, Adam Levine, John Updike, Vanessa Williams y F.W. de Klerk.

TU DÍA, PISCIS

Tanta imaginación invade tu persona que tengo que motivarte con lo dicho hace años por el filósofo y estratega militar Sun Tzu: "¿Te imaginas lo que haría si pudiera hacer todo lo que puedo imaginarme?". Esta frase te queda como anillo al dedo porque nacer un 19 de marzo, el penúltimo día de tu misterioso signo, te da una cierta libertad cósmica para imaginar innumerables puestas en escena de asuntos, hazañas y/o realizaciones que sabes poder conseguir, tratar, inventar o renovar, y que tiendes a exagerar. Cuida tus sueños para que aprendas como encontrar el poder personal que te permitirá lo que mejorará tu vida. De lo contrario, puedes sentir exageradamente el pesar de otros. Convierte tus sueños en realidades y tus supersticiones en idealismo. Con eso, no habrá quien no piense "dichoso tú" para que tú te asegures que el carácter tuyo, sí es destino.

Tu verbo motor:

Diferenciar

⚜ AMOR, SALUD Y BIENESTAR ⚜

Algo rico, algo sabroso, algo único, así deben de ser todos tu amores, o así tiene que ser el único amor que llevas del brazo. A menudo (dependiendo de la posición de Mercurio), no estás del todo motivado, cosa que no te ayuda. Y si cambias de rumbo, verás que lo que te molestaba se desvanece. Tu sistema digestivo está muy ligado con la salud, por lo tanto, necesitas enseñarle a tu mente a analizar tus problemas a fondo para organizar tu existencia, algo que es totalmente posible.

Angelus:

Sialul, ángel que lleva el genio de la prosperidad.

⚜ DESARROLLA TU RIQUEZA Y PROSPERA ⚜

El Óscar tuvo su debut en la televisión el 19 de marzo de 1953; y en el año 1931, el juego por dinero (el jugar apostando), se autorizó en Nevada, seguramente auspiciado por el fantasma de Wyatt Earp. No hay nada más imaginativo que eso para ti, pues los juegos de azar son el punto débil o fuerte de muchos piscianos. Cuando encuentres cómo relacionar el "yo" que llevas por dentro con "los demás", habrás encontrado prosperidad real.

⚜ PODER DAR ⚜

Bien harías en dar sin pensar en lo que tú quisieras recibir. ¿Algo enredado? A veces así parece que das.

---

19 DE MARZO

Yo soy imaginación. Puedo ver lo que no ven los ojos. Puedo escuchar lo que no oyen las orejas. Siento lo que el corazón no siente.
—Peter Nivio Zarlenga

ASTRONOMÍA, HERMANA DE LA ASTROLOGÍA MODERNA

Plutón ha de pensar que los humanos somos indecisos. El ahora sí, mañana no y aparentemente quizá de nuevo llamado planeta, aunque por el momento es considerado simplemente 134340 PLUTÓN, fue fotografiado por primera vez en la historia el 19 de marzo de 1915. Era más fácil cuando se le decía simplemente el número 9 distanciado del Sol, buscado con gran interés desde el año 1905, que en aquel entonces fue bautizado con el nombre Planeta X. Dicen que una niña de once años fue quien bautizó este ex planeta con el nombre de Plutón, nombre a la vez del dios del inframundo, (por ser tan difícil de ver, estando tan lejos del Sol). Dicen muchos astrólogos que Plutón, atravesando hasta el año 2023 el signo de Capricornio, nos hará a todos, astrónomos y astrólogos entre otros, buscar mayor guía espiritual. ¿Buena cosa? ¡Quizá!

 TU CLAVE SECRETA

Reconocer que es bueno estar a la búsqueda de algo nuevo siempre.

Celebridades de tu día:

Glenn Close, Bruce Willis, Alonso Cano de Almansa, David Livingston, Sir Richard Burton, José de Anchieta, Mario J. Molina, Philip Roth, Nikolay Gogol y Wyatt Earp.

20 DE MARZO

Felices son aquellos quienes con valor, defienden lo que aman.
—Ovidio

TU DÍA, PISCIS

Nadie como tú para asumir de manera muy particular todo lo que te sucede; y nadie como tú para poner el ejemplo a quien quiera aprender algo, y seguir el camino que el destino te presenta. El dicho antiquísimo, "uno propone y Dios dispone", es todo tuyo, porque siendo del último día de Piscis, tus hazañas son de cierta manera totalmente ejemplares. Recuerda que Piscis, el último signo del zodiaco, tiene el don de hacernos ver que todo termina para luego recomenzar. ¡Hasta los astros!

Tu verbo motor:

Potenciar

⇥ AMOR, SALUD Y BIENESTAR ⇤

Las palabras de Ovidio, nacido el mismo día que tú, deben ser el punto de apoyo para los momentos importantes de tu vida. "Todo cambia, nada fenece". Ten en cuenta que su *Metamorfosis* es la fuente de unos 250 mitos hasta hoy contados, hablados, reconocidos cuando nos sucede lo inesperado. Y tu manera de amar, la salud que te embriaga o te desconcierta al igual que el bienestar tan particular que andas buscando es y son primos lejanos de este escritor y sus palabras.

⇥ DESARROLLA TU RIQUEZA Y PROSPERA ⇤

Es menester que sepas que por haber nacido el último día del último signo del zodiaco, vienes premiado con la facultad de poder conseguir lo que quieres (toda proporción guardada, es decir, hasta cierto punto), si realmente lo deseas. Como las plantas que se voltean hacia el Sol, si encuentras el camino adecuado, llegas hacia donde pensabas ir. Todo proceso es cíclico, lo que significa que siempre queda una semilla dispuesta a ser plantada en otro lugar, porque la potencia de todo comienzo está puesta en ti.

Angelus:

Sizouze, ángel de la mitología persa que presidía sobre los rezos.

⇥ PODER DAR ⇤

Si das pensando en lo que estás dando, tendrá una consecuencia positiva.

ASTRONOMÍA, HERMANA DE LA ASTROLOGÍA MODERNA

Un 20 de marzo como hoy, un impresionante ser de signo Piscis llamado Albert Einstein publicó su *teoría general de la relatividad*, que es en una teoría general de gravitación geométrica, con la cual hemos podido entender además de explicar la gravedad y los fenómenos como el universo en expansión y los hoyos negros (entre otras cosas).

Esta teoría es en realidad un término para dos teorías: la especial y la relatividad general. ¿No crees que podrías proponer esto mismo para tu vida, donde siempre encuentras dos posibilidades? Lo que nos presenta Einstein son las leyes de la física vistas por observadores que se mueven entre sí a velocidad constante, y cómo se ve afectada la relación entre el espacio y el tiempo por diferentes efectos. Einstein dice que la velocidad de la luz en el vacío es constante en todo el universo, y queda aun tiempo para volverlo a comprobar. Por ahora, si naciste un 20 de marzo, ten en cuenta que pase lo que pase, "todo es relativo".

 TU CLAVE SECRETA

Si visualizas lo que quieres, lograrás lo esperado.

Celebridades de tu día:
Ovidio, Henrik Ibsen, Neida Sandoval, Lili Estefan, Alfonso García Robles, Paula Garces, Spike Lee, Holly Hunter e Inés Arredondo.

TU DÍA, ARIES

Los yogui hindúes consideran que el número de respiraciones que cualquier individuo toma durante su vida está predicho. Hay también quienes dicen saber cuántos latidos del corazón de cualquiera de nosotros pasarán en su vida, pero para una persona de signo Aries, nacida este día, esto no sería posible, aunque fuese exacto para los otros 364 o 365 (si es año bisiesto), por el simple hecho de que representan ustedes el principio de la creación astrológica. Nadie sabe con exactitud el por qué, pero sí sabemos que es cierto. Este es el primer día del zodiaco de cualquier año en curso, un regalo excepcional. Y como todos, tu destino es único, pero como único, tu suerte y tu destino son totalmente tuyos. Puestos en el lugar exacto para que puedas determinar qué hacer en todo momento, algo que debes siempre recordar. Tu presencia se siente siempre, tu versatilidad te lleva a extremos y tus iniciativas son por lo general las adecuadas.

Tu verbo motor:

Innovar

❧ AMOR, SALUD Y BIENESTAR ☙

Vigoroso en lugar de violento (por favor), emprendedor que supla lo agresivo, se te aconseja ser innovador y no temeroso, valeroso en lugar de duro y sobre todo conquistador más no orgulloso. Todo esto es para aplicar en el amor en primer lugar. La salud es algo que nunca debes descuidar, porque tiendes a sufrir pequeños accidentes que, cuidados, no molestan.

❧ DESARROLLA TU RIQUEZA Y PROSPERA ☙

Eventos, ideas y propuestas fuera de lo ordinario, pero totalmente estudiados son lo que puede, de manera impulsiva, permitirte lograr una prosperidad equivalente a lo que quisieras cuando sueñas. Pero cuidado, esto no siempre será algo que tenga que ver con riqueza, por ejemplo, ten en cuenta a David, quien con una sola piedra pasa a la historia eterna, y Bach, quien nunca consiguió vender una pieza mientras vivía, pero es considerado el músico más importante de todos los tiempos.

Angelus:

Ioniel, ángel que es uno de los dos príncipes reinando el universo.

❧ PODER DAR ☙

Lo tuyo es dar antojadamente, es decir, espontáneamente.

21 DE MARZO

En algún lugar, algo increíble está esperando ser reconocido.
—Carl Sagan

ASTRONOMÍA, HERMANA DE LA ASTROLOGÍA MODERNA

Personas común y corrientes están realizando descubrimientos excepcionales en el área de la ciencia. Los zooties son unos, y algo llamado un *voorwep* ("objeto" en Holandés) es un ejemplo, lo cual es una galaxia verde aproximadamente una décima parte de nuestra Vía Láctea, que es comparable a una fábrica de estrellas (cósmicas) del universo. Tú, nacido el primer día del primer signo del zodiaco, tienes el don de cargar poderes innovadores para hacer un descubrimiento parecido, aunque no fuese astronómico. Hay quienes han catalogado más de 50 000 imágenes del cielo nocturno, y cuando abrieron uno de los sitios de Internet para astrónomos neófitos voluntarios, la respuesta fue tan inmensa, que se cayó el sistema. Aventuras celestes es lo mínimo que puedes considerar, vidas celestiales serían interesantes, y cualquier proyecto novedoso está más que hecho para ti.

 TU CLAVE SECRETA

Consciente de que ser el primero de algo representa algo importante.

Celebridades de tu día:

David (quien acabó con Goliat), Johann Sebastián Bach, Benito Juárez, Peter Brook, José Barros, Ronaldinho, Ayrton Senna da Silva y el Día Internacional de la Poesía.

22 DE MARZO

Demarcar tus límites para desarrollar plenamente todas tu cualidades es lo que debes comprender hacer, pues nadie lo hará mejor que tú.
—Frase de la astrología antiquísima

TU DÍA, ARIES

Tu signo está tan presente ¡que a veces duele! Es decir, tus decisiones deberían ser tan directas, que quien no te conoce bien te tiene miedo. Por lo mismo, activar tu intelecto es algo importantísimo,

Tu verbo motor:

Confiar

y comprenderlo es tan importante como respirar (casi). Miras, te miran y tú sabes como asechar, acompañar o suavemente aconsejar a quien has mirado, nadie como tú para ser todo lo directo o directa que debes ser. Y, al mismo tiempo, ¡cuidado!, porque hay veces en que tú crees tener la verdad de la mano, y no siempre es el caso. Ver el mundo, tus cosas y lo que te depara el destino debe ser hecho con objetividad, y así, lo que realmente deseas estará siempre a la vuelta de la esquina, esperando que lo tomes de la mano.

✵ AMOR, SALUD Y BIENESTAR ✵

Tú tienes que demarcar tus límites para desarrollar plenamente todas tus cualidades, y para quien te ame sepa lo que tú esperas, mientras tú, amando, puedas pedirlo, hacér-
selo ver, sentir y entender. Merecer el "yo primero", para que él o ella te lo ofrezca parece algo egoísta, pero en tu caso no lo es. Así, sin activar tu amor, no lograrás el bienestar merecido. Y la salud es algo que viene

Angelus:

Gonfalons, ángel que pone orden a las cosas.

después, puesto que para ti, nacido un 22 de marzo, la capacidad de ver tu cuerpo objetivamente es lo más importante para lograr eso que todos deseamos: buena salud.

✵ DESARROLLA TU RIQUEZA Y PROSPERA ✵

A la una, a las dos y a las tres: decídete. Si aprendes a esperar el buen momento (entre tres), lo que anhelas será tuyo, siempre y cuando los astros estén de acuerdo. Tú tendrás que medirlos. Confía en ti, en tus deseos y en lo que quieres realizar, y verás que *confiar* es el verbo que te refuerza. Pero confiar tiene muchos sinónimos, los cuales tú tendrás que aprender a dominar, como creer y suponer y fiarse. Está en ti escoger... y manos a la obra para que prosperes como planeas.

✵ PODER DAR ✵

Lo tuyo es dar a quien mejor te ha enseñado a *ser*, o como si lo fuera.

ASTRONOMÍA, HERMANA DE LA ASTROLOGÍA MODERNA

Valeri Polyakov fue escogido un 22 de marzo de 1972 como cosmonauta en el Grupo Médico 3, y un 22 de marzo de 1995, después de dar más de 7000 vueltas alrededor de la Tierra, regresó a su planeta Tierra habiendo estado 438 días en el espacio a bordo de la cápsula Rusa espacial Soyuz. Polyakov es médico, y nadie mejor que él para experimentar sobre el medio ambiente de microgravedad —un especie de sinónimo de flotar o cero-G, aunque la fuerza de gravedad no es exactamente cero, pero casi.

Como ejemplo, para reducir la gravedad de la Tierra con el factor de un millón, necesitaríamos estar a seis millones de kilómetros de la Tierra. Todo esto se estudia en la biotecnología espacial, algo novedoso e interesantísimo, visto como algo que puede servir para usar ese medio ambiente y crear tejidos tridimensionales. Tan novedosa cosa, como lo es tener el signo de Aries como tu promotor. ¡La biología espacial está a tus órdenes!

 TU CLAVE SECRETA

Enfrentar tus posibilidades.

Celebridades de tu día:

Marcel Marceau, Fanny Ardant, Reese Witherspoon, James Patterson, Wolf Blitzer, Carlos Hurtado Valdez, Louis L'Amour y Andrew Lloyd Webber.

TU DÍA, ARIES

Ser una persona feliz es tu estampa cósmica, pero la felicidad es una gracia con la cual nacemos y tenemos que aprender a accederla, abordarla y/o tomarla de la mano. Eres una persona que si no sabes

Tu verbo motor:

Simplificar

conquistar el éxito y la felicidad, en pequeñas o grandes dosis, la culpa es tuya. Aprender cómo lograrlo no es tarea difícil, lo que necesitas es calma y sosiego para entenderte a ti mismo.

El psiquiatra Carl Jung desarrolló una teoría que podría mostrarte cómo abordar todo el poder personal que tienes; se llama *unus mundos*, o una mente, un mundo —un concepto que te conecta con el pulso del mundo. Así, tus fantasías y tu imaginación pasan a la vida real. ¡Investígalo y realízate!

❧ AMOR, SALUD Y BIENESTAR ❧

"Ay amor, no me quieras tanto, tanto", dice una canción mexicana. Y con esa melodía en tu cabeza debes vivir. Tan especial eres que quien te quiere va a quererte casi hasta la locura, y tu a menudo no respondes como él o ella quiere, porque no te das el tiempo suficiente. AAAY amor, te dirán de nuevo, y tú no desperdicies quien de verdad quiere amarte.

Angelus:

Monadel,
ángel místico.

Comer como si estuvieras a dieta siempre es lo recomendable para tu cuerpo, que cuando está sano, tal y como lo quisieras tener, es tu muy preciado y personal bienestar.

❧ DESARROLLA TU RIQUEZA Y PROSPERA ❧

Prosperar es algo que traes en tus genes cósmicos. Alrededor de 70% de los que cumplen este día nacen con ese deseo y poder. Si aun no lo sabes, no le has puesto suficiente caso a tu propia persona, algo imperdonable en tu caso porque eso sería como desperdiciarte. Puedes encontrar toda la fuerza que quieres o necesitas progresivamente, y así lograr tus acometidos.

❧ PODER DAR ❧

Puedes dar si piensas en lo positivo y negativo de tu persona, tus posibilidades y lo que realmente quieres entregar.

23 DE MARZO

Desde que la felicidad escuchó tu nombre, anda enloquecida buscándote.
—Frase persa

ASTRONOMÍA, HERMANA DE LA ASTROLOGÍA MODERNA

El 23 de marzo de1989, un asteroide del tamaño de una montaña pasó a unos 800 000 kilómetros de la Tierra, y aquí seguimos, tan contentos. Olvídense pues de los pronósticos del fin del mundo. Hoy día está omprobado que bastante tuvieron que ver los asteroides (llamados también NEO, Near Earth Object, por sus siglas en inglés) en formar la historia biológica o geológica de nuestro planeta. Si el objeto tiene menos de cincuenta metros de diámetro, es considerado un meteoro. Los asteroides tienen más de cincuenta metros de diámetro, y pueden llegar hasta treinta y dos kilómetros, como el asteroide Ganymed 1036. Tengan en cuenta que un objeto con un diámetro de entre cinco a diez metros, tiene la misma energía como la de una de las bombas atómicas lanzadas sobre Hiroshima. La mayoría de los asteroides explotan en la atmósfera superior y casi todos sus sólidos se evaporizan. Los objetos de un kilómetro suceden aproximadamente unas dos veces por millón de años, y colisiones con objetos mayores de cinco kilómetros, aproximadamente cada diez millones de años. Valiente como eres, Aries de este día, este dato lo puedes aclarar, y así festejar el Día Internacional de la Meteorología junto con tu cumpleaños y el bienestar del mundo.

 **TU CLAVE SECRETA**

Repartir buenas noticias cada vez que puedas.

Celebridades de tu día:

Erich Fromm, Wernher von Braun, Alejandro Casona, Juan Gris, Nathaniel Reed, Akira Kurosawa, Lucio Gutierrez, Perez Hilton, Chaka Khan y Joan Crawford.

24 DE MARZO

Todos llevamos en sí la imagen eterna de una mujer... una imagen fundamentalmente inconsciente, un factor hereditario de origen.
—Carl Jung

TU DÍA, ARIES

Prométete lo que quieras, y verás que conseguirás lo que deseas, pero la promesa tienes que hacerla con la fe que llevas por dentro, que es para la gran mayoría de arianos algo que trasciende barreras, porque eso es lo tuyo. Trascender, extenderte y comunicarte con quien sientas que producirá consecuencias favorables para otros o para ti, en otras palabras, sobrepasar tus límites cada vez que puedas te sienta bien. Puedes llegar más allá de lo que imaginas, y tus ideales de vida, pareja, modus vivendi y corporales son importantísimos para que alcances lo que debes. Así, con el simple hecho de esforzarte para ello, estarás permitiéndote que cualquier cosa sea soportable y estarás dando un paso hacia tu propio destino realizable.

Tu verbo motor:

Producir

❦ AMOR, SALUD Y BIENESTAR ❧

Aries, regido por Marte, se inflama de amor para dejar huella, y quien recibe tu amor debe recordarlo siempre, ya que tu deseas al máximo grado cuando te enamoras, sea por una hora, un día, un año o toda la vida. Gozas de buena salud si te cuidas como debes, pues los nacidos este día tienen tendencia a dejarse ir por el gusto inmediato, olvidándose de lo que no deben tomar, comer o chaquetear. Tú, como muchos de los nacidos un 24 de marzo, a menudo actúas como el niño o niña que alguna vez fuiste, en lugar de comportarte como el adulto que ya eres. Recuerda entonces que el bienestar de los pequeños es muy diferente al bienestar de los adultos.

Angelus:

Mízan, un ángel que invoca encantaciones para ganar.

❦ DESARROLLA TU RIQUEZA Y PROSPERA ❧

Tu deberías conseguirte un tutor para que aprendas (aunque seas doctor en economía o Premio Nobel de matemáticas) a repartir, regir, resolver y/o respetar el dinero, y para entender lo que significa y cómo te conviene conseguirlo y gastarlo usando los talentos que tienes. La riqueza y la prosperidad pueden ser tanto materiales como físicos, pero para ti, lo material es más importante, y eso es buena cosa, porque tu signo astrológico anudado al día de tu nacimiento así dispone. Una vez que entiendas esto, tu camino comenzará a abrirse correctamente y podrás ver como estás colmado de bendiciones.

❦ PODER DAR ❧

Tu necesitas dar sabiendo que haces el bien, y con cuidado.

ASTRONOMÍA, HERMANA DE LA ASTROLOGÍA MODERNA

Como buen Aries, vas al meollo de todo asunto, y aquí el asunto es ¿qué es la astronomía? El diccionario dice que la palabra deriva del griego antiguo y significa *leyes de las estrellas*, llamado tal por ser el estudio científico de todos los objetos más allá de la Tierra. Los llamados pioneros de la astronomía son Ptolomeo, Tycho Brahe, Nicolás Copérnico, Johannes Kepler, Galileo Galilei, Isaac Newton, Albert Einstein, y Stephen Hawking, y de estos ocho, cinco practicaban abiertamente el arte de la astrología, escribiendo a la vez tratados importantes sobre el tema. La astronomía tiene muchos campos —planetario, solar, estelar, galáctica y la cosmología que estudia la estructura del universo para tratar de llegar al momento de su creación— pero se podría fácilmente decir que la astronomía estudia TODO, porque todo es parte del universo. Y así, aquí puedo repetir lo escrito en el Science Desk Reference de la biblioteca pública de Nueva York, donde en la página 47 dice (entre otras cosas): "La astronomía moderna es considerada una ciencia; la astrología moderna se relega al estudio de los asuntos humanos". Excelente explicación para que tú lo ponderes y lo repitas.

TU CLAVE SECRETA

Recordar que puede existir la Verdad y la Justicia como en Argentina.

Celebridades de tu día:

Harry Houdini, Mariano José de Larra, Ignacio Zaragoza, Darío Fo, Alyson Hannigan, Tommy Hilfiger y el lanzamiento de El Lado Oscuro de la Luna *de Pink Floyd.*

TU DÍA, ARIES

En este día, el tuyo, se celebraba el Día del Regocijo, el códex de la vida del filósofo Isidoro de Alexandría. Y por esto mismo, el pensar y el sortear tus ideas de manera congruente es de suma importancia,

Tu verbo motor:

Lograr

pues tu manera de actuar debe llevar siempre una profundidad filosófica, aunque a menudo no lo creas posible. Lo estable y lo concreto son dos puntos importantísimos para ti, algo que no va totalmente de acuerdo con tu signo, Aries, pero que en tu caso particular, habiendo nacido un 25 de marzo, apacigua tu manera abrupta de ser y te permite ver los dos lados de cada historia, cuento o problema con gran inteligencia.

❧ AMOR, SALUD Y BIENESTAR ❧

Tus promesas pueden ser muy originales, y esto es magnífico porque cuando prendes fuego a tu motor, cualquier promesa te puede parecer una inquietante restricción y hacer que te sientas amenazado, algo que prende a la vez la mecha de tu enfado con brío. Desde el punto de vista de salud, las consecuencias serán casi siempre prueba, error y componenda. Y tu bienestar debe estar presente al momento de levantarte de la cama y pisar el suelo. ¿Diariamente? Sí, aunque sea por un momento.

❧ DESARROLLA TU RIQUEZA Y PROSPERA ❧

Prosperar, para ti, es un reto. Y los retos para los nacidos un 25 de marzo son un regalo —o quizá regalito, pero algo que debes siempre apreciar. Apreciar es uno de tus verbos, es decir, el verbo que gozas cuando aparece en tu vida, y es el verbo que debes usar para dar. Así, lograrás que quien te quiera ayudar será porque el aprecio es mutuo. De

Angelus:

Sedekiah, ángel que encuentra tesoros.

lo contrario, ni lo intentes. Y recuerda que lo que para ti es un reto, siempre te aportará abundancia.

❧ PODER DAR ❧

Tu tienes que dar siempre y cuando no sea egoístamente, es decir, para sacar provecho.

25 DE MARZO

Carácter y destino son dos palabras que significan la misma cosa.
—Novalis

ASTRONOMÍA, HERMANA DE LA ASTROLOGÍA MODERNA

Hay tantas teorías e interesantes ideas sobre Marte, el planeta que rige tu signo, que hay que tener en cuenta que algunas nunca han sido probadas, y que otras que no son probadas, quizá algún día lo serán, por extravagantes que parezcan. Marte lleva el nombre en honor al dios romano de la guerra. Descrito a menudo como el planeta rojo porque tiene un tinte rojizo visto desde la Tierra, Marte es el cuarto planeta del Sol en nuestro sistema solar, y tiene el cañón más grande de todo el sistema planetario: 3238 kilómetros, 400 kilómetros más que de Bogotá, Colombia, a Río de Janeiro, Brasil. El planeta Marte también tiene el volcán más alto de todo el sistema solar, 26 kilómetros (tres veces el Monte Everest), algo que de cierto modo se parece al gusto de alguien nacido en tu día. Ser el primero en algo, por más grande o pequeño que sea, es un don que va con tu manera de ser, con tu entorno y con tu majestuosidad cuando lo permites aparecer.

 **TU CLAVE SECRETA**

Perdonar a quienes te ofenden como ellos deben perdonarte a ti.

Celebridades de tu día:

Elton John, Caterina de Siena, Francesco I de´ Medici, Arturo Toscanini, Simone Signoret, Jaime Sabines, Aretha Franklin, Sarah Jessica Parker, Juvenal y la fundación de Venecia.

26 DE MARZO

Vivo para aquellos que me aman, para quienes me conocen de verdad; para el Cielo que me acoge sonriente, y espera mi alma con todo y su pecar.
—G. L. Banks

TU DÍA, ARIES

¿Quién sino tú para componerle el mundo a los demás. Y quién sino tú para mejorar tu mundo. Tu carácter es fuerte, tus opiniones deben ser escuchadas y tu personalidad tiene algo que atrae atención. No siempre de manera positiva, pero eso sí, siempre interesas a quienes pueden acercarse a ti. Rara vez pasas desapercibido. Eres (y si no lo eres, practica serlo) una persona íntegra que puede ser promotor de quienes necesitan mejorar su lugar, su espacio y su interés en seguir viviendo, y eso es un don muy especial y halagador.

Tu verbo motor:

Reformar

⚜ AMOR, SALUD Y BIENESTAR ⚜

No dejes de mirarte en el espejo diariamente y repetirte que sí se puede, luego un ligero ¿si se puede? y en tercer lugar, un claro que puedo, para salir de toda duda. Verte, reconocerte y aclarar quién eres contigo mismo o misma es algo que pocos pueden hacer sin titubear. Tú no eres de esos. Tú debes saber que tienes el mundo a tus pies, y quien lo dude, no merece tenerte en su vida, es así de fácil.

⚜ DESARROLLA TU RIQUEZA Y PROSPERA ⚜

Tus decisiones y tus logros deben ser realizados en un santiamén porque para ti, el tiempo sí que es dinero, y si aun no te has dado cuenta, investiga. Las cosas hechas rápidamente siempre son mejores para ti. Todos queremos más de algo y pronto. Y quien haya nacido un 26 de marzo tiene la facultad de hacer un deseo de más (siempre) porque lo más probable es que se le haga realidad.

Angelus:

Elimelech, ángel que evoca que su dios es el Rey.

⚜ PODER DAR ⚜

Tu debes dar sabiendo que lo que das permite al regalado mejorar, mejorarse o mejorar algo.

ASTRONOMÍA, HERMANA DE LA ASTROLOGÍA MODERNA

Un 26 de marzo trajo consigo una terrible cosa que logró ser erradicada y, así, aprendimos todos que cualquier 26 de marzo, el mundo puede ganar a toda costa. Así, tú sabes que tienes el poder de ganar y salir adelante, sea lo que fuere tu circunstancia. Lo que ocurrió que digo fue terrible pero se solucionó fue un archivo llamado List.DOC que apareció como uno de los virus más malignos de 1999. Este puso al mundo de cabeza porque poco faltaba para cambiar de siglo y de milenio, ¡al 2000! La historia parece de telenovela. Mr. Smith de Nueva Jersey, Estados Unidos, bautizó el programa con el nombre de una bailarina exótica que había conocido en Florida, y el arresto del ni tan ingenioso señor que asustó al mundo fue el resultado de una colaboración entre la FBI, la policía y un sitio de Internet. Finalmente el daño fue convertido en algo obsoleto que ayudó a los expertos a defenderse y a defender al mundo contra la maldad, como en las películas de *Star Wars*. Recuerda que no importa que se te interponga, todo es posible.

 TU CLAVE SECRETA

Saberte capaz de mejorar el mundo.

Celebridades de tu día:

El Rey Pacal, Emilio "el indio" Fernández, Rafael Méndez, Viktor Frankl, Tennessee Williams, Alan Arkin, Nancy Pelosi, Erica Jong, Diana Ross, Joseph Campbell y Zoroaster.

TU DÍA, ARIES

Qué delicioso cumplir años un 27 de marzo pues llegas al mundo parado o parada sobre el octavo grado de tu signo. Y eso es algo único, de suerte y que da una pro-

Tu verbo motor:

Aparecer

tección especial, siempre y cuando tú logres guiar a otros (de vez en cuando) en un desarrollo consciente y espiritual. No es simple coinciden-cia que el número que representa la infinidad es un 8 acostado cuyo significado comienza con el concepto de calidad sin límite ni final. Las energías vitales del cosmos son tus aliados, y el único problema que puedes encontrar es que las detengas sin saber por qué. Debería serte fácil de mejorar cualquier cosa personal, si realmente lo quieres hacer. El desarrollo de tu conciencia está fuertemente protegido, siempre y cuando no tomes lo negativo de tu signo en general a cuestas, algo que puede ser cerrazón simplemente porque te es cómodo. Déjate convencer por tu propio espíritu original.

⫸ AMOR, SALUD Y BIENESTAR ⫷

Para siempre son dos palabras que repetidas te pueden llevar tan lejos como quieras cuando amas. Ser médico, o tener una profesión que cura, te permitiría saber querer más. Y si incluyo el Día Internacio-nal de Teatro en las celebridades de tu día es para que te permitas recor-dar que el mundo es un escenario y los hombres y las mujeres son sim-ples actores que tienen sus propias entradas y salidas. Lee el monólogo

Angelus:

Poro, ángel de las órdenes de los poderes.

de Shakespeare sobre las siete edades del hombre, ya que es algo que una vez que lo entiendas, te permitirá la salud que buscas y el bienestar que necesitas.

⫸ DESARROLLA TU RIQUEZA Y PROSPERA ⫷

El gran Shakespeare (Tauro) dijo también que la suerte no se en-cuentra en los astros, sino en uno mismo, y cuánta razón tenía. Para eso sirve conocer y reconocer como eres dentro del marco del día de tu nacimiento, para lidiar con lo que tienes y mejorar lo que deci-das... como, por ejemplo, el desarrollo de tu persona, la riqueza que deseas y la prosperidad que puedes o quieras tener para prosperar de manera personal.

⫸ PODER DAR ⫷

Lo tuyo es dar pensando siempre en el futuro, no en el pasado.

---

27 DE MARZO

La distinción entre el pasado, el presente y el futuro no es más que una ilusión tercamente persistente.
—Albert Einstein

ASTRONOMÍA, HERMANA DE LA ASTROLOGÍA MODERNA

Harvey Fineberg no es de signo Aries, pero su profesión es algo que todo ariano debería ponderar, y que el nacido un 27 de marzo no solamente debe investigar, sino que implementar algunos de esos conocimientos que adquiera. El doctor Fineberg, ético médico, es alguien importantísimo en el World Health Organization, organi-zación inaugurada bajo el signo de Aries y parte de las Naciones Unidas. Él mostró tres caminos a tomar para el futuro que la especie humana (en constante evolución) podría realizar: primero, dejar de evolucionar; segundo, controlar los siguientes pasos de la evolución humana, usando modificaciones genéticas; o tercero, convertirnos en algo más rápido, más inteligente y, por supuesto, mejores. Tú, nacido un 27 de marzo bajo el signo Aries, debes, puedes y ojalá te atrevas a escoger el tercer camino, porque tu don es mejorar lo que puedas siempre y cuando tenga que ver con tus semejantes —hu-manos, por supuesto. El doctor le pregunta a su audiencia si les gustaría ser mejores de lo que son, con mejores cuerpos y más vigor o aguante, ser más atractivos o vivir más tiempo, o ser más creativos. Pregúntate esto mismo y aplícate, ya que todo lo puedes mejorar.

 TU CLAVE SECRETA

Si te atreves a dejarte guiar, todo lo puedes realizar.

Celebridades de tu día:

Mariah Carey, Fergie, Heinrich Mann, Ludwig Mies van der Rohe, Mstislav Rostropovich, Abelardo Castillo, Quentin Tarantino, Xuxa y el Día Internacional del Teatro.

28 DE MARZO

De la palabra vive el hombre, pero también del silencio.
—Gonzalo Rojas

TU DÍA, ARIES

Tu entusiasmo nos cautiva, tus decisiones nos impresionan, tu energía nos divierte, pero tu voluntarioso ser a veces nos asusta, aunque tengas suficiente ingenio para salir de cualquier embrollo. Debes sentirte bien siendo tú mismo, y eso ya es prueba de que vas de gane en todo lo que emprendas con esmero. El tuyo es el día del protagonista, simplemente porque te tocó nacer un 28 de marzo. Es un regalo cósmico que todos esperan sepas manejar con inteligencia apropiada, porque eso sí, cuando algo se te mete en la cabeza, pocos pueden hacerte ver que quizá no sea tan conveniente como tú crees. Los retos te pueden encantar, sobre todo si tienen que ver con amores, pero ten cuidado que no te gane la impaciencia y desperdicies situaciones por creer tener mucha prisa. Leer unas fábulas de Jean de La Fontaine (como la del conejo y la tortuga) te haría mucho bien, y verás que cuando te calmas, casi eres perfecto o perfecta.

Tu verbo motor:

Regocijar

⚜ AMOR, SALUD Y BIENESTAR ⚜

Si el amor viene con desafíos, mejor para ti. Cualquier lucha te favorece, sea al besar, en la cama o simplemente una primera conquista. Cierto es que todos, absolutamente todos, los nacidos bajo el ferviente signo de Aries tienen por lo menos un gramo, un átomo o una parte de Casanova en su alma. Debes sentirte agradecidos por llevarlo adentro, y puedes hacer dichoso a quien haya pasado por tus llamas aunque nunca te vuelvan a ver porque te dejas algo positivo. La salud es más confusa, pues eres atrevida con cuerpo y alma. ¿Bienestar? Cuando vas ganando, siempre tendrás el bienestar de la mano.

Angelus:

Icíriel, uno de los veintiocho ángeles que rige las fases de la Luna.

⚜ DESARROLLA TU RIQUEZA Y PROSPERA ⚜

Prosperar es un verbo, una palabra, que tiene demasiados recovecos para ti. En tu caso, si enfócate en uno solo de estos recovecos para prosperar, un proyecto específico dentro del cual puedas brillar (como el diamante, tu piedra cósmica). Si consideras tu esfuerzo para prosperar como una carrera (de coches, de caballos, de liderazgo), verás que se te ocurrirán novedades bastante fuera de lo común que impresionarán a quien puede ayudarte. ¡Lo intrépido es lo tuyo!

⚜ PODER DAR ⚜

La palabra dar es la adecuada para ti, por tener el don de liderazgo.

ASTRONOMÍA, HERMANA DE LA ASTROLOGÍA MODERNA

Un 28 de marzo fue escogida una de las fotografías del Telescopio Hubble más impresionantes que he visto; que pude usar para la portada de uno de mis libros, bautizada con el nombre de M16: Pillars of Creation. La fotografía muestra globulíferos gaseosos evaporándose, emergiendo de pilares espectaculares de gases hidrógenos mezclados con polvo. Si la quieres ver, ve a apod.nasa.gov/apod/ap070218.html, ya que al verla estarás observando el nacimiento de estrellas. Esta Nebulosa del Águila, combinada con las estrellas M16, se encuentra a unos 7000 años luz. Los pilares, que podrían ser unos inmensos falos de varios años luz de alto, tienen gas tan intenso en su interior que esos mismos gases se contraen a nivel gravitacional y forman estrellas. El proceso podría ser descrito como el sexo de las estrellas, y de esa manera, nos podemos desmayar todos en el intento.

 TU CLAVE SECRETA

Saber desde dónde acceder los secretos del cielo.

Celebridades de tu día:

Santa Teresa de Ávila, Fra Bartolommeo, Nydia Velásquez, Francisco de Miranda, Emin Pasha, Mario Vargas Llosa, Alejandro Toledo y Lady Gaga.

TU DÍA, ARIES

A lo único que necesitas tenerle miedo es a los *nuncas*, o peor aun al gran "eso siempre se me había antojado pero no me atreví". Hacer casi siempre lo que se te pegue la gana es lo tuyo, siempre y cuando no hieras a otros —importante cosa para recordar si tienes esa fuerza incontrolable desde que naciste. Rica en ideas y en propuestas es tu mente, rápida para contestarle a quienes te quisieran sorprender es tu lengua y fuerte es tu carácter cuando te atacan. Eso es fantástico, siempre y cuando estas dispuesto a nuevas experiencias. Recapacitar es algo que llevas con brío y que deberías traer colgado como adorno para ponerlo a buen uso cada vez que lo necesites.

Tu verbo motor:
Valor

⚜ AMOR, SALUD Y BIENESTAR ⚜

"El que da y quita con el diablo se desquita", dice el dicho callejero que tu debes recordar al dejar o quitarle amor a quien se lo prometiste. ¡Cuidado!, no tomes por conseguido lo que te viene fácil. Tu fuerza es mucha y tus deseos son enormes. Necesitas desarrollar un buen plan para que no se te acuse de problemático o problemática. Nacer un 29 quita y pone a gusto del personaje en cuestión (tú) y la facilidad de hacer debe ser barajada con la prudencia y la nobleza que el cosmos te regaló.

⚜ DESARROLLA TU RIQUEZA Y PROSPERA ⚜

En calendarios antiguos, el 29 de marzo comenzaba la fiesta de tres días llamada Días perdidos, durante los cuales, según el cuento, marzo le robó tres días a abril, y se pedían prestados. Por lo mismo, por la energía del número 29 que siempre da más de lo que quita, recuperar es el verbo que sigue a tu verbo estrella. Puedes hablar, mandar y, así, sucede lo que deseas, si se lo pides a Marte, planeta que rige tu signo (y si se encuentra Marte en buen aspecto con tus fuerzas cósmicas). Prosperas a veces aun sin ponerle demasiada atención, y eso es algo que todos quisiéramos lograr.

Angelus:
Astroniel, ángel de la novena hora del día, que es tu hora, sea de mañana o de noche.

⚜ PODER DAR ⚜

Tú debes dar siempre con integridad, por favor.

---

29 DE MARZO

Tener valor para lo que te depare el destino, todo estriba en eso.
—Santa Teresa de Ávila

ASTRONOMÍA, HERMANA DE LA ASTROLOGÍA MODERNA

Un día en Marte es parecido al nuestro, aunque un año en Marte dura casi el doble que sobre nuestro planeta. Los científicos que trabajan en los aparatos enviados por la NASA, que están posados sobre el cuarto planeta del Sol, tienen un reloj llamado el reloj marciano, lo que les hace la vida difícil porque hay unos cuarenta minutos más por día en ese, nuestro planeta vecino. Por si te toca alguna vez viajar a Marte (es el planeta que rige tu signo), un día solar sobre Marte tiene veinticuatro horas, treinta y nueve minutos y treinta y cinco segundos corridos, diariamente, lo cual confunde. Para llegar al planeta en nave espacial, se necesitan diez meses, más siete minutos para aterrizar, algo que ya está en vísperas de lograrse con personas a bordo. El suelo marciano tiene mucho hierro, y hace milenios el hierro era el metal que Marte representaba. Así, tener mucho hierro en el fuego, o tener muchas cosas entre manos, te describe. ¡Mientras más cosas hagas, mejor para ti!

 **TU CLAVE SECRETA**

Promover lo que realmente valga la pena.

Celebridades de tu día:
Astrud Gilberto, Carlo Buonaparte, John Tyler, Amy Sedaris, Vangelis, Elle Macpherson, Teofilo Stevenson, Coca Cola (1886) entra a la bolsa de valores y en este día de 1973 terminó la guerra de Vietnam.

30 DE MARZO

*Por mi parte, nada sé con certeza, pero la visión
de las estrellas me hace soñar.*
—Vincent van Gogh, de una carta a su hermano Theo

TU DÍA, ARIES

En la mitología tanto griega como romana, Hygeia era una de las hijas del dios de la medicina Asclepios, y personificaba la salud, la limpieza y todo lo sano. La palabra higiene es una derivación de su nombre. Cuando el Oráculo de Delfos la reconoció como maga, comenzaron a celebrarla en lo que hoy es el 30 de marzo. Bien harás en leer esto uno, dos o tres veces para que sepas que el cuidado de los tuyos, de quienes te rodean y de aquellos que cruzan por tu camino, será esencial. Y ellos agradecerán tu presencia, ya que tienes el gran don de apaciguar, ayudar y comprender los deseos de tus semejantes, y de entender lo que necesitan para sentirse en paz con su mundo. La frase "Yo soy" es tu fuerza, y tienes un magnífico potencial para reconocer lo que otros necesitan.

Tu verbo motor:

Individualizar

◀※ AMOR, SALUD Y BIENESTAR ※▶

Nacer en uno de los días que dice la historia le fue robado al mes de Aries te da doble fuerza, y cuando ames o te aman, expedirás más amor que la gran mayoría... si tu amor es de verdad. Lo importante para los nacidos este día es tener la confianza de querer totalmente, y no padecer de tu enloquecido corazón. Pesan tanto tus sentimientos en tu vida que necesitas cuidar los minerales que tu cuerpo desea. Una vez que tu cuerpo y tus amores se balancean, el bienestar viene solo, a veces con un encuentro fortuito, una mirada o un golpe inesperado de suerte.

Angelus:

*At-Taum, ángel que
reparte revelaciones.*

◀※ DESARROLLA TU RIQUEZA Y PROSPERA ※▶

Hay mucho que aprender de los que nacen en tu día. Vincent van Gogh, quizá uno de los mejores pintores que jamás existieron, en vida solo vendió un cuadro. En la historia moderna, uno de sus cuadros fue vendido por más de $139 millones. No pretendo hacerte creer que así podrás desarrollar tu riqueza, vendiendo algo creado por ti a doscientos años de haber nacido, pero es interesante entender que la riqueza y la prosperidad que eso mismo puede aportarte es más psicológico que material. En otras palabras, es sugestivo. Desarrollar tu riqueza tiene que ver con las ganas que tienes de *ser* bastante más que de *tener*.

◀※ PODER DAR ※▶

Tú debes dar cuando estás de buen humor, nunca cuando estás de malas.

ASTRONOMÍA, HERMANA DE LA ASTROLOGÍA MODERNA

El cuadro Noche estrellada de Vincent van Gogh (nacido en tu mismo día), el cual termina en 1889 a los 35 años, es una expresión subjetiva de su respuesta a la naturaleza, algo que todos sentimos cuando vemos una noche estrellada en cualquier lugar del mundo. Ese cielo nos habla, nos platica y nos escucha. El cuadro es una representación del artista relacionada con la Biblia, (Génesis 37:9) que hace alusión al Sol, la Luna y once estrellas. Los filósofos interesados dicen que el cuadro Noche estrellada tiene que ver con el infinito y su afirmación sobre el hombre y la magnitud de la capacidad del hombre de comprender ese infinito y su posición ante los astros. Se sabe que una de las estrellas que pintó es una estrella distante nombrada V838 Monocerotis, que alguna vez brilló 600 000 veces más fuerte que nuestro Sol. Llamada petulante por aparecer y desaparecer en fotografías, esta estrella se ha logrado ver con el telescopio Hubble aunque está a 20 000 años luz de nosotros.

 TU CLAVE SECRETA

Entender y hacer entender que entre el arte y la ciencia no hay más que pasos.

Celebridades de tu día:

Vincent van Gogh, Maimónides, Francisco Goya, Juan Manuel de Rosas, Paul Verlaine, Brooke Astor, Warren Beatty, Eric Clapton, Celine Dion y Norah Jones.

TU DÍA, ARIES

Hay quienes aseguran que quien nace el 31 de marzo tiene ante todo el don de la palabra, un gran favor. Por nacer este día, te recomiendo que por lo menos tengas un buen diccionario en casa y, si te atreves, un diario en donde apuntar momentos sensacionales, divertidos, tristes, extraños o simplemente común y corriente, pero personales. Y si francamente crees que te costará demasiado trabajo, por lo menos dibuja una caricatura. Esto te lo recomiendo no para asegurar fama y fortuna, sino para tener a mano tus experiencias, que no deben ser común ni corrientes. Eres de las personas que se atreven a mostrar quienes son, que les gusta, y no andan por las ramas.

Tu verbo motor:

Atraer

❧ AMOR, SALUD Y BIENESTAR ❧

Tu sabor es quemante, tus amores son ardientes, el entusiasmo es parte de ti, pero ten cuidado de no saltarte obstáculos. No necesitas esforzarte para gustar, más bien planea como imponerte. La imprudencia en realidad puede ser tu aliado y la sed de poseer es algo que puedes dominar. Tu *modus vivendi* es un estado de ebullición cuando algo realmente te interesa, y pobre de quien te aburra o te haga sentir la mala vibra, pues se los harás sentir en creces. Se te ve en la cara si estás sana o enferma, y si alguien te pregunta "¿qué te pasa? tienes mal semblante", ve de inmediato al doctor. Tu bienestar está siempre contigo y se beneficia al complacer a quien quieres.

Angelus:

Atsíluth,

ángel superior.

❧ DESARROLLA TU RIQUEZA Y PROSPERA ❧

Tu poder depende mucho de tu pareja —no tiene que ser pareja amorosa, o podría serlo, pero de seguro debe ser alguien con quien trabajas y en quien confías. Cuidado con juzgar a los demás con anticipada dureza porque podrías perder quien pueda ayudarte, y no temas en pedir ayuda. Al nacer este día, crees que todo lo puedes lograr solo o sola, y no siempre es el caso. Mientras más sencillas sean tus demandas, mejor para tu prosperidad.

❧ PODER DAR ❧

Lo tuyo es darle la libertad a quien te lo pida.

31 DE MARZO

La pregunta no es quién me va a dar permiso, sino quién me va a parar.
—Ayn Rand

ASTRONOMÍA, HERMANA DE LA ASTROLOGÍA MODERNA

Luna 10, un programa de robótica ruso, fue lanzada hacia la Luna desde una plataforma que orbitaba nuestro planeta el 31 de marzo de 1966. Este fue el primer satélite artificial de la luna, (en realidad, de cualquier cuerpo celestial) y entró en órbita lunar tres días después. En tres horas rodeó nuestro satélite, midiendo, trazando y usando una cantidad impresionante de instrumentos científicos (magnetómetro, espectrómetro de rayos gama para medir energías, detector de meteoritos, instrumentos para estudios plasmo-solares), y con sus propias pilas llegó a dar 460 vueltas a la Luna además de enviar hacia la Tierra el himno "La Internacional" durante el congreso número 23 del partido comunista. Toda la serie de robotica Luna, lanzadas por la antigua Unión Soviética, realizaron hechos importantes, como la primera fotografía del lado oculto de la Luna, el primer alunizaje suave y traer muestras lunares a la Tierra. Desde 1980, han vendido 300 millones de acres de terrenos en la Luna, buen regalo especial para ti. Dicen que hasta los hoteles Marriott tienen varios miles de acres. Por el momento, el costo es de $29,99 por acre.

 TU CLAVE SECRETA

Hacer lo que otros no creen posible.

Celebridades de tu día:

René Descartes, Joseph Haydn, Nicolai Gogol, Enrique Vila-Matas, Serge Diaghilev, Octavio Paz, César Chávez, Al Gore, Alejandro Amenábar y Herb Alpert.

ABRIL

¿Quiénes cumplen años este mes?

1 _____
2 _____
3 _____
4 _____
5 _____
6 _____
7 _____
8 _____
9 _____
10 _____
11 _____
12 _____
13 _____
14 _____
15 _____

16 _____
17 _____
18 _____
19 _____
20 _____
21 _____
22 _____
23 _____
24 _____
25 _____
26 _____
27 _____
28 _____
29 _____
30 _____

TU DÍA, ARIES

Gracias a Monsieur Savarin, en algunos lugares (doce países incluyendo México) hoy se celebra el Día del Libro Comestible, para recordarte quizá que "comerte tus palabras" a veces es deseable. Eres impulsivo y espontáneo, cosa que puede culminar en algo maravillosamente explosivo, aunque fíjate bien siempre en donde se encuentra el planeta Marte en relación a tu horóscopo personal, siendo Marte el planeta que rige tu signo. Agudo y siempre centrado en lo que pasa a tu alrededor, nuevos planes e ideas son lo tuyo. Y dichosos ustedes, que saben cultivar intuiciones positivas que penetran el mundo de las ideas.

> **Tu verbo motor:**
>
> *Atrever*

❧ AMOR, SALUD Y BIENESTAR ❧

El sabor que tienen las cosas podría ser tu primer paso hacia el amor: el sabor de su boca, de lo que toma, de la manera en que se dicen las cosas. "Dime qué comes y te diré quién eres", podrías preguntarle a quien quisieras amar para romper el hielo, algo que a menudo participas antes de pensar. Esto hace que muchas veces no parezcas todo lo dulce que puedes ser, ya que frecuentemente tu espíritu de adolescente surge repentinamente. Sin esforzarte, sabes deleitar, y cuando te tranquilizas ante el gusto de cada persona, verás qué bien te sientes, y por supuesto al reconocerte sintiéndote bien, te conviertes en persona de buen gusto. Y tú, nacido un día que lleva el primer número del primer signo zodiacal, más que cualquier otro, cuando te sientes bien arrullas tu propio bienestar y refuerzas tu salud. ¡Tienes esa gran ventaja cósmica!

> **Angelus:**
>
> *Hormuz, ángel a cargo del primer día del mes.*

❧ DESARROLLA TU RIQUEZA Y PROSPERA ❧

¡Atreverse! Esta es tu palabra, pero úsalo a placer. Nada mejor para ti que desarrollar ese don para mejorar tu riqueza y prosperar de manera directa, victoriosa y firme. Tu "sí" es un concepto de condición, rara vez una suposición, y eso reafirma casi siempre tu poder de convicción. Una afirmación que no tiene pierde y, por lo mismo, al decidir cómo, cuándo y dónde abrirte puertas para conseguir lo que necesitas, debes sentir que esa misma afirmación te lleva hacia adelante sin titubeos.

---

1 DE ABRIL

Todos los idiomas han tenido su nacimiento, su apogeo y su declive.
—J. A. Savarin

❧ PODER DAR ❧

Tú puedes ser el ejemplo para los demás para mostrar cómo dar sin pedir nada a cambio. ¡Felicidades!

ASTRONOMÍA, HERMANA DE LA ASTROLOGÍA MODERNA

La vuelta al mundo en ochenta telescopios te conviene; tiene que ver con la astronomía cultural, el estudio que a la vez mira la relación humana con el cielo nocturno. Con tu don de palabra y convencimiento, harás ver como la astronomía ha influenciado todas las culturas, el arte, el baile, la música y la poesía. La astronomía cultural es algo que muestra el lado humano para que tus amigos y seres queridos puedan relacionarse con esto mismo. Se han encontrado tumbas que tienen más de 6000 años (en Portugal, por ejemplo, y en Extremadura, España), cuyas orientaciones (son 177 monumentos, llamados Antas) corresponden al sol cuando amanece. Como promotor (siempre) de toda innovación, necesitas entender la mecánica y la física de los astros. Entonces, si observas el telescopio en el Polo Sur y el telescopio virtual desde donde puedes ver el cosmos por Internet (www.virtualtelescope.eu), cuando lleguen seres de otras galaxias, podrás decir: "Te lo dije".

 **TU CLAVE SECRETA**

Encontrar tu capacidad de impresionar para hacer creer.

> **Celebridades de tu día:**
>
> *Otto von Bismarck, Luis Ernesto Derbez, Sergei Rachmaninoff, Toshiro Mifune, Milan Kundera, Andrea Schnaas, Method Man y Brillat Savarin.*

2 DE ABRIL

Si en verdad eres estrella, no te alumbres con tea.
—Proverbio náhuatl

TU DÍA, ARIES

Historia de mi vida es el nombre de la biografía de Giacomo Casanova, a quien conocemos por repetición del significado de su nombre, nacido en tu día, en 1725. Su nombre ya es un sinónimo del arte de la seducción, y tú tienes genes cósmicos que coinciden. Quién sino tú para sentirse seducido por aquello que sueñas; y quién sino tú puede convencer a bastantes que lo que quieres debe pertenecerte; y quién sino tú, sabe instruir al estar seguro o segura que tienes conocimientos serios que ilustran. Una de las cosas más importantes para tu bienestar es el conocimiento real de lo que haces y propones. Todos llevamos algo de las estrellas en nuestras entrañas, pero tú llevas un pequeño porcentaje de más por los grados del signo del 2 abril 2 (grado 14 de Aries). La generosidad y confianza son prioritarios en tu ser. Ser especialista en algo (incluyendo el amor) no sería mala cosa para apaciguar tu hambre de vida.

Tu verbo motor:

Asegurar

✦ AMOR, SALUD Y BIENESTAR ✦

No creas que eres todo un seductor o creas tener *casanovitis*. Lo que más necesitas encontrar es un buen ritmo de energía natural para que el amor y tus deseos encuentren la tranquilidad que mereces. Estimular tu mente le hace mucho bien a tu estabilidad emocional, y a menudo la pareja que otros creen no convenirte, son los o las que saben como hacerte feliz. Ensalzar a tu pareja o ensalzarte a la vez es algo positivo para tus relaciones. Ten en cuenta que encontrar esa alma gemela es tan importante como encontrar a tu pareja. Cuando la o lo tengas, habrás encontrado por lo menos una primera mitad de tu bienestar personal.

Angelus:

Razvan, ángel tesorero del paraíso.

✦ DESARROLLA TU RIQUEZA Y PROSPERA ✦

Para ti, es mucho más importante encontrar paz personal y prosperidad sin tener que confrontar a otros —es decir que tu fe y la esperanza de saberte apoyado por la fe te regala cualquier riqueza en lingotes de oro, paquetes de diamantes o una cuenta bancaria enorme. Por supuesto, tener todo eso es mejor que no tener nada, pero para tu composición cósmica, no es lo más importante. Y si sientes que sí lo es, busca en qué apoyarte para no equivocarte demasiado. Siempre ha existido el dicho "no hay mal que por bien no venga", pero el desarrollo de una conciencia personal positiva que perdure durante toda tu vida es tu mayor riqueza.

✦ PODER DAR ✦

Lo tuyo es dar como si cada vez que lo hicieras, fuera la primera y la mejor.

ASTRONOMÍA, HERMANA DE LA ASTROLOGÍA MODERNA

El 2 de abril de 1921, el genial profesor Albert Einstein dio la primera conferencia sobre relatividad en la ciudad de Nueva York. Desde ahí hasta ahora, podríamos decir que comprendemos un poco más de lo que sucede en nuestro universo —como las ondas, lo cuántico, la teoría cuántica y por qué el viento puede exceder los 450 kilómetros por hora en un tornado (como ocurrió el 2 de abril de 1958 en Wichita Texas). Volviendo a las ondas, estas son de luz y de sonido. Las de sonido son ondas de presión que viajan por el aire causando vibraciones. Y las ondas de luz viajan oscilando campos eléctricos y magnéticos que pasan hasta por el vacío del espacio. Y, si queremos ser poéticos, están las ondas de los sentimientos: existentes, por supuesto, y tan difíciles de controlar como las otras. Por esto, aunque ya tenemos unos sesenta años atreviéndonos a viajar en el espacio extraterrestre, aun no concretamos qué sucede haciendo el amor en el vacío. ¿Qué ondas ganaremos o perderemos, y quién dará el ejemplo? ¿Podrías ser tú?

 TU CLAVE SECRETA

Reconocer que lo ideal no puede existir más que en un 90%, porque, como bien dice el proverbio francés: "Todo pasa, todo se desgasta, todo se quiebra".

Celebridades de tu día:

Giacomo Casanova, Hans Christian Andersen, Émile Zola, Emmylou Harris, Marvin Gaye, Roselyn Sanchez, Serge Gainsbourg y Roberto Arlt.

TU DÍA, ARIES

El autor de la cita que acompaña tu día también nació un 3 de abril, y su gran éxito en nuestro mundo moderno ha sido definir la relación que existe entre el mundo y la mente. Tu fuerza cósmica es poder entender que el mundo que nos rodea está presente, aunque no veas todo. Y tienes un enorme potencial para convencer, hacer ver y perfeccionar la visión más abierta de cualquier cosa de quien esté a tu lado. Dicen en los libros antiguos que tú, por nacer un 3 de abril, estás vestido con la Vía Láctea, esperando el regreso de algo o de alguien, pero en armonía con el universo.

Tu verbo motor:

Instruir

⚜ AMOR, SALUD Y BIENESTAR ⚜

El amor y la espiritualidad deben ir de la mano cuando encuentres a tu media naranja, o si sueles toparte con más que uno o una. Esto es algo que algunos de ustedes, nacidos en este día, no pueden evitar. Y en realidad, no deben, porque saber escoger al adecuado o a la adecuada te va a costar trabajo. Seguramente eres buen compañero/a, mejor cuando estás con quien compartes una amistad que solo amor. Por lo mismo, a la hora de escoger o ser escogido, piensa en ser amigo además de amante. Cuando de salud se trata, intenta no mezclarla con grandes expectativas. Cuando tu cuerpo está enfermo, consulta un buen doctor. Y verás como, si el médico es de tu agrado, no solamente sanarás fácilmente, sino que al sentirte copartícipe de tu mejora, un bienestar mental aparecerá para reconfortarte.

Angelus:

Zagzagel, ángel de la sabiduría.

⚜ DESARROLLA TU RIQUEZA Y PROSPERA ⚜

Un buen consejo para los nacidos el 3 de abril es estudiar el I Ching, y con lo que puedas sacar de provecho al leerlo, considerarlo para poner a prueba lo que te dice y así, desarrollarás de mejor manera tu riqueza y prosperidad. Los chinos dicen que todos debemos hacer lo mismo, pero tú no debes DEJAR de hacerlo. Y así, el cumplimiento de tus deseos, pueden realizarse con mayor potencial —especialmente lo que verdaderamente deseas.

⚜ PODER DAR ⚜

Tú puedes y debes dar pensando en cómo repartir tu sapiencia sobre la mente y cómo eso puede mejorar el entorno del mundo.

3 DE ABRIL

Se necesita fe con una cierta ingenuidad para creer que las personas que leen y reflexionan más que otras, llegan a juzgar las cosas con liberalidad y verdad.
—A. C. Grayling

ASTRONOMÍA, HERMANA DE LA ASTROLOGÍA MODERNA

Estudiar por medio de la filosofía técnica la intersección de la teoría del conocimiento, la metafísica y la lógica filosófica ha hecho del profesor Grayling un filosófico dedicado a la lógica, algo que presenta ya Platón desde hace miles de años cuando habló del control propio o cómo restringirse. Y para los arianos, encontrar la nobleza de su propia alma es imperante. De lo contrario, puedes perderte en creencias poco valuables que echan a perder tu propia templanza, algo que necesitas para mirar al mundo que te rodea y permitir que otros piensen de manera diferente que tú. Porque si tú te lo permites, podrías ser tan conocedor de los demás que seguramente serías considerado un especie de filósofo en tu profesión. Tu maestría personal es encontrarle el lado filosófico a las cosas, hasta en una mirada hacia las estrellas, proyectando a la vida diaria un gran gusto a la vida.

 TU CLAVE SECRETA

Reconocer que la ignorancia es para quien piensa, como la enfermedad al doctor.

Celebridades de tu día:

Miguel Bosé, Marlon Brando, Gus Grissom, Helmut Kohl, Jane Goodall, Mario Lavista, Carlos Salinas de Gortari, Alec Baldwin, Eddie Murphy, Henry R. Luce y Doris Day.

4 DE ABRIL

Lo incierto es una posición incómoda.
Pero la certeza es una posición absurda.
—Voltaire

TU DÍA, ARIES

Tú "sí" y tú "no" son generalmente certezas personalmente tuyas, y si te das tiempo de buscar algo sobre la filosofía y los escritos de Voltaire, te harás un gran favor. La rapidez y lo audaz de este gran hombre la llevas tú, sin tener nada que ver con su signo (el nació en el último grado de Piscis, sin nada que pertenezca en Aries), pero todos tenemos todos los signos astrológicos en nuestros horóscopos personales. Sin embargo, los grados de tu llegada al mundo te entonaron con una potencia de sentir cuándo necesitas la potencia de las fuerzas invisibles de la naturaleza. Y, si te lo permites, es decir, si dejas que tus decisiones se calmen un poco antes de actuar, habrán muchos que te llamen "una persona importante en mi vida".

Tu verbo motor:

Distinguir

◆ AMOR, SALUD Y BIENESTAR ◆

Tu cuerpo es todo un organismo que refleja algo de la vida que te rodea —es decir, compartes los sentimientos y las creencias de aquellos que viven contigo. Y quienes viven contigo o de alguna manera comparten tu vida, deben apreciar ese don y escucharte ya que tú eres quien podría traducir los antiguos mitos y explicarlos con brío. Los nacidos un 4 de abril deben hacer algún procedimiento de purificación corporal. algo sencillo y compatible con tu idea de bienestar. Eso te ayudará y permitirá afrontar tu nuevo año de vida. Nunca olvides de mantener tu sistema endocrinológico bien amaestrado.

Angelus:

Pancía, uno de los ángeles más puros.

◆ DESARROLLA TU RIQUEZA Y PROSPERA ◆

La naturaleza es una buena amiga para los nacidos este día. Esto se refleja en tu manera de sentir el amanecer o el anochecer, todos los días. Es importante que tus procesos de crecimiento y desarrollo hacia lo que necesites tenga algo que ver con tu modo y manera de personalizar el mundo que te rodea. Una vez que te encuentres a tono con el clima, las nubes, la salida del Sol y las fases de la Luna, la vida te llevará derechito a lo que pueda hacerte prosperar.

◆ PODER DAR ◆

Si no distingues entre dar porque quieres compartir y dar por sentirte obligado, estarás desperdiciando algo importante.

ASTRONOMÍA, HERMANA DE LA ASTROLOGÍA MODERNA

En la Roma Antigua un día calculado como este 4 de abril se celebraba le festival del Magna Mater de Phrygia, un relicario encarnado en un meteorito. En la celebración se ponía el meteoro dentro de una carroza dorada, tirada por leones, y se paseaba durante una procesión de sacerdotes castrados, brincando y bailando al compás de címbalos y tambores. Hoy en día, en una cantidad enorme de ciudades, existen plazas, fuentes y plazas "de los Cibeles", remanentes de este festejo. A partir del año 191 a. de C., este festejo se convirtió en el festival de la Gran Madre Tierra. Con ella a su lado, toda batalla se ganaba, y el magistrado a cargo dirigía los juegos y las comedias callejeras.

Este día puede ser considerado como el del gran viaja hacia el interior de sí mismo. Como bien escribió ni más ni menos que el gran Homero en un himno a la Madre Diosa:

Madre de todos los Dioses
La madre de todos los mortales
Cántame sobre ella, para mí, oh Musa

 TU CLAVE SECRETA

Saberte a la vanguardia sin restricciones (salvo los personales).

Celebridades de tu día:

Dorothea Dix, Marguerite Duras, Muddy Waters, Eric Rohmer, Maya Angelou, Cazuza, Robert Downey Jr., Heath Ledger y Clive Davis.

TU DÍA, ARIES

Tu pasado siempre se entremete con tu futuro, y esto aunque para algunos sería difícil, a ti te refuerza y te da más ímpetu para lograr lo que te propones, sea a diario o a largo plazo. Mucha dignidad tienes, y lo único que tienes que recordar *siempre* es no permitirte rehusar lo que tienes ganas de hacer o vivir por el llamado "que dirán". La posición de tu Luna tiene mucha ingerencia en tu vida: Aries y Luna en Tauro, vigorosamente temperamental; Aries y Luna en Géminis, vivaces y seductores; Aries y Luna en Cáncer, bájale a lo contemplativo para subirle al entusiasmo; Aries y Luna en Leo, perdonas más de lo que crees es lo indicado; Aries y Luna en Virgo, nadie te para cuando te sientes seguro; Aries y Luna en Libra, ¡dománte!; Aries y Luna en Escorpión, critica menos y halaga más; Aries y Luna en Sagitario, confía en las decisiones de otros; Aries y Luna en Capricornio, calcula lo mejor que puedas; Aries y Luna en Acuario, la libertad ante todo; y Aries y Luna en Piscis, visión universal por favor.

> **Tu verbo motor:**
>
> *Contestar*

❧ AMOR, SALUD Y BIENESTAR ☙

Eres un pionero emocional. Esto significa que tanto puedes comenzar una nueva relación como renovar un amor pasado. Si tienes 365 nuevos proyectos al año, y no te desgastas haciendo toda clase de ejercicio, tu salud será siempre un baluarte personal. Necesitas aprender a negociar con tus propias ganas de usar tu cuerpo, porque no eres todo lo fuerte que crees o pretendes. Una buena visita al doctor una vez al año, para que te diga lo que te falta y lo que te sobra, es necesario. Y, aunque crees que eres más aguantador o aguantadora que muchos, no es así. Eso realmente no debe importarte demasiado porque tu bienestar personal es algo que está siempre a la vuelta de la esquina.

> **Angelus:**
>
> *Gabriel, ángel que todo contesta.*

❧ DESARROLLA TU RIQUEZA Y PROSPERA ☙

Para obtener lo que quieres o necesitas, usa tu sagacidad. Para mandar, hay que tener a quien mandar. Para luchar, tienes que saber cómo aguantar. No debería serte demasiado difícil encontrar soluciones originales para ideas banales, y banalidades para lo que otros creen es totalmente original.

5 DE ABRIL

Todo poder tiende a corromper, y el poder absoluto corrompe absolutamente.
—Lord Acton

❧ PODER DAR ☙

Mientras des espontáneamente, todo mejora.

ASTRONOMÍA, HERMANA DE LA ASTROLOGÍA MODERNA

En el año 1896, justamente un 5 de abril, fueron inaugurados los primeros Juegos Olímpicos Modernos. Los juegos comenzaron al día siguiente, con un éxito magnífico —y cómo no iba a ser excelente momento, bajo el signo de Aries, regido por Marte, el baluarte del deporte. La Luna ese día se encontraba en Capricornio, dando un barniz serio al asunto, y aunque no había escrito aun su libro clásico Michel Gauquelin —psicólogo, perito en estadística y autor de los *Relojes cósmicos*—, no es mera coincidencia que hayan escogido esa fecha. El profesor Frank Brown de Northwestern University le escribió el prefacio a Gauquelin, y en él dijo algo que los Aries del 5 de abril deben leer tres veces, cada vez que puedan: Incuestionable y inextricablemente el hombre está unido por muchas ligas con el resto del universo, no solamente por medio de los instrumentos físicos que ha inventado, sino que a la vez por loas sensibilidades asombrosas de sus propias sustancias de vida. Michel Gauquelin es quien, con sus propias investigaciones, ha sugerido la relación celestial más impresionante y estimulante hasta ahora revelada para el hombre.

 **TU CLAVE SECRETA**

Saberte capaz de convencer a quien quieras.

> **Celebridades de tu día:**
>
> *Herbert von Karajan, Bette Davis, Gregory Peck, Jorge de la Rosa, Elihu Yale, Colin Powell, Ángel Pariente, Booker T. Washington y Laura Vicuña.*

6 DE ABRIL

Al hombre comedido le basta con lo suficiente.
—Eurípides

TU DÍA, ARIES

¡Ah! Dichoso de ti, porque en realidad todos los días son tuyos, aunque uno solo es el de tu festejo personal. Al nacer un 6 de abril, tienes firmemente puesto todo lo que tiene que ver con lo constructivo en tu camino, y mientras más decisiones tomes para regular tu vida, mejor. Es decir, hazlo todo con disciplina. El símbolo cósmico de tu día tiene que ver con la posibilidad de balancear tu vitalismo y lograr poner lo necesario en cada área de tu vida, siempre y cuando tengas la oportunidad (diaria) de tomar el debido descanso. Esto es algo importantísimo para tu aguante, que en general es mucho.

Tu verbo motor:

Acrecentar

❦ AMOR, SALUD Y BIENESTAR ❧

El amor tiene mucha relación con el párrafo anterior. Es decir, todo lo que le pongas a tu amor en tiempo y esfuerzo, necesita tener un balance de calma y sosiego. De lo contrario, se desvanece el amor. Tener un lugar y unos momentos para volver a tomar fuerza es algo que debe serte de gran ayuda y tranquildad. Tu cuerpo es fuerte, pero no olvides que sin la fuerza corporal que te pertenece, no logras dominar todo el bienestar que mereces. Evitar excesos es algo para recordar.

❦ DESARROLLA TU RIQUEZA Y PROSPERA ❧

Necesitas tener un plan trazado. Necesitas calcular el tiempo que esto implica y tienes que ir hacia adelante con paso firme. De Aries, el tuyo es el único día que regala instrucciones tan directas, pues un seis del primer mes del conteo zodiacal tiene que ver con las leyendas del hombre. Su regente, solo en este caso, es Venus, que poco tiene que ver con Aries. Si puedes balancear armonía, sinceridad, amor, lo verídico, alumbramiento y fuerza mental en tus planes, podrás tener acceso a tu propia espiritualidad sin problemas. El siguiente paso es la prosperidad.

Angelus:

Mahariel, ángel del paraíso.

❦ PODER DAR ❧

Tu necesitas dar para que quien lo reciba sienta que tu regalo tiene que ver con su propia estabilidad.

ASTRONOMÍA, HERMANA DE LA ASTROLOGÍA MODERNA

Las estrellas nacen y mueren, como todo en el universo. Hoy se celebra la muerte de quien en vida nos regaló tanto sobre la ciencia y ciencia ficción: Isaac Asimos, fallecido a los setenta y dos años en 1992. Asimos, profesor de bioquímica nacido en Rusia bajo el nombre de Isaac Yudovich Ozimov, fue uno de los escritores de ciencia, ciencia ficción y ciencia popular, publicando más de 500 libros. Su *Guía de la ciencia* y su juego de tres libros *Comprendiendo la física*, *Cronología de la ciencia* y *Cronología de los descubrimientos*, y varios libros sobre astronomía, matemáticas, la Biblia, William Shakespeare y química, son clásicos de muchas bibliotecas. Existe un asteroide con su nombre (5020 Asimov), un cráter sobre el planeta Marte con su nombre, una escuela llamada Isaac Asimov School en la ciudad de Nueva York, y hasta un premio literario (Isaac Asimos Literary Award).

 TU CLAVE SECRETA

Comprender y hacer entender que no todo lo que brilla es oro, y lo que no brilla puede servirte.

Celebridades de tu día:

Leonora Carrington, Rafael Correa, Raphael (pintor italiano), Hans Richter, André Previn, Enrique Álvarez Félix, Pedro Armendáriz Jr. y Guillaume Bigourdan.

TU DÍA, ARIES

Aries es el signo solitario por defecto y, sin embargo algunos de los amantes más conocidos del mundo nacieron bajo este signo. Será porque Aries tiene una conexión absoluta con la naturaleza, y la naturaleza humana siempre busca pareja.

Tu verbo motor:

Imaginar

O será simplemente que su envergadura (la de Aries) regida por el planeta Marte, dispone y predispone el hecho de hacer el amor como algo casi sagradamente imperante. La constelación de Aries, tiene un área de unos 441 grados, y la estrella más vistosa que se puede ver en la noche de esta constelación es Alpha Arietis, cinco veces mayor que el Sol, y tan magnífica como tú puedes ser, si te lo propones. Tienes mucho potencial en tu ADN cósmico, y tu tarea en esta vida es dirigirlo hacia lo que tú necesitas para triunfar. A la vez puedo indicarte que la astrología nunca debe mostrar qué hacer, sino abrir las puertas para que tú pongas las cantidades necesarias y triunfes.

✎ AMOR, SALUD Y BIENESTAR ✐

Tus querencias son suaves y bien dirigidas. Tienen su propio ritmo, y las siete notas de la escala musical tienen su manera muy propia de aparecer ante, para y con ustedes —siete notas desarrolladas por Guido d'Arezzo hace unos mil años como tributo a San Juan. Tus amores están entrelazados con gustos y momentos exquisitos. Tu salud es como las plantas, crece mejor con música clásica, y tu bienestar aparece cuando quieres llamarlo, siempre y cuando no olvides cómo cantar, chiflar o tocar tu música preferida.

✎ DESARROLLA TU RIQUEZA Y PROSPERA ✐

Imaginación creativa es tu clave para triunfar. Y esas no son palabrerías —ni "enchílame esa otra"—, son palabras que tienen dos ideas separadas que tú tienes que juntar, buscando como integrar uno con otro como si fuera un rompecabezas de mil piezas. La imaginación es una facultad del alma y lo creativo viene de crear, por lo que lo tuyo es hacer algo de la nada. Si esto lo comprendes como se debe, desarrollar tu riqueza para impulsar tu prosperidad será fácil y muy redituable —excelente asunto para quien esté a tu lado y sepa como recompensarte.

✎ PODER DAR ✐

No olvidar algo muy especial este día, el Día Internacional de la Salud. Puedes y debes dar algo hacia la salud global.

ASTRONOMÍA, HERMANA DE LA ASTROLOGÍA MODERNA

Si te puedes imaginar un mundo dentro del cual todo tiene su lugar y y todo tiene sentido, serás como algunos científicos, artistas, filósofos, astrólogos y religiosos que dicen que pueden hacerlo, aunque es casi seguro que el universo que conocemos no es así. Pero escuchando la música que nos gusta, mucho o muchísimo, podemos encontrarle sentido a todo y ser felices. No es casualidad, entonces, que el 7 de abril de 1774, en la Iglesia de San Nicolás (Nikolaikirche) en Leipzig, Alemania, fue tocada por primera vez una de las obras más conocidas del mundo: "La Pasión de San Juan", (BWV 245) escrita por Johann Sebastian Bach, de Aries. La música de las esferas o la música universal es algo estudiado por Pitágoras y por Johannes Kepler. Este es un concepto filosófico que interesó

Angelus:

Dagymiel, ángel que gobierna el zodiaco.

a ambos astrónomo-matemático-astrólogos, que considera ciertas proporciones en los movimientos de los cuerpos celestiales, (el Sol, la Luna y los planetas) comparten una forma de música, no tan audible como lo es armónica. Kepler es quien la bautizó con el nombre *música universal*. Boetio, otro gran astrónomo y matemático, escribió sobre esto en su libro *De Música*, y yo les aconsejo que escuchen por lo menos cada cumpleaños la obra de Bach para ponderar sobre la música que tú, nacido un 7 de abril, traes por dentro.

 TU CLAVE SECRETA

Saber acomodar tus fichas para salir ganando.

Celebridades de tu día:

San Francisco Javier, Flora Tristan, Gabriela Mistral, Billie Holiday, Ravi Shankar, Mongo Santamaría, Francis Ford Coppola, Allen Dulles y Victoria Ocampo.

8 DE ABRIL

*En tiempo cerebral, un segundo es una eternidad porque nuestra consciencia
nunca está consciente del momento preciso del presente...
siempre llegamos un poquito tarde.*
—Benjamin Libet

TU DÍA, ARIES

De los doce signos del zodiaco, el tuyo es el que mejor puede entender la cita previa del señor Libet y, por lo mismo, posiblemente comprendes al conejo que siempre está de prisa de *Alicia en el País de las Maravillas*. Tengo que llegar, tengo que hacer, tengo que lograr... ¡todo de una vez! ¡PARA! STOP! ACHTUNG! Atención pues, en todos los idiomas posibles, tranquilízate. Busca un poco de calma cada vez que sientas esa prisa deslumbrante que te ayuda a ser y hacer, de lo contrario te desgastarás y no lograrás todo lo que sabes que puedes realizar. Y eso sería una pérdida tanto para nosotros como para ti mismo o misma. Mira, hasta la prisa tiene planeta: Mercurio. Y a Mercurio, tú lo dominas, si te das el tiempo de reflexionar. ¡Tan simple y tan fácil!

Tu verbo motor:

Inspirar

❧ AMOR, SALUD Y BIENESTAR ❧

El amor tiene mucho que ver contigo, con lo presente. Recuerda que en 1820 —yo creo que para festejarte— descubrieron a la Venus de Milo en el mar Egeo, cuna de tantas cosas. La estatua ahora se encuentra en el Museo del Louvre de París, lugar donde debes ir, como en peregrinación, para verla. Tú, tan decidido a realizar tus propias cosas, podrías hacerlo. La cabeza incluyendo el cerebro es lo que rige tu signo, por lo mismo, cuando de malas, corres y te topas con la pared (figurativo), así que cada mañana, medita medio minuto sobre cómo vas a evitar chocar con alguien o algo, de esta manera, tu cerebro te defenderá. Tu bienestar es algo que vas a necesitar para que entiendas que tu felicidad cambia según el año, simplemente, porque eres así.

Angelus:

Caneloas, ángel sagrado, especialmente invocada para la magia bondadosa.

❧ DESARROLLA TU RIQUEZA Y PROSPERA ❧

Tu desarrollo es una frecuencia. Sí, como las del radio. Oscilan tus posibilidades alternando las corrientes que te llegan del cosmos —es decir, cambias diariamente según las corrientes eléctricas de nuestro sistema solar. Esto es importante que lo sepas, por si te dicen "es que ayer dijiste otra cosa", porque para ti, mañana y ayer, son otros días. Y así darás tus buenos saltos hacia delante. Tu manera de desarrollar tu vida, mejorando tu riqueza personal y prosperando porque vas sintiendo tus logros, no es lo más importante para ti. ¿Por qué? Porque tú sabes hasta dónde puedes llegar, instintivamente.

❧ PODER DAR ❧

Tu conteo astrológico está sumamente relacionado con los consejos que puedes dar. Recuérdalo, y prepárate para hacerlo.

ASTRONOMÍA, HERMANA DE LA ASTROLOGÍA MODERNA

No podemos olvidar este día, si festejamos al nuevo santo, tan importante para nuestras vidas, el Papa Juan Pablo II. En el año 2005, se congregaron seis días después de su muerte (bajo el signo de Aries, ambas cosas) la congregación más grande de jefes de estado (sin contar las Naciones Unidas) jamás habido. Más personas lo vieron que el entierro de la princesa Diana o el de Michael Jackson, años después. Cuatro millones de personas visitaron el Vaticano durante esa semana. Declarado ahora santo, en mayo de 2010 (bajo su propio signo astrológico), tuvo que pasar por cinco pasos para lograr este sagrado honor: 1) Morir. 2) Haber puesto el ejemplo de ser un sirviente de Dios. 3) Lograr el título de venerable, por la curia del Vaticano. 4) Ser béndito por haber podido realizar un milagro. Y 5) La canonización. Con eso reciben el nombre de santo ciertos difuntos humanos. En la astrología, la palabra santo tiene raíz zodiacal: Aries. Y en la astronomía, la relación entre la aparición de los santos y la vida diaria tiene historiales de visiones de estrellas luminosas en el cielo.

 TU CLAVE SECRETA

Saberte parte de lo dicho por Einstein: "La experiencia más bella que podemos tener es lo misterioso".

Celebridades de tu día:

María Félix, Pancha Carrasco, Oscar Zeta Acosta, Patricia Arquette, Ana de la Reguera, Emil Cioran y en 1730 se inauguró la primera sinagoga en la ciudad de Nueva York.

TU DÍA, ARIES

Pionero, pionera (persona que inicia la exploración de nuevas tierra, o que da los primeros pasos en alguna actividad humana): apréndete bien el significado de esta palabra, porque es toda tuya. Te representa.

Tu verbo motor:

Valer (para valorar)

En el conteo de los grados de tu signo, (dieciocho) un pugilista entra solito al anillo que representa las ganas de ganar y la posibilidad de sobrepasar cualquier problema; logra todo deseo y muestra que eres eso. El primero. La primera. Tu número compaginado con tu signo simboliza la fuerza entre en *yang* y el yin, dándote un juego inexplicable además de único entre la energía que permite ganar. Pero, ten cuidado, pues la victoria es siempre temporaria.

❧ AMOR, SALUD Y BIENESTAR ❧

Amas agresivamente porque quieres todo para ti. Fíjate bien en tu manera de presentarte como ser amante o amante simplemente. Mide tus emociones para dar lo que la otra persona quiere y necesita. En relación a tu salud, eres de las personas que deben siempre fijarse en los últimos adelantos de curaciones y novedades médicas. ¿Bienestar? Más bien busca los antídotos para cuando no sientes tener lo que te hace feliz —que, por lo general, está a la vuelta de la esquina.

Angelus:

Dalmai, ángel sagrado de Dios.

❧ DESARROLLA TU RIQUEZA Y PROSPERA ❧

Desarrollar tu talento para encontrar lo que no funciona como debería es lo tuyo para adelantar y sostenerte abundantemente, lo que para ti es mejor y más importante que la simple riqueza. Prosperas cuando sientes que tu posición te permite acumular a tu conveniencia —tan fácil como eso y algo que es importante porque en casa, al vivirlo, te crea un sentimiento de gusto profundo.

❧ PODER DAR ❧

En tu caso, puedes dar algo que tienes simplemente por haber nacido un 9 de abril, así que procura dar dominio y derechos en lugar de cosas.

9 DE ABRIL

¿Qué? ¿No puedo mirar el Sol y las estrellas por donde quiera? ¿No puedo, bajo cualquier cielo, meditar sobre las verdades más preciadas?
—Dante Alighieri

ASTRONOMÍA, HERMANA DE LA ASTROLOGÍA MODERNA

¡Aries tenía que ser! La formación de la comisión de energía atómica norteamericana, para controlar el desarrollo de la ciencia y la tecnología atómica, primer paso importante para regular el uso atómico, ocurrió en el año 1945. Muchos primeros pioneros en la historia nacieron o marcaron un momento histórico un 9 de abril: el primer vuelo del Concorde, el primer juego de baseball en el Astrodome; el primer vuelo del Boeing 737; y el proyecto Mercurio escoge a sus primeros siete astronautas de Estados Unidos, apodados los 7 Mercurianos. Además, la primera biblioteca pública sostenida por impuestos fue inaugurada en el estado de New Hampshire. El pionero del diario deambular y pionero bajo cualquier ocasión, ¡está respaldado por tu propio día!

 TU CLAVE SECRETA

¡No cejar ni dejar de hacer cosas que crees nunca podrás hacer!

Celebridades de tu día:

Leon Blue, Paul Robeson, Victor Vasarely, Leighton Meester, Cynthia Nixon, Marc Jacobs, Hugh Hefner, Jenna Jameson, Kristen Stewart, Charles Baudelaire y Álvaro Torres.

10 DE ABRIL

El futuro le pertenece a quienes creen en la belleza de sus sueños.
—Eleanor Roosevelt

TU DÍA, ARIES

En México los hombres antes eran considerados perfectos cuando feos, fuertes y formales. Seguramente eres fuerte y formal si eres del sexo masculino, y si eres mujer, debes estar bellamente formada. Al nacer este día de abril, no pueden dejar de quererte, aunque seas poco acomodaticio en relación a los demás. Es decir, lo que tú propones es lo que creen merecer. La conciencia de lo que te rodea debe despertarte interés en todo, de no ser así, aprende a regularte y a canalizar tus querencias, sea hacia personas, estudios o ideas. Nada mejor para ti que ser algo todoterreno; eres de las pocas personas en este mundo que puede ser así, y quedar bien.

Tu verbo motor:

Aconsejar

⊰ AMOR, SALUD Y BIENESTAR ⊱

Queriendo, te energizas y tu ego aprende a mejorar. Y si al querer tienes que limitarte, es porque no te conoces lo suficiente. Aries a veces tiene ese problema, el cual es fácil de mejorar si la persona amada permite que seas absolutamente franca o franco, diciendo lo que sientes y por qué. Así, encontrarás la pareja que tanto necesitas para entenderte a ti mismo. ¿Algo complicado? Así eres tú. Una vez que comprendas y logres esto, tu salud estará íntimamente coludida con tu apetito sexual, excelente cosa. Para estar a tono con tu propio bienestar, simplemente tienes que sentir ese entusiasmo que tantos arianos saben encontrar.

Angelus:

He'el, ángel líder de muchos.

⊰ DESARROLLA TU RIQUEZA Y PROSPERA ⊱

Sentir que vas mejorando, no tiene tanto que ver con el desarrollo de tu riqueza, pero sí tiene mucho que ver con tu posición y tu don de mando. Estar de buenas tiene que ver con que los que comparten tu vida te escuchan, te hacen caso y te hacen sentir que hay ciertas cosas que tú sabes dirigir. La prosperidad en tu vida está relacionada con tus actividades dinámicas —sean construir, vislumbrar o ganar algo a cambio de otra cosa.

⊰ PODER DAR ⊱

Dar con dinamismo, es decir planearlo bien, es lo mejor para ti. Así, el que recibe lo que das pueda sentir provecho.

ASTRONOMÍA, HERMANA DE LA ASTROLOGÍA MODERNA

En el año 837, el cometa Halley y nuestro planeta Tierra se acercaron a tal grado que nunca ha vuelto a suceder: estaban a solo 5,1 millones de kilómetros. Parece, por lo que se dice, que ocurrió el 10 de abril. Este cometa tiene una órbita que dura setenta y seis años (para que de la vuelta al Sol). Nosotros esperamos su retorno en el año 2061. Halley viaja al revés, es decir en círculos llamados *retrógrados*, en el sentido opuesto a los planetas, a unos 254 016 kilómetros por hora. Dos veces al año vemos las lluvias de estrellas producidas por el mismo, a principios de mayo y a finales de octubre. Dicen los científicos que es probable que exista desde hace entre 16 000 y 200 000 años y que puede llegar a durar un total de diez millones de años. Su dinámica es caótica y es en lo único que puede parecerse al signo de Aries.

 TU CLAVE SECRETA

Estar a la delantera en cuestiones culturales, consciente de que cada idea tiene su dueño.

Celebridades de tu día:

Joseph Pulitzer, Clare Boothe Luce, Bernardo Houssay, Max von Sydow, Leona Vicario, Omar Sharif, Paul Theroux, Fernando Gago y Agustín Cárdenas.

TU DÍA, ARIES

Un paso pa' delante, y luego dos o tres pa' atrás... y a veces llegas mucho antes que otros. Tú tienes muchos niveles, es decir, hoy eres alguien y mañana eres otra persona, y ambas son divertidas y receptivas, algo que te permite tener un gran amalgama de amigos que deben alegrar tu vida. Tus actividades deben ser dinámicas y mientras menos contemplas a tu ombligo, mejor. Mientras más aclares las cosas, presentes el lado más sencillo de todo y te permitas a veces comportar como el niño que una vez fuiste, mejor. Cuidado con tus sentidos de proporción, a veces tu manera de verlas es totalmente diferente de lo que son. Y bien harías siempre en no guardar rencor, sino tener alguien con quien explayarte francamente.

Tu verbo motor:

Anímar

⚜ AMOR, SALUD Y BIENESTAR ⚜

Aventuras alocadas pueden llegarte, y tú gozarlas como pocos, siempre y cuando sepas distinguir entre lo posible y lo imposible. La fuerza y la pureza de tu signo, por nacer este día, está reforzada, pero esto puede hacer que a veces parezcas tener un carácter exageradamente insoportable. Ese no es el caso. Necesitas aprender a manejar tu nivel de calma para que conquistes lo que quieras, tengas buena salud y sientas que vives con el bienestar que mereces.

⚜ DESARROLLA TU RIQUEZA Y PROSPERA ⚜

La prosperidad tiene que ver con el prestigio que vas acumulando. Y para eso, debes encontrar tu propio plan de acción. La psicología del ariano es pura y por lo general se puede describir como "al pan, pan... y al vino, vino". Ahora, para lograrlo de modo positivo, necesitas cuidar de no llevar un ritmo demasiado agitado, porque cuando te encuentras bajo ese ritmo, no puedes explicar debidamente lo que quieres proponer. Y, por lo general, lo que propones es lo correcto para prosperar.

Angelus:

Tahariel, ángel de la pureza.

⚜ PODER DAR ⚜

Tú puedes y debes dar conocimiento y movilidad —es decir, da ideas para que otros las desarrollen.

11 DE ABRIL

No recemos para ser protegidos de peligros, más bien recemos para ser valientes al enfrentarlos.
—Rabindranath Tagore

ASTRONOMÍA, HERMANA DE LA ASTROLOGÍA MODERNA

Dicen que las analogías astronómicas del planeta Marte son los valores de toda pasión, lo que arde —tanto el fuego como el corazón— y todo principio de confrontación. Dicen que los arianos tienden a ser extrovertidos y que cualquier agresividad tiene que ver con Marte. Todo esto lo dice quien ha estudiado profundamente el arte astrológico, porque los astrónomos explican que es el cuarto planeta desde el Sol, que no posee un campo magnético importante y que tiene dos pequeños satélites, o Lunas: Probos y Deimos. Marte es frío y seco, con mucho hielo en sus polos, pero se cree que pudo haber tenido mares. Se puede ver unas fotografías maravillosas de Marte en el portal http://hirise.lpl.arizona.edu, ilustraciones que para algunos serán mucho más impresionantes que cualquier predicción astrológica, salvo aquella que te acerque al mundo maravilloso de lo que *pudiera ser*. Los psicólogos *jungianos* juntan al planeta Marte con el arquetipo del *animus*, el aspecto masculino de la personalidad (que existe en ambos sexos).

 TU CLAVE SECRETA

Estar consciente de que todo lo que está arriba en el cielo, se refleja abajo en la tierra.

Celebridades de tu día:

León Felipe, Gertrudis Bocanegra, Joss Stone, Álex Corretja, Jennifer Esposito, Ethel Kennedy, Alberto Ginastera, Oleg Cassini, António de Spínola y Fernando Paz Castillo.

12 DE ABRIL

El hombre ha tejido una red, y la lanzó hacia los cielos;
Ahora son suyas, para tener, usar y sus consuelos.
—John Donne

TU DÍA, ARIES

Los indígenas cuchumatanes guatemaltecos celebran este día preservando el maíz de heladas, rezando para que el frío corra y se esconda en las grietas de las montañas, para después sellar las grietas con mortero. Y tú, siendo del 12 de abril, podrías hacer algo tan especial y salir ganando. ¡Así es tu vida! Tu poder, tus ganas de tener aun más poder y tu resistencia, debe alegrarle la vida a muchos. Tienes un modo especial para convencer a quien quieras de hacer lo que deseas, y eso, dependiendo del mes del año: en enero aferradamente; febrero, atrevidamente; marzo, inspiradamente; abril, ambicionadamente; mayo, amistosamente; junio, comunicativamente; julio, acercándote; agosto, queriendo; septiembre, asociándote; octubre, planificadamente; noviembre, transformándote; y diciembre, convencidamente. Esto debe servirte durante cualquier año, y para toda circunstancia.

> **Tu verbo motor:**
> *Elogiar (o elogiarte)*

※ AMOR, SALUD Y BIENESTAR ※

Cuidado por favor de que tu gran "alma de jefe" no salpique tus amores, porque eso podría traerte problemas inesperados y repentinos. Cuando ames, ten en cuenta que son dos; tus deseos y tus acciones deben ser realizadas bajo dos diferentes puntos de vista. La salud es algo que no te preocupa suficiente, y recuerda que los dolores de cabeza siempre son síntoma de que algo está desbalanceado. ¿Bienestar? Siempre y cuando estés trabajando o ocupado en algo que realmente te proporciona ganas de continuar.

> **Angelus:**
> *Jeliel, ángel cuyo nombre está escrito en el Árbol de la Vida.*

※ DESARROLLA TU RIQUEZA Y PROSPERA ※

Por más que planeamos "tenerlo todo o tener suficiente", a la gran mayoría de los seis mil millones de humanos viviendo sobre el planeta, no le alcanza. Pero para ti, si tu trabajo está relacionado con algo productivo, vas por muy buen camino. Lo original y lo dinámico es lo que se espera de ti, lo demás, vendrá solo, siempre y cuando no te veas obligado a hacer demasiadas concesiones.

※ PODER DAR ※

Da con don de mando para que quien reciba sepa qué hacer con lo que se le dio. Así, estarás siempre ayudando al dar.

ASTRONOMÍA, HERMANA DE LA ASTROLOGÍA MODERNA

STS-1 es una abreviación en inglés de Synchronous Transport System nivel 1 (Señal de Transporte Sincrónico). Y este es el nombre del primer Columbia que dio veintisiete vueltas alrededor de la Tierra; primer vuelo espacial norteamericano piloteado por dos astronautas, lanzado un 12 de abril de 1981. El sistema era novedoso y el comandante abordo era John W. Young, con el piloto Robert Crippen. La historia dice que este fue y es hasta ahora la más compleja de todas las naves espaciales, con varios problemas, problemas que en aquel entonces llamaban anomalías. Este vuelo sucedió porque la gran mayoría de los sistemas no podían ser adecuadamente probadas sobre el suelo.

Seguramente pululaba el alma de Ptolomeo y su teoría sobre la armonía de los planetas, arreglando efectos musicales, pues la canción "Countdown", del álbum *Señales* de Rush, fue escrito sobre el STS-1, dedicado a todos las personas de NASA, los astronautas y su cooperación y su inspiración en esa hazaña.

 TU CLAVE SECRETA

Tener a mano tu canción favorita para que te sirva de inspiración, y para que cooperes a la vez con lo que se presente.

> **Celebridades de tu día:**
> *José Gautier Benítez, Montserrat Caballé, Herbie Hancock, David Letterman, Scott Turow, Andy García, Claire Danes, Tom Clancy e Inca Garcilaso de la Vega.*

TU DÍA, ARIES

Algo siempre tiene que ser "la primera vez" para subrayar la vida de Aries. Un ejemplo veraz es el hecho de que en el año 1796, dentro del mes de Aries, se mostró en Estados Unidos por primera vez un elefante, animal majestuoso que sirvió como protagonista principal de uno de los últimos libros del gran José Saramago, *El viaje del elefante*. Tú tienes el don de mirar tus propias flaquezas como humano con humor y con ironía, como si te miraras en un espejo por primera vez. El elefante se llamabs Salomón —tercer y último rey de Israel, descrito en la Biblia— y tenía una gran riqueza y sabiduría. Esta misma agudeza la tienes tú, y te permite ser, lo repito, el primero de la fila, para que en todas las primeras veces que encuentres lo que busques, y puedas aprovecharlas.

Tu verbo motor:

Condicionar

ᚻ AMOR, SALUD Y BIENESTAR ᚻ

Dicen que en el ámbito del amor, tienes rasgos geniales; no los desperdicies. Genial puede ser sinónimo de deleite o alegría, y espero que esa sea la reputación que tengas, o que la elabores. No se nota de inmediato, pero al irte conociendo brillas hasta apantallar.

Para todo persona, personaje y ser de signo Aries, regido por Marte, la cabeza es la parte del cuerpo que puede afectarte, dependiendo frecuentemente de tu humor. Aprende a barajar y repartir las horas de tus días y los momentos excitantes de tu vida, y, así, el bienestar será definitivamente tu compañero.

Angelus:

Chalkatoura, ángel que corre y te permite apurarte cuando lo necesitas.

ᚻ DESARROLLA TU RIQUEZA Y PROSPERA ᚻ

Importante es que escojas bien tu carrera o ocupación. Es a través de esto que puedes desarrollar tu futuro y prosperar buscando novedosas entradas y salidas del mismo. Un ejemplo sería interés en medicamentos que podrían llevarte a tener el mejor de todas las farmacias ayurvédicas o la venta de jardines botánicos personales, nuevos diseños en cajas de medicamentos o, inclusive, pastillas que cambian de color según el humor de quien los tiene que tomar. Inventa, diviértete y muestra tu genio.

ᚻ PODER DAR ᚻ

Dar tiempo a quien te lo pida es algo que no debes olvidar.

---

13 DE ABRIL

La verdadera constitución de las cosas está acostumbrada a esconderse.
—Heráclitus

ASTRONOMÍA, HERMANA DE LA ASTROLOGÍA MODERNA

El primer satélite comercial geosincrónico (*geosynchronous communications satellite*), llamado Westar 1, fue lanzado por la compañía Western Union y la NASA, el 13 de abril de 1974. Se usó hasta el año 1983 por las compañías de información NPR y PBS, además de varios sistemas de radio y telecomunicaciones privadas. La idea de una órbita geosincrónica para propósitos de comunicación apareció en 1928, pero fue propuesta a gran escala por Clark, dentro de una revista en 1945, cuyo título principal era "Relevos extraterrestres". El aparato en órbita se encuentra a una altitud de 22 236 kilómetros. Solo a esa altura y puesto directamente arriba del ecuador, a cero grados de latitud, funciona debidamente. Los sistemas internacionales de satélite usados hoy día son renovados frecuentemente, aunque los más conocidos son GEOS en Estados Unidos, MTSAT de Japón, Meteosat, lanzada por la Agencia Espacial Europea, y la serie INSAT de la India. Todas tienen que usar una sola órbita alrededor del ecuador. Al nacer este día, tu tienes, como bien dice la frase, la posibilidad del hombre de ganar experiencias en varios niveles del ser. Puesto sobre papel, lleva esta frase contigo siempre.

 TU CLAVE SECRETA

Entender que eres algo diferente, algo especial y genial a sus horas.

Celebridades de tu día:

Samuel Beckett, Thomas Jefferson, Catherine de' Medici, Juan Montalvo, Garry Kasparov, Butch Cassidy, Jacques Lacan, Jean-Marie Gustave Le Clézio, Julius Nyerere, Orlando Letelier y Olga Tañón.

14 DE ABRIL

*La verdadera generosidad hacia el futuro consiste en dar todo
lo que puedas al presente.*
—Albert Camus

TU DÍA, ARIES

Fuerte de espíritu y mente, tu vida puede tornarse repentinamente repleta y singularmente solitaria, dependiendo de lo que tú escoges hacer. Lo importante es que pongas a buen uso la percepción que tienes de los demás, para que tu propia susceptibilidad no intervenga en tus decisiones. Es como si tuvieras dos personas en ti: la que se sabe fuerte y la que se sabe capaz de flaquear. Preocúpate menos de eso, y concéntrate en hacerle la vida más tranquila a quienes estén a tu lado; ese es tu don. Tu corazón es grande, tu mente es capaz de entender el mundo y tu persona puede ser todo lo agradable que tú decidas. Espero que logres mostrar valores positivos a quienes tengas cerca, y espero también que logres siempre tener cerca alguien que te estima. Te lo mereces.

Tu verbo motor:

Guiar

❧ AMOR, SALUD Y BIENESTAR ❧

Confrontarte con personas que piensan y viven totalmente diferente a tu manera de ser te hace bien. Pero no olvides que tú eres el guía, aunque no lo creas. Y si no lo crees, inténtalo. Aprende a amar de otra manera, fíjate bien como puedes ser todo lo saludable que quieres, siguiendo consejos de quienes son como tú quisieras ser, y busca tu bienestar para acomodar tu propia vida, no para aumentar tus posesiones. Nada de esto debe serte difícil, y una vez que aprendas bien cómo pedir, todo te parecerá mucho más fácil.

Angelus:

Rahatiel, ángel de las constelaciones.

❧ DESARROLLA TU RIQUEZA Y PROSPERA ❧

En varios libros antiguos astrológicos repiten que existen siete edades planetarias de la vida del ser humano. Y en todas nos dicen que la regida por Marte tiene lugar entre la edad de cuarenta y dos a cuarenta y seis años inclusive; edad durante la cual el hombre aspira más que nada, o debe aspirar, autoridad y dignidad. La palabra clave aquí para ti es *autoridad*. Ten cuidado, porque a menudo tu deseo de logro puede aparecer por medio de fuerza, y eso en realidad no es lo tuyo, sería hacer todo lo contrario: desperdiciar tu fuerza. Para las causas que te inspiran, puedes usar tus fuerzas, y así prosperar de manera muy personal.

❧ PODER DAR ❧

A ti te toca dar sin juicios sociales, sin competencia, ¡con admiración!

ASTRONOMÍA, HERMANA DE LA ASTROLOGÍA MODERNA

Annie Sullivan, maestra de la niña que nació ciega y sorda Helen Keller, primera persona en graduarse de una universidad con esas discapacidades, y personaje descrita en la obra de teatro y película posterior *La tejedora de milagros*, es prueba fehaciente de los portentos que puede lograr quien haya nacido este día, ¡para el bien de la humanidad! Hay historias que el mundo entero debe conocer, así como deben comprender que todos llevamos a todos los signos del zodiaco en nuestra horóscopo personal, y si logramos reconocer de qué manera ponerlos a buen uso, hemos triunfado. Sullivan perdió su madre de pequeña y fue colocada en una casa de caridad. Media ciega ella misma, a los veinte años llegó a ser instructora de aquella niña totalmente ciega y sorda. ¿Qué tiene que ver esto contigo? TODO. Tú también tienes esa fuerza de Annie, y usarla en grandes o pequeños dosis es lo mejor que puedes hacer para el universo, cuidándote de no exagerar.

 TU CLAVE SECRETA

Llegar primero, ser el primero de la fila, conseguir lo mejor.

Celebridades de tu día:

Christiaan Huygens, Annie Sullivan, Julie Christie, François "Papa Doc" Duvalier, Thomas C. Schelling, Pete Rose, Juan Belmonte, Emiro Lobo y Luis Felipe Angell.

TU DÍA, ARIES

El mundo en toda su cruda realidad te interesa, y de los arianos, podrías ser de los más prácticos. Eso te conviene, porque buscar lo desconocido y no tenerle miedo a lo novedoso va con tu día de nacimiento. Mirarte es inspirador, aunque no te des cuenta, y te va mejor cuando no te sientes impunemente especial, porque de esa copa tienes mucha bebida fina. Puedes ser suficientemente rebelde para salirte con la tuya cuando realmente lo crees indispensable, y cuando te encuentras frente a posibilidades de alguna acción novedosa, te puedes sentir inquebrantable. Pero cuidado, porque frecuentemente cuando Marte no está protegiéndote como debe, te puedes equivocar, también, sorprendentemente. Cuando pierdes presencia, pierdes fuerza, y deberías siempre tener dos cartas para cada juego para que esto no te suceda, porque francamente, no lo mereces.

Tu verbo motor:

Facultar

☙ AMOR, SALUD Y BIENESTAR ❧

Tomar la iniciativa es lo que te conviene, pero para hacerlo tardas un poco más de lo que debes. Esto tiene arreglo fácil, si te das cuenta y aprendes a delegar. Te toca delegar en el amor, delegar para desarrollarte mejor y delegar para poder, a la vez, conferir.

Mírate a veces en los ojos de tus seres queridos para ver si en ellos se refleja toda la buena salud que deberías tener. Tu bienestar está allí, junto a ellos, siempre y cuando sepas tener calma, sosiego y los cuidados que les debes ofrecer.

Angelus:

Micheu, ángel que da poder sobre las aguas de la vida.

☙ DESARROLLA TU RIQUEZA Y PROSPERA ❧

Cuida como acomodas tus valores, pues al no tenerlos bien ordenados (valores mentales), tiendes a deprimirte y, luego, a no saber como salir adelante. Cambia, si tienes la oportunidad, cada vez que sientas que te está costando trabajo adelantar en lo que quieres, y así, al reacomodar tus planes, verás que se te abre el mundo y repentinamente comenzarás a dar grandes pasos hacia adelante.

☙ PODER DAR ❧

Para ti, es importante dar una bella historia sobre el cielo, cada vez que puedas.

15 DE ABRIL

Las personas que logran cosas, rara vez se sientan a esperar que les sucedan las cosas... salen y hacen que las cosas les sucedan.
—Leonardo da Vinci

ASTRONOMÍA, HERMANA DE LA ASTROLOGÍA MODERNA

Si eres pintor, y naciste un 15 de abril, confórmate. Si eres pintor y te interesan los acertijos, te pareces a él, y ya vas mejor que si simplemente eres pintor, porque Leonardo da Vinci, conocido por ser autor de la Mona Lisa, resolvió un antiguo acertijo. Cada vez que aparece una Luna creciente sobre el horizonte en la puesta del Sol, ve entre los cuernos de la Luna y verás una imagen fantasmal de la Luna llena. Eso se llama *brillo de la Tierra*. En el año 1500, nadie había estado en la Luna ni habían aun, por lo que se sabe, llegado extraterrestres. Es más, la gran mayoría pensaban que la Tierra orbitaba el Sol. Pero da Vinci tenía una imaginación quizá más desbordante que la tuya (o quizá menos) y se la pasaba dibujando en cuadernos que se pueden ver ahora como joyas finas en museos, aparatos que aun no existían, escafandras, tanques militares, un robot. Y como le encantaba mirar a la Luna (como la gran mayoría de los habitantes de todos los signos del zodiaco), y las sombras y la luz le interesaban muchísimo, se imaginaba sobre la Luna. Y así, divisó que la Luna tiene ese resplandor fantasmal debido a la luz del Sol rebotando en los océanos y, a su vez, golpeando la Luna. Su boceto aparece en el Códice Leicester. Y si tú naciste un 15 de abril, no dejes de hacer una peregrinación en honor a tu día para ver el boceto original. O, si no puedes hacer aquel viaje, siéntate cada vez que puedas a mirar la Luna cuando está en su fase creciente.

 TU CLAVE SECRETA

El cielo nocturno siempre envía mensajes fáciles de reconocer para acogernos en ellos.

Celebridades de tu día:

Leonardo da Vinci, Guru Nanak Dev, Alberto Breccia, Henry James, Miguel Najdorf, Claudia Cardinale, Dodi Al-Fayed, Emma Thompson, Alice Braga, Emma Watson y Abraham Valdelomar.

16 DE ABRIL

Las limitaciones viven solamente en nuestras mentes. Pero, si usamos nuestra imaginación, nuestras posibilidades se convierten en ilimitadas.
—Jamie Paolinetti

TU DÍA, ARIES

Nacido un día como este, no debes jamás de los jamases dejar de hacer ejercicio. Poco importa si es para ganar carreras mundiales o para estar en forma. Lo que sí es de suma importancia es que mantengas tu cuerpo lo suficientemente entrenado para hacer con él lo que deseas. Emerger diariamente con una nueve experiencia en la posibilidad de conocer y reconocer tu cuerpo es una de las mejores cosas que te puedes hacer: mente sana en cuerpo sano, decían los antiguos. Para los nacidos un 16 de abril, esto es tan importante como respirar a gusto. Cuida tu cuerpo de manera científica y psíquica. Es decir, expande la mente, mejora tu cuerpo y, al mismo tiempo, diviértete al hacerlo.

> **Tu verbo motor:**
>
> *Andar*

Recuerda que la fase de vida que representa tu signo es la adolescencia, así que si te dicen que te portes como alguien "de tu propia edad", y no eres adolescente, no hagas mucho caso.

❦ AMOR, SALUD Y BIENESTAR ❧

Nostalgia, impaciencia y mucho romanticismo pueden colmar tus pensamientos cuando te enamoras. El amor en sí es casi más importante que el ser amado, y tendrás que balancear ambas cosas para sentirte amorosamente feliz. Tu salud depende mucho de los médicos que te vigilan —es decir, si no te parece el adecuado o la adecuada, cambia y busca quién te cure además de que te haga sentir bien. Y con eso (el amor y la salud) debes sentirte colmado de bendiciones, por ser las dos cosas más importantes para tu divertido ser.

> **Angelus:**
>
> *Yaasriel, ángel que escribe lo sagrado.*

❦ DESARROLLA TU RIQUEZA Y PROSPERA ❧

Con dinero en la bolsa eres feliz. Pero, ¿quién no? La diferencia entre tu personalidad y la de otros es que eres mucho más feliz cuando tú eres quien lo ha conseguido, ganado o producido. Y para inspirarte, porque no leer algo escrito por J. P. Morgan, quien además de amasar una inmensa fortuna, tenía un astrólogo en su oficina, trabajándole diariamente. Para ser multimillonario, dijo una vez este ariano del día 17 de abril, se necesita un astrólogo. ¿Será cierto?

❦ PODER DAR ❧

Tú debes y puedes dar de lo tuyo, pero que no se te acabe.

ASTRONOMÍA, HERMANA DE LA ASTROLOGÍA MODERNA

Se dice, pero nadie lo puede comprobar, que un 16 de abril de 1178 a. de C., regresó de la guerra de Troya el rey griego Odiseo —legendario rey de Ítaca y héroe mítico, mágico y certero de la Odisea de Homero, de quien tenemos tanto contado, que tanto ha hecho y tanto ha dado de que hablar. Esposo de Penélope, Odiseo es reconocido en el mundo entero por su ingenio, habilidad, astucia y maña. Quien sino él llenó el famoso Caballo de Troya, y ganó lo que quiso. La historia de Odiseo es una de las más recurrentes de los personajes que aparecen en las hazañas y en los mitos de la cultura occidental. Las historias basadas en lo que pudiera haber hecho además de lo que hizo existen en anales históricos con música moderna, dibujos animados, libros y trilogías, y por supuesto la mitología nuestra, que retroalimenta temas parecidos hasta en la India (Mahabharata). Joseph Campbell, el mitologista más conocido del mundo, dijo que la mitología rinde una cosmología que es a la vez una imagen del universo, revelándole a cada quien la unidad que existe entre uno mismo y todas las cosas. Comprendido esto, tú, nacido bajo el signo de Aries, puedes entenderlo y mejorar tu propia vida.

 TU CLAVE SECRETA

Entender que sin historia no somos nada.

> **Celebridades de tu día:**
>
> *Charlie Chaplin, Selena Quintanilla, Anatole France, Papa Benedicto VVI, Herbie Mann, Kingsley Amís, Henry Manciní, Ellen Barkin, Benjamín Rojas y José de Diego.*

TU DÍA, ARIES

Si sabes extirpar las oportunidades que la vida te pone y te propone, ya la hiciste en este mundo. Tu mente se estimula repentinamente con novedades, pero tienes que procurar, en la medida de tus posibilidades, estar en el lugar adecuado en el momento oportuno. Y, a veces, cuando sientes que has fallado en algo, la realidad es otra. ¡Avívate!

Tu verbo motor:

Adelantar

Si pones en tu PC astrología para el 17 de abril, verás aparecer dos millones de sitios, así que si algo que digo no te complace, búscalo en otro lugar. Sin embargo, puedo prometerte que un buen examen personal de cualquier problema es algo que siempre debes poder hacer. Y si tienes a alguien que consideres tu gurú, no dejes de consultarle, aunque no le hagas caso. El simple hecho de cuestionarte, es lo que te pondrá siempre a la delantera, sea en tu trabajo, en tu vida personal o en tu equipo deportivo.

❧ AMOR, SALUD Y BIENESTAR ☙

Dicen que amar en paz, relajadamente y a gusto es lo mejor que puede sucederte. La imaginación creativa es lo tuyo, en todo lo que se relaciona con el amor, en un gran porcentaje de lo que tiene que ver con tu cuerpo y para tu bienestar. Tu mente debe aprender a imaginarse lo que quiere para conseguirlo. Así, después lo podrás realizar con el brío que Aries lleva en el alma.

❧ DESARROLLA TU RIQUEZA Y PROSPERA ☙

Valor, independencia y mucho entusiasmo es lo que Dios tiene que haberte dado, y tú, con tu conexión cósmica, sabes recibirlo muy bien. Por esto mismo, todo lo que hagas, trata de hacerlo con el idealismo propio a tu modo de ver y sentir la vida, y así, triunfarás. Cuando alguien nacido un 17 de abril se autoengaña, no le funcionan sus planes. Tu personalidad a veces puede estar apartada de toda preocupación,

Angelus:

Malkiel, ángel y príncipe y guardián.

cuando por dentro estás hirviendo de rabia; eso no te hace bien. Demuestra quien eres para poderte desarrollar y prosperar como quieres.

❧ PODER DAR ☙

Tu tiendes a darte por vencido cuando crees que ayudas a otra persona (menos en ajedrez). ¿Te cuesta? Sí. ¿Vale la pena? Doble sí.

17 DE ABRIL

El cielo sabe cuánta tontera aparente puede ser demostrado mañana, como algo verídico.
—Alfred North Whitehead

ASTRONOMÍA, HERMANA DE LA ASTROLOGÍA MODERNA

El 17 de abril de 2011, fue re-encontrado un libro importante sobre el genial astrólogo Dane Rudhyar, que tenía como subtítulo: "Hacia una astrología de sentido y propósito". La astrología, la filosofía, la poesía, la espiritualidad y el arte eran sus temas preferidos. Si te interesa seriamente el arte astrológico, debes leerlo a él (nacido un 23 de marzo, bajo el signo de Aries). Este astrólogo cambió el rumbo de cierto tipo de astrología, mostrando su capacidad (del arte astrológico) para entender a través del horóscopo la personalidad analizada de todo humano, permitiendo a quien lo estudia ver qué cantidad de ímpetus ponerle a cualquier asunto, y cuándo. Rudhyar hizo estudios filosóficos donde encontró que Nietzsche le enseñó como abordar el ciclo de las cosas. Escribió sobre la música clásica y, siendo francés, emigró a Nueva York donde se encontró con el gran profesor Zen Sasaki Roshi leyendo durante varios años en la biblioteca publica de esa misma ciudad. El libro, *Temas astrológicas para una nueva vida* puede ser un excelente principio para cualquier neófito interesado en el arte astrológico. Creó una astrología humanista y transpersonal. Rudhyar decía que la astrología es un lenguaje; si entiendes este lenguaje, el cielo te habla.

 **TU CLAVE SECRETA**

Hablando se entiende la gente.

Celebridades de tu día:

Chavela Vargas, Gabriel Soto, Victoria Beckham, Thornton Wilder, J. P. Morgan, Isak Dinessen, Henry Ian Cusick, Carlos Castillo Peraza, Jaime Torres Bodet y María Guerrero.

18 DE ABRIL

Debemos apartarnos de la vida que tenemos planeada para poder obtener la vida que nos espera.
—Joseph Campbell

TU DÍA, ARIES

Por lo general, Aries se define solo. Crees que está en una parte, y está en otra. Se autodefine sin pretextos, y cree nunca equivocarse. Si hoy es tu cumpleaños, el símbolo de tu signo está puesto para

Tu verbo motor:

Dosificar

que tú mismo, y todos los demás, se den cuenta que embistes dramáticamente, como el carnero que representa a Aries. La fecha de tu cumpleaños está al final de Aries, a veces el penúltimo y a veces el antepenúltimo día, pero siempre Aries, mientras que los nacidos el 19 y el 20 a veces pueden ser Tauro. Pero tú, nunca, y eso refuerza tu signo y tu supervivencia ante toda situación.

❧ AMOR, SALUD Y BIENESTAR ❧

La canción "Cuando un hombre ama a una mujer", cantada por Percy Sledge, la deberías traer en tu iPod para prenderte cada vez que veas una cara bonita o un gua-

Angelus:

Yaron, ángel que bendice.

pérrimo señor, dependiendo del caso, porque cada amor es intenso, profundo y único, hasta que llegue el o la que sigue. Parece que para Aries, restringir un poco la sal, el azúcar, el chocolate y el café puede mejorar tu humor, y dicen también que, si naciste un 18 de abril, necesitas un poco más de hierro y proteína que los demás habitantes del mundo. Teniendo buena salud y estando en forma, tus propias defensas corporales te ayudarán siempre a poder abrazar con pasión, besar a gusto y mostrar todo lo apasionado que sabes ser.

❧ DESARROLLA TU RIQUEZA Y PROSPERA ❧

Si logras dominar tu impaciencia para así invertir el tiempo necesario en aumentar lo que crees que haría que prosperaras (en todo negocio, trabajo o cosa), tus resultados aumentarían por diez. No trates de adelantar demasiadas cosas si tu salud te afecta, incluyendo pequeños dolores de cabeza o molestias sin importancia. Primero necesitarás siempre tener tu cuerpo a tiro, luego seguirá el trabajo para prosperar.

❧ PODER DAR ❧

Lo tuyo es dar para ayudar a los más vulnerables, que tú sí sabes cómo hacer.

ASTRONOMÍA, HERMANA DE LA ASTROLOGÍA MODERNA

El juego más largo de béisbol alguna vez jugado, duró más de doce horas y fue jugado en Pawtucket, Rhode Island, en el año 1981. Un solo espectador se quedó hasta el final, y el hecho que haya sido esto posible despertaría de su tumba al científico francés Michel Gauquelin, quién estudió toda la vida la importancia del planeta Marte en la vida de los deportistas, pues este regía Aries ese día, y Aries lo tiene como regente. Marte es el único planeta que tiene un observatorio estrictamente para él —el Observatorio Lowell en Arizona—, y aunque se creía que no podía albergar vida (su atmósfera equivale a 1/100 % de lo que existe sobre la Tierra), hoy día ya se sabe que puede haber vida bacterial bajo su corteza porque hace unos años encontraron que sí hay agua líquida en Marte. Este planeta, la Tierra, Venus y Mercurio son planetas llamados *interiores*, muy diferentes a los exteriores, que son mucho más grandes. Nos falta aun mucho por saber de los secretos de este planeta, que ya nos ha mostrado campos de hielo y dióxido de carbono parecido a lo que tenemos aquí. Faltará quizá enviar a astronautas de signo Aries para realmente entender lo que nos esconde "su" planeta.

Marte pesa 641 850, con 18 ceros, y si tú pesas 45 kilos sobre la Tierra, en Marte pesarías 17.

 TU CLAVE SECRETA

Si no crees en la astrología, cree en San Expedito, el Santo de lo Imposible.

Celebridades de tu día:

Antonio Martorell, Lucrezia Borgia, Millie Corretjer, Carlos Manuel de Céspedes América Ferrera, Antero de Quental y la beatificación de Juana de Arco en 1909.

TU DÍA, ARIES

El número 19 es un número considerado único entre los números, y lo mismo se aplica a ti. En escrituras védicas se conoce tu número como el príncipe de los cielos y promete que tu vida será siempre algo que va mejorando, llena de augurios cuando menos creas que pudieran acaecer. Al llevar el número 19 combinado con el signo Aries, seguramente tendrás que batallar un poco más para que esto suceda, pero eso tampoco es negativo, porque las batallas te hacen más fuerte, sano y perfeccionista. Existe una clara correlación entre tu signo y el efecto Marte.

> **Tu verbo motor:**
>
> *Accionar*

❧ AMOR, SALUD Y BIENESTAR ❧

Además de ser un número especial, ¡el 19 es el del amante ideal! Espero que así sea para ti y los tuyos, y que a quien vayas conociendo en tu vida que también es del 19, le preguntes si tiene esa suerte. Dicen, a la vez, que no puedes amar más que con amor puro, aunque sí puedes amar muchas veces. Tú sabrás si esto te conviene o no. Para conquistar y animar a tu propio cuerpo, te aconsejo buscar algún deporte, cualquiera, que te encante y te mantenga ocupado unos minutos al día, de manera regular. Eso te proporcionará tranquilidad física y moral. Por consiguiente, el bienestar que a veces va y a veces viene, lo tendrás más cerca simplemente porque te "sientes bien". ¡Qué más puede uno pedir!

❧ DESARROLLA TU RIQUEZA Y PROSPERA ❧

Dijo Atila que la victoria le llega a quien sabe no solamente qué hacer, sino cuándo hacerlo, y eso te sirve recordar para que obtengas la riqueza y puedas repartir la prosperidad que eso conlleva. Es algo que deberías repetirte diariamente para que no lo olvides, ya que a veces, cuando estás en el meollo del asunto, crees sabértelo todo y se te olvida lo bien que puede irte si escoges el momento adecuado. Tampoco olvides que Aries se lleva con todos los signos, pero todos los signos no se llevan con Aries. Ustedes son demasiado fuertes.

> **Angelus:**
>
> *Mbrail, ángel que rige los vientos (para que viajes).*

❧ PODER DAR ❧

Atrévete a lo que sea, sobre todo si al pedir puedes dar.

---

19 DE ABRIL

No existe mejor barco que un horóscopo para ayudar al humano a cruzar el mar de nuestra propia historia.
—Varahamihira

ASTRONOMÍA, HERMANA DE LA ASTROLOGÍA MODERNA

Curiosamente, Varahamihira (astrónomo, matemático y astrólogo), vivió entre los años 505 al 587 d. de C., y se estima que nació el 19 de abril, tu misma fecha. Su vida fue una cadena impresionante de predicciones sobre la vida de los reyes y filósofos de su tierra y su tiempo. Él practicaba astrología védica, llamada en la India la "súper ciencia". Varahamihira, como era astrónomo y matemático, calculaba todo él mismo, nunca usaba efemérides realizadas por otros, aunque la astrología védica tiene también miles de años de historia y cálculos exactos, llamada también Joytish o la ciencia de la luz, practicada en todo el continente de la India. Esta asume las leyes del karma, que pregonan que el humano vive y trabaja dentro de ciertos parámetros creados en vidas pasadas. Su mayor impulso es hacia el desarrollo espiritual de cada individuo, y cómo puede mejorar la calidad de vida al practicar vivir de manera más pura, menos material y con pensamientos que ellos llaman "de alto nivel", y que nosotros llamaríamos filosóficos. Esto, at ti, nacido un 19 de abril, te conviene total y absolutamente. Investígalo.

 TU CLAVE SECRETA

Averiguar, investigar y reconocer pensamientos ajenos a los tuyos y creencias de lugares lejanos.

> **Celebridades de tu día:**
>
> *Paloma Picasso, Eliot Ness, Fernando Botero, Roberto Carlos (cantante), Kate Hudson, Catalina Sandino Moreno, María Sharapova, Alexis Arguello, Luis Miguel y Elías Nandino.*

20 DE ABRIL

TU DÍA, ARIES

Regido por Marte, quien festeja hoy su cumpleaños tiene en sus entrañas deseos de ganar y la capacidad de hacerlo. Pero, al nacer este día, lo que tienes más ganas de hacer es cambiar el mundo con grandes o pequeñas cosas, pero eso sí, dejar marcado tu paso. Y muchos lo logran. Depende de donde se encuentra el planeta Marte, es decir en cual de las doce casas de tu horóscopo personal, y eso no es difícil de averiguar. Esperanzas y expectaciones deben acompañarte siempre, y lo que necesitas profundizar es cómo manejar situaciones fuertes que surgen aparentemente de la nada, para bien y para mal. Convertirlos en gran ayuda para tu propia vida es algo que no debería serte difícil. Naces con gran necesidad de prepararte bien, de encontrar madurez y de tener la capacidad de autocrítica. ¡Excelencia total, si lo logras!

Tu verbo motor:

Preparar

⚜ AMOR, SALUD Y BIENESTAR ⚜

Tendrán que comprender, aquellos que te aman, que tus querencias son muy especiales, impulsivas y, a menudo, incontrolables. Esto puede ser algo bueno o malo, dependiendo del caso y del momento. Necesitas aprender a amaestrar tu entusiasmo. Pero, como los riesgos son algo inherente en tu vida, recuerda solamente que para tener valor, hay que saber cómo afrontar dificultades —y esto va también para tu salud y tu bienestar. Las dificultades son, para ti, las piedritas que no impiden gran cosa. ¡Dichosos!

Angelus:

Armaros, ángel que resuelve encantos.

⚜ DESARROLLA TU RIQUEZA Y PROSPERA ⚜

Para ti debería ser bastante más importante el camino, el pleito o el reto que las ganancias. A tal grado que para que tu vida sea todo lo apacible que necesitas para lograr riqueza y prosperidad, tienes que tomar en cuenta que todo guerrero necesita su reposo. Seas mujer u hombre. Ten en cuenta también que la enfermedad de nuestro nuevo milenio es el estrés, un gusanito que gusta mucho retarte. Con buen cuidado de tu vida espiritual, puedes conquistar hasta eso.

⚜ PODER DAR ⚜

Tu puedes y debes dar con fuero, para que quien reciba de tu parte sienta o sepa que realmente es un regalo, y así, pueda seguir la cadenita.

ASTRONOMÍA, HERMANA DE LA ASTROLOGÍA MODERNA

Parecería que este es un día para artistas, pero el filósofo australiano, David Chalmers, nacido un 20 de abril, escribió un libro que demuestra algo del alcance del nacido este día en el área de la conciencia humana. La ciencia cognitiva nace desde antes del filosofo Platón, y parecería unir al pasado con el futuro, lo cual se relaciona entre el signo de Aries, que termina este día, y el signo de Tauro que eternamente lo seguirá. Tauro y Libra, ambos, son regido por Venus, y Libra, a su vez, es el signo opuesto a nuestro último día de Aries, este 20 de abril. Parece un gran rompecabezas cósmico, dentro del cual aparece que quien nace este día tienen el permiso estelar de seducir y ser seducidos por los sentidos, como si Tauro lo invadiera al usar la ciencia cognitiva, que tanto tiene que ver con los cinco sentidos. La ciencia cognitiva se usa para describir cualquier tipo de operación mental o de estructura que puede ser estudiada bajo términos precisos. En el caso de los nacidos un 20 de abril, escogidos con el garbo de Aries en su baile cósmico con Tauro, usen esos cinco sentidos a gusto.

 TU CLAVE SECRETA

En todo momento de tu vida, buscar tu agenda personal y espiritual que con brío sabrá ayudarte.

Celebridades de tu día:

Tito Puente, David Chalmers, Lionel Hampton, Carmen Electra, Odilon Redon, Luther Vandross, Joan Miró y Santa Rosa de Lima.

TU DÍA, TAURO

Es una delicia ser Tauro. Un día te das cuenta de esto, y es como sacarte la lotería. En primer lugar, el signo está en armonía con el orden cósmico, y si de esto no te has dado cuenta, investígalo, porque es algo único y fortuito. Por más que te digan terca, obstinado, obcecada o caprichoso, en realidad estas descripciones no son más que sinónimos del empeño para realizar lo que tú crees que se debe hacer, cómo te imaginas que deberías actuar y definir por qué no has de ser rebelde, siendo algo tan divertido para ti. Encontrar tu propia voz interna es lo más importante para que nunca te afrontes sola o solo con tus ideas, sino que tengas con quien discutirlas —con esa voz tan tuya, que no debe ser descartada por más que te digan que sí. Medida, quizá, pero coartada ¡nunca!

Tu verbo motor:

Examinar

⚜ AMOR, SALUD Y BIENESTAR ⚜

Para comenzar, te gusta el amor no comprometido, pero una vez que sientas el flechazo, solo Escorpión puede ser más celoso o celosa que tú, así que cuidado. Dicen que si verdaderamente amas a alguien, permítele su propia libertad, y eso es algo que debes traer escrito en tu magnífica alma. Tu salud tiene mucho que ver con la manera en que cuidas tu cuerpo, y el tuyo es el signo que, en porcentaje, vive una larga vida. Debes comer y ejercitarte además de imponer tu propio modo de sentir bienestar personal, forjado en hábitos regulares. El peso tuyo es algo que tendrás que vigilar; tener una buena báscula en casa es recomendable.

Angelus:

Metrator, uno de los ángeles más sagrados.

⚜ DESARROLLA TU RIQUEZA Y PROSPERA ⚜

Tauro se siente satisfecho cuando tiene suficiente de lo que considera necesario. El trabajo en sí es algo que te va bien, aunque el descanso fino es algo que necesitas. Es decir, si has decidido trabajar en tal o cual cosa, nunca olvides que poder tomar tiempo libre a gusto es algo importantísimo. Naciste (como casi todo Tauro) para sentirte rico, pero "lo rico" es algo tan personal, que solo tú sabes medirlo. ¡Enhorabuena!

⚜ PODER DAR ⚜

Primero pregunta, ¿qué quieres que te dé? Y el hecho de dar que sea el segundo paso, porque hasta en eso, podrías imponerte.

---

21 DE ABRIL

Carácter y destino son dos palabras para la misma cosa.
—Novalis

ASTRONOMÍA, HERMANA DE LA ASTROLOGÍA MODERNA

Tauro comparte con Libra el planeta que lo rige: Venus. Este tiene más mitos y magia, además de historias, que Matusalén —la persona más vieja del Antiguo Testamento que vivió 969 años, de por sí, ¡y eso que Tauro es longevo! Al ser un Tauro que nació el 21 de abril, necesitas reconocerte en el planeta que te representa, que da vuelta sobre su eje en 243 días (lo que nosotros hacemos en veinticuatro horas). Desde hace siglos, tu receptividad a veces tarda demasiado tiempo para que la conduzcas hacia el lugar que debes y, por lo mismo, debes mirar a este tu planeta cada vez que puedas. Llamado la estrella del atardecer y la del amanecer, Venus se ve claramente durante el mes de junio, y a veces aparece al lado de la Luna creciente, con lo cual parece estarte hablando directamente. Su órbita es la más circular de todos los planetas y es el más brillante de todos los planetas —es más, después del Sol y la Luna, brilla Venus. A veces, Venus se ve sobre la faz del Sol, como un puntito negro viajando de esta a oeste. La próxima vez que sucederá esto será entre el 5 y el 6 de junio de 2012. Hagan sus deseos señores, porque la siguiente vez será recién en diciembre del año 2127, y luego en 2125 durante el mismo mes. Yo se lo voy a dejar como regalo en mi testamento a mis ñoños.

 TU CLAVE SECRETA

Saberte representante de los placeres físicos, con cierto cuidado.

Celebridades de tu día:
La Reina Isabel II, Iggy Pop, Charlotte Brontë, Anthony Quinn, Jean Baptiste Biot, John Muir, Rosario la Dinamitera y Manuel Prado y Ugarteche.

22 DE ABRIL

Nuestra propia personalidad fluye y perdura en el tiempo. Al sentirla, llegamos a simpatizar con nosotros mismos.
—Henri Bergson

TU DÍA, TAURO

En el juego más visto de nuestro planeta (el fútbol), hay veintidós jugadores en el campo; y no es casualidad el hecho de que el título de un libro famosísimo ya es considerada como "palabra" por todo diccionario anglo-sajón. *Catch-22* significa una situación imposible causada por dos condiciones conflictivas, y espero que tú, nacido este día, no lo tomes con demasiada seriedad, pues el 22 es un número muy especial.

> **Tu verbo motor:**
> *Acumular*

❧ AMOR, SALUD Y BIENESTAR ❦

El amor de alguien nacido este día tiene que ser multiplicado 2 x 2 x 2 x 2 = 16, y 6 + 1 = 7. Esto significa que necesitas un buen abrazo los siete días de la semana. No tiene que ser de la misma persona, pero sí un abrazo genuino. A su vez, significa que tu fuerza de sanación viene directamente de la madre Tierra —y a lo básico primero, por favor. Tu bienestar es algo que debes dar, más que recibir. Dando, siempre estarás suficientemente contento como para seguir adelante y sentirte bien, bajo la gran mayoría de las circunstancias.

❧ DESARROLLA TU RIQUEZA Y PROSPERA ❦

Tauro necesita saber que desear "tener" es algo bueno. Y Tauro del 22 de abril debe ser enseñado desde temprana edad a respetar todo lo que tiene. Es decir, no despilfarres, sino más bien acumula. Tus ideas en relación a la prosperidad podrían ser puestas a prueba como la tesis y la antítesis de Immanuel Kant, quien nació un 22 de abril. No tienes que ser filósofo, pero sí necesitas darte el tiempo para pesar tus decisiones (lo bueno y lo malo) sobre cómo y cuándo deseas, (multiplicado por el cuánto) acumular. A ti te viene bien recordar que un 22 de abril, el congreso autorizó la frase que aparece en las monedas de Estados Unidos: *In God We Trust* (Confiamos en Dios). No dejes de hacerlo.

> **Angelus:**
> *Haatan, ángel genial que esconde tesoros.*

❧ PODER DAR ❦

Puedes y tienes que aprender a dar no solamente a quien quieres, pero también a quien creas que mejorará sus propios placeres, aunque sea un poco.

ASTRONOMÍA, HERMANA DE LA ASTROLOGÍA MODERNA

La NASA, desde hace algún tiempo, ha puesto a disposición de quien lo quiera ver una colección de imágenes de tal belleza, que para ustedes sería casi un pecado no verlas de vez en cuando. Se encuentran bajo el nombre *De la Tierra al sistema solar* (FETTSS, por sus siglas en inglés) en este enlace: http://fettss.arc.nasa.gov/collection. Tú, como Tauro, portador de la gama oficial de los cinco sentidos desde el punto de vista de los astrologistas de antaño, te viene bien mirar estas imágenes cuando estés de malas, cuando quieras atrapar un alma sincera, cuando te sientas como el rey del mundo y lo quieras compartir, cuando no te permiten hacer la terquedad siguiente, cuando tienes coraje, cuando quisieras tener más coraje, cuando estés endeudado (es gratis), cuando tengas a algo o a alguien perdido, cuando quieras realmente compartir con tus hijos, tus abuelos, tu pareja o alguien que quisieras que fuera tu pareja. Y también nos sirve a todos para recordar lo maravilloso que es nuestro planeta, y así unirnos, bajo tu signo y tu día, para celebrar el Día de la Tierra, y agradecerle a nuestro planeta por estar aquí.

 TU CLAVE SECRETA

Saber que cada uno es algo especial en la perspectiva del cosmos, y dentro de mil millones de galaxias, cada quien sigue siendo absolutamente único.

Celebridades de tu día:

Immanuel Kant, Jack Nicholson, Isabel I. de Castilla, Madame de Staël, Vladimir Lenin, Vladimir Nabokov, J. R. Oppenheimer, Ana María Shua, Mariana Levy, Charles Mingus, Giorgio Agamben y Guillermo Cabrera Infante.

TU DÍA, TAURO

Tu día te regala un don excepcional. Sales siempre de los embrollos aunque no salgas tan bien como quisieras. Los demás, por lo general, ni cuenta se dan. Es que tu fuerza de voluntad es grande, fuerte y, en realidad, muy positiva. Tus actos son respuesta de una energía casi eléctrica, y frecuentemente tienes tres diferente modos o ángulos de dónde escoger. Es más, el verbo escoger es algo que debes guardar como algo personal, porque es un paliativo relacionado con tu terquedad, que puede ser sublime o intolerable.

Tu verbo motor:

Contar

Es importante que hagas los chequeos necesarios en relación a tu salud, y que no dejes pasar demasiado tiempo, pues tu cuerpo es resistente y adaptable, siempre y cuando realmente lo vigiles. Como si tu cuerpo fuera otra persona a tu cuidado personal y necesitado desde el punto de vista del cariño.

❧ AMOR, SALUD Y BIENESTAR ❧

¡Qué rico!, debes decir cuando amas. Rico el beso, el sexo, el timbre de su voz y por supuesto su olor. Rico es un adjetivo que no debe tener nada que ver con opulencia material, al relacionarse con tu amor. Pero tiene todo que ver con la expresión de cariño. Y, sin acaparar la palabra solamente para tus amores y querencias, tiene también que ver con la salud. *Me siento bien, ¡qué rico!* De lo contrario, aliviánate antes de curarte. Recuerda que para todo Tauro, la garganta es su punto débil y la música y el canto es su bienestar.

Angelus:

Hanníniel, ángel que sabe de las encantaciones del amor.

❧ DESARROLLA TU RIQUEZA Y PROSPERA ❧

Tu mayor riqueza es mirarte en el espejo y sentirte bien cuando te ves —con ropa o sin, tú decide. Pero diariamente darte un tiempito para ser juez y parte de tu persona te ayuda más que pensar demasiado en como enriquecer tu cuenta de banco. Eso sí, todo Tauro (lo digo en la página general de tu signo) debe tener un lugar donde guardar lo que debe poder ahorrar. Y ese lugar tiene que complacerles, como una bolsa elegante, una caja especial, un banco personal o un secreto bancario.

❧ PODER DAR ❧

Piensa en dar como si fuera una clase que algo tenga que ver con el verbo ahorrar.

---

23 DE ABRIL

La fuerza del golpe depende de la resistencia. A veces es mejor no batallar contra la tentación. Vete volando o entrégate de inmediato.
—F. H. Bradley

ASTRONOMÍA, HERMANA DE LA ASTROLOGÍA MODERNA

GRB 090423 es un rayo gamma, detectado el 23 de abril de 2009 a las 7:55 de la mañana (tiempo universal). Este es, hasta ahora, un evento luminoso que se cree significa la formación de un hoyo negro, en este caso ha sido el objeto más distante jamás visto. Tiene, además, muchos otros significados que aumentan su importancia como "único", "más antiguo" y hasta el más viejo del universo. El rayo incluye rayos X, ultravioletas, ópticos, infrarrojas y de radio. Duró diez segundos y venía de la constelación de Leo. Los rayos gamma son radiaciones electromagnéticas que a la vez son los fotones de mayor energía del espectro electromagnético. El increíble Hulk (de signo Tauro, por supuesto), era en la historia original fulminado por rayos gamma, bajaron los escritores la intensidad para no asustar demasiado a los televidentes o a los que leían el popular cómic. Hasta el color verde es relacionado con Tauro, y su capacidad de soportar explosiones nucleares y levantar montañas va muy de acuerdo al símbolo del toro invencible que carga este signo desde que descendió del cielo.

 TU CLAVE SECRETA

Confía en la sabiduría de tu propio cuerpo, siempre y cuando le puedas proporcionar constantes placeres sencillos.

Celebridades de tu día:

Juana de Valois (Duquesa de Berry), Max Planck, George Lopez, Michael Moore, Jorge Fons, Halston, Shirley Temple, Paty Manterota, Roy Orbison y Augusto D'Halmar.

24 DE ABRIL

Aquellos que han siempre llegado "a tiempo" deberían repentinamente elegir hablar como si fueran visitantes casuales de la eternidad.
—J. N. Findlay

TU DÍA, TAURO

Tu día corresponde al grado 4 de Tauro y se dice que la riqueza de tu alma es producto de tu poder de ligar lo celestial con la naturaleza humana. ¡Un verdadero regalo! Te recomiendo hurgar entre la mitología para encontrar precisamente eso, eslabones que pueden marcar la pauta de dónde vienes, comenzando quizá con la constelación del gigante Orión, entre otros. Tienes, por esto, el don de creer que eres un ser maravilloso, y todos esperamos de ti que nos lo compruebes, o por lo menos que nos muestres tus dones pluscuamperfectos, considerados estos como una gratificación cósmica. Si te aplicas, puedes ser elegante y sofisticada, excelentes atributos para quienes gustan de la buena vida o la vida buena, dependiendo del tono de la canción que escojas vivir.

Tu verbo motor:

Beneficiar

◄▓ AMOR, SALUD Y BIENESTAR ▓►

Sí, es posible quererse más que al otro, y sí, es posible que eso a veces te suceda, pero estar en tus brazos es un regalo (algo que le sucede a muchos nacidos bajo el signo de Tauro). Eso sí, cuídate al comer, porque al nacer el 24 de abril, te gusta servirte generosamente. Vale la pena saber qué dieta es la que te conviene para no tener problemas de peso. Ten en cuenta que tu bienestar estará bien protegido siempre y cuando tengas a quién abrazar.

◄▓ DESARROLLA TU RIQUEZA Y PROSPERA ▓►

Lo tuyo es el comercio. De cualquier tipo de negocio, desde vender tamales hasta tener una jaula de oro, podrías construir una mina de lo mismo, porque tienes dones de agrandar, mejorar y producir más de menos. Talento creativo es lo tuyo, hasta para las cosas más banales, así que nunca dejes que te digan "eso no lo vas a poder hacer", pues con tu terquedad y sana sabiduría, instintivamente sabes qué, cómo y cuándo hacer lo debido para aumentar tu riqueza, sea de alma o sea de cuentas bancarias, para que la prosperidad que mereces te llegue.

Angelus:

Ishmel, ángel que domina el aire y sus derivados.

◄▓ PODER DAR ▓►

Dando y dando, pajarito volando... da con buen humor sin esperar que te regresen algo a cambio.

ASTRONOMÍA, HERMANA DE LA ASTROLOGÍA MODERNA

Pasan por las noches estrelladas como luces brillantes, supermanes voladoras, siempre entre el 19 y 25 de abril, cada año, las líridas. En su apogeo, vuelan en el cielo unos veinte meteoros por hora. Se calcula que entre cuarenta y cincuenta toneladas de materia cósmica entran a la atmósfera de nuestro planeta diariamente. Una tonelada aproximadamente cae sobre el suelo y lo demás se desintegra en la atmósfera. Cuando ves un meteoro, está a unos 90 kilómetros arriba, en el cielo. Y, hasta ahora, ningún meteoro ha ocasionado una lluvia de estrellas. Los meteoros entran a nuestra atmósfera con una velocidad de entre 40 300 a 265 000 kilómetros por hora. J. B. Biot fue quien, estudiando la polarización de la luz al principio de 1800, comprobó que los meteoros venían de un lugar extraterrestre. Biot era de signo Tauro, pero los meteoros, de donde sea que provengan, son de signo Aries, por duros, magníficos y fuera de lo común.

 TU CLAVE SECRETA

¡No cejar!

Celebridades de tu día:

Anthony Trollope, Snuppy (el primer perro clonado), Manuel Avila Camacho, Barbra Streisand, Jean-Paul Gaultier, Alejandro Fernández, Sebastián Lerdo de Tejada, Diego Verdaguer, Shirley Maclaine y Wilfrido Vargas.

TU DÍA, TAURO

El famoso neurocirujano Eagleman, nacido un 25 de abril, dijo que los matemáticos y los músicos tienden a realizar su mejor trabajo entre los veinte y cuarenta años; por lo tanto, si tienes ganas de brillar en alguna de estas profesiones, apúrate. Y sí, ambas cosas te irían bien, pero al mismo tiempo, ten en cuenta, por favor, que cuando tengas una magnífica idea, no la elimines de tu lista de "posibles" porque, de manera inesperada, tus resultados pueden ser definitivamente geniales por diferente, imaginativo y especial (las tres cosas te definen). Lo que hagas debe tener algo de creativo, porque eso es algo que llevas en tu ADN cósmico. Tu emotividad es algo incontrolable, pero si piensas en dar y ayudar a tus semejantes, aprenderás a dirigir esa gran emotividad hacia situaciones que mejoran las cosas —un gran don. No por nada nacieron tantos personajes que consuelan a tu signo, tales como Freud, Krishnamurti, Florence Nightingale, Benjamín Spock, William Shakespeare, Evita Perón, José Ortega y Gasset —y ahora te toca continuar el legado de tu signo.

Tu verbo motor:

Creer

✦ AMOR, SALUD Y BIENESTAR ✦

Constante actualización, es decir, estar al tanto de lo que "se usa" y es considerado adecuado para la circunstancia, eso es lo que necesitas averiguar para satisfacerte y tener a quien amas, feliz de verdad. Eso es lo más importante dentro de tus relaciones amorosas, y al comprender esto, verás que puedes durar toda una vida en los brazos del ser amado. La gente te ve como alguien bastante especial, y tú debes darles el gusto de que eso sea una realidad. Tu cuerpo funciona mejor cuando usas lo más apegado a lo básico, a lo que viene directamente de la naturaleza pura. Sentirte bien contigo mismo es tu verdadero placer o bienestar.

Angelus:

Dríal, ángel de la guarda.

✦ DESARROLLA TU RIQUEZA Y PROSPERA ✦

Necesitas sentir que prosperas para desarrollarte por completo. Es decir, diariamente debes repetir: estoy mejorando lo que hago, lo que pienso, lo que soy y hasta lo que sueño. Y así, no solamente convencerás a quien quieras, sino lograrás aumentar cualquier tipo de riqueza, peso por peso u onza por onza de oro.

25 DE ABRIL

Aunque tengas una idea magnífica, nada funciona exactamente como crees que debería.
—David Eagleman

✦ PODER DAR ✦

Lo tuyo es dar siempre personalmente y acompañado de un abrazo.

ASTRONOMÍA, HERMANA DE LA ASTROLOGÍA MODERNA

En el 25 de abril de 1951, fue publicado en Bologna el primer número de la revista *Il Mulino*, por estudiantes de la Universidad de Bologna —la Universidad más antigua del mundo donde estudiaron personalidades importantes como Gracián, Dante Alighieri, Nicolás Copérnico, Alberto Durero, Giovanni Pico della Mirandola, Gerolamo Cardano, Paracelso, Umberto Eco, Pier Paolo Pasolini, muchos de los cuales luego fueron grandes astrónomos y un sinnúmero de personajes que han conquistado al mundo por su inteligencia y talento, entre otras cosas. No podemos dejar de mencionar a Wolfgang Pauli, nacido un 25 de abril, premio Nobel de Física, quien por su contribución decisiva por su descubrimiento de la nueva ley de la Naturaleza (el principio de exclusión, o principio Pauli), fue uno de los pioneros de la física cuántica. Sin la física cuántica no sabríamos nada del principio de la incertidud, algo que pesa sobre nosotros y que, visto desde un punto de vista personal y propio, al nacer un 25 de abril, puede ponderar para tu bien.

 TU CLAVE SECRETA

Recordar que creer es algo maravilloso.

Celebridades de tu día:

Corín Tellado, Al Pacino, Alejandro Valverde, Ella Fitzgerald, Rene Zellweger, Albert King, Guglielmo Marconi, José Balta y día del lanzamiento del primer cómics de Batman.

26 DE ABRIL

Estate contento con quien realmente eres.
—Marco Aurelio

TU DÍA, TAURO

Floreces con el afecto y la felicidad, además de que puedes descubrir facultades personales dentro de lo práctico que los demás pueden envidiarte. Tu carácter es definido

Tu verbo motor:

Revelar

desde que naces, y fortalecerlo es algo que debes hacer como ejercicio que te servirá mientras vivas, porque no hay nacidos bajo este día que no escojan algunas veces el camino más difícil, y salen a la larga ganando. Tienes la capacidad de saber escoger lo que realmente te conviene, buen juicio y a veces mal carácter, pero bueno, algo difícil tendrías que tener para balancear, pues alguien perfecto resulta siempre aburrido —algo que definitivamente no es tu caso.

✎ AMOR, SALUD Y BIENESTAR ✐

Si te despiertas en un lugar agradable, y uno de tus cinco sentidos está complacido, debe ser un buen día. Comenzar el día, cualquier día, con un gusto te puede hacer feliz para el resto del tiempo. Yo te deseo eso para siempre, porque esos primeros momentos al despertar permean tu cuerpo y tu alma y te fortalecen. Nunca olvides que el regente de tu signo es Venus, y trata de conocer sus atributos para que

Angelus:

Iobel, uno de los doce ángeles poderosos.

puedas gozar una y otra vez, al día, a la semana, a tu gusto. Tu propio espíritu es quien te aporta salud y bienestar, siempre y cuando tú se lo permitas.

✎ DESARROLLA TU RIQUEZA Y PROSPERA ✐

Tu signo (Tauro) es considerado el más práctico del zodiaco, pero por nacer el 26 de Abril, tienes un don especial: tu espíritu creativo sabe apuntarte hacia el futuro. Por esto, cuando tengas inspiraciones algo fuera de lo común, permítete desarrollarlas y ten en cuenta que las novedades pueden ayudarte a transformar tu vida para conseguir algo de riqueza y bastante prosperidad.

✎ PODER DAR ✐

Tienes que entender que debes dar para mejorar tu propio poder.

ASTRONOMÍA, HERMANA DE LA ASTROLOGÍA MODERNA

Solo a una persona de signo Tauro, o alguien que tenga a Tauro excepcionalmente puesto en su carta astral, podría hacer lo que hizo Polly Letofsky, quien le dio una vuelta al mundo, a pie, sola. Nuestro planeta tiene 40 075,16 kilómetros de circunferencia. Polly, oriunda de Minnesota, caminó 22 730 kilómetros alrededor del mundo para juntar 250 000 dólares y donarlos a la cause del cáncer de mama. Comenzó su viaje y puso un pie frente a otro en países como Nueva Zelanda, Australia, Singapur, Malasia, Tailandia, Inglaterra, Escocia, Estados Unidos... ¡por veintidós países durante cinco años! Su valor, tesón, coraje y resistencia son un ejemplo de lo que puede hacer alguien decidido, con interés humano. La película de su viaje y más información se puede encontrar en su página web: http://pollyletofsky.com. Observarla es una experiencia que bien vale la pena para todos para inspirarnos con el Tauro que llevamos todos en algún lado de nuestro horoscopo personal, y así nos enteremos que tenemos cada uno de nosotros la capacidad de hacer lo que de verdad queremos. Por cierto, si quieren hacer lo mismo, según el Libro de Guiness de Récords Mundiales, para considerar dar la vuelta a pie por el mundo, el viaje tiene que ser de por lo menos 22 530 kilómetros, el caminante tiene que comenzar y terminar en el mismo lugar, y tiene que atravesar por lo menos cuatro continentes. Tiene permiso de volar de un continente a otro. ¡Tauro, tú lo puedes lograr!

 TU CLAVE SECRETA

Saberte capaz de realizar algo inconcebible.

Celebridades de tu día:

Marco Aurelio, J. J. Audubon, Ludwig Wittgenstein, Filiberto Ojeda Ríos, Gyula Kosice, Rafael Guízar y Valencia y el día del Festival de la Leyenda Vallenata (para quienes aman la música).

TU DÍA, TAURO

Los buenos y nuevos comienzos acontecen este día, y la prueba de tal es que en el año 2006, la primera piedra fue puesta en Ground 0, Nueva York. Te lo agradecemos a ti, quien seas, que nos permitas festejar todo 27 de abril, porque tu signo nos promete una larga vida y fuerza para lo que venga. Esas son las raíces de tu signo, vehículo de todo comienzo.

Tu verbo motor:

Revelar

La palabra avatar tiene sus orígenes en tu signo, en tu día y en tu ser. La palabra significa, para los hindúes, una deidad que desciende del cielo a la Tierra para manifestarse, y en el mundo de la computación es la representación del alter ego del usuario. Está en tus manos decidir a quién te pareces.

❧ AMOR, SALUD Y BIENESTAR ❧

Dicen que dices lo que sientes. Los que lo dicen, por lo general te quieren, te aman o quisieran que tú los quieras o los ames, y tienes que cuidar desperdiciar el amor de quien pudiera hacerte realmente feliz. A menudo dejas de ver de inmediato lo que piensas y eso puede causarte problemas. Por lo mismo, pertenecer a un club o lugar en donde puedes hacer algún tipo de ejercicio regularmente puede hacerle mucho bien a tus secuencias contrastantes. No necesitas dominarte todo el tiempo, pero sí saber cómo y cuándo exageras. Al amansar esa tendencia, oportunamente te reconfortará el bienestar.

Angelus:

Entities, orden de ángel que reparte y se viste de oro.

❧ DESARROLLA TU RIQUEZA Y PROSPERA ❧

L. Elder dijo que una meta sin un plan es simplemente un deseo, y habiendo nacido el 27 de abril, tú eres más bien alguien que hace primero y piensa después. Cálmate cuando de bienes materiales se trata, y traza un plan o varios. Fíjate metas con planes precisos y, si no te cuajan, sigue adelante. Sigue tus instintos pero con maña y astucia, dos cosas que sí tienes aunque no los hayas puesto aun a buen uso. Para eso, tenías que tener este libro en la mano.

❧ PODER DAR ❧

Para ti, lo mejor es dar tranquilamente, no como premio ni como ofrenda, sino como tranquilizante personal.

27 DE ABRIL

El punto de partida del hombre poco importa, si llega a una fiel expresión de lo mejor del humano.
—Juan Carlos Onetti

ASTRONOMÍA, HERMANA DE LA ASTROLOGÍA MODERNA

No hay que olvidar a Venus. La Venus del cielo, la Venus divina, la Venus de Botticelli y algunas Venus históricas, como el templo dedicado a Venus Erycina en la Colina del Capitolio en el año 215 a. de C. Ella era considerada e identificada desde el siglo III a. de C. como equivalente a la diosa griega Afrodita. Es más, en latín, Venus en su forma de sustantivo significa *amor* y *deseo sexual*. Existían muchas derivadas de Venus antaño: Venus Acidalia, la de las molestias; Venus Cloacina, la purificadora; Venus Ericina, el amor impuro y la diosa patrona de las prostitutas; Venus Félix, la de la buena suerte; Venus Genetrix, la diosa de la maternidad; Venus Libertina, la placentera; Venus Libitina o Libentina, una diosa de los funerales; Venus Obsequens, la llena de gracia o de indulgencia; Venus Urania, la celestial; Venus Verticordia, la de corazones cambiantes; y, entre otras, Venus Victrix, la victoriosa. Escoje la tuya para que te vaya guiando, que a muchos les han servido desde hace muchísimos siglos. Venus eres tú, y tú eres Venus. Rige tu signo; acéptala, te hará bien.

 TU CLAVE SECRETA

Reconocerte con fuero en algún sustantivo venusino, seas hombre o mujer.

Celebridades de tu día:

Herbert Spencer, Coretta Scott King, Julio F. Montt, Samuel Morse, Chiang Ching-kuo, Ulysses S. Grant y María Cristina de Borbón.

28 DE ABRIL

¡No habitamos un país, habitamos un idioma!
—Emil Cioran

TU DÍA, TAURO

Lo digo cada vez que puedo: cada signo astrológico es un idioma en sí, y cada día del año es un dialecto del mismo idioma. Tú, del 28 de abril, tienes mucho de Tauro, pero lo individual, lo que traes por tu ADN sanguíneo, cósmico y al azar, es único. Luego, claro, se va dividiendo hasta que como dijo Buda, cada humano es el autor de su propia salud y de su desgracia. Lo tuyo es ser como eres, sin flaquear. Es decir, haces lo que sientes que debes hacer, y es mejor que quien se ponga en tu camino se quite, porque lo tuyo no es capricho; es ganas de lograr. Evolucionas para ser lo que deseas, un gran don. Además, si te lo propones, puedes convencer, encantar y/o alegrar la vida de otros, siempre y cuando no desperdicies tu tiempo. Te lo digo para que los sepas y lo recuerdes, la flojera tiene signo: ¡Tauro! Lo que necesitas hacer es saber cuándo y con quién pasarla bien en el modus vivendi de la flojera, haciendo un intercambio y poniéndole tiempo libre aprovechable.

> **Tu verbo motor:**
>
> *Lograr*

⚜ AMOR, SALUD Y BIENESTAR ⚜

Pensar positivo es la clave para pasarla bien en los brazos de tu amorcito, y para sentirte bien y saludable. Tienes la capacidad, como la tiene un gran porcentaje de los nacidos bajo tu signo, de ayudar a quien necesita ser ayudado, y eso puede traducirse en aportar felicidad y bienestar a quien no lo tiene. Estudiar algo que pudiera facilitarte hacerlo es algo que debes tomar en cuenta, además de que saber aprovechar lo que tu diario deambular te ofrece es lo tuyo.

> **Angelus:**
>
> *En Suf, ángel invisible, creador de parte del universo.*

⚜ DESARROLLA TU RIQUEZA Y PROSPERA ⚜

Si aprendes a ahorrar, excelente cosa, porque generalmente los nacidos este día por una extraña razón (quizá cósmica) se les dificulta. Yo siempre aconsejo a toda persona de signo Tauro que estudie algo (puede ser durante una semana solamente, una carrera larga o leer un buen libro que te inspire) relacionado con economía, porque Tauro necesita saberse capaz de tener —cueste lo que le cueste— suficiente para sentir que está prosperando materialmente.

⚜ PODER DAR ⚜

Tu puedes y debes dar como si te estuvieras regalando algo para tu propio bien, además de explicar como aumentarlo.

ASTRONOMÍA, HERMANA DE LA ASTROLOGÍA MODERNA

El 28 de abril de 2001, el multimillonario Dennis Tito se convirtió en el primer turista espacial. De signo Leo, Tito fue aceptado por la Agencia Federal Espacial Rusa como candidato y, aunque muy criticado en esa época por algunos superiores de la NASA, desde que regresó de su viaje en el espacio, ha rendido testimonio en el Comité del Senado de Comercio, Ciencia y Transporte, en el subcomité sobre Ciencia, Tecnología y el Espacio, y en varios otros comités. En su testimonio describe su estancia sobre el Soyuz TM-32, donde permaneció 190 horas y 4 minutos, dando la vuelta a nuestro planeta 128 veces. Durante esos siete días, realizó algunos experimentos científicos dentro del Soyuz, explicando posteriormente que serían útiles para su propia compañía y sus negocios. Se dice que pagó alrededor de veinte millones de dólares por el viaje. Y hoy día, hay más de cien millonarios o multimillonarios que desean hacer lo mismo, todos ellos haciendo cola como cualquier ente zodiacal terráqueo.

 TU CLAVE SECRETA

Saberte dueño o dueña de tu propia vida, sea cual sea la circunstancia, porque ustedes sí que se saben divertir.

> **Celebridades de tu día:**
>
> *Penélope Cruz, Hugo Hiriart, Harper Lee, Saddam Hussein, Willie Colon, Roberto Bolaño, Jessica Alba, Mario Meraz, Elena Kagan, Jay Leno, Jorge García y Oskar Schindler.*

TU DÍA, TAURO

Tú sí que estás bien parado porque tu gran habilidad para reconfortar, divertir y embellecerle la vida a los demás debe permitirte hacer lo mismo para tu propia persona.

El número 29 siempre da algo de más a quien nace dentro de sus veinticuatro horas, sea del signo que sea. Juana de Arco llegó para asistir el sitio de Orleáns en 1429, y su nombre brilla hasta hoy día, y la boda de Kate y William fue celebrada un 29 —algo que una tercera parte de la humanidad pudo disfrutar. El mes lunar, tiene 29 días y, por lo mismo, tú, como la gran mayoría nacida un día 29, puedes ser más sensible que los demás. Importante es que te atrevas a creer en ti, bajo toda circunstancia, porque así harás florecer lo que llevas en el alma.

> **Tu verbo motor:**
> *Motivar*

❦ AMOR, SALUD Y BIENESTAR ❧

Tu amor supera muchos otros, porque eres bastante diferente y especial. Pero cuidado, la palabra superar en tu caso no significa que eres mejor, ni que ames de modo más fino, sino que te permite arreglar tu amor de manera absoluta y totalmente tuya. Y, por lo mismo, cuidado con sofocar a quien ames. Meditar te haría mucho bien para lograr dominar tu cuerpo y así asegurarte una larga y saludable vida.

> **Angelus:**
> *Donhan, ángel llamado para ritos mágicos.*

El bienestar lo llevas muy adentro y pudiera costarte trabajo darte cuenta de ello, al mismo tiempo, el hacerlo te ayudará a transformar algunas dificultades en momentos de luz.

❦ DESARROLLA TU RIQUEZA Y PROSPERA ❧

No hay persona ni personaje de signo Tauro que no pueda desarrollarse para aumentar su riqueza y prosperar —es así de sencillo. Pero como todo en la vida, claro que cuesta trabajo. Y esa posibilidad siempre presente es la que tienes que encontrar para lograrlo. Tauro necesita TENER. Pero el verbo significa un sinnúmero de cosas, que tú, nacido el 29 de abril, tendrás que dosificar para luego usar debidamente.

❦ PODER DAR ❧

Cuando sepas cómo dar rienda suelta a tu persona, sabrás cómo dar para que otros crean en ti.

29 DE ABRIL

Todo lo que somos es el resultado de lo que pensamos. La mente es todo. Lo que pensamos nos convierte.
—Buda

ASTRONOMÍA, HERMANA DE LA ASTROLOGÍA MODERNA

La Toilette de Venus (El Aseo de Venus) es el ballet más importante de Monsieur Jean-Georges Noverre, quien era hermano de un príncipe prusiano considerado el creador de los ballets que ahora vemos en teatro y en cine, y gran amigo de Mozart, Voltaire y Federico el Grande, quienes lo llamaban el Shakespeare del baile. Sin tener el más mínimo interés en astronomía ni astrología, es interesante que escogió al planeta Venus, siendo él de signo Tauro, cuyo regente es Venus. El baile es algo inherente al humano. Venus lo representa en su historia astrológica. La importancia del baile para el humano incluye desde la actividad física, su creatividad personal, su contribución a la salud, su importancia para motivar y juntar a niños, jóvenes y adultos, y su potencial para los efectos positivos tanto en la salud física como mental. El baile nos convierte en seres espirituales, reduce ansiedad y nos ayuda a sincronizar nuestro cuerpo. Los sufís dicen que Dios te respeta cuando trabajas, pero te ama cuando bailas. Y una vez un astrónomo me dijo: "El baile es la madre de las artes... el baile vive al mismo tiempo en el tiempo y el espacio". Así que a bailar, Tauro, como lo pide tu Venus, ya que solo trae cosas buenas.

 TU CLAVE SECRETA

Vivir con fe en tu futuro.

> **Celebridades de tu día:**
> *Duke Ellington, Hirohito, Pedro Vargas, Samuel Alfred Mitchell, Jerry Seinfeld, Andre Agassi, Michelle Pfeiffer, Padre Alberto Cutie, Jean-Georges Noverre, Ray Barretto y el Día Internacional de la Danza.*

30 DE ABRIL

*Si las estrellas aparecerían solo una noche cada mil años,
cómo las miraría y se maravillaría el hombre.*
—Ralph Waldo Emerson

TU DÍA, TAURO

Este es un día especial porque naciste tú. Y tú necesitas tener muchos amigos para explayar todo lo que quieres hacer en tu entretenida vida, y todo lo que crees merecer. Esto es porque tienes algo del niño o niña dentro de ti, que espero nunca deseches, pues te ayuda a mirar el mundo desde otro punto de vista divertido, diferente y amable.

Tu verbo motor:

Concretar

Cuando te enamores, asegúrate que el olor de tu pareja sea de tu agrado, y cuando escojas donde vivir, sea dónde o cómo sea, trata de que entre aire puro y buen aroma. No me canso de repetirles a los de signo Tauro que los cinco sentidos tienen que compartir sus vidas de la mejor manera posible; pero para ti, nacido un 30 de abril, la conexión entre tu nariz y tu cerebro es muy especial, y tu olfato es muy especial. Cooperación entre tu persona y los demás es lo que hace que funciones bien y vivas contento. Refinarte es importante, porque gozar con las buenas cosas de la vida es tu placer.

❧ AMOR, SALUD Y BIENESTAR ❧

El amor que sientes por los tuyos es un especie de consagración a toda la humanidad, y espero que sepas cómo generar este don y vivirlo con gusto. El altruismo es algo que debes poder compartir sin ton ni son, y toda experiencia que puedas compartir, disfrútala. Tu salud mucho depende del mundo que te rodea, porque tienes tendencia a contagiarte con facilidad. Por lo mismo, aprende a confiar en tu sexto

Angelus:

Bínah, ángel de la comprensión.

sentido para que puedas asegurarte que eres el capitán de tu propio bienestar.

❧ DESARROLLA TU RIQUEZA Y PROSPERA ❧

De nuevo, confía en tus instintos. Y, para tu bienestar material, aprende a ahorrar hasta de manera exagerada. Tus propósitos para aumentar lo tuyo deben tener mucha firmeza para que realmente aprendas a gozar y a disfrutar. Tienes los pies tan bien puestos sobre la tierra que logras disponer de los placeres que vas aprendiendo a gozar.

❧ PODER DAR ❧

Tú puedes y debes dar para que los tuyos, los que amas, aprendan a gozar con lo que les das y, así, sigues una cadena gustosa de repartir.

ASTRONOMÍA, HERMANA DE LA ASTROLOGÍA MODERNA

Se sabe, pero no a ciencia cierta, que el 30 de abril de 1006, el supernova más brillante jamás visto apareció en la constelación de Lupus, y se llama SN 1006. En la China, en Japón, en el Oriente Medio y en Europa fue visto, remarcado y dibujado. Lupus es una constelación menor que se encuentra debajo de Libra y Escorpión. Cuando fue vista, estaba aproximadamente a unos 7200 años luz de la Tierra, y se vio a una magnitud de 7,5 que es enorme. El astrónomo/astrólogo egipcio Ali ibn Ridwan escribió en un comentario sobre el *Tetrabiblios* de Ptolomeo que dice: "El espectáculo era un cuerpo grande, circular, unas tres veces del tamaño de Venus. El cielo brillaba a causa de su luz". El científico notó que se veía bastante cerca del horizonte. Hay escritos de los monjes benedictinos en donde afirman que tenía tanta luz que producía sombras.

El brillo de un supernova (que es una estrella que muere con una explosión violenta) puede superar a la de toda la galaxia en la que se encuentra. Algunos científicos creen que un gigantesco estallido pudo haber iniciado la evolución del humano cuando hace 1,8 millones de años una explosión de un supernova produjo una lluvia de rayos cósmicos que cambiaron el clima en África, forzando a los humanoides a bajarse de los árboles y a caminar erguidos. ¿Será cierto? Sea lo que fue, siempre será genial compartir nuestra historia con objetos estelares.

 TU CLAVE SECRETA

Recordar, recrear y entender tu propia historia.

Celebridades de tu día:

Alice B. Toklas, Paulo Jr., Jane Campion, Willie Nelson, Tania Lamarca, John Boyne, Germán Espinosa, San Juan Bautista De La Salle y el Día del Niño en México.

MAYO

¿Quiénes cumplen años este mes?

1 _____
2 _____
3 _____
4 _____
5 _____
6 _____
7 _____
8 _____
9 _____
10 _____
11 _____
12 _____
13 _____
14 _____
15 _____
16 _____

17 _____
18 _____
19 _____
20 _____
21 _____
22 _____
23 _____
24 _____
25 _____
26 _____
27 _____
28 _____
29 _____
30 _____
31 _____

TU DÍA, TAURO

Por haber nacido el primer día de mayo tu liga a todo aquel que trabaja es fuerte. Tu comprensión de todo ser humano, y de todo ser vivo, es grande. Si ya tienes edad de votar y no te has dado cuenta de ello, haz algo para componer tu camino, ¡porque ya perdiste bastante tiempo! Naciste con el don de poder inspirar a quien te escuche, ¡pero no eres la única ni el único! Ten en cuenta que en Inglaterra, este es el día en que festejan a Robin Hood, uniendo a la vez al antiguo dios Belatne (quien representaba el falo masculino) con el festival de Flora (quien lo recibe). Esta combinación está estructurada para poder regalarle felicidad a quien se cruce por tu camino si lo necesita. Todo esto, bien aplicado, te permite ser líder, o hacer cambiar a quienes están pasando por una época difícil, por encrucijadas o perdiendo la fe.

> **Tu verbo motor:**
>
> *Reconquistar*

❧ AMOR, SALUD Y BIENESTAR ❧

Ay, cuando amas, eres capaz de cambiar de manera de ser totalmente y te conviertes en otra persona. ¡Cómo si te hubieran encantado! Y aunque esto es algo que le sucede a Tauro frecuentemente, es curiosa cosa, porque la testarudez de Tauro es algo muy conocida. Tú, enamorado, podrías convertirte en lo que tu amado o amada desea, como si tu amor fuera el director de orquesta y tú llevaras simplemente el compás. A veces, te contagian su mal y te roban tu propio bienestar, si te dejas. Si yo fuera tú, no me dejaría.

> **Angelus:**
>
> *Thaur, ángel que aparece cuando es llamado para encantar.*

❧ DESARROLLA TU RIQUEZA Y PROSPERA ❧

Los bienes materiales son muy importantes para ti, y harás bien en reconocerlo. Tu fuerza de carácter te permite conseguir y desarrollar hartas cosas buenas para ti y para los tuyo, si realmente te aplicas. Aumentar tu prosperidad para incrementar tus cosas, no te hace mal. Al contrario. Despertar entre sábanas deliciosas, viendo unas bellas flores o escuchando una voz querida son cosas que aumentan, a la vez, tu felicidad, algo que todos buscamos.

❧ PODER DAR ❧

Tu bien sabes que quién da, se autocompensa y se ayuda.

---

1 DE MAYO

Ninguna persona es una isla sola; cada quien es un pedazo del continente, parte del todo... por lo mismo, nunca sabes por quién doblan las campanas... doblan por ti.
—John Donne

ASTRONOMÍA, HERMANA DE LA ASTROLOGÍA MODERNA

Los astrónomos pueden ser tan malignos como los malos de cualquier película, quitándole su fuero al planeta más pequeño, Plutón, que el 1 de mayo de 1930, fue designado planeta. Desde 2006, se llama 134340 Plutón. Pero como yo creo fehacientemente en los mundos paralelos (después de leer a Michio Kaku), estoy segurísima que en algún otro lugar de nuestro sistema solar aun consideran que Plutón es un planeta. Venetia Burney, una niña de signo Cáncer, sugirió el nombre al escuchar la historia del reciente encuentro estelar en 1940, sabiendo perfectamente a sus once años la historia de Plutón, el dios del inframundo. El astrónomo Herbert Hall Turner recibió la noticia y se la telegrafió a sus compañeros del Observatorio Lowell, y el nombre Pluto (Plutón) fue escogido —además de gustarles la idea, comenzaba con las dos letras del astrónomo Percival Lowell, quien había previsto la existencia del ex planeta. Y, el 1 de mayo de 1930, así fue bautizado. Dicen algunos que pasean por allí, entre ella y sus tres lunas, que se escuchan grandes suspiros por el cambio de nombre que le dieron. No se acostumbra a que le llamen los terráqueos, "un sistema binario". Cierto que es chico, pero también lo era Napoleón, la Madre Teresa, Genghis Khan y Diego Maradona.

 TU CLAVE SECRETA

Saberte capacitado para consolar a quien lo necesite, incluyendo a Plutón.

> **Celebridades de tu día:**
>
> *José de Alencar, Santiago de Ramón y Cajal, Pierre Teilhard de Cardin, Joseph Allen Hynek, Sergio Infante, Elsa Peretti, Miguel de Unamuno, Día de San José el Trabajador y abre el famosísimo Folies Bergere en París en 1869.*

2 DE MAYO

La humanidad es una divinidad, dividida por fuera y unida por dentro.
—Kahlil Gibran

TU DÍA, TAURO

Por los números de tu día, mientras más desarrolles tus poderes mentales, mejor para ti, para tu vida y para los tuyos. Hay muchas cosas que puedes mejorar, buenas y malas, y si aprendes a escoger lo que realmente conviene, por supuesto que tanto mejor para ti, pero si te equivocas, la reconquista de tu posición te será siempre bastante fácil.

Tu verbo motor:

Comprometer

Mientras más desarrollas tu ego, si es el ego que te permite aumentar tu posición como ser pensante, tanto mejor. Tauro y Leo son los amos de esa palabra, y durante toda su vida deben cuidarla como si fuera un amuleto personal y mágico. Acuérdate que el ego, es la instancia psíquica que se reconoce como yo, algo bien importante para ti.

⚜ AMOR, SALUD Y BIENESTAR ⚜

Date cuenta cuándo amas. No permitas que tu propia persona evite decirlo, mostrarlo, gozarlo. "Como las raíces, así crecen las flores", es un dicho del lejano oriente que debe permitirte comprender que el silencio entre dos seres, cuando dulce, fortalece. La salud es algo que debes conquistar con movilidad corporal.

Angelus:

Jazar, ángel que impone amor.

Acuérdate que como hembra, tienes algo de Afrodita, pero puedes ser la manzana de la discordia. Como macho venusino, tomas tu tiempo y el tiempo es tuyo para amar y conseguir ese bienestar que te hace el protector de quienes te necesitan.

⚜ DESARROLLA TU RIQUEZA Y PROSPERA ⚜

Promete las estrellas y regala esmeraldas. Las cosas de valor te hacen bien. Desde el buen pan, la mantequilla realmente holandesa y un vino como el que le gustaba a Napoleón (Gevrey-Chambertin). La tenacidad es tu fuerza, y no es tu culpa, así naciste. Lograr amaestrarla es lo mejor que puedes hacer para aumentar, lo cual, con tu tozudez, seguramente conseguirás.

⚜ PODER DAR ⚜

Hacer de las tuyas para dar a los tuyos, eso es lo tuyo. Y luego, reparte un poco más.

ASTRONOMÍA, HERMANA DE LA ASTROLOGÍA MODERNA

La dinastía Ming fue la dinastía, entre los años 1368 hasta 1644, considerada una de las mayores eras de gobierno ordenado y estabilidad social en toda la historia humana. Además, se consideraban los observadores más persistentes y perfeccionistas de los fenómenos celestes del mundo. Los emperadores chinos se autonombraban El Hijo del Cielo. Existen vestigios de catálogos de estrellas del siglo IV a. de C. También existe la terrible historia del emperador chino que, en el año 2134 a. de C., mandó a ejecutar a sus dos astrólogos por no haberle predicho la cita correcta de un eclipse. Para los nacidos un 2 de mayo, aquí les dejo una cita de Confucio (el más famoso filosofo chino) dirigido directamente a ustedes: "Poder practicar cinco cosas por todos lados bajo el cielo es virtud pura. Estas son seriedad, generosidad del alma, sinceridad, formalidad y amabilidad". Con que ustedes escojan dos, es suficiente.

 TU CLAVE SECRETA

Generosidad del alma es lo mejor que pueden dar, hacer y planear.

Celebridades de tu día:

Novalis, Yongle, Benjamin Spock, Lily Allen, Manfred von Richthofen "el Barón Rojo", Bianca Jagger, Zoé Valdés, David Beckham, Caterina la Grande y en 1982 se inauguró el Weather Channel.

TU DÍA, TAURO

Yo no sé si Platón era Tauro, pero lo parecía. Labios sensuales, cuerpo ancho, de joven estudió música, poesía, metafísica, epistemología y los escritos de Pitágoras y Parménides. Pero fue con Sócrates que encontró su verdadero maestro. Y cuando alguien nacido el 3 de mayo encuentra un maestro, lo sigue para el resto de su vida (casi). Así que digamos que tú y Platón, nacieron el mismo día. ¡Pongámosle fecha! Tú, y todos los nacidos este gran día, tienen algo en común: el poder de ser líder —sea de su familia, de su calle, de su grupo o de su país. A cada quien lo suyo, como mejor pueda; aprovéchalo.

Tu verbo motor:

Participar

❦ AMOR, SALUD Y BIENESTAR ❦

El amor que das siempre está relacionado con una manera especial de pensar, y dicen que esto es porque Santa Elena, créanlo o no, encontró la verdadera cruz en el año 326. Y de allí proviene la primera muestra amorosa del Día de la Santa Cruz. Parece algo extraño, pero la historia es así, y tu amor taurino está relacionado con la leyenda de Ávalon. Por lo mismo, los amores de los nacidos este día son fuertes, diferentes y duraderos. Cuida tu cuello y la garganta, y para fijar tu bienestar, una historia amorosa siempre debe rodearte.

❦ DESARROLLA TU RIQUEZA Y PROSPERA ❦

Tu riqueza tendrá mucho que ver con la manera en que confías en ti misma o mismo. Es importante que al lanzarte a mejorar, o te avientas al ruedo, tengas la seguridad de que realmente vale la pena. Si tu firmeza interna se te nota en la cara, en la mirada, logras más de lo que imaginas. Tu fuerza mental es grande. Piensa en Platón quien dijo que es mucho mejor hacer poquito bien que mucho con imperfecciones. "Una buena decisión está basada en conocimiento y no en números", dijo quien podría haber nacido un 3 de mayo.

Angelus:

Mahalel, ángel que ahuyenta todo mal.

❦ PODER DAR ❦

Si te las arreglas para dar un abrazo al día, estarás participando en algo que mejora todo ambiente, y te felicito.

ASTRONOMÍA, HERMANA DE LA ASTROLOGÍA MODERNA

El pasado 3 de mayo, en un periódico europeo, un subtítulo decía: "Uno de cada cinco españoles cree en videntes o astrólogos, sin importar el sexo, la religión o el nivel sociocultural". Yo se los agradezco, porque ha aumentado el interés en lo que llaman "la superstición". Y no olvidemos al amigo Einstein, que decía: "El conocimiento es limitado a lo que sabemos y comprendemos, mientras que la imaginación abraza a todo el mundo, y todo lo que habrá para saber y conocer". El conteo es algo complicado de entender, pero lo que es triste es saber que muchas personas desconocen los estudios importantes, serios y usados hasta hoy día que hicieron personajes históricos sobre la astrología como Anaxagoras, Copérnico, Demócritus, Galileo Galilei, Jung, Kepler, Ptolomeo, Ticho Brahe. En fin, podría llenar todo el libro de amantes de esta llamada astrología o de sus detractores, depende de quien pinte su raya a dónde. La astrología no es más que un método de correspondencia entre eventos celestiales de nuestro sistema solar y las actividades de los humanos, y ha existido en todas las civilizaciones. Yo la llamo "la parte poética de la astronomía", y considero que sirve para aprender a gozar de manera excelsa los cinco sentidos: ver, oler, saborear, tocar y escuchar —algo maravilloso para todos y especialmente importante para Tauro. Mientras tanto, gracias a esos uno de cada cinco españoles que creen en esas cosas.

 TU CLAVE SECRETA

Tu mente puede llevarte tan lejos como quieras, siempre y cuando lo creas posible.

Celebridades de tu día:

Niccolo Machiavelli, Bing Crosby, Golda Meir, Nina García, James Brown, Valentino Lanus, Pete Seeger y el Día Mundial de la Libertad de Prensa.

4 DE MAYO

Si mi mente lo puede concebir, y mi corazón lo puede creer,
yo sé que lo puedo lograr.
—Jesse Jackson

TU DÍA, TAURO

Existen albures, citas y cuentos interesantes sobre los nacidos un 4 de mayo, porque en verdad, tienen mucho carácter, no se dejan ningunear y su destino siempre es reforzado con el famoso dicho de Oscar Wilde (que no era de tu signo): "Creo cualquier cosa siempre y cuando sea increíble". ¿Por qué? Porque tú puedes no solamente concebir, sino también elaborar y realizar eso mismo, lo extraordinario. Tus palabras y tus ideas son una fuerza, a menudo, ilimitable. Ten en cuenta que puedes movilizarte de tal manera que encuentras ventajas a la vuelta de la esquina, siempre y cuando no dejes de lado los patrones sociales aceptables. Como bien dice la canción "El Bodeguero": "Toma chocolate, paga lo que debes", porque a veces tus ambiciones pueden orillarte a olvidar que siempre hay que pagar. Si no lo olvidas, tendrás más de lo que imaginas, y además lo podrás gozar.

Tu verbo motor:

Poseer

☙ AMOR, SALUD Y BIENESTAR ❧

Siempre y cuando no olvides las bellas palabras que dijiste, o tus promesas de enamorado, no te olvidarán. Tú amas la buena vida y a menudo eres capaz de hacer cualquier cosa para lograrla, cosa que tendrás quizá que balancear. Pero tu amor siempre vale la pena, y si te cuidas de no contraer molestias por olvidarte de usar lo adecuado, tu salud será algo de la cual no necesitarás preocuparte. Tu bienestar tiene mucho que ver con la salud, y por eso, cuida de manera sana tu cuerpo, por favor.

Angelus:

Malakim, orden de ángel representando las virtudes.

☙ DESARROLLA TU RIQUEZA Y PROSPERA ❧

Trabajar para aumentar precisamente tu riqueza y prosperar como crees necesitar es algo que podrás realizar si laboras dentro de un grupo grande, un lugar de prestigio y con mucha gente. Mientras más personas, mejor. Un gran favor te harás si fijas valores elevados para tus tentativas, y así podrás cejar tantito, para perdonarte a ti mismo de vez en vez.

☙ PODER DAR ❧

Dale fuerza a tu cuerpo, remedios alternativos a tu alma y comparte tu sapiencia.

ASTRONOMÍA, HERMANA DE LA ASTROLOGÍA MODERNA

"Que la fuerza esté contigo", como albur, te pertenece, porque hoy es la fiesta oficial de *Star Wars* (conocido también como el día de Luke Skywalker). La frase famosa de la película, "que la fuerza esté contigo", realmente te queda bien. La película en sí (la primera Star Wars, que era en realidad el episodio IV) debutó en el año 1977 y dieciséis años después, el fenómeno siguió su curso con otros episodios que en total juntaron casi cinco billones de dólares para sus productores. Libros, series de televisión, videojuegos y cómics llenan el cerebro de quien quiera de la idea del universo expandido y el universo ficticio, dentro del cual todos nosotros podemos viajar a una galaxia de ficción y sabernos allí, en vez de creernos allí. Mis hijos vieron algunas de estás películas hasta ocho veces, y ahora mis nietos me explican tan detalladamente la historia que tengo la absoluta seguridad de que será (alguno, en especial el Tauro) astronauta. Darth Vader, Yoda, Anakin, Luke Skywalker, Jabba the Hutt, Chewbacca y Han Solo no son todos de signo Tauro, pero sí encajan en la vida de Tauro, en especial contigo, nacido un 4 de mayo, para ayudarte volar a tu imaginación, algo que a todo Tauro le hace falta. Te hace bien.

 **TU CLAVE SECRETA**

Reconocer tu gran gusto por la vida.

Celebridades de tu día:

Audrey Hepburn, Manuel "el Cordobés" Benítez, Hosní Mubarak, Cardinal Francis Spellman, Amos Oz y Carlos Monsiváis.

TU DÍA, TAURO

Este es un día muy ocupado ya que tenemos, por ejemplo, al nacimiento de Miles Davis y de Karl Marx, y la salida fustigante de Alan Shepard el 5 de mayo de 1961 —y no olvidemos lo más importante: tu propio cumpleaños. Imagínate como amigo o amiga de uno de los famosos mencionados. Si logras eliminar de tu vida demasiados sueños, y dejas de lado la apatía que a veces te puede invadir, te aseguro que harás mucho más de lo que tú mismo imaginas, para el bien de la comunidad, de tu familia y para quienes verdaderamente te importan. Y esto es un don. Eres magnífico profesor o maestra, aunque no tengas esa profesión. Y, curiosamente, tu gran energía no tiene la meta de tener, tener, tener, como la mayoría de los nacidos bajo tu signo (generalmente para su bien), sino que estableces tus propias reglas y ordenas tu vida alrededor de eso mismo. Excelente cosa.

> **Tu verbo motor:**
>
> *Avanzar*

⧎ AMOR, SALUD Y BIENESTAR ⧎

Animar a quien esté a tu lado es lo tuyo. Y si no lo haces, toma unos cursos de "cómo hacer amigos y además influenciar a la gente", porque lo traes por dentro, y desperdiciarlo sería realmente triste. Existe un libro con ese mismo título, escrito por Dale Carnegie, (Sagitario por nacimiento, signo que le va bien a Tauro), y la neta, o el meollo, del libro es que puedes cambiar el modo de ser de otros, cambiando tu propia reacción hacia ellos —algo que tú debes poder hacer con brío. En cuanto a la salud para ti, Tauro, está en que si cuidas bien tu cuerpo, podrás resolver a tu gusto lo que sea, y eso, más que otra cosa, reanimará siempre tu bienestar.

> **Angelus:**
>
> *Barakiel, ángel que a ti te aporta éxito.*

⧎ DESARROLLA TU RIQUEZA Y PROSPERA ⧎

Desarrollar, para ustedes, tiene cuatro sinónimos: impulsar, propagar, progresar, tomar vuelo. Puedes usar cualquiera de estos cuatro para aumentar tu riqueza, que espero será más que material, sino enfocado también en el gusto a la vida —para vivir y gozarla. Así, podrás ayudar a prosperar de manera material a quien quieras, dejando siempre una buena huella.

⧎ PODER DAR ⧎

Lo tuyo es dar, extendiendo sapiencia siempre. Da consejos y acrecienta la fe de quienes te rodean.

---

5 DE MAYO

La vida es mitad lo que hacemos de ella y mitad lo que hacemos con los amigos que escogemos.
—Proverbio chino

ASTRONOMÍA, HERMANA DE LA ASTROLOGÍA MODERNA

Entre el 4 y el 7 de mayo, el cielo nos regala un *reality show* como ningún otro: una lluvia de meteoros que se puede observar desde los dos hemisferios: el Norte y el Sur. El 5 de mayo se puede ver especialmente bello, aunque desde el hemisferio Sur se ve mejor ya que podrían ustedes ver hasta treinta meteoros por hora. Unas horas antes del amanecer es el mejor horario para observar está belleza incomparable, llamada Eta Acuarida. Sus bailarines, que nos brindan este gran espectáculo, son en realidad pedazos de polvo y meteoros que va dejando el famoso cometa Halley de pasada. La Tierra pasa por esa estela dos veces al año, en mayo y en octubre. Las Acuaridas son las de mayo. El nombre les fue dado en honor a una estrella en Acuario, pero que nada tiene que ver con esa estrella, cosas que suceden en astronomía como en todo, aunque por mera coincidencia los meteoros parecen emerger de un punto cercano a esa estrella.

 **TU CLAVE SECRETA**

Saberte uno con el universo cada vez que miras el cielo.

> **Celebridades de tu día:**
>
> *Søren Kierkegaard, Agustín Barrios, Albert Marth, Tyrone Power, Santiago Cabrera, Chris Brown, Adele, Karl Marx, Elizabeth Jane Cochran y Farabundo Martí.*

6 DE MAYO

Nacemos solos, vivimos solos, morimos solos. Solo por medio del amor y de la amistad podemos crearnos la ilusión de no sentirnos solos.
—Orson Welles

TU DÍA, TAURO

Nacer el mismo día que Sigmund Freud es una carga especial. Si crees que el sexo no tiene demasiada importancia en tu vida, estas equivocado —o no te conoces lo suficiente y estas perdiéndote de algo lindo. Es bien bueno que eres posesivo, si lo usas para cuidar a los tuyos (medidamente, por favor). Recuerda siempre que la seguridad es lo tuyo. En especial la seguridad en ti, en lo que haces, lo que observas, lo que tienes ganas de hacer y en tus logros. Para el año 2020, habrán aproximadamente cinco millones de taurinos nacidos el 6 de mayo tratando de vivir de la mejor manera posible. Y cada uno tendrá sus preferencias en relación a ese gran don, el de perfeccionar los sentidos —propios o ajenos, según el momento o la hora del día.

Tu verbo motor:

Creer

AMOR, SALUD Y BIENESTAR

Tu amor es grande. Te llena y te facilita vivir. Freud debería platicar contigo, y estoy segura que de cada uno de ustedes, él aprendería algo. Esto es positivo porque cuando estas contrariado, se te nota en la cara o en el modo de andar. La salud viene con un cuerpo bien cuidado, con no comer demasiado y cuidar la gula. Y el bienestar está unido con el amor físico, algo esencial para tu psique. La sensualidad es casi más importante que la pasión, y un cuerpo que huela delicioso es tu bienaventuranza.

DESARROLLA TU RIQUEZA Y PROSPERA

La comodidad es casi más importante para ti que la riqueza, aunque no es tan fácil tener una cosa sin la otra. Pero tú eres de los personajes que comprenden y sienten el dolor ajeno, y por esto, los acontecimientos que te llevan a tener más o menos en tu vida los puedes diversificar. Es decir, de una cosa, sabes construir dos, y eso es una manera excelente de desarrollarlo todo. Escucha a tu Némesis, Freud sobre la felicidad: "Lo que llamamos la

Angelus:

Sachiel, ángel mensajero de Júpiter para servirte.

felicidad... viene de la satisfacción (preferiblemente repentina) de las necesidades que hemos ido sumando".

PODER DAR

En 1536, el rey Enrique VIII ordenó que en cada iglesia se pusiera una Biblia en el idioma inglés. Tú puedes dar, regalando un libro sagrado de cualquier religión cada vez que puedas.

ASTRONOMÍA, HERMANA DE LA ASTROLOGÍA MODERNA

El domingo 6 de mayo de 2001, el Papa Juan Pablo II (de signo Tauro) pasó a la historia como el primer Papa que entraba a una mezquita. La mezquita de Umayyad en Damasco, dentro de la cual se dice estar enterrado San Juan Bautista (hombre santo en Islam y en la cristiandad). "Tenemos que pedirle perdón al Señor y ofrecer perdón el uno al otro", pidió el Papa, quien ahora ya es santo. La mezquita es uno de los más antiguas e importantes del mundo. Damasco es a la vez conocida como la ciudad colonizada más antigua del mundo, y tanto Siria como Damasco tienen signo astrológico. Moderno, porque ha sido parte de Babilonia, Asiria, Egipto, Persia, Macedonia, y también Romano, arábigo, turco y del imperio francés. La Siria moderna es de signo Virgo. Damasco, el moderno, tiene como signo, Capricornio. En una época, esta mezquita fue dedicada a Júpiter, planeta que a Tauro le va bien. Cuando Júpiter pasa por Tauro, Cáncer, Virgo, Capricornio y Piscis, busquen ustedes cómo mejorarlo todo.

 TU CLAVE SECRETA

Cuando juntas tu habilidad de concentrarte con tu gran tenacidad, ¡logras milagros!

Celebridades de tu día:

George Clooney, Rudolph Valentino, Motilal Nehru, Orson Welles, Tony Blair, Lolita Flores, Maximilien Robespierre, Bruce Maccabee y Sigmund Freud.

TU DÍA, TAURO

Tu vida debería poderse comparar a un jardín encantado. Y si te das tiempo y espacio en tu vida para acercarte un poco al maestro Tagore, quien nació en tu día, te estarás haciendo un gran favor. Eres sensible. Debes aprender a ser capaz, y espiritual es algo que tendrías que buscar ser para lograr durante tu vida lo que la vida te tiene guardada. Tienes muchos dones, y necesitas encontrar cuál te viene mejor para escoger el debido camino. Recuerda que la astrología nunca debe indicarte *qué* hacer, sino que te abre las puertas para que entiendas qué cantidad de lo que ya tienes puedes poner en tu vida, en tus empeños y hasta en tu cocina.

Tu verbo motor:

Fortalecer

❧ AMOR, SALUD Y BIENESTAR ❧

Tu amor es uno de los más divertidos de tu signo, porque frecuentemente se te ocurren muchas cosas, y las cosas que se te ocurren funcionan. Cada amor es un idilio, y bien harías en llevar la cuenta. Tu modo y manera de explorar la vida es algo muy personal, y espero que así asumas lo que emprendas, usando tu individualismo, que es especial y único. "La vida me habla en colores y mi alma me contesta con música", decía Tagore, y así debes tú abordar tu salud y bienestar —de manera fuera de lo común y positiva.

❧ DESARROLLA TU RIQUEZA Y PROSPERA ❧

Tu prosperidad te conviene más si viene de la familia, y con esto no quiero decir lo material (aunque eso siempre ayuda), pero tus valores familiares deben serte de mucha ayuda moral, sean negativos, para que no hagas ciertas cosas, o positivos, para que hagas caso de lo que recuerdas haber visto, escuchado o aprendido. Yo he dicho frecuentemente que Tauro debería nacer rico porque cósmicamente se lo merece, pero en tú caso, habiendo nacido un 7 de mayo, con mayor razón —la cual no viene con justicia divina. Respetar el valor del dinero es imperante para ti, bajo toda situación.

Angelus:

Azazel, ángel con el lema, "Dios fortalece".

❧ PODER DAR ❧

Tu debes dar teniendo en cuenta que ser realmente pobre es una de las grandes injusticias de la humanidad.

---

7 DE MAYO

Me dormí y soñé que la vida era regocijo. Desperté y vi que la vida era servicio. Obré, y fíjense, el servicio era regocijo.
—Rabindranath Tagore

ASTRONOMÍA, HERMANA DE LA ASTROLOGÍA MODERNA

Mientras más buscas, más encuentras. Dominique Aubier, nacida un 7 de mayo, es una escritora famosa con cincuenta y cinco libros suyos a la venta. En uno de estos se encuentra una liga impresionante e interesante sobre Don Quijote de la Mancha y la cábala —ella, por cierto, no es judía. En la Universidad de Harvard, a la vez, han discutido en mesas redondas el libro *Let There Be Light*, la cosmología moderna y la cábala, pero el libro de Aubier se acerca más a los secretos del alma de Tauro, nacido un 7 de mayo. Ella comienza explicando lo siguiente: "Los ojos humanos pueden llenar dos funciones: la de ver la energía que flota en el universo y la de ver las cosas de este mundo". Existen algunos hispanistas que encuentran interesante el estudio de Aubier, quien nos asegura que siendo Don Quijote la obra prima de la literatura española, había que romper con el academismo y mostrar los misterios cabalísticos que existen entre sus páginas. Y yo los dejo con la frase que lo ata tan sencillamente a la poesía de la astronomía: "'Esa ciencia se llama astrología', dice Don Quijote". Esto se encuentra en el libro, y de allí, al leerlo, pasa a tu mirada, Tauro del 7 de mayo, para que investigues más de cerca de Don Quijote.

 TU CLAVE SECRETA

Saber ver tres, no solamente dos energías. La que tú ves, la que escuchas y ves, y la que sabes que existe, la ves y la escuchas. ¡Te felicito!

Celebridades de tu día:

Rabindranath Tagore, Gary Cooper, Tchaikovsky, Johannes Brahms, Dominique Aubier, Eva Norvind Joseph Joubert y Eva Perón

TU DÍA, TAURO

Nada debe molestarte si es para tu propio bien, es decir, cuando decides hacer algo que conviene o que *te* conviene, bien haces en no cejar. Y si lo haces con la gracia, fuerza y el empeño que traes por tu ADN cósmico, los resultados pueden ser excepcionales. Naciste con la facultad de poder realizar tus deseos —no todos, así que escógelos bien, pero una buena cantidad—, algo que debe liberar tus congojas cuando las tienes. Y recuerda siempre, el gozo tuyo es maravilloso, cuando te concede la vida alcanzarlo.

Tu verbo motor:

Ofrecer

AMOR, SALUD Y BIENESTAR

¿Tendrás un alma algo gitana? Es posible, pero eso debe alegrarle al vida a quien quiera estar a tu lado. Y tú, tienes que emplear lo mejor que puedas cuando amas, y jugártelas cuando no. "Guarda tu corazón arriba de tu cabeza y tus ojos bien abiertos", dice la canción que debes de cantar quedito diariamente, para irte, o dejar ir cuando no amas. Y, cuando te sientas mal, ve con quien debe curarte, no dejarte, para tu gran bienestar. Enfermar nos va mal a todos, pero a ti te deprime, así que cuídate.

DESARROLLA TU RIQUEZA Y PROSPERA

Para ti, la seguridad viene ante todo. Y esto, si no lo has pensado antes, ahora recapitula y escríbelo en tu cuaderno secreto, bajo la letra P de "lo PRÁCTICO", porque de todos los nacidos bajo este signo, esa palabra que significa "ajustándose a la realidad y persiguiendo normalmente un fin útil", según el Diccionario de la lengua española de la Real Academia, es toda tuya.

Angelus:

*Isaac, ángel de
la luz.*

PODER DAR

Para ti, lo mejor es dar sin exagerar ni escatimar. Date a ti mismo lo que creas que necesitas, y sabrás como dar a los demás.

ASTRONOMÍA, HERMANA DE LA ASTROLOGÍA MODERNA

El humanismo es una de las grandes cosas que podemos emprender, la idea es restaurar los valores humanos. Los grandes humanistas nos acercan al origen y a la fuente de cada uno de nosotros. Me gusta pensar que todos tenemos algo de humanismo. Sea por medio del estudio del arte, del cielo o de la revelación del conocimiento de uno mismo, como decía Sócrates. Henri Dunant, fundó la Cruz Roja. Nació en familia rica, y murió pobre por decisión propia. Su legado es enorme, lo puedes ver en las calles de todas las grandes ciudades del mundo que llevan su nombre. Su familia, humanistas italianos de abolengo. Dunant, en su libro *Memorias*, lleva tres temas a ser estudiadas por ti, del 8 de mayo, para lograr cualquier cosa: primero, la batalla; segundo, el campo de batalla; y tercero, el desorden y la miseria de quien se queda atrás. De allí, una idea se convirtió en un tratado internacional. Regresemos a la frase de Sócrates para no exagerar sino que conocerse, y con eso, hacer lo que se pueda entre el cielo y uno mismo.

 TU CLAVE SECRETA

Mañana siempre será un mejor día, pero tú tienes que permitir que suceda.

Celebridades de tu día:

Julieta Campos, Miguel Hidalgo, Edmund Wilson, Saul Bass, Carlos Gaviría Díaz, Keith Jarrett, Enrique Iglesias, Marta Sánchez, Joselito, Edward Gibbon, Henri Dunant y salió a la venta el álbum de los Beatles Let it Be *(1970).*

TU DÍA, TAURO

La metafísica asusta si no sabes leer, pero es sencilla cosa: es una parte de la filosofía que trata del ser en cuanto a tal, y de sus propiedades, principios y causas primeras. Y eso es lo que tú debes comprender para verte mejor, entender quién eres, estar orgulloso de tus esencias, rasgos y atributos, porque son muchos. No todos son excelentes, pero buenos sí, y eso debe asegurarte una larga y prolífera vida, siempre y cuando te atrevas a averiguar cómo te puede servir la metafísica en tu vida, algo que ahora te toca investigar. Lo que aparentemente te asusta, te disgusta o simplemente no puedes mejorar, déjalo ir. Tienes lo que se necesita para realizar lo que quieres, pero necesitas darte el tiempo y creer en ti.

Tu verbo motor:

Satisfacer

❦ AMOR, SALUD Y BIENESTAR ❧

"Ay, amor, ya no me quieras tanto", dice la canción de Ernesto Cortazar que tú deberías aprender y saber cantar, aunque fuera en la regadera. Con eso, tan sencillo, es bien probable que convenzas a quien desees, siempre y cuando sea de modo y manera elegante —palabra que debes estudiar. Los retos te hacen bien, y tu entusiasmo convence.

Angelus:

Eloa, ángel nacido de una lágrima de Jesús.

Cuida tu cuerpo, porque tiendes a desear hacer o comer lo que no te conviene, y debes, en vez, ser el aliado de tu persona física. Tu bienestar estará siempre presente si tú puedes mandar, hacer que te escuchen y lograr que te hagan caso.

❦ DESARROLLA TU RIQUEZA Y PROSPERA ❧

Si visualizas lo que quieres, y sabes medir en pesos y tamaños lo que necesitas para lograrlo, prosperarás con éxito. Simplemente no trates de apresurar lo que no se puede apresurar. Recuerda que el tiempo es algo dentro del cual toda persona nacida Tauro tiene que entender y amaestrar personalmente, en vez de despreciar. Los métodos tranquilos y prácticos son los que te convienen para alcanzar eso que quieres. ¡Adelante!

❦ PODER DAR ❧

Abre este enlace, http://apod.nasa.gov/apod, y verás la fotografía astronómica del día. Cada vez que la das, ¡te conviertes en héroe del cosmos!

9 DE MAYO

Cada vida es un punto de vista sobre el universo.
—José Ortega y Gasset

ASTRONOMÍA, HERMANA DE LA ASTROLOGÍA MODERNA

Howard Carter, arqueólogo quien descubrió en 1913 la tumba del Faraón Tutankamón, nació un 9 de mayo. Tú debes tener conciencia de que esa pirámide tiene más de 3300 años, momento esplendoroso de la Época de Oro egipcia y encuentro fortuito para la humanidad. Los dioses de los egipcios (Amon Ra) tenían, según ellos, el poder del Sol. Los egipcios basaban su conteo estelar en las estaciones y la aurora de la estrella Sirius, conocida hoy día como la estrella del Norte. La orientación de todas las pirámides egipcias nos sugieren que sus conocimientos sobre geografía y astronomía eran absolutamente impresionantes. Las cuatro esquinas de la mayoría de las pirámides están alineadas con los cuatro puntos cardinales. Como bien dijo Aristóteles: "Los egipcios han estudiado la astronomía profundamente desde tiempos inmemorables, y por ellos tenemos muchos datos sobre cada una de las estrellas". Esto incluye a la tuya, Tauro del 9 de mayo, tan llena está tu constelación de estrellas que hasta incluye a Castor y Pollux.

 TU CLAVE SECRETA

Repetirte de vez en cuando que todos los seres vivos tienen el mismo comienzo divino; todos estamos unidos. Todos somos miembros de un cuerpo enorme —palabras, por cierto, de Seneca.

Celebridades de tu día:

José Ortega y Gasset, Lucian Blaga, Pedro Armendáriz, Billy Joel, Rosario Dawson, Candice Bergen, Mike Wallace y Howard Carter.

10 DE MAYO

La amistad sincera es un alma repartida en dos cuerpos.
—Dicho común

TU DÍA, TAURO

Nacer el día de las madres guatemaltecas, mexicanas, san salvadoreñas ¡sí que es un regalo! Y para los que no lo festejen este día, tengan la seguridad de que nacer un 10 de mayo es algo especial por tener el don de saber celebrar las experiencias humanas de manera excelsa. Cuando estás seguro o segura de que todos los sentidos te funcionan como deseas, te animas a responder con la fuerza que te corresponde, y si puedes refinar aun un poco más esos sentidos, la vida tuya repentinamente tendrá mucho más sentido, y resplandor.

> **Tu verbo motor:**
>
> *Dominar*

◄ AMOR, SALUD Y BIENESTAR ►

Tú eres fantasioso y puedes equivocarte cuando te enamoras por la primera, segunda y hasta la tercera vez. El amor te llega frecuentemente de manera inesperada, y por lo mismo, ¡cuida de no enamorarte de quien ya se te fue! Tu afecto florece fácilmente y a menudo, cuando se agita tu corazón, te falla el estómago, algo que necesitas balancear con cuidado. Defínete, y así verás que mejoran tus amores y tu bienestar crecerá naturalmente.

◄ DESARROLLA TU RIQUEZA Y PROSPERA ►

Ten en cuenta que tienes una enorme capacidad de trabajo, pero al mismo tiempo te angustias cuando llegas a extremos. No exageres si no logras tus propósitos dentro del marco del tiempo que te fijas. Necesitas equilibrio para controlar tus pasos. Y ese equilibrio te permitirá dormir mejor, gozar más y tomar ese tiempo libre que todos necesitamos, y Tauro, con mayor razón. Negocia tu tiempo contigo mismo para permitirte despertar todas las mañanas sin angustia.

> **Angelus:**
>
> *Harabael, ángel que domina la Tierra.*

◄ PODER DAR ►

Da lo suficiente, frecuente y abundantemente. Y si no puedes, no des.

ASTRONOMÍA, HERMANA DE LA ASTROLOGÍA MODERNA

Poco conocido aunque genial persona, Karl E. Krafft fue un prominente astrólogo, grafólogo y biólogo. Nació el 10 de mayo en Basel y se graduó como matemático. Después de graduarse, trabajó durante diez años en un libro llamado *Trazos de Astro-Biología*. En el libro, expone su propia teoría llamada *tiposcomía*, la predicción del futuro basado en el estudio de la personalidad o tipo de cada individuo. Krafft predijo que el Führer estaría en peligro entre el 7 y 10 de noviembre, y justamente el miércoles 8 de noviembre estalló una bomba, dejando muchos heridos, salvo Hitler. Y, así, comenzó una batalla campal pero secreta entre los alemanes con Krafft (Tauro) y los ingleses con el astrólogo Louis de Wohl (Acuario, siendo este y Tauro signos que por lo general no se llevan a gusto), contratados por la Inteligencia Británica para que uno le siguiera el paso al otro. Ninguna otra predicción fue fructífera. Wohl acabó siendo recibido por el Papa Pío XII y fue investido como Caballero Comandante del Orden de la Santa Sepultura. Este es un interesante dato histórico que da vueltas y aparece como entretejidas notas, como las tuyas, si naciste un 10 de mayo.

 TU CLAVE SECRETA

Defender tus creencias, aunque no siempre te apoyen.

> **Celebridades de tu día:**
>
> *Fred Astaire, Benito Pérez Galdós, Hugo Banzer, Marina Vlady, Lisa Nowak, Manuel Mora Morales, Linda Evangelista, Bono y Nelson Mandela es inaugurado presidente de Sudáfrica.*

TU DÍA, TAURO

El filósofo Søren Kierkegaard nunca escribió sobre la astrología, pero nació Tauro, y muchas de sus citas parecerían escritas para quien haya nacido bajo este signo. "Enfrenta quién eres, quien verdaderamente eres", "No olvides amarte" y la maravillosa frase que

Tu verbo motor:

Descubrir

tú, nacido un 11 de mayo debe siempre tener en cuenta: "Lejos de que desperdiciar el tiempo es la raíz de todo mal, es en realidad, el verdadero bien". El filósofo habla mucho del cometido de cada quien, y eso es algo que tú debes tener y tomar en cuenta para todos tus quehaceres pequeños, medianos y grandes. Quién sino tú debe planear con suave dulzura tus hechos para ir logrando, poco a poco, tus propósitos de vida, y quién sino tú debe ponderar lo sujetivo y el sujeto, tomándote tú siempre como el sujeto más importante.

⟫⟫ AMOR, SALUD Y BIENESTAR ⟪⟪

De todos los nacidos bajo el signo de Tauro, tuyo es el día que confiere, ante todo, la necesidad de ser auténticamente verídico contigo mismo en cuestiones del amor, aunque le duela a quien le duela. Al mismo tiempo, ten siempre en cuenta que, cueste lo que te cueste, debes medir tus amores para que no tengas que pedir perdón simple-

Angelus:

Dagymiel, ángel que gobierna el zodiaco.

mente porque no deliberaste lo suficiente. Un mal de amores puede causarte tanta ansiedad que te puedes enfermar, y un amor perdurable debe causarte suficiente bienestar para que lo demás, a ratos, te valga poco, salvo estar con quien tú realmente ames.

⟫⟫ DESARROLLA TU RIQUEZA Y PROSPERA ⟪⟪

No debe serte difícil alcanzar lo que tú decidas necesitar. La prosperidad es eso, a tal grado que muchos filósofos, hombres sabios y santos califican la verdadera riqueza en simplemente sentirte contento o bien con lo que tienes —algo que tú podrías lograr si no te desbordas en futilidades. Cuidado con ser demasiado goloso, no solamente con lo que te entra por la boca, sino también con lo que deseas por pura gula.

⟫⟫ PODER DAR ⟪⟪

Nunca olvidas que cuando tú das, iluminas la vida de alguien, sea lo que sea.

Avanzar lentamente y con prudencia para realizar tus propósitos con seguridad... y luego ser feliz.
—Anónimo

ASTRONOMÍA, HERMANA DE LA ASTROLOGÍA MODERNA

En el mundo astronómico pasaron varias cosas en el cosmos y sobre la Tierra durante las veinticuatro horas de varios 11 de mayos, como el nacimiento de Frank Schlesinger, quien usaba placas fotográficas en lugar de estudios visuales para investigaciones astronómicas; y el nacimiento del genial Richard Feynman, pionero de la electrodinámica cuántica. Pero nada, para la humanidad, más importante que la aparición de Deep Blue (azul profundo), una computadora que le ganó un juego de ajedrez a Garry Kasparov y la primera vez que una computadora le gana a un campeón mundial de ajedrez en nuestra historia conocida. Dicen en los anales de ajedrez que existen más posibilidades de jugadas en este deporte mental que átomos en el universo conocido. El 11 de mayo de 1997, la máquina le ganó (tres empates y dos victorias a uno) a Kasparov (Aries), gran campeón del mundo humano hasta el 2005, cuando se retiró. La computadora, una IBM, tuvo su primer paso hacia el *pensamiento profundo* y poco a poco la fueron perfeccionando hasta que pudo "pensar" entre seis y ocho jugadas, evaluando a la vez unas 200 millones de posiciones por segundo. Si ustedes entran a Google y ponen el nombre Deep Blue, aparecen más de noventa millones de posibilidades de hits, todas elaboradas por la mente humana en 0,09 segundos. Tómate tu tiempo, Tauro, y decide por dónde empezar.

 TU CLAVE SECRETA

Floreces con afecto y fidelidad, aunque perteneces al grupo práctico astrológico como Virgo y Capricornio. Por eso, consolida lo tuyo.

Celebridades de tu día:

Salvador Dalí, Martha Graham, Camilo José Cela, Richard Feynman, Natacha Richardson, el Baron von Munchausen, Frank Schlesinger y la fundación de la Academy of Motion Picture Arts and Science (operadores del Oscar) en 1927.

---

12 DE MAYO

Sé eso mismo, quien verdaderamente eres.
—Søren Kierkegaard

TU DÍA, TAURO

Si logras lo dicho en la cita que presenta tu día, podrías ser una de las personas más felices del año, y eso porque no me atrevo a decir de la década. Tus emociones y tus sentimientos, cuando se enfrentan a momentos de alternativas, deben ser claros y verídicos, especialmente en relación a lo que eres, lo que quieres ser y lo que sabes poder realizar. Tienes la gracia de poderlo demostrar sin cuentos, y al mismo tiempo de agradar o seducir a quien quieras, dependiendo del momento y la posición de los astros, por supuesto. Tauro, nacido un 11 de mayo, necesita creer, pero en primer lugar creer en sí, en lo que hace, piensa y planea. Necesitas tener tranquilidad espiritual y saberte capaz de confrontar lo confrontable. Así, y por eso, llegamos a quererte tanto.

Tu verbo motor:

Demostrar

⊰ AMOR, SALUD Y BIENESTAR ⊱

Aquí te regalo una lista de posibilidades para tus amores: con Aries, exaltar tus sentidos; con Tauro, creer en lo posible; con Géminis, razonar; con Cáncer, revelarse; con Leo, autorizarse el uno o el otro; con Virgo, llevar a cabo; con Libra, politizar sus añoranzas; con Escorpión, responsabilizarse; con Sagitario, explorar; con Capricornio, organizarse; con Acuario, inspirarse; y con Piscis, expandirse. En relación con la salud, Tauro siempre necesitará quien lo oriente para cuidarse como debe. Teniendo el cariño adecuado y la paz en su corazón, el bienestar viene solo.

Angelus:

Ráphael,
ángel que cura.

⊰ DESARROLLA TU RIQUEZA Y PROSPERA ⊱

Dentro de este rubro, no necesitas más que trabajo, esfuerzo y planes bien concretos. Nada de planes guajiros, ni esquemas Ponzi. Más bien, concéntrate en los esfuerzos concretos con fechas elaboradas para que las cosas marchen tranquilas, hacia adelante. Cualquier cosa que tenga que ver con bancos, inversiones, casas de bolsa y dinero seguro puede aportarte lo que buscas desde el punto de vista material. Recuerda, siempre es mejor cuando trabajas en pareja, por tener a Venus como el planeta que rige tu signo.

⊰ PODER DAR ⊱

Lo tuyo es dar menos de lo que tú quisieras recibir, para que puedas dar más a la larga.

ASTRONOMÍA, HERMANA DE LA ASTROLOGÍA MODERNA

El 12 de mayo de 1551 se fundó la Universidad Nacional Mayor de San Marcos, la más antigua Universidad de las Américas, en Lima, Perú. De su facultad de ciencias salió Federico Villarreal, quien a la edad de veintitrés años descubrió el método para elevar un polinomio a una potencia cualquiera, más eficaz que el método de Newton. El prestigio, la tradición, la calidad y la selectividad son los propósitos de la UNMLP, cualidades que tú, nacido un 12 de mayo, tienes y debes aprovechar ya que en la lexicología astrológica, el neutrón es de signo Tauro. Por si no lo sabes, un neutrón es una partícula subatómica sin cargas eléctricas y un poco más grande que los protones, y parte de la base del átomo. Los átomos dependen los neutrones como los Tauro de sus sentidos; ver, oler, saborear, escuchar y tocar.

 TU CLAVE SECRETA

Ayudar a los demás es algo que eleva tu alma.

Celebridades de tu día:

Manuel de Godoy, Katharine Hepburn, María Antonieta Collins, Yogi Berra, Guillermo Endara, Burt Bacharach, Gabriel Byrne, Emilio Estevez y Florence Nightingale.

TU DÍA, TAURO

Tu palabra debe ser directa, sin recovecos y nunca escondiendo lo que realmente quieres decir. No te apures en aparentar lo que no eres, y ten la seguridad de que si miras directamente a los ojos a quien quieras impresionar, lo harás. Si la impresión es buena o mala, ya depende de la posición de Luna y de Venus (planeta que rige tu signo), además de lo que traigas puesto, porque curiosamente los nacidos este día reflejan de modo y manera su humor a través de su ropa. El gran minotauro celeste Babiloneo, te cuida siempre a su modo (Rudra du Rig-Veda et Enil, es su nombre). Por esto, cuando te sientas ante una encrucijada, piensa positivo y medita un rato. Verás como las respuestas te llegan en el momento adecuado.

Tu verbo motor:

Distinguir

❧ AMOR, SALUD Y BIENESTAR ❧

Quien nace este día, debe escoger para amar personas que no parecieran de su gusto. Es decir, te conviene alguien con quien puedas discutir, que sea voluntariosamente diferente a ti. Esto te va a permitir conocerte mejor y descifrar como esquivar tus mismas inaptitudes. Así, tu amor se volverá más fructífero que otros y gozarás más. Con la salud, cuidado. A menudo los nacidos este día no se cuidan como deberían. Busca cómo mejorar tu cuerpo física y mentalmente, y cuando creas que no te llega todo el bienestar que mereces, cambia tu estética personal.

Angelus:

Bríeus, ángel capaz de sobreponerse a todo mal.

❧ DESARROLLA TU RIQUEZA Y PROSPERA ❧

Con esfuerzos comprobados, nada novedosos, que dependen de lo que ya has aprendido, podrás mejorar tu posición, adelantar tus posibilidades y compartir tu riqueza con quien quisieras. Si te acusan de tener apetitos materiales insaciables, vas por buen camino. Para lograrlos, pisa lento y busca ante todo seguridad. Las apuestas sin base sólida no te convienen.

❧ PODER DAR ❧

Da para que quien reciba pueda divertirse más o gozar de un poco de eso que se llama "la buena vida".

13 DE MAYO

El descubrimiento de un nuevo manar aporta más a la felicidad humana que el descubrimiento de una nueva estrella.
—Anthelme Brillat-Savarin

ASTRONOMÍA, HERMANA DE LA ASTROLOGÍA MODERNA

El 13 de mayo de 1914, Evangeline Adams, astróloga, familiar de dos presidentes Adams, con clientela como J. P.Morgan, Tallulah Bankhead, Joseph Campbell y Enrico Caruso, entre otros conocidos y no tan conocidos de la época, fue llamada a la corte (luego de ser arrestada unos días antes) por pretender predecir fortunas, por lo cual las autoridades decidieron que debía ser juzgada como una persona alborotadora. Después prosiguió Adams no solamente a hacerle preguntas al juez y a predecir, explicar y hablar sobre las personas de su familia, sino que habló durante unas horas. Explicó lo que era un horóscopo, diciendo que un horóscopo en blanco tenía doce divisiones dentro del cual se dibujaba la posición exacta de los planetas en el momento exacto de nacimiento de cualquier humano. Con estos estudios, dijo la astróloga, lo que se hace podría parecerse a cualquier otra ciencia, una de vibraciones. Y agregó: "Todos los planetas representan las diferentes fuerzas del universo". Lo dicho allí fue algo único en la historia de la astrología. El honorable magistrado juez Freschi finalmente cerró el caso declarando: "Usted, señora, ha alzado la astrología a la dignidad de una ciencia exacta".

 TU CLAVE SECRETA

Comprender que para ti el universo puede ser un gran festín.

Celebridades de tu día:

George Braque, Joe Louis, Edouard Molinaro, Senta Berger, Bruce Chatwin, Eduardo Palomo, Robert Pattinson, Stevie Wonder, Ritchie Valens

TU DÍA, TAURO

Quien nace este día, en el grado 22 o 23 de Tauro, tiene una dotación grande de excelencia natural, por lo cual debe vivir de cierta manera rodeado o rodeada de cosas que le complacen (nada que ver con el valor de esas cosas). Mientras más hagas por despertar, comprender y usar la cultura —conocida como el conjunto de conocimientos que permite desarrollar tu propio juicio crítico— mejor para ti. Se dice que Tauro es quien aprovecha mejor que nadie las fuerzas terráqueas y primaverales (aunque nazcan en el hemisferio Sur), y por lo mismo, harás bien en comenzar nuevas venturas en esta época, específicamente si naciste en los umbrales del grado 21, 22 y 23 de Tauro —esto equivale a la fecha 13, 14 o 15 de mayo. Guarda este secreto para ti, y aprovecha su gran dinamismo.

> **Tu verbo motor:**
>
> *Inspirar*

❧ AMOR, SALUD Y BIENESTAR ❧

Tu amor debe ser moderno. Hasta para salir a bailar (algo que debes practicar) tienes que fijarte que tu peinado, tu modo de vestir y tus gustos vayan con la moda. Tauro por lo general es un ser bastante clásico, pero los nacidos este día necesitan depurar su lento despertar. Es por medio de tus esfuerzos en renovarte que encontrarás tu verdadero "yo". La melancolía tiene que ver con tu salud, es decir, tu estado de ánimo rige tu cuerpo. Y tu bienestar tiene mucho que ver con que tengas tiempo para ayudar a los necesitados. No tienen que ser personas totalmente abandonadas y desesperadas, pero sí debes estar presente cuando alrededor tuyo aparezcan crisis existenciales. Tienes el don de ayudar, sería una lástima desperdiciarlo.

> **Angelus:**
>
> *Salmía, ángel que te acerca a espíritus gloriosos.*

❧ DESARROLLA TU RIQUEZA Y PROSPERA ❧

No olvides el arte. Invertir en el arte o ser artista aparente o usarlo como distracción siempre te ayudará a ver el lado fructuoso de la vida, directa o indirectamente. Tu visión artística es interesante y la frase de Magritte (de signo Escorpión, opuesto al tuyo, signo que te permite mirar el mundo de otra manera y muy conveniente para tu imagen propia) te funciona: "Mírame, con eso te debe bastar". Cuando sepas y puedas mirarte a ti mismo de otra manera, sabrás qué hacer y cómo hacerlo.

❧ PODER DAR ❧

Para ti, dar se debe hacer de manera espontánea, inesperada y alentadora.

ASTRONOMÍA, HERMANA DE LA ASTROLOGÍA MODERNA

Curiosamente, un 14 de mayo me enviaron un interesantísimo artículo desde el otro lado del mundo sobre un robot llamado Ranger, de tamaño humano con cuatro patas largas, que con una sola pila, sin descansar y sin que lo tocaran, caminó unos 64 kilómetros. Comenzó un 1 de Mayo y se paró al día siguiente, después de haber caminado casi treinta y un horas. Para lograr esto, tuvieron que tener acceso mental a la electrónica, eficiencia energética y varios algoritmos con un motor que pudo hacer que se extendieran los tobillos y otro que movía las piernas. Sus pies eran redondos, no planos, y con cada paso se caía un poco y luego volvía en sí. Las ideas primordiales detrás de este robot, dicen quienes lo construyeron, tienen que ver con las leyes newtonianas, algo que vislumbraron al darse cuenta que al caminar el humano usa poca energía. Esto es un gran paso hacia el 2020, cuando, nos aseguran, seremos presentados con el primer cerebro humano totalmente sintético. La idea de la robótica aparece en la *Iliada*, y en el siglo XII, con el inventor Al-Jazari (matemático, astrónomo, astrólogo, ingeniero mecánico, hombre de letras, y se dice de signo Tauro nacido en el año 1136), quien construyó lavabos con pájaros que detenían el jabón, copiando lo que había visto en Bagdad —un árbol de oro, con pájaros cantando sobre sus ramas mientras aleteaban. ¡Belleza venusina! y un gran paso para Venus, como el del lanzamiento del Skylab, primera estación espacial en 1973.

 TU CLAVE SECRETA

No explayarte sobre lo que estás haciendo hasta después de hacerlo.

> **Celebridades de tu día:**
>
> *Tania León, George Lucas, Mark Zuckerberg, David Byrne, Josefina Estrada, Cate Blanchett, Sofía Coppola, Anahí, Camila Sodi, Tim Roth, Otto Klemperer y Matilde P. Montoya.*

TU DÍA, TAURO

Individualidad, identidad y responsabilidad son tus fuerzas, y si pones algo artístico entre cada uno de los tres, tu vida se llenará de bendiciones. Y no olvides de bailar, cantar y escuchar entre cada uno de las tres primeras acciones. Es decir, si la vida te permite enloquecer un poco diariamente, podrías ser una de las personas más contentas del mismísimo sistema solar. De cierta manera, te pareces a una piedra preciosa que puede ser utilizada para varias cosas, siendo tú quien se pone en su propio lugar. Este lugar puede ser fijada en una joya fina o exhibida en un museo. Sea lo que sea, es prueba de la magnificencia del trabajo de la madre naturaleza, que con su fuerza convierte de la nada, molécula por molécula, puestos bajo la tierra en condiciones óptimas, algo sumamente bello y valioso —como cuando tú te esmeras en hacer algo.

Tu verbo motor:
Recrear

≪ AMOR, SALUD Y BIENESTAR ≫

Debes ser la reina de los amores de varios, o el Sol de quien piensa en ti. Si no es el caso, es porque te estas desperdiciando. Cuando amas, te enciendes en amor, en celos, en ganas de no desperdiciar un momento sin quien te quiere a tu lado. Pero ay de ti y de la otra persona cuando dejas de querer, porque eres capaz de partir sin despedirte; espero que eso nunca se revire. ¿Salud? Tauro del 15 de mayo por lo general es sano, fuerte y le gusta hacer algún ejercicio exageradamente, a tal grado que llegas a tener de esos cuerpos que les dicen "cuerpazos", y si eres hombre ni te imaginas. Pero, cuando no embona tu cuerpo con tu alma por estar en pena, tampoco encuentras bienestar. No dejes de buscar alivio, sano, con quien sabes que te cura para que regreses a tu estado risueño, agradable y tan, pero tan placentero.

Angelus:
Anael, ángel de la creación.

≪ DESARROLLA TU RIQUEZA Y PROSPERA ≫

Para hacer que algo se desarrolle y progrese en algo que mejora tu vida material, tiene que tener algo que ver con la *transformación*, palabra que lleva consigo muchas vertientes. Para ti en particular, al nacer un 15 de mayo, está relacionada con transmutar algo en otra cosa. Puedes ser tú misma, puede ser un nuevo método o simplemente puede ser cambiar una materia en otra y sacarle beneficio material al asunto. ¡El libre albedrío es totalmente tuyo!

15 DE MAYO

≪ PODER DAR ≫

Lo mejor que puedes hacer durante toda tu vida es darte salud. Así, harás feliz a quienes estén contigo.

ASTRONOMÍA, HERMANA DE LA ASTROLOGÍA MODERNA

El 15 de mayo de 1618, Johannes Kepler confirmó su tercera ley de movimiento planetario, regla que es considerada como punto de partida para calcular las órbitas de los planetas de nuestro sistema solar. Kepler, matemático, astrónomo y astrólogo, forma parte importantísima de la revolución científica mundial (vean el 27 de diciembre para más información). En una carta a Helisaeur Roslin, (astrónomo/astrólogo quien en 1577 concluyó que el Gran Cometa se localizaba más allá de la Luna) Kepler le escribió: "La esencia de mi posición es sencilla: que el cielo repercuta sobre la gente se ve, pero lo que hace específicamente es misterio. Creo que los aspectos, o sea, las configuraciones que los planetas forman entre sí son significativamente especiales en la vida del hombre". Sin embargo, hablar de bueno o malo no tiene sentido. Como bien dijo Kepler en esa misma carta: "Las categorías son simplemente armónicas, rítmicas, hermosas, fuertes, débiles y mal arregladas... los astros no interfieren con el libre albedrío".

 **TU CLAVE SECRETA**

Saberte capaz de arreglar a tu medida lo harmónico, lo rítmico, lo hermoso, lo fuerte, lo débil y hasta lo mal arreglado.

Celebridades de tu día:

Dante Alighieri, Brian Eno, Christianne Gout, Claudio Monteverdi, Pierre Curie, Frank Baum, Madeleine Albright, Trini Lopez, Digna Ochoa y Max Frisch.

16 DE MAYO

¡A veces, me he imaginado seis imposibles antes del desayuno!
—Lewis Carroll

TU DÍA, TAURO

Salvador Dalí decía que las cosas o eran fáciles, o eran imposibles. Y con Mercurio y su Sol en Tauro, algo suyo tiene que cuadrarte, una frase muy tuya, excelente cosa. De esta manera, podrás eliminar lo que no parece posible desde el comienzo y te ahorrarás mucho esfuerzo perdido —algo que te viene como anillo al dedo, ya que tú, entre todos los nacidos bajo el signo de Tauro, eres quien puede usar demasiado esfuerzo para algo que no vale la pena.

> **Tu verbo motor:**
>
> *Facilitar*

☙ AMOR, SALUD Y BIENESTAR ❧

En 1770 el futuro Rey Louis Auguste (luego Luis XVI) se casó con Marie Antoinette, y en el año 1836 Edgar Allen Poe se casó con su prima de trece años; esto no está expuesto para que no se casen este día, pero sí para que no se casen si son demasiado jóvenes. Lo digo porque es algo que Tauro del 16 de mayo podría estar planeando, simplemente porque cada vez que te enamoras tienes la absoluta seguridad de que este es el amor que durará toda la vida. Espera un poco más antes de tomar decisiones drásticas cuando estás enamorada o enamorado, por favor. Es por tu bien, y por eso mismo cuida también tu salud. El cuello, la garganta y el sentimiento son las partes más delicadas de tu cuerpo, cualquier otra cosa que no moleste puede invadirte de un cierta bienestar que tienes el don de encontrarle a la vida.

> **Angelus:**
>
> *Eístibusm ángel de la divinidad.*

☙ DESARROLLA TU RIQUEZA Y PROSPERA ❧

Importante, importantísimo para ti, es despertar en un lugar que complazca —sentir, oler o alguno de los cinco sentidos debe tener acceso directo al placer. Si son dos, tanto mejor. Esto es una base que tú debes desarrolles en tu propia intimidad (el despertar de todos es lo más cercano a nuestra propia intimidad) para encontrar la forma de mejorar tu estado material, que por cierto, es importante.

☙ PODER DAR ❧

Para ti, dar es un premio personal. Cada vez que lo hagas, imagínate regalándote algo personalmente importante.

ASTRONOMÍA, HERMANA DE LA ASTROLOGÍA MODERNA

La mitología y las leyendas son para los humanos como los artistas hablándonos del futuro. Pinturas, palabras escritas, música y formas modernas son los mejores indicadores de lo que nos espera. Superman no está en un futuro tan lejano, y en el siglo VI de nuestra era, Santo Brandan aparentemente llegó a América, lugar que pensó ser el paraíso descrito en la Biblia. Tardaron (dice la historia) siete años en llegar desde Irlanda y alguien les dio la bienvenida diciéndoles: "Sean ustedes felices porque esta es la tierra prometida". También cuenta la maravillosa y divertida historia que dio misa de regreso en su barquito y que una ballena se acercó a escucharla. La historia aparece en la *Navigatio Sancti Brandani*. Se presume que nació el mismo día que murió, un 16 de mayo, como a veces sucede. Los hagiógrafos estudian a los santos, y la hagiografía tiene signo: Tauro. El primer horóscopo de Irlanda también lo define como país Tauro y tú, al nacer un 16 de mayo, bien harías en estudiar las historias mitológicas de doquier.

 TU CLAVE SECRETA

Creer en lo inconcebible para crear tus propias historias.

> **Celebridades de tu día:**
>
> *Juan Rulfo, Tamara de Lempícka, Henry Fonda, Studs Terkel, Liberace, Gabriela Sabatini, Danny Trejo, Janet Jackson, Pierce Brosnan y la canonización de Juana de Arco en 1920.*

TU DÍA, TAURO

No te quedes con la duda de a quién buscar, mejor busca lo que te agrada, en todos los sentidos: persona, olores, sabores, música, lo que te gusta tocar, los lugares que te gustan ver una y otra vez. Porque tu día te hace partícipe de poder encontrarte con lo que necesitas, si te dejas ir un poco. Tauro es conocido por ser testarudo, pero Tauro nacido un 17 de mayo es de lo menos testarudo dentro de los premiados con este signo.

Tu verbo motor:

Exagerar

ᴥ AMOR, SALUD Y BIENESTAR ᴥ

Te identificas con tu ser amado casi al instante, aunque ese preciso amor no dure, pero eso no es tu culpa. Es por el simple hecho de que esa persona no te supo comprender, o no entendió que flirtear para ti significa amor eterno. Entre tú y tu salud, debe haber un diálogo constante, en especial sobre las pequeñas cosas que descartas en lugar de curar, mejorar o cuidar. Y una vez que sepas cómo poner estas dos cosas en su lugar, tu bienestar estará contigo, como la fuerza de Luke Skywalker.

ᴥ DESARROLLA TU RIQUEZA Y PROSPERA ᴥ

Hace unos años, el valor de compra-venta de la bolsa de valores de la ciudad de Nueva York, la más movida del mundo, movía aproximadamente $153 billones. Y para tu propia prosperidad es interesante que sepas que un fajo de un millón de dólares mide 17 centímetros (en billetes nuevos de 1000); mil millón de dólares mide 110 metros de altura, pero un billón mide 107 825

Angelus:

El-Adrel, ángel invocador de música mágica.

kilómetros de altura, uno sobre el otro, para que prepares tus espacios. Este es un dato que fue dado por Joseph Stiglitz (Acuario), Premio Nobel de Economía en 2001. Una vez que asimiles estos datos, estarás preparado para cualquier sube o baja de tus riquezas, que seguramente podrás desarrollar.

ᴥ PODER DAR ᴥ

Tú necesitas dar a paladas, si puedes, y si no puedes, da como si no fuera tuyo.

17 DE MAYO

Andábamos sin buscarnos, pero sabiendo que andábamos para encontrarnos.
—Julio Cortázar

ASTRONOMÍA, HERMANA DE LA ASTROLOGÍA MODERNA

Venus, planeta con nombre que despierta sueños eróticos, fue visitada por un aparato ruso en 1967, y el 17 de marzo de ese año envió, durante cincuenta y un minutos, datos desde la atmósfera del planeta, que a la vez rige tu signo. Venera 6 pesaba 405 kilos y en su costado exterior traía un relieve de Lenin (Tauro). Los instrumentos del Venera 6, indicaron que la presión atmosférica de Venus reflejaba una presión veintiséis veces más pesada que la de la Tierra. Lanzada desde un Sputnik Tyazheliy y plena de instrumentos científicos, mientras bajaba se abrió un paracaídas.

 TU CLAVE SECRETA

Siempre hay que tener a la mano un guardadito de dinero, de amigos y de asuntos.

Celebridades de tu día:

Sandro Botticelli, Dennis Hopper, Erik Satie, Alfonso Reyes, Enya, Antonio Aguilar, Princesa Máxima de los Países Bajos y la fundación de la bolsa de valores de la ciudad de Nueva York fue fundada.

18 DE MAYO

La ciencia es hermosa cuando da explicaciones simples sobre fenómenos o conexiones entre diferentes observaciones.
—Stephen Hawking

TU DÍA, TAURO

¡Tu signo es una belleza! Nada que ver con masculino o femenino, pero tiene que ver con la influencia de Venus (planeta que te rige) —una deidad tan destructiva como divina y dueña del amanecer, la portadora de la belleza de todo ser vivo. Importante es que te rías varias veces al día —según los psicólogos y los astrólogos—, así que busca entre los recursos de los humanos, ya que también tienen que ver con Venus, que dicen regala conocimientos profundos para ser usados en momentos otrora llamados superficiales. Recuerda, tu gran fuerza cósmica es la de componer, arreglar y poner un "hasta aquí" a momentos difíciles —tanto los tuyos, como los ajenos.

Tu verbo motor:

Superar

AMOR, SALUD Y BIENESTAR

"Acércate más y más, pero mucho más... y bésame así, así, así como besas tú", letra de la canción "Acércate más" de Nat King Cole que mejor describe lo que necesitas y lo que das cuando amas. Cuidado con no pedir ni dar demasiado. En otras palabras, mídete, por favor, tanto en el amor como en el cuidado de tu cuerpo, de tu estado físico, y final y francamente, de tu salud. Tiendes a olvidarlo todo cuando amas, y en realidad es cuando deberías de cuidarte más. Tu bienestar tiene mucho que ver con mirarte y sentir orgullo de la mirada feliz de quien te esta viendo a través de tus propios ojos.

Angelus:

Eloha, ángel del orden de los poderes.

DESARROLLA TU RIQUEZA Y PROSPERA

El mejor verbo para ti es el de ahorrar, pero si se lo dices a todo el mundo, te lo van a querer robar, pues es importantísimo para muchos. Ten cuidado de no dejarte languidecer, un verbo que en realidad no te conviene bajo ningún pretexto (ni el que consideres lo peor) porque eso te impide prosperar. Y para ti, cada día debe ser algo superior al pasado, simplemente porque tienes esa capacidad.

PODER DAR

Date tiempo para mejorar lo que ayer no fue tan bueno.

ASTRONOMÍA, HERMANA DE LA ASTROLOGÍA MODERNA

Max Planck (de signo Tauro) era un físico alemán genial que recibió el Premio Nobel en 1918 y se lo considera el principal creador de la física cuántica. Bautizado Marx, a los diez años decidió firmar como *Max*, y así, con la tozudez del taurino cósmico que tenía, desde esa temprana edad cambió su propio nombre. Como muchos nacidos bajo su y tu signo, pensó primero en estudiar algo relacionado con la música. Pero optó por la física. Su vida personal lo llenó de demasiadas pérdidas familiares, y su estoicismo lo ayudó a seguir aguantando lo que para otros podría ser inaguantable. Un 18 de mayo en un día llamado el Día de las Medallas, entregó uno de los escritos que cambió al mundo: "La realidad física de la luz" —algo que para ti, nacido bajo el signo de Tauro, es importante que leas y lo sepas. De él dijo alguna vez Einstein: "El estado mental que le permite a un hombre hacer el tipo de trabajo que él hace, es parecido a quien es profundamente religioso, o al amante enloquecido; el esfuerzo diario no surge de una intención o programa deliberado, sino directísimo, del corazón."

 TU CLAVE SECRETA

El ejercicio te sana el alma y mejora tu humor.

Celebridades de tu día:

Bertrand Russell, W. G. Sebald, Omar Khayyám, Zar Nicolás de Rusia, Brenda Blanco, Pierre Balmain, Margot Fonteyn, Juan Pablo II, Tina Fey, Augusto Sandino y aparece publicado Drácula *(1897) de Brian Stokes.*

TU DÍA, TAURO

Nadie como tu para propagar un gusto a la vida. Y si no lo sabes o no lo puedes compartir, estudia la manera de hacerlo, porque te estarías realmente desperdiciando. Y desperdiciar es un verbo que no encaja con tu signo, salvo si pesas más de 100 kilos y sigues comiendo pastel. Los nacidos este día son estrellas de su casa, de su taller, de su propia vida o reconocidos cuando bailan con las estrellas. Lo saben y lo acomodan en la medida de sus posibilidades. Las estrellas son grandes, chicas, magnéticas, múltiples, peculiares, simbiótica, supermasivas, fijas, gigantes, estrella fundamental y estrella guía. Escoge algunas para irte acomodando a tu delicioso ser, y sigue leyendo.

> **Tu verbo motor:**
> *Prever*

⚜ AMOR, SALUD Y BIENESTAR ⚜

Nadie como tú para propagar (cuando amas) sensualidad y voluptuosidad con un toque de buen gusto, si te sientes con ganas. Así que, cuando te apagues —porque ese sí es un defecto que te pertenece— no olvides lo que hiciste o prometiste hacer. Tu amor puede quitarle el aliento a quien sea, pero a veces es porque estimulas y en otras ocasiones es porque olvidas o ya no quieres recordar. Tu salud dependerá frecuentemente de que te rodeen personas con las cuales tienes afinidades, de lo contrario, tu diario bienestar puede sentirse apachurrado. Y cuando te sientas así, abraza a alguien y verás que rápidamente se te quita la escasez de bienestar.

> **Angelus:**
> *Majesties, ángel de las majestuosidades.*

⚜ DESARROLLA TU RIQUEZA Y PROSPERA ⚜

Es importante, para lograr lo que deseas en relación a riqueza y tenencia (de casas, coches, terrenos, joyas y amor, mucho amor), que precises lo que quieres con frialdad. De lo contrario, se te pueden ir ciertas cosas de la mano porque ni cuenta te diste de que las tenías o no le pusiste suficiente atención por estar pensando en otra cosa. Si desarrollas tus corazonadas, las podrías convertir en planes concretos realizables, siempre y cuando tengas un plan definitivo de acción.

⚜ PODER DAR ⚜

Da como si fueras rey, es decir, bien envuelto, bien presentado, con intenciones firmes.

19 DE MAYO

Sé feliz durante este momento. Este momento es tu vida.
—Omar Khayyám

ASTRONOMÍA, HERMANA DE LA ASTROLOGÍA MODERNA

El 19 de Mayo tiene mucha historia: el primer viaje solitario en un avión cruzando el Atlántico; la salida de la cárcel de Oscar Wilde; El Marte 2, lanzado por científicos Rusos; el Tratado de Guadalupe Hidalgo donde México cedió lo que era suyo (California, Nevada, Utah); y, para gozar con todos los sentidos, el 19 de mayo de 1962 se juntaron los duendes para que Marylin Monroe le cantara con voz tórrida, sensual y voluptuosa el *Happy Birthday Mr. President*, en el Madison Square Garden de Nueva York, y el mundo cayó a sus pies. Dentro de ese mundo tenemos a varios gigantes —personas que nos inspiran. Stephen Hawking es uno, quien además de ser el más famoso de todos los físicos, es cosmólogo, astrónomo, matemático y pensador genial que muestra que se puede seguir adelante a pesar de la terrible enfermedad de Lou Gehrig que le ha modificado el cuerpo. Marilyn Monroe —mujer bella, interesante y buena actriz— y él se juntaron para siempre cuando Hawking confesó que si pudiera conocer a cualquier persona del universo, preferiría viajar en el tiempo y conocer a Marilyn Monroe que a Newton o a Galileo. El científico más conocido del mundo tiene en casa un póster gigante de la artista, y dice que verla es como ir a un viaje por las estrellas. Hawking, al ser preguntado sobre su hijo más pequeño, repite lo dicho por uno de sus mejores amigos: "Ese niño tiene menos de la mitad de la edad de lo que lleva con su enfermedad, por lo tanto, no todo de Stephen está paralizado".

 TU CLAVE SECRETA

Saberte partícipe de los momentos gratos del mundo.

> **Celebridades de tu día:**
> *Malcolm X, Elena Poniatowska, Julius Evola, Nora Ephron, Grace Jones, Cecilia Bolocco, Psícosis, Natalia Oreiro, Ho Chí Minh y Napoleón funda la Legión de Honor.*

20 DE MAYO

Toda la humanidad es pasión; sin la pasión, la religión, la historia,
las novelas y el arte no tendrían efecto.
—Honoré de Balzac

TU DÍA, TAURO

Los nacidos un 20 de mayo tienen más que pasión en su alma; tienen efervescencia y delirio para algunas cosas y total pasividad para otras. Por eso necesitas tener en quien confiar para no desbocarte al instante. Pero eso sí, a pesar de que el famoso, inteligente y sabio Stephen Hawking haya dicho que la "noción del cielo es un cuento de hadas", tú no le creas, porque eres de las personas que se pueden imaginar hasta milagros que logran cumplirse. Tus ideas fluctúan y eso te hace mucho bien, porque poco a poco tú misma depuras las cosas que debes hacer, en lugar de echarte de clavado al bulto, siempre y cuando las discutas primero. Simplemente tienes que saber a quién escoger para que te sirva de espejo.

Tu verbo motor:

Atrever

⚜ AMOR, SALUD Y BIENESTAR ⚜

Para ti, aunque parezca locura, es más importante la salud que el amor, porque sin salud no gozas como debieras, y tienes que aprender a cuidarte debidamente. Tu cuerpo es un recipiente de lo que te rodea, así que por favor, come, ejercítate, usa las partes adecuadas para lo adecuado y cómprate si puedes los mejores jabones, cremas y pociones posibles. Después vendrá el amor, el tuyo es fuerte y formal. Tu bienestar es rodearte de quien te quiera cuando lo necesites, y quien a la vez aprenderá a dejarte en paz cuando lo deseas —cosa importante para tu buen humor.

Angelus:
Arakiel, ángel que lleva almas a cuesta.

⚜ DESARROLLA TU RIQUEZA Y PROSPERA ⚜

Ojalá tuvieras una oficina repleta de gente trabajando, con tu oficina privado muy a tu gusto, sin que los demás pudieran mirarte cuando descansas. Necesitas inspiración para lograr ganancias. Sin ella, te es muy molesto tener que ocuparte de minucias, como el cuándo y dónde de la prosperidad. Cultiva tus ganas con determinación (que es uno de tus puntos fuertes cuando a lo material se refiere) para que realmente sientas que el fruto de tu labor vale la pena. Y si el poder te gusta, mejor para ti.

⚜ PODER DAR ⚜

Curiosamente, parece acertijo: da para que quien reciba entienda que el poder está en tus manos.

ASTRONOMÍA, HERMANA DE LA ASTROLOGÍA MODERNA

En este casi último día de Tauro, el gran taurino Shakespeare publicó por vez primera sus sonetos en al año 1609. Y en el año 1891, vislumbró, gracias a Thomas Edison, el primer prototipo del kinetoscopio. Pero volviendo a Shakespeare:

No tomo mi juicio de las estrellas;
Y, sin embargo, me creo conocedor de astrología,
Pero no para decir la buena o mala suerte,
De plagas, de muertes, o calidades de estaciones

Estas primeras cuatro líneas del soneto número XIV son para todos los nacidos un 20 de mayo y para todo astrónomo que quiere presumir que Shakespeare tampoco predecía. Pero que hubiéramos hecho sin Shakespeare y su Romeo y Julieta, y —mezclando artes y gustos— que tal si nunca hubiéramos visto *El Acorazado Potemkin, Intolerancia, El Ciudadano Kane, Los Siete Samurais y El Padrino*. Si le tuvieras que mostrar una película a un extraterrestre para brindarle un vistazo de nuestro mundo —que siendo Tauro serías seguramente el indicado para hacerlo—, ¿cuál sería?

 TU CLAVE SECRETA

Los cuentos de hadas permiten que una rana se convierta en príncipe, pero tú bien sabes que eso puede ser, a la larga, una manera de evolución.

Celebridades de tu día:
Honoré de Balzac, Chandrashekarendra Saraswati, Moshe Dayan, José Mujica, Vladimiro Montesinos, Israel Kamakawiwo'ole, Cher, Joe Cocker y Bernardino Rivadavia.

TU DÍA, TAURO

Los hindúes dicen que antes de que nuestros científicos encontraran la teoría del Gran Estallido, los sabios upanishadas ya hablaban del despertar del cosmos. Esto lo puedes encontrar en el libro *El Gran Estallido y el Bhagavad Gita*; te lo digo a ti, nacido en el último grado de Tauro (número 30) por esto: Tú tienes la gran opción de comprender, buscar, usar y fortalecerte con los pensamientos de las creencias del mundo entero. Cada gran idea puede iluminarte, cada novedad te regala una idea, ya que cada manifestación de lo diferente, aumenta tu sexto sentido. Y tu llamado sexto sentido es un regalo del cosmos. Además, no necesitas esforzarte demasiado para aprovechar de este don. La influencia y los efectos de lo desconocido siempre serán tus aliados. Si festejas el Día Mundial de la Diversidad Cultural para el Dialogo y la Diversidad (cada 21 de Mayo), estarás haciéndote un enorme favor.

Tu verbo motor:

Comprender

❧ AMOR, SALUD Y BIENESTAR ❧

Energía y fuerza inusitada es lo que necesitas para lograr lo que tú crees saber necesitar. ¡Aguas! Porque a veces, no estás tan dispuesta a saber lo que realmente te conviene. Esto le sucede a quienes nacen en el último grado de cualquier signo, pero Tauro, siendo el signo que representa la terquedad, lo usa como si fuera un gran plan. Fusiona tu mente con otra persona para discutir tu amor, y luego aviéntate al ruedo sin preocuparte, pues quien te ama difícilmente te puede olvidar. Deberías ser tan materialista con tu cuerpo como con tus ganas de obtener cosas. Cuida tu persona más de lo que creas necesario, y si todos los días puedes ahorrar aunque fuera un centavo, irás aumentando tu bienestar.

❧ DESARROLLA TU RIQUEZA Y PROSPERA ❧

Pensar tus movimientos a fondo es lo que necesitas para planear tus pasos hacia tener más de lo que sea. La necesidad de tener lo tuyo, personal y propio, es importante para quien nace este día, y no debes dejarte convencer de lo contrario. Piensa en hacer inversiones en asuntos relacionados con el arte porque el arte juega un rol importante en tu vida, aunque fuese simplemente para hacerte prosperar desde el punto de vista de tu talento personal.

❧ PODER DAR ❧

Importante es que aunque regales solo una sandía, esté bien envuelta y presentada.

El arte podría ser menos importante que la vida, pero sería una pobre vida sin arte.
—Robert Motherwell

ASTRONOMÍA, HERMANA DE LA ASTROLOGÍA MODERNA

Vocero de los derechos humanos, ganador del Premio Nobel (1975) y físico nuclear, podemos decir que gracias a este gran señor ruso, al sentarse cerca Mikhail Gorbachev para mostrar su inconformidad con sus palabras, le dio credibilidad internacional. Figura histórica, este brillantísimo científico y físico teórico fue clave para el desarrollo de la bomba de hidrógeno y, al mismo tiempo, tuvo la firmeza de alzar la mano y mostrarle a Gorbachev un puñado inmenso de telegramas que le habían llegado al científico criticando el monopolio político de su propio país. Andrei Sakharov, inventor nuclear y fuente de la conciencia rusa, fue el título de su obituario. Sakharov, ante todo, batallaba por la libertad intelectual y política de sus conciudadanos. Aguantó muchos años en el destierro y reapareció, como taurino que era, listo para reconquistar lo que fuera. Recibió una cantidad impresionante de premios, pero los rechazó para defender a sus conciudadanos. En el histórico ensayo de 10 000 palabras que circuló clandestinamente, llamado "Progreso, coexistencia y libertad intelectual", Sakaharov predijo lo que estamos sufriendo ahora: guerras, hambre, polución del medio ambiente, cultura masiva estupefaciente y mitos demagógicos. Tú, nacido un 21 de mayo podrás siempre hacer algo que le permita al hombre mejorar.

Angelus:

Chamuel, ángel quien ayuda a encontrar a Dios.

 TU CLAVE SECRETA

Saberte capacitado para hacer algo para el bienestar de otros.

Celebridades de tu día:

Alberto Durero, Felipe II, Manuel Pérez y Curis, Andrei Sakharov, Mr. T., Nick Cassavetes, Notorious B.I.G., Henri Rousseau, Tomás Segovia, Eduardo Verastegui y Millie Quezada.

TU DÍA, GÉMINIS

La ventana de tu mente es algo maravilloso y tu deber es tenerla siempre abierta para entender, responder y mejorar no solamente tu propio entorno, sino el de aquellas personas que realmente te interesan. Debes poder maravillarte diariamente de algo, o en su defecto, maravillar a alguien con tus actos o tus palabras. La visión que tienes para asimilar y expandir ideas es grande, y desde pequeña edad Géminis se hace un favor si comienza a juntar libros para tener su propia biblioteca —¡en el iPod caben aproximadamente 1600 libros!

Tu verbo motor:

Propagar

⋘ AMOR, SALUD Y BIENESTAR ⋙

Quien ame como tú está de suerte. Es decir, perteneces a quienes saben querer de verdad, aunque pueden adorar tanto un poema como una mascota, un lugar o una persona. Y puedes, a la vez, querer a dos. Los números no impiden tus ganas de amar. Y si tienes la capacidad de recordar tus amores, mejor aun, porque así vas comprendiéndote más y más. Si puedes besar tranquila y gustosamente, tu salud va por muy buen camino, y si recuerdas a todos o todas a quienes has besado, ¡tu bienestar es pluscuamperfecto!

Angelus:

Sarakiel, ángel de juicios sagrados.

⋘ DESARROLLA TU RIQUEZA Y PROSPERA ⋙

"Lo que eres me distrae de lo que dices" (escrito por el poeta español Pedro Salinas) es un buen lema que podrían indicarte, Géminis. Tú dirás que nada tiene esa frase con riquezas, pero para ti, todo tiene que ver con la prosperidad, para lograrla. "Conseguir" es un verbo que te queda bien, pero ante todo y primero, necesitas explicarte debidamente. De lo contrario puedes perderte de ser el primero o la primera de la fila, algo que siempre te permitirá lograr tus propósitos cuando de prosperidad se trata.

⋘ PODER DAR ⋙

Hoy es el Día de los Casos Desesperados vía Santa Rita de Cascia, por ende, tu manera de dar debe estar relacionada con ayudar a quien verdaderamente lo necesite.

ASTRONOMÍA, HERMANA DE LA ASTROLOGÍA MODERNA

Gerard de Nerval, nacido este día en 1808, insistía determinadamente que el significado de los sueños era un medio de comunicación entre el mundo de todos los días y hechos fuera de lo común, a tal punto que influenció enormemente a los surrealistas. Ni más ni menos que el moderno y genial Úmberto Eco lo considera un "hacedor de obras maestras" y desde André Bretón, Marce Proust y los modernos Pure Reason Revolution (banda de rock progresiva inglesa) y Traffic con su canción "When the Eagle Flies" usan textos de Nerval en sus propias obras. Nerval tenía una mascota, una langosta, a quien sacaba a pasear en los jardines parisinos jalándolo con un listón de seda azul. "¿Por qué tiene que ser una langosta más ridícula que un perro?", preguntó con la inteligencia suprema del Géminis, quien frecuentemente nos convence de lo que quiera. *La revista dos mundos*, francesa, publicó su cuento "Sylvie", de amores perdidos que fluctúan en el tiempo, de cierto modo como si estuviésemos (los lectores) viajando en una máquina de tiempo. Tú, Géminis, podrás comprender lo que dice Paul Davies (físico) en relación a esto: "A primera vista, la energía negativa parece tan misteriosa como una comida negativa. Seguramente, o comes o no comes. ¿Cómo puedes tener menos que no comer?" Pondéralo, estúdialo y comienza a construir tu máquina de tiempo.

 TU CLAVE SECRETA

Descifrar lo que a otros les parece imposible y crear tu propio mundo con ello.

Celebridades de tu día:

Lois Rodden, Mary Cassatt, Gerard de Nerval, Jiddu Krishnamurti, Naomi Campbell, Harvey Milk, Richard Wagner, Charles Aznavour, Facundo Cabral y el Día de la Tierra.

TU DÍA, GÉMINIS

"¿Lo puedo hacer mejor?", es lo que debes preguntarte diariamente, una vez. Porque frecuentemente no solamente te sales con la tuya, pero sales victorioso de cualquier cosa. Y eso que no eres tan honesto como la gente cree, porque no confías demasiado. Y haces bien. Es más, tienes el don de la translucidez, que significa que vez más allá de lo que la gente cree. Tienes un

Tu verbo motor:

Descubrir

especie de visión, que podría llevarte a ser vidente, si se te antoja. Por esto, pregunta, investiga y trata de llegar siempre al fondo de las cosas sin aparentar que te interesan demasiado. Tienes mucha más energía de lo que la gente cree, y tendrás que aprender a ponerla a buen uso.

⚜ AMOR, SALUD Y BIENESTAR ⚜

Lo divertido es lo tuyo, y si encuentras con quien divertirte, eres más que suertuda. La vida debe intrigar, entretener y gustarte, y te sientes bien cuando te ves bien, ¿quién no? Pero tú llevas la de ganar porque sabes arreglarte como se debe cuando lo necesitas. Espero que tengas una vida activa, es decir que te des tiempo de pasar ratos disfrutando de amistades verdaderas. De lo contrario, métete a un club de baile, deporte, lectura, lo que sea, porque estás en tu mejor

Angelus:

Mehiel, ángel que protege profesores, oradores y autores.

forma cuando rodeado de gente. Con los pies firmemente en el suelo, tu bienestar estará siempre bien cuidado. Y con tu bienestar bien cuidado, las enfermedades por lo general simplemente te huyen.

⚜ DESARROLLA TU RIQUEZA Y PROSPERA ⚜

Con metas no tan claras, y decisiones repentinas puede ser que te vaya mejor, porque así estarás abierto a asuntos novedosas que pueden traerte más que buena suerte. Los juegos de azar te convienen siempre y cuando no exageres. Fijarte en la sección de negocios en las noticias diarias pueden mostrarte por donde desarrollarte de la mejor forma. Eres menos racional que la gran mayoría de los Géminis, pero eso te ayuda a resolver problemas de modo y manera muy imaginativo.

⚜ PODER DAR ⚜

Para ti, lo mejor es dar al doble. Así es tu signo, así eres tú. Así debes repartir dos veces lo normalmente dado.

23 DE MAYO

Recuerda que eres más libre si cambias de opinión y sigues a quienes te han mostrado cómo corregir tu error.
—Marco Aurelio

ASTRONOMÍA, HERMANA DE LA ASTROLOGÍA MODERNA

La mejor descripción de astrología la puedes encontrar en un libro que se encuentra en la New York Public Library, la tercera biblioteca en importancia de Estados Unidos con ochenta y siete sucursales. Todos tenemos acceso gratuito a ese mar de sabiduría que contiene unos 52 millones de objetos (mapas, libros, videos y más) de los cuales más de 20 millones son libros. El 23 de mayo de 1911 fue oficialmente inaugurada por el presidente William Howard Taft (Virgo) —dado el día de su inauguración, la biblioteca nació de signo Géminis, tu signo. Los libros son objetos que viajan por el cosmos bajo Géminis y estoy segura que por eso la gente, al visitar esta biblioteca, se siente tan bien y cómoda que logra su acometido de leer, investigar o juntarse para aprender algo. Los dos leones (llamados Astor y Lenox en honor a los dos personajes que fundaron la biblioteca) plantados en la entrada de la New York Public Library son llamados comúnmente Paciencia y Fortaleza, porque el entonces alcalde de la ciudad pensó que los ciudadanos de la Gran Manzana necesitaban esas cualidades para soportar la gran depresión. Como bien dice el *Science Desk Reference* de esta gran biblioteca: "*La astronomía moderna es considerada una ciencia; la astrología moderna está relegada al estudio de los asuntos humanos*". No lo olviden.

 TU CLAVE SECRETA

Escuchar las voces de la experiencia para desencadenar nuevos objetivos.

Celebridades de tu día:

Alicia de Larrocha, Margaret Fuller, Pâr Lagerkvist, Ruth Fernández, Joan Collins, Anatoly Karpov, Lucha Reyes y el Día Internacional de la Tortuga (las criaturas más antiguas del mundo, existen desde hace 200 millones de años).

24 DE MAYO

Nos arriesgamos... me junté con productores y compositores... quería comenzar de cero, como si fuera mi primer álbum, para presentar una novedad.
—Ricky Martin

TU DÍA, GÉMINIS

Arriesgar es lo tuyo, y aunque Ricky Martin es de signo Capricornio, su ascendente (el segundo punto más importante del horóscopo personal de todo ser) es Géminis. Tus bendiciones, al nacer este día, son muchas. Mientras más pureza haya en tu corazón, mejor para todos. El grado 2 de Géminis es un regalo cósmico, el cual tú llevas por nacer el 24 de mayo. Argumentar podría ser tu segundo verbo (el primero lo encontrarás más adelante, bajo *Tu verbo motor*), y necesitas aprender a racionalizar para usarlo adecuadamente. No confíes demasiado en tus expectativas, porque te adelantarás a tus deseos reales. Toma lo que venga con la inteligencia que sabes reconocer, y sobre todo mira las cosas desde todos los ángulos, como si te desdoblaras un poco y fueras dos personas en uno —el estado normal de la gran mayoría nacidos bajo este, tu signo.

Tu verbo motor:

Arriesgar

❧ AMOR, SALUD Y BIENESTAR ❧

Tu amor está siempre dispuesto a estar, aunque sepa que al rato te vas. Y es importantísimo que quienes te amen lo comprendan, porque esto no significa que no quieres a quien amas, pero si quiere decir que para ti, la prueba de amar es dejar: dejar ser, dejar ir, dejar regresar. Las enfermedades te aburren y contradicen tu manera de ser, a tal grado que bien harías en tener un buen médico amigo, para poderle contar tus males aparentes y aprender a dar trato adecuado a tu cuerpo *antes* de que suceda algo más serio. Tu bienestar es algo que aparece, repentinamente, como Mercurio, el dios de la velocidad, entre otras cosas.

Angelus:
Paffran, ángel del aire que permite que tus ídeas vuelen.

❧ DESARROLLA TU RIQUEZA Y PROSPERA ❧

Permítete desear, construir y tentar todo lo que quieras hacer para aumentar lo que tú pretendas lograr. Nacido un 24 de mayo, tienes que tomar en cuenta que posiblemente podrás alcanzar el doble de lo que quieres, o simplemente la mitad. Pero ambas cosas te harán sentir todo lo próspero que crees necesitar. ¡Ay, dichosos!

❧ PODER DAR ❧

Da de ti con toda la frecuencia que crees poder dar. Así, cuando no estés, sabrán lo importante que eres.

ASTRONOMÍA, HERMANA DE LA ASTROLOGÍA MODERNA

Mercurio es el planeta que rige tu signo, y si naciste este día, doble fiesta, pues es el aniversario del Proyecto Mercurio —el primer programa de vuelo espacial humano de los Estados Unidos. El 24 de mayo de 1962, Scott Carpenter (Tauro) se subió al Mercury-Atlas 7 para hacer historia. Identificó en ese vuelo varias cosas como partículas de líquido congelado que habían sido catalogadas como "desconocidos" anteriormente, y su misión fue considerada como la más exitosa hasta el momento. Carpenter tuvo que maniobrar manualmente su entrada en aquel entonces, y amarizó a cuatrocientos kilómetros de donde tenía que haber llegado, sin otro problema. Esto fue algo "crítico", como bien dijeron los dirigentes de la NASA, quienes hasta la fecha usan ese desmán como prueba de que el mejor sistema de reserva de todo vuelo es el del humano. ¿Será por esto que a Géminis se le dice que es el amo de la improvisación y lo negociable? Lo versátil siempre te sacará de todo apuro.

 TU CLAVE SECRETA

Reconocer que este Géminis siempre se adapta a las aventuras que la vida le propone.

Celebridades de tu día:

Gastote de' Medící, Benjamín Cardozo, Joseph Brodsky, Alfred Molina, la Reína Victoria de Inglaterra, Priscilla Presley, Patti LaBelle, Susana Baca y el Día de los Gitanos.

TU DÍA, GÉMINIS

Ideas colectivas, para bien tuyo, para bien de algunos o para bien de todos es lo que ilumina tu camino, y es lo que debes luchar por realizar. Un buen ojo hacia la naturaleza, su fauna y flora, es algo que debes incluir en tu diario deambular y te puede llenar de gusto y conmoción al sentirte "uno" con la Tierra, algo que espero puedas lograr. El día de tu nacimiento te permite tener ganancias personales al entender todo esto. No importa si te vas a los extremos de vez en cuando, porque la dualidad que tienes por ser Géminis te permitirá siempre regresar al camino que debes tomar. Naciste con la fuerza de que cada cambio que das, te mejora. Adquieres sabiduría al hacerlo y alimenta tu ser. Escucha a Cáncer, fíjate en Leo, imita la excelencia de Virgo y comprende a Libra. Colabora con Escorpión, y ten en cuenta la volatilidad de Sagitario. Copia algo de la entereza de Capricornio, y busca a Acuario para medir lo que no debes hacer. Apoya a Piscis y ve como Aries va al grano. Con Tauro, aguanta todo, y muéstrale lo que puedas a otro Géminis.

Tu verbo motor:

Impresionar

ᕼᐦ AMOR, SALUD Y BIENESTAR ᕼᐦ

La monotonía termina con el amor que le puedas tener a una persona, un lugar o hasta a una mascota. Y lo que más puede interesarte, para adorar, amar o anhelar, es el interés intelectual que haga vibrar tu cerebro —o, guárdalo como secreto, las novedades. La soledad no es lo tuyo, y a veces es mejor que tengas quien te quiera aunque no sea la persona ideal.

ᕼᐦ DESARROLLA TU RIQUEZA Y PROSPERA ᕼᐦ

La verdadera riqueza de la gran mayoría nacido bajo el signo Géminis es compartir momentos con otras personas y estar acompañados por quienes tienen algo en común. Que mejor regalo que lo que sucedió el 25 de mayo de 1986, cuando más de siete millones de personas se dieron la mano para participar en lo que fue bautizado como Hands Across America, donde construyeron una enorme línea tomados de la mano por todo Estados Unidos para juntar dinero y ayudar a los hambrientos y aquellos que no tienen hogar. Duraron tomados de la mano unos quince minutos (era un domingo), y los nombres de los muy conocidos se entrelazaron como sus esperanzas con los conocidos solamente por los suyos. Nunca más se pudo realizar,

Angelus:

Yechoel, ángel del zodíaco que ayuda a tu signo.

pero la idea y el día se compaginan para que tú lo lleves en el alma. Así, paso a paso o en un gran conjunto, prosperarás.

ᕼᐦ PODER DAR ᕼᐦ

Dar de mano a mano. No enviar, dar estando presente.

ASTRONOMÍA, HERMANA DE LA ASTROLOGÍA MODERNA

El 25 de mayo de 1961, el entonces presidente John F. Kennedy anunció ante el Congreso de su nación que antes del final de la década, Estados Unidos tendría un hombre parado sobre la Luna. Y así se inauguró el programa Apollo, logrando lo prometido en 1969 (vean el 20 de julio para más detalles). El programa Apollo duró desde 1961 hasta 1975 —el tercero de los programas de vuelos espaciales con humanos— y muchísimo se le debe a este programa en el mundo de viajes extraterrestres. Como bien dijo Eugene Cernan, el último hombre que viajó a la Luna: "Fuimos a explorar la Luna y, en realidad, descubrimos la Tierra".

 TU CLAVE SECRETA

Mercurio, planeta que rige tu signo, es el planeta más próximo al Sol, y tiene la órbita más elíptica de todos los planetas, quizá por eso tú puedes hacer tantas cosas impresionantes.

Celebridades de tu día:

Rosario Castellanos, Miguel Tejada, Ralph Waldo Emerson, Alberto del Río, Lauryn Hill, Jamaica Kincaid, Mike Myers y Raymond Carver.

26 DE MAYO

Cada cosa es parecida a lo duradero eternamente,
y regresa de nuevo en su propio ciclo.
—Marco Aurelio

TU DÍA, GÉMINIS

Dicen que ustedes nacen con un ciclo repetitivo relacionado a nueve años, a partir del año de tu nacimiento, número que es considerado como un regenerativo. Por lo tanto, es bien posible que cada nueve años produzcas más, ames más, tengas más y aprendas a ser más feliz.

Tu verbo motor:

Enterar

La base para esto es la distancia de aproximadamente 120 grados que recorre la Luna en nueve días, un ciclo antiguo de astrología occidental que solamente te atañe a ti por nacer un 26 de mayo. Tu corazón expide cariño simplemente con latir y, por lo mismo, tienes el don de consolar, guiar y ayudar a quienes saben lo que significa tener miedo. Naciste con una buena dosis de responsabilidad, y espero sepas encausar tus dones para dar lo que puedas a quien lo necesite.

❧ AMOR, SALUD Y BIENESTAR ❧

Cuida tus amores, enamorándote de quien te valúa, respete y te merezca. No le des tu amor a quien no sepa entregarte esas tres cosas. Géminis, por cierto, no es el signo que reparte demasiada responsabilidad, así que si puedes encontrar una pareja que te ayude en ese aspecto, aplícate. Las enfermedades te entran por la boca, y por eso es muy recomendable siempre tener tus dientes

Angelus:

Kabchiel, ángel que ayuda.

bien cuidados. Aprender disciplina desde corta edad es necesario para que tu gran búsqueda de bienestar rinda todo lo que mereces.

❧ DESARROLLA TU RIQUEZA Y PROSPERA ❧

Las cuentas claras deben ser las tuyas, cuidado con que no sean así porque puedes acabar pagando el doble en responsabilidades y calidad de vida. Tienes una buena capacidad para las matemáticas, falta que las respetes y que comprendas que en el mundo del menudeo puedes tener mucho éxito. Mientras más frugal seas contigo mismo, mejor, así la prosperidad te llegará tanto en tu vida personal como en la financiera.

❧ PODER DAR ❧

Las pequeñas cosas que tienen valor humano son las que debes saber repartir con cierto cuidado.

ASTRONOMÍA, HERMANA DE LA ASTROLOGÍA MODERNA

¿Que seríamos sin vampiros? ¿Aburridos? Y el aburrimiento es el peor enemigo para los nacidos bajo tu signo, por lo tanto, ten en cuenta que un 26 de mayo se publicó el primer libro de Bram Stoker, *Drácula* (1897). Stoker tenía que ser de signo Escorpión, pero su libro tomó vuelo desde ese día, hasta hoy y para siempre, bajo el signo de Géminis. No seríamos nada sin la ficción de horror, y nadie la goza más que (según estudios) los astrónomos y los nacidos Géminis. Llamado el libro más famoso de horror jamás escrito, *Drácula*, ícono de todo mal, retiene hasta hoy día su potencia. Vlad III, un príncipe rumano que aparentemente inspiró a Stoker, realmente existió. Los no muertos son los mismos vampiros descritos desde el siglo XV, aunque la palabra aparece por primera vez en un diccionario en 1734. La noción del vampirismo existe desde hace milenios, al igual que los demonios y espíritus malignos. Nadie mejor que Géminis para disipar el miedo a quien tiembla con estas historias, y para esto, tienes que saber que Lilith (demonio femenino que posiblemente nació un 26 de mayo miles de años antes de Cristo) está relacionada con el espíritus de las tormentas. Siegmund Hurwitz (también Géminis), psicoanalista jungiano, puede seguirte hablando de la que algunos llaman la primera Eva. ¡Investígalo!

 TU CLAVE SECRETA

Saberte capacitado de resolver todo problema y ahuyentar
todo sobresalto.

Celebridades de tu día:

Adolfo López Mateos, Isadora Duncan, Peggy Lee, Al Jolson, John Wayne, Miles Davis, Diomedes Díaz, Helena Bonham Carter, Lenny Kravitz y Stevie Nicks.

TU DÍA, GÉMINIS

Prende algo, y aunque no te cuadre, escucha la canción de Lady Gaga, "Born This Way", porque parece que fue escrito para ustedes. Aprende la letra, y busca, acomoda y usa las palabras para hacer lo que dice. Esto no es para que seas como ella, sino para que tú te atrevas a ser tú. Respeta tu juventud, y tus inseguridades conquístalas. Así, como dice la reina pop del momento, te podrás festejar —para cuando tú tengas hijos seguramente te van a preguntar, "De verdad te gustaba eso", y tú, por nacer como eres y ser del versátil signo de Géminis, vas a poderles contestar que sí. Y ellos a su vez te van a poder comprender, porque quien se acerque a ti también nació y es como es. Y si quieres, busca la canción en YouTube y regocíjate como quieras. Es tu deber. Y, recuerda, claro que no eres Lady Gaga, tú eres tú, y eso es lo más importante del mundo.

Tu verbo motor:

Observar

❧ AMOR, SALUD Y BIENESTAR ❧

Tu amor es mucho más tranquilo que tú. Tu amor quiere apapachos y tú tienes que lidiar con lograr lo que se pueda sin pedir, porque rogar, no es lo tuyo. Tienes mucho estilo, pero necesitas más encanto. No debe serte difícil encontrar cómo hacer que te quieran más, puesto que la clave de tu persona es "yo pienso". Cuida siempre tus pulmones, hombros, manos y brazos de pequeños incidentes, y permítete gozar de tu propia esquizofrenia, que debe ser leve, aunque difícil para otros de comprender.

❧ DESARROLLA TU RIQUEZA Y PROSPERA ❧

La astrología que depende de tu signo solar es la influencia más fuerte de tu personalidad, pero siendo Géminis del 27 de mayo, tendrás que averiguar en qué signo se encuentra tu Luna (cuando naciste) para realmente comprenderte a la perfección. Mientras tanto, confía en tu gran elocuencia, tu inventiva y tu versatilidad para ir subiendo las escaleras de lo que tú consideras necesario para mejorar tu posición social, que debe serte de mayor importancia que cualquier otra. Y con eso te darás cuenta que al ser de cierta manera el eterno joven, te la puedes pasar bastante bien.

❧ PODER DAR ❧

Lo tuyo es dar y repartir consejos que te gustaría que te hubieran dado a ti.

El universo sabe lo que hace. Así que no desarrolles un ego demasiado grande, y tampoco tengas miedo.
—Benjamin Hoff

ASTRONOMÍA, HERMANA DE LA ASTROLOGÍA MODERNA

Los diamantes tienen signo: Géminis (junto con Aries). Los misterios tienen signo: Escorpión y Géminis. Pero Géminis sale ganando cuando trata de resolver misterios por su gran versatilidad, y cuando se entera que existen diamantes en el cielo, bien hará en averiguar cómo y por qué hablan de eso. Así es que cuando una estrella con una masa aproximadamente del tamaño de nuestro Sol usa su energía nuclear, expide sus capas exteriores para dejar solamente un centro calientísimo que se llama "enana blanca". Esta es una pequeña y densa estrella que resulta de la evolución de la mayoría de las estrellas. Hace unos años, científicos encontraron que una enana llamada BPM 37093 estaba constituida de carbón cristalizado, y pesaba 5 millones de billones de libras. Equivalentes a 10 mil millones de billones de carates —de diamantes, por supuesto. Es decir, es una estrella cuyo interior es un diamante de 4000 kilómetros de diámetro, a unos cincuenta años luz de nosotros, y muchos científicos la llaman Lucy, en honor a la canción de los Beatles, "Lucy in the Sky with Diamonds".

Angelus:

Sadquiel, ángel de la sabiduría.

 TU CLAVE SECRETA

Creer lo que quieras y repetir lo que debes.

Celebridades de tu día:

Dashiell Hammet, Henry Kissinger, Ana Belén, Max Brod, Georges Rouault, John Cheever, Cornelius Vanderbilt, María Jesús Alvarado Rivera y Pedro el Grande funda la ciudad de San Petersburgo.

28 DE MAYO

La vida no es como la vives, sino como la cuentas.
—Gabriel García Márquez.

TU DÍA, GÉMINIS

Cada día, tú deberías contarnos algo sobre tu vida, que nunca debe ser aburrida. El verbo aburrir debe ser eliminado de tu diccionario personal. Un diccionario en casa, te vendría como anillo al dedo para que cuando creas que tu rutina diaria te está fastidiando, lo busques y lo abras para comprar qué tanto sabes. Dicen que perteneces al signo de los magos, de los que saben que cuando mienten es porque quieren creer ustedes mismos todo lo que dicen. Pero no dejes de reconocer tu propio magnetismo, de usarlo y hasta jugar con él si crees que te conviene, siempre y cuando seas lo suficientemente práctico, porque de lo contrario, tu gran capacidad de improvisar y negociar se pierde entre palabras sin ton ni son.

Tu verbo motor:

Relacionar

❧ AMOR, SALUD Y BIENESTAR ❧

Si pudieras encontrar la pareja ideal, y trabajar con él o ella —es decir, unir fuerzas para conquistar el mundo profesional y amorosos en unísono— sería maravilloso. Para amar, primero averigua hasta dónde quiere llegar el objeto de tu admiración, y seguido, fíjate cómo podrían los dos acoplarse desde un punto de vista organizado y versátil. Lo demás ya vendrá después, por lo menos, eso es lo que te conviene para tu salud y bienestar.

Angelus:

Mediat, ángel que estimula la inteligencia.

❧ DESARROLLA TU RIQUEZA Y PROSPERA ❧

Mientras más desees poder y dinero, mejor. Porque es así, con esas ganas, que encontrarás como obtenerlos. ¡Aguas! porque con tantas ganas de tener, arriesgas todo y puedes quedarte con nada. Sin embargo, al refinar tu manera de aproximarte a tus deseos de obtener, puedes llegar a las cimas más altas. Y con tu espíritu aventurero, no habrá quien te detenga una vez que veas el camino abierto.

❧ PODER DAR ❧

Para ti es importante dar sin detenerte, con la palabra adecuada.

ASTRONOMÍA, HERMANA DE LA ASTROLOGÍA MODERNA

En el año 585 a. de C., ocurrió un eclipse calculado por astrónomos de nuestra era con métodos modernos. Dicen con seguridad que sucedió un 28 de mayo, pronosticado por el filósofo y científico Tales (uno de los siete sabios de Grecia). El eclipse sucedió durante una batalla que hoy lleva el nombre de la Batalla del Eclipse, cuyo resultado fue una tregua entre los aterrados guerreros al ver que el Sol desaparecía. Un eclipse Solar ocurre cuando la Luna pasa entre el Sol y la Tierra, y la Luna cubre total o parcialmente el Sol, visto desde algún punto de nuestro planeta. Tales de Mileto era *hylozoista*, creyente en que toda materia vive, y su credo mayor era su teoría cósmica que sostenía que el mundo estaba creado por agua. Este gran filósofo, indagador del universo, nos dejó dicho que el espacio es la cosa más grandiosa porque contiene todo. El gran Bertrand Russell, casi dos mil años después del nacimiento de Tales, dijo que es este filósofo quien creó la verdadera filosofía moderna, porque trataba de explicar historias mitológicas y las convirtió en ideas que dieron nacimiento a la revolución científica.

 TU CLAVE SECRETA

Enterarte de asuntos que no todos saben ni comprenden porque tú sí los sabes.

Celebridades de tu día:

Santa Teresa de Ávila, Rudolph Giuliani, Gladys Knight, Las Quíntuples Dionne, Marco Rubio, Francois-Henri Pinault (marido de Salma Hayak) y la fundación de la ciudad de Edimburgo.

TU DÍA, GÉMINIS

Calidad estelar. Fuerza suprema. Pero no te quedes así simplemente escuchando, porque eso lo llevas a la vista, y necesitas saber que hay que cuidar bien el cuerpo, recuerda que tiene un alma adentro. Y a ti, a veces se te olvida. Debes tomar seriamente y sin vacilar, que el alma del que estamos hablando en este momento es el tuyo. Y que lo mejor que puedes hacer para cultivarlo, es cuidarlo. Deberías repetírtelo tantas veces que puedas, porque, al nacer un 29 de mayo, a menudo tienes tanta seguridad en ti mismo, que olvidas poner a buen uso tu persona, cuando tienes tanto, tantísimo que dar. El clima tiene mucho que ver con tu sentir de la vida, y estar pendiente de los cambios del cielo pueden hacerte cambiar de humor —cosa genial, porque la naturaleza es tu amiga, y regular tu cuerpo para que esté en su mejor forma tiene mucho que ver con tu diario deambular.

Tu verbo motor:

Ejecutar

☙ AMOR, SALUD Y BIENESTAR ❧

No vayas a olvidar a quien le juraste amor eterno porque algunos nacidos este día, les suele suceder. Mejor ten preparado cómo salirte de cualquier embrollo emocional, de amores o de coqueteos olvidadizos para que cuando encuentres a tu verdadero amor, quedes para siempre enlazado. Hay demasiadas historias de amor de personas, personajes y necios que ganan porque saben qué decir, y tú deberías ser uno de ellos. Así, con solo conservar la calma (excelente para tu salud, pues tiendes al nerviosismo), tu bienestar estará como puesto en un plato de oro.

Angelus:

Sar, ángel que tiene alma de príncipe.

☙ DESARROLLA TU RIQUEZA Y PROSPERA ❧

Puede ser más divertida tu vida mientras estás realizando todo lo que crees necesario para lograr tener lo que deseas, que ya tenerlo, porque —como para todo Géminis— el castigo mayor es la aburrición. Por esto, planea tus pasos de tal modo y manera que siempre inviertas en algo, continúes realizando y tengas la posibilidad de expandirte en tus hazañas. Así, prosperarás como mereces, porque tu signo es considerado uno de los más suertudos del zodiaco —esto no se lo digas a todo el mundo, sino más bien agradece a quien te haya parido.

29 DE MAYO

Uno puede morir, las naciones se levantan y caen, pero una idea vive para siempre.
—John F. Kennedy

☙ PODER DAR ❧

Tu debes y puedes dar para que la persona que reciba sepa que es para mejorar su entorno.

ASTRONOMÍA, HERMANA DE LA ASTROLOGÍA MODERNA

En 1999 la nave espacial Discovery logró acoplarse con la Estación Espacial Internacional. Ahora tenemos portales al universo, y existen celulares que, al detenerlos hacia algún lugar en el cielo en cualquier noche clara, ese cielo se te abre y convierte en algo visualmente comprensible. Google Sky, Starmap, Pocket Universe, Star Walk, todos son applicaciones que nos permiten ver más, entender más y saber más allá de lo que nuestros ojos ven, a veces sin pensar que algunas estrellas están a varios años luz de nosotros. Y bien te hará saber que un año luz equivale a 9 461 000 000 000 kilómetros. Siendo Géminis, los conocimientos te fortifican y tus opciones son infinitas, casi una por cada kilómetro de un solo año luz. Suertudos ustedes así como aquellos que tienen a este libro en la mano.

 **TU CLAVE SECRETA**

Mientras más logres saber, mejor puedes ser y más podrás llevar a efecto.

Celebridades de tu día:

John F. Kennedy, Bob Hope, La Toya Jackson, Annette Bening, Melissa Etheridge, Rey de Inglaterra Carlos II y G. K. Chesterton.

30 DE MAYO

Permite que las palabras de grandes mentes te inspiren y te ayuden a lograr tus metas y vivir una vida plena.
—Anónimo

TU DÍA, GÉMINIS

No puedes evitar ser diferente, y al mismo tiempo debes aprender a que se te quiera como eres para que puedas desarrollarte y funcionar como realmente deseas. Es decir, llevas en ti el poder y talento de adelantarte a tu tiempo y explayarte entre personas que nada tienen que ver con tu entorno familiar. Puedes ser repentinamente agresiva, cambiando de humor simplemente porque sientes que los demás se quedaron atrás, y harías bien en mejorar humores y recordar que llevas la delantera —algo que no es muy fácil que reconozcan los demás, aun queriéndote. Tu personalidad puede cambiar según los amigos del momento, tu pareja o compañeros de trabajo y sabes encontrar tu lugar entre ellos con cierta facilidad. Esto se debe a tu gran capacidad mental y te fortalece para ser mejor persona mandando que siendo mandado. En otras palabras, tomas al mundo por sorpresa y debes procurar comprender esto para que tus arranques y tu persona gocen como se debe, cosa que sabes hacer bien.

> **Tu verbo motor:**
>
> *Atinar*

⚜ AMOR, SALUD Y BIENESTAR ⚜

No es que seas conquistador, sino que eres muy curioso, y esto te lleva a tener problemas si no restringes un poco tu entusiasmo amoroso. Al mismo tiempo, cuando verdaderamente amas, eres fiel (por lo menos por un rato) y tienes la gran capacidad de saber cómo tener feliz a quien amas. Cuida siempre las reacciones alérgicas, especialmente durante la llegada de primavera, época en la que no debes dejar de tomar suficiente agua para que el polen no te afecte. Tu bienestar tiene casi demasiado que ver con tu entorno, porque eres una persona sumamente impresionable con lo que le está sucediendo al mundo en general. Y si no eres periodista, tener un diario personal sería excelente para repasar lo que sucede y recordar lo sucedido. ¡Tu vida será siempre interesante!

> **Angelus:**
>
> *Kadishim, ángel de alto rango.*

⚜ DESARROLLA TU RIQUEZA Y PROSPERA ⚜

Saber sumar es lo importante para tu presente, pasado y futuro. Sumar amigos, amores, profesiones, palabras, tiempo libre, bienestar familiar, entrega apasionada, comprensión, felicidad pasajera y felicidad total, preocupaciones, ganancias, suerte y amor a la vida —estas también son las claves para que lo que tú deseas, se cumpla.

⚜ PODER DAR ⚜

Lo tuyo es dar cuando menos se lo esperen, y con un toque especial.

ASTRONOMÍA, HERMANA DE LA ASTROLOGÍA MODERNA

No es tan curioso el hecho de que muchos científicos que buscan respuestas más allá de lo conocido, comienzan estudiando filosofía, y luego se pasan a la física que parece dar un brinco más directo al futuro. Y así le sucedió a Hannes Olof Gosta Alfven, nacido un 30 de mayo, premiado con el Nobel de Física en 1970, y hasta hoy considerado como uno de los científicos más intuitivos y creativos. Fue quien predijo la aparente estructura del universo y de allí derivó a los rayos de partículas cargadas y la física interplanetaria, así como la física magnoreosférica —palabra que tienen que ver con los vuelos interplanetarios antes de que fueran el pan nuestro de todos los días. Hasta estas fechas, su presentación de los campos magnéticos galácticos forma la base para los mayores adelantos en la investigación astrofísica. Vivía quizá en un futuro personal, algo reconocible para todo Géminis.

 TU CLAVE SECRETA

Atreverte y a profundizar en lo que no comprendes para estar al tanto de lo que hablas a toda hora.

Celebridades de tu día:

Benny Goodman, Guadalupe "Pita" Amor, Clint Walker, Agnes Varda, Bertrand Delanoe, Kevin Eastman, Wynonna Judd y Manny Ramírez.

TU DÍA, GÉMINIS

¡Dichosos y dichosas! No necesitas buscar demasiado el "qué hacer" para estar acomodadamente en el mejor arte de vivir, porque te viene fácil. Tu intuición es tu mejor aliada, y compartir tus emociones de manera abierta, cuidada y franca es lo que te hará brillar bajo toda circunstancia. Perder control es tu mayor defecto, por la simple razón de que puedes perder la calma o el hilo cuando o si esto sucede. Dicen que quien sabe mantener la calma y

Tu verbo motor:

Dialogar

encontrarle salida a todo caos, es quien gana, y tú puedes lograrlo, iempre y cuando no estés pasando por una racha negativa. Y cuando te toquen estas olas negativas, aprende a dominarlas, por más que te llueva sobre mojado. No hay obstáculo que te detenga si has conquistado tu propio ego y sabes dónde y cuándo ponerle un "estate quieto". Además, todo esto debería serte divertido, ya que tu sentido de humor está bastante cargado, no lo olvides.

AMOR, SALUD Y BIENESTAR

Tu habilidad para enamorar es impresionante, es decir, tú eres conquistador y conquistadora, y habrán muchos que te envidiarán. "¡Pero qué le ve!", dirán algunos, sin embargo no es lo que expides exteriormente, sino simplemente tu naturaleza junto con lo que dices y haces. Implicado en ti está la flecha de Cupido, y el objeto de tu deseo no puede más que claudicar. Para salud,

Angelus:

Seraquiel, ángel fuerte y poderoso.

unas clases de Zen, o algo que apacigua el alma con tradición oriental te vienen muy bien. Atraviesas lo que quieres para llegar a ese estado tan delicioso que se llama bienestar, pero cuida la copa que puede dejarte un leve olor a olvido.

DESARROLLA TU RIQUEZA Y PROSPERA

Con poder, logras sino lo que quieras, algo parecido. Y como dijo alguna vez la divina Joan Báez, (para hombres y mujeres igual): "La acción es el antídoto a la desesperación". Para ti, TU acción es el antídoto de lo que podría ser quedarte con las bolsas vacías. Ella nació Capricornio, pero su Luna, satélite que de cierto modo fija las emociones, se encuentra en Géminis. Eso debe bastarte para encontrar el camino hacia la prosperidad esperada con gusto.

PODER DAR

No olvides de dar parte de lo que recibes.

---

31 DE MAYO

*La ciencia nos muestra cómo se mueve el cielo...
la religión nos muestra cómo llegar al cielo.*
—Anónimo

ASTRONOMÍA, HERMANA DE LA ASTROLOGÍA MODERNA

Si la astrología es la parte poética de la astronomía, y la astronomía nos une al cielo, sin poesía no seríamos nada, o quizá seríamos simplemente unas piedras finas o corrientes con la conciencia bastante apagada. Para ti, versátil por el día 31 de mayo en el cual naciste y también por ser del signo Géminis, aquí hay una frase de Federico García Lorca —famoso poeta, dramaturgo y director de teatro que comparte tu signo— para que la aprendas y la repartas: "Yo soy todo de estrellas derretidas, sangre del infinito".

 TU CLAVE SECRETA

Buscar y repartir conocimiento.

Celebridades de tu día:

Walt Whitman, Colin Farrell, Brooke Shields, Clint Eastwood, Margarita Beaufort, Francisco Moreno, Pilar Montenegro, John Robert Schrieffer y Victoria Ruffo.

JUNIO

¿Quiénes cumplen años este mes?

1 _____
2 _____
3 _____
4 _____
5 _____
6 _____
7 _____
8 _____
9 _____
10 _____
11 _____
12 _____
13 _____
14 _____
15 _____

16 _____
17 _____
18 _____
19 _____
20 _____
21 _____
22 _____
23 _____
24 _____
25 _____
26 _____
27 _____
28 _____
29 _____
30 _____

TU DÍA, GÉMINIS

¡Chanfles! (así decimos en México cuando algo nos impresiona), naciste con una habilidad de retar lo que no te gusta y jugar con el peligro porque cambió de signo Mercurio. Vives con la seguridad (porque te ha sucedido) de que saldrás ganando, como si fueras domador del mundo.

Tu verbo motor:

Impresionar

Ojalá le hayas preguntado a alguien, "Que es eso", apuntando con dedito de niño hacia arriba, hacia alguna estrella, porque eso no lo olvidas. Ávido por aprender, conocer y verlo todo, a la vez puedes olvidar lo que preguntaste o viste en cuanto veas otra cosa igual de interesante —y así sigues creciendo. Pero te llevas frecuentemente el premio, y por eso te dejamos plasmado en esta página lo que es "una estrella". Aunque no haya sido tu primera pregunta, lo que tú explicas queda en la mente de los demás, y saber que tú serás portavoz para ilustrar a quien sea sobre algo que vemos tanto pero sabemos tan poco, es excelente cosa.

⚜ AMOR, SALUD Y BIENESTAR ⚜

Pareces seguro y muy bien equilibrado, pero Mercurio le permite eso a pocos de sus súbditos. Mercurio rige tu signo, te propone que para todo, averigües, investigues y hagas los esfuerzos necesarios para que cuando quieras demostrar tu amor, sepas bien cómo. No quieras siempre ser el centro de atención, porque callarte a veces vale la pena, y cuando te sientes emocionalmente agitado, simplemente respira hondo y profundo y piensa en algo agradable para amaestrar a "escondidas". Sería maravilloso si pudieras conseguir un medidor de vitalidad (¿por qué no inventas uno?), porque eso, la vitalidad, es el meollo de todos tus males o molestias relacionadas con tu salud. Una vez que sepas como regular la eficacia de tus facultades vitales, ¡tu bienestar estará 100% presente!

⚜ DESARROLLA TU RIQUEZA Y PROSPERA ⚜

Si tu profesión no te permite comunicarte al grado que sientes la capacidad de hacer, cambia de giro. Tu posición es estar al frente, sea de la sociedad de barredores intelectuales o los poetas en economía vital. Regula tu voz para que sepas cómo enfatizar lo que necesitas explayar, y mientras más optimismo usas, mejor para todos. El mundo te necesita, pero tu necesitas al mundo.

⚜ PODER DAR ⚜

Si das según la moda del momento, verás como complaces.

---

1 DE JUNIO

Una buena amalgama de predicciones y sorpresas parecen estar en el corazón de todo lo que se puede gozar.
—Wendy Carlos

ASTRONOMÍA, HERMANA DE LA ASTROLOGÍA MODERNA

Hay personas que se llaman Estrella, existe una estrella que es un tipo de lunar, hay muchísimos signos en forma de estrella y puedes nacer con buena estrella. Ahora, los objetos que brillan en las noches como puntitos blancos, esas son las estrellas de nuestro firmamento, descritos oficialmente por los astrónomos como una enorme bola de plasma en proceso de quemarse detenida en su forma por la gravedad. Les faltó la poesía, y para eso está la astrología. Pero volviendo a la estrella, primero analicémosla. El núcleo de una estrella necesita alcanzar enormes temperaturas, como mínimo unos 10 millones de Kelvin (por ejemplo, nuestro Sol produce unos 15 millones), para tener el estatus de estrella. Mientras tanto, hasta que llegue a esas temperaturas, una estrella es una simple *protoestrella*. Cuando se ha gastado todo el hidrógeno de su centro (su corazón), el helio se convierte en carbón y la estrella se expande y se convierte en un gigante rojo. Luego, al final, se transforma en una nebulosa planetaria, un enano blanco o un supernova, y el corazón de lo que queda se convierte o en una estrella neutrón o en un hoyo negro. Cierto es que las estrellas nos han inspirado desde aquel primer humano que miró hacia arriba y se preguntó que eran esos puntitos blancos, ¿quizá ventanitas desde donde nos miraban los dioses? Tú, simplemente inspírate con ellos y no dejes de mirar hacia arriba.

Angelus:

Haaiah, ángel que ayuda a dominar.

TU CLAVE SECRETA

Saberte capaz de mirar al futuro.

Celebridades de tu día:

Dante Alighieri, Marilyn Monroe, Morgan Freeman, Heidi Klum, Dilia Díaz Cisneros, Isaac Peral, Ron Wood, Gerald Scarf, Jonathan Pryce, Javier "Chicharito" Hernandez Balcázar, Kip Thorne, Macedonio Fernández y debutó CNN en 1980.

TU DÍA, GÉMINIS

Tu lugar está reservado entre Cagliostro y Marvin Hemlish (el único músico que recibió, mientras vivía, un Emmy, un Grammy y un Oscar). Tú tendrás que rellenar el hueco entre lo que cuenta Goethe sobre Cagliostro y la maravillosa música que escribió Hemlish, toda proporción guardada, porque el ánimo para ser reconocido, consentido y la capacidad para desenlazar cualquier cosa, está allí. Está en ti. Y mueve tu consciencia. Una vez que te pongas en contacto con esas bendiciones cósmicas, tu vida se convertirá en una gran aventura que irás viviendo y resolviendo según tu horóscopo personal, que siempre debemos conocer. Tu día es festejado en algunos lugares como el festival de la carroza de oro, relacionado con la búsqueda de tu propia espiritualidad y en otros como el festival de la confusión total, durante la cual se festeja la luz.

> **Tu verbo motor:**
> *Agradecer*

☙ AMOR, SALUD Y BIENESTAR ❧

Las palabras en tu vida se repiten. Por esto, tu amor es cuestión de ondas simplemente magnéticas, porque para ti, todo es más sencillo. Pasas por o entras en algún lugar, y sabes con una mirada quien te puede entender, contestar o a quien debes ignorar porque por el momento no conviene. Y eso te permite ser de las personas más saludables del gremio (el de los nacidos bajo uno de los signos astrológicos). Tienes un sentido bastante idealista del amor, pero no te pierdas en él —y cuida de no perder sueño en eso ni en otra cosa, porque la falta de sueño puede lastimar tu estado de salud. La comunicación, y la medida que empleas para usarla, es algo que te da o te quita bienestar. Y discutir esto con otra persona siempre es recomendable. Tú, a la vez, puedes recomendar tus conocimientos a otros que seguramente te lo agradecerán.

> **Angelus:**
> *Forces, orden angelical de poderes virtuosos.*

☙ DESARROLLA TU RIQUEZA Y PROSPERA ❧

El área que escoges para ganarte el pan nuestro de cada día es importante. Es importante que sepas que tu renumeración es la justa, es lo que te permitirá (o no) ganar lo suficiente para no deberle nada a nadie nada, salvo favores. Calcula que lo que eres, vales, y así, de manera fría y algo calculadora, lograrás más. Mucho más.

☙ PODER DAR ❧

No debe sentir la persona a quien des que él o ella te debe algo en retorno, sino que se topó con un momento fortuito.

ASTRONOMÍA, HERMANA DE LA ASTROLOGÍA MODERNA

En el libro más vendido de todos los tiempos, la Biblia, se habla cincuenta y un veces de estrellas. Quince veces aparece la palabra *estrella* y una vez dice "observadores de estrellas". Eso podría ser astronómico o astrológico. La versión de King James de la Biblia, fue traducida por cuarenta y siete eruditos conocedores del griego antiguo, hebreo y latín. En Génesis 1:14, Génesis 37:9. Jueces: 5:20 y Job 38:31 dice:

> ¿Has atado tú los lazos de las Pléyades
> O puedes soltar las ataduras del Orión?
> ¿Has enseñado tú a los cielos su ley
> Y determinado su influjo sobre la tierra?

Esta última prosa nos pregunta y nos ilumina, como debe ser todo lo que nos enseñan. También nos alienta y nos refuerza. La palabra *Pléyades* significa paloma en griego, y en un cielo nocturno se pueden ver ellas, un grupo de estrellas jóvenes (unos 100 millones de años), a un lado de la constelación de Tauro. Este grupo de Pléyades está a unos 440 años luz de nosotros. Dentro de unos 250 millones de años, el grupo de estrellas se habrá separado, como cualquier humano de otro.

 TU CLAVE SECRETA

Tu visión personal de la vida te permite convertir lo intangible en tangible.

> **Celebridades de tu día:**
> *Marques de Sade, Marvin Hamlisch, Thomas Hardy, Frank Rich, Cagliostro, Martha Washington, Sergio Agüero, Charles "Pete" Conrad, Sir Edward Elgar y el nacimiento de la República Italiana (previamente una monarquía)*

TU DÍA, GÉMINIS

La inteligencia, de cierta manera, rige tu día. A tu manera, de forma única, aunque siempre estás midiéndote. En lugar de medir, copia, y de la manera más divertida cada vez que puedas. Y si no es así, procura hacerlo, pues los pasatiempos, el entretenimiento y los espectáculos es lo tuyo. Analizas antes de crear, y cuando analizas, estás protegido por tu gran inteligencia. Hasta el genial deportista Rafael Nadal, nacido un 3 de junio y uno de los mejores tenistas del mundo, juega más con la cabeza que con el brazo y las piernas. Eres un poco distinto a la gran mayoría de Géminis, estableces tu punto de vida a tu conveniencia de inmediato, y espero que mides al instante con un sano egoísmo hasta que punto te conviene, o que puedes aprender de todo hecho. Todo Géminis tiene algo en dúo, sus amores, su trabajo, sus miedos, sus recuerdos importantes, pero ustedes lo tienen en menor cantidad, simplemente por haber nacido un 3 de junio. Son ustedes un poco más agresivos hacia el mundo, y se atreven a enterrar en su interior sus propias aprensiones. Adelante pues, ¡sal a conquistar tu mundo!

Tu verbo motor:

Seleccionar

AMOR, SALUD Y BIENESTAR

Eres capaz de pedir demasiado., en especial en el amor. Pero no pides cosas, sino situaciones, gustos y lo que en realidad hace que se "haga" una pareja. Cuidado con eso, y permítele a tu ser querido su propia libertad. No todo el mundo viene de donde vienes tú, y no todos comprenden lo que buscas. Hay que cuidar los improvistos en el área de la salud, y no descuidar lo que tú consideras menudencias que pueden acrecentar y asustar. Balancea tu vida y no te vayas desbordar por un lado, olvidando otras cosas.

Angelus:

Geburah, ángel con poderes divinos.

DESARROLLA TU RIQUEZA Y PROSPERA

Puedes ser o pudiste haber sido buen estudiante, todo depende de la disciplina que tú mismo te impones. La disciplina es algo que te motiva y, si puedes controlarla, podrás maniobrar con éxito lo que quieras, con ganancias físicas, morales y materiales. Bien harías en asegurar que tus motivaciones sean las adecuadas para lograr triunfar.

3 DE JUNIO

Los dos elementos más comunes del mundo son el hidrógeno y la estupidez.
—Anónimo

PODER DAR

Da cuando te encuentres de buen humor y como si fuera una inversión sin pensar en los rendimientos.

ASTRONOMÍA, HERMANA DE LA ASTROLOGÍA MODERNA

El 3 de junio de 1897, Mark Twain mandó publicar en el *New York Journal*, "El reportaje de mi muerte fue una exageración", buen recordatorio para ustedes para que el humor sea agudo a nivel crítica, o totalmente a carcajada limpia, ya que este debe ser motor y razón para todo lo que puedas alcanzar. De lo contrario, ¿para que apareció y nos conquistó el doctor Zaius (en libro, película y serie de televisión) del *Planeta de los Simios*? Siempre necesitas tener a alguien que busca la verdad y reparte información sabia y profunda. El doctor, por ejemplo, es quien sabe que la humanidad se autodestruyó en la historia, cuando al final dice: "He sabido siempre todo sobre la humanidad", (recuerden que el era orangután). Tu, nacido un 3 de junio, tienes la gracia y la inteligencia de comprobarnos que la raza humana aún tiene muchas cosas buenas que hacer y construir. Recuerda siempre, y de alguna manera divertida, la gran frase de Ana Frank que te va como anillo al dedo: "Que maravilloso es el hecho de que nadie tiene que esperar ni un momentito para comenzar a mejorar algo".

 TU CLAVE SECRETA

Saber reconocer el valor de toda persona y toda cosa.

Celebridades de tu día:

Josephine Baker, Allen Ginsberg, Raul Castro, Anderson Cooper, Rafael Nadal, Tony Curtis, Charles Drew, Manuel Belgrano y Pedro Mír

4 DE JUNIO

Trata bien al mundo. No te fue dado por tus padres, te lo están prestando tus hijos. No heredamos nuestro planeta de los ancestros sino que se lo pedimos prestado a nuestros nietos.
—Frase antigua hindú

TU DÍA, GÉMINIS

Naciendo este día, algún llamado espiritual debe aparecer en tu vida de manera importante, por algún acontecimiento o por una razón. En algunos calendarios, esta fecha la dan como la del nacimiento de Mahoma, otros lo dan como fecha de su muerte. Lo interesante de esto es la estela de quien es llamado el *sello de los profetas*, palabras que significan que los nacidos este día algo tienen de una larga cadena de mensajeros, seas de la religión que seas. Debes de ser bastante individualista, tanto de manera de ser como modo de presentarte. Y si te aplicas, puedes ser quien inspira a otros como un agente de una idea específica. Aprender a desenvolverte es importantísimo para que logres todo lo que se te espera y el cielo te puede ofrecer. Tú tienes la capacidad de llegar a ser un *virtuoso* en lo que te propongas, algo que no debes desaprovechar.

Tu verbo motor:

Evolucionar

AMOR, SALUD Y BIENESTAR

Un ejemplo que fascina a la gran mayoría de los hombre y mujeres de nuestro tiempo es el avatar, que si se aplica en amores puede ser brillante y sutil. Impresionas y se quedan esperándote. Lo malo es que a veces simplemente desapareces. Si tú consideras que eso es lo que necesitas hacer, hazlo pues, pero discúlpate. Porque una cosa que sí trae el polvo cósmico de los nacidos este día es que *el que la hace, la paga* —palabras tan antiguas como tu signo astrológico. Tu salud es tan especulativa como tus finanzas. Y tu real bienestar es darte cuenta de cuánto impresionas, porque hay quienes te idolatran. Ten en cuenta que no todo es perfecto, y midiendo tus días de esa manera, verás como te levantarás orgulloso de lo que sea, con la gran virtud de que sabes lo que hay que hacer para aumentar lo que tú consideras lo mejor.

Angelus:

Lecabel, ángel que ayuda a dominar.

DESARROLLA TU RIQUEZA Y PROSPERA

Tus finanzas son tan especulativas como tu salud. Tendrás cambios en tu vida, y de vida. Recuerda que Mercurio es el planeta que te representa ante la gran corte estelar, y Mercurio es ingenioso. Sale de embrollos entrando a otros, y va sumando un acervo de conocimientos que energizan su persistencia con tenacidad. Dicen que hay hoy día aproximadamente once millones de millonarios en el mundo, y que el segundo lugar en números lo llevan los de signo Géminis. Espero que prosperes lo mejor que puedas, la capacidad es toda tuya.

PODER DAR

Para ti, dar se hace cuando es algo que proporcione conocimiento —tú decides cómo.

ASTRONOMÍA, HERMANA DE LA ASTROLOGÍA MODERNA

Consideran que en el 4 de junio de 781 a. de C. sucedió un eclipse solar, que fue registrado astronómicamente. Un eclipse solar pasa cuando la Luna pasa entre el Sol y la Tierra, y la Luna cubre parcialmente al Sol, visto desde un punto específico desde nuestro planeta. Anualmente hay entre dos y cinco eclipses solares, pero solamente dos son eclipses totales y para que ocurran en el mismo lugar, tiene que pasar 370 años. El 30 de junio de 1973, los observadores que volaban en un avión concord pudieron *alargar* los siete minutos y tres segundos del eclipse total del Sol estirando el tiempo hasta setenta y cuatro minutos, volando por la umbra de la Luna. Ya tenemos la predicción de que en el año 2186 (démonos cita) habrá un eclipse solar que durará siete minutos y veintinueve segundos.

 TU CLAVE SECRETA

Tu posición estelar te permite ser guía. Aprende cómo.

Celebridades de tu día:

Nicomedes Santa Cruz, Claudia de' Medici, Angelina Jolie, Juan Camacho, Cecilia Bartoli, Horatio Sanz, doctora Ruth Westheimer y Natalia Goncharova.

TU DÍA, GÉMINIS

Quien sino tú puede resolver cualquier cosa en un santiamén. No tienes límites siempre y cuando maquiles como encontrar la energía necesaria para afrontar lo que has decidido resolver —energía que viene empaquetada con tu fecha de nacimiento y que debe aparecer en el momento adecuado. Si te sientes incapacitado, significa que todo lo alegre, divertido, dichoso o relajado lo has dejado aparte. Y así se presenta tanto tu actitud como tu ánimo. El buen ánimo es algo que no puedes perder, como si pudieras traerlo en la bolsa o bajo el brazo. Y así, verás que saldrás ganando de casi toda situación sin demasiada dificultada. Es algo que debes guardar para ti solamente, y no desperdiciar esa potencia personal más que en ti. Después, una vez resueltas tus cosas, podrás ayudar a quien quieras o a quien debas. La suerte está con quien lo encuentra, y no estoy hablando de sacarse la lotería, porque eso tiene tanto que ver con los signos como las promesas de los políticos. (Y por cierto, Géminis pinta positivo para la política).

Tu verbo motor:

Lidiar

❧ AMOR, SALUD Y BIENESTAR ❧

La actitud tiene que ver con postura y el amor tiene que ver con compostura. Y si sumas las dos cosas, el resultado te ayuda a conseguir buenas relaciones. Y de allí, pasas al verdadero amor. Porque para amar debes estar de acuerdo contigo mismo. Competir te hace bien, porque por lo general sales ganando, y cuando no es el caso, algo aprenderás. Conectarte con quien ames es algo fundamental, pero siempre cuida las cosas básicas de tu cuerpo —lo que hueles, lo que ves, lo que sientes y lo que tu cuerpo necesita para estar mejor que simplemente "bien". Así, tu propio magnetismo cuidará de tu salud personal. Y así, sabrás como tener tu fuerza propia bien controlada, lo cual ayudará siempre a tu bienestar total.

Angelus:

Netzach, ángel de la firme victoria.

❧ DESARROLLA TU RIQUEZA Y PROSPERA ❧

Conseguir todo lo que quieres es un viaje. Y los viajes deben ser planeados. Punto seguido, tienes que tener siempre en cuenta que lo planeado siempre tiene bifurcaciones en el camino. Una vez que encuentres tu sitio en el lugar que te corresponde, verás que este tipo de astrología se podría llamar astrología posmoderna, porque es más filosófica que predictiva, y te mostrará el camino hacia la prosperidad que necesitas realmente —la cual probablemente no es la que buscas hoy.

5 DE JUNIO

Continuamente nos encontramos con una seria de oportunidades maravillosas, brillantemente disfrazadas de problemas insolubles.
—J. W. Gardner

❧ PODER DAR ❧

Tu puedes y debes dar de cinco en cinco, como recordatorio del número de tu día. El cinco es considerado universalmente de calidad superior.

ASTRONOMÍA, HERMANA DE LA ASTROLOGÍA MODERNA

Las naves espaciales están programadas para beneficiar a la humanidad. El programa de todos los países de enviar artefactos hechos por el hombre al espacio extraterrestre es iniciado para desarrollar un nuevo tipo de transporte, más allá de todo lo conocido, con una meta internacional y formidablemente posible. ¿Será que dentro de algunos miles de años encontrará alguien de otro planeta vestigios de nosotros como nosotros ahora encontramos pirámides? (Treinta pirámides nuevas fueron encontradas bajo el signo de Géminis el 25 de mayo del 2011, usando justamente una técnica perfeccionada en el viaje del Columbia que consistió en utilizar cámaras a 400 millas sobre la Tierra, equipadas con imágenes infrarrojas). Quién sabe, pero lo que si es seguro es que vamos, con el antiguo dios Mercurio, avanzando a toda velocidad.

TU CLAVE SECRETA

Con la confianza que tienes en ti, sabrás resolver cualquier cosa además de conseguir lo que quieres.

Celebridades de tu día:

Federico García Lorca, Pancho Villa, David Bisbal, Bárbara Bermudo, Martha Argerich, Suze Orman, Irene Urdangarín y de Borbón, John Maynard Keynes, Adam Smith y sale a la venta Apple II (una de las primeras computadora personales).

6 DE JUNIO

Desechad tristezas y melancolías. La vida es amable, tiene pocos días
y tan sólo ahora la hemos de gozar.
—Federico García Lorca

TU DÍA, GÉMINIS

En algún lugar está tu alma gemela; y si no la has encontrado aun (que nada tiene que ver con el amor), sigue buscando. Podría ser un autor, un ser mitológico, un filósofo, un libro lleno de ideas, pero algo o alguien que te inspira para que siempre sigas hacia adelante y no cejes en tus empeños. Discusiones abiertas, y una mente muy abierta es lo tuyo. Tus experiencias deben ser acompañadas con intercambios de ideas, mundos y sueños. Así, te darás cuenta de lo mucho que tienes que aportarle al mundo, así como lo mucho que el mundo te puede enseñar.

Tu verbo motor:

Intercambiar

❧ AMOR, SALUD Y BIENESTAR ☙

Si el amor de Dante Alighieri por su adorada Beatriz es comparado con el tuyo, la perfección podrías conseguirla con una sola mirada. "Recuerda esta noche... es el principio de siempre" dice Dante, y si encuentras el buen tono y persona, podrás decir y sentirlo tú, aunque no fuese así. Cuando hablas, te creen, salvo el doctor. A veces te cuesta trabajo explicarle al médico tus males, pero como generalmente fascinas o encantas a tus amigos, yo te aconsejaría que busques un buen amigo que sea médico, o busca un médico y hazte buen amigo del mismo, y así serás mucho más feliz.

❧ DESARROLLA TU RIQUEZA Y PROSPERA ☙

Durante toda tu vida tendrás altas y bajas en cuestiones de pesos y centavos, algo que no debe preocuparte demasiado. Si es que tu dinero lo tienes a la antigüita (porque lo heredaste), procura encontrar con quien platicar, hablar e invertir. Te faltará a menudo persistencia, y un buen compañero o compañera que pueda guiarte sería lo más indicado.

❧ PODER DAR ☙

Muestra a quien puedas que lo que tiene es suficiente, y dale prueba de lo mismo.

ASTRONOMÍA, HERMANA DE LA ASTROLOGÍA MODERNA

Hay quienes dicen que no se sabe exactamente cuando nació Dante Alighieri, pero los astrólogos pretenden saber que nació un día como este, en 1265, al encontrar su horóscopo con la hora exacta —4:33 de la madrugada— en Florencia Italia. Dante Alighieri es persona que debe aparecer en todo libro que hable de astrología, de letras y de los cánones de la historia. *La Divina Comedia* nos ha durado ya casi mil años como uno de los libros más importantes de la historia. En el capítulo llamado "Paraíso", Dante habla de su propio signo al decir: "Mientras yo giraba con los eternos gemelos". Continua la frase diciendo que miró como si estuviera mirando desde arriba, y comprendió de donde se inspira el hombre para ser tan orgulloso de sí. *La Divina Comedia* está plagada de metáforas astrológicas y escritos sobre este libro histórico existen miles. Uno de ellos, *Poética Astronómica (el cosmos de Dante Alighieri)*, escrito por el astrofísico argentino Alejandro Gangui, es un poema en sí, mostrándonos como Dante se interesaba en la astrología o el arte cosmológico. Lo que es un hecho, es que los tres capítulos de *La Divina Comedia*, "Paraíso", "Infierno" y "Purgatorio", tienen como última palabra *estrella*.

Gracias pues, Dante Alighieri, por ser poeta supremo y hablarnos de los astros, como quiera que los queramos ver.

Angelus:

Baraborat, ángel espíritu
del planeta Mercurio.

 TU CLAVE SECRETA

Saber reconocer el libre albedrío entrelazado con tu ADN
cósmico, es decir tu signo astrológico.

Celebridades de tu día:

Thomas Mann, Regiomontanus, Diego Velazquez, Alejandro Pushkin, Jose de Jesus Gudiño Pelayo, Tom Araya, Jorge Villamil y Natalie Morales.

TU DÍA, GÉMINIS

No hay duda alguna. Lo tuyo es la palabra. Géminis siempre tiene que ver con las palabras. El mundo está a la espera de lo dicho y tú estas en el meollo de ese asunto, por lo que deberías ser el maestro del verbo escrito o por la red, por teléfono, en Twitter, en Facebook, por radio, etc., para mantenernos informados. La palabra es lo que nos acaba a veces y lo que nos salva a menudo. Y la palabra es tu sostén. ¿Sabías que para muchos el número de la suerte es el siete? Para ti, no lo dudes ni un tantito. Son siete las direcciones de nuestro entorno; norte, sur, este, oeste, arriba, abajo y al centro. Vale la pena aprendértelas para situar tu vida como debe ser y reconocer hacia dónde vas en tu espacio personal, pero también al realizar tus hazañas y las situaciones vividas. Una vez que domines esto (tener una brújula en casa es algo que siempre podrá servirte), y hayas aprendido que el Sol sale siempre por el este y se pone al oeste, la mitad de todas tus batallas estarán ganadas. Mientras más averigües sobre todo lo que te parezca interesante y sobre lo que necesitas saber, mejor.

Tu verbo motor:

Convencer

❈ AMOR, SALUD Y BIENESTAR ❈

Tienes lo que se llama "pegue". Atraes, a veces maravillosamente bien y a veces no tanto, depende de la Luna y sus efectos. Y si logras encontrar con quien compaginar tus escapes físicos o metafísicos, excelente. No seas indisciplinado cuando de tu salud se trata, es decir, come dentro de horas regulares y no recaigas en extremos. Días de calma y dietas tranquilas deben ser lo tuyo. Tu bienestar estará contigo, siempre y cuando encuentres un remanso personal de espiritualidad que pueda acompañarte siempre.

❈ DESARROLLA TU RIQUEZA Y PROSPERA ❈

Tu personalidad es a menudo tan brillante, que si no aterrizas y reconoces que no sabes todo pero que aprender algo nuevo diariamente es lo que necesitas, tú mismo te apagas por no reconocer tus propias fallas. Desarrollarás todo lo que quieras siempre y cuando puedas hacer brillar tu propia personalidad. Vender, ser representante de algo que se venda o mostrar qué cosas deben comprar los que tienen facultad para comprar puede encaminarte a juntar más y más (esperemos que dinero), pero tiendes a despilfarrar, así que por favor, cuidado. Puedes encontrar modos y maneras "diferentes" para lo cotidiano, y eso merece prosperidad personal. Vive aprendiendo, y verás que lograrás lo que quieras.

7 DE JUNIO

Habla por aquellos que no pueden hablar, por los derechos de los indigentes. Habla con justicia y defiende los derechos de los pobres y los necesitados.
—Proverbios 31:8–9

❈ PODER DAR ❈

Podrías entregar algo, al dar, que tranquiliza a los que necesitan tranquilizarse.

ASTRONOMÍA, HERMANA DE LA ASTROLOGÍA MODERNA

Toda fecha es fecha histórica, pero un 7 de junio de 1099, salió la primera cruzada; y en 1654, Luis XIV fue coronado; *La Gazeta* de Buenos Aires comenzó a circular en 1810; y Gandhi realizó su primer acto de desobediencia civil en 1893. Y un 7 de junio nació el astrónomo holandés Joan George Erardus Gijsbertus Voute, quien curiosamente hizo cálculos, investigaciones y estudios sobre las estrellas binarias y medidas paralajes que miden distancias celestiales entre el Sol, la Luna y las estrellas más allá del sistema solar. Demostró realidades antes no conocidas del sistema Alpha Centuari, estrella binaria y brillantísima (la tercera en brillantez en nuestro cielo), y el sistema estelar más cercano a nuestro propio sistema solar, a unos 4,37 años luz de distancia. ¿Será de allí que nos vendrán a visitar? Porque no, ya que el hecho de que sea binaria, puede hacerle sentir que es mejor ser pareja que andar solitario, ¡sobre todo se eres estrella!

Angelus:

Heiglot, ángel de las genialidades.

 TU CLAVE SECRETA

Entender que para ser un perfecto uno, se necesita la compañía de otro.

Celebridades de tu día:

Juan Luís Guerra, Gwendolyn Brooks, Tom Jones, Orhan Pamuk, Paul Gauguin, Prince, Cafú, Anna Kournikova, Liam Neeson, Dean Martín y Carlota de México.

8 DE JUNIO

La astrología no es más que un dedo apuntando hacia la realidad.
—Stephen Forrest

TU DÍA, GÉMINIS

No porque sepas que hoy es, entre otras cosas, el día del culto del ser supremo creas que eres mejor que otros. Ni creas que el cielo te está celebrando simplemente porque el 8 de junio de 2004 se podía ver desde la Tierra el paso del reflejo de Venus sobre el Sol, algo inusitado que no se había visto desde 1882 y no volveremos a ver hasta junio de 2125. Te quedan un poco más de cien años para perfeccionarte. El meollo de tu fuerza es convertirte, sin titubeos, en un pensador maduro y moderno. Tus impulsos son inmediatos, y si logras mantener la calma y razonar tu estado de ánimo, tu genial persona podría llegar a cosas inimaginables. Es decir, acostúmbrate a usar el poder de tu mente con tranquilidad y trazos seguros.

Tu verbo motor:

Generar

AMOR, SALUD Y BIENESTAR

Capaz de convencer a quien quieras, en amores no siempre eres así. Por lo mismo, no cejes cuando encuentres tu media naranja, porque de todos los Géminis, los nacidos bajo esta fecha son los más fieles. Ama con el corazón y el alma y verás que *sí se puede*. Responsabilízate en el cuidado de tu cuerpo —tiendes a olvidar lo que no conviene— y cultiva tu salud como si fuera una planta necesitada. No te desesperes si las cosas no salen como quisieras a la primera, porque a la segunda o a la tercera encontrarás un bienestar sanamente balanceado.

Angelus:

Josata, ángel de palabras mágicas.

DESARROLLA TU RIQUEZA Y PROSPERA

No necesitas recordar lo que te enseñaron cuando niño o niña, porque tu gran poder de regeneración aclara las situaciones que, en finanzas, a menudo encontrarás algo confusas. Mientras más responsabilidades tengas, mejor para tu persona. Con responsabilidades creces, aumentas y logras para bien o para mal, eso ya depende de ti. Tu manera de manejar dinero puede ser algo controvertido, pero eficiente.

PODER DAR

Da la posibilidad de transformar conocimientos de menos a más, o por ejemplo, de estudiante a profesional.

ASTRONOMÍA, HERMANA DE LA ASTROLOGÍA MODERNA

No somos nada, genial título, es un programa de radio de Barcelona. Y sin lo que nos aportó el premiado Nobel Francis Crick, sabríamos casi nada de nosotros mismos, pues fue él quien con otros dos genios, logró descifrar la estructura del ADN (la estructura molecular de los ácidos nucleicos). A los doce años, Francis le rogó a su madre (sus padres eran zapateros) que ya no lo llevara a la Iglesia Congregacionalista, pues prefería buscar respuestas científicas en lugar de las que le proporcionaban en las misas dominicales. Biólogo, biofísico y neurocientífico a la vez, siguió investigando hasta el último día de su vida en neurobiología, donde buscaba como ayudarnos a los neófitos con el asunto sobre el estudio científico de la conciencia humana —algo que seguramente nos va a servir cuando otros seres nos visiten de otros planetas. El ADN es lo que permite que nuestra información genética sea guardada en forma molecular, cosa que revolucionó la biología, abriendo puertas tan importantes en la comprensión y los alcances posibles de todo lo que vive, y confirmando que todo lo que vive, evoluciona. Esto es algo que tu signo, con su majestuoso talento para juntar el espíritu con la materia, sabe gozar.

 TU CLAVE SECRETA

Saber que puedes configurar tus talentos con tus expectaciones y realizar lo irrealizable.

Celebridades de tu día:

Marguerite Yourcenar, Francis Crick, Tomaso Albinoni, Robert Schumann, Frank Lloyd Wright, Edmundo Rivero, Barbara Bush, Joan Rivers, Nancy Sinatra, Sonia Braga, Gabrielle Giffords y el Día Mundial de los Océanos.

TU DÍA, GÉMINIS

¿Vale la pena? ¿Valdrá la pena? Estas son frases perfectas que ustedes, nacidos un 9 de junio de cualquier año, deberían preguntarse antes de hacer algo considerablemente importante. La versatilidad es tu palabra, tu justo castigo y tu fuerte. Dónde estés y como te sientas, puedes

Tu verbo motor:

Interesar

acabar con el cuadro si te propones hacerlo. No exagero si te digo que tal y como Johnny Depp se presenta en la pantalla, permitiéndonos imaginar que es lo que quiere, los nacidos este día pueden convencer que son piratas, mejores amantes, genios circqueros o millonarios sin serlo. Y eso te permite logros a veces mayores de lo que crees posible, pero también bajones inesperados.

✎ AMOR, SALUD Y BIENESTAR ✎

Si no te diviertes convenciendo, haciendo, amando o flirteando, es porque no te has dado cuenta quién eres. A veces, los nacidos este día son los consentidos, creyendo que todo debe serles fácil, y por lo mismo, se esfuerzan menos. Esforzándote un poco más en áreas de amor, lograrás el doble. En cambio, no haciendo tanto con tu cuerpo, es decir, permitiéndole a tu metabolismo hacer un poco menos con una vida más sana, podría estabilizar tu salud de manera enorme, permitiéndote sentirte todo lo bien que debieras y lograr alcanzar la paz que necesitas para sentirte conforme con la vida que llevas.

✎ DESARROLLA TU RIQUEZA Y PROSPERA ✎

Exuberancia y locuras te permiten agrandar tu círculo de amigos y conocidos, incluyéndote como mago o malabarista (de pesos, de centavos y hasta de circos) para que inusitadamente hagas aparecer y desaparecer los bienes que sabes necesitar. A ti te queda como anillo al dedo el siguiente dicho: "No es que quiera yo más dinero, simplemente quiero lo suficiente para poderlo gastar en lo que se me pega la gana".

✎ PODER DAR ✎

Para ti, lo mejor es dar con un plan de acción. Si no lo tienes, no des.

ASTRONOMÍA, HERMANA DE LA ASTROLOGÍA MODERNA

El 9 de junio de 1913, en Duluth, miles de personas juraron haber visto barcos flotando sobre el lago superior. Y, también bajo el signo

El universo es el agregado de todas las comunicaciones y experiencias conscientes y percibidas a si mismo o a otros.
—Buckminster Fuller

de Géminis, en 1954, en Birmingham Inglaterra, al abrir sus paraguas, la gente, acostumbrada a mucha lluvia, escuchaba gotas enormes, que no eran agua... el sonido venía de ranas, cayendo del cielo. Y así, en México también hubo lluvia de ranas, en Villa Ángel, aterrando a los habitantes. El clima, como la vida, nos trae a veces, demasiadas sorpresas. Desde hace mucho tiempo comparo los efectos del clima con los efectos de los signos astrológicos de cada quién. En 1982 se estrenó en la televisión el Weather Channel —el canal del clima y los pronósticos del tiempo— y hoy si haces una búsqueda en Google de "el clima", aparecen más de 558 millones de sitios. En inglés al clima se lo puede describir como clima o *el estado del tiempo*, que es en realidad es el estado de la atmósfera en sus grados de frío/calor, mojado/seco, calmado/tormentoso, en otras palabras, lo que comprende los fenómenos que ocurren en la atmósfera. En nuestro idioma se dice simplemente "el tiempo", que reflejado sobre toda persona es tridimensional: el tiempo que te queda libre, el tiempo (hora) que naciste y el tiempo del tápate que hace frío. Pero aquí en la Tierra, a pesar de todos los desmanes que hace o deshace el tiempo en varios lugares de nuestro planeta, el tiempo extraterrestre nos presenta tormentas como la llamada Gran Mancha Roja sobre el planeta Júpiter, un huracán que lleva más de 300 años y mide dos veces nuestro planeta. Hoy día puedes ver el clima, o tiempo, de la gran mayoría de ciudades del mundo en http://tiempoyhora.com.

Angelus:

Favashí, ángel celestial, prototípo de todo ser.

 TU CLAVE SECRETA

Saberte poderoso cuando vives como quieres.

Celebridades de tu día:

Cole Porter, Michael J. Fox, Johnny Depp, Rubén Maza, Natalie Portman, Guido Munch, Aaron Sorkin, Pedro I de Rusia, Les Paul y el Pato Donald.

10 DE JUNIO

Un genio es un Dios bajo cuya protección vivimos todos desde el momento que nacemos.
—Censorinus

TU DÍA, GÉMINIS

Tú eres bien independiente, listo y feliz mientras estés acompañado. Tu gran defecto podría ser la capacidad de poder cambiar de modo de pensar de un momento a otro, pero todo lo que sea novedad es lo tuyo, y por lo mismo, te conectas de inmediato con una cosa o con otra, con una persona y con otra, y, valga decir, gustosamente. Varias veces al día puedes ser estimulante y otros, frustrante, dependiendo del paso de Mercurio, el planeta más veloz de nuestro sistema solar, y regidor de tu signo. Mercurio, quien seguramente tuvo algo que ver con que Benjamin Franklin fue alcanzado por un rayo, tarda entre siete y nueve días en cada signo, o sea que en 366 días pasa aproximadamente cuatro veces por cada signo. Y con cada cambio, quedas afectado bien, mal, y arrevesado.

Tu verbo motor:

Recoger

⚜ AMOR, SALUD Y BIENESTAR ⚜

Fluido y amable debe ser tu amor y tus amores. También debe ser un gusto ver a quien amas, y quien te ama debería responderte como los cuentos de amor a primera vista. Tienes un sexto sentido para entender tu cuerpo y saber lo que necesita, y necesitas hacerle caso a las pequeñas cosas que pudieran limitarte para que te adelantes a toda enfermedad. Tu espíritu nace con el don de sentir bienestar en momentos adecuados —aprende también a encontrarte con ellos.

Angelus:

Vretil, arcángel que guarda la sabiduría sagrada.

⚜ DESARROLLA TU RIQUEZA Y PROSPERA ⚜

El pasado y lo antiguo te acompañan —es decir, a través de invertir, recordar, alimentar o hacer resurgir cualquier cosa del pasado, tanto el reciente como el antiguo, podrías encontrar una respuesta a lo que podría hacerte, para decirlo directamente, rico. Los arquetipos del pasado tienen algo que ver con tu vida, pero es algo que podría mostrarte las semillas de conocimiento y sabiduría que, de algún modo, heredaste. Haz la prueba pues, y cree en ti.

⚜ PODER DAR ⚜

Puedes y debes dar lo que no has usado, lo que pudiste haber recogido, lo que quisieras tener que no has podido. Dar eso, es percibir lo que hace falta.

ASTRONOMÍA, HERMANA DE LA ASTROLOGÍA MODERNA

Considerado como el poeta sufi más importante, Fakhr al-din Ibrahim nació el 10 de junio de 1213, y su estado de realización espiritual exaltado es algo aun estudiado y comentado hoy día. En esa época era desde donde los estudios tanto religiosos como de literatura y matemática eran los más desarrollados del mundo. Ibrahim tuvo que salir huyendo a Damasco porque el príncipe de turno no soportaba el respeto que le tenían los habitantes de la ciudad al filósofo-poeta. Luego de llegar a Damasco, se instaló y vivió hasta cumplir setenta y ocho años. Su libro *Divinos destellos* presenta un mundo conveniente a los nacidos bajo el signo de Géminis, y hay quienes aseguran que su poesía es un puente entre el pasado y el futuro —un especie de eslabón poético comparable a un viaje en el tiempo. Su padre tuvo un sueño dentro del cual Mahoma le entregaba al recién nacido diciéndole que lo educara bien, porque sería un conquistador. El sufismo es una dimensión mística del Islam, que ha sido definido como una ciencia cuyo objetivo es la reparación del corazón, algo que todos deberíamos reconocer y que tú, nacido un 10 de junio, puedes comprender, repartir y tener en cuenta para los viajes y las experiencias de tu vida.

 TU CLAVE SECRETA

Saber y reconocerte como alguien que nació bajo la fortaleza de comprender la naturaleza universal del humano, como ciudadano del mundo que eres.

Celebridades de tu día:

Saul Bellow, Joao Gilberto, Fernando Balzaretti, Eliot Spitzer, John Edwards, Judy Garland, Príncipe Felipe de Inglaterra, Elizabeth Hurley, Freddy García y Howard Stern debuta en la radio en 1996.

TU DÍA, GÉMINIS

La asimilación del conocimiento histórico de personas, lugares y hechos es un don que ya quisiéramos todos tener y que tú dominas. Nacer un 11 de junio regala esa capacidad así que estudiar historia como profesión o indagar sobre asuntos históricos es algo que deberías intentar. Esto abarca tanto estudios serios como la vida que te rodea y los efectos primarios y secundarios de quienes están cerca de ti. Al mismo tiempo, llevar un diario personal es algo muy recomendable, porque algunos con este mismo talento se interesan mucho en los demás y demasiado poco en sí. Al acercarte a historias y vidas lejanas, retroalimentas a tu propia persona y te conviertes en alguien que sabe más que otros. Por lo menos, así debería ser y la única persona que puede tomar la decisión eres tú, si naciste en un día como este.

Tu verbo motor:

Variar

⋙ AMOR, SALUD Y BIENESTAR ⋘

La historia universal abarca tus amores. Tener relaciones con personas de otras religiones, países y maneras de pensar siempre te hará bien, y te permitirá ser tan abierto como deberías ser. *Love, amour, teb'a*, palabras que significan amor y debes conocer tan bien como tu propio nombre para ir aprendiendo y sintiendo todo lo que tu corazón trae en amores. Y así, cuidando tu persona, aprendiendo a comer lo que te conviene además de encontrando el sabor de otros lugares, verás como cualquier problema de indigestión o de confusión mental desaparecen. Una vez conseguido esto, tu bienestar estará a la vuelta de la esquina, próximo a llenar tu vida.

Angelus:

Telantes, ángel salomónico y mágico.

⋙ DESARROLLA TU RIQUEZA Y PROSPERA ⋘

Asegurar tu vivencia básica es lo importante, y eso se hace con la panza llena y el corazón contento, según los dichos escritos en las bardas de muchos pueblos del mundo. Apréndelo, porque todo lo que tiene que ver con servicio a los demás podría alimentar tu cuenta de banco.

⋙ PODER DAR ⋘

Tú debes y puedes dar algo relacionado con otros lados.

---

11 DE JUNIO

Y aparecemos para contemplar los astros.
—Dante Alighieri

ASTRONOMÍA, HERMANA DE LA ASTROLOGÍA MODERNA

Pasaron muchas cosas fuertes el 11 de junio de muchas eras. Según la historia, Erastótenes fue el primero en ponerle la palabra *geografía* a la misma disciplina que conocemos hoy día (276 a. de C.) y fue quién calculó la circunferencia de la Tierra —39 690 kilómetros calculado hace miles de años, con muy poca equivocación, pues ahora sabemos que la circunferencia de nuestro planeta es de 40 075 kilómetros. Inventó a la vez un sistema de longitud y latitud y dio el 11 de junio como fecha exacta del saqueo de Troya con el caballo de Troya adentro de esa gran ciudad. A Erastótenes, le decían en aquel entonces "Beta", segunda letra del abecedario griego, porque supuestamente se comprobó como el segundo mejor en *casi* todo del mundo. Era el bibliotecario de la gran Biblioteca de Alejandría (centro de ciencia y conocimiento estelar de esa época de la humanidad). Desconocemos la fecha de su nacimiento, pero su liga cosmológica a este día tiene es la gran diversidad de su persona, que se relega a la tuya, con un legado que tú llevas en el alma.

 TU CLAVE SECRETA

Saberte partícipe de la historia de la humanidad.

Celebridades de tu día:

José Trinidad Reyes, Ricardo Strauss, *Nicholas Metrópolis, Millicent Fawcett, Joe Montana, Jacques Cousteau, Salvador Garmendia, Mary Augusta Arnold, Johann Georg Palitzsch, Jeannette Rankin y Leopoldo Marechal.*

12 DE JUNIO

*Entre cada dos árboles de pino, existe una puerta que nos lleva
a una nueva forma de vida.*
—John Muir

TU DÍA, GÉMINIS

Conceptos y hechos. Procesos y operaciones operativas. Respuestas y aplicaciones. Comienzas preguntado, y averiguas, buena cosa para ti. Dicen que los nacidos antes de esta fecha son Géminis hacia adentro y que a partir del 12, su proceso de aprendizaje y comportamiento general es de exteriorización —principalmente hacia las respuestas colectivas, mejor dicho, cuando estás con otras personas. Tus actividades mejoran cuando estás acompañado o rodeada de la masa. Los intereses colectivos, las juntas, por supuesto que las fiestas y los grupos te permiten abrir tu conciencia y disfrutar, algo que haces bien y debes siempre mejorar. Tu entusiasmo es envidiable y, por lo mismo, a menudo la suerte cae a tu favor simplemente "porque sí". Teniendo un buen plan, las cosas se arreglan.

Tu verbo motor:

Procesar

❧ AMOR, SALUD Y BIENESTAR ❧

Cierto es que tú puedes doblarlo todo, pero si entras al buscador Google y pones la palabra *love* (amor en inglés), aparecen más de 54 millones de sitios. A treinta segundos por sitio, tardarías un poco más de 400 000 días (lo cual equivale a un total de 1099 años) para verlos todos, y al mismo tiempo, tú sabrías encontrar más de 400 000 maneras de amar si tuvieras tiempo. Y en cuanto a tu salud, estar rodeado de gente, como dicho anteriormente, es lo que te brinda bienestar, y con bienestar, la salud se mantiene.

Angelus:

*Genius, ángel del espíritu
de la inteligencia.*

❧ DESARROLLA TU RIQUEZA Y PROSPERA ❧

El 12 de junio de 1962, tres reos escaparon de la afamada cárcel Alcatraz, cavando un hoyo con cucharas. Esto no es lo más raro ni extraño que haya pasado este día, pero es interesante ver la gran cantidad de hazañas que han sucedido el 12 de junio de cualquier año. Por lo mismo, al relacionarte con las riquezas existentes en este mundo, tienes una gran capacidad para maniobrar y conquistar algo

o mucho a través de todo lo electrónico, incluyendo, claro está, la computación.

❧ PODER DAR ❧

Bien harías en dar inesperadamente, como si quien recibe se hubiera sacado una pequeña lotería por tu paso por su vida.

ASTRONOMÍA, HERMANA DE LA ASTROLOGÍA MODERNA

El 12 de junio de 1965 es un día para recordar, puesto que fue cuando la teoría del Gran Estallido (de la creación del universo) fue reconocido al ser descubiertos nuevos cuerpos celestes, llamados *galaxias azules*. Para que lo sepan todos, cada grado cuadrado del cielo contiene más de 300 000 galaxias, y su color nos dice que se están alejando de nosotros, no porque no nos quieren ver, sino porque el gran estallido sigue alejándolo todo. No solo se alejan las galaxias, pero aparentemente también desaparecen —mueren. Esto no puede sino recordarnos las palabras bíblicas de antaño: "Tal es arriba como es abajo". Y esto nos enseña que a pesar de todos los geniales y maravillosos descubrimientos, el hombre sigue preguntándose tantas cosas como las que sabe. Y las preguntas, tienen signo: Géminis, por supuesto.

 TU CLAVE SECRETA

*Saber preguntar inteligentemente para averiguarlo
todo con brío.*

Celebridades de tu día:

*Djuna Barnes, David Rockefeller, Fernando Frank Caldeiro,
Manuel Antonio Tocornal, George H. Bush, Anne Frank, Chick
Corea y Adriana Lima.*

TU DÍA, GÉMINIS

La elocuencia es lo tuyo. Pero cuidado, porque entrelazada con esa palabra aparece *verborrea* y *persuasión*. Por lo tanto, tú —legado del número 3 que acompaña al 10 que sumados, marcan tu día— tienes

Tu verbo motor:

Acertar

tres maneras de contestar. El 13 de junio no solo es tu día, sino el que fue escogido entre todos para recordar *el fantasma dentro de la máquina*, que para nuestra modernidad (en especial la de los nacidos un día como este) tiene que ver con lo que traes por dentro y sabes que puede ser tu fuerza personal. Todos lo tenemos, pero no todos saben cómo hacer que le funcione. Los nacidos este día, si saben. Todos. ¡Dichoso, tú!

☸ AMOR, SALUD Y BIENESTAR ☸

Bien te haría practicar algún deporte seriamente para aflojar un poco el cuerpo, algo que necesitas. Eso te ayudaría a tener mayor control sobre tu estado de ánimo y, por lo mismo, sentir instintivamente como acariciar con éxito. A veces los nacidos dentro de este día se apuran y no dejan suficiente tiempo para explicar su amor, sus ganas o su pasión. Luego, con toda calma, cuando domines tus múscu-

Angelus:

Leliel, ángel quien rige la noche.

los cerebrales, comenzarás a fijarte en el mundo que te rodea con mucho más gusto, encontrando placeres que ni siquiera imaginabas —aunque quizá, si los soñabas.

☸ DESARROLLA TU RIQUEZA Y PROSPERA ☸

Para sentirte bien mientras juegas con la riqueza, la prosperidad y tu manera de asumir el saberlo sostener, es importante que te diviertas emocionalmente al hacerlo. La abundancia te conviene para mostrarte a ti mismo que "puedes". Pero como buen Géminis, puedes porque has decidido hacerlo y distribuir tus esfuerzos materiales en gustos además de diversión. Las industrias grandes podrían aportarte eso, siempre y cuando estén a la vanguardia de lo sano.

☸ PODER DAR ☸

Tú debes y puedes dar algo que ayude a comprender la inmensidad del universo.

13 DE JUNIO

A veces alguien te explica algo de manera totalmente diferente de lo que esperabas, pero te ayuda, te calma y te resuelve un problema.
—José Mallozzi

ASTRONOMÍA, HERMANA DE LA ASTROLOGÍA MODERNA

La placa del Pionero X, enviado al espacio con la esperanza de que se tope con vida extraterrestre, ya ha viajado más allá de nuestro sistema solar. El 13 de junio de 2003 se salió de nuestro sistema solar, y desde entonces perdimos comunicación. El Pionero X es un artefacto hecho por el hombre, con su placa maravillosa de oro anodizado sobre aluminio dentro del cual aparecen las figuras de un hombre y una mujer en su impresionante desnudez, y los símbolos diseñados especialmente para explicarle a quien los encuentre, sobre el origen de la nave espacial. Es un mensaje pictórico que mide 152 milímetros de alto y 229 milímetros de ancho. Representa la transición de hidrógeno, el elemento más abundante conocido en el universo; una representación del dígito binario "1" y una unidad de ondas así como una unidad de frecuencia. Trae dibujado a la vez la posición del Sol y los planetas de nuestro sistema solar. Y siéntanse tranquilos, ya que alguna respuesta será comprendida por alguien de tu signo, sino de tu día específico, aunque sería muy posible.

 TU CLAVE SECRETA

Saber que tu entender sobrepasa la de muchos.

Celebridades de tu día:

James Clerk Maxwell, Mary-Kate and Ashley Olsen, Siegfried Fischbacher, Christo, William Butler Yeats, José Antonio Páez, Leopoldo Lugones y Augusto Roa Bastos.

14 DE JUNIO

La astrología es uno de los primeros esfuerzos hechos por el hombre para encontrar el orden detrás o adentro del caos confuso y tan aparente que existe en este mundo.
—Karen Hamaker-Zondag

TU DÍA, GÉMINIS

Dicen los psicólogos modernos que a los catorce años comenzamos realmente a construirnos a nosotros mismos con el misterio mágico y místico sumado a la simplicidad de las matemáticas primarias. El cerebro despierta y quiere independizarse. Podríamos decir que tú, por haber nacido un día 14, te relacionas a tal grado con ese número que te construyes eternamente. ¡Felicidades! Ojalá todos fuéramos así. Tu proceso de crecimiento espiritual es unísono con tu ser y el de los nacidos bajo el signo de Géminis. El don de asimilarlo todo para mejorarte diariamente es muy aparente. Espero que tengas oportunidad de sentirte orgulloso de tus orígenes, algo que necesitas para aprovechar de la gran vitalidad inherente a tu día de nacimiento.

Tu verbo motor:

Avanzar

AMOR, SALUD Y BIENESTAR

Atrévete a decir lo que te gusta a quien te guste, para de entrada ya saber a qué atenerte. Y, si no está sucediendo, hazlo suceder, porque tú sí puedes. Tu mejor momento siempre será cuando puedas comprobar que eres un ser racional. Ten en cuenta que tu signo nos sirve a los demás como un especie de espejo; vemos en ti lo que no queremos ver en nosotros mismos, y por esto a veces te pierdes en ti mismo sin saber que en realidad estas siendo cautivado por otro u otra. Lo mismo puede suceder cuando sientes que estas a punto de enfermarte, tomas el aura de otra persona. Por lo tanto, no busques nunca autocurarte, sino más bien busca y acude al mejor experto que conozcas. Así, tu cuerpo y tu alma encontrarán el bienestar que mereces.

Angelus:

Haggai, mensajero de los ángeles.

DESARROLLA TU RIQUEZA Y PROSPERA

Tu peor momento es cuando no estimulas tu intelecto, porque eso corrompe tu pensar, algo que puede pasmarte. Y para cualquier Géminis, eso puede ser lo peor. Eso significa que, sea el trabajo que sea

que desarrolles, debe di-ver-tir-te. Repite lo dicho por Sócrates cada vez que creas necesitarlo: "La vida que no se cuestiona, no vale la pena vivirla". Cuestionándote, avanzas. Siempre.

PODER DAR

Lo tuyo es dar, participando en la humanización de quien lo reciba.

ASTRONOMÍA, HERMANA DE LA ASTROLOGÍA MODERNA

Bajo el cielo de Géminis fue descubierto una galaxia parecida a la nuestra, que podría ser gemela de la Vía Láctea, la nuestra. Como si fuera una tarjeta postal enviada del otro lado del universo, los astrónomos del año 2011 se emocionaron y le pusieron nombre: NGC 6744. Lindo número, ¿no creen? Encontrada gracias al Observatorio de la Silla en Chile, Kelallur Nilakantha Somayaji (malayo hindú), matemático importantísimo y astrónomo, se hubiera emocionado más que muchos, puesto que en su tratado (terminado en el año 1501) llamado Tantrasamgraha, resuelve problemas de algebra y geometría esférica que ayudaron a que los astrónomos de hoy resuelvan historias de miles de años luz atrás. Dejo dicho que nació el día Kali, 1 660 181 que resulta ser un 14 de junio de 1444 —astronomía convertida en astrología para quien guste saborear lo que el cielo nos puede proporcionar.

 TU CLAVE SECRETA

¡Entenderte con quien quieras cuando quieras, también como quieras!

Celebridades de tu día:

Che Guevara, Harriet Beecher Stowe, Donald Trump, Boy George, Steffi Graf, Antonio Maceo y Grajales y se fundó el ejército de Estados Unidos en 1775.

TU DÍA, GÉMINIS

Lee esto con cuidado. Lo tuyo es dualidad y armonía. Pero, para conseguir ambas cosas tienes que trabajar un poco más de lo esperado porque el premio es mayor. Pitágoras ya había hecho una lista de lo que es limitado y lo que es sin límites, y concluyó que eL hombre es limitado y la mujer ilimitada. El descanso es limitado. El movimiento ilimitado. Y tú, si comprendes esto como debes, tendrás ilimitadamente muchas de las cosas que deseas. Las historias, leídas, imaginadas, vistas en pantalla o escuchadas al azar te convienen. Tomas partes de ellas y comprendes mejor la vida. Tu vida. Tu gran capacidad personal es saber escoger con brío lo que finalmente te aportará placer, que es algo que necesitas y sabes tanto buscar como encontrar. Siempre ten en cuenta la naturaleza que se encuentra cerca de ti, y aprende a adaptarte a ella. Así triunfarás aun más.

Tu verbo motor:

Encantar

❧ AMOR, SALUD Y BIENESTAR ☙

Literalmente el amor es una virtud que representa la bondad humana, compasión y vinculación. Amar tiene muchas connotaciones. A veces, para ti, tendrás que probarlas casi todas para comprobarte capaz de amar simplemente. Así eres de complicado. Amas por amar, y te das cuenta cuando ya le has bajado el cielo y las estrellas a la persona escogida. Te sientes dichosa pero cuando te encuentras ante alguna negativa, eres capaz de caer en depresión. Y de eso, siendo regido por Mercurio, tienes que cuidarte porque puedes provocarte enfermedades que comienzan en la cabeza. Eso sí, logras convertir cualquier cosa negativa en un poema o en una canción, ¡la felicidad puede hasta embriagarte!

Angelus:

Daveithe, ángel que representa quien lo puede todo, solo.

❧ DESARROLLA TU RIQUEZA Y PROSPERA ☙

No olvides tus tablas de multiplicación por más que creas que no las necesitas, porque de la manera más común y corriente puedes en realidad convertir tus cuentas en cuentotas. Aunque no siempre serán pesos y centavos, porque tu prosperidad posiblemente aparecerá como si fuera algo bastante fuera de lo común. Investiga pues.

❧ PODER DAR ☙

Tu puedes y debes dar como si fuera uno de tus pasatiempos favoritos, como si te fuera fácil, como si supieras siempre qué hacer.

15 DE JUNIO

Me he dado cuenta que la única razón para estar viva es para deleitarse en la vida.
—Rita Mae Brown

ASTRONOMÍA, HERMANA DE LA ASTROLOGÍA MODERNA

Estaban hartos. La gran competencia, un especie de *reality* poético de los años treinta, para darle voz a su editorial, *Hours Press*, resultaba ser un desastre. Malos. Todos. "No saben ni gramática", llorisqueaba Nancy Clara Cunard —nacida Piscis, millonaria excéntrica, activista y novia casual de Huxley, Tristan Tzara, Ezra Pound, Luis Aragon, Ernest Hemingway, James Joyce, Man Ray y otros—, quien quería gastar su dinero en publicar poetas jóvenes y en conocerlos a fondo. Ese día se encontraba decepcionada. Era un 15 de junio de 1930, (la Luna estaba en Acuario, excelente para lo fuera de común.) cuando repentinamente a las nueve de la noche alguien echó unas hojas de papeles manuscritos debajo de la puerta del departamento de Cunard en la calle de Rue Guénegard, Paris. Así Samuel Beckett dio a luz "Whoroscope" (Putascopio), poema que lo llevó a ganar su primer premio de 1000 francos, y a la vez logró ser publicado en la editorial de Cunard. "Whoroscope" (juego de palabras entre *whore*, puta en inglés, y *horoscope*, horóscopo en inglés), era una oda a los gustos y disgustos de Descartes (nacido Aries), quien le tenía terror a los astrólogos y no divulgaba su fecha de nacimiento por lo mismo, a pesar de ser llamado el padre de la filosofía moderna y habernos dejado firmemente escrito en el firmamento: "Pienso, luego existo". Tú eres quien, al ser Géminis del 15 de junio, nos puede aclarar lo que necesitamos saber.

 TU CLAVE SECRETA

Saberle encontrar el jugo a todo—cuentos, personas y acontecimientos.

Celebridades de tu día:

Eduardo Wilde, Ramón López Velarde, Courtney Cox, Ezer Weizman, Helen Hunt, Rubén Aguirre, Lakshmí Mittal, Nicolas Poussin y Josiah Henson.

16 DE JUNIO

La abundancia es en realidad una actitud.
—S. P. Theole

TU DÍA, GÉMINIS

Tiene dos connotaciones importantes este día, se festeja el llamado Bloomsday, en honor a James Joyce (Piscis) reviviendo momentos de

Tu verbo motor:

Reconocer

su novela *Ulises*, cuyo protagonista Leopold Bloom recrea de forma moderna al Ulises de la odisea griega clásica, parafraseando la enorme aventura que es vivir. La segunda, pero no la menos importante, es el festejo antiquísimo llamado La Noche de la Gota, cada 16 de junio, recordando a la diosa Isis (cuya influencia nos acompaña hasta hoy día). Te sirve para corregir la insoportable ligereza de tu naturaleza (si naciste este día) y, quien lo festeje, puede reconectarse con relaciones olvidadas y aceptar la profundidad de nuestras propias emociones. Eso te conviene porque los nacidos un 16 de junio tienden a olvidarse de sus amigos, amantes y familiares del pasado sin recordar cuanto se les quiere. La astucia, las mañas y el ingenio de *Ulises* las traes en tu ADN cósmico, desde el siglo VIII a. de C., cuando fue escrito. Tu vida debe ser entretenida y honorable, repleta de momentos mágicos y asuntos que resolver.

☙ AMOR, SALUD Y BIENESTAR ❧

En amores, por preguntar y descifrar enigmas con mucha facilidad, te sitúas frente a quien deberías querer sin darte cuenta, o malas interpretaciones que solamente tú podrás resolver. De manera especial. Lo bueno es que tu poder renovable en amores es grande. La salud es algo que tiene demasiado que ver con tu vida cotidiana, no te desperdicies físicamente, por favor. Tu bienestar es, por lo general, envidia de muchos y conocimiento solo de las personas que viven íntimamente contigo. Como buen aventurero que eres.

Angelus:

Amitiel, ángel de la verdad.

☙ DESARROLLA TU RIQUEZA Y PROSPERA ❧

Expandirte en muchas direcciones es lo tuyo. Eres una de esas afortunadas personas que puede abarcar muchas cosas a la vez, especialmente en el área de las finanzas. Tu imaginación crece adecuadamente mientras más hagas. Y aunque tu paso debe ser (para tu bien) clásico, hay ideas que te nacen que podrían ayudarte a conseguir casi todo lo que quieres.

☙ PODER DAR ❧

La espontaneidad es algo que debes siempre inculcarle a tu propia persona dando; así dejarás diariamente algo mucho menos insignificante de lo que crees.

ASTRONOMÍA, HERMANA DE LA ASTROLOGÍA MODERNA

Valentina Tereshkova fue escogida con miras político-publicitarias, al verla saltar jovencita, tranquila y perfectamente con paracaídas. Considerada heroína nacional de su país, la Unión Soviética, con justo honor, el 16 de junio de 1963 fue la primera mujer, civil, en la historia conocida del mundo, que viajó como cosmonauta al espacio extraterrestre. Honor para ella y honor para los nacidos este día, porque comprueba que de algún modo hay magia mística en la fecha de tu cumpleaños. Tereshkova fue entrenada en ingravidez, pruebas de aislamiento y paseos centrifugadoras, teoría de cohetes militares, y pilotaje espacial entre otras cosas, y en tres días pudo dar cuarenta y ocho vueltas alrededor de nuestro planeta. Curiosamente, el nombre clave que le dieron a Tereshkova fue gaviota —animal que lleva a cuestas desde tiempos inmemorables el signo de Géminis. Años después, Tereshkova, con dos maridos en su pasado y una hija médica, fue elegida diputada en el Supremo Soviético y decorada con el mayor honor Soviético: Heroe de la Unión Soviética. A los setenta años le contestó al presidente Putin que mucho le gustaría viajar a Marte, aunque no regresara, algo que a todos hace recordar este día, el tuyo.

 TU CLAVE SECRETA

Comprender que tu naturaleza te permite abordar cualquier ángulo de expansión.

Celebridades de tu día:

Geronimo, Stan Laurel, Katherine Graham, Irving Penn, José López Portillo, Joyce Carol Oates, Roberto Durán, Tupac Shakur y Jairo.

TU DÍA, GÉMINIS

Cuando se inauguró Disneylandia, un 17 de junio de 1955, nadie se imaginaba que tendría el enorme éxito que consiguió! Y así eres tú —no revelas todo lo que eres en primera instancia. Pero en la segunda, se nota que das grandes pasos hacia algo importante y que aun hay más. Tú esperas bastante de los demás y los demás esperan aun más de ti, simplemente por tu actitud ante la vida en general. Sutil, versátil y a veces brillante, convences cuando quieres y dejas de querer cuando se te pega la gana, simplemente porque eres capaz de sentir que no te hacen el caso que mereces. Por lo mismo, de todos los nacidos bajo el signo Géminis, los nacidos este día pueden ser considerados como los más serios. Esto sucede porque a veces les cuesta trabajo confiar, ¿o será que se sabrán capaces de traicionar?

Tu verbo motor:

Igualar

❧ AMOR, SALUD Y BIENESTAR ❧

Para encontrar el amor de tu vida, necesitas tener tu resistencia corporal en orden. Es decir, vitamínizate antes de caer en los brazos de tu amada o amado, para que puedas rendir todo lo que eres capaz de dar y no mostrar tus puntos más débiles de entrada (como las alergias, los catarros molestos o la nerviosidad intransigente). Y si a la primera entrada no consigues lo o la que quieres, trata de nuevo, ya que para ti, siempre habrá una segunda oportunidad. El bienestar supremo, en tu caso, es aprender a no tomar demasiados riesgos y no sobrepasarte en promesas, en deseos o en buscar fortunas inexistentes. Buscar consejo de un nutricionista sería excelente par tu bienestar.

Angelus:

Gabriel, ángel de la revelación.

❧ DESARROLLA TU RIQUEZA Y PROSPERA ❧

Lo que es "cíclico" siempre te convendrá, sea en negocios, en inversiones o hasta en agricultura. Busca lo que tiene principio y final, lo que tiene estructuras crecientes y lo que parecería renovable. Comprender a fondo todo esto puede llenar tus bolsas del oro que crees necesitar, toda proporción guardada, claro.

❧ PODER DAR ❧

Lo tuyo es dar específicamente si permites a quien recibe, comenzar algo, reponer algo o cambiar algo de lugar.

---

17 DE JUNIO

Solo en sueños, en la poesía, al jugar, llegamos a veces a lo que éramos antes de ser esta cosa que, quién sabe, somos.
—Julio Cortázar

ASTRONOMÍA, HERMANA DE LA ASTROLOGÍA MODERNA

He sido siempre amigo de los astrónomos y cliente de los astrólogos. La ciencia de estos últimos es incierta, falsa en los detalles, quizá verdadera en su totalidad; pues si el hombre, parcela del universo, está regido por las mismas leyes que presiden en el cielo, nada tiene de absurdo buscar allá arriba los temas de nuestras vidas, las frías simpatías que participan de nuestros triunfos y nuestros errores.

—Adriano, declarado emperador en 117.

Aunque Adriano, quien reino durante 20 años y 334 días, era de signo Acuario, este párrafo es importantísimo para todo Géminis. Adriano pudo con arte y maña asegurar el apoyo de las legiones, del senado, de los militares y supo negociar para llevar la paz hacia donde no lo creían posible; la paz por medio de la fuerza. Tú puedes aprender a usar tu propia versatilidad estudiando a este personaje que parecería tener mucho de Géminis en su alma.

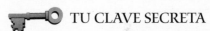 TU CLAVE SECRETA

Saber resolver problemas estudiando los movimientos de personajes históricos.

Celebridades de tu día:

Paulina Rubio, Igor Stravinsky, Ken Loach, Barry Manilow, Venus Williams, M. C. Escher, Linda Chávez, Newt Gingrich y en 1885 llegó la Estatua de la Libertad al Puerto de Nueva York.

18 DE JUNIO

La poesía está mucho más cercana a la verdad vital que la historia.
—Platón

TU DÍA, GÉMINIS

Lo que digas, te creen. Esa es parte de tu fuerza vital. Los monjes descritos en la sección que habla del origen y la fuente de la astrología describe lo que vieron hace más de mil años. Esperemos que tu palabra se imponga y logres decir algo que dure tanto, porque el talento para hacerlo, sí lo tienes, sencillamente por haber nacido este día. Pero tendrás que ponerte a trabajar para realizar lo que le debes a tu propia vida. Mercurio, el planeta que rige tu signo astral, te consiente, te apapacha y te permite fallas perdonadas. Todo para ti tiene alivio, aunque posiblemente no lo sepas. Fluidez mental es propio de tu ser, y podrás reafirmar a quien lo necesite.

> **Tu verbo motor:**
>
> *Afrontar*

⫷ AMOR, SALUD Y BIENESTAR ⫸

Bien dice Dante al final de su "Paraíso" que el amor mueve al Sol y a las otras estrellas, cosa que tú debes sentir cuando amas de verdad. Y si no tienes ese amor, no pares hasta conseguirlo. Amar para ti es devorar, es casi demasiado, aunque siempre te alivias y puedes tranquilamente volver a comenzar. En general quedan todos contentos, pues tienes un pedazo de Casanova en ti, dejándolos o las siempre con buenos recuerdos. Eso sí, no te atormentes, porque es lo que puede desequilibrar tu salud, y sintiéndote mal, pierdes pasos y bienestar. Búscale un bueno lugar a tu corazón y encontrarás el buen amor, la salud y parte de la felicidad que sabes poner a buen uso.

> **Angelus:**
> *Charouth, ángel que une a quienes pueden ayudar a otros.*

⫷ DESARROLLA TU RIQUEZA Y PROSPERA ⫸

Sería maravilloso si tuvieras algo de riqueza heredada porque sabrías ponerla a rodar para recolectar bastante más. Pero si este no es el caso (en el mundo, mil millones de seres humanos, o sea casi una quinta parte de la humanidad, no tienen suficientes medios para comer como se debe), algo inventarás para poner orden en tu vida y lograr tener más para ayudar a otros a prosperar, incluyéndote a ti.

⫷ PODER DAR ⫸

Dar para reafirmar la fuerza de la amistad y la palabra.

ASTRONOMÍA, HERMANA DE LA ASTROLOGÍA MODERNA

En 1178, cinco monjes vieron lo que ahora se cree fue la creación del cráter Lunar Giordano Bruno. Los monjes reportaron asustados un poco pasado la puesta del Sol el 18 de junio de ese año que observaron dos *cuernos de luz* en el lugar sombreado de la Luna. La lluvia de meteoros llamada Taurid posiblemente haya sido culpable de tan impresionante evento. Hay quienes nos aseguran que así fue, y hay astrónomos que piensan que no fue más que una perspectiva geométrica que hizo que pareciera que lo que vieron realmente sucedió sobre la cara de la Luna. Lo que es cierto es que Gervase Cantuariensis era un personaje quien apuntaba hechos históricos en orden cronológico en aquel entonces, pensando que había que apuntarlo todo para la segunda llegada del Señor. Por ende, en la *Enciclopedia de las crónicas medievales* aparecen unos 1500 datos escritos solamente entre los años 300 a 1500 d. de C. Así es que podemos saber como describieron los monjes lo que vieron: "La luna se partió en dos... una antorcha inflamada apareció, vomitando fuego y chispas... el cuerpo de la Luna se estremeció, como si estuviera sufriendo".

 TU CLAVE SECRETA

Saber poner el dedo sobre la llaga y mejorar lo que te propongas.

> **Celebridades de tu día:**
> *Paul McCartney, Richard Branson, Ivan Goncharov, Isabella Rossellini, Roger Ebert, Efraín Huerta y la primera aparición de la aventura de Sherlock Holmes* (El hombre con el labio torcido).

TU DÍA, GÉMINIS

El cambio es lo tuyo, o los cambios. No puedes acomodarte si no te aseguran algún tipo de cambio, desde cambiarte de ropa hasta cambiarte de trabajo, de pareja, de manera de presentarte o de que te presenten. Y los cambios te hacen bien. Pero cuidado, pues también este día nació Viktor Patsayev, primer cosmonauta de tener el gran honor de haber muerto en el espacio. Esto lo incluyo para que ustedes comprendan que los contrastes que eres capaz de confrontar son como el juego de cara o cola al aventar una moneda al aire. Tienes la gran posibilidad de lograr mucho o desperdiciar lo que tienes entre manos, y depende totalmente de tu propia actitud hacia la vida. La suerte sí está contigo; a ti te toca saberla asir y aprovechar.

Tu verbo motor:

Liberar

❦ AMOR, SALUD Y BIENESTAR ❦

¿Puede el amor ser místico? El tuyo, sí. Amas y sufres a la vez, como lo que dijo el mismo matemático Pascal: "El corazón encuentra razones que la razón desconoce". No necesitas saber ni buscar otra cosa. Mejor dedícate (por favor) a cuidar tu cuerpo, que a veces no te responde como quisieras. Tú tienes confianza en ti por descarte, y ese es tu gran apoyo siempre y cuando seas lo suficientemente riguroso con tu cuerpo y los cuidados necesarios que debes con el tener. Para no cejar en tu propio bienestar, tienes que afinar tus sueños, aclarando contigo mismo lo que verdaderamente quieres lograr. Y después, adelante caminante.

Angelus:

Fortaleza, ángel con la virtud que lleva su nombre.

❦ DESARROLLA TU RIQUEZA Y PROSPERA ❦

Toma tu propio desarrollo como un reto. Los retos te hacen bien, y por lo general sales ganando. Y bien sabemos todos que no solo de pan vive el hombre. Tú, Géminis, no eres alquimista aunque quizá quisieras serlo. Pero sí eres el financiero de la palabra, y eso podría ser un acertijo para tus logros de prosperidad. Y recuerda que para ti, la segunda oportunidad a menudo es mejor que la primera.

❦ PODER DAR ❦

Recordar que el 19 de junio de 1914, los zapatistas ratificaron el Plan de Ayala, y comenzó el final para el presidente Huerta. Dar de acuerdo a Tierra y Libertad.

19 DE JUNIO

Entre nosotros y el cielo o el infierno solo existe una vida, que es lo más delicado del mundo.
—Blaise Pascal

ASTRONOMÍA, HERMANA DE LA ASTROLOGÍA MODERNA

Blaise Pascal, nacido este día en el año 1623, niño prodigio, de púber, ya hacía trabajos muy adelantados a su tiempo sobre maquinas calculadoras. Fue matemático, físico, teólogo, inventor de la primera calculadora digital, del barómetro, la prensa hidráulica y la jeringa, y escribió lo siguiente: "Los experimentos son los verdaderos maestros que deben ser seguidos por los físicos". Su obra maestra *Pensees* influenció a una gran cantidad de filósofos, matemáticos y físicos, y es considerada como la precursora del existencialismo. Pascal propagó la teoría de la probabilidad (que le va muy bien a quien haya nacido este día en cualquier año). Dicen algunos que lo hizo para ayudar a unos amigos dedicados al juego (la teoría de probabilidades está relacionada con encontrar un valor exacto y matemático relacionado con las matemáticas, las finanzas, los juegos, la ciencia, la inteligencia artificial, el aprendizaje y la filosofía). Me gustaría que cada nacido un 19 de junio encontrara su propia teoría de probabilidades para lo que la vida les depare. A los treinta y un años tuvo Pascal una experiencia mística cuando, al despertar de un desmayo producido por un extraño accidente, murmuraba; "Fuego, Dios de Abran, Dios de Isaac" y "No olvidaré la palabra". Luego, en 1657, presenció un milagro que acabó de convencerlo y así su *Pensees* tomó forma. Hoy, los más prestigiados premios de ciencia son denominados Premio Blaise Pascal. Tener conocimiento de la vida de Pascal es algo que fortalece a quien haya nacido un 19 de junio. Úsalo, por favor.

 TU CLAVE SECRETA

Atreverte a creer en lo místico, lo mágico, los milagros y en la teoría de probabilidades.

Celebridades de tu día:

Blaise Pascal, José Gervasio Artigas, Zoe Saldana, Salman Rushdie, Paula Abdul, Lou Gehrig, Moe Howard, Wallis Simpson y la primera celebración del Día del Padre en 1910.

20 DE JUNIO

Ríe, llora, que a cada cual le llega su hora.
—Canción popular

TU DÍA, GÉMINIS

Tu vida está trazada de tal modo y manera, que cualquier cosa puede sucederte y a toda cosa puedes sacarle jugo, tanto a la alegría como a cualquier cosa intermedia y, a veces, opuesta. Pero con la fuerza de tu día compaginada con el mes, sales ganando, o aprendiendo. Eres uno de los más ambiciosos entre los divertidos seres de Géminis. Eso te permite encontrar modos y maneras nada convencionales para regular tu vida, dándole un toque particular a tus asuntos; de buenas, de malas, de amores y de temporales pasajeras. Lo importante es que no pierdas tu gran sentido de humor que aligera siempre tus días y los de quienes te acompañan.

> **Tu verbo motor:**
>
> *Contentar*

❧ AMOR, SALUD Y BIENESTAR ❧

El amor para ti, debe ser racional, pero cuando no lo es, te angustias. Desde hace mucho he aconsejado a quienes nacen un 20 de junio que deben indagar en algún estudio, superficial o profundo, del budismo. Para los budistas, amar es hacer feliz al ser amado, allí pueden ustedes comenzar su búsqueda personal. El punto débil de Géminis en particular es la cabeza, dolores deben ser atendidos siempre. De todas formas, mientras mas uses tu intelecto, mejor, y mientras mejor te sientas, mas bienestar podrás darle a tus seres amados.

> **Angelus:**
>
> *Prukiel, ángel de grandes encantos.*

❧ DESARROLLA TU RIQUEZA Y PROSPERA ❧

Información, comunicación y creatividad son lo que podrías desarrollar en cualquier profesión para tu propia persona. En otras palabras, cualquier trabajo que te permita usar tu intelecto libremente te llevará a asir el poder que tu propio signo, el día en que naciste y el grado de ese día (28) se conjunten y alumbren tu volátil personalidad para prosperar.

❧ PODER DAR ❧

Nadie mejor que tú para dar un libro, una frase importante, una idea. Felicidades de antemano.

ASTRONOMÍA, HERMANA DE LA ASTROLOGÍA MODERNA

El 20 de junio de 1950, algo redondo, volando (a 177 kilómetros por hora si fue con un bate de madera o a 273 kilómetros si hubiera sido un bate de metal) desde el campo del Yankee Stadium fue lo que consagró a Joe Dimaggio cuando alcanzó su jonrón número 2000. Esa misma pelota, para salirse de la Tierra, ¡tendría que ser disparada a unos 29 000 kilómetros por hora! ¡Eureka! podrían haber dicho los deportistas, como lo dijo Archimides, matemático griego nacido en el año 287 a. de C., quien usó esa palabra cuando encontró solución a uno de los grandes problemas: el de cómo medir el volumen de un objeto irregular. "¡Eureka!", dijo, y saltó desnudo de su tina pegando gritos por la calle. Desde entonces, se repite la palabra, y años después, por la magia del oído humano, un 20 de junio de 1990, bautizaron al recién descubierto asteroide, con el nombre Eureka. Quien sabe si el asteroide no lo repite mientras viaja en su órbita y, si lo hace, quizá ahora se escucha la palabra por el cielo extraterrestre que atraviesa.

 TU CLAVE SECRETA

Buscar cómo emplear la palabra eureka, al encontrar una novedad, por lo menos cincuenta y dos veces por año.

> **Celebridades de tu día:**
>
> *Robert Rodríguez, Rossana Podesta, Lionel Richie, Raúl Ramírez, Chino Moreno, Carlos Lee, Lillian Hellman, Nicole Kidman, Errol Flynn y Amos Tutuola.*

TU DÍA, GÉMINIS

Es difícil describir la perfección, pero llegar a tenerla debe ser, para ti, más fácil que para muchos. Sentirte naturalmente confortable es algo que necesitas lograr, lograrás y sabrás cómo dar buen consejo a quien quiera hacer lo mismo, aunque no sea de tu mismo signo y pudiera costarle más trabajo. El bienestar personal, sin excesos, es algo que clama tu cuerpo, necesita tu persona y exige tu mente. Eric Fromm alguna vez dijo que la tarea más importante en la vida de un ser humano es darle cabida a su propia persona... y esa persona, en tu caso, es bastante exigente. Bien harías en abrirte un poco más para tomar en cuenta las necesidades ajenas y así medir con más consciencia lo que puedes dar, lo que quieres tener y lo que posiblemente alcanzarás sin mayor problema.

Tu verbo motor:

Encontrar

❧ AMOR, SALUD Y BIENESTAR ❧

Cuida tu ego, que puede ser ladeado hacia Géminis o hacia Cáncer, dependiendo del año en curso. Generalmente Cáncer comienza el 22 de junio, pero en algunos años comienza el 21, es fácil averiguarlo si sabes tu hora de nacimiento y consigues un sitio en la red de confianza. Yo siempre recomiendo www.astrotheme.com, que es serio y gratis. Si te sientes muy vital para amar en casa, seguramente tienes algo más de Cáncer que de Géminis, y si amar para ti te viene fácil, cuenta con Géminis. Tu salud es algo que va de acuerdo con tu estado mental más que físico, y mientras más guardes la línea, mejor. Verte en el espejo y estar contento produce un bienestar absoluto. Y además, puedes admirarte, cosa buena, seas del signo que seas.

❧ DESARROLLA TU RIQUEZA Y PROSPERA ❧

Tu sentido de realidad es un poco diferente al de los demás. Es más, si comprendieras a fondo la teoría de los filamentos, podrías convencer a quien quisieras que el infinito existe o no existe, o que quizá sí existe pero nadie lo ha podido encontrar. Tu riqueza personal a menudo no es contada, es simplemente descrita, y quien tú ames, te comprenderá. Pero cuidado. Puedes perderte en explicaciones irrepetibles, algo que no conviene. Y desperdiciar tu persona en explicaciones vanas no es lo más recomendable. Tu progreso depende en que lo puedas explicar. Recuérdalo.

❧ PODER DAR ❧

Lo tuyo es dar con las dos manos llenas y el corazón contento. Así siempre darás lo debido.

---

21 DE JUNIO

El lujo debe ser algo cómodo, sino es así, no es lujo.
—Coco Chanel

ASTRONOMÍA, HERMANA DE LA ASTROLOGÍA MODERNA

Si vieras al espacio a escala infinitamente pequeña, observarías que el espacio vacío —a la vez uno de los mayores misterios que la naturaleza puede ofrecernos— presenta fantasmagóricas ideas surgidas desde el cerebro humano. Son mundos paralelos, por ejemplo, encontrados por varios científicos reconocidos a partir de los años sesenta del pasado siglo y estructuras impresionantes imaginadas con anterioridad en historias de ciencia ficción y por niños que dibujan lo que su cerebro imagina. Y nosotros, los humanos, podríamos evaluar algo que ni nosotros mismos nos imaginamos, a cause de efectos espaciales que no conocemos. Somos, cada uno de nosotros, las "cosas" más complejas del universo, dicen algunos astrofísicos, mucho más complejos que una enorme estrella. Y la posibilidad de que existan más dimensiones hechas bolas o bien dobladas como un perfecto origami japonés puede suceder. Tú, nacido un 21 de junio, tienes posiblemente la capacidad para comprender esto. Las otras dimensiones pueden ser algo inimaginables, y por ahora, aprisionados en nuestras propias dimensiones, no las podemos realizar. Pero estamos en vías de cambiar y tú tienes tanto qué aprender, porque tienes tanto para enseñarle a quienes te conocen. No hacerlo sería desperdiciarte.

Angelus:

Irín, ángel que se ocupa de fijarse para juzgar como se debe.

 TU CLAVE SECRETA

Tener la posibilidad de comprender lo incomprensible, porque quieres.

Celebridades de tu día:

Fernando Savater, Príncipe William de Inglaterra, Jane Russell, Jean-Paul Sartre, Manuel Payno, Max Wolf y en 1782 el congreso de Estados Unidos adoptó el Gran Sello de los Estados Unidos.

ASTRONOMÍA, HERMANA DE LA ASTROLOGÍA MODERNA

La Luna rodea, a 3683 kilómetros por hora y en forma un poco elíptica, a nuestro planeta Tierra. La Luna no rodea al Sol, nos rodea a nosotros en aproximadamente veintisiete días —de Luna llena a Luna llena. Los astrónomos la llaman el planeta terrestre. Hemos estudiado a la Luna desde que la primera persona miró al cielo, y diariamente nos habla de diferente manera; a veces algunos vemos una cara en su superficie, mientras otros ven una liebre. Antes nos decían que no tenía agua, y ahora los astrónomos nos aseguran que tiene mucha. Bajo el signo de Cáncer (20 de julio de 1969) el hombre pisó la Luna por primera vez. ¿Tendrá astróloga la NASA? La Luna no tiene atmósfera ni campo magnético, sin embargo, las mareas del mar son producto de la atracción gravitacional de la Luna. Son creadas, todos los días, porque la Tierra y la Luna se atraen, como imanes. La Luna trata de acercar a la Tierra y, puesto que el agua siempre está en movimiento, la Luna la mueve de marea alta a marea baja, más o menos cada doce horas. Y, nosotros, tan llenos de agua (70% del cuerpo humano es agua), también sentimos esos jalones. Quienes nacen Cáncer, con mayor razón. Y, siendo Cáncer, es mejor no decidir lo importante hasta que cambie la Luna de signo. Así, tu vida será mucho más placentera.

Angelus:
Pedael, ángel de la liberación.

TU DÍA, CÁNCER

¡Ay Cáncer! se puede decir con amor, con cariño, con desesperación, con respeto, con entrega y con admiración. Digamos que durante un día pueden llamarte de doce diferente maneras para que te sientas bien o que te desespere; podrían nombrarte poéticamente, amorosamente, desesperadamente, sensualmente, cuantiosamente (los *ay* repetidos) y novedosamente. Y tú, primer Cáncer de cada año, podrías jamás quedar totalmente contento o contenta porque así es tu naturaleza, algo divinamente desesperante. Todo lo tomas de manera demasiado personal y nadie es perfecto. Eres tan radicalmente diferente al signo que precede que le cuesta trabajo a los demás entenderte, salvo si haces lo que te gusta en tu profesión, en casa, de vacaciones, abrazando a un niño, haciendo otro o como sea. Tu auténtica libertad es sentirte, como dicen los franceses, bien contigo mismo. Y los demás que aprendan a entenderte. De todas formas, siempre podrás echarle la culpa a la Luna.

Tu verbo motor:

Recibir

❧ AMOR, SALUD Y BIENESTAR ❧

Tu amor puede ser de entrega total o fríamente calculado. Dicen que un barco es lo que simboliza nuestra conciencia egocéntrica, flotando sobre el mar de nuestra inconciencia, y tú necesitas siempre estabilizar ese nao. Todos los días cuida tu estómago. Todos los días recuerda lo que debes y no debes comer, y no te ahogues en un vaso de agua. Tu bienestar es gozar todos los días y, con suerte, algo de eso habrá en tu vida.

 TU CLAVE SECRETA

Coincidir con la magnificencia de la Luna para saber cómo mantener tu calma.

❧ DESARROLLA TU RIQUEZA Y PROSPERA ❧

Un paquetito de dinero escondido en algún lugar de la casa, o en una cuenta que solo tú conoces, es lo que necesitas para que te alcance lo que sabes necesitar. Con sagacidad adelantas, con flojera pierdes. Y ante todo, el buen humor es lo que puede ayudarte de manera muy personal a prosperar como mereces.

Celebridades de tu día:

Dan Brown, Cyndi Lauper, John Dillinger, Meryl Streep, Ed Bradley, Pascual Díaz Barreto, Manuel Zevallos Vera, Soraya Esfandiary, Hermeto Pascoal y Eliades Ochoa.

❧ PODER DAR ❧

Da como si fueras familiar y lo que te da es parte de tu propio día.

TU DÍA, CÁNCER

Deja volar tu imaginación, Cáncer del 23 de junio, porque es algo maravilloso. Y si logras integrarla a tu vida diaria, te estarás haciendo un gran favor. Comienza apuntando tus sueños, que siempre traen algún mensaje, sean banales o muy enredados. Los astrónomos nos hablan del hecho de que las unidades de tiempo no son tan importantes, son pactos humanos, que poca importancia tienen mientras el universo nos envuelve. Por lo mismo, tener una idea de lo que está sucediendo científicamente a tu alrededor siempre podrá ponerte al tanto (al mismo tiempo) de lo que tú mismo eres capaz de hacer, realizar o planear para mejorar tu entorno —sea la cama en la que duermes, la calle en la que vives, o el edificio en el que trabajas. La palabra cosmos se origina del griego *kosmos*, que significa dos cosa: orden y ornamento. Tú cargas esto en la cabeza, todo el tiempo. ¡No lo olvides!

Tu verbo motor:

Transaccionar

⚜ AMOR, SALUD Y BIENESTAR ⚜

Tú, nacido a medio año, debes poder amar adorando a la escogida o el escogido, sentir felicidad absoluta y hacer el amor complacientemente, y saberte lleno de bienestar por poder gozar tanto. Y, como dijo Giovanni Vico, nacido un 23 de junio de 1668: "La verdad siempre se deja ver". Así son tus amores.

⚜ DESARROLLA TU RIQUEZA Y PROSPERA ⚜

Unos 500 años han tardado las ideas de Vico a ser escuchadas. Hoy día sus palabras son reconocidas como un teórico cultural, y así son tus ideas y proyectos para desarrollarte y prosperar. Estas adelantado a tu tiempo, y tienes que marchar a paso quedo para hacer entender lo que piensas realizar. Idealista eres, teórico podrías ser y muy próspero, quién sabe. Pero feliz, definitivamente sí. Tendrás que irte acostumbrando.

Angelus:

Librabís, ángel del oro escondido.

⚜ PODER DAR ⚜

Tu puedes y debes dar como si fueras un espejo del receptor, para que ambos se sientan como iguales.

He sospechado alguna vez que la única cosa sin misterio es la felicidad, porque se justifica por sí sola.
—Jorge Luis Borges

ASTRONOMÍA, HERMANA DE LA ASTROLOGÍA MODERNA

Cáncer le da la bienvenida en su lista de personajes célebres a Sir Martin Rees, nacido este día, y quizá el cosmólogo más importante de nuestra era. Sus palabras resuenan por todo el planeta: "Nuestro lugar en eso que se llama naturaleza está siendo alterado por la misma naturaleza", frase que te atañe más que a todos los otros signos porque parte de la naturaleza de nuestro planeta te representa: la Luna. Dicen que los pasos que están dando la tecnología en nuestras vidas marean, por rápido y novedoso. Y cuando dice que tecnológicamente hemos adelantado muchísimo en dos siglos, impresionantemente más que los millones de años anteriores, esto te hace pensar. Director del Instituto de Astronomía, Rees tiene más credenciales que estrellas en el cielo, y entre otras cosas sus estudios sobre los quásares eliminaron teorías importantes. Fue de los primeros astrónomos en mostrar que los enormes hoyos negros propagan fuerza a los quásares. Y como gran cantidad de personas y personajes de signo Cáncer, cree que la búsqueda de inteligencia extraterrestre tiene buena oportunidad de encontrar evidencia de vida en otros mundos. ¿Y tú?

 TU CLAVE SECRETA

Las decisiones que hagas deben siempre ser primero para ti, y en segundo lugar para los demás.

Celebridades de tu día:

Sir Martín Rees, Giambattista Vico, Ptolomeo, Alfred Kinsey, Eduardo VIII del Reino Unido, Bob Foss, Alan Turing, Manuel Ascencio Segura y el primer día del verano/invierno.

24 DE JUNIO

*La salud es el regalo más grandioso, la satisfacción el mayor regalo
y la fidelidad la mejor relación.*
—Buda

TU DÍA, CÁNCER

En algunos lugares hoy se celebra el día de la Magia Contagiosa, y
como dijo Ambrose Bierce, escritor conocido por su cinismo: "Tener
una existencia real, tan distinguida como la imaginaria, es importante". Bierce nació un 24 de junio, y
algo de eso va para ti. El gran don de
saber dar comprensión es tuyo, y eso
es un aditamento que puede permitir
que te salves de cualquier embrollo,
mal de amores o problema. Lo que no debes sentir nunca es soledad, porque para ti resulta casi peor que una enfermedad. La familia
es algo importante para todo el mundo, pero para los nacidos bajo el
cuarto signo del zodiaco, su importancia es exagerada. En el horóscopo de todas las seis mil millones de personas que vivimos sobre la
Tierra, en donde se encuentra el signo de Cáncer, es donde parte la
relación astrológica familiar.

Tu verbo motor:

Proteger

⚜ AMOR, SALUD Y BIENESTAR ⚜

"Como hacemos con lo que es nuestro, porque somos los jardineros, los unos del los otros", escribió el poeta Ferrini, nacido un
día como este. Sus palabras bien te las podrías aprender de memoria para recitarlas a quien ver-
daderamente amas, porque el amor
tuyo tiene un solo dueño o dueña.
Y nacido este día, cuidar y amar es
como una misma cosa. La salud depende de la posición de la Luna en
relación con tu propio cielo nocturno, no lo olvides. Busca entender
tu cuerpo, comiendo como se debe. Pésate y queda en el peso adecuado. Tu bienestar está relacionado con tus kilos.

Angelus:

*Schíoel ángel que te cuida
desde la Luna.*

⚜ DESARROLLA TU RIQUEZA Y PROSPERA ⚜

Con el hecho de saber que un 24 de junio de 1215 se publicó oficialmente la Carta Magna (considerada el documento legal fundamental para las libertades humanas), no tienes nada que temer. La
carta y tu fecha te confieren forma y fuerza para desarrollarte de
manera libre y lograr la riqueza que alguna vez soñaste, siempre y
cuando no sea demasiado. Lo ecléctico también se hereda.

⚜ PODER DAR ⚜

Da mucho o poco, pero nunca imagines que das. Ten la seguridad
que realmente estas dando.

ASTRONOMÍA, HERMANA DE LA ASTROLOGÍA MODERNA

Bajo tu signo han nacido bastantes místicos y poetas, pero no te
asustes, no eres único en el mundo. Ernesto Sábato es ejemplar
exquisito, llamado el último de los escritores clásicos argentinos,
siendo físico reconocido, su primera novela *Uno y el universo* critica la
ciencia y la deshumanización de la sociedad. Algo de eso debe interesarte, porque la Luna no te deja en paz, ni permite que olvides que
esa Luna, que rige tus emociones y tu signo, tiene secretos impresionantes. Puesto que la Luna se mueve alrededor de la Tierra, no
siempre está en el mismo lugar a la misma hora diariamente. Cada
día las mareas (por lo mismo) tienen diferencias de unos cincuenta
minutos. Hasta ahora doce personas han pisado la Luna, tú podrías
ser una de ellas. A 70 millas por hora en coche, llegas a la Luna en
135 días; desde la Tierra vemos solamente 59% de la Luna. La Tierra da vuelta sobre su eje a unos 1600 kilómetros por hora; la Luna
unos 10 kilómetros por hora. Enlistadas por astrólogos de todos los
tiempos están las tendencias relacionadas con la Luna: creatividad,
protección, productividad, adaptación, tenacidad, ganas de llorar,
animación, espontaneidad y más. Son tuyas, ¡aprovéchalas!

 TU CLAVE SECRETA

*Viajas en un especie de alfombra mágica que solo tú sabes
guiar. Busca nuevos horizontes cada vez que puedas y cada
vez que te sientas bien parado.*

Celebridades de tu día:

*Ernesto Sábato, Lionel A. Messi, Fred Hoyle, Ambrose Bierce, Jack
Dempsey, Jeff Beck, Juan Reynoso Portillo y Julia Kristeva.*

TU DÍA, CÁNCER

Construir. Ese debería ser tu verbo personal, y lo tendrías que compartir toda la vida porque construyendo haces, te haces, permites hacer y mejoras tanto lo tuyo como lo que te rodea. Veinticinco es una cuarta parte de cien. De acuerdo a San Agustín, es el número que representa la ley; también es la cantidad de años que Abraham esperó por la llegada de su hijo Isaac; es el número de milagros que hizo Jesucristo; además de ser la cantidad de días que viajaron los tres Reyes Magos para llegar a Belén y lo que tarda el Sol en dar vuelta sobre su eje. Todo en tu vida tiene comunicación entre sí.

> **Tu verbo motor:**
>
> *Intuir*

❧ AMOR, SALUD Y BIENESTAR ☙

Siempre encontrarás el modo y la manera de amar. Aunque a veces puedes pensar que es mejor esperar por o para algo mejor, allí presente estará el objeto de tu devoción que no debes desperdiciar, porque la Luna (regente de tu signo) necesita retroalimentación. Y eso no se encuentra sin tener a alguien presente. Por lo mismo, no permitas que tus humores descompongan el ambiente. Es posible que puedas tener un toque de hipocondríaco, pero no por esto dejes de ir al doctor cuando lo amerite. Un día de medio sentirte mal puede interrumpir de manera demasiado evidente tu bienestar.

❧ DESARROLLA TU RIQUEZA Y PROSPERA ☙

Si no tienes un plan directo, búscatelo. El rango de descripción de Cáncer es inmenso y esto influencia tus bienes. Es decir, tienes para gastar y gastas sin pensar en lo que tienes. Cuidado, no hagas cálculos soñadores. Más bien trata de tener tus ahorritos para darte esos gustos que te hacen sentir como si fueras más próspero de lo que eres. Buena cosa.

❧ PODER DAR ☙

Lo tuyo es dar para que quien reciba pueda mejorar su nidito de amor.

ASTRONOMÍA, HERMANA DE LA ASTROLOGÍA MODERNA

"¡Descubre el cosmos!" dice el encabezado de la foto astronómica del día 25 de junio, en apod.nasa.gov/apod/ap060625.html, y aparece una fotografía de la Nebulosa del Anillo tomada desde el telescopio

---

25 DE JUNIO

Cada generación se imagina ser más inteligente que la generación anterior y más sabia que la que le sigue.
—George Orwell

Hubble. Espectacular belleza, una nebulosa planetaria conocida ahora como M57. Vista en el cielo hace ya cientos de años, es un ejemplo prominente de los objetos del cielo profundo. Se encuentra dentro de Lyra, al sur de la estrella Vega, esta estrella a su vez es una de las tres del triangulo del Verano (para el hemisferio Norte). Antoine Darquier de Pellepoix (astrónomo francés) lo describe por primera vez en 1779: "Es tan grande como Júpiter y parece un planeta que se esfuma". Bonita descripción que nos deja entrever cómo hasta las estrellas nacen, tienen vida y van desapareciendo en el cosmos. Las nebulosas se forman cuando estrellas de masa menor (como nuestro Sol) agotan el hidrógeno de su centro y la estructura de la estrella cambia para permitirle un equilibrio novedoso y así pueda seguirse quemando. De allí se convierte en un gigante rojo hasta que desaparece en el hoyo negro dentro del cual quizá algún día nos encontraremos todos. ¿O serán solo los de signo Cáncer?

> **Angelus:**
>
> *Sebalim, orden de ángeles que apuntan lo bueno y lo malo.*

TU CLAVE SECRETA

Permitirle errores a quienes están a tu lado para ayudar a reconstruir toda cosa, hasta lo tuyo.

Celebridades de tu día:

Sonia Sotomayor, George Orwell, Antoni Gaudí, Beatriz Sheridan, Carly Simon, Emma Suarez, Santiago de Tezanos, Chenoa, José Cancela, Carlos Nieto y Carlos Delgado.

26 DE JUNIO

Las palabras más antiguas y cortas, sí y no, son las que llevan mayor pensamiento para ser usadas.
—Pitágoras

TU DÍA, CÁNCER

Tienes muchos dones, algunos los desperdicias y, por lo mismo, no te limites. Los nacidos este día a veces no se atreven a decir, hacer o realizar todo lo que quieren por querer abarcarlo y no sentirse capaz. Pero en realidad tu fecha y los astros que te acompañan te permiten entender más de lo que imaginas. Atreviéndote, logras mucho. Restringiéndote, pierdes. Cada vez que te limites, perderás una buena oportunidad de reconocer tus verdaderos atributos. Permite que tus ideas, tus ganas de hacer y hasta tus amores se realicen aunque no salgas ganando 100% —con la mitad, en realidad, ya sales ganando. Tus gustos, tus críticas, tus recuerdos y tus esfuerzos individuales puede que sean diferentes, pero siempre valdrán la pena. Quizá la mejor manera de describirte sería con la conclusión que un poeta restauró de un texto del antiguo abecedario Celta: "Tu alegría es un arcoíris bailando". Esto eres tú.

Tu verbo motor:

Salvar

☙ AMOR, SALUD Y BIENESTAR ❧

Toma tu amor con calma y júrale amor eterno. Cambias de humor como de ropa, o eres capaz de hacerlo, presentándote como alguien de una complejidad total, cuando en realidad puede ser algo debido al cansancio, pero de todas formas puede cansar o agotar a tus seres queridos. Necesitas mostrar tu amor en vez de permitir que las fases de la Luna te hagan cambiar tan repentinamente, y para esto, solo necesitas dejarte ir un poco en lugar de pensar en cómo ser mejor de lo que puedes. Hacer ejercicio es importante, para que no te dejes ir. Lo ideal para tu propio bienestar sería que te quede siempre la misma ropa una vez que encuentres tu peso perfecto.

Angelus:

Seats, ángeles que tienen trono.

☙ DESARROLLA TU RIQUEZA Y PROSPERA ❧

En lugar de preguntarte por qué estas aquí y qué debes hacer, toma acción. Para ti no debe ser tan difícil, siempre y cuando te permitas soñar un poco, algo que todo ser nacido bajo el signo de Cáncer necesita saber y lograr. De los signos astrológicos, el tuyo es el que más divaga cuando planeas prosperar, porque tu afán de remuneración se parece al viejo dicho mexicano: "Una de cal por otro tanto de arena". Para ti, prosperar es tener un lindo jardín y sentarte relajadamente a ver el cielo, oler las plantas y estar a gusto.

☙ PODER DAR ❧

Ante todo, puedes dar lo que realmente quieres, si viene de tu jardín (el encantado, el real o el imaginado).

ASTRONOMÍA, HERMANA DE LA ASTROLOGÍA MODERNA

La aparición de la primera prensa Gutenberg cambió el mundo. Y un 26 de junio hubo un gran festejo (en 1840) durante el cual el gran músico Mendelsohn tocó la sinfonía creada para esa celebración que conmemoraba los 400 años de la imprenta, que hasta la fecha nos permite ser más humanos (leyendo). A todos los nacidos Cáncer, les he recomendado siempre tener un libro de Marcel Proust en casa. Su texto sobre la lectura es uno de los pasajes más conocidos y de los mejores para cualquiera, pero para ti, Cáncer, nacido un 26 de junio, es algo que debes tener, gozar, leer, comprender y volver a leer cada vez que puedas. "No hay, quizá, ningún día de nuestra niñez que hayamos vivido tan plenamente como aquellos que creemos haber dejado sin haberlos dejado, aquellos pasados con un libro preferido". La pregunta que nos hace el autor es en realidad, ¿qué hacemos cuando leemos? En el año 40 a. de C., el gran estadista, legislador, escritor y orador Marco Tullio dijo: "Un hogar sin libros es un cuerpo sin alma". Ustedes, nacidos un 26 de Junio, repartan esas palabras. Gracias.

 TU CLAVE SECRETA

Tranquilizar tu alma cuando está apurada con lectura mientras te sientes en tu jardín secreto.

Celebridades de tu día:

Derek Jeter, Abner Doubleday, Charles Messier, Bartolomé Mitre, Juan de la Barrera, Estrellita Castro, Ollanta Humala y la presentación internacional por televisión de "All You Need is Love" de los Beatles.

TU DÍA, CÁNCER

Cuando sientas ganas de cambiarlo todo, hazlo. Es algo que podría sucederte de vez en vez, y eres quien puede lograrlo fácilmente, aunque después de un rato quizá te des cuenta que de nada te sirvió porque todo queda igual. Tú, y los nacidos el día anterior a este, tienen ese don, y dedicarte a renovar algo (sea a ti mismo, un libro antiguo o una casa vieja) reanima tu alma y te permite florecer y/o desarrollar cosas nuevas. Cuando tengas deseos de hacer pequeños cambios, también hazlos. Ten en cuenta que la palabra ambición encaja muy bien con tu persona, y la palabra en sí tiene muchos sinónimos que puedes emplear para diferentes situaciones: pasión, deseo, codicia, ansia, anhelo, apetito, envidia, manejo, aspiración, pretensión, apetencia, manejo, uno por cada mes del año. Y, aunque no estuvieras de acuerdo, estos sinónimos son copiados directamente de un diccionario, así que prueba y ve con cuál te va mejor. ¡Qué tal si con todos!

Tu verbo motor:

Renovar

❦ AMOR, SALUD Y BIENESTAR ❦

Mientras más importancia te des, mejor para tus amores, así te atreves a sonreír más seguido y hablar sobre lo que realmente te gusta. Los de signo Cáncer son algo retraídos, pero para los nacidos un 27 de junio, autojustificarse y sentirse importante es algo positivo. Te ayuda a mostrar tu interés en quien te conviene, algo que mejora definitivamente tus amores. Y, si sientes que la bilirrubina invade tu persona, excelente. Fluye con ella, ya que estar enamorado es bueno para la salud y, lo que es bueno para la saludo hace que el bienestar florezca.

Angelus:

Dabriel, ángel que a la vez es escribano divino.

❦ DESARROLLA TU RIQUEZA Y PROSPERA ❦

Sentido común, bañado con sentirte lo suficiente importante para triunfar en lo que hayas escogido, es tu clave. No te apures, haz todo con calma y sosiego, pero sí ten en cuenta que tienes buena disposición a enriquecerte con las necesidades básicas del ser humano. Tú has tu lista, y mide tranquilamente tus metas. Luego, acciona y recuerda que "sí se puede".

❦ PODER DAR ❦

Tienes gran capacidad para dar buenos consejos espirituales y alentar a quien lo necesita.

27 DE JUNIO

La ciencia no es más que percepción desarrollada, intentos de interpretación, sentido común redondeado y meticulosamente articulado.
—Jorge Santayana

ASTRONOMÍA, HERMANA DE LA ASTROLOGÍA MODERNA

Gaston Bachelard, *La poesía del espacio* y el festival de ni esto ni lo otro es festejado en San Francisco y en Seattle. Bombay tiene uno chico, pero en Holanda el festival es grande. En Estados Unidos se llama festival de cine transexual. Unas 12 000 000 de personas pertenecen a este gremio, y quien no se ha imaginado de otro sexo, que tire la primera piedra. Si les parece fuera de contexto, pueden ir a estudiar con quien escribió la historia, "Ni hace mucho mucho tiempo, ni sucedió en una galaxia lejana". Esta persona, nacida un 27 de junio, iba pasando por un pueblo en Idaho, Estados Unidos, y se quedó ahí para siempre. Cambió su vida por casualidad y porque quiso, y ahora sí llegamos al meollo del asunto. Eso es algo que tú podrías hacer. Irte y llegar lejos, a otro mundo, a viajar en el espacio o a la vuelta de la esquina. Y tienes la capacidad para cambiarlo todo, porque así lo decidiste.

 TU CLAVE SECRETA

Saberte capaz de modificarlo todo para quedar mejor, peor o igual.

Celebridades de tu día:

Emma Goldman, Helen Keller, Gaston Bachelard, Vera Wang, Isabelle Adjani, Ed Westwick, Silvia Píñeiro, Henry Ross Perot y J. J. Abrams.

TU DÍA, CÁNCER

Hogar dulce hogar es lo tuyo, y si no encaja en tu modo de vida, cambia. Eres quien puede, podría o debería llegar a su casa o lugar de estar, y saber qué hacer con su propio tiempo libre, además de disfrutar realmente de ello. Tu morada y las oportunidades que tienes cuando encuentras tu remanso de paz son innumerables. No te compares, pero el hecho de que Carlos V haya sido elegido Emperador de la Santa Cede Romana este día, en 1519, sí enaltece tu historia, porque no hay quien nazca un 28 de junio que no tenga algo interesante y bien guardado de su vida. Tus recuerdos deben ser compartidos cuando encuentres en quien confiar absolutamente. Tus actitudes a veces impresionan un poco a los demás porque tienes un sentido algo especial que puede dar a entender de que te estás burlando. Cuidado, ya que con eso puedes hacer que te despechen, sin entender por qué. Toma en cuenta lo dicho por el gran Rousseau: "Nacemos libres y por doquier, estamos encadenados". Tú tienes la destreza de saberte libre cuando necesitas serlo.

Tu verbo motor:

Animar

AMOR, SALUD Y BIENESTAR

Difícil te es a veces encontrar el amor que añoras. Permítete el juego invisible de buscar cariño bajo la Luna llena o en cualquiera de las fases de esta, que te permitan encontrar tu ideal, aunque tardes un poco más de lo que los demás quisieran. La salud es algo que necesitarás procesar lentamente para guardarla como mereces. Es decir, aliméntate bien, duerme lo suficiente y ejercítate como si fueras deportista a punto de ganar una competencia. Si tu cuerpo te enorgullece, tendrás ya un buen porcentaje de la fuerza vital que te permite bienestar personal.

Angelus:

Ieiaiel, ángel del futuro.

DESARROLLA TU RIQUEZA Y PROSPERA

Tu poder psíquico es fuerte, y por lo mismo, te es bastante fácil y cómodo poner a quienes están rodeándote de buenas, de malas, amorosos o dispuestos a seguir tus indicaciones. Y el desarrollo de tu prosperidad tendrá algo que ver con esto en algún tipo de mercado. Otra cosa que te favorece es ser coleccionista, tanto de cosas como de modos de desarrollo que impulsan tus deseos de prosperar.

PODER DAR

Un buen acertijo es la clave de cómo puedes dar: "La envidia y la admiración, parientes dicen que son. Aunque un tanto diferentes, al fin también son parientes, el diamante y el carbón".

ASTRONOMÍA, HERMANA DE LA ASTROLOGÍA MODERNA

Astrónomos hablan de un telescopio que será puesto en órbita en el año 2014, bajo el signo de Géminis. El telescopio se llama James Webb y está construido para poder aguantar temperaturas de hasta menos de 240 grados Celsius. Tiene dieciocho espejos cubiertos con un baño de oro que, entre otras cosas, miden espacios que tienen un diez milésimo de un cabello humano. Este recibirá instrucciones mientras esté en órbita a unos 1,5 millones de kilómetros de nuestro planeta. Entren al sitio www.jwst.nasa.gov para ver el aparato magnífico que nos va a permitir ir mucho más allá del Observatorio Hubble, que ya tanta información nos ha brindado. Es posible que el telescopio James Webb logre abarcar ondas mucho más largas, nos explique aun más sobre los comienzos del tiempo y mire quizá la formación de galaxias pasadas además de encontrar sistemas planetarios formándose en el tiempo nuestro. Y para el gusto tuyo, Géminis del 28 de junio, por investigador y adelantado al tiempo que eres, este telescopio podrá medir las propiedades químicas y físicas de otros sistemas planetarios y ver, investigar y estudiar la posibilidad de encontrar vida en ellos.

 TU CLAVE SECRETA

Creer en el futuro, sabiendo buscar y aprender del pasado.

Celebridades de tu día:

Jean Jacques Rousseau, Peter Paul Rubens, Luigi Pirandello, Jaime Guzmán, Mel Brooks, Enrique VIII, Kathy Bates, Chayanne y la firma del Tratado de Versalles y final de la 1era Guerra Mundial.

TU DÍA, CÁNCER

El mismo dicho de Orwell existe en versión humana, y ambos valen la pena ser recordados por ti, si naciste un 29 de junio. Puedes ser tan cortante como extremadamente amable; te sabes tan profundamente entregado como frío y calculador; te levantas de un humor fantásticamente bueno o repentinamente enojado, y de todos los nacidos bajo el signo de Cáncer, eres uno de los más difíciles o fáciles —depende del día, de la posición de la Luna y de sus fases. En realidad, pareciera que no lo puedes evitar, así que rodéate de quienes te conocen cuando puedas. Bien te hará recordar lo que uno de los más importantes astrofísicos de los tiempos modernos, Sir Martin Rees, dijo: "Nuestro lugar en la naturaleza está siendo cambiado por la naturaleza". Siendo tú hijo o hija de la naturaleza, naces con una sabiduría cósmica que no puedes evitar sentir diariamente. Si aprendes a regular tus humores con inteligencia, tu vida será mucho más fácil y sabrás repartir conocimientos que a otros les haría mucho bien tener.

Tu verbo motor:

Entrever

❡ AMOR, SALUD Y BIENESTAR ❡

El amor nunca pasa de moda, y menos para ti. En el momento exacto que encuentres a quien murmurarle unas palabras llenas de amor, no la dejes ir. Debes tener en cuenta dos cosas para tu salud: dedicarle la atención adecuada y sentir que controlas tu cuerpo. Para tu bienestar, podrían ser nueve: seguridad, intimidades, contribuir, propósitos, metas, atención, creatividad, poder controlar algo y saber dar.

Angelus:

Paltriel, ángel de la guarda.

❡ DESARROLLA TU RIQUEZA Y PROSPERA ❡

La energía natural es algo que debes comprender muy bien. Siéntete orgulloso de inventar el modo de hacer ciertos cambios para el bien del medio ambiente. Esto y ganar prosperidad a la vez, puede ser premio tuyo con cierta facilidad. Tu signo, representado por un número especial (el 29) tiene algo místico. Yo consideraría para ti, que tomaras este número como tu número de la suerte.

❡ PODER DAR ❡

Lo tuyo es dar como un proceso de bienestar, reforzando la naturaleza.

29 DE JUNIO

Todos los animales son iguales, pero algunos animales son más iguales que otros.
—George Orwell

ASTRONOMÍA, HERMANA DE LA ASTROLOGÍA MODERNA

El 29 de junio de 1995, el Atlantis de Estados Unidos y el Mir, nave espacial rusa, se acoplaron en el espacio, y dicen que el Principito los miraba desde la Luna (que acababa de estar en su fase nueva en tu signo de Cáncer). *El Principito*, traducido a 190 idiomas (el libro más vendido cada navidad en el mundo entero), cuando dice "solo se ve bien con el corazón. Lo esencial es invisible para los ojos", te está hablando a ti, nacido un 29 de junio. En el cuento, el Principito visita a seis asteroides. En cada uno, viven seis adultos bastante tontos (el Rey, el hombre Presumido, el Borracho, el Hombre de Negocios, el Alumbrador y el Geógrafo). Cuando reconozcas parecidos que podrías a su vez criticar, piensa siempre que quizá aparecen en tu vida para que puedas mirar como uno "no" debe ser. Y así, tu vida podría parecerse a los acoplados en el espacio, producto de un portentoso momento de la historia del mundo, reconociendo tú los achaques que podrías evitar, tomando la crítica de los seis humanos absurdos de *El Principito* para aprender como no ser.

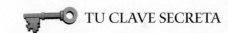 TU CLAVE SECRETA

Reconocer que no eres perfecto (pero casi).

Celebridades de tu día:

Antoine de Saint-Exupery, Oriana Fallaci, Ernesto Pérez Balladares, José Moncayo, María Conchita Alonso, Pedro Figari y la venta del primer iPhone de Apple en 2007.

30 DE JUNIO

En todas las manifestaciones de vida, existe un juego de fuerzas invisibles.
—Dane Rudhyar

TU DÍA, CÁNCER

Arcimboldo, pintor quien inspiró a los surrealistas, pintaba retratos bien delineados y coloreados rellenos de 1000 flores (para la primavera, por ejemplo), y elaboraba retratos de personajes hechos de vegetales, frutas o animales. Él nació un 30 de junio. Y no por eso tienes que ser pintor ni mucho menos, pero sí tienes la marca cósmica de ser un poco diferente de los demás. Y la diferencia debe ser gustosa y reconocible. Te vistes mejor, cantas bien, sabes convencer mejor que cualquier otra persona que conozcas. En otras palabras, no solamente es fuertísima tu poder de convención, pero estás bastante bien balanceada y si te acusan de ser materialista, tanto mejor. ¡Eso es lo que te puede sacar adelante siempre!

> **Tu verbo motor:**
>
> *Persuadir*

❧ AMOR, SALUD Y BIENESTAR ❧

El romance te queda bien. Te trae suerte y progresas en eso que se llama autoconocimiento cuando amas. Sabes defenderte y no entras fácilmente en trifulcas con tus seres queridos —por lo menos haces esfuerzos para no tenerlas. Eres capaz de dejar que tus hijos hagan lo que se les pegue la gana por no contrariarlos y eso sí, quien olvide tu cumpleaños no es perdonado. (Regala este libro y pon tu fecha de nacimiento en el lugar adecuado). Quien sino tú tiene la capacidad de ir al doctor y decirle lo que tienes para ordenarle que te de la pastilla de última moda. Aliviarte, eso es lo que te lleva al bienestar.

> **Angelus:**
>
> *Partsuf, ángel bendito con forma femenina.*

❧ DESARROLLA TU RIQUEZA Y PROSPERA ❧

No te pierdes en detalles pero los sabes ver, y ves el futuro color de rosa aunque estuvieras rodeado de dificultades. En otras palabras, posiblemente el futuro que deseas, puede ser realizado, por lo menos algunas cosas. Y eso ya es mucho. Espero que tu vida te tenga algún día rodeado de hijos y nietos, porque eso te permite tener las revelaciones ideales para mejorar la vida de todos. ¡Enhorabuena!

❧ PODER DAR ❧

Tú debes dar lo extraño, lo raro, y hacerle ver a quien lo reciba que eso también puede ser fantástico.

ASTRONOMÍA, HERMANA DE LA ASTROLOGÍA MODERNA

El 30 de junio de 1859, el acróbata francés Charles Blondin, (Piscis) cruzó sobre cuerda floja, la catarata del Niágara y cuarenta y seis años después, el 30 de junio de 1905, Albert Einstein (Piscis) entregó su artículo sobre la electrodinámica de los cuerpos en movimiento. ¿Casualidad o causalidad? Seguramente, ambas cosas. El escrito fue el preámbulo de su teoría especial de la relatividad, que hasta hoy día impera. En ese trabajo menciona a cinco científicos: Isaac Newton, James Clerk Maxwell, Heinrich Hertz, Christian Doppler y Hendrik Lorentz. James Clerk Maxwell descubrió que la electricidad, el magnetismo y la luz son manifestaciones del mismo fenómeno, el campo electromagnético. Mostró cómo los campos eléctricos y magnéticos viajan por el espacio en forma de olas, ondulaciones. Einstein escribe en sus memorias que "Lorentz es quien más significaba para mí en el viaje de mi vida." Tú, nacido Cáncer del último día de junio, tienes el don cósmico de poder crear algo para el futuro, por mínimo o máximo que esto sea. Y eso es algo que debes agradecer. Y si esto no te cuadra, podrías estudiar como fotografiar a los asteroides y dedicar tu vida a lo mismo.

 **TU CLAVE SECRETA**

Saberte acercar a quien puede ayudarte a crear o construir algo.

Celebridades de tu día:

Czeslaw Milosz, Alfonso López Michelson, Juan Bosh, Michael Fred Phelps, Lena Horne, José Emilio Pacheco, Mike Tyson y es el día en que 1300 kilómetros cuadrados de tundra fueron destruidos por un asteroide que explotó sobre Siberia (en 1908).

JULIO

¿Quiénes cumplen años este mes?

1 _____	17 _____
2 _____	18 _____
3 _____	19 _____
4 _____	20 _____
5 _____	21 _____
6 _____	22 _____
7 _____	23 _____
8 _____	24 _____
9 _____	25 _____
10 _____	26 _____
11 _____	27 _____
12 _____	28 _____
13 _____	29 _____
14 _____	30 _____
15 _____	31 _____
16 _____	

TU DÍA, CÁNCER

Tu luz es como la que viaja alrededor de nuestro planeta con una velocidad de siete veces en un segundo, como esa luz de algunas estrellas que vemos en las noches estrelladas, pero que ya no existen; o la luz que parece prenderse cuando se nos ocurre algo novedoso o que nos puede sacar de algún apuro. Esa luz,

Tu verbo motor:

Variar

indescriptible pero existente, a ti te alumbra de manera muy personal, siempre. Los que te conocen te ven de varias maneras, porque tú muestras ser piadoso si necesitan eso, lastimero si así sabes que tienes que ser o relajante si se puede. Tu signo es poder, porque te informa sobre tantas cosas que podríamos llenar todo un libro para cada persona, pero mejor te dedicamos este espacio a ti, que naciste un 1 de julio, y se te felicita por eso.

◄❦ AMOR, SALUD Y BIENESTAR ❦►

Amar debe ser para ti una fiesta tranquila, pero divertida; sabrosa y con diferentes modos de ver y hacer el amor. Si, como decía Kepler, las matemáticas gobiernan el cielo, puedes lograr lo que quieras con tu número, que puede ser dividido en millonésimas partes y reconstruidos para que tengas la salud que desees y el bienestar que necesitas.

◄❦ DESARROLLA TU RIQUEZA Y PROSPERA ❦►

Tu gran sagacidad te permitirá marcarle el camino a otros que podrán ayudarte a ti a sacarle el provecho necesario a la vida para hacerte prosperar. Si puedes guardarte como el segundo abordo, sería excelente. Tu lugar está en saber cuándo debes estar en la luz, y cuándo en la sombra, para lograr lo que sabes que verdaderamente vale la pena, siempre y cuando tú puedas salir ganando.

Angelus:

Harhaziel, guardián de los palacios.

◄❦ PODER DAR ❦►

Dicen que alguien de tu signo elaboró el primer pan nuestro de cada día. Pues entonces lo tuyo es dar algo que nutre el corazón, el alma o lo que haga falta.

---

1 DE JULIO

Quien no cree en el destino, no ha vivido.
—Emil Cioran

ASTRONOMÍA, HERMANA DE LA ASTROLOGÍA MODERNA

¿Geofísica? Sí. El 1 de julio de 1957, la Tierra se sintió querida por sus habitantes cuando instalaron el Año Internacional de la Geofísica. Países enteros —menos China y Taiwán— entraron a estudiar las ciencias de la Tierra, las auroras, los rayos cósmicos, el geomagnetismo, la gravedad, la física de la ionosfera, la longitud y la latitud precisa, la meteorología, la oceanografía, la sismología y la actividad solar. Y, el 31 de diciembre de 1958, terminó el esfuerzo. La mitad de los científicos están de acuerdo en que habrá que hacer algo para mejorar la suerte de este, nuestro planeta, y la otra mitad lo rehúsa; lo considera algo innecesario. Tú, nacido un 1 de julio, puedes comenzar algo importante para continuar los esfuerzos que mejoran, componen, arreglan, ayudan, implementan novedades y nos permitirán vivir en un mundo mejor. Dicen que si cada uno de nosotros hiciera una sola cosa al día que reconfortara o mejorara el día de otra persona, en poco tiempo este mundo estaría mucho mejor. Tú eres de los que podría ser un magnífico ejemplo para el resto de nosotros.

 TU CLAVE SECRETA

Comunicar lo bueno y eliminar lo malo cada vez que quieras.

Celebridades de tu día:

George Sand, Estée Lauder, Twyla Tharp, Princesa Diana de Gales, Pamela Anderson, Jefferson Pérez, Liv Tyler, Juan Carlos Onetti y sale al aire la primera estación de radio dedicado únicamente al deporte (WFAN).

TU DÍA, CÁNCER

Mucha imaginación debes tener y, a veces, lo que imaginas sucede. A veces no. Eso dependerá de la posición de la Luna, de tus astros y de —cómo dicen los que saben— tu libre albedrío. Tu propia voluntad generalmente supera lo que te deparan los astros. Tú riges tu destino de modo y manera claramente personal

Tu verbo motor:

Atestar

y, por lo mismo, serías un excelente profesor, maestro o psicólogo. ¡Hasta curandero! Mientras decides cambiar de rumbo o a seguir en lo tuyo, tu mente debe ser tan espontánea como tus palabras, y buscar algo que podrías denominar *el sentido de la vida* debe interesarte de sobremanera. Por lo mismo, puedes cambiar de rumbo en un santiamén, aunque eso no es común denominador de la gran mayoría de los nacidos bajo el signo de Cáncer, quienes por lo general no gozan con cambios. La curiosidad es tu mejor aliado, y espero que te permitas experimentar sin dar pasos hacia atrás.

☙ AMOR, SALUD Y BIENESTAR ❧

Así como te avientas en la vida, en el amor eres tranquilamente fiel y amoroso. Y si no es así, es porque no has encontrado tu media naranja, tu peor es nada o el amor de tu vida. Pasar por esas tres pruebas te conviene para estabilizarte. Cuidado siempre con tu estómago. Podrías sentir tus penas allí antes que en la cabeza, porque es la parte más delicada de tu cuerpo. Tener un buen gastroenterólogo de cabecera podrá

Angelus:

Pravuíl, ángel escribano conocedor de libros sagrados.

sacarte de cualquier apuro al sentirte mal o cansado. Y sentirte bien, desacansado y entretenido en tu cama (que debe ser tu trono) es lo mejor que te puede pasar.

☙ DESARROLLA TU RIQUEZA Y PROSPERA ❧

Tú, como Cáncer, nutres, o por lo menos eso debes hacer: nutrir física y mentalmente. A su vez, traer en la bolsa siempre un pañuelo limpio y unos pesos extras son la clave para sentir que sirves para algo en un santiamén. Eso es una parte de desarrollar tu riqueza, quizá más que tener todo el oro que quisieras. Sabes además (según

tu día de nacimiento) cómo producir dinero, más que cómo guardarlo.

☙ PODER DAR ❧

Lo que limpia y ayuda a mejorar es lo que debes dar, y aprende a recibir las gracias.

ASTRONOMÍA, HERMANA DE LA ASTROLOGÍA MODERNA

Cuando el año pasa en 365 días (cada cuatro años, tiene 366 días), este día es exactamente la mitad del año. Faltan, entonces, 182 días para que termine el año en curso. Un día como este —quizá por ser un día central del año en la historia—, un objeto cerca de Roswell, Nuevo México, cayó al suelo, y quienes lo vieron aseguran hasta hoy día que era una nave espacial. Prueba fehaciente no hay. Memoria histórica sí. Existe a la vez una sola prueba de un momento durante el cual el científico J. Ehman leyó y subrayó la impresión de una señal electromagnética del telescopio Big Ear, que abría la posibilidad de la llegada de seres inteligentes desde algún lugar en el cosmos. Esto es refutado por otro científico al preguntar por qué no tenemos ya evidencia de la existencia de otros seres en el universo. Para estudiar el sí o el no de esta gran pregunta, se necesita un doctorado en astrobiología (el estudio sobre el origen, la distribución y el futuro de vida en el universo). La palabra en sí nos llega de los griegos: *astron* significa constelación o estrella, bios significa vida y *logía* significa estudio. La gran mayoría de astrónomos que consulté están de acuerdo con la pregunta de que si existe "vida" en algún lugar del universo, es una hipótesis verificable y por lo tanto su estudio serio y científico bien vale la pena. Posiblemente los primeros en hacer contacto sean de signo Cáncer, tan personalmente hechos de polvo de estrellas.

 TU CLAVE SECRETA

Poder reajustar todo embrollo y mejorar disgustos.

Celebridades de tu día:

Ozzie Canseco, José Canseco, Hermann Hesse, Imelda Marcos, Vicente Fox, Jerry Hall, Lindsay Lohan, Thurgood Marshall y Patrice Lumumba.

TU DÍA, CÁNCER

Cuando la persona nacida o nacido Cáncer está a gusto consigo misma, su presencia ilumina. Eso lo sabían los indígenas seminole que bailaban y festejaban este día con todo lo verde que crecía en sus campos para que el Sol les hiciera caso. Tú, aunque estés regido por la Luna, por haber nacido un día 3 de julio, siempre estarás movido por la búsqueda de aun un poco más de conocimiento de lo que tú consideras interesante buscando, a la vez, tu propia verdad. Hazlo sentado un ratito al Sol para aclarar tus ideas, lo cual te retroalimenta. La espontaneidad es algo que debes cultivar, aunque no sea un atributo totalmente canceriano. Toda experiencia de vida que tengas porta un mensaje, y al comprender esto, brillas. Entenderte a *ti* mismo es una tarea que pone en evidencia tu gran fuerza personal y de carácter.

Tu verbo motor:

Involucrar

✠ AMOR, SALUD Y BIENESTAR ✠

Entre tus amigos y amigas encontrarás tus amores, porque antes de amar sabes ser amigo. Lo superficial no es lo tuyo, y sí lo es, no amas de verdad. Una vez que encuentres a tu otra mitad, te será fácil entregar tu corazón, el cual viene empaquetado con tu alma. Tus pesos y medidas son (como para muchos nacidos este preciso día y para bastantes cancerianos) el termómetro visual de la salud que mereces. Por lo mismo, cuidar la dieta es el punto clave para sentirte bien y plenamente contento, algo que va muy bien con tu persona.

Angelus:

Gehoriel, ángel de guarda.

✠ DESARROLLA TU RIQUEZA Y PROSPERA ✠

Las leyes y la educación son tu fuerza, sea en un estanquillo en un mercado lleno de flores o en una oficina donde solo tú mandas. No olvides nunca tus propias raíces que son el punto clave para encontrar el ángulo adecuado para hacer eso que sí te interesa, y que no te debes negar. Cierta disciplina te conviene cuando de dinero se trata, aunque logres guardar solamente unos centavos al día, haz la prueba.

✠ PODER DAR ✠

Analiza tus propios sueños, que son siempre punto de apoyo para todo, y en el caso de dar, asegúrate de saber a quién dar y por qué.

3 DE JULIO

Los signos del zodiaco son patrones kármicos; los planetas son los telares; el libre albedrío es el tejedor.
—Anónimo

ASTRONOMÍA, HERMANA DE LA ASTROLOGÍA MODERNA

El 3 de julio de 1806, un tal Michael Keens exhibió la primera fresa cultivada —producto de la mezcla de la ansiedad del humano para dominar todo, incluyendo su planeta Tierra. Nuestro planeta tiene una masa equivalente a 6 000 000 000 000 000 000 000 000 (6E+24) kilos. El peso se calcula derivando la atracción gravitacional que tiene nuestro planeta hacia los objetos cercanos. Dos masas que se encuentran en el universo, tienen una atracción gravitacional. Y de los planetas de nuestros sistema solar, la Tierra es el más brillante de todos (por el reflejo de la luz del Sol sobre nuestra agua). ¿Sabías que el agua dulce de nuestro planeta solamente ocupa un 3% del agua que tenemos? Pues así es, ya que todo lo demás es agua salada. Y entre el agua y, gracias a Dios, el tiempo que tardan los rayos del sol en llegarnos —exactamente ocho minutos y tres segundos— seguimos aquí. No dejes de aprovecharlos esos rayitos de vida aunque sea un ratito cada vez que puedas, en particular al nacer este día, ya que eso te ayudará siempre a soportar la levedad o la fase incomprensible del día.

 **TU CLAVE SECRETA**

Saber que el Sol te ayuda a mejorar cualquier interferencia cósmica personal.

Celebridades de tu día:

Franz Kafka, Tom Stoppard, Nelly Happee, Amalia Aguilar, Julian Assange, Tom Cruise, Eddy Mitchell, Harrison Schmitt y César Tovar.

4 DE JULIO

Nuestra civilización nace de un mundo nuevo, desde hace muchísimo tiempo y en el dolor.
—Jacques Le Goff

TU DÍA, CÁNCER

Nunca pierdas tu poder de asombro, porque eso es lo que te permite volar subido en tu propia alfombra mágica y encontrar lo que deseas. A menudo tú, al nacer un 4 de julio, puedes intercambiar la palabra *encontrar* por *buscar*, verbos que te convienen. La palabra *interesante* y el verbo *interesar* son a la vez tan tuyos como *buscar* y *busquemos*, porque rigen tu vida hasta el hartazgo. Mientras más ponderes, mejor para ti, y mientras más te hagas caso, aun mejor. Tu tiempo, el que necesitas para despertar, verte en el espejo, continuar el día y tener un buen lugar más un brazo amable para recargarte al dormir, es lo que te brinde la felicidad que necesitas. No dejes por favor de regalarte esos momentos de remanso personal, así quien te mira te preguntará cuál es su secreto para ser tan feliz.

> **Tu verbo motor:**
>
> *Emergír*

⚜ AMOR, SALUD Y BIENESTAR ⚜

Para amar de verdad, necesitas encontrar quien busque contigo cualquier cosa. Puede ser una palabra o un poema, una canción o una melodía, o un breve instante que quisiera compartir alguien contigo y sentir ese momento siempre presente. Para ti, la unión hace la fuerza y, como terminan algunos rezos franceses, que así sea. Sentirte mal es un reflejo del mundo que te rodea, y aunque la parte más débil de Cáncer puede ser los aparatos reproductivos, en tu caso particular, tus órganos internos de todo el tórax y el bajo vientre reflejan el cuidado que tienes contigo mismo.

> **Angelus:**
>
> *Jeou, poderoso ángel que eleva a quien quiera.*

⚜ DESARROLLA TU RIQUEZA Y PROSPERA ⚜

Tienes el don de poder gastar más de lo que tienes en el banco y preocuparte solamente a ratos de tener o no tener, pero el meollo de tu asunto personal es tu poder de ahorrar o no. Ganar mucho te rinde a veces menos que ganar menos, puesto que siempre tienes en que gastar. Organizarte es lo principal en tu vida para que puedas acaparar lo que crees necesitar y, a la vez, gozar cuando cambies de

prioridades. La dicha te viene en oleadas, y tienes el don de saberlas saborear, especialmente entre familia. ¡Aprovecha!

⚜ PODER DAR ⚜

Dar aunque no creas que lo merezca.

ASTRONOMÍA, HERMANA DE LA ASTROLOGÍA MODERNA

Buen día este para sucesos interesantes: en 1054, en crónicas de la China Medieval, un supernova fue descrito como una estrella "invitada", que se pudo admirar durante veinte días. Su esplendor, 6300 años luz de distancia, alumbraba con una intensidad de 400 millones de estrellas. En el año 1940 fue bautizada la Nebulosa del Cangrejo, ya convertida en cuásar, su fuente fue identificada llegándonos por medio de ondas de radio. Oficialmente se llama PSR0531+21. Otro hecho ocurrido un 4 de julio fue cuando Bobby Fisher salió hacia Islandia para finalmente competir y ganar el campeonato de lo que es, hasta hoy, considerado como el mayor reto intelectual para la mente humana: el juego de ajedrez —cuyas jugadas son tan numerosas como la cantidad de átomos del universo. Y volviendo al universo, aquella supernova descubierta el 4 de julio de 1054 sigue allí, viéndonos y tratando de imaginarse cómo podría comunicarse con todos los que nacieron y nacerán un 4 de julio entre el año 1054 y 2054 —felicidades a todos y a todas.

 TU CLAVE SECRETA

Saberte capaz de amarrar cualquier sueño a tu vida, si no cejas. Te regalo las palabras de Bertrand Russell como otra clave para tu día: "La ciencia es lo que sabes; la filosofía es lo que no sabes".

Celebridades de tu día:

Gwendollyn Gout, Álvaro Uribe, Geraldo Rivera, Gina Lollobrígida, George Steinbrenner, Neil Simon, Abigail "Dear Abby" Van Buren, Henrietta Swan Leavitt y Manolete.

TU DÍA, CÁNCER

La naturaleza del ego es para tomar, y la naturaleza del espíritu es para compartir. Este es un proverbio antiquísimo que leerás nuevamente en tu clave secreta, pero merece estar aquí primero para

Tu verbo motor:

Comprobar

que tengas en cuenta lo importante que son estas palabras para que tu vida tome la vertiente que merece. De eso se trata lo tuyo, de que sepas y tengas en cuenta que ampliar tus horizontes es necesario para que tu vida sea placentera, algo que mereces. El cielo de cierta manera te protege y marca tu camino admirablemente, pero tienes que aprender a pensar positivo y aceptar lo que tienes y lo que vales. Sigue tu instinto y vive como debes, ve las estrellas de noche y salúdalas. Recuerda que somos todos polvo de estrellas y puedes ser o hacer lo que te propongas, lo que importa es que estés contento con lo que tienes planeado para mañana.

⊰ AMOR, SALUD Y BIENESTAR ⊱

Complicado sí eres. Complicar tus amores, no debes. Tu corazón late bien, y lo que necesitas es medir siempre tus emociones mientras está la Luna en su fase llena. Eso no es tan difícil de reconocer, si te compras un calendario con la Luna llena indicada. Hay secretos para aliviarse de cualquier cosa que unos sí saben y otros no. Las curas fáciles y

Angelus:

Damabiath, uno de los ángeles poderoso.

holísticas son las que te hacen mejor en la vida diaria. Recuerda, tu sentido de bienestar llega y se va como las mareas —el símbolo del inconsciente— así que camina más y come menos.

⊰ DESARROLLA TU RIQUEZA Y PROSPERA ⊱

Si piensas en lo menos complicado, a largo plazo lograrás divertirte además de ir aumentando tu capital, porque si lo piensas demasiado, te tropiezas con tantas ideas que no terminas concentrándote en ninguna. El futuro de tus pesos y centavos deben habilitarse para que seas líder en lo que hagas, aunque sea algo mucho menos sencillo de lo que imaginabas. ¿Qué tal si soñabas con ser curandero? ¿Te atreverías? Espero que decidas que para ti, la prosperidad viene de adentro para afuera, no al revés.

⊰ PODER DAR ⊱

Lo tuyo es dar como si estuvieras entregando el gran premio y te están filmando para un noticiero internacional.

5 DE JULIO

Somos seres de horas pasadas y nos imaginamos otra cosa.
—Grafiti

ASTRONOMÍA, HERMANA DE LA ASTROLOGÍA MODERNA

El 5 de julio de 1954 se estrenó el primer noticiero televisado de la BBC. La palabra *televisión*, curiosamente nos llega del griego antiguo *tele*, que significa lejos, y *visio* que significa ver (en primera persona), o sea: ver desde lejos en primera persona. Sin embargo, desde 1884, Paul Gottlieb (estudiante alemán de veintitrés años) patentó el primer sistema electromecánica. Hoy existen casi dos mil millones de casas con una televisión. América del Norte abarca el mercado con 39%; le sigue Europa con 31% y America Latina con 8%. Existen nueve bandas de frecuencia, y en la televisión hemos visto ganar a nuestros equipos, el primer paso sobre la Luna por un humano, nuestros ídolos, mineros saliendo de una cueva vivos y bodas suntuosas. Dentro de unos años, está programada la televisión virtual de unos milímetros de grosor con pantallas que te escuchan y te contestan, o televisiones sin pantallas que se forman en el aire, esperemos que no nos puedan mirar mientras la miramos. Además sabemos que las televisiones holográficas las tendremos en el año 2016 y podrás comparar gustos con amigos que estarán sentados en otros lugares viendo lo mismo, si así lo desean. Dicen que los nacidos el 5 de julio, quizá viendo una parte de la pantalla, podrán acceder a la felicidad. Así de simple, continua adelante y sin comerciales.

 TU CLAVE SECRETA

La naturaleza del ego es para tomar, y la naturaleza del espíritu es para compartir.

Celebridades de tu día:

Jean Cocteau, Ignacio Mariscal, Edie Falco, George Pompidou, Huey Lewis, P. T. Barnum, Rosalind Franklin y Stella Sierra.

6 DE JULIO

Dicen que existen tres maneras de ver el futuro: dejarlo venir, hacer que venga como tú quieras o preguntarse: ¿qué pasó?
—J. Richardson

TU DÍA, CÁNCER

El "ahora" es lo tuyo. Vivir en el presente es lo que te conviene y desarrollarte integralmente, como aun ni te imaginas, por medio del conocimiento profundo de tu propia persona es primordial. Además, lo puedes lograr al entender no solamente tu signo, sino la magia del día de tu nacimiento que te impregna.

> **Tu verbo motor:**
> *Divulgar*

Tus potenciales espirituales son grandes, abarcan todas las épocas de tu vida, pero tu vida está a la vez dividida en varias etapas. Y cada vez que tienes una nueva experiencia importante, cambias. Aprender a burlarte o reír de tus propios errores es importante. Si ya lo aprendiste, tanto mejor. Mientras más conversas, mejor. Mientras más amigos tengas, mejor, ya que de y con ellos aprendes. La sofisticación también es algo que mereces dominar hoy, no mañana. ¡No cejar es lo tuyo!, o por lo menos debería serlo.

⚜ AMOR, SALUD Y BIENESTAR ⚜

Si te llaman cínico, cuidado. Es síntoma de que estas mostrando lo peor de ti y que no te dominas, algo que no le conviene a nadie, pero aun menos a los nacidos bajo los influjos de la Luna. Ganes o pierdas en el amor, si logras integrar tus amores o tu amor de acuerdo a las fases de tu Luna, sería excelente cosa. Para eso, simplemente compra un buen calendario que marque sus fases, y lee las secciones de tu signo en este libro, bajo "Astronomía, hermana de la astrología moderna". Todo horóscopo personal tiene un lenguaje bastante sencillo y puede ayudarte a escoger los caminos para triunfar en el amor, cuidarte y, así, poder gozar. Si tienes esas tres cosas a la mano, todo lo demás será fácil, incluyendo tu bienestar.

> **Angelus:**
> *Dodekas, ángel con poderes divinos.*

⚜ DESARROLLA TU RIQUEZA Y PROSPERA ⚜

Entender de qué manera disciplinarte para quedar bien contigo mismo es importante, quizá es lo que más necesitas practicar y así lograr lo que deseas, desde el punto de vista material. Buena cosa sería fijarte bien en tu manera de vestir para que vayas un poco más con la moda usando tu lado *cool* (que sí tienes, aunque a veces podría parecer que no es cierto o lo escondes). La combinación de tu fecha de nacimiento, 7 y 5 que suman 12 y así 1 y 2 que te dejan con 3, te permite encontrar tres oportunidades cada vez que quieras, si las sabes buscar. No lo desperdicies, y suerte.

⚜ PODER DAR ⚜

Da con indulgencia y trata de comprender el tipo emotivo de quien reciba.

ASTRONOMÍA, HERMANA DE LA ASTROLOGÍA MODERNA

Curiosamente, Estados Unidos festeja su cumpleaños bajo el signo de Cáncer y el dólar, que aun rige al mundo, fue escogido como unidad monetaria para el mismo país un 6 de julio de 1785, bajo el mismo signo cuando el Sol y la Luna pasaban por el signo de Cáncer. Todo Cáncer hace bien en conocer el por qué de las fases de nuestro satélite —los nacidos un 6 de julio así lo podrán divulgar. Las fases de la Luna son en realidad la apariencia del segmento de la Luna iluminada por el Sol, visto desde la Tierra. Son ocho, y dependen de cuánto vemos de la Luna. Estas fases cambian cíclicamente conforme a la órbita de la misma Luna alrededor de nuestro planeta, y varían entre 100% (Luna llena) a 0% (Luna nueva). Tengan en cuenta que desde la Tierra, solamente vemos la mitad de la Luna, siempre. Más o menos cada 2,7 años, hay dos lunas llenas en un solo mes, y a esto le llamamos Luna Azul, ("Blue Moon", como la canción de Elvis Presley). La Luna pasa por los doce signos del zodiaco mensualmente, pero una Luna llena sucede en el mismo signo solamente una o dos veces por año. La gravedad de la Luna afecta las mareas de nuestro planeta. Al considerar que el cuerpo humano es más de 60% agua, ¿no creen ustedes que nos afectan sus fases también? Yo les aseguro que sí.

 TU CLAVE SECRETA

Convencer a quien quieras que siempre estás presente aunque no estés allí.

> **Celebridades de tu día:**
> *John Paul Jones, Nancy Reagan, George W. Bush, Peter Singer, Sylvester Stallone, Maximiliano (emperador de México), Sebastián Rulli, Joell Ortiz, Dalai Lama (número 14) y Frida Kahlo.*

TU DÍA, CÁNCER

Cáncer necesita retroalimentarse con, por medio de y esperanzado en sus sueños. Vale la pena tener en tu casa un buen libro sobre lo mismo escrito por Sigmund Freud (Tauro), pero si te parece demasiado complicado, cualquier diccionario de los sueños puede sacarte de dudas. Los arquetipos y las tradiciones de tu lugar de nacimiento y/o familia es lo que puede y muy a menudo debe orientarte. Pensar en qué diría tu madre o abuelo, o algún familiar que respetes, es importante para asir respuestas a los momentos difíciles. Y, aunque puede que tengas algo de alma gitana, no cambies. Procura avanzar sin apuros, con seguridad en tu propia persona, que tiene mucho que ver y hacer ver.

> **Tu verbo motor:**
> *Diversificar*

❧ AMOR, SALUD Y BIENESTAR ❧

Si sueñas con un ser amado a nivel romántico, cuelga su foto en tu cuarto, y si lo vuelves a soñar, cásate. El amor a largo plazo es lo tuyo, porque ese es el amor que te conviene, te llega y debes buscar. Hacerlo un poco al Pigmalión también conviene. Necesitas quien te cuide, te consienta y quien cuide de tu salud, porque tú, aunque eres un poco delicado, no lo haces debidamente. Gustas de ser un poco hipocondríaco, pero eso se cura con amor, y al tener quien te explique calmadamente por qué padeces de lo que te estás quejando, encuentras bienestar —especialmente si es alguien que verdaderamente te quiere.

> **Angelus:**
> *Delukiel, ángel místico del séptimo cielo (el tuyo es el séptimo mes).*

❧ DESARROLLA TU RIQUEZA Y PROSPERA ❧

Tener una colección GRANDE de algo puede ser la clave para que desarrolles tu riqueza y prosperas. Eso te permitirá entender por qué razón quieres y, así, podrías tener más de lo que tienes. Coleccionar tiene muchos sinónimos, no te quedes sin entenderlo. Puedes coleccionar mapas, viajes, pinturas, firmas, timbres o frases preferidas; la lista es interminable. Lo que sí queda claro es que tu colección puede abrirte los ojos hacia tu propio bienestar, que es, según los astros, bastante personal.

❧ PODER DAR ❧

Tienes el poder para dar algo de tu propia colección o que te gustaría coleccionar.

---

7 DE JULIO

Cuando los sueños duermen, habla en sueños / cuando la historia despierta, las imágenes se convierten en actos, / el poema sucede, la poesía entra en acción.
—Octavio Paz

ASTRONOMÍA, HERMANA DE LA ASTROLOGÍA MODERNA

El 7 de julio de 755 se celebró el primer festival de la estrella, ordenado por la Emperatriz Koken. A los niños se les pedía dejarle poemas escritos colgadas de árboles de bambú, y de esa manera se sentían uno con la estrella escogida. El 7 de julio de 1959, el planeta Venus ocultó la estrella Régulus, evento rarísimo que permitió que se pudiera determinar el diámetro del segundo planeta más cerca al Sol de nuestro sistema solar, así como la estructura atmosférica del mismo. Y en el ínterin de ambas cosas, 1947, la Fuerza Aérea norteamericana supuestamente recogió un platillo volador estrellado en Nuevo México. En cuanto a esto último, algunos dicen que así fue, otros dicen que no sucedió, pero es la número tres de las treinta teorías de conspiración más importantes de la historia, llamada Roswell (tengan en cuenta que la que lleva el cuarto puesto después de Roswell presupone que nadie llegó realmente a la Luna). Cada quien que piense lo que quiera, pues la diversidad también tiene signo astrológico. Pero volviendo a Roswell, la ufología (investigación científica de naves espaciales con procedencia extraterrestre) no tiene todo el respeto que quizá se merece. Pueden ustedes informarse a través del doctor Bruce Maccabee, físico óptico de la Marina norteamericana y ahora ufólogo dedicado, quien asegura que ha visto naves extraterrestres. Maccabee ha escrito varios libros y publicado muchísimos artículos serios sobre el asunto. Me imagino que, como yo, está a la espera de noticias oficiales que nos permitirán pensar que no somos los únicos seres inteligentes del universo. Desde el punto de vista astrológico, tenemos la suerte de vivir en la era de poderlo resolver.

TU CLAVE SECRETA

Poder imaginar que las historias que aun no se han contado, podrían ser tuyas, reales o por llegar.

> **Celebridades de tu día:**
> *Marc Chagall, Vladimir Mayakovsky, Michelle Kwan, Shelley Duvall, Ringo Starr, Pierre Cardin, Fidel Sánchez Hernández y Victor Manuel.*

8 DE JULIO

A veces pienso que estamos solos en el Universo, y a veces pienso que no lo estamos, cualquiera de las dos cosas es asombroso.
—Arthur C. Clarke

TU DÍA, CÁNCER

El 8 de julio de 1099, comenzó la primera cruzada de 15 000 soldados cristianos. El 8 de julio de 1497, Vasco de Gama emprendió su viaje en bote de vela, hacia la India (primer viaje por mar). Magníficos eventos para definirte en cuanto a aventurarte a hacer lo tuyo, cosa que seguramente ya tendrás en mente, tengas diez o cien años. Mientras más escuches a los demás, mejor para ti y para aquellos que te quieren. Posiblemente tengas la tendencia de interrumpir, responder antes de tiempo y mal juzgar precisamente a quienes podrían ayudarte, o simplemente compartir momentos gratos contigo. Cuidado. En cuanto sientas que te sube la bilirrubina y comienzas a sentirte incómodo, recuerda que tu signo es promotor universal de la languidez gustosa, de una energía cuidadosamente amable y de la necesidad de sentirse con cierta seguridad, algo que refunfuñando no consigues. Pero al aceptar los gustos y las ideas de otros, lo lograrás con brío.

Tu verbo motor:

Enseñar

⊰⊱ AMOR, SALUD Y BIENESTAR ⊰⊱

Tus lazos de amor con la familia a menudo son más fuertes que con las de tus seres queridos y eso lastima, (algo que sucede con los nacidos bajo tu signo), pero los nacidos en tu día a veces exageran. Y si no exageran, que bueno, porque amarte y ser amado por ustedes (nacidos en el grado 15 de Cáncer, que equivale al 8 de Julio) puede ser como un jardín paradisiaco.

Para gozarlo como se debe, necesitas buena salud, y para tenerlo, necesitas hacer ejercicio ante todo. Mental y físico, con cierta disciplina. De lo contrario, tu bienestar se disminuye, pues verte y admirarte en el espejo es importante.

⊰⊱ DESARROLLA TU RIQUEZA Y PROSPERA ⊰⊱

Quieres todas las cosas buenas de la vida, y tienes razón, pero dicen que hay que pedir solo lo que necesitas, porque lo demás es vanidad, y la vanidad va de la mano con Cancer, siempre y cuando sus referencias personales están de acuerdo con su poder de compra. Tan fácil como esto, y tan difícil como lograrlo. Algo que tú, teniendo suficiente debe bastarte.

⊰⊱ PODER DAR ⊰⊱

Dar abundantemente, pero contando en mínimos... como los sacos de harina, o de sal, llenos de pequeñas cosas que aligeran el diario deambular.

ASTRONOMÍA, HERMANA DE LA ASTROLOGÍA MODERNA

Elisabeth Kubler-Ross es la doctora, fundadora, pionera y maestra psiquiatra en estudios sobre las experiencias cercanas a la muerte. Ella sí que hizo lo suyo, y tuvo bajo su tutela a más de 125 000 estudiantes que batallaban por tomar algún curso sobre su especialidad dentro de seminarios, escuelas de medicina, hospitales, instituciones de trabajos sociales y universidades. Además dictaba una serie de conferencias sobre la inmortalidad humana en la Universidad de Harvard tituladas "Sobre la muerte y morirse". De algo estamos seguros todos, y eso es de que vamos a morir, decía Kubler-Ross y su vida no fue un lecho de rosas. Fundó su *Shanti Nilaya* (casa de paz) en California para propagar sus investigaciones en experiencias cercanas a la muerte, espiritismo y de médium, y fue engañada por un impostor, perdiendo así su reputación y dinero. Sin embargo, su reputación de ser doctora en ciencias, leyes, humanidades, letras humanas, pedagogía y ciencias divinas, más los libros que dejó escritos, nos muestra que hacer lo suyo la colmó de palabras inspiradoras, como lo indica la siguiente frase: "Aprende a estar en contacto con el silencio dentro de ti y ten en cuenta que todo en este mundo tiene un propósito; no hay errores, ni coincidencias, todo lo que nos sucede son bendiciones que nos regalan para aprender algo".

Angelus:

Phinehas, ángel del Señor que ilumina.

 TU CLAVE SECRETA

No creer que solo el trabajo te hará valer algo. Ten contigo siempre las palabras de la doctora Kubler-Ross: "Mitad bailando, mitad trabajando—esa es la combinación perfecta".

Celebridades de tu día:

Jean de la Fontaine, Ferdinand Graf von Zeppelin, Ernst Bloch, Philip Johnson, John D. Rockefeller, Elisabeth Kubler-Ross, Wolfgang Puck, Tzipi Livni, Kevin Bacon, Anjelica Huston, Jerry Vale.

TU DÍA, CÁNCER

Hay quienes dicen que los nacidos este día tienen sus mejores momentos después de los cuarenta años, pero yo no lo creo. Yo lo que veo en tu ADN cósmico es que tienes tantas ganas de vivir bien (cada quien a su gusto) que cuando cumples los cuarenta años, en lugar de sentir que han pasado muchos años, agarras una nueva fuerza que te hace portavoz de la madurez. Y cuando llegues a los ochenta, nos sorprendes. Mientras pasan los años, tienes la capacidad de ir tomando lo necesario del tiempo, ese viejo amigo de la Luna, para ir acumulando fortaleza y experiencias hasta para repartir. Tu vida tiene su propia mándala, y para lograr todo lo que quieres, necesitas encontrar la adecuada. Tu mándala debe repartirte contentamiento y cultivar esclarecimiento.

> **Tu verbo motor:**
> *Funcionar*
> *(o hacer funcionar)*

❧ AMOR, SALUD Y BIENESTAR ❧

Para dar y recibir el amor que mereces, tendrás que construir un plan firme y conciso con acción directa y nada de titubeos, algo que a menudo haces. Espero que encuentres tu propio paso para que logres amar como mereces, lo cual reforzará tu bienestar personal. Quien nace un 9 de julio y no tiene amor, padece, y quien nace un 9 de julio y padece es porque no ha encontrado su propia libertad. Busca integrarte en relaciones con personas muy diferentes a ti, eso siempre te ayudará.

❧ DESARROLLA TU RIQUEZA Y PROSPERA ❧

Impresiones de vida podrían mostrarte cómo lograr ser tan próspero como quisieras, siempre y cuando te des el tiempo de ponderar cómo, cuándo y dónde. Buenas recomendaciones podría darte tu madre o una mujer de tu familia para comenzar a simplemente hacerte más rico de lo que eres. Tan fácil como eso es reconocer lo que decía el filósofo de Güémez, personaje reconocido de las leyendas mexicanas: "Es mejor ser rico y famoso".

> **Angelus:**
> *Ríshis, espíritu védico,*
> *padre de todos los hombres.*

❧ PODER DAR ❧

Dar consejos o un buen libro de citas de personajes reconocidas es algo que deberías hacer varias veces a la semana, o por lo menos entre una Luna llena y otra.

9 DE JULIO

Sin embargo, ningún hombre mortal es sabio en todo momento.
—Plinio el Viejo (23 d. de C.)

ASTRONOMÍA, HERMANA DE LA ASTROLOGÍA MODERNA

John Archibald Wheeler, físico teórico, pionero científico y personaje inverosímil en su uso de palabras, fue quien por primera vez, ante la NASA, pronunció el término "agujero negro" —hoy día de interés absoluto dentro de la física cuántica y la astronomía. El agujero negro es un objeto con un campo gravitacional tan intenso que su velocidad de escape supera la velocidad de la luz. En aquel entonces, Wheeler lo llamó una función de ondas del universo, lo cual luego ayudó a desarrollar la teoría de la fusión nuclear y el agujero de gusano, un túnel hipotético en el espacio-tiempo. Ahora, más de cien años después de su nacimiento, estas ideas nos abren puertas a lo inesperado, a lo desconocido y a lo que nos permitirá viajar a años luz de distancia, para recordar que este divertido físico fue quien dijo "Si no has encontrado algo extraño durante el día, no ha sido un día que valga mucho". Y en otra vuelta, cuando un estudiante le respondió algo despectivo, el físico le contestó: "No estar de acuerdo lleva al estudio, el estudio lleva a comprender, comprender lleva a apreciar y apreciar te lleva a amar, así que quizá algún día me va a encantar tu teoría, o tú amarás la mía". Y tú, nacido un 9 de julio, tienes el don de no estar de acuerdo sin hacer daño, así que suéltate el pelo una vez al día, a la semana o al mes si puedes, y encuentra esa vena tuya (o esa vaina que te hace sonreír) y busca como no estar de acuerdo, aprendiendo algo.

 TU CLAVE SECRETA

Sabiendo que hoy se celebra el Día del Llamado de los Horizontes, un festival que une las teorías más interesantes, busca tu propia teoría y vívela.

> **Celebridades de tu día:**
> *John Archibald Wheeler, Tom Hanks, Oliver Sacks, Otorino Respighi, David Hockney, Courtney Love, O. J. Simpson y Argentina declara su independencia de España en 1816.*

10 DE JULIO

*El verdadero viaje de descubrimientos consiste no en paisajes novedosos,
sino en tener miradas nuevas.*
—Marcel Proust

TU DÍA, CÁNCER

Yo recomiendo que todo nacido Cáncer debe tener algún libro de
Proust en casa, pues es el escritor que mejor representa este signo
a través de sus palabras. Nacer este día es un regalo, porque la palabra se te da. Y si aun no lo has des-
cubierto, es porque no has pensado
lo suficiente. Todo lo que tienes que
hacer es eso, pensar. Y a la vez, utiliza todos los sinónimos de *pensar*
que encuentres, digamos, uno por mes, como disurrir, examinar,
presuponer, tantear, madurar, imaginar, idear, preconcebir, racioci-
nar, tener presente, deducir. Así, aunque no te ilumines con Proust
como deberías, encontrarás tu modo y manera de afrontar lo que
venga, y de sacarle el mejor de todos los provechos. Eso sí, date el
tiempo necesario para soñar y pensar en la inmortalidad del cangrejo —el animal y tu signo.

Tu verbo motor:

Enfocar

◀ AMOR, SALUD Y BIENESTAR ▶

Repartes tus emociones, pero con palabras limitadas, producto de
pensamientos ilimitados. Y, si te es posible, vive tus pensamientos
de manera amorosa. No te pongas a
buscar el amor de tu vida imaginada;
sería demasiado aburrido. En cuanto
a tu salud, esta depende de tu ánimo,
aunque eres un poco dado a la hi-
pocondría. Estudiar medicina sería
buena cosa, o tener un buen amigo a quien puedas recurrir para no
gastar demasiado en doctores. Y recuerda, el bienestar de los nacidos este día es algo totalmente negociable consigo mismo.

Angelus:

*Zazriel, ángel que porta la
fuerza de Dios.*

◀ DESARROLLA TU RIQUEZA Y PROSPERA ▶

Los negocios pueden ser muy aprovechables para ustedes; desde
vender aparatos caseros, antigüedades familiares o inventar algo
que complazca al comprador para su bienestar personal y el tuyo.
Podrías ser una persona de negocios que realmente se ocupa de
sus clientes, y dejas buena huella en el camino. Eso de ocuparte del
bienestar de otros te queda como anillo al dedo. Inspirarte en un
museo —es buen lugar para encontrar nuevas ideas— lee sobre tu
signo cada vez que busques prosperar aun un poco más.

◀ PODER DAR ▶

Puedes dar imaginativamente, usando las palabras que concuerdan
con tu pensar.

ASTRONOMÍA, HERMANA DE LA ASTROLOGÍA MODERNA

El 10 de julio de 1997, científicos en Londres nos informaron que
el ADN de un esqueleto neandertal, respaldaba la teoría de que
toda la humanidad descendía de una Eva africana de unos cien a
doscientos mil años de antigüedad, aparecida por primera vez en
Tanzania o Etiopía. La llamaron la Eva Mitocondrial, que significa
el ancestro común más reciente. En aquel entonces el homo sapiens
(hombres modernos) estaban en vías de desarrollo diferentes a otras
subespecies humanas. Excelente cosa que haya sucedido esto bajo
los augurios del signo de Cáncer, representante fehaciente del alma
humana y su contacto con el mundo de experiencias, y símbolo de
la personalidad y de la evolución del "yo". Esto nos lleva a la primera
escultura encontrada de una mujer desnuda, sensual, primitiva y
bastante erótica, hecha hace unos 35 000 años. Como nos dijo alguna vez Platón, "La verdadera naturaleza de la realidad se encuentra en el mundo de las ideas", y así sigamos todos pensando en la
evolución del pensamiento cosmológico con una madre primeriza
quien quizá nació un 10 de julio.

TU CLAVE SECRETA

***Sabes comprender la relación entre la mitología, la filosofía
y las novedades cosmológicas.***

Celebridades de tu día:

*Camille Pissarro, Marcel Proust, Corto Maltese, Giorgio de
Chirico, Nicolás Guillén, Alvan Graham Clark, Eunice Kennedy
Shriver y la canción "Satisfaction" de los Rolling Stones llega a
número uno de ventas en 1965.*

TU DÍA, CÁNCER

The Elements of Style (Los elementos del estilo) es un libro que debemos todos, de los doce signos del zodiaco, tener en casa. Se usa en secundarias y universidades como libro de texto y nos explica, de manera elegante, familiar y clara, cómo escribir sin incluir lo que no es necesario. Nacido el autor un 11 de julio, tómenlo como ejemplo de elegancia personal porque eso mismo (la elegancia) es algo que ustedes, de signo Cáncer, deberían siempre procurar a su propio modo y manera. La elegancia es una cualidad del elegante, y el elegante debe ser alguien dotado de gracia, nobleza y sencillez. Tú, nacido este día, invéntate la tuya al hablar, al pasear y hasta para ir al baño. Tu innata sutileza puede ser cómplice de la utilidad y la facilidad con que puedes desarrollar esta fase de tu persona.

> **Tu verbo motor:**
> *Completar*

⚜ AMOR, SALUD Y BIENESTAR ⚜

La soledad no te queda. Y puesto que frecuentemente encuentras que tu magnetismo personal te acerca o aleja de personas, déjate llevar por tus instintos para amar. Lo único que tendrías que evitar sería exagerar las dificultades, tanto las pequeñas como las grandes. Y, si te dicen que andas en las nubes, bájate. Para las mujeres nacidas este día, controlen su tendencia al capricho y más bien recárguense en su gran fuerza interna; para los hombres, no permitan que sus nervios se entremetan en su salud personal. Para todos los nacidos este día: su tenacidad puede darles mucho más bienestar de lo que imaginan, ¡úsenla!

> **Angelus:**
> *Hadar, ángel de bondad superior.*

⚜ DESARROLLA TU RIQUEZA Y PROSPERA ⚜

El diario deambular para ir tras los pesos y centavos no te queda cómodo. Busca cómo mantenerte y aumentar los dichosos pesos, dólares, bienes y fondos de manera tranquila. La plata, el jade y el ópalo son materiales que pueden esclarecerte. Servir una mesa, platillos o gustos puede hasta divertirte, y si logras algún empleo dentro del cual puedes recaer en tus propios ritmos biológicos, tanto mejor. Eso podría traerte más bienestar que el aumento de "cosas".

⚜ PODER DAR ⚜

Nunca "des" cuando tus energías están a la baja. Da, cuando te sientes bien contigo mismo.

---

11 DE JULIO

Cada pregunta posee un poder que no se encuentra en la respuesta.
—Elie Wiesel

ASTRONOMÍA, HERMANA DE LA ASTROLOGÍA MODERNA

De ideas misteriosas, tomadas del cristianismo, el judaísmo, las religiones misteriosas greco-romanas, del zoroastianismo y del neo-platonismo, a Bardaisan (nacido el 11 de julio de 164 en la Siria antigua), este ser misterioso y admirado por Porfirio, Sextus Julio, Hipólito y muchos otros filósofos de su era, le decían El Babilonio. Científico, sabio, astrólogo, astrónomo, filósofo y poeta, su conocimiento sobre la India era muy comentada y se lo conocía como el mejor astrólogo en toda Babilonia. La leyenda sobre su vida cuenta que en una ocasión marcó con la huella de sus flechas el dibujo de la cara del joven que sostenía el escudo defensor. A una edad avanzada, descubrió las palabras sabias de personajes venidos de la India, y de cierta manera se puede decir que fue uno de los primeros personajes que expandió su manera de pensar, su diálogo —llamado "contra el destino"— y su explicación sobre la luz y la oscuridad. Además, usó cálculos astronómicos para tratar de comprobar que la posición de los astros marcados en el momento de nacer de cada individuo tenían algo que ver con su conducta. Hay variadas opiniones sobre este interesantísimo personaje, como habrá, durante tu vida, variadas opiniones sobre ti.

 **TU CLAVE SECRETA**

Saberte mantener erguido y orgulloso de quien eres, siempre y bajo toda circunstancia.

> **Celebridades de tu día:**
> *Luis de Góngora, E. B. White, Niño Ricardo, Yul Brynner, Chuck Río, Oscar D'Leon, Aníbal Troílo, Hugo Sánchez, Eduardo Nájera, Alejandro Camacho y Suzanne Vega.*

TU DÍA, CÁNCER

No dejes de darte cuenta del tiempo que pasa porque los nacidos un 12 de julio son capaces de olvidar lo que marca el reloj y dejar cosas atrás que deberían traer en la bolsa —figurativamente. Tus recuerdos son lo que te sostienen y te preparan para el futuro, y aunque esto parece como un sueño, de allí viene tu fuerza y tu agarre. Es casi imposible encontrar alguien de signo Cáncer que no necesite recargarse de algún modo en el pasado —el suyo, el de la historia de su país o el de una mascota inclusive. Llevar un diario siempre es algo recomendable. Tenaz y carismático, llevas en ti la fuente de hacer posible el derrame de inspiración. No seas demasiado sensible, uno de los pormenores de todo Cáncer, aunque tu día y tu grado (19) refuercen tus logros cuando tienes relaciones interpersonales con quien se cruce por tu camino.

Tu verbo motor:

Producir

❧ AMOR, SALUD Y BIENESTAR ☙

Tu matrimonio debe ser realmente productivo y permanente con amor fuerte además de espiritual. Tu unión, o tus uniones, debe tener esto en cuenta, y aunque seas capaz de tener muchas relaciones, encontrar a tu media naranja es lo que deseas. La Luna, históricamente, regula el páncreas. Cuida el tuyo investigando lo que le hace bien y lo que le hace mal.

❧ DESARROLLA TU RIQUEZA Y PROSPERA ☙

El dinero, por lo general, no es lo que te hace sentir seguro ni emocionalmente pleno. Lo que sí te permite vivir con beneplácito prosperidad es repartir amabilidad y consejos sanos a tus semejantes. Una carrera que pueda de alguna manera satisfacer esta necesidad, que resulta ser un don, debe ocasionar que te sientas pleno. Algo que incluya o tenga que ver con lugares sagrados, o la terapia te van como anillo al dedo. Recuerda que generalmente los nacidos Cáncer tienen oportunidad de "encantar".

❧ PODER DAR ☙

Lo tuyo es dar ideas o artefactos del pasado, como, por ejemplo, un calendario maya.

ASTRONOMÍA, HERMANA DE LA ASTROLOGÍA MODERNA

El 12 de julio de 1562, Diego de Landa (Escorpión), Arzobispo de Yucatán, quemó los libros sagrados de los mayas. Dejó llenarse de odio y —aunque posteriormente escribió la *Relación de las cosas de Yucatán*, catalogando la religión maya y el idioma (cuyos originales se perdieron)— ordenó una terrible inquisición, una especie de auto-da-fe contra los mayas. En una "ceremonia" ardieron por lo menos cuarenta códices mayas junto con 20 000 imágenes. "Mentiras del Diablo", llamó el arzobispo a todo lo relacionado con esta antigua y maravillosa cultura, y así la controvertida vida del arzobispo pasa a la historia habiendo realizado terribles cosas y maravillosas explicaciones. Sin algunas de sus explicaciones, no sabríamos de la formidable puesta en escena de la astronomía y la astrología maya, con sus cálculos astronómicos increíblemente acertados y su sofisticada matemática utilizada para observaciones exactas de los planetas y las rutas del paso de la Luna, además de lo esotérico y las predicciones. Su calendario, repleto de trece números y veinte diferentes nombres que encajaban exactamente dentro de su año de 260 días, les permitió construir maravillosos templos repletos de mitológicos seres relacionados con sus dioses, espíritus y el tiempo. El supuesto final del mundo de 2012, que proviene de una predicción maya, está mal interpretado por quienes no han sabido comparar con los sucesos modernos, que en realidad nos muestran que los ciclos de nuestro planeta nos acompañan, no nos destruyen. Nos permiten vivir y a continuar estudiando el cielo, el cosmos. Y que lo que vendrá posiblemente sea una muestra de la posibilidad de reconocer vida inteligente en otras partes del universo. Las predicciones sobre la vida y la muerte son tan imposibles como lo sería platicar con un ser supremo, presente, pasado o futuro. Tú, nacido un día que trae estos recuerdos por su relación con una fecha pasada, podrías repartir esta gloriosa sabiduría hacia lo que venga.

Angelus:

Junier, príncipe en el orden de los ángeles.

 TU CLAVE SECRETA

Tener la sapiencia de comprender que nadie puede predecir algo sobre el consciente colectivo.

Celebridades de tu día:

Pablo Neruda, Henry David Thoreau, Max Jacob, Amedeo Modigliani, Buckminster Fuller, Bill Cosby, Robert Fisk, Julio César Chávez y Michelle Rodríguez.

TU DÍA, CÁNCER

Importante para los nacidos este día es que festejen sus cumpleaños y traten de asegurarse que lo que hacen, producen y sueñan es lo que ustedes realmente quieren hacer. El número 13 tiene muchas implicaciones. En la Grecia antigua, Zeus era el dios más poderoso, y el número 13 simbolizaba la totalidad, lo completo, el poder, la habilidad y la realización. Si una vez al día puedes lograr una de estas cosas, no habrá quien pare tus logros. Y, como para prenderle la vela a tu pastel de cumpleaños, la Luna, satélite que rige tu signo, pasa por trece signos durante un año. Con eso, debes permitir que de vez en cuando, algo mágico surja en tu vida, algo que tendrás que buscar para tenerlo a tu lado.

Tu verbo motor:

Interpretar

❦ AMOR, SALUD Y BIENESTAR ❧

No me atrevería a decirte que trece veces ames, pero que en cada Luna llena (y son trece al año) tengas con quien pasarla bien sería perfecto. Tu amor puede ser total, completo, poderoso, hábil y realizable —como las palabras que redondean el número 13 cuando se encuentra en el signo de Cáncer. Tu salud a veces se sale de curso, es decir, no se halla porque tus nervios no la dejan ser. Necesitarás de vez en cuando tener un doctor de cabecera para que te indique cómo calmar tus ansias. Si hay millones de nacidos este día, serán millones los alivios.

Angelus:

Gediel, ángel amuleto del zodíaco.

❦ DESARROLLA TU RIQUEZA Y PROSPERA ❧

Quizá tu manera de acrecentar tu riqueza no sea tan ortodoxa como habías planeado, pero eso no debe ser lo más importante en tu vida. Eso sí, espero que siempre tengas un ahorro para pasar una temporada en un lugar como un remanso de paz muy personal. Y estando allí, consientas tu cuerpo y tu alma a gusto. Tener un cuerpo descansado y sueños amables te abre las puertas hacia la prosperidad.

❦ PODER DAR ❧

Explicaciones es lo que mejor debes poder dar.

---

13 DE JULIO

Los pájaros no cantan porque responden; cantan porque en su alma cargan una canción.
—Lou Holtz

ASTRONOMÍA, HERMANA DE LA ASTROLOGÍA MODERNA

Dice el astrofísico, autor de varios libros y estudioso de los misterios del universo Hubert Reeves, que para embellecer la vida y vivirla bien, hay que tener un oasis en la naturaleza. Allí podrás sentarte y hacerte las preguntas que se hacen muchos astrofísicos, físicos teóricos, retóricos, filósofos, astrólogos, escritores y los hombres y mujeres que hacen todo lo que pueden en su diario deambular para dedicarle tiempo a pensar. ¿De dónde venimos, quiénes somos y hacia a dónde vamos? Reeves ya tiene un meteoro que viaja por el espacio extraterrestre portando su nombre. Y viajar entre las páginas de sus libros es un gran regalo. Reeves es un famoso cosmólogo y comunicador científico. Le interesan cosas como la naturaleza del los vientos solares, el gran flujo de partículas atómicas aventadas al espacio por nuestro Sol y el agua pesada. Es a la vez presidente de la Liga ROC, que trabaja para la preservación de la fauna salvaje. Existe un Instituto Hubert Reeves y tiene mucho que ver. Aquí te regalo algunas de las frases que parecerían dirigidas a quienes hayan nacido un 13 de julio: "Qué tal si comemos menos carne", "El medio ambiente es la llave de una mejor salud" y "Tenemos que pasar de las ideas a los actos que respeten el calendario natural".

 TU CLAVE SECRETA

Saber repartir conocimientos que mejoren tu vida y reconocer que lo de uno, *tiene mucho que ver con todo lo* otro.

Celebridades de tu día:

Hubert Reeves, Wole Soyinka, John Dee, Simone Veil, Harrison Ford, João Bosco, Cheech Marín, Carmen Villalobos, Gustavo Sainz y Julio Caesar.

*El mejor día de tu vida es el día en que decides que eres
dueño o dueña de tu propia vida.*
—Bob Moawad

TU DÍA, CÁNCER

Tienes la fuerza, la capacidad y el ingenio de poder gozar por lo
menos un ratito de cada día como si fuera el mejor momento, sino
el mejor día. Dialoga contigo mismo
para ver, aprender, sentir o planear.
Este es un día que por ósmosis histórico (si es que existe algo parecido)
trae mucha energía. Nuestro planeta
nunca puede estar en el mismo lugar, pues se mueve no solamente
dando vueltas sobre su eje rodeando al Sol, pero alrededor de nuestro sistema solar que rodea al centro de nuestra galaxia. Todo esto
tiene que ver con tu persona, capaz de comprender tantas cosas,
digerirlas y abrirse paso en un mundo maravilloso, pero cada vez
más complicado.

Tu verbo motor:

Detonar

❦ AMOR, SALUD Y BIENESTAR ❧

"Corro hacia ti, porque no sé volar", podrías decirle a tu ser amado
y construir una vida de eterna felicidad, algo que por lo general solo
sucede en los cuentos de hadas. Pero tú sabes que eso podría suceder, así que no dejes de planearlo. Tus amores deben ser profundos
para que valgan la pena, y tu salud va muy de acuerdo a la posición
diaria de la Luna. Necesitas tener un calendario lunar cerca de tu
cama para defenderte, y así tu bienestar (teniendo ideas novedosas,
amor insólito y salud adecuada) te colmará de bendiciones.

❦ DESARROLLA TU RIQUEZA Y PROSPERA ❧

Tus estrellas brillan (en relación a la prosperidad) cuando perteneces a un esfuerzo colectivo, como una buena opera. El conjunto es
lo que deja huella de la historia, las voces, los músicos, los escenarios. Traduce esto a tu empeño a tener más porque tu carácter te lo
permite, y verás que tus logros se convertirán en objetos y objetivos
de gran valor.

❦ PODER DAR ❧

Debes de poder dar todo lo que tu mitología personal te permite, es
decir, según la historia que te estés contando.

ASTRONOMÍA, HERMANA DE LA ASTROLOGÍA MODERNA

La palabra *sanferminak* en vasco significa pamplona, y el 14 de julio
(a media noche) termina la fiesta de San Fermín, con su encierro y
la corrida de los toros, que es producto de muchas tradiciones fol-
clóricas antiguas. Llegan más de un millón de personas a ver el festival, y puede que tenga poco de astronomía, pero al estudiarlo más,
podríamos decir que sí tiene algo, ya que resalta las palabras dichas
por el gran astrofísico Sir Martin Rees (Cáncer), al decir: "Lo más
complicado que existe en el universo conocido es seguramente el
ser humano". Y así, vemos como un 14 de julio estalla la Revolución
Francesa. También cabe destacar que el 14 de julio de 2000 aparece una de las erupciones solares más fuertes, que produjo sobre
la Tierra una tormenta geomagné-
tica. El Sol, como todo en el universo, incluyéndonos, se encuentra a
veces en frecuencia activa y a veces
en frecuencia tranquila. La actividad
solar tiene un ciclo de once años, y
las erupciones (¿serán erutitos?) se clasifican como A, B, C, M o X,
dependiendo del flujo de rayos X por metro cuadrado. Producen
flujos de partículas súper energéticas que pueden presentar peligros
para las naves espaciales y los astronautas. El Observatorio SOHO
tiene fotografías extraordinarias de este evento, y si tú naciste un 14
de julio de cualquier año, regálate unos momentos para observarlas
en Internet, ya que te pueden ofrecer inspiración.

Angelus:

*Purusha, ángel y espíritu
cósmico.*

 ### TU CLAVE SECRETA

*Saberte capaz de retomar lo que necesitas para mejorar lo
que sabes que te hace falta.*

Celebridades de tu día:

*Gustav Klimt, Ingmar Bergman, Javier Solana, Candela Peña,
Woody Guthrie, Tommy Mottola, Cardenal Mazarín, Jane Lynch,
Irving Stone y en 1789 estalla la Revolución Francesa.*

TU DÍA, CÁNCER

Tu manera de interpretar el mundo es bastante diferente al modo de los demás, y espero que encuentres un club, grupo o pasatiempo dentro del cual puedes tener relaciones interpersonales que vayan de acuerdo a quien eres. Podrías llegar a influenciar a quienes te rodean y, teniendo confianza en ti mismo, serías capaz de dejar huella por donde pases. Eres un especie de barómetro

y termómetro de lo que nos rodea, y bien haríamos en hacerte caso. Cultiva objetividad mental y participación emotiva en tu entorno para reconocerte mejor. Cáncer es un signo emotivo, y tú llevas la emotividad de este, tu signo, con mayor fuerza, sea a veces para bien y a veces para mal. Cuando es para mal, no te entienden, y cuando es para bien, quieren ser como tú. Como bien dicen en Francia y otras partes, vaya a saber.

❧ AMOR, SALUD Y BIENESTAR ☙

Un chachachá muy popular que dice: "Quiero que me sí que no, que sí que no me quieras, quiero que me no que sí, que no que sí me quieras", y así es a menudo tu acercamiento al amor. Mejor aprende a *asegurar* que amas, en lugar de probar, o tratar de probarte. Mejor ve cómo puedes sentirte seguro sin tener que medir a quien tengas enfrente. Y así, lo mismo para tu salud. Decídete, antes de levantarte, que te sientes bien. Con eso, 40%

Angelus:

Seldac, ángel muy poderoso a cargo de encontrar novedades.

de tus preocupaciones se disipan. Y sin preocupaciones mayores, el bienestar aparece como por arte de magia.

❧ DESARROLLA TU RIQUEZA Y PROSPERA ☙

"Hacer" es un verbo importante, quizá uno de los más importantes, y le pertenece a Cáncer, quien por supuesto lo tiene que compartir. Si aprendes y sientes lo fuerte y lo espectacular que es este verbo, y si lo usas correctamente, lograrás lo que deseas —rango, importancia, facultades para aumentar tus ganancias y prosperidad duradera. Actúa sin timidez, sin brusquedad, sin mal humor y sin reprimirte. Y acabarás haciendo lo que quieras, como quieres, cuando necesites hacerlo.

15 DE JULIO

Todo el conocimiento humano toma la forma de interpretación.
—Walter Benjamin

❧ PODER DAR ☙

Revélate para descubrir todas las facultades que llevas para componer una parte del mundo, o de tu mundo, dando lo más que puedas.

ASTRONOMÍA, HERMANA DE LA ASTROLOGÍA MODERNA

Y de repente apareció una piedra: Rosetta —llamada así por haber sido encontrada por un capitán francés durante la campaña en Egipto de Napoleón Bonaparte en 1799. Tardaron 113 años en traducir los jeroglíficos plasmados en aquella piedra, escritos doscientos años a. de C., y esa traducción es fuente de lo que hoy sabemos sobre cómo pensaban los egipcios antiguos, cómo estudiaban y de qué manera miraban el cielo. Luego la frase "Rosetta stone" (piedra Rosetta) tomó otro significado, al ahora usarse para indicar una clave esencial dentro de un nuevo campo de conocimiento. Tú, nacido un 15 de julio, también tienes el don de expandir el conocimiento como aquella piedra Rosetta. ¡Aprovéchalo!

 TU CLAVE SECRETA

Los secretos que guardas, sirven para que otros comprendan un poco más del mundo que nos rodea.

Celebridades de tu día:

Arianna Huffington, Rembrandt, Eduardo Gutiérrez, Joycelyn Bell, Jacques Derrida, Mil Máscaras, Forest Whitaker, Madre Cabrini y Linda Ronstadt.

16 DE JULIO

> *Solo existen dos maneras de vivir tu vida. Una es como si nada fuera milagroso. La otra es como si todo fuera un milagro.*
> —Albert Einstein

TU DÍA, CÁNCER

La Luna parecería indicarte que hay siete caminos, no uno, dos ni tres. Siete es el número más escogido como número de suerte en el mundo, y tú, con un número que suma siete, ten en mente siete salidas, como los siete samuráis y las siete maravillas del mundo. Tienes mucho de espiritual, pero tienes que encontrarlo en ti, ya que no se despierta solo. Con tu gran fuerza de voluntad, una vez decidido por algo, puedes, logras y triunfas. La política, ganes o pierdas, es algo que puede interesarte, al igual que muchas cosas de la vida, pero no buscas ser ni la primera, ni el mejor, ni ganar a toda costa. La experiencia de vida es lo que más saboreas, y por lo mismo, te felicito.

Tu verbo motor:

Corresponder

ᕯ AMOR, SALUD Y BIENESTAR ᕯ

Para ti, el amor debe ser algo que llena tu fuerza personal. Es decir, aprendizaje y comprensión es lo más importante para sacarle el provecho y gozo que puedes descubrir, cada vez que amas. No confundas dolor de corazón con mal de amores, y si lo haces, busca la terapia adecuada. Necesitas una salida artística para deshogar el paso tan frecuente de la Luna que tanto te impresiona. (Averigua en qué signo estaba tu Luna cuando naciste para enterarte lo que eso significa). Combinar tu signo con el signo lunar puede ayudarte a encontrar tranquilidad emocional además de bienestar.

Angelus:

Zachriel, ángel que rige la memoria colectiva.

ᕯ DESARROLLA TU RIQUEZA Y PROSPERA ᕯ

Mira bien a tu alrededor y decide invertir tu tiempo y esfuerzo en lo que consideres que haga falta para vivir tranquilos. ¿Vacaciones? ¿Buena comida? ¿Hijos tranquilos? Sigue buscando, y cuando sientas que has hallado el meollo de ese asunto, dedícate a enriquecerle la vida a otros con lo encontrado. Verás cómo solita crece tu prosperidad. Y no debe serte demasiado difícil.

ᕯ PODER DAR ᕯ

Mientras más espiritual seas, en lo religioso, en lo esotérico, en lo que hayas encontrado para tu paz personal, mejor podrás darle a los demás algo de lo mismo.

ASTRONOMÍA, HERMANA DE LA ASTROLOGÍA MODERNA

El 16 de julio de 622, comienza Hegira, el calendario islámico, basado en el primer día que el profeta Mahoma migró hacia Medina de la Meca. La astronomía varía desde sus comienzos casi tanto como los idiomas que hablamos hoy día. En la India alrededor del año 2000 a. de C., se fijaban en el movimiento diario de la Luna por el zodiaco, años después la división babilónica griega dividió el círculo en 360 grados. Los hindúes llamaban *siddhantas* a su conteo (significa conclusiones establecidas) y lo consideraban revelación, no razón. Y los chinos, amarrados a Confucio quien presenta una filosofía predominante en relaciones humanas, medían sus tiempos en la antigüedad conforme a sus familiares pasados. Y, el emperador de turno era escogido por los cielos (según ellos) y reinaba según las señales del cielo. Y así se dieron las cosas que de algún modo llevaron al 16 de julio de 1969, cuando salió de su hogar el Apollo 11, primera misión con piloto humano hacia la Luna. Una eterna cadena de personas lo hicieron posible después de históricos momentos fijados en el tiempo por el hombre. Y tú, nacido un 16 de julio, puedes ser portavoz del futuro de todos en relación a la física cuántica, la teoría de la relatividad y la conciencia humana.

 TU CLAVE SECRETA

Saberte entusiasmar con proyectos al futuro.

Celebridades de tu día:

Andrea del Sarto, Rubén Blades, Miguel Induraín, Larry Sanger, Will Ferrell, Ginger Rogers, Michael Umaña, Roald Amundsen, Mary Baker Eddy y la fundación de La Paz en Bolivia.

TU DÍA, CÁNCER

¡Cuanta intuición y energía tienes! Dices (o deberías decir) lo que sientes y, por lo general, cuando decides hablar, callas a los demás. Si esto no es así, toma clases de algo que te permita soltar toda la energía con la cual naciste. Tus emociones te guían y si no estas enamorado, no te sientes a gusto con el mundo que te rodea. Lo nuevo, lo desconocido, hasta lo inalcanzable a veces te intriga, y tomar medidas de precaución en lugar de correr hacia delante sin pensar, es algo que debes procurar. Necesitas sentir que realmente evoluciones en todo lo que haces, buena cosa para quien nace un 17 de julio. Los viajes, cortos, largos, en barco avión o a pie, realmente te ilustran, contrariamente a la gran mayoría de los cancerianos, quienes por lo general gustan sentir que su casa es su castillo y su felicidad. Tienes mucha energía, y necesitas reconocer como guiarla para que no saltes de una cosa a otra sin desarrollar todos los talentos que pudieras aprovechar.

Tu verbo motor:

Ocasionar

❧ AMOR, SALUD Y BIENESTAR ❧

Tu mejor amigo, tu prima, alguien que nunca imaginabas amar puede repentinamente prender tu mecha, y quedarse a tu lado para el resto de tu vida. Mientras más convencional sea, mejor para ti. Y si es alguien que se mueve en tu área de trabajo o interés, aun mejor. Por dentro tu meta es la tranquilidad, salvo para bailar, allí puedes desquitarte. En realidad, bailar Hacerlo como ejercicio, en clases, en la regadera o en un club te conviene para gastar algo de la emotividad que impregna la vida de los nacidos Cáncer.

Angelus:

Narudi, ángel que ahuyenta a los malvados.

❧ DESARROLLA TU RIQUEZA Y PROSPERA ❧

Subir por los escaños que mejoran es algo que debes programar desde que tengas oportunidad. Lo tuyo debe ser una prosperidad segura, firme, sin apuestas inseguras. Prosperidad y paciencia son sinónimos para ti, y cambiar de giro debe ser algo que puedes hacer, pero bien aconsejado. Es importantísimo ser siempre honesto, aunque tengas la oportunidad o quienes te ofrecen no serlo. Poco a poco vas logrando lo que sueñas.

17 DE JULIO

El progreso científico es el descubrimiento de una mayor y mejor simplicidad comprensiva. Los éxitos previos nos dan confianza en el futuro de la ciencia.
—Monsignor Georges Lemaitre

❧ PODER DAR ❧

Primero te toca darle a la familia. Ensaya con ellos y, posteriormente, con quien sientas que forma parte de quienes te gustaría adoptar como familiares.

ASTRONOMÍA, HERMANA DE LA ASTROLOGÍA MODERNA

Entre el 16 y el 22 de julio de 1994, el telescopio Hubble Espacial fotografió los veintiún impactos que hicieron el cometa Shoemaker Levy en la superficie de Júpiter. Y este planeta, en anales astrológicos, representa la facultad de regenerarse, de limpiar el cuerpo, un especie de hígado cósmico —algo que parece haber hecho al ser bombardeado por este mismo cometa. Es un especie de aspiradora cósmica que corresponde a su antigua fuerza mítica. Dicen que entre ocho y dos mil cometas, cometitas y asteroides se impactan sobre Júpiter (el 19 de Julio de 2009 apareció una nueva mancha negra sobre el planeta) más que sobre o alrededor de nuestro planeta. Si no estuviera Júpiter donde está, nosotros, Marte, Venus y Mercurio seríamos los afectados. Al Shoemaker Levy se le designó además de D/1993F, el collar de perlas, por su apariencia. Y bien sabido es que las perlas son, como la piedra de Luna, piedras preciosas relacionadas con la Luna, regente del signo Cáncer. Quizá por eso Einstein dijo: "El ser humano es parte de un todo que nosotros llamamos universo".

 TU CLAVE SECRETA

Entender que la realidad puede ser una ilusión.

Celebridades de tu día:

George Lemaitre, Camilla Parker Bowles, Angela Merkel, Elena Anaya, Kar-Wai Wong, Juan Antonio Samaranch, J. B. Camille Corot y Joaquín Salvador Lavado (Quino).

18 DE JULIO

¿Cómo tendrá que ser el mundo para que los humanos lo podamos conocer.
—Thomas. S. Kuhn

TU DÍA, CÁNCER

Lo bueno de haber nacido un 18 de julio es que puedes hacer preguntas tan interesantes, o más, que las respuestas. Signo inequívoco de inteligencia. Esto es algo que debes usar para ser, no simplemente dejar pasar. Tu personalidad es profunda, pero a la vez inesperadamente despierta hacia nuevas realidades, deseos de mejorar el mundo y pasos a tomar que necesitan tiempo para ser comprendidos. Ir de vez en cuando a retiros como remansos de tranquilidad es algo que no debes dejar de hacer para que tu propio mundo se suave y tranquilo en vez alborotado. Hay algo en ti que inspira —nos inspiras. Pero tú tendrás que sentir esto antes que nosotros y pudiera costarte algo de trabajo. Aunque fueras deportista, barrendero, inventor o político, eres un individuo mental, algo que tienes que reconocer. La excelencia es lo que ansías, algo no tan fácil de lograr.

> **Tu verbo motor:**
>
> *Afincar*

✾ AMOR, SALUD Y BIENESTAR ✾

Amor, amor, amor, nació de ti, nació de mi, de la esperanza. Esta letra del bolero clásico explica tu modo de amar a la perfección. Puede que te cueste trabajo explicar cuando amas, aunque tu pasión sea fuerte. Amor para ti es algo quizá doloroso, aunque te estén amando. Poemas de amor, libros sobre amores desaparecidos y canciones de amor pueden ayudarte a entender cómo, cuándo y dónde enamorarte, porque liberan tus ideales. La salud es algo que no te preocupa hasta te tienes que ocupar de ello, cosa que deberías de hacer con mayor esmero. Y tu bienestar es estar con quien amas, así que si lo o la tienes a tu lado, consérvalo.

> **Angelus:**
>
> *Daresiel, ángel que cuida todo principio de las cosas, incluyendo la primera hora del día.*

✾ DESARROLLA TU RIQUEZA Y PROSPERA ✾

Nacer un 18 de julio te predispone a tener una visión algo distorsionada de la riqueza. Tener quién guarde tus bienes siempre será lo mejor, aconsejándote cómo, cuándo y dónde invertir y aumentarlos. A veces tu corazón manda más de lo que necesitas para desarrollar la riqueza que conviene. Por esto mismo, cuida cómo gastes, y ten en cuenta que los amigos también son adquisiciones.

✾ PODER DAR ✾

Da menos de lo que querías para poder dar de nuevo.

ASTRONOMÍA, HERMANA DE LA ASTROLOGÍA MODERNA

Prospero, Setebos y Stephano son los nombres que le pusieron a las otras lunas de Urano, descubiertas el 18 de julio de 1999. Sus Lunas (hasta ahora veintisiete) llevan todas nombres de personajes shakesperianos. Urano, siempre presente, ahora —y por un rato— se encuentra en el signo de Aries hasta el miércoles 16 de mayo de 2018. Esto para Cáncer significa que su carácter está siendo reforzado por ti mismo —buena o mala cosa, según tu ADN cósmico.

Unos años atrás, un niño de unos ocho años, contándome su vida ya de grande, miró la enciclopedia que su madre compró con grandes esfuerzos y, bajo la "g", se encontró con Galileo, Ganímedes, Ghana y gravitación, y con eso se enganchó para siempre con la astronomía. Pudo comprender que la gravitación es la fuerza de atracción que actúa entre todos los cuerpos, que depende a la vez de las masas de los cuerpos y de la distancia entre ellos. Salvo que sea *gravitación cuántica* que es la teoría de interacciones gravitacionales por el intercambio de partículas elementales hipotéticas. Y esto pudiera parecerse más a los efectos que una persona (como tú) tiene sobre otra, astrológicamente. Nacido un 18 de julio, eres más un ser astrológico-cuántico que simple, ¡así que aprovecha!

 TU CLAVE SECRETA

Entender la inquietud de los demás.

> **Celebridades de tu día:**
>
> *Nelson Rolihlahla Mandela, John Glenn, Valerie Cruz, Joe Torre, Sir Richard Branson, Verónica Romeo, Thomas Kuhn, Yevgeny Yevtushenko, Lupe Vélez y Machine Gun Kelly.*

TU DÍA, CÁNCER

En el fondo, crees que controlas lo que venga, y en realidad frecuentemente así sucede. Pero al mismo tiempo existen fuerzas fuera de tu control que tendrás que aprender a aceptar y entregarte la posibilidad de *metamorfosear* tus polvos cósmicos para salir de embrollos o encontrar salidas algo excepcionales. Tu poder y el don que tienes para aprovechar las experiencias de la vida son notables. Tus necesidades vitales de vida y para experimentar lo que unos y otros llaman "las felicidades", son distintas a las de la gran mayoría de las personas, y esto puede causarte un gran bien o meterte a veces en dificultades. Por el simple hecho de que tienes, de todos los nacidos bajo Cáncer, el mayor grado (de 0 a 10, te pondría un 9) de egoísmo. Por lo mismo, interésate en ti para encontrar la beta que promueve tu propio bienestar que podrás fácilmente repartir.

> **Tu verbo motor:**
>
> *Ponderar*

⚜ AMOR, SALUD Y BIENESTAR ⚜

Eres capaz de irte a la cama enamorada y despertar buscando otro amor. Cuidado. Amor si es el pan de la vida para los nacidos bajo este día, y no vayas a echar las cosas a perder por no tomarte el tiempo necesario para razonar y amar con toda la pasión que sabes tener. ¿Será miedo lo tuyo? Con el corazón lleno de amor, tu salud siempre estará mejor de lo que esperas. Además, el bienestar es algo que sabes manejar a gusto.

⚜ DESARROLLA TU RIQUEZA Y PROSPERA ⚜

Si no te sientes productivo dentro del entorno de tu profesión, difícilmente prosperarás. Tus emociones, que viajan ante ti como carro de rey o reina, no te lo permiten. Las comunicaciones y todo lo que eso significa es tu fuerza. Si aun no te has dado cuenta de esto, busca como enterarte, porque estarías perdiendo tu tiempo. Una vez encontrado el camino que te permita exponer ese talento, podrás exigir, pedir, ganar y cobrar todo lo que necesitas para sentir que prosperas como mereces.

> **Angelus:**
>
> *Enwo, ángel de la ciencia y la sabiduría.*

⚜ PODER DAR ⚜

Podrías aprender a dar algo de tu talento y, así, harías feliz a más de una persona.

---

19 DE JULIO

Ama, y haz lo que quieras.
—San Agustín

ASTRONOMÍA, HERMANA DE LA ASTROLOGÍA MODERNA

Tres astronautas, por primera vez en la historia, volaron alrededor de la Luna, bajo el signo Cáncer, regido por esa misma Luna, el 19 de julio de 1969. Exactamente siete años más tarde, el Viking 1 aterrizaba en Marte. Y si nos salen bien las cuentas, en 2212 nacerá el primer terráqueo en un planeta de otro sistema solar. Para 2412 naceremos con la historia humana ya impregnada en el cerebro, y quizá ya seremos una combinación de terráqueo con extraterrestre (¿virtuales?). Gracias a las innovaciones, el humano ya se habrá convertido en un ser de pura energía y espíritu, con capacidades ilimitadas y de inteligencia inconcebible —algo ya pensado por Stanley Kubrick y yo simplemente estoy de acuerdo. Lo que sí es cierto es que ustedes, nacidos un 19 de julio, son ejemplos de quienes pueden preparar una nueva generación de humanos que sabrán mejorar nuestro mundo, cuidarlo y forjar su propio destino. Te aconsejo indagar en el *Manifiesto del optimista*, algo realizado por Martin Seligman (Leo). Tú, nacido un día como este, tienes la gran capacidad de repartir el sentimiento de bienestar entre los tuyos. Haz la prueba.

 TU CLAVE SECRETA

Atrever a entusiasmarte para el bien tuyo y los que te acompañan en tu diario deambular.

Celebridades de tu día:

Vladimír Mayakovsky, Herbert Marcuse, Andrea Valeria, Verónica Berlusconi, Edgar Degas, Atom Egoyan, Juan Jose Flores, Vikki Carr y Samuel Colt.

20 DE JULIO

Reza como si murieras mañana y trabaja como si vivieras eternamente.
—Amadou Bamba

TU DÍA, CÁNCER

Dicen los anales antiguos que quien nace un 20 de julio lleva en sí la posibilidad de comenzar todo de nuevo, cuando se le antoje y con gran fuerza y poder manifestado en todas sus acciones. Y quienes nacen este día, deben indagar en los viejos ritos indígenas de los cuales aprenderán a mejorar su alma. Así las cosas, porque aunque son ustedes de signo Cáncer, comienzan a aparecer los primeros vestigios de Leo, el signo regido por el Sol. Y estos dos objetos cósmicos, para nosotros que habitamos en la Tierra, representan en el inconsciente colectivo de los terráqueos, el padre (el Sol) y la madre (la Luna). Conserven esta bendición y verán como lograrás los sentimientos imaginados con las emociones reales que tienes, algo que hacían los hombres más apegados a la Tierra y que ahora tanta falta nos hace. Te lo agradezco de antemano, y tú solamente necesitas seguir este camino.

Tu verbo motor:

Lucír

AMOR, SALUD Y BIENESTAR

La mano que aparece fotografiada en las cavernas de Arche, que tienen más de 35 000 años, plasmada en rojo sobre una pared, es muestra del gran amor que un humano puede tener con otro. Yo estoy casi segura que esa mano tiene que haber sido de alguien nacido un 20 de julio porque en anales astrológicos antiguos dicen que las almas descienden de la Vía Láctea y entran al cuerpo de Cáncer ante todo. Por esto, cargas el amor fraternal y puro en tu ser, y espero encuentres quien lo reconozca para compartirlo contigo. Tú mismo tienes la capacidad de nutrirte para sanar, y mientras más ejercicio al aire libre hagas, mejor para tu vida y propio bienestar.

Angelus:

Daden, ángel de gran poder celestial.

DESARROLLA TU RIQUEZA Y PROSPERA

Piensa positivo. Es fácil recomendarlo, pero tú eres de las personas que, buscando cómo pensar positivo, sales ganando tanto en tu vida personal como en la de tu riqueza planeada, algo que debes de hacer antes de escoger el medio. Busca quien te apoye en tu ámbito profesional y verás que consigues lo que deseas. Estar contento en el área de tu trabajo ocupa un gran porcentaje de las ganas que le echas a la prosperidad merecida.

PODER DAR

Desde un punto de vista de amplio reconocimiento al esfuerzo ajeno, da —estés o no de acuerdo.

ASTRONOMÍA, HERMANA DE LA ASTROLOGÍA MODERNA

Es maravilloso para el mundo que un ser de signo Leo (en anales astrológicos, regido por el Sol), llegase un 20 de julio bajo el signo de Cáncer, regido por la Luna, a ella. Aterrizaron, y al día siguiente el matrimonio del Sol y la Luna, se forjó por los terráqueos cuando el comandante Neil Armstrong (Leo) dijo con justa razón: "Es un pequeño paso para el hombre y un salto gigante para la humanidad". Así la exploración del sistema solar y el cosmos con naves que llevan robots sobrepasan el mero interés científico o político. Nos permiten entender que Michio Kakku, (profesor de física teórica y cofundador de la teoría de cuerdas, divulgador científico y futurólogo) tiene razón cuando dice: "Vivimos en el mejor de todos los tiempos, porque hoy, lo que te imagines, puede suceder." Cáncer, regocíjate sabiendo que tu ADN cósmico lleva en sí la posibilidad de mirar desde lejos a nuestro propio planeta, algo que te permite entender lo que es regocijar.

 ## TU CLAVE SECRETA

Entender que eres parte de lo que dice Martin Reese es lo más interesante del universo: el ser humano.

Celebridades de tu día:

Francesco Petrarca, Carlos Santana, Gisele Bündchen, Enrique Peña Nieto, Natalie Wood, José Félix Uriburu, Alberto Santos Dumont y Gregor Mendel.

TU DÍA, CÁNCER

En el año 2011, la tercera palabra escogida como "preferida" por miles de personas en Twitter en español fue *gracias*. Tú, sabiendo eso, nacido un 21 de julio, vas de gane porque es una palabra que deberías usar cada vez que puedas en el momento adecuado. Aun-

Tu verbo motor:

Ocasionar

que eres bien capaz de esconderte tras palabras sarcásticas y recibir fastuosamente en tu hogar (toda proporción guardada), decir *gracias* es algo que necesitas. Porque dejarte pasar (en la fila) o promover algo que tú propones —un regalo material o espiritual, una gran reunión familiar o una buena siesta— son algunas de las cosas que valoras ante todo, y dar las gracias por una o todas es promover tu propio bienestar. Y el Cáncer del 21 de julio, por orden cósmica, debe tener un momento de bienestar (por lo menos) al día, porque de eso se retroalimenta para ser o no ser todo lo amable que debería.

ᚷ AMOR, SALUD Y BIENESTAR ᚷ

A veces tratas a los que amas como si fueran realmente de tu propiedad, y lo que tú consideras que necesitan es lo que les das. Pero tienes que aprender (por favor) que la libertad es el mayor regalo que puedes darle a un ser amado, quien entonces te dará las gracias como quiera, no como tú estabas planeando. No siempre estás de buen humor, algo que influye un poco en tu salud, si es que no logras disipar pequeños momentos de depresión durante los cuales llorar sí es bueno. Eliminas hormonas y, poco después, cuando la Luna haya cambiado de signo, sientes un bienestar tan grande que no sabes como pudiste haber sufrido tanto. Porque el sufrimiento se te da como pasiflora.

ᚷ DESARROLLA TU RIQUEZA Y PROSPERA ᚷ

Tienes la capacidad de estresarte, envolverte en asuntos que no deberían importarte, acumular rencores y francamente llevar tu trabajo a casa por sentirte demasiado responsable por lo que sucede en tu trabajo. Y, si este es el caso, ¡bájale! Ya sabemos que eres responsable, quédate así en familia, y en tu profesión busca cómo aumentar tu ganancia, no cómo acomodarle la vida a quienes seguramente prosperan a causa tuya.

ᚷ PODER DAR ᚷ

Muchas veces, un buen consejo tuyo vale más que cualquier otra cosa. Y eso sí, si no te dan las gracias, no les vuelvas a dar.

---

21 DE JULIO

Siempre hay algo de locura en el amor. Pero a la vez, siempre hay alguna razón en la locura.
—Friedrich Nietzsche

ASTRONOMÍA, HERMANA DE LA ASTROLOGÍA MODERNA

Entre los 20 000 horóscopos que tiene el magnífico sitio www.astrotheme.com, el número 344 en importancia por las búsquedas diarias es el de Alejandro Magno, cuya fecha de nacimiento está disputada. Pero, con su Sol en el grado 22:56 aun en Cáncer, porque los signos tiene 30 grados cada uno, el horóscopo más adecuado es el equivalente al de 21 de julio, nacido Cáncer con su Luna en Géminis. Alejandro Magno fue rey de Macedonia, generador de uno de los imperios mayores de la historia antigua, recordado por su inmensa habilidad guerrera, sus conquistas y su genio para expandir la civilización griega. Dicen que tenía una voz ronca y se sabe que tanto él como Julio Caesar nacieron en julio y eran epilépticos. Conocido históricamente como el más grande de todos los generales de la historia, hasta la fecha se enseñan sus tácticas guerreras. Carismático, con una personalidad imponente, deseoso de leer y aprender, amante de los hombres y de la filosofía, y alumno de Aristóteles, muchas

Angelus:

Thelesis, ángel que tiene poder sobre el libre albedrío.

clases las tomó en el Templo de las Ninfas de Mieza. Sus clases eran de medicina, filosofía, moral, religión, lógica, astronomía y astrología. Alejandro Magno dijo que le debía más a Aristóteles por haberle enseñado sabiduría que a su padre Felipe por haberle dado vida. Bueno, para los nacidos un 21 de julio, lean esto y traten de encontrar a quien agradecer, siempre.

 TU CLAVE SECRETA

Saber que cuando reacciones después de estudiarte, sales ganando.

Celebridades de tu día:

Alejandro Magno, Charlotte Gainsbourg, Ernest Hemingway, Cat Stevens, Robin Williams, Margarita Michelena, Janet Reno, Isaac Stern y Colombia declara su independencia de España en 1810.

22 DE JULIO

Si no hemos realizado nuestros primeros sueños, tenemos que encontrar otros o ver que tanto podemos salvar de lo viejo.
—Rosalynn Carter

TU DÍA, CÁNCER

Importantísimo para los nacidos este día es conocerse bien, para que puedan aguantar lo excelente y soportar lo difícil, porque dicen que la combinación de del número 7 con el 22 es un conjunto de fluctuaciones, como las mareas del océano. Bailas como el universo, sabido esto desde el siglo XVII, cuando los descubrimientos de personajes como Kepler, Tycho Brahe, Galileo y Descartes (aunque su terror a los astrólogos no es algo muy conocido), comenzaron a revelar que nuestra esquina del universo es tan fantasmagórico como podría ser (a veces) tu vida. Y tú, baluarte de tu signo, tendrás quizá que mostrar que "sí se puede" por lo menos una vez al día, en pequeñas dosis a menudo y en grandes dosis cuando sucede lo que tenía que pasar. Controversial eres y en magnífico te convertirás, siempre y cuando sepas cómo mantenerte erguido, fuerte y entero.

Tu verbo motor:

Refugiar

✺ AMOR, SALUD Y BIENESTAR ✺

Es bien sabido que Cáncer sabe regocijarse cuando sufre de amores. Pero esto no significa que te enconches y no busques salidas. Eres de las personas que pueden resolver sus problemas solas, siempre y cuando te den el tiempo de rumiar tu propio dolor para concebir un plan de acción que te permita salir ganando. Tu dieta y el cuidado de la misma es importante, más que para la mayoría de los cancerianos, así que planear con anticipación tus comidas es menester. Tener un árbol genealógico en casa es algo que siempre podrá inspirarte en los momentos menos esperados para tu propio bienestar.

Angelus:

Naromiel, ángel que reparte la inteligencia de la Luna.

✺ DESARROLLA TU RIQUEZA Y PROSPERA ✺

Indagar es algo que siempre te traerá encuentros con eso que llaman la "buena vibra", incluyendo en tu profesión —seas detective o carcelero, político o tendero. Mientras mejor relación tengas con tus semejantes, mejor para ti, más beneficios y mayor posibilidad de entender cómo y por dónde puedas prosperar. Eso sí, no olvides repartir si tienes oportunidad, puesto que de esa manera te vas conociendo mejor.

✺ PODER DAR ✺

Tienes la capacitación para dar bendiciones.

ASTRONOMÍA, HERMANA DE LA ASTROLOGÍA MODERNA

"El Nuevo Coloso" es el soneto escrito en 1883 por la poeta americana Emma Lazarus a sus treinta y cuatro años. Las líneas de su poema quedaron grabadas eternamente sobre una placa de bronce situada en el pedestal de la Estatua de la Libertad. Tiene catorce líneas, pero las últimas cinco se hacen aun más especiales ya que, de alguna manera, describen el sueño de tantos:

Dadme a vuestros rendidos, a vuestros pobres
Vuestras masas hacinadas anhelando respirar en libertad
El desamparado desecho de vuestras rebosantes playas
Enviadme a estos, los desamparados, sacudidos por las tempestades
¡Yo elevo mi faro detrás de la puerta dorada!

Sépanlo todos que un soneto es una forma poética que nos llega del italiano *sonetto* y el Francés *sonet*, ambos significan pequeña canción o pequeño sonido. Hoy día existen más de cincuenta millones de refugiados en nuestro planeta, y el verbo *refugiar* en sí, tiene signo: Cáncer.

 TU CLAVE SECRETA

Saberte capaz de encontrar todo tipo de salidas para cualquier aventura, y salir ganando.

Celebridades de tu día:

Alessandro de' Medici, Emma Lazarus, Edward Hopper, León de Greiff, Amy Vanderbilt, Alexander Calder, Ignacio Ramírez, Óscar de la Renta, Terence Stamp, Selena Gomez y John Leguízamo.

TU DÍA, LEO

Adelántate a tu tiempo. Lee ciencia ficción. Imagínate dentro de doscientos años (dentro de unos cincuenta años, posiblemente sepamos ya cómo vivir el doble de lo que vivimos ahora) y deja para mañana lo que puedas dejar de hacer hoy (sin que se convierta en un juego imposible) para que mientras decides, aprendas cómo hacerlo mejor. Ocupándote de esto, tu pequeña locura interna que brota cuando menos lo esperas, guardará la calma necesaria para resguardarte contra respuestas tuyas equivocadas por no pensar lo suficiente. Adelantarte a tu tiempo a la vez significa que comprendes mejor lo que sucede a tu alrededor, y por eso escucha la razón de otros antes de iniciar un debate que a veces, resulta hacerte daño. La competencia te encanta, pero debes estar seguro de conocer a fondo lo que quieres demostrar. Con eso, vas de gane para largo.

Tu verbo motor:

Florecer

✵ AMOR, SALUD Y BIENESTAR ✶

El amor es algo que puedes exigir, siempre y cuando encuentres la persona adecuada que te lo permita. Por favor, descubre el signo de tu luna del cielo para el 23 de julio del año de tu nacimiento y averigua lo que significa tenerla bajo ese signo. Ten cuidado siempre que haya una Luna llena con lo que comes, y ten en cuenta que estás tan lleno o llena de emociones, que necesitas siempre tener una relación que te nutre para sentir bienestar personal.

✵ DESARROLLA TU RIQUEZA Y PROSPERA ✶

Sería ideal tener una varita mágica y darte una fecha perfecta para que logres todos tus sueños, pero en realidad eso no existe. Lo que sí existe es tomar iniciativas para prosperar con cierto candor y mirar con esmero lo que puedes aprender de otros en lugar de pensar que tú sabes más, eres mejor y mereces ser el premiado. Tu ambición es grande y eso es bueno, solo tienes que averiguar cómo aprovechar las verdaderas oportunidades, no lo que parece ser algo que sin cuidado, podría no convenirte.

Angelus:

Seclam, ángel repartidor de poderes.

✵ PODER DAR ✶

De todos los 366 días del año, el tuyo es el que mejor puede abrirle la puerta hacia las oportunidades perfectas para otros.

23 DE JULIO

El hombre es un artefacto diseñado para los viajes espaciales. No está diseñado para quedarse en su presente estado biológico de la misma manera que un renacuajo no está diseñado para seguir siendo renacuajo.
—William Burroughs

ASTRONOMÍA, HERMANA DE LA ASTROLOGÍA MODERNA

Telstar es el nombre de varios satélites de comunicación, incluyendo el primero en enviar señales televisivos el 23 de julio de 1962 ¡Y como hemos avanzado desde 1962! Para 2050, ya nos prometen un avión que nos llevará de París a Tokio en 150 minutos y los nietos de los nietos de tus nietos seguramente nos verán con lástima porque ellos sí podrán hacer viajes interestelares. Eso nos lo promete Mark Millis, científico serio que lleva veintisiete años analizando las tendencias energéticas y los requerimientos de energía para ese tipo de viajes. La fundación Tau Zero tiene más información sobre el asunto, por si desees apuntar a algún próximo familiar. Calculan que en setenta y un años, estaremos enviando una nave hacia Alpha Centauro, que se encuentra a cuatro años luz de nosotros. Un año luz es la distancia recorrida por la luz en un año a través del espacio. Algunos dirán, que estamos atrapados por un rato y otros, que falta poco para escapar. Depende de tu signo y de tu libre albedrío, seguramente.

 TU CLAVE SECRETA

Investiga siempre para asegurar tu futuro.

Celebridades de tu día:

Max Heindel, Salvador de Madariaga, Amalia Rodrigues, Don Imus, Daniel Radcliffe, Perro Aguayo Jr., Monica Lewinsky, Slash y Eduardo Carranza Fernández.

24 DE JULIO

Dios concede la victoria a la constancia.
—Simón Bolívar

TU DÍA, LEO

La paciencia no es uno de tus dones, Leo, pero debería serlo porque mientras más planeas, mejor te va, si escuchas a los demás, o si escuchas a quien debes. Las críticas te duelen, pero harás bien en recordar que siendo tu signo regido por el Sol, muchos te envidian, a veces de buen modo y a veces con furia.

Tu verbo motor:

Estimar

Pero, eso sí, pocos son los que no te respetan, así que aguanta hasta dominar tu impaciencia. Con eso ya llevas un buen porcentaje de lo que desees, ganado. No olvides que ya se ha dicho que el egoísmo es la esencia misma de un alma noble. Y el egoísmo bien llevado, es el meollo de tu signo. Ser el primer Leo del zodiaco te da luminosidad. Así tiene que ser para que puedas brillar, a veces. Porque otras veces tendrás que aguantar vara para lograr saber cómo propulsarte a ti mismo a las cimas que andas buscando llegar.

AMOR, SALUD Y BIENESTAR

La palabra pasión es tuya. Le pertenece a Leo. Gracias al cosmos, todos tenemos a Leo en algún lugar, pero tú traes la varita mágica que puede encender la mecha de la pasión con una sola palabra. Así que no te aloques demasiado cuando crees haber encontrado quien sea de tu gusto, porque puedes cometer imprudencias y arrepentirte después, y esa palabra, arrepentirse, es uno de tus peores enemigos personales. Tu signo representa el corazón, grande como el de un león,

Angelus:

Dominion, ángel con la mayor experiencia.

y dulce como puede serlo un animal con esa reputación. Por lo mismo, cuídalo, por ser algo no muy renovable. Tu bienestar puede depender, a veces, simplemente de pararte en el Sol.

DESARROLLA TU RIQUEZA Y PROSPERA

Leo se presenta ante el mundo para mostrarnos lo bueno, lo grande, lo caro y lo mejor. Una vez que comprendas hasta cuanto y las cantidades que necesitas, ten cuidado de no caer en la Leo-trampa de querer abarcarlo todo. Aprende antes a jugar cualquier cosa y saber perder. El siguiente paso ya será tener más y desarrollar tu propia riqueza para no tener que presumir de todo lo que sabrás conseguir.

PODER DAR

Necesitas saber dar las gracias con agradecimiento profundo para poder dar como se debe.

ASTRONOMÍA, HERMANA DE LA ASTROLOGÍA MODERNA

El 24 de julio de 2010, más de 80 000 personas de todas partes del mundo enviaron una filmación de su paseo personal durante un día, para ser sometido a los directores del documental de YouTube, *Vida en un día*. La gran mayoría de los aventados cineastas se divertían viendo lo suyo. La película final dura 94 minutos y 57 segundos, con escenas escogidas entre 4500 horas de filmación llegadas de 140 de los 195 países reconocidos por las Naciones Unidas. Un día se considera que es el tiempo transcurrido de sol a sol. Ese Sol que utilizamos para medir un día, que rige nuestros signos astrológicos (entre muchas otras cosas), que nos anuncia su llegada con luz y que es una estrella bastante común y corriente vista desde otro sistema solar, es única para los terráqueos. El Sol nuestro de cada día, que ha inspirado mitología en todas las culturas de todos los tiempos, tiene 4 379 000 kilómetros de circunferencia y es la estrella más cercana a la Tierra. La fuerza gravitacional del Sol es lo que sostiene a nuestro planeta además de los otros del sistema solar en su lugar, girando alrededor de ella. ¿Sabían que el Sol contiene 99,8% de la masa total del sistema solar? Ese Sol te representa, Leo.

 TU CLAVE SECRETA

Saber pedir perdón y escuchar.

Celebridades de tu día:

Simón Bolívar, Jennifer Lopez, Charles E. Picard, Vicente Acosta, Robert Graves, Giuseppe Di Stefano, Amelia Earhart, Bella Abzug, y aterriza el Apollo 11 desde la Luna con Collins, Buzz Aldrin y Armstrong sanos y salvos.

TU DÍA, LEO

Nunca evades lo que necesitas abordar ni te cierres puertas sin saber por qué. Tú tienes la extraña capacidad de renacer, reconstruir, renovar y reestablecer lo que pudiera parecer terminado, acabado o sin interés. Y sabiéndolo, sales ganando.

Tu verbo motor:

Implementar

Lo tuyo es un recargo cósmico de lo inverosímil, el único ejemplar de Leo que lo porta simplemente por haber nacido un 25 de julio. Puedes ser a veces acusado de ser insensible, cuida de no serlo. Bien te haría llevar en el bolsillo una copia del poema "If" de R. Kipling y leerlo de vez en cuando para inspirarte y ver si te es posible cargarte de uno de los consejos que allí se plasman, al día. Permítete ser más amable de lo que aparentas ser, específicamente con tu familia, quien de todos modos te amará casi, demasiado.

⚜ AMOR, SALUD Y BIENESTAR ⚜

Tu independencia es lo que seguramente escoges primero. Necesitas una persona muy especial para aguantarte, aunque mientras más te conocen, más caen a tus pies. Buenas relaciones con tus amigos es importante, y no dejes de permitir que te presenten a quienes tus amigos creen que haría buena pareja contigo. Aparentemente no cuidas

Angelus:

Iyar, ángel históricamente sabiondo.

suficiente tu salud ni, por consiguiente, tu cuerpo, pero eres de resistencia fuerte y espero te des el tiempo de hacer algún ejercicio que no solamente te permita ser más fuerte físicamente, sino que a la vez mejore tu forma. Mirarte y saberte en buena condición física te permite más bienestar.

⚜ DESARROLLA TU RIQUEZA Y PROSPERA ⚜

Explicar tus ideas a quienes podrían realizarlas mejor que tú quizá no sea tu ideal, pero es lo que más te conviene. Tu carácter es tan fuerte que difícilmente permites que te enseñen cómo mejorar, y eso pone un "hasta aquí" a tus logros. Bueno para ti sería ser el segundo abordo, dejándole las maniobras al primero, para así darte tiempo para hacer lo que realmente te gusta. De esa manera, tu prosperidad aumentaría más que si fueras el rey de todo.

⚜ PODER DAR ⚜

Dar es tu gran poder, porque sabes de inmediato comprender lo que otros necesitan.

La música es la medicina de la mente.
—J. Logan

ASTRONOMÍA, HERMANA DE LA ASTROLOGÍA MODERNA

Es tan sencillo como esto: no seríamos humanos sin música. Así, un 25 de julio, Wolfgang Amadeus Mozart (Acuario), terminó la Sinfonía número 40, sin jamás haber leído los tratados de Pitágoras o de Kepler (astrónomos y astrólogos a la vez) sobre las sinfonías de las esferas. Mozart fue escogido en el año 2011 por el periódico *New York Times* como el segundo músico más importante de todos los tiempos —una dura competencia entre él y J. S. Bach. Está comprobado que animales como la carpa, los gorriones y las ratas, entre otros, tienen gustos clásicos al escuchar notas musicales, y escuchar a un Mozart mientras se estudia es algo que francamente nos hace más inteligentes. Investiga más sobre los estudios científicos del efecto Mozart, para enterarte de que se trata y cómo aplicarlo a tu vida. "La música es de alguna manera un retrato de la sabiduría. Podría ser considerada hasta como una explicación más clara que las mismas palabras" (J. Harvey). Una enorme cantidad de científicos y filósofos han tratado de explicarnos cómo el cosmos puede mostrarnos, a través de la música, la armonía perfecta, espiritual y eterna de cada uno de nosotros. Para ti, Leo del 25 de julio, tocar algún instrumento sería ideal. Para nosotros, nacidos cualquier otro día del año, escuchar música siempre alimentará el cerebro y el alma.

 TU CLAVE SECRETA

Mientras más te lo permitas, sea lo que quieras, mejor para ti.

Celebridades de tu día:

Elías Canetti, Louise Brown, Matt Leblanc, Santiago Arcos Arlegui, Maxfield Parrish, Alfredo Casella y se funda la ciudad de Caracas en 1567.

26 DE JULIO

Los paisajes deberían pertenecer a quienes los miran constantemente.
—LeRoi Jones

TU DÍA, LEO

Para estar de acuerdo con tus poderes, es decir para estar en paz con el hecho de que los tienes, necesitas relacionarte personalmente con la naturaleza, o sea, conocer el campo y sus necesidades, tener siempre plantas en casa y darte unos segundos antes de contestar, preguntar o realizar la gran mayoría de las cosas que haces. Una vez puesto o puesta de acuerdo con tus ritmos circadianos o ritmos biológicos, dormirás mejor, amarás mejor y te sentirás mejor. Tu persona está muy relacionada con las horas del día, y tener horarios fijos para la gran mayoría de tus cosas te hará muchísimo bien. Leo necesita un escenario, siempre. Y yo te aconsejaría que busques uno donde te encuentres cómodo y te des la oportunidad de aprender (sobre cualquier cosa que parezca escenario) a dominar y proyectar tu propia presencia. Una vez logrado esto, al hablar, todo el mundo querrá escucharte.

Tu verbo motor:

Procesar

☙ AMOR, SALUD Y BIENESTAR ❧

Antes de amar, posiblemente tu corazón comenzará a latir más fuerte o más rápido, porque los nacidos un 26 de julio tienen un corazón que los defiende. Es cósmico. Tu amor es sincero cuando quieres que así sea, y todo lo contrario si has decidido ser algo ruin. Buen consejo es tener cuidado con las medidas de tu endocrinología, y las curas en los spa son recomendables. Tu bienestar está siempre a la vuelta de la esquina, falta que tú puedas alcanzarlo. Si decides hacerlo, lo harás.

☙ DESARROLLA TU RIQUEZA Y PROSPERA ❧

Tu mente es muy creativa, pero te frustras con demasiada prisa. No todo el mundo puede ser o hacer las cosas con tanto propósito, y a veces precisamente el propósito no te permite ver más lejos. Para desarrollar tu riqueza y prosperar como te gustaría, primero tienes que ponerte de acuerdo con lo que realmente quieres hacer y luego escoger lo que sabes que no debes hacer. Una vez definido esto, ya estás del lado de quienes ganan. Aprende a perdonar y a mostrar que sabes pedir perdón también.

☙ PODER DAR ❧

Dar indicaciones para mejorar el futuro, ese es tu gran don.

ASTRONOMÍA, HERMANA DE LA ASTROLOGÍA MODERNA

Carl Jung, psicoanalista, estaba seguro de que los humanos afectamos nuestro medio ambiente físico y además, el sistema solar. Y creía que el sistema solar nos afectaba a la vez, no que causaba sucesos. "Ellos no inician nada", decía Jung. Pero sí existía una relación interactiva entre nosotros y los astros. Los arquetipos, nos explicaba, eran producto del inconsciente colectivo que nace de patrones de comportamiento infiltrados por el mundo místico externo y el propio mundo interno, y nos une a todos como seres. Jung decía que mucho podíamos aprender del psique humano a través de la astrología, no solamente porque los planetas son un reflejo de nuestro mundo interno, sino porque existe una simbología astrológica que nos permite ponernos en correlación directamente con nuestro inconsciente. El creía, además que el *I Ching* nos podía marcar y explicar los caminos de las coincidencias, mientras que de la astrología dijo: "Nacemos en un momento dado, en un lugar específico, y como los buenos vinos, tenemos la calidad del año y la estación en que nacemos. La astrología no pretende otra cosa". Y, luego de analizar sus palabras, con el avance del tiempo se ha afirmado que la teoría de la sincronía de la psicología analítica de Jung es equivalente a la intuición intelectual. Tú, nacido el mismo día que Carl Gustav Jung, puedes casualmente probar ser algo analítico y psicólogo, simplemente por ser tú mismo y haber leído estas líneas.

Angelus:

Umiel, ángel que tiene encantamientos impresionantes.

 TU CLAVE SECRETA

Entender que la simultaneidad puede ser causal o casual.

Celebridades de tu día:

Aldous Huxley, Salvador Allende, Darío Verón, Antonio Machado, Mariano Arista, Carl Jung, Ana María Matute, Mick Jagger, Sandra Bullock y José de San Martín se encuentra con Simón Bolívar en Guayaquil, Ecuador, en 1822.

TU DÍA, LEO

Aunque no lo creas, tu aura te responde si sabes lo que es y cómo aprovechar su presencia. No es algo demasiado esotérico, si naciste un 27 de julio, porque el número tiene lo suyo, astronómicamente puro, como por ejemplo el hecho de que Urano tiene veintisiete lunas y existe una Nébula llamada la M27, ahora, mejor hablemos de ti. Tienes la posibilidad de convertirte en sabio, no de todo, pero de algo. Puedes ser el número uno en lo que tú quisieras, siempre y cuando comprendas que la frase de Lao Tse sostiene la realidad de lo que pudieras lograr. Naciste con la posibilidad de lograr un excelente nivel social y, por lo mismo, evita lo caprichoso de tu personalidad. Piensas más rápido que los demás, y a veces pareces mostrar que eres mejor. Demandas respeto, y para eso tienes que saber respetar.

> **Tu verbo motor:**
>
> *Valorar*

❦ AMOR, SALUD Y BIENESTAR ❦

Una vez que tengas paz en tu hogar, con una familia estable y una vida doméstica tranquila, tu bienestar estará completo pase lo que pase, y en tu salud se reflejará la calma que buscas. Para llegar a esto, tienen que pasar muchas cosas y tu necesitas guardar la calma, el sosiego y la necedad que todo Leo tiene inherente, para salir ganando. El signo Leo (junto con el de Sagitario) es uno de los más suertudos del zodiaco. Pero la suerte no es algo que llega siempre. Acuérdate que es representada por una dama que aparece y desaparece: Fortuna, diosa griega de eso mismo, la buena suerte, y es caprichosa. ¡Vete acostumbrando!

> **Angelus:**
>
> *Jukar, ángel príncipe sobre los otros ángeles.*

❦ DESARROLLA TU RIQUEZA Y PROSPERA ❦

Ross Perot es un buen ejemplo para seguir (nació el 27 de julio de 1930), toda proporción guardada, sus consejos y copiar un poco. Dueño alguna vez de una Carta Magna auténtica (llamada la Carta Magna Perot) tiene fecha de 1297 y fue vendido por su fundación para aumentar sus fondos y gastar en investigación médica, educación pública y para asistir a soldados heridos y ayudar a sus familias. Eso se logró. Ese paso harías bien en seguir.

❦ PODER DAR ❦

Dar para que otros puedan repartir.

---

27 DE JULIO

El verdadero sabio concede poca importancia a su propia sabiduría, porque cuánto más conoce, más se da cuenta de lo limitado que es su conocimiento.
—Lao Tse

ASTRONOMÍA, HERMANA DE LA ASTROLOGÍA MODERNA

Veintisiete kilómetros de circunferencia tiene El Gran Colisionador de Hadrones (LHC, por sus siglas en inglés), un acelerador y colisionador de partículas de enorme energía con el propósito principal de examinar el marco teórico de la física de partículas. Es el acelerador más grande del mundo que puede enviar protones acelerados en sentidos opuestos que logran alcanzar casi la velocidad de la luz Más de 2000 físicos y cientos de participantes de universidades y laboratorios se han juntado para construirlo, y si logran en sus experimentos encontrar la existencia de una partícula llamada bosón de Higgs (llamada también partícula de Dios) estaríamos más cerca de comprender y encontrar una teoría de unificación que relacionaría tres de las cuatro fuerzas o interacciones fundamentales conocidas. Las interacciones fundamentales son nuclear fuerte, nuclear débil e interacción electromagnética. La cuarta es la gravedad, que no está incluida en este experimento. Parece que nuestro universo está en eterna expansión, y estamos entrando en la época dentro de la cual las hipótesis nos ayudarán a reconocer nuestro lugar en el mismo; algo que dentro de unos años, todos los niños aprenderán y reconocerán desde la primaria. Por lo tanto tú, nacido un 27 de julio, lo podrás comprender para que te reconozcan como sabio moderno y repitas constantemente para el bien de todos la frase de *The Guardian*: "La física de partículas es lo increíble a la búsqueda de lo inimaginable".

 TU CLAVE SECRETA

Saberte capaz de sentirte bien contigo mismo bajo toda circunstancia.

> **Celebridades de tu día:**
>
> *Gloria Valencia, Alejandro Dumas (hijo), Enrique Granados, Pina Bausch, Jorge Arce, Alex Rodríguez, Charlotte Corday y Miguel Grau Seminario.*

28 DE JULIO

Viajero, no hay camino, los caminos se hacen al andar.
—Antonio Machado

TU DÍA, LEO

Podrías ser personaje capaz de estructurar tu propia vida porque las fuerzas que nos han hecho evolucionar como seres humanos te lo han permitido. "El tiempo es algo que inventamos para que todo no nos suceda de una vez", dijo Einstein. Y tú, nacido un 28 de julio, tienes que entender que el tiempo que el destino te ha regalado es para ser aprovechado, no para desperdiciar. Por esto y con esto, en cuanto veas las cosas de tu diario deambular con cierta perspectiva, comprenderás casi de inmediato cómo, cuándo y dónde moverte hacia adelante. Leo vale bien la pena de ser vivido, en toda fecha, y eso es una bendición que nunca debes olvidar. Tampoco dejes atrás las tradiciones familiares ni las de tu entorno. Y cuando llegues a la cima de algo, no olvides a los que has dejado atrás.

Tu verbo motor:

Estructurar

❧ AMOR, SALUD Y BIENESTAR ❧

Ni modo. Naciste con un aire de superioridad que sufrimos, pero te amamos —casi todos. Otros te critican, pero no llegan a herirte, porque cuando tú amas, a quien amas está feliz. Y eso es una gran ganancia. Mírate en un espejo por un rato una vez al día para el bien de tu salud. Poderte autocriticar, y ver que parte de tu cuerpo (mírate en toda tu desnudez) necesita mejorar te viene bien. Y cuando estés a gusto con lo que estás mirando, tu bienestar estará justamente donde debe estar.

Angelus:

Isda, ángel que nutre a la humanidad.

❧ DESARROLLA TU RIQUEZA Y PROSPERA ❧

La competencia retroalimenta tu inteligencia y, por eso, trabajar en algo que te tiene estimulado todo el día es excelente cosa. Fijarte metas puede serte sumamente productivo, y si tienes cuidado con tus finanzas pero te atreves a involucrarte en asuntos que retan tu imaginación y tus gustos, vas por muy buen camino. Para ti, ir por buen camino te brinda la seguridad, casi siempre, para llegar dónde quieras.

❧ PODER DAR ❧

A pesar de que creas que no puedes dar, hazlo igual, aunque te quites un poco de pan de la boca.

ASTRONOMÍA, HERMANA DE LA ASTROLOGÍA MODERNA

A las 9:45 de la mañana el 28 de julio de 1945, un avión de la armada norteamericana chocó contra el piso 79 del Empire State Building. Catorce personas murieron y hubo veintiséis heridos. Sesenta y cinco años después, cuando Roman Emiliano de cinco años se lo contó a su maestra, ella frente a toda la clase lo trató de mentiroso y lo ridiculizó. Pero hubo perdón y reconciliación, y la clase aprendió, como bien dijo Oscar Wilde: "La experiencia es el nombre que todos le ponemos a nuestros errores". Diariamente salen aproximadamente 93 000 vuelos comerciales a nivel mundial, contando todos los aeropuertos del mundo. Se pueden ver como puntitos amarillos o en movimiento en este sitio http://www.flixxy.com/scheduled-airline-flights-worldwide.htm. Hoy día, según las estadísticas, hay más norteamericanos que han volado que los que son dueños de un coche. Ver a nuestro planeta con una perspectiva de poderlo conocer y reconocer nos permite tener más control sobre nuestras propias vidas, ya que nos damos cuenta de que como ciudadanos, podemos pedir más, dar más y hacer más. El vuelo nos ha permitido imaginarnos como ciudadanos del mundo, algo que tú, nacido Leo un 28 de julio sabes valorar.

 TU CLAVE SECRETA

Saberte capaz de escoger siempre tu propio camino y aprovecharlo.

Celebridades de tu día:

Alberto Fujimori, Santiago Calatrava, Hugo Chávez Frías, Helen Escobedo, Beatrix Potter, Malcolm Lowry, Karl Popper, Marcel Duchamp, Jacqueline Kennedy Onassis y Perú se declara independiente de España en 1821.

TU DÍA, LEO

Cada día, cada evento, cada persona que entra a tu vida, cada experiencia y cada dolor debe enseñarte algo más sobre ti mismo. Tu persona y personalidad son algo que crece día a día, y tú, con tu gran porción de libre albedrío, escoges hacia dónde ir. Esto debe continuar durante toda tu vida, y si llegas a pasar los cien años, tanto mejor. Cualquier detalle puede resultar ser una nueva oportunidad para afrontar lo que venga. Tu vida es una especie de aventura que te aporta intercambios personales. Mientras no te pierdas en un marasmo de momentos inaprovechables, tu vida irá de más en mejor frecuentemente. Y cuando no sea así, tendrás siempre el fuero personal para salir adelante. Si logras dominar esto, te llamarán *el suertudo*.

Tu verbo motor:

Enaltecer

⚜ AMOR, SALUD Y BIENESTAR ⚜

"La suerte de la fea, la bonita la desea", es un dicho mexicano antiguo que suele suceder. Como a ti te dicen el suertudo o la suertuda según el párrafo anterior, simplemente sácate el mejor partido posible desde el punto de vista visual para que tus amores sean tan fuertes, apasionados y duraderos como tú quieres, en apariencia y en la intimidad. La salud de Leo siempre debe tener quien la cuide, y por lo general esa persona no eres tú. Ni cuenta te das a veces cuando no estás tan bien como debieras, así que ir regularmente al médico para chequeos es recomendado. Cada vez que necesitas bienestar, anímate, nadie lo hará mejor que tú.

Angelus:

Regulus, ángel de la guarda.

⚜ DESARROLLA TU RIQUEZA Y PROSPERA ⚜

Si no eres tu propio jefe, debes ser casi tu propio mandamás, porque esa es la mejor manera para que prosperes, si naciste un 29 de julio. El número 29 es el penúltimo grado de los signos zodiacales y, frecuentemente, hace que los nacidos ese día se tropiecen sin querer. Más esto no es algo negativo, porque casi siempre, al tropezar, encuentran algo inesperado, como el dicho: "De todo lo bueno, algo malo; y de todo lo malo, algo bueno".

⚜ PODER DAR ⚜

Da sin que sepan que has sido tú, y verás que alumbras la vida de los que reciben lo tuyo.

ASTRONOMÍA, HERMANA DE LA ASTROLOGÍA MODERNA

El Padre Angelo Secchi fue consejero papal, director del observatorio del entonces llamado Colegio Romano y pionero de la espectroscopía astronómica, uno de las primeras autoridades eclesiásticas que legalmente autorizó reconocer a nuestro Sol como una estrella. Su gran amistad con Matthew Fontaine Maury, el primer director del Observatorio Naval de Estados Unidos en Washington, le permitió llegar a ser mundialmente conocido. Gracias a él, el observatorio desde donde enseñaba astronomía, teología y matemáticas, fue cambiando a la cima de la Iglesia de San Ignacio. Y dese allí descubrió cometas, revisó más de 10 000 estrellas binarias, elaboró las primeras ilustraciones a todo color de Marte y fue quien le puso el nombre de canales (*canali*) a precisamente eso. Su gran interés era el Sol (siendo Leo, es normal) y entre otras cosas también desarrolló el primer sistema de clasificación estelar.

 TU CLAVE SECRETA

Sabiéndote hijo o hija del Sol, buscar armonía y orden para sentir que riges.

Celebridades de tu día:

Benito Mussolini, Clara Bow, Peter Jennings, Stanley Kunitz, Alexis de Tocqueville, Porfirio Barba Jacob, Morella Muñoz y Geddy Lee.

> *Si deseamos comprender la naturaleza del universo, tenemos una ventaja porque somos nosotros mismos mínimas partes de nuestro universo y, por lo tanto, las respuestas las traemos por dentro.*
> —Jacques Boivin

TU DÍA, LEO

La palabra *fracaso* no existe en tu léxico personal, porque aunque algo no funcione, salga mal, termine contradictoriamente o, inclusive, quede arruinado, tú lo sabrás componer, arreglar o meter en orden. Y si no, es simplemente por flojo o es algo que en el fondo realmente no te interesa. Eso no significa que triunfarás en todo, no seas tan presumido o presumida, pero sí quiere decir que logras más de lo que tú mismo imaginas. Tu mejor arma (Leo siempre debe estar preparado para todo) es que actúes de inmediato, pero no sin antes pensar lo que vas a hacer. Una cosa no interfiere con la otra si lo sabes de antemano. La inteligencia astrológica está presente para ayudarte, siempre.

Tu verbo motor:

Engrandecer

ᕯ AMOR, SALUD Y BIENESTAR ᕰ

Mi amor, puedes decir, y a quien se lo digas te cree. Todo Leo tiene unas gotas de Lorenzo el Magnífico (o Lorenzo de' Medici), así que recuerda que su vida coincidió con lo mejor del Renacimiento italiano, y que cuando murió, se acabó la edad de oro de Florencia. Resulta que tú llegas en el momento adecuado (casi siempre) y tienes éxito por lo mismo, pero todo cae por su propio peso a la vez, y necesitas ir paso a paso en lugar de derechito al meollo para reconquistar lo que a primera instancia parece (casi siempre) fácil. El bienestar lo traes en la bolsa, falta simplemente que lo sepas guardar.

Angelus:

Bazazath, ángel mágico.

ᕯ DESARROLLA TU RIQUEZA Y PROSPERA ᕰ

No te queda no traer dinero en la bolsa, aunque por lo general, eso no es tu primera preocupación. La primera, debería ser no sentir que estás prosperando, avanzando, mejorando tu tiempo y tu espacio para que te sientas como se siente el rey de la selva cuando camina sigilosamente por su camino. Reconocimiento es mucho más importante para ti que riqueza, aunque aun no lo sepas. Prosperas al darte cuenta de lo mismo.

ᕯ PODER DAR ᕰ

Para ti, dar debería ser una manera perfecta de expresarte.

ASTRONOMÍA, HERMANA DE LA ASTROLOGÍA MODERNA

Vladimir Zworykin es el verdadero inventor de la televisión. Nació el 29 de julio de 1888 y murió el 29 de julio de 1982. Lo llaman ruso-americano, pero nació en Murom, Rusia. En 1911, demostró el funcionamiento de la primera televisión con un transmisor mecánico y un tubo de cátodo. La palabra *televisión* es definida como un medio de comunicación para transmitir y recibir imágenes móviles que pueden ser monocromáticos o multicolores. Solamente en el antártico no se sabe cuántas televisiones hay, pero el más reciente conteo mundial da un total aproximado de 4 374 746 304 000 televisiones en el mundo. Los chinos llevan la delantera (400 000 000) y en segundo lugar se encuentra Estados Unidos con aproximadamente un poco más de la mitad de lo que tienen los chinos; sigue Japón, la India y Rusia. En Latinoamérica, Brasil lleva la delantera. Para el año 2018, el mundo estará cubierto por la televisión digital, y seguramente para el 2100 estaremos recibiendo programas realizadas de otros sistemas solares —falta que nazca quien los produzca. Siendo Leo, tendrá seguramente mucho éxito.

 TU CLAVE SECRETA

Tus proyectos a futuro podrían ser maravillosos para muchos, asegúrate que sean a la vez excelentes para ti.

Celebridades de tu día:

Salvador Novo, Arnold Schwarzenegger, Víctor Trujillo, Fernando I de' Medici, Emily Brontë, Henry Ford, Anita Hill, Carlos Arroyo, Paul Anka y la fundación de la ciudad de Bagdad en 762.

TU DÍA, LEO

¡Qué bueno que te tocó ser Leo!, porque puedes ser todo lo innovador que quieras y convencer a la gente (por lo menos por un rato) de lo que desees. Además, cuando se den cuenta de que quizá lo tuyo podría haber sido pura vanidad, ya no les va a importar y seguirán diciendo que eres una gran persona. Cierto es que tienes una gran fuerza espiritual y, sino, eres muy liberal.

Tu verbo motor:

Dirigir

Date la oportunidad de abrirte por lo menos un poco más. Leo a menudo se atranca en sus ideas sin permitirle ni siquiera hablar a quien no está de acuerdo. Yo sé que tengo la razón, dicen ustedes, en lugar de dialogar. Sabido es que no puedes pedirle que cambie a quien no quiere cambiar, pero mírate. No eres igual que hace unos años, y los cambios son lo que mejoran el ambiente. Tu realidad quizá sea bastante diferente a la de otros, hasta la de tu propia familia, pero escucha lo que "los otros" proponen.

✦ AMOR, SALUD Y BIENESTAR ✦

De cierto modo, mientras más sufres en amores, más gozas. No te conformas con cualquier cosa, y mucho menos con cualquier amor. Tu amor necesita tener las condiciones que ya has marcado y tiene que ser tan maravillosa o maravilloso como tú siempre has deseado. Leo tiene el defecto de que a menudo manda en lugar de pedir y su palabra se impone en lugar de sugerir. Para ti, la salud es armonía, cuando

Angelus:

Raduriel, ángel, maestro de las musas.

te falta armonía, no te sientes bien físicamente. Eso es mucho más controlable de lo que imaginas, y estar tranquilo será siempre parte de tu bienestar.

✦ DESARROLLA TU RIQUEZA Y PROSPERA ✦

Mientras más agradas a tu propia persona, mejor podrás prosperar. Una cosa va de la mano con la otra. Regresar a tu casa y tener ganas de seguir trabajando en lo que has hecho todo el día es tu bienestar, y has de tratar de lograrlo. Eso no significa que debas trabajar sin descanso, pero sí quiere decir que solo apasionado con lo que haces podrás realizar todo lo que quieres para sentirte suficientemente rico o rica en lo que tú desees. Recuerda que la riqueza no siempre es simplemente dinero. El oro y las ideas también sirven.

✦ PODER DAR ✦

Debes dar, como dice Maya Angelou, para liberar tu alma.

---

31 DE JULIO

Vivo dentro de mi casa como vivo dentro de mi piel: conozco pieles más bellas, más amplias, más firmes y más pintorescas; pero me parecería irreal intercambiarlas por la mía.
—Primo Levi

ASTRONOMÍA, HERMANA DE LA ASTROLOGÍA MODERNA

El Sol es en realidad un reactor nuclear. El hidrógeno que contiene se encuentra cocinándose a unos 17 millones de grados Kelvin (de temperatura). Creemos que tiene a miles de más de cuatro mil millones y le faltan otros tantos. Nuestro Sol nos manda luz infrarroja (o de calor) y luz ultra violeta. Y cuando sufre tormentas en su superficie, emana rayos X y, por lo tanto, todo el espectro electromagnético que detectamos viene del Sol. El nuevo Observatorio Solar Dinámico está diariamente, a toda hora, manejado por la NASA hasta el año 2016 aproximadamente. Su misión es desarrollar comprensión científica para mejorar la interrelación entre nuestro planeta y nuestra estrella. Se investigará el campo magnético del Sol, sus vientos solares y las partículas energéticas que nos afectan. El aparato es en realidad un telescopio espacial con alineamiento solar, con dos antenas de alta recepción. Genera 1,5 *terabytes* de datos por día. (Un "tera" es 1 000 000 000 000 bytes). Tú podrías hacer algo parecido, reduciendo los *terabytes*, pero con la misma genial intención.

 TU CLAVE SECRETA

Saber a quién pedirle lo que realmente necesitas.

Celebridades de tu día:

Primo Levi, Peter Benenson, Cees Nooteboom, Geraldine Chaplin, J. K. Rowling, Karen Zerby, Ilya Ulyanov, Jerry Rivera y Juan María Arzak.

AGOSTO

¿Quiénes cumplen años este mes?

1 _____
2 _____
3 _____
4 _____
5 _____
6 _____
7 _____
8 _____
9 _____
10 _____
11 _____
12 _____
13 _____
14 _____
15 _____
16 _____

17 _____
18 _____
19 _____
20 _____
21 _____
22 _____
23 _____
24 _____
25 _____
26 _____
27 _____
28 _____
29 _____
30 _____
31 _____

TU DÍA, LEO

Estoy segura que la ballena de *El viejo y el mar* era de signo Leo. Y estoy segura de que tú, nacido el primer día de agosto como Herman Melville tienes la capacidad de resistir todo lo que venga hacia ti con el coraje, el valor y la fuerza de ese animal. La combinación de tu signo y tu día te permite ver rápidamente toda oportunidad para explorar lo que puedes aprender para expresarte con gran galanura. El símbolo de Leo representa para algunos la cola tan impresionante del león, señalamientos para quien realmente los quiera ver, es decir se te nota rápidamente o tú notas de inmediato, la impresión que te dan las personas que se acercan a ti, las situaciones por las que pasas y las posibilidades de entrar o salir de un embrollo. Porque obstinado, sí eres. Y como todos, Leo por lo general, si no se enfrasca demasiado en ensimismándose, tiene un gran corazón.

> **Tu verbo motor:**
>
> *Sacrificar*

ᐓ AMOR, SALUD Y BIENESTAR ᐔ

No es tanto lo que tú puedes amar, sino la cantidad de amor que pueden darte, que es mucho. Pero tú necesitas que te lo muestren, aunque a veces no sabes como demostrar tu amor por el simple hecho de que a veces amas demasiado, y crees que por sentirlo, el objeto de tu amor lo debe saber por ósmosis. Y ese frecuentemente NO es el caso. El corazón siempre debe ser bien cuidado, hasta consentido si puedes, y cuida también el ritmo de la presión del mismo, que bien vale la pena. Tu bienestar personal es intenso; el "ahí-se-va", no es lo tuyo. Por lo tanto, aplícate para entenderte y, así, diariamente te acerques a por lo menos una cosa buena, sino más.

> **Angelus:**
>
> *Tractatu, ángel quien tiene un libro escrito sobre su persona, por inteligente.*

ᐓ DESARROLLA TU RIQUEZA Y PROSPERA ᐔ

Desarrollar tu riqueza es menos importante que lo es tomar tus necesidades de frente y darte cuenta que hacerte más rico es importante. Pero ese rico, por suertudo, puede ser en experiencias, conocimientos, diversiones, amores y gustos personales; como ser experto en algo que siempre será lo que te permitirá sentirte próspero y contento.

ᐓ PODER DAR ᐔ

En realidad el verbo *dar* para ustedes tiene algo de *sacrificar*. Par dar realmente, necesitan sentir que sacrifican algo.

ASTRONOMÍA, HERMANA DE LA ASTROLOGÍA MODERNA

Respiramos con el oxígene descubierto por Joseph Priestley, nacido Piscis. Él fue quien aisló el oxígeno en su estado gaseoso. Hombre de dios, filosofo, educado y teórico político, llamó *aire deflogistizado* a lo que ahora llamamos oxígeno, lo cual otros llamaron *aire ígneo*. El oxígeno es el elemento que lleva el número atómico 8 y es representado por un O. La palabra viene del griego antiguo *oxys*, que significa productor. Dos tercios de la masa del cuerpo humano es oxígeno. Y todas las estructuras moleculares en organismos vivos (como las proteínas, los carbohidratos y las grasas) contienen oxígeno. En el oxígeno, cada átomo del mismo está pegado a otro átomo de oxígeno. Y el aire que respiramos es oxígeno y nitrógeno; agua es oxígeno con hidrógeno. No hay que olvidar que la alquimia fue el primer paso de la química, y que el mismo Newton escribió más sobre alquimia que sobre cualquier otra cosa. El oxígeno en lexicología astrológica, es regido por el Sol, que a su vez rige a Leo. ¿Comunicación mágica o inventada?

 **TU CLAVE SECRETA**

Saberte el mejor cuidador de tu propia persona.

> **Celebridades de tu día:**
>
> *Claudius, Herman Melville, Luís Vélez de Guevara, María Mitchell, Jerry García, Sam Mendes, Eduardo Noriega y el comienzo de MTV (canal de música) en 1981.*

2 DE AGOSTO

Tiene todo lo que quiere el que es capaz de querer sólo lo que le basta.
—Publilio Siro

TU DÍA, LEO

Este libro tiene como subtítulo *366 días de revelaciones astrológicas y astronómicas* —en el caso de los nacidos un 2 de agosto, debes saber que durante todos los días de cualquier año encontrarás la capacidad de tener una revelación personal que puede marcar tu vida o ser simplemente una anécdota servicial. Pero necesitas estar al tanto para que no te pase desapercibido. Para eso, recuerda siempre que el conjunto del símbolo de tu signo con la fuerza de nuestra estrella (tu regidora) el Sol, tienen además una energía única de Atman, un concepto antiquísimo del "yo" legado del hinduismo y del budismo, algo que te permite sentir tu propia importancia sin escatimar. Para esto tienes que retener tu divertido sentido de drama que a veces produces, simplemente porque está en tu naturaleza (como le sucede a la gran mayoría de nacidos Leo), y simplemente inspirarte debidamente.

> **Tu verbo motor:**
>
> *Disponer*

❧ AMOR, SALUD Y BIENESTAR ❧

Escuchar música con tu ser amado es algo maravilloso, y a través de la vida, ciertas canciones te transplantan a momentos que creías haber olvidado. Para ti, podría ser una prueba de amor, y cuando dices "te amo", te creen y se acuerdan hasta del tono de tu voz. Pero recuerda, tus amores deben llegarte de adentro hacia afuera, no al revés, y por lo mismo, ten siempre a la mano valor y fuerza para decir verdades. Eso es excelente hasta para tu salud, que se debilita cuando tienes que mentir. Cuando sientas que no eres todo lo feliz que mereces, párate unos minutos al Sol, y verás como te inspiras.

> **Angelus:**
> *Schrewniel, ángel con el corazón abierto.*

❧ DESARROLLA TU RIQUEZA Y PROSPERA ❧

No necesitas desarrollar nada para lograr prosperidad, porque naciste con lo necesario para poderlo hacer sin tener que mejorar gran cosa. Eso no significa que todas las aproximadas quinientas millones de personas Leo lo logran todo, pero sí significa que tu inquebrantable voluntad está presente para servirte, a ti.

❧ PODER DAR ❧

Dar lo que esperan de ti tradicionalmente, como si viniera de tus abuelos.

ASTRONOMÍA, HERMANA DE LA ASTROLOGÍA MODERNA

Louis Pauwels, nacido el 2 de agosto, y Jacques Bergier (también Leo) escribieron uno de los libros más importantes para el despertar la conciencia del llamado realismo fantástico. Ambos fundaron la revista *Planéte* como continuación a su éxito de ventas, que nos inspiró a quienes, en los sesenta, buscábamos respuestas a lo no explicable. *Le Matin des Magiciens*, en español *El retorno de los brujos* —y en alemán *Aufbruch ins dritte Jahrausend*, que traducido significa *rumbo al tercer milenio* (en realidad el mejor título para esta obra maestra)— tiene muchos temas alocados, pero a la vez, la gran inteligencia de los autores. Pauwels, un intelectual reconocidísimo y escritor respetado, quien llegó a dirigir la sección cultural de *Le Figaro*, dejó una huella importante para los que están interesados en lo no explicable. Bergier, ingeniero químico, miembro de la resistencia francesa, espía y periodista, a los cuatro años leía ruso, francés y hebreo y de adulto llegó a leer entre cuatro y diez libros *al día*, fue asistente del físico atómico André Helbronner. La influencia de estos dos hombres, curiosamente ambos de signo Leo, nos presenta la pregunta que hoy día queda sin respuesta: ¿El diálogo entre el materialismo y la metafísica, hasta que punto nos influencia? A ti, Leo, las buenas preguntas deben permitirte ver más que las respuestas fáciles.

 TU CLAVE SECRETA

Saberte capaz de indagar en asuntos que no sabías que podrían interesarte, y aprovechar lo aprendido.

Celebridades de tu día:

Isabel Allende, James Baldwin, Peter O'Toole, Lorenzo Herrera, Rómulo Gallegos, F. A. Bartholdi, Jorge Rafael Videla, Louis Pauwels, Massiel, Isabel Pantoja y Pancho Medrano.

TU DÍA, LEO

De Leo, te llevas el premio de *algo diferente*. Para empezar, tus colores son todos los del amanecer y del anochecer, y con el Sol apenas saliendo o durmiéndose, no es tan fácil mostrar tu resplandor interno.

Tu verbo motor:

Merecer

Te gusta ser líder, eres organizado y, sin embargo, te cuesta trabajo serlo. Si logras cautivar, captar y encauzar tus dones, te convertirás en lo que debe ser un Leo bien parado: alguien a quien respetar, con quien se puede discutir y aprender. Además podrás organizarte de tal manera que nadie te podrá detener. Dicen que todo Leo debe fomentar algo creativo para reconocerse. Es decir, algo artístico personal aunque no sea para ganar concursos, sino para sentirse todo lo productivo que pueda, que deba y que necesita para seguir siempre mejorando.

✦ AMOR, SALUD Y BIENESTAR ✦

Leo es apasionado, y a veces muy fiel, pero un Leo nacido el 3 de agosto, no tanto. Es o fiel o apasionado, y quien te quiera tendrá que aprender que cambiarte es algo imposible. La espina dorsal y el corazón son los puntos fuertes y a la vez débiles de tu cuerpo y, por esto mismo, hacer ejercicios que no pongan demasiada presión en tu espalda es importante. Hay un lindo poema sufi que habla de las lágrimas convertidas en joyas, eso eres tú. En las buenas y en las malas, encuentras bienestar.

Angelus:
Ardibehist, ángel que gobierna el tercer día del mes.

✦ DESARROLLA TU RIQUEZA Y PROSPERA ✦

Ernest Hemingway tenía su Mercurio, planeta que alumbra tu pensar, en Leo y alguna vez dijo: "He sido rico y he sido pobre, y ser rico es mejor". Una cita que te va bien, que debes aceptar y que puedes desarrollar muy a tu manera para lograr tus propósitos que tengan que ver con la prosperidad. Una vez que lo aceptes, has desarrollado todo lo que necesitas para conseguir además de disfrutar lo que quieras.

✦ PODER DAR ✦

Lo tuyo es dar como si fuera un logro, cada vez que das.

3 DE AGOSTO

¡Ah! Sé presto para amar. Apresura la bondad.
—Henri Frederic Amiel

ASTRONOMÍA, HERMANA DE LA ASTROLOGÍA MODERNA

Curiosamente, este día tiene muchos festejos fuera de lo común: en Grecia ven el clima de este día y calculan el tiempo para los siguientes tres meses; es la fiesta de Caligo (la madre de Caos del griego antiguo), y en otros lugares se considera este día el de Yin/Yang. Y, no tan extraño, este es el día (en 1492) que Cristóbal Colón zarpó de Palos de la Frontera en España —calculado astrológicamente. Colón tenía la manía de escribir en los márgenes de sus apuntes y libros, y en los facsímiles de Petrus de Aliaco en *Imago Mundi* (que se puede ver en el Massachussets Historical Society de Boston), publicado en 1483. Hay más de 800 notas escritas por Colón. Allí está plasmada la idea de que para el año 1789 el mundo se acabaría (prestidigitaciones locuaces que siempre han pululado), pero creídos por el navegante puesto que un gran astrólogo de la época, amigo del Arzobispo F. Dailly, lo sugirió. En aquellos días, los viajes largos llevaban un astrólogo a bordo, y se dice que esperó tres horas antes de entrar al mar abierto, aguardando la hora designada por su astrólogo: ocho de la mañana del 3 de agosto. Y tú, Leo del 3 de agosto, algún viaje importante has de hacer, sin consultar al astrólogo.

 **TU CLAVE SECRETA**

Saber explicarte el cómo y el por qué de tus propias acciones.

Celebridades de tu día:

Carlos Enríquez, Dolores del Río, Elisha Otis, Martha Stewart, Tom Brady, Marco Antonio Montes de Oca, Manuel Esperón y Tony Bennett.

TU DÍA, LEO

Dicen que los nacidos este día son parecidos a un gran árbol, y que cada rama representa una manera personal de asumir "lo tuyo". Las ramas son tus experiencias. Dicen también que tú juegas con palabras a tu gusto, y los conceptos de las cosas y tus experiencias son tan particulares que a menudo hay que pedirte que vuelvas a decir lo que nos tratas de hacer entender. Y esto, para Leo, es chinchorrero. Mientras más espontáneo seas, mejor para todos, y todos te incluyen a ti y los que escojas que estén a tu lado. Los nacidos un día 4 de agosto tienen el poder de hacerse notar, a ustedes les toca escoger cómo, cuándo, dónde y, finalmente, si para bien o para mal.

> **Tu verbo motor:**
>
> *Honrar*

◄ AMOR, SALUD Y BIENESTAR ►

O te aman, o te odian. Fases medianamente cómodas no existen, y si te dicen que quizá, no les creas. Tienes la capacidad de amar ferozmente a una persona para toda la vida, pero también eres capaz de juzgar a la gente sin tomar mucha profundidad en el asunto, y eso puede lastimar tu propia reputación. Haciendo suficiente ejercicio, tu salud debe mantenerte en pie hasta los doscientos años. Y si vives feliz doscientos años, tu bienestar lo podrás dejar para la posteridad, como legado importante.

◄ DESARROLLA TU RIQUEZA Y PROSPERA ►

Prosperar debe ir primero en tu lista de las diez cosas importantes que deseas hacer en tu vida. En segundo lugar podría ser cómo desarrollar lo que necesitas para lograr lo que quieres. Y en quinto lugar puede ir la riqueza. Solo recuerda todos los sinónimos que tiene prosperar, como subir, cuajar y perfeccionar, y ¡estúdialos!

◄ PODER DAR ►

Si logras dar perfectamente lo adecuado, significa que has comenzado a prosperar personalmente.

ASTRONOMÍA, HERMANA DE LA ASTROLOGÍA MODERNA

El 4 de agosto de 2007, se lanzó el Phoenix para explorar Marte, logro ocurrido el 25 de mayo del año siguiente, pero por ahora no han encontrado marcianos. Para prepararnos para lo que venga, lo que somos y lo que fue, debemos al profesor de la Universidad de Oxford, Peter Atkins. Con libros de textos escritos como *El dedo de Galileo* (expuesto en su museo de Florencia, donde también existen cartas astrales dibujadas de su propia mano), *Mecánica Molecular Cuántica, Las Diez Ideas Importantes de la Ciencia*, nos brinda una infinidad de información, pero en su reciente joya *Sobre Ser*, dice algo que no puede sino dejarte pensando: "Para comprender cómo algo puede aparecer de la nada, tienes que apreciar el hecho de que probablemente ni hay nada de todos modos". Vale la pena que te familiarices con su palabras y conocimientos porque tú, Leo del 4 de agosto, tienes la gran capacidad de asimilar lo que sea para repartir lo que quieras. Y eso, te lo agradecemos.

> **Angelus:**
>
> *Saulasau, ángel con poderes del mundo supremo.*

 ## TU CLAVE SECRETA

Saber recibir agradecimientos para poder repartir gentileza.

Celebridades de tu día:

Barack Obama, Percy B. Shelley, Louis Vuitton, La Reina Madre Elizabeth de Inglaterra, Louis Armstrong, Billy Bob Thornton, José Luis Rodríguez Zapatero.

TU DÍA, LEO

La oportunidad tiene signo: Leo. La oportunidad también tiene muchos sinónimos: alrededor de cuarenta. Eso, multiplicado por cinco (tu día) muestra que el número 200 es tu número de suerte y diariamente se te podrían presentar cinco, cuarenta o doscientas oportunidades pequeñas, medianas, grandes, enormes o impensables. Pero todas, parten de tu vida y no dejes de aprovechar las que puedas. Aprovechar algo también tiene su chiste, su encanto y su maña. Y tú, nacido un 5 de agosto, tienes el don de usar tu maña para conquistar lo que crees necesario. Ya te dirá la vida, enredada con tu ADN cósmico, cómo acomodarte para sentirte bien, mejor o superior.

Tu verbo motor:

Disfrutar

❧ AMOR, SALUD Y BIENESTAR ❧

Aaah, cómo debe gustarte platicar para convencer, usando todo tipo de historia, cuento o palabras. Y si no eres así, hazte de un buen diccionario para mejorar tu lexicología, porque saber qué decir y cuándo es lo tuyo, específicamente cuando del amor se trata. Tienes una energía nerviosa, por lo que bien te hace tomar siestas o un descanso obligatorio para que diariamente tengas un buen momento de bienestar, meritorio.

❧ DESARROLLA TU RIQUEZA Y PROSPERA ❧

Cuidado con ser demasiado dogmático en tu área de trabajo. Eso puede originar pequeñas molestias que bloquean tu posición y te puede orillar a ceder por conveniencia, algo que a ningún Leo le conviene. Puedes ser baluarte para que otros te sigan, así que fíjate bien hacia donde va tu mira y usa ese sexto sentido que muchos Leo del 5 de agosto tienen.

❧ PODER DAR ❧

Mientras menos pienses en lo que des, ¡mejor y más darás!

ASTRONOMÍA, HERMANA DE LA ASTROLOGÍA MODERNA

Paso a paso vamos dando brincos. La velocidad se impone cuando de inventos se trata, y así, al nacer el 5 de agosto, deberías estar orgullosísimo de que el 5 de agosto de 1914, fue instalado el primer semáforo como sistema completa de señalamiento. Los semáforos salvan aproximadamente 12 000 vidas en 366 días y podríamos ser

5 DE AGOSTO

La vida es una oportunidad. ¡Aprovéchala!
—Juan T. González

tú o yo los afortunados. Los colores tienen ficha y fecha —ya Goethe tiene todo un tratado de los colores, y en la astrología, el rojo es un color ariano y el verde es de signo Capricornio (esto, encontrado en tratados egipcios de hace 4000 años). Los colores rojo y verde (pare o siga) fueron escogidos por ferrocarrileros. El rojo, en conmoración de un hombre que trató de parar un tren con su camisa roja —aunque el rojo, siendo el color de la sangre, desde siempre ha sido considerado el adecuado para avisar peligro. Rojo es el primer color que distinguen los bebés y tiene palabra en todos los idiomas. El verde suplantó al blanco cuando este último color a menudo no se distinguía. El pasto, por ejemplo, nos aparece como verde porque todos los colores en el espectro visible son absorbidos, salvo el verde. El verde se refleja. La o el Leo, nacido un 5 de agosto, debe impresionarnos cada vez que puede con su sabiduría fácil.

Angelus:

Och, ángel que gobierna el Sol.

 TU CLAVE SECRETA

Saber que existen colores que no podemos ver, al igual que las ideas que aun no se pueden explicar.

Celebridades de tu día:

Guy de Maupassant, Oswaldo Cruz, John Huston, Abbé Pierre, Neil Armstrong, Marine le Pen, Paola Volpato, France Anne Cordova y Murasaki Shikibu.

6 DE AGOSTO

La sociedad es siempre una unidad dinámica de dos factores:
minorías y masas.
—José Ortega y Gasset

TU DÍA, LEO

Tú, nacido un 6 de agosto, aunque no te guste, estás constituido para manejar las masas. El tamaño de ellas no cuenta, lo que cuenta es el hecho de que puedes convencer cuando realmente lo deseas a uno, dos, tres o más personas. Importante es que te cualifiques para estar totalmente seguro de lo que dices, haces y quieres promover. Existe un dicho que dice, "La mayoría puede hacerlo todo", y tu don cósmico es poderlo lograr. El hecho de que debes estar orgulloso de lo que haces es importante para tu vida. Tu pensar es constructivo y creativo, pero necesita dirección para que amplíes, durante toda tu vida, tus horizontes. Eso no lo debes olvidar a ninguna edad, y ten en cuenta que Leo por lo general tiene larga vida. Para ti, es menester ver en cual de las doce casas de tu horóscopo personal se encuentra tu Sol. En lo relacionado con ese lugar, encontrarás siempre alivio y sosiego.

> **Tu verbo motor:**
>
> *Equilibrar*

☙ AMOR, SALUD Y BIENESTAR ❧

La salud de Leo, nacido un 6 de agosto, tiene mucho que ver con sus amores y su paso por la vida. Cuando las cosas andan mal, puedes caer en la llamada "depre" que con un buen beso, abrazo y amor, desvanece. Y cuando las cosas andan bien, puedes querer demasiado, algo que tú, como Leo, debes medir con cuidado. Otra cosa que debes saber y poder medir es tu tiempo, algo importante porque los menesteres que sientes poco importantes pueden molestarte demasiado. Tener un buen lugar donde puedes descansar a gusto, confortable y algo lujoso, es excelente cosa para ti.

> **Angelus:**
>
> *Michael, ángel espíritu del Sol.*

☙ DESARROLLA TU RIQUEZA Y PROSPERA ❧

La necesidad de sentir que lo que haces es importante tiene mucho que ver con la posibilidad de desarrollar, mejorar, enriquecer, prosperar, aumentar y conquistar el mundo que te rodea. Sea lo que seas, necesitas saber que tu trabajo mejora de alguna manera el mundo que te rodea. Puedes ser recogedor de basura, CEO de Exxon Mobil, arzobispo, dueño de Manchester United o presidente. Para ti, prosperar debe o debería estar relacionado con el bienestar colectivo.

☙ PODER DAR ❧

Importantísimo en tu caso es saber darte a ti mismo las oportunidades necesarias para prosperar.

ASTRONOMÍA, HERMANA DE LA ASTROLOGÍA MODERNA

Que tal Harry Houdini, quien hace años, en 1926, aguantó su mayor hazaña al durar noventa y un minutos bajo el agua, sin trucos. Y en 1961, Gherman Titov fue la primera persona que durmió en el espacio. Algo que hoy día puede parecernos inocuo, pero para ese tiempo y para el futuro, fue espectacular. Titov fue el segundo humano que rodeo el planeta Tierra después de Yuri Gagarin, quien sobre el Vostok I fue el primero. Titov (Virgo) fue el primer humano que sufrió de *mareo espacial*. Cuenta que durmió durante una sola vuelta al planeta, y que cuando despertó, sus brazos flotaban arriba de él, conectados por supuesto, a su cuerpo. La nave espacial daba la vuelta a la Tierra en unos ochenta y cuatro minutos, y sintió la misma reverencia por nuestro planeta como todos los astronautas han sentido al salir al espacio.

 TU CLAVE SECRETA

Saberte capaz de salir bien librado de todo embrollo.

> **Celebridades de tu día:**
>
> *Alfred Lord Tennyson, Edith Roosevelt, Paul Claudel, Alexander Fleming, Ernesto Lecuona, Andy Warhol, Lucille Ball, M. Night Shyamalan y fundación de la ciudad de Bogotá en Colombia.*

TU DÍA, LEO

Siete son los colores del arcoíris y siete son las virtudes: fe, esperanza, caridad, fortaleza, justicia, prudencia y templanza. Bien harías en pensar en ellas de vez en cuando, porque tu carácter necesita algo de restricción. No que necesites ser santo o santa, pero sí debes guardar tus rencores y enojos para elaborarte un carácter amable, gustoso de vivir y con buenas intenciones, como mereces y merecen quienes vivan contigo. Por si no lo has notado, tienes buen sentido de humor, lo cual puede ayudarte a mirar las cosas con el color que quieras. Al fin y al cabo, los colores del arcoíris le van bien a tu día. Y tu sentido de color seguramente tiene mucho que enseñarte. El sentido de color, en el diccionario médico es la facultad por las cuales los colores son distinguidos y percibidos, relacionado a la vez con la *somatognosis*, el sentido de tu propio cuerpo. Y todo esto tiene que ver con un sexto sentido, que tú tienes la dicha de poseer.

Tu verbo motor:

Designar

❧ AMOR, SALUD Y BIENESTAR ❧

A veces con una mirada sabes quién te quiere o a quién vas a querer. Se dice que tu alma (la de cada individuo nacido un 7 de agosto) quiere manifestarse por medio de tu propia personalidad, y yo digo que esto a veces interfiere con tus querencias. Por lo mismo, cuando quieras, quiere más. Eres capaz de amar tanto como de odiar, y eso para ti no conviene. Estando de buenas, eres genial, estando de malas, comprende que puedes ser insoportable, y eso nada bien te hará a tu bienestar.

❧ DESARROLLA TU RIQUEZA Y PROSPERA ❧

Excelente sería si desde temprana edad te trazas el camino hacia la prosperidad que quisieras sostener durante el resto de tu vida, poniéndote fechas fijas. Así, una vez decidido esto, lo único que tienes que hacer es convencer a tus semejantes que puedes logra todo lo que te propones. Mercurio, el planeta que estará en Cáncer, Leo o Virgo, puede indicarte el camino correcto y valuable. Entérate y sigue el camino del signo consignado.

❧ PODER DAR ❧

Tú puedes y debes dar la oportunidad de hacer brillar todo lo que quiera.

7 DE AGOSTO

Aquel que no tiene paciencia, no tiene nada.
—Proverbio italiano

ASTRONOMÍA, HERMANA DE LA ASTROLOGÍA MODERNA

La primera calculadora de IBM, de programas calculados, llamada *Calculadora controlada de secuencia automática*, fue lanzada el 7 de agosto de 1944. Once años después, la Sony lanzó su primer radio transistor, también un 7 de agosto. Luego, en 1964, el árbol más viejo del mundo fue cortado (había vivido poco más de 5000 años, era un *pinus longaeva*), nombrado Prometeo. Y volviendo unos 104 años atrás, en 1860, nació uno de los más interesantes y prolíferos astrólogos: Alan Leo. En realidad en todas las fechas suceden historias que forman parte del cosmos en movimiento continuo como la sangre, el oxígeno y las neuronas que corren y se mueven constantemente en nuestros cuerpos. Alan Leo es considerado por astrólogos como el padre de la astrología moderna. Leo era teósofo reconocido, y unía algunos conceptos religiosos, como el karma, a su manera de presentar estudios astrológicos. Fue él quien presentó una astrología más psicológica, dirigido hacia la interpretación de carácter en lugar de hacia predicciones. ¡Qué Dios lo bendiga! Y tú, nacido bajo el signo de Leo, bien harás en leer esta página por lo menos tres veces para entender todo lo que eres capaz de hacer.

Angelus:

Nasharon, ángel príncipe sobre otros ángeles.

 TU CLAVE SECRETA

Comprender que tienes una veta metafísica en tu alma.

Celebridades de tu día:

Mata Hari, Manitas de Plata, Caetano Veloso, Charlize Theron Carlos Monzón y el Explorer VI envió la primera fotografía de la Tierra tomada desde el espacio en 1959.

> *Antes de volar ya sabía lo pequeño y vulnerable que es nuestro planeta; pero solo mirándolo desde el espacio, en toda su belleza inefable y fragilidad, me di cuenta que la tarea más urgente del humano es salvaguardar y preservarlo para las generaciones futuras.*
> —Sigmund Jahn

TU DÍA, LEO

El amor a la tierra, a la naturaleza y hacia lo que nace, vive y muere, es algo muy tuyo. Si pudieras vivir rodeado de verde, o de cualquier lugar que no fuese una ciudad, sería magnífico. Como todo Leo, la autodisciplina es algo que necesitas aprender a dominar, pero en tu caso específico, tu propio carácter te ayudará siempre a encontrar salidas y a poder repetir una y otra vez, "¡Aquí estoy, sientan mi presencia!". Diciendo lo que puedes hacer, te creerán, y haciendo lo que sabes, te lo agradecerán. Lo hecho, hecho está es lo que sabes promover y donde más puedes brillar. Tomar cartas en cualquier asunto es lo que mejor haces, y puedes ofrecer ventajas a quienes lo necesitan simplemente con estar. Los demás, por lo general, quieren seguir tus pasos y acompañarte hacia donde apuntes.

Tu verbo motor:

Acrecentar

⚜ AMOR, SALUD Y BIENESTAR ⚜

Tener todo perfectamente puesto en su lugar, para ofrecerlo al ser amado es lo que debes soñar hacer. Y llenarle sus días de pasión y regalos que sabes amará. Lo malo es que esto lo puedes hacer varias veces, en diferentes momentos de tu vida o al mismo tiempo, porque tus amores son algo incontrolables, a tal grado que influyen sobre tu salud. Cuando no amas, no te sientes bien. Y cuando amas, no te acuerdas de cuidarte. El bienestar en tu vida está muy relacionado con quién y cuánto te quieren, así que cuidado, no ames demasiado —aunque, hay quienes no desean más que eso.

⚜ DESARROLLA TU RIQUEZA Y PROSPERA ⚜

Siempre y cuando puedas expresarte abiertamente en tu área de trabajo estarás prosperando. Tienes habilidades de líder que no debes desaprovechar. Mientras más responsabilidad para orientar a otros o marcarles por donde ir, mejor para ti y para ellos. Bien pensado, puedes encontrar exactamente en dónde poner tu dinero para verlo crecer y lograr poco a poco tener tu peso en oro.

⚜ PODER DAR ⚜

El Sol, estrella de nuestro sistema solar que rige tu signo se pone bien contenta cuando das o regalas algo de oro.

ASTRONOMÍA, HERMANA DE LA ASTROLOGÍA MODERNA

La primera piedra del observatorio del astrónomo/astrólogo Tycho Brahe fue colocada el 8 de agosto de 1576 sobre una isla llamada Hven en Dinamarca. El edificio, dedicado a Urania, la musa de la astronomía, fue el primer observatorio hecho sobre medida de Europa. Una pequeña obra de arte, el edificio consistía de cuartos para Tycho y su familia además de cuartos de visitas (llegaban astrónomos de todas partes del mundo conocido de esos tiempos). Tenía una torre con varias cocinas, una biblioteca y en el segundo piso habían recámaras y cuartos dignos de visitas reales. Habían cuartos para estudiantes y, por supuesto, uno enorme que fungía como cuarto de estudios con laboratorios para alquimia. Todo esto fue financiado por el rey de Dinamarca, quien gastó una gran fortuna de las arcas daneses. La isla fue uno de los primeros lugares de estudios serios astronómicos y astrológicos, con a veces hasta cien personas. Y Brahe fue uno de los últimos estudiosos que medían todo a ojo de buen cubero, ya que los telescopios aun no se habían inventado. Brahe era de signo Sagitario, y pueden leer más sobre él más adelante, en la hoja del 14 de diciembre. Mientras tanto, sueña Leo con construir algo para ti, para tus cosas, para tu propia imaginación.

Angelus:

Daeva, ángel teosófico que compone la jerarquía que rige al universo.

 TU CLAVE SECRETA

Poder lograr tener dónde soñar y saber cómo lograr esos sueños.

Celebridades de tu día:

Emiliano Zapata, Jacques Bergier, Juan Soriano, Sir Roger Penrose, Dustin Hoffman, Matthew Henson, José Cruz, Cecilia Roth, Óscar Hurtado, Roger Federer y Esther Williams.

TU DÍA, LEO

Si tienes en cuenta los cuatro puntos cardinales y apuntas tu cama con la cabecera hacia el norte, te estarás haciendo un gran favor, ya que "orientarte" en todo el sentido de la palabra (que en el diccionario es larguísimo) es lo que necesitas para brillar como debes.

Bastante cabeza dura eres para aflojar de vez en cuando y cambiar de dirección, para acomodarte de mejor manera y salirte con la tuya, que es algo que ameritas. El orgullo es parte de tu ser, y eso es bueno, porque así llegas al fondo de las cosas y sabrás decir "me equivoqué", algo que a la mayoría de los habitantes de tu signo se les dificulta.

Deja volar tu imaginación y tus ambiciones pero con los pies bien plantados en el suelo y verás que la luz que llevas por dentro marcará tu paso por donde vayas.

⚜ AMOR, SALUD Y BIENESTAR ⚜

Tu gran energía se nota sobre todo cuando amas (cinco besos, seis abrazos y nueve actos de amor en una semana). Por lo mismo, bastante ejercicio y buen cuidado de tus músculos, tu porte y tu modo de caminar es importante. Carga contigo, cuando puedas, una brújula para estar consciente hacia donde caminas. Si puedes lograr todo lo que está plasmado en este párrafo, tu bienestar está listo. Deja que tus sentidos se llenen de ideas positivas para que de vez en cuando, simplemente te emborraches de placer.

⚜ DESARROLLA TU RIQUEZA Y PROSPERA ⚜

Para tener, tienes que estar motivado. Y tener es un verbo interminable, puedes tener más, tener mucho, tener todo lo que creías necesitar, tener algo, tener lo que otros tienen, tener fe, en fin, una vez que encuentres y sepas definir lo que quieres *tener*, deja volar tu ambición, y lo tendrás.

⚜ PODER DAR ⚜

Dar en la misma medida que quisieras tener, toda proporción guardada.

ASTRONOMÍA, HERMANA DE LA ASTROLOGÍA MODERNA

El 9 de agosto en China, se celebra el Festejo de la Vía Láctea, algo que todos deberíamos vitorear, porque en esa galaxia habitamos.

9 DE AGOSTO

Debemos leer no para obligar a aceptar nuestra interpretación sobre un trabajo, sino para descubrir más sobre uno mismo.
—Malcolm Cowley

Viajamos dentro de ella, dándole una vuelta a su centro en un año galáctico, que equivale a unos 230 millones de años. Su nombre es una traducción del latín que a su vez proviene de la frase griega que significa la pálida banda de luz que se ve desde la Tierra en la noche, causada por la luz de las estrellas que allí se encuentran. En el hemisferio Sur, la Vía Láctea es mucho más espectacular que en el hemisferio Norte. Y su centro se halla en Sagitario, donde las nubes de estrellas son más densas y brillantes. Todas las estrellas que vemos de noche son parte de nuestra galaxia, y el hecho de que la banda divisoria de nuestras noches estrelladas parta el cielo en dos hemisferios tiene que ver con nuestro propio sistema solar y dónde se encuentra en el plano galáctico. ¿Podría cada estrella ser un Sol, regente de otros seres de signo Leo?

 TU CLAVE SECRETA

Creer en la Vía Láctea y en sus poderes de concederte deseos.

10 DE AGOSTO

No hay casualidad ni anarquía en el universo. Todo es sistema y gradación.
Cada dios está sentado allí en su esfera.
—Ralph Waldo Emerson

TU DÍA, LEO

Un sentido importante hacia la comunidad es algo que necesitas fomentar para reforzar todo el bien que puedes hacer, a tal grado que la frase *diez de agosto* se emplea para remarcar algo revolucionario, asunto que puedes provocar tú cuándo y cómo quieras si verdaderamente te esfuerzas. Tu lugar en el mundo en esta vuelta es darle sentido a la mejoría de la comunidad, pero no necesitas sentirte el mago de Oz (que era de signo Leo), ni mejor que otros. Es simplemente un llamado de hermandad hacia los demás. Espero que te integres a algún voluntariado porque eso sería para ti como un doctorado en humanidades (algo que también puedes hacer si te decides). Un escape diario, por semana, mensual o de vacaciones programadas es algo que es imperante para relajarte. ¿Te gusta cantar? Eso es algo que practicado, aliviana el alma.

> **Tu verbo motor:**
>
> *Aportar*

⫷ AMOR, SALUD Y BIENESTAR ⫸

Ni te imaginas todo lo que eres capaz de dar y hacer cuando amas. Tu amor es idealista, por lo mismo no debes exigir demasiado, ni creer que amar te resolverá todos tus problemas. Sin embargo, con empeño bien dirigido, la relación que decides tener siempre será vigorizante para ese momento. Así mismo, escoge bien como cuidar tu propia salud y si no lo has estado haciendo, cambia. Un chequeo en prueba de esfuerzo cada cinco años valdrá la pena, y ejercicios como tiro al arco, ajedrez (ejercicio cerebral) que no te hacen sudar demasiado están indicados.

⫷ DESARROLLA TU RIQUEZA Y PROSPERA ⫸

Podría parecer que tu profesión llegó a ti en lugar de que lo hayas escogido, y eso es buena cosa. Es como si hubiera caído del cielo y, por lo mismo, si tu lucha es demasiado esfuerzo, cambia. Tu ADN cósmico está demasiado dispuesto a llegar a mejorar algo sin tener que batallar. Buscar con esmero siempre te llevará más lejos que "aguantar".

⫷ PODER DAR ⫸

Lo tuyo es dar para que quien reciba pueda producir más.

ASTRONOMÍA, HERMANA DE LA ASTROLOGÍA MODERNA

El 10 de agosto parece un día de muchos primeros pasos que se repiten en la historia, quedando en el consciente colectivo de la historia. Algunos ejemplos son el viaje de Magallanes, quien el 10 de agosto de 1519, se fue a la mar con cinco barcos veleros, zarpando de Sevilla para circunnavegar el globo terráqueo. Un gran brinco hacia delante, en 1990, cuando desde la nave espacial "Magallan", después de dar una vuelta y media al Sol, llegó otro 10 de agosto a Venus y con su radar sofisticado pudo hacer un detallado mapa de Venus. De un clavado entró a la atmósfera Venusina donde fue aplastada bajo el signo de Libra un 12 de octubre.

> **Angelus:**
>
> *Naadame, ángel muy especial que influye a los demás ángeles y príncipes.*

Otros hecho históricos ocurridos el 10 de agosto fueron en 1675 al colocar la primera piedra del Observatorio Real de Londres y en 1960 cuando el Discoverer 13, lanzado en órbita tiempo antes, regresa como el primer objeto del espacio con la capsula de reentrada. Por cierto, la exploración espacial es el uso de astronomía y tecnología para explorar el espacio extraterrestre por medio de vuelos espaciales con humanos y robots. Leo es representante astrológico de la idea y la palabra *exploración*, por lo tanto, explorar es su segundo verbo y saberse explorador de algo podría llevarte a momentos inimaginables.

 TU CLAVE SECRETA

Tener la seguridad de que lo que comienzas lo terminas,
para tu bien y para el bien ajeno.

> **Celebridades de tu día:**
>
> *Peter Atkins, Antonio Banderas, Henrí Nestlé, Rosanna Arquette, Juan Manuel Santos, Jorge Amado, JoAnna García y Vicente Guerrero.*

TU DÍA, LEO

Trabajando alcanzas lo que quieras, siempre y cuando tu trabajo te aporte fe en ti mismo. Contrariamente a la gran mayoría de los nacidos bajo el signo de Leo, por lo general los nacidos un 11 de agosto son más bien callados, guardándose el momento preciso de participación para cuando sienten que serán realmente escuchados. Lo superficial te molesta, a veces hasta demasiado. Sin embargo, poniendo a buen uso tu intuición, sales adelante con una tranquilidad que impresiona. Tú eres quien puede tener ocurrencias que realmente ayudan, tranquilizan, calman y proponen acciones que benefician a los tuyos y, de vez en cuando, hasta a algún que otro desconocido.

Tu verbo motor:

Informar (a ti mismo o a los demás)

❦ AMOR, SALUD Y BIENESTAR ❦

A veces te cuesta trabajo mostrar tu amor, y a veces tu amor es tan grande que te ahoga. Te emocionas tanto que crees que nadie te entiende, y mucho menos tu ser amado. Lo que necesitas es combinar tu tranquilidad emotiva para amaestrar tus querencias. Una vez encontrado el balance adecuado para que esto sucede, tu bienestar brillará y sabrás cómo dominar esos sentimientos que a nadie lo sacan más de quicio que a ti. Recuerda que la suerte te acompaña.

Angelus:

Sutuel, ángel que muestra los caminos adecuados.

❦ DESARROLLA TU RIQUEZA Y PROSPERA ❦

Poder cuidar y ayudar a seres humanos, a cualquier ser vivo y hasta a tu entorno, dar terapias, encontrar cómo consolar y tranquilizar a otros podría abrirte grandes caminos para no solamente aumentar tu propia cuenta de banco o caja de ahorros, pero marcar tu camino hacia una felicidad desconocida. Es decir, entregando dicha, recibes más —la mejor manera de prosperar.

❦ PODER DAR ❦

Date la oportunidad de servir como regalo al mundo, y tu vida se llenará de dicha.

11 DE AGOSTO

El trabajo conquista todo.
—Lema del Instituto Nacional Chileno

ASTRONOMÍA, HERMANA DE LA ASTROLOGÍA MODERNA

La astronomía y su prima hermana la astrología nos acompañan en nuestro diario deambular desde que el primer humano miró hacia arriba y se preguntó algo, lo que sea, acerca de los destellos que parpadeaban desde el cielo nocturno. Y seguimos haciendo preguntas. Un hijo puede preguntarte por qué es azul el cielo o cuántas estrellas hay allá arriba. Existen quienes nos responden de manera excepcional, por su día, sus astros, su libre albedrío y su facultad de preguntarse "quién soy" y sentir que algo pueden hacer para responder adecuadamente de vez en cuando. Esto lo hacía Monsieur André Chouraqui, un erudito que tradujo El Corán, además de los dos testamentos, en un idioma moderno: el francés. Chouraqui hizo un enorme esfuerzo para transponer la cadencia del árabe y el hebreo a un francés moderno y legible para jóvenes. El *Sunday Times* escribió en su obituario lo siguiente: "Su destreza formidable como lingüista aseguró que esta audaz estrategia fuese ampliamente exitosa". La audacia y la destreza formidable pueden ser alcanzadas por todo nacido un 11 de agosto.

 **TU CLAVE SECRETA**

Saber escuchar palabras del pasado para forjar tu destino.

Celebridades de tu día:

Dana Rotberg, Gustavo Cerati, Enrique Bunbury, José Silva, Fernando Arrabal, Pablo Sandoval, Hulk Hogan, Javier Sierra, Enid Blyton y se calcula que en el año 3114 a. de C. comenzó el conteo del calendario maya.

12 DE AGOSTO

Una vida placentera: una vida que persigue con éxito las emociones positivas sobre el presente, el pasado y el futuro.
—Martin Seligman

TU DÍA, LEO

Experimentar con tu vida y con la vida de los demás es lo que eres capaz de hacer tan seguido, que hay pocos quienes realmente te conocen, y posiblemente eso te agrade.

Tu verbo motor:

Participar

La emoción de probar y a veces tener todo lo que se te antoje puede ser lo que te orille a hacer cosas, expresarte y promover situaciones que generan diferencias (tanto positivas como negativas) inesperadas. Tu vida es intensa aunque te cueste a menudo más trabajo de lo que imaginabas, pero tus logros pueden ser bastante espectaculares, palabra que va bien con los nacidos cualquier 12 de agosto. ¡Espectacular! Mídelo, imagínatelo y tómalo si crees que te sirve. Dicen los libros antiguos que eres un eslabón en una cadena ancestral cuya actividad prolonga el futuro. Tradúcelo a tu beneficio.

❧ AMOR, SALUD Y BIENESTAR ❧

Tus amores nunca son banales, aunque sean el paso por una noche. Quizá tu mismo no te das cuenta, pero tu pareja sí. Te sabes transformar para complacer, cosa buena. Y te sabes aguantar cuando no te sientes bien. Cosa mala. Trata de encontrar tu voz interna, la cual te cuida y permite que te ocupes un poco más de ti mismo.

❧ DESARROLLA TU RIQUEZA Y PROSPERA ❧

Es posible que te transformes cuando de bienes y aumentos materiales se trata. Tus satisfactores a menudo son diferentes de los satisfactores de la gran mayoría —a cada quien su cada cual—, pero si este es tu caso, no dejes de ser todo lo fiel, realista, honesto o íntegro de lo que sabes que bien vale la pena. A veces puede ser más importante el proceso que el logro, y tú sabes como ser feliz procesando.

❧ PODER DAR ❧

Lo tuyo es dar simple y llanamente, con todo el corazón.

ASTRONOMÍA, HERMANA DE LA ASTROLOGÍA MODERNA

En este día de 1960 se lanzó el primer satélite de comunicaciones, en 1981 la IBM lanzó su primera computadora personal y en 1990 las Naciones Unidas instituyó el primer día de la juventud (International Youth Day) para celebrar la importancia que tiene la juventud mundial en forjar el destino para nuestros bisnietos y crearles lo que necesitan para seguir adelante, aunque nosotros, los que tenemos más de veintidós años, no los comprendamos. Curiosamente, Leo representa (en el diccionario de regentes astrológicos) la juventud.

Angelus:
Daath, ángel de los conocimientos.

Por más que digan quienes ya no disponen de ese don los que ya no son jóvenes, que nada es igual, se equivocan. "El mundo se está volviendo loco, los hijos ya no respetan a sus padres y todos quieren escribir un libro", frase escrita en letras cuneiformes hace más de 4000 años y una pieza bien guardada en la Biblioteca del Congreso en Washington, D.C.

 TU CLAVE SECRETA

Ser alguien que puede alentar a jóvenes, ayudándoles a ver hacia el futuro.

Celebridades de tu día:

Cantinflas, Martín Seligman, Helena Blavatsky, George Soros, Guillermo Cano Isaza, Pete Sampras, Cecil B. DeMille, Erwin Schrodinger y día en que el primer humano manejó sobre la Luna.

TU DÍA, LEO

Absolutamente es la palabra que puedes usar todo lo que quieras, porque cuando dices que sí, trae esa fuerza. Cuando te niegas, nadie debe poder convencerte. Sin lugar a dudas, trece siempre es un número especial. El pez piedra tiene dieciocho picos, de los cuales solamente trece son venenosos, mientras que en la Grecia antigua, Zeus era considerado el treceavo dios, el más poderoso con trece poderes simbólicos, cuya totalidad sumaban consumación espiritual. Y eso es lo que tú puedes lograr, sea espiritual o no. Puedes consumir lo que quieras, dado tu enorme apetito para comerte al mundo y mostrar que lo haces. Excéntrico eres, pero no se nota mucho si no te conocen. Sabes como resguardarlo convertido en una energía impresionante que se nota cuando entras a un lugar. Feo, fuerte y formal o guapo, delgado y desarreglado, no importa cómo te presentes, porque de todas maneras tu presencia es imponente o debe serlo.

> **Tu verbo motor:**
>
> *Profundizar*

⫷ AMOR, SALUD Y BIENESTAR ⫸

Tienes muy claro en la cabeza lo que necesitas como pareja, y la o lo buscas con esmero. Puedes ser algo vulnerable cuando amas, pero eso te hace bien, sino serías insoportable ya que la seguridad que tienes en ti es sobresaliente. A menudo pequeñeces te sacan de quicio y eso te produce un malestar que no resulta tan fácil eliminar. Tu bienestar aparece en cuanto te encuentras haciendo lo que te gusta, estés con quien estés.

⫷ DESARROLLA TU RIQUEZA Y PROSPERA ⫸

La realidad personal que llevas en ti es a menudo muy distinta a la que la gran mayoría de personas tienen, cuando de finanzas se trata. Las emociones te hacen brillar, y cuidado con obsesionarte con lo que no debes. Pero, como pocos se atreven a decirte lo que no quieres escuchar, espero que tengas un buen confidente a quien le hagas caso cada vez que necesites consejo. Deberías procurar darte a ti mismo tiempo para calmarte, siempre.

> **Angelus:**
>
> *Middoth, ángel que personifica atributos divinos.*

⫷ PODER DAR ⫸

Siendo un ser algo desemejante, así debes dar, de manera algo excéntricamente diferente.

ASTRONOMÍA, HERMANA DE LA ASTROLOGÍA MODERNA

En una de las películas de *Star Wars*, Luke Skywalker mira dos soles en el cielo, parado en Tatooine, planeta imaginaria. Dicen que así podría verse la estrella Betelgeuse, que aunque se encuentra en la constelación de Orión, a 640 años luz, la veríamos como dos soles durante unas semanas en nuestro propio cielo terráqueo. Esto ocurrirá cuando explote, y con eso nos llegará alguna energía, genial cosa, cuando pensamos que está tan lejos de nosotros. Pero no entren en pánico, aunque pase esa energía por nuestros cuerpos, no nos afectará. Betelgeuse aparece en una gran cantidad de historias de ciencia ficción; en algunas es una entidad viviente que se autonombra "brillante", y seguramente es de signo Leo. En la película *Blade Runner*, Betelgeuse es el hombro derecho y Bellatrix es el hombro izquierdo de la constelación Orión. En la vida tranquila sobre nuestro planeta, tú, al nacer un 13 de agosto, eres quien más se parece a Betelgeuse, por aquello de los dos soles que te permiten brillar todo lo que necesitas. No te preocupes por la historia de la explosión, ya que esto puede suceder mañana o dentro de un millón de años; así son los tiempos del cosmos, y así Leo, siempre el foco de atención.

 ## TU CLAVE SECRETA

Entender, asimilar y aprovechar el mundo que te rodea de manera diferente.

> **Celebridades de tu día:**
>
> *Fidel Castro, Alfonso XI (el implacable), Alfred Hitchcock, Annie Oakley, Rolando Molina, Hipólito de Roma, George Shearing, y Philippe Petit.*

14 DE AGOSTO

La ciencia es el misticismo de los hechos: la verdad es que nadie sabe nada.
—Leonid Andreiev

TU DÍA, LEO

Los chinos dicen que las leyes controlan al hombre menor y que conducirse beneficiando al prójimo controla a los hombres que valen la pena. Tú, nacido un 14 de agosto, tienes la gran oportunidad de decidir tu propio camino sin escatimar y de manera muy propia. Como el escritor Stieg Larsson, quien escribió sobre asuntos terribles habiendo sido un hombre sencillo y de buen carácter, tú podrías tener escrito en tu alma lo dicho por Thomas Paine: "Mi país es el mundo, y mi religión es hacer el bien". Paine era del signo opuesto al tuyo, Acuario, y por lo mismo, con toda la fortaleza que tienes en tu ser, escuchar sus palabras y digerirlas deben echar a andar tanto el yin como el yang de tu visión del mundo. Desarrolla tus dualidades pensando en el concepto del bien para que tu gran dinamismo te ayude a hacerlo.

Tu verbo motor:

Reflexionar

❧ AMOR, SALUD Y BIENESTAR ❧

Sentirse solo es pésimo para los nacidos un 14 de agosto. Puede conducirte a tener crisis existenciales sin que comprendas el por qué, y eso a veces sucede cuando tu pareja es alguien con quien no tienes una relación adecuada. Nada que ver con el bien ni el mal, simplemente con sentir una relación que armoniza tu vida. Tus actividades sociales producen tu bienestar, y la satisfacción de saberte capaz de crear algo con alguien te mantiene sano.

❧ DESARROLLA TU RIQUEZA Y PROSPERA ❧

Permítete probar varias profesiones hasta que realmente sientas que lo que haces tiene que ver con el mundo que te rodea, que ayuda a tus semejantes o que les enseñe cómo comprender algo del mundo que les rodea. Tu riqueza debe porvenir de algo relacionado con esto, o deberías poder convencerte de que lo que haces tiene que ver con el bienestar ajeno. Si lo logras, hagas lo que hagas, te sentirás próspero teniendo más o menos, las cantidades no serán lo más importante. Además, eso te hará un bien inmenso.

❧ PODER DAR ❧

Lo tuyo es dar siempre, más de lo que pensabas dar.

ASTRONOMÍA, HERMANA DE LA ASTROLOGÍA MODERNA

Por lo general, durante agosto en el hemisferio Norte, Vega —la quinta estrella más brillante del cielo, la segunda del hemisferio norte y la que es considerada la segunda estrella más importante del cielo, después del Sol— está a solo veinticinco años luz de la Tierra. Vega era la estrella del Norte en el año 12000 a. de C. y volverá a serlo en el año 13727. Vega es menor que el Sol en edad, pero dos veces más grande y por esto, ambas estrellas están pasando a la madurez, es decir, a su edad media. Tiene un cinturón de polvo a su alrededor, parecido al cinturón de Kuiper en nuestro sistema solar. Vega fue fotografiada por primera vez en el año 1850, pero su espectro fue tomado en agosto de 1872. La brillantez de una estrella, vista desde la Tierra, se mide con una escala de logaritmos que aumenta o decrece según su fulgor. La brillantez de Leo, se mide con su bondad sobre la faz de la Tierra, algo bastante difícil de medir. La definición de bondad en el diccionario es "socialmente correcto, beneficia a otros, válido en relación de la ley, caracterizado por honestidad y justicia". Quizá es aun mejor descrita por Shakespeare quien dijo: "Ama a todos, confía en pocos y no le hagas daño a ninguno".

Angelus:

Gvurtial, ángel de la guarda de los palacios del cielo.

 **TU CLAVE SECRETA**

Saber que el derecho de hacer algo no significa que siempre tienes razón al hacerlo.

Celebridades de tu día:

Halle Berry, Lina Wertmuller, Russell Baker, Mila Kunis, Steve Martin, Estrella Morente, Arthur A. Dempster, Magic Johnson y Wim Wenders.

TU DÍA, LEO

Sorpresas e ideas aprobadas por quienes necesitan reconocerte para ayudarte a avanzar en tu vida, es lo que cayó sobre ti, el 15 de agosto cuando naciste, equivalente a lo que llamo *polvo de estrellas*. Recuerda que Carl Sagan dijo alguna vez que todos estamos fabricados con algo de polvo de estrellas. Lo importante es que aprendas a ajustarte y convivir con quienes y a dónde te ha tocado estar, vivir, trabajar, divertirte y planear tu futuro. Tú puedes construir tu vida entre una cosa y otra. Dirigir tu mundo o hacerle el mundo cómodo y agradable a los tuyos. Una o la otra, aunque hacer ambas cosas sería excelente, y la excelencia es algo que admiras. Pero es un poco como la felicidad, algo que llevas por dentro y nadie sabe exactamente por qué ni cómo. Además, con tu labia, no necesitas ser perfecto, lo que llevas en tu persona basta para conquistar suficiente.

Tu verbo motor:

Mostrar

❧ AMOR, SALUD Y BIENESTAR ❧

Tiendes a hacer menos esfuerzo de lo que deberías para que el objeto de tu afección responda. Error. Quien no te responde a la primera llamada podría ser exactamente lo que necesitas para sentir que allí es donde deberías depositar toda la ternura y pasión que eres capaz de entregarle a tus seres amados. Como para la gran mayoría de los nacidos Leo, tu bienestar personal tiene que ver con tu salud. Inclusive, cuando enfermo, lo que mejor te cura es compañía humana.

Angelus:

Menadel, ángel del orden de los poderes.

❧ DESARROLLA TU RIQUEZA Y PROSPERA ❧

Una vez que comprendas que tu gran talento es tu don de gente (te caigan bien o mal), podrás desarrollarte dentro del ámbito social, convenciendo a quien quieras que lo que propones es bueno o mejor que bueno. Pon a trabajar con destreza toda la creatividad que tienes para prosperar como consideras tener que hacer, y no cejes hasta que logres lo deseado.

❧ PODER DAR ❧

Tú puedes y debes dar como si tuvieras más de lo que tienes, pero a la vez, menos de lo que esperan de ti.

15 DE AGOSTO

El reto exploratorio de mayor importancia de los próximos cincuenta años... es, les aseguro, encontrar evidencia firme de la existencia o no de vida inteligente extraterrestre.
—Sir Martin Rees

ASTRONOMÍA, HERMANA DE LA ASTROLOGÍA MODERNA

Como si fuera película, el 15 de agosto de 1977 sucedió algo que quienes creen en la posibilidad de que existe forma de vida inteligente en nuestro universo aseguran cierto y los que no, lo ignoran. La historia se cuenta como única en los anales que ahora se llama The Wow! Signal (La señal ¡wow!). El Dr. Jerry Ehman anotó en el margen de la copia impresa de un radiotelescopio llamado Big Ear, que había llegado una señal desde la distancia de doscientos años luz. Astrónomos de varias partes del mundo aseguran que no pudo haber sido enviado desde nuestro planeta por la banda de transmisión y el tiempo recibido de 72 segundos.

En 1940, Giuseppe Cocconi y Philip Morrison publicaron un artículo en la revista *Nature* llamado " Buscando comunicaciones interestelares". Su ecuación hizo posible la siguiente pregunta, a nivel científico: ¿Existe vida aparte de la nuestra en el Universo? Los científicos mundiales están divididos entre los que nos aseguran que sí y los que tienen grandes dudas. Pero, no obstante, la señal ¡wow! apareció bajo el signo de Leo, y con eso te abrió las puertas.

 **TU CLAVE SECRETA**

Tomar muy en cuenta lo dicho por Walt Disney:
"Es bastante divertido hacer lo imposible".

Celebridades de tu día:

Stieg Larsson, Óscar Romero, Ben Affleck, Napoleón Bonaparte, Joe Jonas, Julia Child y día en que se realizó el primer festival Woodstock en 1969.

*El tiempo es gratis, y no tiene precio. No puedes ser su dueño, pero
lo puedes usar. No lo puedes guardar, pero lo puedes gastar.
Una vez perdido, nunca regresa.*
—H. MacKay

TU DÍA, LEO

La vida real es más lenta que la estimulación de los mensajes y las tareas electrónicas que afrontamos todos los días. Y tú, Leo, nacido un 16 de agosto, debes tener esto muy presente, porque tus capacidades de respuesta, de toma de decisiones, además de don de mando, necesitan lapsos de tiempo y no inmediatez vacía. Una vez que hayas encontrado tu propio ritmo

Tu verbo motor:

Ensamblar

para soportar, reajustar, tolerar, mejorar y decidir con la gran inteligencia que el cosmos y Dios te dio (entre ellos se entienden), tu vida tomará el camino adecuado para que seas una persona venturosa. Ten en cuenta que el Sol, al principio de todos los tiempos, era considerado el astro mayor del cielo igual que el león es considerado el rey de la selva. Ser Leo, sea cual fuere el día, es una bendición, pero también lleva la carga de que se espera más de ti que de los demás, ¡por dichosos!

✦ AMOR, SALUD Y BIENESTAR ✦

La conciencia, foco del ser, tiene mucho que ver con el Sol y, por consiguiente, amar, cosa fácil para algunos, tiene que venir acompañado de un reconocimiento del amado para ti, al nacer un 16 de agosto. El amor que sientes es menos importante que el respeto que le muestres. Y en relación a tu salud es igual, el cuidado que le das a tu cuerpo es más importante que todos los consejos que puedan darte. La suerte está contigo, pero eso no significa que te caerá del cielo. Tú tienes que planear tu propio bienestar.

✦ DESARROLLA TU RIQUEZA Y PROSPERA ✦

Mientras más ambición tengas, mejor —siempre y cuando te des tiempo para recargar tus pilas. De lo contrario puedes tropezarte con dificultades físicas, algo que será para ti, símbolo de que no estás produciendo con la ferocidad acostumbrada. Por favor, no tomen la palabra *ferocidad* como significado de insensatez.

✦ PODER DAR ✦

Caso asombroso, date a ti mismo lo que quisieras que te dieran, y aprenderás mucho.

ASTRONOMÍA, HERMANA DE LA ASTROLOGÍA MODERNA

El 16 de agosto de 1989, una enorme llamarada solar creó una tormenta geomagnética que sacó del aire los microchips de la Bolsa de Valores de Toronto, parándolo todo. La magnetosfera no fue descubierta hasta el año 1958, y sin embargo es la parte más externa y amplia de la atmósfera terrestre. Situada a unos 500 kilómetros de altura, a veces interacciona con el viento solar en una región denominada magnetopausa (a unos 60 000 kilómetros de la Tierra). Se cree que sin la magneto-

Angelus:

*Butator, ángel o espíritu
de cálculos.*

sfera ya no tendríamos agua en la atmósfera por disociación de los átomos de hidrógeno y oxígeno. Y para colmo de explicaciones, todo esto se sostiene gracias al campo interno magnético de nuestro planeta. La estructura de la magnetosfera es determinada por el campo interno de la Tierra y el viento solar —una relación algo parecida a la del Sol (el padre, también representante de Leo, y la Luna, considerada la madre). Algún día llevaremos un reloj midiendo esto en lugar del tiempo, que con tanta facilidad aprendimos a medir cuando nos enseñaron a leer un reloj. ¿Será por esto que Leo necesita poner más atención a medir sus horas, minutos y días?

 TU CLAVE SECRETA

*Tratar de nunca olvidar tu reloj, y mejor aun si tiene
despertador personal.*

Celebridades de tu día:

*T. E. Lawrence, Tina Modotti, Jean de la Bruyere, Aparicio
Saravia, Madonna, Charles Bukowski, Suzanne Farrell, José Luis
Clerc, Menachem Begin, James Cameron y día en que salió la
primera edición de Sports Illustrated.*

TU DÍA, LEO

A veces exageras. Todo Leo a veces exagera, pero tú exageras en tu afán de ser tan, pero tan verídico que a menudo dejas a los demás preguntándose porque has hecho o dicho lo que acabas de describir. Con que midieras un poco tus palabras, podrías conquistar por lo menos la mitad de lo que quieres, porque explicarnos las cosas y mostrarnos lo que podríamos lograr te viene fácil. Hay bastantes sacerdotes, rabinos, hombres de fe y mujeres que se la gastan ayudando a quienes lo necesitan, nacidos un 17 de agosto. Audacia sumado a perseverancia es lo que puedes, si realmente te propones, lograr de manera superior a muchos. Pero para eso necesitas tener tus energías vitales en plena forma y no desperdiciar tu salud en inconveniencias. Tú sabrás como traducir esto, porque sé que de todos los nacidos bajo el sostenible signo de Leo, los que comparten el día 17, son los más renuentes a que se les diga, "te equivocaste". Por eso, tú tienes que aprender a decírtelo a ti mismo.

Tu verbo motor:

Precisar

☙ AMOR, SALUD Y BIENESTAR ❧

También en tus alocados amores necesitas aprender a pedir perdón y a ir más despacio, para que el objeto de tu atracción te vea cómo puedes ser una excelente persona. Haz un poco más de esfuerzo cuando ames para que quien te ame sepa que puede contar contigo y que sabrás hacer promesas que guardarás. Además, nada mejor para ti que alguien que cuide de tu salud en lugar de que tú lo cuides desparpajadamente, como puedes acostumbrar. El bienestar está a la vuelta de la esquina, si te contienes.

Angelus:

Psachar, ángel y príncipe del poder.

☙ DESARROLLA TU RIQUEZA Y PROSPERA ❧

Por tu bien, tu alegría y tus ganas, te deseo lo mejor además de una larga vida. Ambas cosas pueden ser tuyas si en vez de dominar, tratas de mostrar que sabes servir un propósito adecuado a tus posibilidades. Tan fácil como eso. El control es algo que se gana —difícilmente lo tendrás si lo tienes que pedir.

☙ PODER DAR ❧

En China hoy se celebra el día de los *Fantasmas Hambrientos*. Quienes hayan muerto huérfanos, pordioseros, o lejos de su hogar regresan a hacer "de las suyas" con plagas y otras maldades (dicen); pero si

Tres cosas no pueden ser ocultadas por mucho tiempo: el Sol, la Luna y la verdad.
—Buda

se les dan ofrendas y reparten los vivos a los necesitados, se van a descansar en paz. Es un buen día para dar a quienes lo necesiten aunque no seas chino.

ASTRONOMÍA, HERMANA DE LA ASTROLOGÍA MODERNA

Son tres los factores que determinan las estrellas que puedes ver de noche en el cielo. Tu latitud sobre la Tierra, la hora de noche y el año del día —muy parecido a lo que se necesita para elaborar un horóscopo. Tu hora, lugar y fecha de nacimiento. Así, podríamos imaginar que las estrellas nos miran mientras las admiramos. En alguna época eso es lo que se pensaba, que las estrellas en realidad eran hoyos por donde nos veían los dioses mitológicos y se divertían con nuestros acontecimientos. Digamos que nosotros somos los viajeros sobre esta esfera nuestra, la Tierra, desde donde de vez en cuando, alguien mira hacia arriba y encuentra algo, como el astrónomo Asaph Hall, quien un 17 de agosto descubrió unas lunas de Marte —Deimos y Phobos— y, entre otras cosas, la masa de Marte también. No necesitas demasiados estudios para saber qué estrellas estas viendo en el cielo, y si eres nacido Leo del 17 de agosto, inspírate de la vida de otros nacidos Leo, y encontrarás tus raíces cósmicas.

 TU CLAVE SECRETA

Mientras más hagas, sientas y digas, mejor.

Celebridades de tu día:

Carlos Cruz Díez, Robert de Niro, George Llewellyn, Mae West, Sean Penn, Ted Hughes, V. S. Naipaul, Jim Courier, Guillermo Vilas y María Deraismes.

18 DE AGOSTO

¿Qué le pasa al hoyo cuando se acaba el queso Suizo?
—Bertolt Brecht

TU DÍA, LEO

Concéntrate. Más. Junta las dos palabras. Concéntrate más. Es todo lo que tienes que hacer para dirigir tus energías y reconocer de manera honesta quién eres y qué es lo que realmente quieres, aunque sea algo totalmente fuera de contexto de lo que los que comparten tu vida quieran. Bien entrenada o entrenado, vas a poder realizar lo que quieras, pero siempre y cuando afrontes tus realidades sin

Tu verbo motor:

Indicar

mentirte. Nada a medias. Y, una vez que hayas decidido lo que quieres, averigua el lugar de Mercurio en tu horóscopo personal (eso lo puedes hacer en www.astrotheme.com totalmente gratis). Y si tu Mercurio está en Cáncer, busca apoyo familiar; si se encuentra en tu propio signo (Leo), todo va mejor si tienes rutinas fijas y si Mercurio se encuentra en el signo de Virgo, los detalles te salen a la perfección, siempre y cuando los sepas reconocer.

⫷ AMOR, SALUD Y BIENESTAR ⫸

Si tus amores no son divertidos, no tienes la pareja adecuada. Tienes tendencia de ser un poco intolerante, por lo mismo, escucha cuando te critiquen, aunque no te agrade. Al ser un Leo del 18 de agosto, te acuerdas mucho de tu niñez y, frecuentemente, un psicoanálisis te puede ayudar mucho a acomodarte dentro de tu propia vida. Y para que esta vida, la tuya, sea una saludable, recuerda tomar algo de sol cada vez que puedas, de manera reducida y como indiquen los dermatólogos, ya que el sol sobre tu piel mejora tu vigor, algo importante para tu bienestar personal.

⫷ DESARROLLA TU RIQUEZA Y PROSPERA ⫸

Si la astrología pudiera indicarte exactamente cómo hacerte rico, yo sería millonaria así como todas las personas que quiero. Pero lo que sí puedo hacer es recomendar cómo acomodarte en la vida que te toca vivir, disfrutar, sobrellevar y siempre mejorar. Lo que sí te puedo decir es que tiendes a gastar más de lo que tienes, y espero que siempre tengas lo suficiente, pues la prosperidad verdaderamente te va bien. Sabes dónde invertir. Bien harías en estudiar las diferentes vertientes que existen para aumentar tus bienes, e invertir en asuntos y/o cosas de lujo.

⫷ PODER DAR ⫸

Excelente para ti sería tener la oportunidad de indicar a quienes consideres merecedores, dónde invertir como si fueras tu mismo.

ASTRONOMÍA, HERMANA DE LA ASTROLOGÍA MODERNA

El 18 de agosto de 1868, Pierre Jules César Janssen descubre el helio, el cual fue nombrado como el dios Sol antiguo: Helio. Qué haríamos sin él. El doctor Janssen se fijó que había una línea amarillenta mientras observaba un eclipse solar, y propuso que mostraba la existencia de un elemento desconocido hasta entonces. El helio no tiene color, no tiene olor, su número atómico es 2 y su símbolo es He. Es un átomo muy sencillo, con dos protones y dos neutrones. Si llenas globos con helio, flotan. Después del hidrógeno, es el segundo elemento en abundancia dentro del universo. Y ocupa un 24% de la masa de nuestra galaxia. Además, tiene representante astrológico: el Sol. Así tú, nacido un 18 de agosto, tienes un aguante que impresiona, lo cual explica como abarcas mucho, apretando poco. ¡Como el helio!

Angelus:

Sun —en Cabala, el Sol es un "planeta" y a la vez un ángel de luz.

 TU CLAVE SECRETA

Saberte capaz de seleccionar lo más conveniente y lo mejor.

Celebridades de tu día:

Fernando Del Rincón, Roman Polanski, Robert Redford, Patrick Swayze, Felipe Calderón, Roberto Clemente, Jamí, Antonio Salieri, Pierre Grondin y Rosalynn Carter.

TU DÍA, LEO

Sería magnífico si cada vez que celebres tu cumpleaños, hicieras una acción filantrópica, sin pensar en tamaños ni costo, festejándote, pues hoy es tu cumpleaños y a la vez es el Día Mundial Humanitario. Y de benigno, caritativo, y capacidad para aliviar los efectos que causan las calamidades, tienes bastante. Solo necesitas identificarlos y ponerlos a buen uso. Leo nace con una gran capacidad para ayudar, mejorar y proponer acciones que sostienen lo bueno del entorno en el que vive, siempre y cuando se atreva a valorarse primero, y con integridad ayudar a los demás. Si te equivocas, y no te pones de acuerdo contigo mismo, algo importante para ti. Leo es un elemento fuerte, apasionado, y tú, al nacer un 19 de agosto, estás matemáticamente puesto sobre el calendario a 25 grados de tu signo, por ende tienes en tus genes más energía del Sol que otros, aunque todos tenemos a Leo en nuestro horóscopo personal, gracias a Dios.

Tu verbo motor:

Alcanzar

ᐳᐳᐳᐳ AMOR, SALUD Y BIENESTAR ᐳᐳᐳᐳ

Leo sabe amar y al nacer un 19 de agosto, necesitas tener un amor o ser amado. Quieres que te entiendan, que tu pareja te ayude en lo que pidas, desees y busques porque cuando esto no sucede, te puedes convertir en alguien que parece ser otro u otra —difícil, enojón, cansado y depresivo. Eres bastante más indefenso cuando sientes que no eres apoyado como quisieras. Tu salud puede desvanecerse, como si tuviera avitaminosis y santo remedio. Pide más amor, exígelo, y si no lo encuentras, cuidado, otra pareja será necesaria. Leo, con las atenciones necesarias, es un Leo feliz.

ᐳᐳᐳᐳ DESARROLLA TU RIQUEZA Y PROSPERA ᐳᐳᐳᐳ

Alguien que te guíe por el camino de las finanzas, sea tu propia carrera, un familiar o la lectura, es necesario para que no te embarques en algo que crees es lo perfecto para ti, cuando no es más que un antojo. Una vez calmado, escoge con calma cómo enriquecerte y prosperar poco a poco, porque aunque sea yo astróloga, no podría decirte cuál es tu número de suerte como para que ganes los millones que crees necesitar.

ᐳᐳᐳᐳ PODER DAR ᐳᐳᐳᐳ

Da tu cuota de cariño y amistad, ya que eso siempre será lo suficiente.

19 DE AGOSTO

Mentes grandiosas discuten sobre ideas; mentes común y corrientes discuten sobre eventos; mentes pequeñas discuten sobre personas.
—Eleanor Roosevelt

ASTRONOMÍA, HERMANA DE LA ASTROLOGÍA MODERNA

Richard Dawkins es de signo Piscis, pero el azar lo puso en la página del 19 de agosto de este libro porque se casó por primera vez este mismo día, y la segunda vez lo hizo con alguien que nació un 19 de agosto. Debería él haber nacido este día. Dawkings inventó el concepto del *meme*. Meme es una idea, un estilo o un comportamiento que se esparce como el sarampión, de una persona a otra, dentro de una misma cultura. Funciona como una unidad que lleva ideas culturales, símbolos o maneras de responder transmitidos de una mente a otra por medio de cualquier forma de comunicación. Los *memes* son considerados analogías culturales, parecidos a los genes porque se multiplican solos y se transforman selectivamente. Dawkins lo presentó al mundo en su libro *El gen egoísta*, un éxito de ventas del 1976 —cabe destacar que su último libro *El espejismo de Dios* (2010) ha vendido más de dos millones de copias. Leo, del 19 de agosto, fácilmente puede popularizar la idea de que la palabra *egoísta* tiene signo astrológico: Leo, por supuesto. Pero nótese que tiene (el egoísmo) *meme* para bien.

Angelus:

Samandíriel, ángel que sabe recomendar los rezos adecuados para toda cosa.

ᐞ TU CLAVE SECRETA

Repetirte las palabras de Ayn Rand, donde explica que los tres valores —la razón, el propósito y la autoestima— tiene virtudes correspondientes: la racionalidad, la productividad y el orgullo.

Celebridades de tu día:

Marqués de Santillana, John Flamsteed, Orville Wright, Coco Chanel, Ogden Nash, William Shoemaker, José Agustín, Bill Clinton, Tipper Gore, Madame du Barry y el Día Mundial Humanitario.

20 DE AGOSTO

Gracias quiero dar al divino laberinto / De los afectos y de las causas / Por diversidad de las criaturas / Que forman este singular universo.
—Jorge Luis Borges

TU DÍA, LEO

En el año 2011, la palabra *gracias* fue designada como la segunda más bella del idioma español. Más de 30 000 internautas votaron y la escogieron entre muchas otras palabras en español, y el Instituto Cervantes —instituto cultural de signo Tauro— contó los votos.

Tu verbo motor:

Aprovechar

"Gracias", en cualquier idioma, tiene regente astrológico: el Sol. Tú, al usar la palabra, te abres puertas importante para ti, porque al acercarte a lo que menos esperabas o planeabas, formas gran parte de tu propio destino. Como bien la define la Real Academia Española, dar gracias es la "expresión o manifestación pública de agradecimiento normalmente dirigida a la divinidad". En otras palabras, tú, nacido un 20 de agosto de cualquier año, cada vez que dices gracias, invocas un espíritu compañero. Y eso te permite escoger si das una gracias buena o mala. El libre albedrío impera.

ᨏ AMOR, SALUD Y BIENESTAR ᨎ

"Gracias, amor", es algo que podrías decir diariamente si corres con suerte. Y al ser Leo del 20 de agosto, naces con un don especial que te permite repartir cierta dulzura a quien se acerque a ti, algo que puede hacerles pensar que tu interés es amoroso, cuando no lo es. Cuida esto para no herir ni herirte. Otra cosa, cuando enojado o descontento, no te desquites exagerando la comida o la bebida. Puedes ser una paradoja de ti mismo, algo que a veces te desconcierta, pero siempre recuerda que una buena pareja te aporta bienestar, siempre.

ᨏ DESARROLLA TU RIQUEZA Y PROSPERA ᨎ

Curiosamente, no necesitas acomodarte perfectamente en tu trabajo para sacarle provecho. Más te conviene sacar provecho en tu área de labores para que vayas aprendiendo mientras aprendes a controlar tus emociones cuando te encuentres en situaciones donde NO mandas. Después, se te abre todo camino, porque tu determinación impera.

ᨏ PODER DAR ᨎ

Mejorando circunstancias de quienes reciben lo que das, estarás recompensándote.

ASTRONOMÍA, HERMANA DE LA ASTROLOGÍA MODERNA

Sigue, y le damos las gracias al Voyager 2, una sonda espacial de 722 kilos, lanzada por la NASA el 20 de agosto de 1977, para estudiar el sistema solar hasta sus confines y el espacio interestelar. Y ahora sigue viajando. Su salida tenía que coincidir con un alineamiento de los planetas de nuestro sistema solar (astronómicamente, no astrológicamente). En ella lleva sus discos audiovisuales grabado sobre oro con fotografías de nuestro planeta y sus formas de vida tan variadas, información científica, saludos de algunas personas, el sonido del llorar de un bebé, las canciones de la ballenas, las olas rompiéndose sobre alguna costa y música variada. Puede aun comunicarse con la Tierra y tiene capacidad de grabar hasta 62 500 kilobytes de información. Esperan que continúe su viaje hasta el año 2020. El 20 de agosto de 2007 festejó sus treinta años en el espacio. Como regalo de cumpleaños, les doy el dato para que averigüen por dónde andan los Voyagers aquí http://voyager.jpl.nasa.gov. Después de leer y aprender todo lo que nos vienen brindando estas naves espaciales, lo único que les queda a ustedes es decir: ¡Gracias!

Angelus:

Messiach, ángel que invoca operaciones mágicas.

 TU CLAVE SECRETA

Comprender que tienes el don de dar las gracias de manera mágica, siempre y cuando la des de todo corazón.

Celebridades de tu día:

Isaac Hayes, Robert Plant, Ben Barnes, Amy Adams, Bernardo O'Higgins, Don King, Jo Ramírez, Connie Chung, Eero Saarinen, Al López, Alejandro Chabán y Demi Lovato.

TU DÍA, LEO

Siendo Leo, nacido un 21 de agosto, debes sentirte justamente parado en el centro del firmamento, y quizá tengas razón. La constelación tuya tiene que ver, desde hace miles de años, con la victoria suprema de la luz sobre las fuerzas de la oscuridad —algo reflejado en tu persona, si así quieres. Hay quienes dicen que la Esfinge egipcia es representación de Leo. Al principio del cuarto milenio a. de C. ocurrió algo muy especial: los solsticios y los equinoccios se marcaban por cuatro estrellas de primera magnitud, y así pasaron dos mil años. Leo aparece en todas las culturas y dentro de todos los calendarios. Y tu día con tu signo están íntimamente relacionados con la luminosidad de lo que le puedes aportar a la humanidad, toda proporción guardada.

Tu verbo motor:

Agraciar

⚜ AMOR, SALUD Y BIENESTAR ⚜

El reto de nuevas oportunidades puede desquiciarte, y necesitas más calma para quedarte en donde estás cuando amas, salvo que realmente sea un cambio de vida. Las cosas nuevas te fascinan, y allí también tienes que cuidar tu salud, porque podrías ir hacia novedades desconocidas (comida, ejercicios, bebidas) y caer enfermo. Necesitas aprender la importancia que tiene el cuidado corporal, y una vez conquistado esto, la conquista de la felicidad viene sola.

⚜ DESARROLLA TU RIQUEZA Y PROSPERA ⚜

Mientras más trabajes, más ganarás. Mientras más ganas, más te diviertes y mientras más te puedes divertir (producto de tu trabajo), más encontrarás nuevos modos de prosperar. Para ti, trabajar dentro de una corporación llena de gente es cosa buena.

Comenzar tu propio negocio puede aportarte prosperidad. ¡Suerte!

⚜ PODER DAR ⚜

Tú puedes y debes dar, sobre todo, sin presumir —algo que podría romper tu encanto. Da como si el que recibe fuera parte de tu familia.

ASTRONOMÍA, HERMANA DE LA ASTROLOGÍA MODERNA

Giacomo Filippo Maraldi nació el 21 de agosto de 1665. Matemático y astrónomo franco-italiano, durante muchos años elaboró un

21 DE AGOSTO

Tú mismo, al igual que cualquier otro ser del universo entero, mereces tu amor y cariño.
—Buda

catálogo de estrellas desde el Observatorio de París, lugar donde trabajó casi toda su vida. A la vez, ayudó a encontrar la clave del meridiano parisino. Hoy día, nosotros vemos eso como algo tan fácil, pero antes de que existiera el conteo de la circunferencia de nuestro planeta, las distancias nos sobrepasaban, y así y todo, Maraldi logró calcular la duración de un día en Marte: veinticuatro horas y treinta y nueve minutos.

Las estrellas fijas son objetos celestes que aparentan no moverse en relación a las otras estrellas de nuestro cielo nocturno, lo que significa que podrían ser cualquier estrella menos el Sol. Una nébula también puede ser llamada una estrella fija, y los griegos antiguos suponían que las estrellas estaban plasmadas sobre una esfera gigante, celestial, que diariamente rodeaba la Tierra. En aquel entonces aun no sabían que las estrellas que parpadean, son simplemente eso: estrellas. Y las que no parpadean son planetas. Ptolomeo, en el siglo II compiló una lista de 1022 estrellas fijas, visibles desde Alejandría. Pero el número de estrellas que podemos ver a ojo pelón es alrededor de 6000. La constelación de Leo es una de las más visibles del cielo, pero no dejes que esto se te suba a la cabeza.

Angelus:

Deliel, ángel que otorga rezos mágicos.

 TU CLAVE SECRETA

No dejar ningún día pasar sin decir perdón, aunque sea por una mirruña o por algo imperdonable.

Celebridades de tu día:

Andújar Cedeno, Giacomo Filippo Maraldi, Emilio Salgari, Usaín St. Leo Bolt, Gilberto Santa Rosa, Kim Cattrall, Count Basie y Hawai es proclamado el estado número cincuenta de Estados Unidos en 1959.

Somos como mariposas, revoloteamos por un rato y pensamos
que es para siempre.
—Carl Sagan

TU DÍA, LEO

Tú eres un Leo prototipo, con ciertas singularidades como la de tener el poder de manipular la simpatía hacia ti y convencer a quienes quiera (casi a todos) de favorecer tus intereses. Ten en cuenta que la gran multiplicidad de tus potenciales y tus inspiraciones puede confundirte o confundir a quien quiera respaldarte. Necesitas primero resguardar tu vida espiritual, la que sea, o la que no esté, pero ponerte de acuerdo contigo y con tu persona para poder limitarte un poco y enfocar tus actividades a una, dos o tres cosas —o quizá veintidós, pero no más. Podrías inspirarte investigando los arquetipos mitológicos del pasado, como por ejemplo Sekhmet (egipcio), Hércules (griego), Lugo, (celta) o Ishtar (babilónico).

Tu verbo motor:

Incluir

◀ AMOR, SALUD Y BIENESTAR ▶

Baja la luz y dile a tu ser amado que te bese mucho, cantado, hablado, pero como ruego. Con eso se te bajan los humos un poco. Si te dicen que sí, vas por buen camino. Si rehúsan, busca quien te entienda, una de las cosas más importante para los nacidos este día, con un dos doblado que significa misterios y magia presente en el amor. Mantén tu energía medida, porque de lo contrario, das demasiado y no cuidas suficiente tu cuerpo. Tu bienestar te llega dependiendo de la fuerza que te queda para gozarlo.

◀ DESARROLLA TU RIQUEZA Y PROSPERA ▶

Tener es importante, pero para ti mantener es aun más importante. Afronta tus ideales para conseguir lo que quieres como si fueran las doce pruebas de Hércules. Y decídete a ganar cada vez que puedas. De ti depende, siempre y cuando tengas un buen plan para aumentar lo que sea que tengas ganas de contener para aumentar.

◀ PODER DAR ▶

Da específicamente lo que ya has probada y sabes que hace bien.

ASTRONOMÍA, HERMANA DE LA ASTROLOGÍA MODERNA

Ray Bradbury nació el mismo día que tú, si naciste un 22 de agosto. Escribe ciencia ficción, fantasía. Su novela *Fahrenheit 451* además de sus *Crónicas marcianas* lo hacen uno de los escritores más conocidos, mundialmente, de la llamada ficción superlativa por unos y por otros, lo que conoce como ciencia ficción. Bradbury es descendiente directo de Mary Bradbury quien fue en 1622 enjuiciada y colgada por bruja en Salem, Massachussets. A los doce años, un cirquero le gritó, "¡vive para siempre!", y Bradbury a esa edad decidió que esa era su meta. Justa meta para un Leo, nacido un 22 de agosto. La ficción superlativa en realidad ha existido hace miles de años, desde la historia sumeria *Gilgamesh*, pasando por los dramaturgos griegos cuya obra, *Medea*, molestó a sus conciudadanos. Bradbury nos muestra o nos hace pensar que lo que antes era quizá mitológico ahora da el brinco a Superman, y a la película *2001*, balanceado todo esto con la misma ciencia ficción que igual escribe la hija de don Diego Rivera, Guadalupe Rivera, a sus ochenta y seis años en *Los círculos de los dioses*. En todos los libros aquí mencionados encontramos escenas apocalípticas y seres desconocidos que aparecen desde el cielo. Inclusive en la maravillosa epopeya hindú, "Mahabharatha", el Rey Rebatía viaja a conocer al creador Brama y en su encuentro anticipan el concepto de viajar en el tiempo. Y todo esto, quizá está plasmado desde hace iones, inspirados en la constelación Leo.

Angelus:
Rectacon, ángel posibilitado para resolver problemas con magia salomónica.

 TU CLAVE SECRETA

Saber que todo cambia, para que todo quede igual y que cualquier cosa sea posible.

Celebridades de tu día:
Ray Bradbury, John Lee Hooker, Claude Debussy, Henri Cartier-Bresson, Tori Amos, Andrés Calamaro y el día en 2006 que dijeron que Plutón no era más un planeta, aunque nosotros sabemos que se equivocaron.

TU DÍA, LEO

Repartir. Repartir tu sapiencia, tus bienes, las historias de tu vida y lo que puedas. Repartir tus ideas, tus pensamientos, tu soledad y lo bendito de la luz que cargas. Eres como un nombre en Facebook,

que quien necesite o se interese en ti puede pedir consejo o acercarse porque sabe que tú sabes algo que los demás no saben. Todo esto porque naciste en el último grado de Leo, el número 30, aunque tu fecha sea la del 23 de agosto. La superficialidad no te va, aunque a menudo parece tu amiga. La acupuntura, la aromaterapia, el bienestar simple y las medicinas alternativas son tus almas gemelas. Prueba y verás. Y tus nervios, aunque parezcan de hierro, no lo son. Nunca aparezcas ante algo importante cuando sientes preocupación mental. La inteligencia emotiva siempre te salvará de todo problema.

⚜ AMOR, SALUD Y BIENESTAR ⚜

Cuidado, te hieren fácilmente. Pero tú eres quien mejor consuela a los heridos, y por lo mismo, expresa tu generosidad amorosa como mejor puedas, y cuando sepas que quieres algo serio con alguien, explícale que eres sensible, aunque no lo parezca. Un poquito de conocimiento es algo peligroso, dicen. Y por eso, no juegues a la casita hasta

que sepas que tus relaciones son muy importantes hasta para tu salud mental. Tu bienestar es encontrar compatibilidad con amigos, novias y amantes.

⚜ DESARROLLA TU RIQUEZA Y PROSPERA ⚜

Todo cuesta, y ahora más. Siendo Leo, frecuentemente gustas de escoger lo más caro, porque el oro es tu metal, y no lo puedes evitar. Una de tus frases preferidas debería ser: "Me gusta hacer las cosas bien, no a medias", y eso vale para tu cuenta de banco, tu trabajo, tus planes y hasta para tus vacaciones. En tu trabajo, y al hablar de finanzas, debes brillar. Está en tu cielo cósmico. Eso no lo olvides, más bien, trabájalo.

⚜ PODER DAR ⚜

Básicamente da algo que extiende tu propia expresión y tus ganas de mostrar que sí eres optimista.

23 DE AGOSTO

La astrología es la ciencia de las correspondencias analógicas entre el cosmos y el hombre. Es una ilustración del principio fundamental de Hernies: "Lo que está arriba es como lo que está abajo".
—Robert Amadou

ASTRONOMÍA, HERMANA DE LA ASTROLOGÍA MODERNA

Los yana, habitaban el estado de California en Estados Unidos. Ishi fue el último nativo americano que vivió hasta la edad aproximada de cuarenta y nueve años primordialmente fuera de la cultura americana y europea. Ishi significa en su idioma *hombre*, nombre dado por el antropólogo Alfred Kroeber al descubrir que nunca le habían puesto nombre. Los últimos cinco años de su vida las pasó en la Universidad de San Francisco (Berkeley). A mitades de los 1800 (1845–1855) la populación de los yana era solamente de alrededor de 400 personas; la gran mayoría había sido masacrada por los buscadores de oro. El "hombre salvaje" tiene una terrible historia y pudo darles a quienes lo recogieron y llevaron a vivir con ellos, historias e información sobre su manera de vivir. El libro con el título *Ishi's Brain* (El cerebro de Ishi) fue escogido como el mejor libro de 2004, aunque el autor tuvo que publicarlo él mismo. El hecho que Ishi fue encontrado un 23 de agosto, el último día de Leo, debe significar algo para lo que viene, no solo para Leo, sino para todos los que tenemos algo de Leo en nuestro horóscopo personal —lo cual significa que es para todos. El Sol, regente de Leo, representa aquel que construye, la conciencia universal, la energía dinámica del universo y quien inflama. ¿Qué más quieren? Pues Leo, siempre quiere más.

 TU CLAVE SECRETA

Entender que tu fuerza está conjugada con la confianza que tengas en ti misma.

24 DE AGOSTO

Existen dos maneras de repartir la luz: ser la vela o el espejo que la refleja.
—Edith Wharton

TU DÍA, VIRGO

Virgo entra con fuerza y debe repartir la luz. Aunque a menudo crees que no puedes, si te atreves o te decides a hacer, decir o exigir, logras inflamar lo que quieres. Por eso, si hoy es tu cumpleaños, tus sentido juicioso y tu poder de razonar están afinados para que cuando así lo desees, puedas tomar el toro por los cuernos y las decisiones precisas para resolver lo tuyo —porque Virgo siempre tiene algo que resolver. Y haciendo alarde con la energía de los seis poderes primales de la naturaleza, descritas en la introducción de Virgo, no tienes pierde. Parece que los nacidos este día se hacen menos preguntas que todos los demás nacidos Virgo, y esto les aligera un poco la vida. Alguna vez se dijo que un día es un minúsculo de la eternidad; ahora tú, al nacer un 24 de agosto, te tocará responder si estás de acuerdo o no con esta frase.

> **Tu verbo motor:**
>
> *Evaluar*

⚜ AMOR, SALUD Y BIENESTAR ⚜

Repentinamente puedes desazonar tus amores por decir pequeñas cosas que tú crees prudentes, mientras que quien las escucha piensa todo lo contrario. Cuidado, porque tu amor es puro y total y así, no se notará. Piensa en tu ser amado y en como hacerlo feliz, tenerla contenta, y haz lo mismo con tu salud porque tu signo no es de los más resistentes. El bienestar es tuyo cuando tienes la seguridad de estar aumentando tus cuentas, y para eso, estudia un poco de historia.

> **Angelus:**
>
> *Samas, ángel y además maestro espiritual.*

⚜ DESARROLLA TU RIQUEZA Y PROSPERA ⚜

Confucio (hace unos 1500 años) decía que cuando llega la prosperidad, no hay que usarla toda —muy buena frase para ti que en realidad debes tener talento excepcional para aumentar todo lo que tenga número. Sin embargo, para realmente gozar con lo que quieres, ten en cuenta que demostrando que puedes mejorar debería ser presea fácil para ti. Pregúntate, pues, si es cierto.

⚜ PODER DAR ⚜

Da, presentándote como alguien que tiene ideas como las de la Madre Teresa (Virgo), quien decía, "Si no puedes alimentar a cien, alimenta a uno".

ASTRONOMÍA, HERMANA DE LA ASTROLOGÍA MODERNA

Decía el abuelo que todos los días debemos aprender algo nuevo; algo que hoy día es bastante fácil con el gran acervo de información que tenemos. Hoy, 24 de agosto, aparece la posibilidad de que nuestro sistema solar no se haya formado como aprendimos de niños, porque han descubierto variaciones en las cantidades de oxígeno y nitrógeno entre el Sol y algunos planetas. Esto podría ser causado si el Sol se formó en una nebulosa distante y distinta que todo lo demás de nuestro sistema solar. La evidencia de que esto sucediera, existe. ¡Vaya si no es increíblemente complejo, la formación de todo, desde nuestra conciencia hasta una estrella!

También hoy, en 2006, apareció la redefinición de la palabra *planeta* de la Unión Astronómica Internacional. Plutón juró venganza porque desde aquel día está considerado planeta enano en lugar de simplemente planeta. El espacio profundo es algo maravillosamente interesante, tan interesante como esto que llamamos el humano. Y tú, nacido un 24 de agosto, tienes la capacidad de comprender el sentido de toda situación, humana o cósmica.

 TU CLAVE SECRETA

Saber, entender y acumular el significado de cosechar, para poder disfrutar con lo aprendido.

> **Celebridades de tu día:**
>
> *Jorge Luis Borges, Leo Ferré, Fernand Braudel, Marlee Matlin, Oscar Hijuelos, Benny Moré, Rupert Grint, Alessandro Marcello, Yasser Arafat, Paulo Coelho y Fray Bartolomé de las Casas.*

TU DÍA, VIRGO

La precisión es lo tuyo, para todo, hasta para mirarte en el espejo. Y si te sabes criticar tan bien como criticas a otros, vas por muy buen camino. Procura (si quieres, porque pocos pueden convencerte de lo que NO deseas hacer) adaptarte a las situaciones variables de tu vida, a no rechazarlas, pues para ti, al nacer un 25 de agosto, cada dificultad es una hazaña de aprendizaje. La soledad es algo que logras con demasiada facilidad, pero no es lo más indicado. Tu nerviosismo, irritabilidad y llamado a cuentas hacia quienes te ofenden es a menudo un simple recordatorio de que no estás viviendo como quisieras, y nadie como tú para mejorarte personalmente. Los pequeños detalles que tanto te molestan deberían ser suplantados por pequeños gustos que te des. Tú eres quien mejor adquiere poder real sobre tu propia persona, pero para lograrlo necesitarás amar cada día un poco más, algo o alguien.

Tu verbo motor:

Propagar

⊰ AMOR, SALUD Y BIENESTAR ⊱

De buenas, eres creador y generador. De malas, todo lo contrario. Así, cuando amas, das el todo, a veces demasiado. Pero cuando dejas de amar, puedes ser cruel y de una frialdad impresionante. Cuidado, porque esas virtudes negativas rebotan y caes (si no te cuidas) en un círculo vicioso que no le conviene a nadie. Tu salud está ligadísima a tu estado de ánimo, especialmente cuando apareces preocupado, y lo mejor que puede sucederte es tener quién te cuide y te mime, aunque no lo creas.

⊰ DESARROLLA TU RIQUEZA Y PROSPERA ⊱

Como bien dijo Protágoras: "El hombre es la medida de todas las cosas". Ve al 27 de agosto de este capítulo para leer la frase completa ya que a ti, nacido un 25 de agosto, te puede hacer ver el cómo cuándo y dónde de aumentar el desarrollo para lograr aumentar lo que quieras. Tú prosperas cuando desarrollas tu propia manera de ser hacia algo personalmente productivo. Tu riqueza está formada con eso, con enriquecer tu entorno. La materia viene después. Y más tarde te darás cuenta que te sirves mejor a ti mismo que a cualquier otro.

⊰ PODER DAR ⊱

Tú puedes y debes dar pensando en lo el recibidor quiere llevar a cabo, no en lo que tú quieres mostrar.

25 DE AGOSTO

"¿De qué trata su novela?", preguntó el periodista.
"De todo lo que va escrito en ella", contestó el autor.
—Enrique Vila-Matas

ASTRONOMÍA, HERMANA DE LA ASTROLOGÍA MODERNA

Era en el año 1609, precisamente un 25 de agosto, cuando Galileo Galilei mostró un telescopio mejorado y les mostró las lunas de Júpiter a juristas venecianos. Galileo es considerado no solamente astrónomo excelso, sino uno de los padres de la ciencia, y gran astrólogo. Usando su telescopio construido por él mismo, con aumento de 3X, Galileo se dio cuenta que los astros no giraban alrededor de la Tierra, sino que nosotros y los planetas girábamos alrededor del Sol, algo que hizo que la Iglesia Católica no lo perdonara hasta el año 1998, gracias al Papa Juan Pablo II. Ahora es considerado el padre de la astronomía de observación; Einstein lo llamó el padre de la ciencia moderna. La historia del telescopio es interesante: los juristas y senadores quienes fueron invitados a mirar a través del "increíble aparato" trataron de ver el cielo, viendo por el visor equivocado (al revés) con momentos de confusión total como resultado. Pero al final, después de haber sido corregidos, aumentaron su salario y le dieron cargo por vida como maestro en la Universidad de Padua. Yo siempre le decía a mis hijos cuando me equivocaba (en especial al Virgo), "Hasta las madres se equivocan" —buen momento para recordarlo. Y para que quienes hayan nacido un 25 de agosto, tengan en cuenta que sus equivocaciones así como las de quienes tienen cerca, siempre serán un escalón hacia un logro.

Angelus:

Taftían, ángel que elabora y se afana para hacer milagros.

 TU CLAVE SECRETA

Entender lo que significa que 2 + 2 no siempre es 4. Puede ser 22, o un símbolo cuántico, entre muchas otras cosas.

Celebridades de tu día:

Rey Ludwig de Baviera, Rachael Ray, Everardo Valerio Gout, Leonard Bernstein, Sean Connery, Iván el Terrible, Claudia Schiffer, Luis López Loza, Tim Burton, Álvaro Mutis, Blake Lively y Elvis Costello.

26 DE AGOSTO

¡Cuanto se pierde por medio de la incredulidad!
—Heraclitus

TU DÍA, VIRGO

Mucho de poco, pero hazlo. Ese es el meollo de las personas nacidas este día: salirse con lo suyo, porque quieren y pueden. Así de fácil, así de difícil o así de *difaácil*, nueva palabra incluida en la lexicología de los nacidos precisamente hoy, un 26 de agosto. Virgo es uno de los signos más definidos, y aunque todos ustedes tienen algo en común, el modo de lograr a sus anchas sus sueños es lo que diferencia el uno del otro. Este Virgo gusta de tener la razón, sus contestaciones a veces animan y a veces intimidan. Que no te limiten, porque eso no lo perdonas, ni lo debes perdonar, aunque tu perdón es a veces gran consuelo.

Tu verbo motor:
Respetar

❧ AMOR, SALUD Y BIENESTAR ☙

Quien te ame, tiene que aprender a aguantarte, y tú a la vez necesitas entender que quien te ame está haciendo un esfuerzo de amor. Comprender esto es manifestar, aclarar, concebir y encontrar tu propio lenguaje de acuerdo al amor que tengas. Cuidado, porque a menudo Virgo escoge a quien ama creyendo que puede cambiarlo. Tu dieta es de suma importancia para el resto de tu vida, encontrar lo positivo de la vida o de tu vida es lo que te lleva a llenarte de bienestar.

❧ DESARROLLA TU RIQUEZA Y PROSPERA ☙

Analizar con profundidad lo que puedes y no puedes ganar, tener, hacer o crear es el primer paso importante para ti, nacido un 26 de agosto. Una vez que realmente sepas lo que eres capaz de aguantar, encontrarás ese primer paso que te ayudará a realizar los sueños materiales que debes poder lograr. Depende de que comprendas a fondo lo que significa: "el agua toma su nivel".

❧ PODER DAR ☙

Dar con determinación enseñando y a la vez amando dar.

ASTRONOMÍA, HERMANA DE LA ASTROLOGÍA MODERNA

Siempre he considerado la astrología como un arte. Y siempre he considerado que una de los máximos exponentes del arte es la Pietá, esculpido por Miguel Ángel, y comisionado un 26 de agosto de 1498, por el cardenal francés Jean de Billeres.

La piedra le rindió a Miguel Ángel su máxima expresión y me hace pensar en el filósofo y profesor de leyes y estudioso de la mente Thomas Nagel, quien aunque tenga más de setenta lustros es respetadísimo por la juventud estudiosa de la filosofía, artes y ciencias, además de haber recibido el premio de Doctor de Letras de la Universidad de Oxford (todo esto para que no crean que su posición es de un loco, porque es en realidad algo en pos de comprender el mundo nuestro y del Cosmos). Como bien dijo William James: "Si la evolución realmente funciona desde siempre, lo que llamamos conciencia tendría que haber estado presente al origen de todas las cosas. Cada átomo de la nebulosa planetaria tiene que haber tenido un algo, un átomo de conciencia". Así es que una piedra podría tener un pizquito de conciencia, suficiente para haber ayudado a convertirse (gracias al artista) en una escultura perfecta. Yo te propongo, Virgo nacido un 26 de agosto, que hoy, al leer esto, comiences algo.

Angelus:
Samlo, ángel de gran luminosidad que sabe elegir.

 TU CLAVE SECRETA

Saberte capaz de escuchar ideas contrarias a las tuyas, y tenerlas en cuenta.

Celebridades de tu día:
Rufino Tamayo, Madre Teresa, Geraldine Ferraro, Emiliano Díez, Thalía, Branford Marsalis, Julio Cortázar, Guillaume Apollinaire y Macaulay Culkin.

TU DÍA, VIRGO

Nada de prejuicios, debe ser tu lema. Ser un Virgo totalmente dispuesto a escuchar, reconocer y estar de acuerdo que cada quien tiene su propia idea sobre sus propias cosas es algo que debes procurar y debes poder lograr al tener como grado de Virgo, el número 4, número venerado desde la época de Pitágoras. El número 4 se liga en anales antiguos con la palabra "creación" y, entre otras cosas, con los cuatro elementos: tierra, agua, fuego y aire. Por lo mismo, de manera algo controvertida, los proyectos que tengan que ver con mejorar la vida o condición de otros van contigo y con tu vida, en cualquier medida. Una buena educación es imperante con que salgas adelante siempre, y a cualquier edad debes estar dispuesto a educarte en algo que te parezca lo suficientemente interesante como para renovarte —esto incluye estudios universitarios, espirituales o algo artístico.

Tu verbo motor:

Interpretar

❦ AMOR, SALUD Y BIENESTAR ❦

Al amar, si tu pareja dice lo que justamente no quieres escuchar, no te enconches. Eres una de las personas que podrían sacar mucho provecho de una terapia de pareja para que comprendas que quien te ama puede criticarte, algo que tú haces con demasiada frecuencia. Eres bastante perfeccionista, lo suficiente como para que hasta a tus amistades critiques sin piedad. Nunca tengas miedo de amar. Para tu salud, es de suma importancia que duermas lo suficiente, algo que disipa todo malestar. Gran favor te harías si tienes una lista de lo que te hace feliz, y la ponderes al despertar.

Angelus:

Dina, ángel de la guarda de la ley y de setenta idiomas.

❦ DESARROLLA TU RIQUEZA Y PROSPERA ❦

Las palabras son tu fuerza. Tanto lo que digas como lo que calles, y esto está muy involucrado con tu prosperidad. Tu posición como abogado, administrador de fondos y enseñar a quien puedas la importancia de saber cómo cuándo y dónde tomar riesgos puede aportarte los beneficios materiales que seguramente buscas. ¡Enhorabuena!

❦ PODER DAR ❦

Dar con un buen sentido de humor, sin herir ni herirte.

27 DE AGOSTO

El hombre es la medida de todas las cosas, de las cosas que son, por lo que son, y de las cosas que no son, porque no lo son.
—Protágoras

ASTRONOMÍA, HERMANA DE LA ASTROLOGÍA MODERNA

Virgo es regido por el planeta Mercurio, como Géminis. Comparten su maestría, cada uno a su manera, ustedes con más énfasis en el sentido mental práctico y preciso. Importante siempre es para ustedes saber lo que quieren a profundidad. Mercurio es el planeta más cercano al Sol, tiene un campo magnético parecido al de la Tierra, el cual lo protege del viento solar. Se ve en cielo cerca del horizonte este de mañana u oeste al anochecer. El planeta ha sido nombrado desde antes de la aparición de los griegos antiguos; Gud era su nombre sumerio y en la Babilonia antigua. De Timocharis tenemos la primera nota escrita sobre su existencia en el año 265 a. de C. Sus anotaciones son de las más antiguas de la historia, elaboradas en un observatorio que formaba parte de la Biblioteca de Alejandría. La órbita de Mercurio alrededor del Sol es la más extraña de todos los planetas del sistema solar; es un elipse que varía entre 46 millones a 70 millones de kilómetros del Sol. Un día en Mercurio equivale a cincuenta y nueve días nuestros, y su año dura ochenta y ocho días terráqueos. Dicen los astrólogos de antaño que la rapidez de la mente la heredamos de Mercurio cuando el universo era un ser unido.

 TU CLAVE SECRETA

Saberte capaz de llevar el orden necesario para toda ocasión.

Celebridades de tu día:

César Millán, Amado Nervo, G. W. F. Hegel, Daniela Romo, Manuel Acuña, Alexa Vega, Man Ray y la fiesta de Simplicius, Constantius y Victorinus.

28 DE AGOSTO

La tecnología es una manera de organizar el universo para que el hombre no lo tenga que experimentar.
—Max Frisch

TU DÍA, VIRGO

Experimentar, organizar y reconocer son fases que fácilmente puedes entender y poner a buen uso para todo lo que tengas ganas de hacer durante toda tu vida. Lo importante para que salgas ganando en la gran mayoría de ocasiones es que no dejes de sentir el significado verdadero de las cosas, los hechos y las palabras. Eres de los nacidos bajo el signo de Virgo que tiene mucha energía y si no te has dado cuenta de esto, no has comprendido el proceso que necesitas usar para aprovecharla. Deja ir tu imaginación cada vez que puedas, no la apagues ni la ignores. Y si no la sientes, toma tiempo para *ponderar*. Siéntate en un lugar donde te sientas un poco embriagado por la calma, y si es merecer, toma una copa de algo ligeramente alcohólico para aflojar los músculos, lee o haz un Sudoku, un crucigrama, algo placentero, y verás que bien te va.

> **Tu verbo motor:**
>
> *Avanzar*

✠ AMOR, SALUD Y BIENESTAR ✠

Dicen que un carácter tan analítico como el tuyo necesita ponerse de acuerdo tanto con el nombre como con la forma del ser amado para querer con la profundidad que tienes para amar. Eso significa que necesitas usar un proceso energético para encontrarla o encontrarlo. Lo que imaginas, debe aparecerte, casi como por arte de magia. Come con cuidado para que tu salud te cuide, así como lo oyes. Si logras escuchar tu propio cuerpo y mantener los ritmos necesarios para tu bienestar, no te faltará tiempo para gozar todo lo que mereces.

✠ DESARROLLA TU RIQUEZA Y PROSPERA ✠

Tu identidad y tu individualidad curiosamente están ligadas con tus alcances y prosperidad. Esto significa que quizá desde temprana edad tengas que tomar las decisiones que te proyectarán hacia el futuro que mereces. Y así, paso a paso, con el cuidado que tu signo del zodiaco te tiene, anudado con el día de tu nacimiento, la posición de Mercurio en tu horóscopo personal podrá indicarte un camino facilitado. Mercurio no puede estar más que en Leo, Virgo o Libra. Tu propia presencia te condiciona a prosperar.

✠ PODER DAR ✠

Lo tuyo es dar siempre a quien trabaja a tu lado.

ASTRONOMÍA, HERMANA DE LA ASTROLOGÍA MODERNA

El máximo exponente de la literatura alemana, Johann Wolfgang von Goethe, nació, según dice en la primera página de su autobiografía *Poesía y Verdad*, al mediodía del 28 de agosto de 1749, con el Sol en Virgo, Júpiter y Venus mirando amistosamente y Mercurio sin aversión, por lo que dice: "Es posible que por estos aspectos favorables, en el futuro los astrólogos iban a valorarme en muy alto grado". Sigue contando como casi nace muerto pues en esa época solo habían nueve comadronas para atender a 25 000 ciudadanos con que contaba su ciudad natal, Frankfurt. Y sí, muchos escritores se han interesado y han escrito sobre la astrología, y sí, el signo de Virgo tiene en sus entrañas a más escritores que la gran mayoría de los signos del zodiaco. Posiblemente es porque Mercurio, el regidor de Virgo, tiene que ver con la comunicación, la palabra y las letras. Pero eso está a discusión. Lo que no está a discusión es que quien haya nacido un 28 de agosto, haría bien en llevar un diario personal para entrenar su mente y recordar sus pasos.

> **Angelus:**
> *Nogah, ángel que amaga y amansa las cosas.*

 TU CLAVE SECRETA

Tener en casa una buena enciclopedia y un diccionario para ponerte de acuerdo con tus propias palabras.

Celebridades de tu día:

J. W. Goethe, Luis Guzmán, Secondo Campini, Jack Black, Elizabeth Ann Seton, José Agustín Caballero, Roger Tory Peterson, LeAnn Rimes y Alfonso Herrera.

TU DÍA, VIRGO

Un buen porcentaje de las personas que nacieron un 29 de agosto tiene un don musical, y aunque no sea esta tu profesión, debes tener tu propia colección de música, cantar aunque sea en la regadera y saber leer notas musicales. A la par, debes tener algún interés en la vida espiritual, de cualquier tipo, país o creencia. Y algo clave para ti es aprender a pedir ayuda cuando la necesites. Intelectualmente eres bastante creativo. No lo olvides ni lo dejes, porque eso puede aliviar momentos difíciles.

Tu verbo motor:

Preparar

❧ AMOR, SALUD Y BIENESTAR ❧

Si te cuesta trabajo encontrar quien creas que realmente te comprende, haz más esfuerzo. Frecuentemente buscas un amor imposible como protección o por miedo a ser herido, cuando en realidad, quien nace un 29 de agosto, tiene la capacidad de lastimar a sus seres queridos, a veces sin darse cuenta. Platicar largo y tendido con tu pareja es importante para que esto no suceda. Posiblemente te sientas más cómodo con quien tenga los mismos ideales y pensamientos que tú, pero eso en realidad te coarta. Alguien de otro país, creencia o manera de ser es quien te conviene. Inclusive los cuidados que debes tener relacionados con tu salud pueden ser más eficaces siendo de un tipo de cuidado menos ortodoxo. El balance emocional es importante para tu bienestar.

Angelus:

Thamy, ángel con poderes de conjuración.

❧ DESARROLLA TU RIQUEZA Y PROSPERA ❧

Comienza una colección de algo, algo que pudiera por un lado acercarte, sin que sepas cómo ni por qué, a encuentros fortuitos que aumentan tu capital o por lo menos te interese tanto que se pueda convertir en algo importante para tu vida. La academia te hace mucho bien, clases de cualquier cosa que pudieras dar siempre te dejará sintiendo que prosperas, porque ayudas o mejoras algo.

❧ PODER DAR ❧

Definitivamente dar alguna enseñanza que te quede cómoda.

29 DE AGOSTO

Nada nace ni nada perece. La vida es una agregación; la muerte, una separación.
—Anaxágoras

ASTRONOMÍA, HERMANA DE LA ASTROLOGÍA MODERNA

A mí me gustaría haber nacido el día que nació Anaxágoras, allá en el año 500 a. de C. Anaxágoras fue quizá el primer filósofo que trajo justamente lo suyo, la filosofía, a Atenas. Al mismo tiempo, dio explicaciones científicas a los eclipses, meteoros, arcoíris y al Sol, que describió como una masa de fuego más grande que el Peloponesio. Sus dos teorías básicas hoy día aun nos asombran; en la primera especuló que dentro del mundo físico, todo contiene una parte de todo lo demás. La segunda teoría es su punto de vista sobre la mente, *nous*, como el principio gobernante del cosmos. La *nous*, explica Anaxágoras, es el intelecto o la inteligencia que a la vez es un término filosófico que faculta la mente humana para comprender lo que es real o verdadero, parecido a la vez a la intuición. Como tú estás muy conectado al aspecto intelectual de tu ser, bien te hará conocer más acerca de este personaje histórico y su trabajo.

 TU CLAVE SECRETA

Comprender la percepción del sentido y el razonamiento para abrirse paso en el mundo.

Celebridades de tu día:

Consuelo Velázquez, Michael Jackson, Lucero, Jean Ingres, Charlie Parker, María Dolores Pradera, Lea Michele, Temple Grandin, James Quesada, Mark Morris, William Levy, Juan Diego Botto, Ingrid Bergman y Carla Gugino.

30 DE AGOSTO

Haz las cosas cuando te llegan las oportunidades. Si tengo una idea la semana entrante, haré algo. Si no, no haré absolutamente nada.
—Warren Buffett

TU DÍA, VIRGO

Al nacer el mismo día que Warren Buffet, dan ganas por un momento de hacer mucho, pero mucho dinero. Pero no olvides que Buffet, dentro de todas sus frases monetarias, también dijo: "Wall Street es el único lugar en donde llegan personas en un Rolls Royce para tomar consejos de aquellos que viajan en el metro." Es decir,

Tu verbo motor:

Descollar

tiene él y tienes tú la gran sabiduría de Virgo, que si encuentras un patrón cíclico y bien motivado, tu viaje en esta vida será confianzudamente como mínimo tranquilo y como máximo excelso. Necesitas encontrar como prender tu dinamismo para enfocar tus metas, y una vez hecho esto, solo puedo felicitarte. No siempre la fama es lo que hace feliz a quien sea, pero tú sabrás encontrar tu jardín de delicias personales y vivir a sabiendas de poner a buen uso hasta tus tiempos libres.

⚜ AMOR, SALUD Y BIENESTAR ⚜

Si me dicen un día en un futuro lejano que encontraste la luz de tu vida y siguen viviendo dentro de un bienestar tranquilo, les creo, a pesar de que la gente ya no se casa con tanta frecuencia y se divorcian con apuros. Se dice que los enamorados, si alguno nació un 30 de agosto, viven el resto de sus vidas sobre las alas de los ángeles. Disfrútalo, pero mientras lo hagas, no olvides tu salud. Tienes que cuidar

Angelus:

Pahadiel, ángel de la guarda.

la piel, el esófago, las dietas y los malos pensamientos. Una vez que sepas cómo trazarte el viaje hacia el bienestar, hecho estás. Llegas, te instalas y allí te quedas.

⚜ DESARROLLA TU RIQUEZA Y PROSPERA ⚜

Tendrás que razonar contigo mismo y con el mundo para organizar tu prosperidad y la riqueza que puedes desarrollar. Averigua el signo del personaje que esté presente en tu vida laboral: si es Aries, que hayan más; si es Tauro, buen socio; si es Géminis, contrato firmado; si es con Cáncer, buen negocio; si es Leo, uno de los dos está al acecho; si es Libra, mejor salgan a bailar; si es Escorpión, éxito para

ambos; si es Sagitario, imaginativo; si es Capricornio, cuidado con el cambio; si es Acuario, mejor como amigos; si es Piscis, intrigante.

⚜ PODER DAR ⚜

Depende de tu situación, o das la mitad o das el doble.

ASTRONOMÍA, HERMANA DE LA ASTROLOGÍA MODERNA

El primer vuelo de la nave espacial llamada Discovery, fue enviado al espacio el 30 de agosto de 1984. El último salió en julio del año 2011. Fueron veintisiete años de una enormidad de datos, información, alegrías, penas y vidas, en un gasto que algunos hasta la fecha dicen que no valía la pena y otros (me incluyo) piensan todo lo opuesto, sabiendo que todo el dinero gastado equivale a cuatro décimas de un centavo (de cada centavo norteamericano). Y ni hablar de los miles de niños que, luego de ver estas naves, sueñan con esos viajes, así como las visiones del arte cinematográfico que iluminaron la imaginación de los nuestros, y los miles de aparatos y de estudios realizados que nos han puesto en el umbral del conocimiento de la vida galáctica, de los mundos paralelos y de las teorías cuánticas que nos permiten vivir mejor y preguntar más. Es parte del sueño del ser humano.

 TU CLAVE SECRETA

Saberte con el poder de reconocer lo que puedes realizar y debes hacer para lograrlo.

Celebridades de tu día:

Warren Buffett, Mary Shelley, Robert Crumb, Chalino Sánchez, Cameron Díaz, Jack Swigert, Friedrich Ratzel y se dice que fue el día en que Cleopatra se dejó picar por sus víboras

(año 30 a. de C.)

TU DÍA, VIRGO

Quien escribió las palabras festivas debajo de tu fecha de nacimiento, sin saberlo, te lo dirige. Tu vida debe ser una fiesta. Y diariamente deberías hacer algo que pudiera encajar en esa manera de vivir. Tu personalidad pudiera ser apabullante, cuidado, porque debido a esto puedes alejar a las personas con quienes quisieras compartir algo de tu vida. Con un gran gusto a la aventura, tomas lo que puedes y dejas lo que quieres, bueno para ti y difícil para quienes comparten tu amistad, cariño, trabajo e intimidad. En realidad siempre debes leer algo sobre Leo, pues por haber nacido un 31 de agosto, el grado 8 de tu signo te acerca bastante al tono de Leo.

> **Tu verbo motor:**
>
> *Controlar*

◀▦ AMOR, SALUD Y BIENESTAR ▦▶

El amor debe serte fácil, duradero y casi demasiado personal. Con esto quiero decir que no vayas, por favor, a recluirte con tu ser amado porque pudiera esto suceder, y ustedes repentinamente despertar y preguntarse, ¿y la fiesta? Bien harías en fijarte de que manera podrías usar tu forma muy personal de expresarte para aprender a mostrar tu cariño, amor y/o amistad a quien te interese. De manera muy convencional, cuida tu salud y escoge a los médicos que alguna vez tendrás que consultar entre galenos para los ricos y famosos. Tu bienestar estriba en mostrar que puedes.

> **Angelus:**
>
> *Psychopomp, ángel que sabe llevarte a los lugares indicados.*

◀▦ DESARROLLA TU RIQUEZA Y PROSPERA ▦▶

Se te da lo de las palabras, y mientras más uses ese don, mejor para ti. Convences fácilmente y por lo mismo de vez en cuando te pasas de la raya con resultados mezclados. Pero hablando de nuevo, vuelves a convencer y, así, vas dejando huella. Tus sueños son grandes, y ya sabrás cómo acomodarlos a tus posibilidades para prosperar de mejor manera.

◀▦ PODER DAR ▦▶

Lo tuyo es dar ¡organizadamente!, porque al ser Leo, puedes dar a diestra y siniestra sin acordarte de lo que diste.

31 DE AGOSTO

Tenemos que convertir al mundo en una gran fiesta.
—Grafiti

ASTRONOMÍA, HERMANA DE LA ASTROLOGÍA MODERNA

Al nacer un 31 de agosto, te gustan las cosas en grande. Aquí hay algo grande. Una unidad astronómica mide 149 598 000 kilómetros. Se abrevia au. y es la distancia aproximada entre la Tierra y el Sol. Es una medida que habían tratado de calcular Eratosthenes, Zhoubi Suanjing, Ptolomeo, y Johannes Kepler entre otros. La velocidad de la luz (se mide al vacío) es de 299 729 458 metros por segundo, una medida exacta. Esto nos muestra que teóricamente, el tiempo más corto para que alguna información pudiera viajar hasta la mitad del globo terráqueo es aproximadamente sesenta y siete milisegundos. Y, nosotros parados sobre nuestro planeta estamos viendo alguna luz que ha tardado trece mil millones de años en llegarnos. Las distancias astronómicas frecuentemente se miden en años luz, un año luz siendo la distancia que la luz tarda en viajar durante un año, unos 9 461 mil millones de kilómetros. Por ejemplo, Centauro, la estrella más cercana al planeta Tierra (después del Sol) está a 4,2 años luz de distancia. ¡Échense ese trompo a la uña!

 **TU CLAVE SECRETA**

Mereces ser todo lo presumido que quieras aparentar.

> **Celebridades de tu día:**
>
> *Terelu Campos, María Montessori, Gaius Calígula, Ramón Vinay, Alma Mahler, Richard Gere, Julio Ramón Ribeyro, Van Morrison, Sara Ramírez, Itzhak Perlman, Eldridge Cleaver y Rania de Jordania.*

SEPTIEMBRE

¿Quiénes cumplen años este mes?

1 _____

2 _____

3 _____

4 _____

5 _____

6 _____

7 _____

8 _____

9 _____

10 _____

11 _____

12 _____

13 _____

14 _____

15 _____

16 _____

17 _____

18 _____

19 _____

20 _____

21 _____

22 _____

23 _____

24 _____

25 _____

26 _____

27 _____

28 _____

29 _____

30 _____

TU DÍA, VIRGO

Aproximadamente cada quinientos años acontece una tormenta solar de la magnitud de la que ocurrió entre el 30 de agosto y el 2 de septiembre de 1859, pero el 1 de septiembre un astrónomo inglés midió la llamarada más grande jamás vista hasta el día de hoy (y seguramente hasta el año 2359), causada por una tormenta geomagnética que a la vez hizo posible que en todo el planeta se vieran auroras boreales. Creo que por la envergadura de los nacidos este día, seguramente algún dios mitológico estaba prendiendo fuegos artificiales para festejar el nacimiento de algún suyo. Toda esta explicación para decirles que quien nazca este día, tiene lo suyo que es bastante espectacular. Son ante todo buenos amigos y saben medir la importancia de la amistad para su bien, para el bien del querido amigo, cosa excelente porque así siempre estarás pendiente de tu propia capacidad de mejorarlo todo, cada vez que se pueda y bajo toda circunstancia.

Tu verbo motor:

Cosechar

✺ AMOR, SALUD Y BIENESTAR ✺

El amor verdadero es lo que esperas, pero tu punto de vista sobre esto tiene particularidades que solo tú sabrás desenredar. Es decir, cada uno de los aproximadamente 32 000 personajes de signo Virgo que nacen un 1 de septiembre tiene suficiente ADN en su persona para buscar y encontrar lo necesario para ser feliz.

Pueden ser algo enfermizos de chicos, pero se les quita totalmente y lo único que necesitan para lograr el bienestar cósmico que todo ser desea es tener cierta paz y tranquilidad en su vida.

✺ DESARROLLA TU RIQUEZA Y PROSPERA ✺

Ustedes son lo suficientemente prácticos para saber cómo aumentar sus hábitos de enriquecimiento y lograr tanto la riqueza como la prosperidad deseada. Hacer crecer su dinero o el dinero es algo que no les es tan difícil, sobre todo si saben planear de manera ortodoxa y no a lo loco. Tu sentido de humor es bastante especial y, por lo mismo, te felicito.

✺ PODER DAR ✺

Lo tuyo es dar como mejor puedas, sin dejar de dar.

---

1 DE SEPTIEMBRE

Atínale a la Luna. Si le fallas, quizá le des a una estrella.
—W. Clement Stone

ASTRONOMÍA, HERMANA DE LA ASTROLOGÍA MODERNA

El 1 de septiembre de 1902, en una junta de astrónomos importantes, el presidente francés les propuso a sus conciudadanos un viaja a la Luna. Estupefactos se quedaron cuando vieron que era una película de George Melies, director de cine y magistral innovador de los primeros ensayos de efectos especiales cinematográficos —película que hasta hoy día es considerada una de las cien joyas del cine internacional. De catorce minutos con dieciséis cuadros por segundo (unas escenas y otras más rápidas) de ocho minutos a veinticinco cuadros por segundo, esta fue la película más innovadora de su tiempo. "Cada escena es una toma divertida cuyo conjunto hace una deliciosa película", dijo el crítico de la época. Y Melies pasó a la historia como el gran *cinemago*, con los primeros vestigios del cine de ciencia ficción. Sagitariano, Melies supo divertir (con la escena de la nave espacial alunizando en el ojo de nuestro satélite) y mostrar algo de ciencia con el simple hecho de llegar a la Luna visualmente. Él nunca se enteró de la grandiosidad y la importancia de sus películas (hizo unos quinientas) y murió antes de que el ejército francés se apodere de ellas para fundirlas y ponerles tacones del material fundido a las botas de sus soldados.

Angelus:

Sandalphon, ángel quien es un príncipe angelical.

 TU CLAVE SECRETA

Tener agallas para presentar el mundo como es y sacarle jugo a lo bueno que queda.

Celebridades de tu día:

Gloria Estefan, E. R. Burroughs, Efrén Hernández, José María Castro Madríz, Elvira Sánchez, Vittorio Gassman, Lily Tomlin, Omar Rodríguez López y Rocky Marciano.

TU DÍA, VIRGO

Las ganas de expresarte como tú deseas, y no como te dijeron o te dicen que tienes que hacer, lleva la delantera en tu vida. Y si no lo has sentido, es porque no has dejado que tu verdadero "yo" aparezca en lo que pudiera ser una vida interesante, ejemplar (no por buena, sino por individualista). Los estereotipos y tu manera de percibir son bastante únicos. Por lo mismo, habrán quienes te adoren, te protejan y te valúen, y otros que simplemente te critiquen y te envidian. El ser autosuficiente moral, física y materialmente es algo que aspiras y que espero puedas lograr, toda proporción guardada. Un toque de tristeza te acompaña en la vida, quizá como premio para que aunque llegues muy alto, no olvides los que quisieran lograr lo que tú has logrado.

Tu verbo motor:

Justificar

✦ AMOR, SALUD Y BIENESTAR ✦

El amor para ti puede ser algo pasajero, hasta que te encuentres con quien comprenda la inmensa necesidad que albergas de ser autosuficiente sin dejar de amar. Parecería contraproducente, pero tú sabes que no lo es, y al encontrar quien te permita realmente ser y hacer como deseas, das un gran paso hacia la felicidad. Todo Virgo refleja en su esófago y en sus entrañas sus nervios. Las curas homeopáticas pueden ayudarte, mientras que una sonrisa puede llenar tu vida de bienestar.

✦ DESARROLLA TU RIQUEZA Y PROSPERA ✦

Ten cuidado de no transformarte en otra cosa si logras todo lo que quieres. Sería un gran desperdicio, teniendo toda la benevolencia que el cosmos te deparó. Lo que logras en prosperidad tiene muchas facetas. Tú tendrás que escoger cómo, cuándo y dónde usar tus fuerzas, tus gracias o tus engaños. Y después, a volver a comenzar.

✦ PODER DAR ✦

Tu puedes dar como si fuera la primera vez, sea bienes, seas tu mismo o sea para dejarlo allí, en otras manos.

ASTRONOMÍA, HERMANA DE LA ASTROLOGÍA MODERNA

Wang P'ing o Jian es una de las treinta y dos figuras que aparecen como personajes especiales y únicas en el videojuego "Romance de los tres reinados". Se festeja en China la aparición del mismo, llamado El Rey Estrella, quien supuestamente bajó de las estrellas para ayudar a su gente, y después de su partida (unos 770 años a. de C.), su espíritu deambula por su país y reparte amor. Hay muchas historias parecidas en toda Asia con un héroe que liga a las estrellas y la salvación de un alma. El festejo comienza una vez que identificas tu estrella en la noche del 2 de septiembre. La única estrella que siempre está presente en nuestro cielo nocturno es Polaris —punto de referencia para los navegantes perdidos y los hombres que deambulan. La estrella, llamada también la Estrella del Norte, siempre apunta hacia el norte real, y una vez que la encuentras, sabes donde está el Sur, el Este y el Oeste. Para encontrarla tienes que buscar la Osa Mayor (que parece una gran taza), trazar una línea hacia la cola de la Osa Menor, y la estrella al final de la cola es la estrella del polo Norte, ¿quizá desde donde bajaron nuestros héroes? Sabiéndolo, no puedes perderte.

Angelus:

Sanigron Kenya, ángel que lleva la espada de Moisés.

 TU CLAVE SECRETA

Tienes la capacidad de encontrar exactamente lo que la situación en que te encuentras necesita.

Celebridades de tu día:

Salma Hayek, Alonso Lujambio, Henry George, Keanu Reeves, Esteban Echeverría, Jimmy Connors, Christa McAuliffe, Eugenio Derbez, Dino Cázares y se funda la Universidad de Oberlin en Ohio en 1833.

TU DÍA, VIRGO

La *utopía* es una palabra que debe acompañar a los nacidos cualquier 3 de septiembre, porque si lo repiten con garbo y las veces necesarias, quizá logren encontrarla. Utopia, como palabra, fue traducida del griego por Sir Thomas Moore (Géminis) en el año 1516 en su propio libro *Utopia*, y significa un lugar idealmente perfecto, específicamente en lo social, político y moral. Pero como eso no existe, uno —y en relación astrológica, todo Virgo con especial énfasis en los nacidos este día— tiene que inventarse el suyo.

Tu verbo motor:

Remediar

Y, si no se conforman con un poco menos, pueden pasarse la vida buscando algo inalcanzable. Los nacidos estos días tienen problemas y alivios espirituales; es decir, pueden pasarse la vida pensando y buscando algo que llevan por dentro y que con la edad aparece y aligera tu vida.

⚜ AMOR, SALUD Y BIENESTAR ⚜

Tardarás quizá en darte cuenta que una vida apacible, familiar y tranquila es lo que te dará no solamente el bienestar que mereces, sino que a la vez te proporcionará la fuerza vital que necesitas para reforzar tu salud. Las zozobras te dejan demasiada intranquilidad, lo cual se traduce a malas noches y mal humor. Una pareja con quien puedas discutir tus ansias es lo que conviene; alguien que sabrá respetarte a pesar de todo.

⚜ DESARROLLA TU RIQUEZA Y PROSPERA ⚜

Tus esfuerzos para aumentar lo que quieras tienen que ser con la mira a esa utopía inexistente quizá, pero excelente cosa para permitirte intentar un desarrollo material que no signifique pasar sobre o en contra de nadie. Imaginándote lo que se podría hacer, llegará el momento en donde verás y podrás comenzar con poco; y con ese poco, irás aumentando hasta donde el cuerpo aguante.

⚜ PODER DAR ⚜

No des lo que tú no quisieras tener, ni aconsejes lo que tú no harías.

ASTRONOMÍA, HERMANA DE LA ASTROLOGÍA MODERNA

En el año 301, fue fundada la república de San Marino, hoy aun existente, siendo el segundo país más chico del mundo, con sesenta

---

La utopía está en el horizonte. Camino dos pasos, ella se aleja dos pasos y el horizonte se corre diez pasos más allá. ¿Entonces para que sirve la utopía? Para eso, sirve para caminar.
—Eduardo Galeano

y un kilómetros cuadrados de tierra, cuyos habitantes llaman La más serena República de San Marino. Hay 32 000 habitantes, quienes son considerados sanmarinenses, y gozan de un nivel económico de unos US$45.500 per cápita por año. Tiene una Universidad con escuelas de gran prestigio; la Academia Internacional de Ciencias de San Marino adoptó el idioma de *esperanto* como método de la enseñanza y sus clases de aprendizaje electrónico son conocidas como una de los mejores en toda Europa. San Marino, por cierto, es miembro del Concilio Europeo y de las Naciones Unidas, pero no de la Unión Europea. San Marino, como todo otro lugar del mundo, tiene signo astrológico, y parecería reunir en su política, su orden y su historia al mismo: Virgo. Quien fundó este interesante país fue el ahora conocido San Marinus, quien al morir dejó plasmado sus últimas palabras: "Os dejo libres de ambos hombres", que eran ni más ni menos que el Emperador y el Papa. Lo logró hasta la fecha, y para quien haya nacido un 3 de septiembre, sentirse libre con su que hacer y de casi toda culpa, puede hacerlos parte importante del cosmos.

Angelus:

Chermiel, ángel de la tercera hora de cualquier día con poderes mágicos.

 TU CLAVE SECRETA

Saberte capaz de escuchar tu voz interna que siempre sabrá qué decirte.

Celebridades de tu día:

Eduardo Galeano, Irene Papas, Pilar Pallete, Charlie Sheen, Chabeli Iglesias y el aterrizaje de la astronave Viking 2 sobre el planeta Marte desde donde envió hasta la Tierra fotografías a todo color de la superficie marciana.

---

4 DE SEPTIEMBRE

Lo importante es no dejar de preguntar.
La curiosidad tiene su propia razón de existir.
—Albert Einstein

TU DÍA, VIRGO

¿Te parece poco los "Cuatro caballeros del Apocalipsis"? Cuidado. Trata a otros como tú quisieras que se comportaran contigo. Tu número es tan bonito y especial, porque los nacidos este día pueden desde pequeños tomar uno de dos caminos, quizá por ser demasiado valientes. No estoy hablando del bien y el mal. Estoy hablando de lo que quieres y lo que quisieras; dos modos y maneras muy diferentes de ver al mundo. Se le podría llamar generalista y individualista, sociable o cara de pocos amigos. Una vez tomada esta decisión, camina erguido y ten la seguridad que tienes bastante qué decir para que los demás te escuchen.

Tu verbo motor:

Evaluar

AMOR, SALUD Y BIENESTAR

"¿Será esta? ¿Podrá este lidiar conmigo?", preguntas hasta que aparece quien tú sabes es para ti. Y, si te equivocas, no importa tanto, porque aparecerá otra persona que te embriague de amor, y sentirás que esa vez sí es la buena. Suertudo y suertuda, siempre y cuando no lastimes y sepas guardar la línea tanto del buen samaritano como de alguien que sabe cuidar su figura. Eso, sí es bienestar.

DESARROLLA TU RIQUEZA Y PROSPERA

La rutina diaria puesta en marcha por los dueños de las grandes compañías, horarios de la película *9 to 5*, no va contigo. Eso lo tendrás que discutir con quien trabajes, estudies, controles o manejes, porque para Virgo, el más preciso de todos los signos (no significa esto que siempre tengas la razón, pero si significa que ponderas bien), los numeritos hablan, siempre. Una vez arreglado esto, tú sabrás poner los puntos sobre los "i" y juntar lo que puedas o quieras.

Angelus:

Phaldor, ángel y genio de los oráculos.

PODER DAR

Tiendes a dar según tus éxitos y fracasos, contado pues. Está bien, va con tu signo, tu día y tu ser.

ASTRONOMÍA, HERMANA DE LA ASTROLOGÍA MODERNA

El 4 de septiembre de 1998, dos estudiantes de la Universidad de Stanford, (Larry Page y Sergey Brin) fundaron Google (¡sin Google, me habría tardado cuarenta y cuatro años en recopilar todos los datos aquí presentados!). Google es indiscutiblemente el buscador más importante y más usado para encontrar respuestas a las preguntas más inverosímiles, importantes o personales del Internet. Curiosamente, el Internet fue conectado bajo el signo de Virgo por el profesor Leonard Kleinrock el 2 de septiembre de 1969. Hoy día aproximadamente 40% de los humanos sobre la faz de la tierra usan el Internet cada día, con un crecimiento anual a nivel mundial de 480,4% —el mayor número de usuarios se encuentra en Asia. El sitio de la NASA es el sexto en la lista de usuarios. Y el segundo uso en importancia del Internet es la búsqueda de información de cualquier tipo y toda forma. Quizá uno de los mayores servicios que el Internet nos ha permitido es la libertad de comunicación, algo nunca alcanzado por la humanidad antes del siglo XXI. Es como dijo hace poco Hillary Clinton: "Es un nuevo sistema nervioso para nuestro planeta". El Internet nos permite conocer y reconocer el pasado, situarnos internacionalmente en el presente y forjar nuestro futuro sin barreras, recordando al mismo tiempo lo dicho por el siempre presente nacido Virgo Eduardo Galeano: "Todos, toditos, tenemos algo qué decir a los demás, algo que merece ser celebrado o perdonado.

 TU CLAVE SECRETA

Saberte de memoria la frase de Galeano.

Celebridades de tu día:

Carlos Ponce, Carlos Romero Barceló, Beyoncé, Antonia "La Argentina" Mercé y Luque, Henry Ford II, Richard N. Wright y la fundación de la ciudad de Los Ángeles en 1781.

TU DÍA, VIRGO

Variedad es lo que necesitas para que tú, personalmente, le pongas más crema a tus tacos, y te atrevas a reaccionar y contestar como debes, dándote toda la importancia que mereces. Saber quién eres, de dónde vienes y tener quizá un árbol genealógico en casa debería llenarte de orgullo simplemente porque conoces tu pasado. Entrena tu mente todo lo que puedas para mejorar tus empeños, sean de pastelero, enfermera, politicólogo o diseñador que le hace sombra a Chanel, y así tener mayor conocimiento de tu medio ambiente. Esto te ayudará a impulsarte hacia la cima que tú mismo o misma quieres forjar. Los nacidos un 5 de septiembre, frecuentemente tienen un gigante masculino que los ayuda a encontrar el camino adecuado para triunfar. ¿Tú ya escogiste el tuyo?

Tu verbo motor:

Refinar

ᕯᖰ AMOR, SALUD Y BIENESTAR ᖰᕯ

Capacidad para ser cariñoso y responsable, sí la tienes. Hay ciertas cosas que simplemente no toleras, y eso lo tienes que discutir en primeras instancias para que no haya problemas después. En tu lexicología difícilmente dices: "Te lo dije". Simplemente te enfrías. Si te cuidas suficientemente (hasta hartarte a veces), no tienes porque tener problemas mayores de salud si así procedes, y cuando te digan, "No exageres", siéntete conforme. Tu bienestar viene como el viento, nada tiene que ver con tus éxitos, sino que con tus humores algo fluctuantes.

Angelus:

Penpalabím, ángel que dota tesoros escondidos.

ᕯᖰ DESARROLLA TU RIQUEZA Y PROSPERA ᖰᕯ

Mientras más conozcas tus números, mejor para ti. Estudios avanzados en tu área de trabajo es lo que te proporcionará las posibilidades para no solamente enfrentar lo que venga, sino también realizar por lo menos la mitad de los sueños de prosperidad que tengas. "Entrenarte" en cuerpo y alma es un buen consejo, y tener en quién confiar es algo que puede sostenerte bajo toda circunstancia.

ᕯᖰ PODER DAR ᖰᕯ

Lo tuyo es dar tu tiempo, y cuidado, más bien, con NO dar suficiente de tu tiempo.

5 DE SEPTIEMBRE

Lo indio es una pluralidad de culturas y sociedades, y lo mismo ocurre con lo español, que es romano y visigodo, judío y moro.
—Octavio Paz

ASTRONOMÍA, HERMANA DE LA ASTROLOGÍA MODERNA

El "Rey Sol", Louis XIV, estuvo al mando del trono francés desde los cuatro años hasta los setenta y siete, edad en que murió. Fue, sin duda alguna, uno de los monarcas más remarcables en la historia de la monarquía europea. Astrónomos lo ayudaron a construir las fuentes principal de Versalles, bajo el mando del astrónomo Jean Picard. "En mi corazón, prefiero ante todo la fama, hasta la vida misma", escribe el rey, y se casó con quien no amaba, siguiendo su deseo de ser el mejor rey del mundo a través de su obra. Voltaire lo comparaba con los emperadores romanos. El Rey Sol conocía algunas figuras culturales de su época, como Colbert, Moliere, Racien, La Fontaine, Lully, Le Notre, Perrault y otros. Murió recitando el salmo, "Apresúrate a socorrerme, o Señor, salvación mía", y se apagó como una vela.

Jean Picard, astrónomo respaldado por el Rey Sol, visitó el observatorio de Tycho Brahe en el año 1671 y publicó el primer *Connaissance des Temps* en 1679 —publicación astronómica llena de efemérides que usamos los astrólogos y astrónomos, y que sigue apareciendo hasta hoy día. Las medidas de precisión que usamos ahora, se las debemos en gran parte a este científico menos conocido de lo que debiera ser.

 TU CLAVE SECRETA

Tener la facultad de maravillarte con los hechos del mundo de antes y de ahora.

Celebridades de tu día:

Eduardo Mata, Louis XIV de Francia (el Rey Sol), Justiniano Borgoño, Jesse James, Tommaso Campanella, Raquel Welch, Luis Alcoriza, Arthur Koestler, Werner Herzog, César Rincón, John Cage y Juan Ramón de la Fuente.

6 DE SEPTIEMBRE

*Cuando la maternidad se convierte en el fruto de una profunda añoranza...
y no producto de ignorancia o de accidente, sus hijos se convertirán en los
fundadores de una nueva raza.*
—Margaret Sanger

TU DÍA, VIRGO

Sin un propósito firme, no funcionas —sea por día, por mes o por año—, o sea, sin un propósito de vida. Estructura y análisis es lo tuyo, y si te das cuenta desde temprana edad, tanto mejor. Tienes el don del liderazgo (hay bastantes personas que lo tienen, no te empavones demasiado) y lo haz de demostrar, sea en casa, en la esquina, en la oficina, sobre una plataforma o frente a mucha gente. Ese don puede ayudarte a situar tu posición en el mundo que te rodea aunque no seas tan conocido como Juana de Arco o Martin Luther King Jr. Los que te conocen te recuerdan y te admiran, o no, pero no te olvidan. Para ti, lo importante es que sepas responder a las preguntas que te hagan y que mires tu propia vida con orgullo.

Tu verbo motor:

Cimentar

❧ AMOR, SALUD Y BIENESTAR ❧

Tu manera de querer es algo especial. Amas, algo que separas a veces de querer. Para ti, las dos cosas no son lo mismo, aunque si lograras encontrar a quien amar y querer a la vez, serías casi totalmente feliz. Quien nace un 6 de septiembre tiene el grado 13 de Virgo impregnado en su alma, y esto carga tu ser con demasiado carisma. El número 13 tiene que ver con la geometría sagrada, y en él se refleja un patrón que no se ve frecuentemente en la naturaleza. Pero sí existen trece ciclos lunares en un año solar, y la Luna viaja 13 grados en el cielo diariamente. Por lo mismo, cuidar tu salud siguiendo las fases de la Luna es muy recomendable; así como discutir con tu ser amado lo que cada uno considera su bienestar y, así, ponerse de acuerdo.

❧ DESARROLLA TU RIQUEZA Y PROSPERA ❧

La manera que procuras prosperar también debe ser un poco fuera de lo común y corriente, y si este no es el caso, la manera que repartes o cuidas tus bienes debe ser totalmente personal. Igual que en tu vida personal, tus labores materiales deben ser respaldados por tu carisma, y si sientes que eso no funciona como debe, es menester que te apliques a conseguirlo con algún curso especializado o trabajando con un profesional que sepa inducirte a tener toda la confianza en ti que mereces.

❧ PODER DAR ❧

Lo tuyo es dar con tu poder personal carismático para que, a la vez, el receptor sienta que recibe algo más que lo puro material.

ASTRONOMÍA, HERMANA DE LA ASTROLOGÍA MODERNA

Mercurio es el planeta que rige Virgo. Y Mercurio, siendo tan comunicativo históricamente, rige también al signo de Géminis; y Virgo, contrario a Géminis, tiene un baño de autocrítica difícil de auto-complacer. Quizá por eso hay tanto científico de este signo, todos en busca de la respuesta ideal. El cosmograma hindú de Virgo representa un hombre y una mujer abrazándose. Está escrito en antiguos libros astrológicos que Mercurio le deposita a Virgo juicio y a Géminis sensaciones. En la historia hebraica, la letra YOD tiene relación íntima con Virgo y representa el poder o el agente, la vara mágica de Moisés. Mercurio da vuelta sobre su eje cada 58,7 días, pero como resultado de su lenta rotación sobre su eje y su movimiento extrañamente rápido alrededor del Sol (tarda solamente 88 días), su día, de un amanecer al otro, pasa en 176 días de los nuestros. Los rayos solares son siete veces más fuertes sobre Mercurio que sobre nuestro planeta, y el Sol, desde Mercurio, se ve dos veces más grande que sobre la Tierra. Sin embargo, Mercurio tiene hielo en sus polos. Los griegos lo bautizaron con dos nombres: Apolo cuando aparecía de mañana, y Hermes cuando aparecía de noche. Tú, escoge el que quieras, y conócelo.

Angelus:

Mights, ángel de las virtudes.

 TU CLAVE SECRETA

Enterarte de las peripecias mitológicas de Hermes/Mercurio, te proporcionará apoyo personal.

Celebridades de tu día:

Marquis Lafayette, Joseph P. Kennedy, Sergio Aragonés, Rosie Perez, Príncipe Hisahito, Roger Waters, la fundación del Instituto Tecnológico de Monterrey en 1943 y la llegada de Victoria —la primera nave de la historia e único barco de Fernando Magallanes que logró circunnavegar el globo terráqueo en 1522.

TU DÍA, VIRGO

De carácter complejo, tu barniz exterior es bastante diferente a tu personaje interior, quizá por haber tenido dificultades fuertes ya en tu vida o por estarte preparando para tenerlas. Muy espontá-

Tu verbo motor:

Acondicionar

neo y creativo, bien harías en tener un pasatiempos artístico para gastar tus fantasmas internos y poder impresionar a tus semejantes por talentoso. Necesitas tomar cartas en el asunto para que aflore tu personalidad, que es quizá bastante más espiritual de lo que imaginas. Los nacidos un 7 de septiembre tienen el don de tener éxito en lo que deciden hacer, siempre y cuando logren dominar su propia persona y mejorarla con algo de trabajo personal. Si se apoyan en algo espiritual, tanto mejor.

⚜ AMOR, SALUD Y BIENESTAR ⚜

Abrazar, besar, demostrar tu amor con caricias y consentimientos es lo que deberías hacer, y verás lo feliz que te sientes cuando lo hagas o cuando encuentres con quien sentirte amado. Tu espíritu te lleva a salvar almas, toda proporción guardada, y tiendes a enamorarte de quien creas poder salvar de algo. Ten cuidado de no tratar con demasiado esmero de cambiar a tu ser amado. La gente no cambia. Y tú puedes desgastar tu energía, perdiendo tu buena salud por olvidarte de poner más atención a tu propia persona. Tus buenas intenciones no te llevan a conquistar el bienestar que nece-

Angelus:

Hukiel, se dice guardián angelical parado en el séptimo pasillo celestial.

sitas, más bien busca quien te apoye y tenga suficiente pasión para complacerte. ¡Eso sí que te hará feliz!

⚜ DESARROLLA TU RIQUEZA Y PROSPERA ⚜

Lo ideal para ti sería doblegar esfuerzos, es decir, tener la misma profesión (o algo parecido) que tu pareja o hacer algo productivo en compañía de un buen amigo para trabajar en conjunto. Buen modo y manera sería esa para desarrollar (entre dos) nuevas ideas que pondrán a llenar sus bolsas de factores materiales interesantes como el dinero, o más trabajo, o la fama que en el fondo podrían lograr.

⚜ PODER DAR ⚜

Dar para ti debe ser compartir, no en partes iguales, pero si con integridad.

7 DE SEPTIEMBRE

Una búsqueda hacia la comprensión trascendental de las formas divinas que sostienen el mundo visible que llamo "verdades puras".
—John Dee

ASTRONOMÍA, HERMANA DE LA ASTROLOGÍA MODERNA

La única religión que tiene la Diosa Durga, la Madre Diosa o la energía femenina divina, es la Hindú. Según su mitología, Brama le concedió un poder mágico al rey de los demonios, quien a su vez creó devastación en el universo, y nadie lo podía parar. Brama, al enterarse, se enojó profundamente y creó energías combinadas con *shakties* (poderes) trayendo a la vida una magnífica diosa con múltiples brazos. Montada en un león, se llamaba la Diosa Durga, y peleó durante nueve días y nueve noches, atrapando al incontrolable dueño del mal bajo su pie, acabando con él y salvando al universo. El 7 de septiembre se celebra la salvación del universo en algunos lugares de la India, y como dice Joseph Campbell, uno de los especialistas más importantes de los mitos del mundo: "Los mitos son sueños públicos, los sueños son mitos privados". Tú, nacido el 7 de septiembre, construye tu propio mito o encuentra un mito a seguir.

 TU CLAVE SECRETA

No dejar de creer en ti y en tus poderes reales.

Celebridades de tu día:

Robert Jastrow, Manuel Scorza, Grandma Moses, Michael DeBakey, Elia Kazan, Laura Ashley, John Paul Getty Jr., Buddy Holly, Waldo de los Ríos, La Reina Isabel I de Inglaterra, Gloria Gaynor y John Morgan Jr.

Es claramente evidente que la mayor parte de los eventos de la naturaleza en general toman sus causes de los cielos envolventes.
—Claudio Ptolomeo

TU DÍA, VIRGO

Averiguar, indagar, fijarse mejor que nadie o más que todos, y comprender los secretos de los demás es lo tuyo. Eso sí, necesitas tener cuidado de no lastimar a los que agarradas en la movida o de no usar lo que sabes para acabar con la reputación de algo o de alguien (salvo que fueras detective). Pero digamos que podrías ser un detective en potencia. Y todo esto para vivir mejor, comprender lo que te rodea y enterarte. Este, "enterar", siendo tu verbo productor y finamente calculado para estar allí y brindarte ayuda.

Tu verbo motor:

Enterar

◆⟨ AMOR, SALUD Y BIENESTAR ⟩◆

Mientras no exijas una cantidad exacta de besos, todo está bien. Descansas en el amor, y espero que tú y tu amor (aunque fuesen ambos del mismo signo, del mismo día o no) puedan gozar del amor sin más que entretenimientos y caricias que valgan la pena. Eso amaina tu salud, siempre un poco precaria por ser tan sensible y guardarte lo que no puedes decir. Tu bienestar llega al ir a un lugar recóndito y pasarla bien con tu ser amado, así que haz la prueba y verás que regresas más sano que nadie.

◆⟨ DESARROLLA TU RIQUEZA Y PROSPERA ⟩◆

Tus esfuerzos deben rendir frutos. Tu determinación, valor y capacidad de hacer o decir lo correcto debe impresionar a quienes te ven trabajar día a día y, si fueran honestos, hasta te pondrían de ejemplo. Sería perfecta tu vida si siguieras los pasos de tus antepasados, quienes te heredaron por ejemplo todo un Banco (al estilo Rothschild) o estudios cinematográficos, pero como eso sucede con una rareza excelsa, haz como si tú se los fueras a dejar a tus propios hijos —tu pasado te sostiene de todos modos.

◆⟨ PODER DAR ⟩◆

Al dar, debe ser algo que te sale espontáneamente, no porque sientas la obligación de hacerlo. Y si no es así, no des.

ASTRONOMÍA, HERMANA DE LA ASTROLOGÍA MODERNA

Virgo es un as en medidas, cuentas y cuentos —cuando no son chinos. El Sistema Internacional de Referencia Celestial (Internacional Celestial Reference System o ICRS, por sus siglas en inglés) es un sistema fundamental adoptado por la Unión Astronómica Internacional para lo que es llamado astronomía de posiciones precisas. Es decir, da las medidas exactas para encontrar todo lo que uno quisiera saber con exactitud sobre lo que vemos en el universo conocido. Da constantes, modelos y algoritmos de lo que observamos desde dos puntos de vista: la de sistemas de referencias y la de cuadros de referencias. ICRS presenta catálogos con los datos recabados, los cuales deben ser usados al momento mismo de observación, lo que complica un poco más el asunto. Pero algo que sí es muy cierto es que las *efemérides* (tablas de los movimientos de los planetas o estrellas en relación a la Tierra) son usadas, siendo las mismas que empleamos los astrólogos. El catálogo tiene 608 posiciones de fuentes de radio extragalácticas que definen las orientaciones de sus ejes. Para no confundirlos con más detalles, Virgo, al nacer un 8 de septiembre, ¿no crees que podrías usar estos datos y esta idea para situarte en la posición exacta de tu vida, y desde allí lanzarte a la perfección casi absoluta?

Angelus:

Orphaniel, descrito como un ángel grandioso y de belleza celestial.

 TU CLAVE SECRETA

Saber cómo presumir, lograr y conseguir con gran galanura y sencillez.

Celebridades de tu día:

Ricardo Corazón de León, Alfonso Salmeron, Jaime Nunó, Doña Sara García, Jean Louis Barrault, Peter Sellers, Braulio Luna y se estrena la serie de televisión Star Trek en 1966.

TU DÍA, VIRGO

Leo Tolstoy, lo dijo a la perfección en la primera línea de su gran novela, *Anna Karenina*: "Todas las familias felices se parecen; las familias infelices son todas infelices de manera propia." Si no has leído a Tolstoy, has cometido un gran error. Cada habitante de los doce signos del zodiaco tiene uno o dos escritores que deben leer para reencontrarse y reconocerse. A ti te toca Tolstoy, profundo crítico y presentador de la naturaleza de las familias, la sexualidad, el sentido de ser ruso y la palabra —todas las cosas que tú necesitas ponderar, mejorar y vivir a tu propio gusto, pero pensado. Las novelas de Tolstoy son consideradas como las mejores novelas de todos los tiempos en el ámbito de ficción real. Además, su obra *El reino de Dios lo llevas por dentro* inspiró a personajes como Martin Luther King Jr. y Mohandas Gandhi entre otros. Vengas de una familia infeliz o feliz, saber distinguir entre ambas cosas es uno de los puntos cruciales de tu vida.

Tu verbo motor:
Apercibir

✦ AMOR, SALUD Y BIENESTAR ✦

Entre los nacidos Virgo, tu fecha, 9 de septiembre, dura y perdura en las redes del amor con una cantidad de preguntas tan vastas que puedes echar a perder una relación magnífica por indeciso o criticón. ¡Y vaya que si sabes amar! ¡Y vaya que si eres perfeccionista! Para aguantar hay que amarte. Tu familia tiene que hacerlo, tus amigos tienen que soportarte y quienes trabajan contigo también, por más que puedan quererte, amarte o quererte complacer simplemente porque sí —¡eso existe, sabes! Mientras más activo seas, mejor para tu salud. Y mientras más saludable estés, mejor para tu paz interna.

Angelus:
Daniel, ángel del orden de los principios.

✦ DESARROLLA TU RIQUEZA Y PROSPERA ✦

Las oportunidades no te caen del cielo, las tomas, te las gastas, las usas y haces bien. Ganar o ganártela es meta y debes aprender a aguantar cuando las cosas no te caen porque crees que deberían de ser de tal o cual manera. Tus motivos deben ser cuidadosamente elaborados, como arquetipos de comportamiento. Nunca permitas que te confronten con ideas que no soportas o siempre has pensado ser negativas. Tu talento para discernir siempre saldrá ganando.

✦ PODER DAR ✦

Tu puedes y debes dar algo artesanal, sea material o espiritual. Podrías dar por ejemplo una clase.

9 DE SEPTIEMBRE

Para conocer al mundo, hay que construirlo.
—Cesare Pavese

ASTRONOMÍA, HERMANA DE LA ASTROLOGÍA MODERNA

Tú no estarías leyendo este libro si no existiera la Convención de Berna. El acuerdo internacional del copyright, firmado bajo el sensato signo del escritor (Virgo) el 9 de septiembre de 1986, fue creado para reconocer los derechos de autores entre países que pertenecen a la Unión de Berna. Los derechos automáticamente duran cincuenta años después del fallecimiento del autor, y esto incluye fotografías y películas con reglamentos algo diferentes. Su deber es "fomentar una cultura dinámica mientras que a la vez devuelvan valor a sus creaciones para que puedan llevar una existencia económicamente digna y proveer difusión y acceso al contenido de la obra para el público". Un verdadero adelanto para la humanidad, algo que a ti, nacido un 9 de septiembre, puede interesarte y fomentar tu propio deseo de crear algo.

Y si encontraste este libro usando tu computadora, o lo estás leyendo en ella, entonces debes saber más sobre Dennis Ritchie, nacido un 9 de septiembre. Él es un matemático, científico y físico quien construyó el sistema C y C++, un idioma indispensable para computadoras —sin las que no podríamos comprender lo que está sucediendo en el espacio extraterrestre. Los sistemas operativos que ayudó a construir serán indispensables para las investigaciones que harán nuestros nietos en un futuro y, como dijo él en la revista *Investor's Business*: "No es la programación lo más interesante, es lo que se puede lograr con los resultados finales". Esto dicho por alguien que no solamente ve ese futuro, sino que sus logros tienen un efecto importantísimo sobre quien esté usando una computadora en cualquier lugar del mundo.

 TU CLAVE SECRETA

Saberte capaz y capacitado para capacitar.

Celebridades de tu día:

Leo Tolstoy, Hussain Shah, Flavius Honorius, Cesare Pavese, Hugh Grant, Félix Rodríguez, Natalia Streignard, Juan A. Baptista, Julie Gonzalo y fecha en que bautizan a Washington D.C. con el nombre del presidente George Washington en 1791.

Tenemos que estar dispuestos a dejar la vida que planeamos para poder tener la vida que nos espera.
—Joseph Campbell

TU DÍA, VIRGO

Será que ustedes, nacidos un 10 de septiembre de cualquier año, se adelantaron a la fuerza inusitada del gran colisionador Hadrón por tener al nacer un *algo* de energía superior, aparentemente, por reprimir en alguna época de sus vidas precisamente eso, energía del subconsciente. Atávico. La confrontación en varios momentos de tu vida es imperante, y qué bueno, porque eso mismo te permite soltar tus fantasmas sin tener que buscar cómo hacer para liberarte. Se dice que tú traes el karma sobrecargado, algo que es positivo y negativo a la vez. Tú sabrás cómo lidiar con esto y, a la vez, de qué modo aprovechar esta energía o conocimientos innatos que te ayudan a bienvivir.

> **Tu verbo motor:**
> *Apantallar*

✤ AMOR, SALUD Y BIENESTAR ✤

El amor va y viene y tus amores son un poco fuera de la normalidad, porque tú pides mucho y das demasiado, aunque no siempre lo que das es amor, como en los cuentos de hadas. Quien te quiere necesita tener una vida personal plena antes de emparejarse contigo, para no sentirse algo sola o solo. Por lo mismo, puedes ser la pareja ideal, dejando vivir y viviendo. Cuidado con ir a los extremos entre cuidar tu cuerpo y dejarlo. Tener un doctor en quien confías para hablarle de vez en cuando y saber qué tomar y qué no tomar al medicarte es parte de tu gran facultad para sentir bienestar en tu vida.

✤ DESARROLLA TU RIQUEZA Y PROSPERA ✤

Que te cuiden tu dinero los que te amen, porque no eres el mejor de todos los cuidadosos en relación a tus bienes —cosa extraña entre los nativos de Virgo. Y, sin embargo, debes ser buen vendedor, posiblemente no de bienes sino más bien de ideas. Tus sueños y la realidad a veces chocan y, por lo mismo, un buen contador familiar es recomendable.

✤ PODER DAR ✤

Eres capaz de darte y de dar hasta lo que no te pertenece por querer dar aun más.

ASTRONOMÍA, HERMANA DE LA ASTROLOGÍA MODERNA

El gran colisionador de Hadrón, la inmensa máquina del siglo XXI construida por la Organización Europea para Investigación Nuclear (CERN, por sus siglas en inglés), fue activado por primera vez el 10 de septiembre de 2008. Se dispararon los protones exitosamente alrededor del túnel, excavado debajo de tierras suizas a 175 metros de profundidad y con 27 kilómetros de circunferencia. Es el mayor acelerador de partículas de alta energía del mundo, y ha despertado enorme interés en la comunidad científica, novelistas, series de televisión, juegos de video y muchos cuentos chinos. Más de 10 000 científicos además de ingenieros colaboraron desde unos 100 países para elaborarlo. Y el rap del mismo, "Large Hadron Rap", escrito y rapeado por una empleada del CERN, tuvo más de más de seis millones y medio de visitas en YouTube, y es una de las mejores maneras para entender lo que hace y cómo funciona: http://www.youtube.com/watch?v=j50ZssEojtM. ¡Se dice que está a la búsqueda de la partícula de Dios! En otras palabras, tú, nacido un 9 de septiembre, puedes hacer un viaje al pasado, al presente y al futuro al accesar lo que te proponemos en esta página.

> **Angelus:**
> *Mitra, ángel de la cosmología védica, brilla con aptitudes del paraíso.*

 TU CLAVE SECRETA

Dejarte llevar por la inmensa cantidad de preguntas que aun quedan por contestar.

Celebridades de tu día:

José Feliciano, Stephen Jay Gould, Colin Firth, Hilda Doolittle, Roger Marís, Charles Sanders Peirce, Karl Lagerfeld y Guy Ritchie.

TU DÍA, VIRGO

Si logras plasmar en algo que valga la pena una sola idea, vas por muy buen camino. Los nacidos un 11 de septiembre suelen guardar demasiadas cosas y no crear —y en realidad, están hechos para eso. Mejor dicho, creando se desfogan. Si con eso llenan su vida, excelente. Si es pasatiempo, maravilloso. Lo importante es que sea algo que saben ser personal (por estar realizado por uno) y que no sientas que pierdes el tiempo haciéndolo. Es un especie de catarsis que te permitirá desenvolver lo demás de tu persona porque siendo Virgo, el día 11 te regala demasiada emoción para cargar un signo tan sensiblemente retirado y al mismo tiempo cargado de desasosiego. Adoptar un animalito, una mascota, es también algo que les va bien. Otra cosa que les va súper es permitirse (a ustedes mismos) ser liberal y, a la vez, disciplinado. También es importante cuidar tu lugar de estar, su casa, cuando están deprimidos pueden vivir entre desorden, cosa que les hace daño. Fíjense en el número 11: dos palos parados derechos, clamando su lugar en el mundo.

Tu verbo motor:

Difundir

❧ AMOR, SALUD Y BIENESTAR ❧

Cuando amas, eres capaz de soportar o aguantar hasta demasiado. Cuando desprecias, eres capaz de hacerle ver al objeto de tu odio sin escatimar. Y bien te haría hacer un deporte por gusto, no un ejercicio en lugares encerrados. Tu bienestar lo llevas por dentro, pero necesitas aprender a mostrártelo a ti mismo y a la vez a quienes aprecias.

❧ DESARROLLA TU RIQUEZA Y PROSPERA ❧

Capacitado para cualquier empeño, a menudo trabajas pensando en hacer otra cosa. Es decir, cargando cajas si te pagan bien, sabiendo que lo que ganas será para seguir estudiando, y así, ahorras el fruto del sudor de tu frente para mejorar. Para ti, la prosperidad se logra desde el punto de vista de mejorar posiciones, no simplemente al aumentar tu cuenta de banco.

❧ PODER DAR ❧

Dar lo hecho por ti, y quien no lo aprecie, no volverle a dar ni el saludo.

ASTRONOMÍA, HERMANA DE LA ASTROLOGÍA MODERNA

En cada segundo de cada día, según las estadísticas, nacen 6,3 personas y mueren 1,8. Eso suma aproximadamente 352 755 nacimien-

11 DE SEPTIEMBRE

El individuo es lo irrecuperable por las ideologías.
—Jorge Semprún

tos y 148 632 muertes por día. En diez años, existirán ya casi cuatro millones de personas que cumplirán años contigo, y si tienes treinta años, eres compadre de más de nueve millones de humanos. Sin embargo, cada uno de ustedes tiene su lugar personal en el universo, porque para los astrólogos, sumamos y restamos, multiplicamos y buscamos en las efemérides adonde estaba nuestro planeta en el sistema solar, hacia dónde estaba orientado y qué grado de ángulo tenía cada planeta del mismo sistema en el momento en que con un aullido, te hiciste presente. Y, como nos movemos en el espacio de manera espectacular, a miles de kilómetros por segundo, dando vuelta sobre nuestro eje, girando alrededor del Sol, el sistema planetario nuestro rodeando el centro de la Galaxia, y la Galaxia moviéndose en el universo, todo cuenta. Por eso, tú eres único o única y esa es tu bendición cósmica. Porque sí, todos somos parte del cosmos y el cosmos nos hace partícipe de ser polvo de estrellas. Así que tú, nacido un día especial para unos, terribles para otros y benditos para los que vengan, eres parte de Virgo, parte de 11 de septiembre y parte de la hora, el lugar y tu ADN cósmico. Un 11 de septiembre, Santiago de Chile fue destruido por los michimalonkos en 1541; y un 11 de septiembre, Henry Hudson descubrió la Isla de Manhattan con sus propios indígenas (ya habían once tribus). Además, el 11 de septiembre de 1524, nació el poeta medieval Pierre de Rosnard, que nos regala estas palabras: "La vida está hecha de años que no significan nada y momentos que significan todo".

Angelus:

Nairyo Sangha, ángel de otro mundo.

 TU CLAVE SECRETA

Saber que el tiempo hace que todo pase, pero eso ya lo dijo Aeschylus.

Celebridades de tu día:

Jaime Chávez, Bola de Nieve, María Novaro, Manuel Mujíca Láinez, Theodor Adorno, D. H. Lawrence, María Bartiromo, Harry Connick Jr., O. Henry y Émile Baudot.

12 DE SEPTIEMBRE

*La libertad no sería escoger entre blanco o negro, sino repudiar
tales elecciones absurdas.*
—Theodor W. Adorno

TU DÍA, VIRGO

Dicen que todo lo que nos rodea hacia el exterior está puesto en el espacio y tiene una relación especial con el número 12. Y si esto es cierto, suertudos ustedes. Por lo mismo, y para acomodarte con tu número, aprender a operar dentro de elementos nuevos (como por ejemplo, al nadar bien, dominas el agua) para estimular tu propia persona, tu identidad y tu carácter. Así, todo esfuerzo aparecerá de nuevo en una meta precisa, lo que te gusta, lo que escojas. En otras palabras, al nacer este día, logras siempre llegar al otro lado del río, siempre y cuando te eches a nadar. ¿Comprendes? Es más, esa palabra debes llevarla como diamante, porque comprender o hacer comprender es tu fuerte. Podrías ser excelente profesora o maestro y ayudar a otros a encontrar sus propios caminos. Y de paso, si te atreves, consigue una tabla de las llamadas ouija y encuentra con quien jugarla. ¡Verás cómo te abre los ojos!

Tu verbo motor:

Entregar

AMOR, SALUD Y BIENESTAR

Si tu amorcito o el amor de tu vida no te divierte, cuidado. Los nacidos un 12 de septiembre necesitan amor ligero, divertido y fácil, aunque estén perdidamente enamorados. A veces puedes tardar en encontrar a ese ser tan especial que te aligera la vida, y llegas a pensar que nunca sabrás lo que es tener una relación estable, pero te equivocas. Juntarte con alguien con quien puedas disfrutar algún deporte o juego abre puertas y verás que la felicidad existe con o sin pareja, la cual seguramente, a la larga, encontrarás.

Angelus:

Matmoniel, ángel que es ministro de Dios.

DESARROLLA TU RIQUEZA Y PROSPERA

Trabajar con un grupo que espiritualmente te convence es lo mejor que podría pasarte. He leído que el espermatozoide que te engendra (por haber nacido el 12 de septiembre, y haber aparecido 9 meses antes) ha decidido ser tú desde que apareció. Y desde entonces se tomó la libertad de prometer que te ayudará a prosperar en primer lugar en tu psique.

PODER DAR

Da actos de amor, lo podrías hacer de manera excelsa.

ASTRONOMÍA, HERMANA DE LA ASTROLOGÍA MODERNA

El 12 de septiembre de 1959 aterrizó la primera nave espacial sobre la Luna. Era rusa y se llamaba Luna 2. Luego, el 12 de septiembre de 1970, se lanzó Luna 16, la primera sonda espacial robótica hacia la Luna, la cual aterrizó doce días más tarde y, después de recolectar algunas muestras de nuestro satélite, regresó a la Tierra. Posteriormente, como buenos niños juguetones, los rusos y los norteamericanos intercambiaron muestras lunares recogidas por Luna 16 y por el Apollo 11 y 12. Los rusos fueron quienes lograron ser primeros en traer muestras por medio de un aparato, de regreso al planeta verde. El brazo robótico escarbó una profundidad de 35 milímetros, tocó roca y extrajo unos 100 gramos de tierra lunar y algo de roca. El brazo pudo poner todo lo extraído en una cápsula y logró volver a nuestro planeta, aterrizando en Kazakhstan. Viajó 384 399 kilómetros, la distancia entre la Tierra y la Luna —aunque su trayectoria no fue directísima, y la distancia varía porque la Luna varía, ya que su órbita es elíptica, (ovalada). Ahora se puede llegar en ocho horas y treinta y cinco minutos a la Luna (eso tardó el New Horizons, que viaja a Plutón), pero en 1970 tardó varios días. Ya se planean viajes a la Luna para el año 2050... vacacionales. ¿Irás?

 TU CLAVE SECRETA

*Reconocer que cualquier cosa es posible y tú puedes
comunicar esto a quien desees.*

Celebridades de tu día:

*Stanislaw Lem, Barry White, Pedro Albizu Campos,
Jennifer Hudson, Yao Ming, Jesse Owens,
Irène Joliot-Curie y Wilfred Benítez.*

TU DÍA, VIRGO

Ni más ni menos que el Templo de Júpiter de Roma fue dedicada este día a los Idus de septiembre, en el año 509 a. de C. Es decir que desde hace más de 2500 años, este día lleva algo muy especial.

> **Tu verbo motor:**
> *Planear*

Idus, en aquel entonces significaba la Luna llena, que en aquella época acontecía regularmente el 13 de cada mes, porque sus calendarios seguían el paso de la Luna. Para acomodarte en el curso de tu vida, necesitas, debes y puedes comprender el valor del dinero. No tiene esto que ver con tener más o menos, pero sí con sabértelo ganar y gastar, invertir y compartir adecuadamente. Además, lo debes respetar lo suficientemente como para enseñarles a los tuyos ese mismo respeto. Mucho bien te hace respetar el pasado, tu pasado y el pasado histórico de tu familia; seguramente existen en él joyas que ahora podrán tener algún significado especial para tu hoy, ahora y siempre.

⊁ AMOR, SALUD Y BIENESTAR ⊁

El amor te viene fácil, a veces hasta demasiado fácil. Lo importante en esa área es que TÚ no lastimes. Aprendizajes en conjunto, desde jugar golf, hasta clases de Náhuatle (o algo más facilito), con tu ser amado amaina todo conflicto, porque ambos, tanto el hombre como la mujer de signo Virgo, son atentos a lo que saben puede ilustrarles intelectualmente. Ambos, a la vez, necesitan cariño, verdadero y sostenido, para encontrar el bienestar que todos añoramos. Los nervios y las consecuencias de estar nerviosos y sentirse tranquilos tiene mucho que ver con tu salud. Tomar tes tranquilizantes es muy recomendable.

> **Angelus:**
> *Mebahíah, ángel que domina tanto la moral como la religión.*

⊁ DESARROLLA TU RIQUEZA Y PROSPERA ⊁

Mejorar tu posición en el trabajo y saber que respetan lo que haces es lo más importante para los nacidos este día. Aguantas poco cuando no te aprecian tu esfuerzo, y eres capaz de cambiar de chamba hasta sentirte dueño o dueña de tu lugar. Bien hecho, porque tu originalidad y tu independencia valen oro.

⊁ PODER DAR ⊁

Lo tuyo es dar precisamente lo que tenías en mente, y no un alternativo, aunque te cueste trabajo encontrarlo.

---

13 DE SEPTIEMBRE

Siempre en movimiento, está el futuro.
—Yoda

ASTRONOMÍA, HERMANA DE LA ASTROLOGÍA MODERNA

Un millón de dólares, recién salidos de la imprenta, apilados uno sobre otro en billetes de un dólar, mide 0,067 millas, o sea, una décima de una milla. Mil millones de dólares, en pila de un dólar, mide 6786 millas de alto. Un trillón de dólares mediría 67 000 millas de alto. Y si el tiempo es dinero, haciendo un dólar cada segundo, en doce días serás el feliz dueño de un millón de dólares. Pero, hace mil millón de minutos, Trajan era el emperador de Roma; hace un millón de horas, era 1985; pero hace un trillón de *segundos*, no existía la civilización. Comprender las cantidades enormes o mínimas de nuestro mundo, la lejanía de las estrellas y las pequeñeces del cuerpo humano es necesario. El as de los números es Virgo, ya que sabes contar lo que sea cuando es necesario. Y para cerrar con broche de oro, si tú gastaras veinte dólares por segundo, te tardarías 1585 años en gastarte un trillón de dólares. ¡Buen provecho!

 TU CLAVE SECRETA

Pocos como tú comprenden el valor y el poder de cada centavo.

> **Celebridades de tu día:**
> *Yma Sumac, Oscar Arías Sánchez, Cesare Borgia, Ramón Grau, Alain Ducasse, Milton Hershey, Stella McCartney y el día en que seis cadetes (menores de 15 años) mueren defendiendo el Castillo de Chapultepec en la Ciudad de México por lo que hoy se festeja Día de los Niños Héroes.*

<table>
<tr><td>

14 DE SEPTIEMBRE

Nunca he tenido una opinión "humilde"; si uno tiene una opinión, porque ser humilde sobre el asunto.
—Joan Baez

</td></tr>
</table>

TU DÍA, VIRGO

Eres voluntarioso por tu bien, y no por casualidad, en un día como este, en el año 1114, sucedió la Batalla de Ishibashiyama, cuyo vencedor se convirtió en uno de los shogun más reconocidos de la historia japonesa. Shogun es comandante de las fuerzas, manda, se hace lo que dice y muestra su integridad y perspicacia con ingenio absoluto. Por lo mismo, mandar es lo tuyo, y más vale que lo asumas. Al mismo tiempo, tu preocupación por tus semejantes impresiona, y debes desde temprana edad involucrarte en el bienestar del prójimo. Tu persona busca la perfección y la crítica a la vez. Difícilmente van ambos juntos de la mano, y por lo mismo, tus talentos son impugnados por tu propia persona. Bien harías en buscar en quien confiar 100% para recordarte cada vez que se pueda, todo lo excelso que es tu persona.

Tu verbo motor:

Integrar

❧ AMOR, SALUD Y BIENESTAR ❧

Te gusta lo bien hecho tanto en el amor como en la amistad. Cuando decides a quién querer, nadie puede convencerte de lo contrario, y harás siempre todo lo posible por que tu amor dure lo que TÚ quieres que dure. En cuanto a tu salud, mientras más te inclines a la comida vegetariana, mejor. A la vez, mientras más superior te sientas, excelente cosa, ¡porque lo eres!

❧ DESARROLLA TU RIQUEZA Y PROSPERA ❧

Tener tu propio negocio y no tener que trabajar bajo las órdenes de otro (incluyendo tus familiares) es lo mejor que podrías lograr, siempre y cuando no dejes de producir lo suficiente para darte los pequeños o grandes lujos que tu alto grado de perfeccionismo desea. No cejas hasta conseguir lo que quieres, por lo tanto, tu prosperidad no debe preocuparte demasiado.

❧ PODER DAR ❧

Cuando das es por amor, y haces bien.

ASTRONOMÍA, HERMANA DE LA ASTROLOGÍA MODERNA

Teólogo, alquimista, mago, astrólogo y escritor sobre ciencias ocultas, Heinrich Cornelius Agrippa von Nettesheim nació el 14 de septiembre de 1486 y, como buen alemán, era mordazmente hablador. Esto le va bien a todo Virgo, pudiendo cambiar ustedes lo de mordaz por inteligentemente, cuidadosamente, particularmente, preparadamente, venturosamente, enfocadamente, valiosamente, ambiciosamente, formuladamente, claramente, revolucionariamente, elegidamente, ocurrentemente y verdaderamente. Allí tienes catorce adverbios para festejarte en lugar de las velas. Volviendo a Agrippa, "Nada se le puede ocultar a los sagaces y sensatos, pero los incrédulos y los frívolos nunca podrán aprender los secretos", esa fue una de sus frases importantes, y siguió con un firme: "Todas las cosas que son similares y, por lo tanto, están conectadas, se aproximan al poder de ambos". Él ha sido estudiado por un sinfín de escritores modernos —como James Joyce, Melville y Vaclav Havel, entre otros— y hasta en los libros de Harry Potter. Giordano Bruno, John Dee y varios interesados en la filosofía oculta lo citan ya que dejó muchos libros, anotaciones y datos tanto sobre curaciones herbolarias, numerología y, por supuesto, astrológicas. Agrippa, junto con Tommaso Campanella, son quizá quienes escribieron las obras más interesantes sobre astrología y pusieron en ellas las bases del estudio del arte astrológico en conjunto con el libre albedrío y la astrología moderna.

Angelus:

Prunicos, ángel con poderes celestiales supremos.

 ## TU CLAVE SECRETA

Saber conjurar la historia con la modernidad y sacar el mejor provecho de ambos.

Celebridades de tu día:

Cachao López, Mario Benedetti, Tula Gout Ruiz, Juan José Orígel, Heinrich Cornelius Agrippa, Alexander von Humboldt, Ivan Pavlov, Margaret Sanger, Renzo Piano, Silvia Navarro, Amy Winehouse y el día en que el Papa Pablo VI canoniza a la primera santa norteamericana Elizabeth Ann Seton.

TU DÍA, VIRGO

Lo mejor que te podría haber pasado es haber nacido en, ser adoptado por o vivir con una familia de alta alcurnia, ¡porque eso lo sabrías aprovechar de manera genial! Ni te rías, porque lo fino y la realeza va con tu personalidad. Sea

Tu verbo motor:

Conferir

como sea, si te pregunta alguien, "¿Te sientes de la realeza?", contesta que sí, y mándalos a volar. Mientras te vayas acostumbrando, sábelo para siempre, el símbolo del rey o la reina, tanto en el ajedrez como en la vida nuestra de cada día, es el símbolo de la unidad e integración. Esas facultades deberían ser tu máximo sueño, en tu familia, entre tus conocidos, amigos y con quienes trabajes. Nadie como tú para comer sin batirte, pocos como tú para ponerte lo que va bien con la ocasión, y ya quisieras tener la amabilidad de decir buen provecho, perdón o gracias cuando haya ocasión.

⚜ AMOR, SALUD Y BIENESTAR ⚜

"Ya me llegará", tienes que aprender a decir, si es que aun no te ha llegado el amor de tus amores. Los franceses dicen *noblesse oblige*, lo cual significa una de dos cosas: si crees que eres de sangre azul, tienes que actuar como tal; o que tienes que comportarte como tu posición indica y con la reputación que tú misma te has ganado. En otras pala-

Angelus:

Synesis, ángel comprensivo de y para todo.

bras, tu pareja debe mostrarte quién eres. La salud y la prosperidad vienen en mucha menos proporción, ya que los demás no deben saber ni cuál es tu propósito y mucho menos cuánto tienes.

⚜ DESARROLLA TU RIQUEZA Y PROSPERA ⚜

Digamos que sí eres príncipe o princesa; pues a poner orden y ejemplo. Mientras más responsabilidad tengas, mejor para ti y, en realidad, todo lo que tienes que hacer es asumir la posición de quien manda y proteger a quienes están contigo. ¿Estás dispuesto a hacer esto?

⚜ PODER DAR ⚜

Tú puedes y debes dar como si no te hiciera falta alguna lo que estás dando.

15 DE SEPTIEMBRE

Cada humano tiene un "yo" del tumulto y un ser individual de varias y diferentes proporciones.
—D. H. Lawrence

ASTRONOMÍA, HERMANA DE LA ASTROLOGÍA MODERNA

El Beagle, nave que traía a Charles Darwin (Acuario), autor de *El origen de las especies* y el padre de la teoría de la evolución, atracó el 15 de septiembre de 1835 en las islas Galápago. Darwin científicamente comprobó que todas las especies de vida descienden de un patrón evolutivo y es uno de los genios de la historia. Las Islas Galápagos son ahora una reserva ecológica ecuatoriana, con una población de unas 23 000 personas. Las Islas se encuentran a 973 kilómetros al Oeste de la costa ecuatoriana, a 1,40 grados al norte y a 89 grados hasta 92 grados al Oeste. Lo más relevante de su afamado libro *El viaje del Beagle* se encuentra en el capítulo diecinueve, donde describe que trabajó sin paga sobre el barco durante cinco años. Venía de una familia adinerada y podía darse ese lujo, y la humanidad se lo agradece. Hoy día, usar la palabra evolución es difícil sin pensar en Darwin. Virgo, al nacer este día, podrías impresionar a quien quieras informándoles que existen unas 10 000 especies de pájaros; pero la cantidad de animales sobre nuestro planeta aun no es certera —¡apuestan por entre tres y treinta millones!

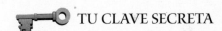 TU CLAVE SECRETA

Saber que contar no lo es todo en la vida.

Celebridades de tu día:

Marco Polo, Adolfo Bioy Casares, Agatha Christie, Carmen Maura, Fernanda Torres, Ivette Sosa, Cornelio Saavedra, Princesa de Asturias Letizia Ortiz, Porfirio Díaz, Príncipe Harry de Gales y el día en que Costa Rica, Guatemala, Honduras, Nicaragua y El Salvador se independizan de España y se incorporan al imperio mexicano en 1821.

16 DE SEPTIEMBRE

*Entre los individuos como entre las naciones,
el respeto al derecho ajeno es la paz.*
—Benito Juárez

TU DÍA, VIRGO

De todos los nacidos Virgo, los nacidos un 16 de septiembre son los más vociferadamente puros. Con esto quiero decir que dicen, por lo general, lo que quieren cuando creen que pueden, sin fijarse en si deben. Esto les puede causar problemas o hacerlos héroes, pero definitivamente no pasan desapercibidos en sus vidas. Y la fe que tienen en sí, en otra cosa o en su religión, siempre será fuente de protección, como el caduceo, la vara delgada, rodeada por dos serpientes que que representa a los médicos y simboliza la reconciliación de los opuestos. Eso es lo tuyo, *reconciliar*. Juntar y hacer que mejore, que crezca, que florezca lo que tramas, planeas, haces y hasta lo que amas.

Tu verbo motor:

Considerar

✎ AMOR, SALUD Y BIENESTAR ✎

El hombre es el único animal que sufre de tristeza *post coitum* (en todos los signos), pero es posible que Virgo del 16 de septiembre le pase con más frecuencia, porque este Virgo nace sabiendo que el amor sí es una cosa esplendorosa, pero también se sufre de amor, por lo que con el amor hay que ir con cuidado. Lo demás en el amor les viene bien, suave y algo protocolario. Ay, pero ay, cuando están enamorados la salud se compone y el bienestar es instantáneo. Eso sí, el amor a su planeta es importante signo saludable para ustedes, y por esto les cuento que este día es el escogido para ser el Día Internacional para la Preservación de la Capa de Ozono, este día y todos los 16 de septiembre podremos por lo menos repetir "amo a mi planeta". El ozono se mide con un espectrofotómetro y absorbe casi el 98% de la radiación ultravioleta de alta frecuencia. Sin esa capa, el sistema inmunitario de los humanos y otras especies se iría a pique.

Angelus:

Sanctíties, ángel de orden celestial.

✎ DESARROLLA TU RIQUEZA Y PROSPERA ✎

Tu riqueza tiene que ver con tu alrededor, es decir, con tu forma de vida, con quien la compartes y qué haces para mejorar esa misma vida para ti, los tuyos y quienes te rodean. Recordando siempre que todos necesitamos siempre más —abrazos, aire, libertad, talento, música, cariño, etc.—, tú puedes ser ejemplo de que alcanzando prosperidad en esas cosas, tu riqueza aumenta. Lo de las cuentas para sostener todo eso, vienen solas.

✎ PODER DAR ✎

Si das suficiente cariño, recibirás lo que mereces.

ASTRONOMÍA, HERMANA DE LA ASTROLOGÍA MODERNA

La tarde del miércoles, 16 de septiembre de 2009, el Papa Benedicto XVI inauguró la nueva cede de la Specola Vaticana, el Observatorio del Vaticano. Desde 1935 estaba a su disposición un monasterio renovado en Castel Gandolfo a unos 15 kilómetros de Roma, entregado por el Papa Pio XI. Los estudios de astronomía y de astrología siempre fueron asuntos de relevancia para los habitantes de la Santa Cede. Luis Funes (jesuita argentino que dirige Specola) dice que su nueva locación es "una metáfora de la misión del observatorio... abierto al diálogo con el mundo; sean o no sean creyentes.". Y para quien quiera ir a visitarlo, siendo científicos, investigadores y astrónomos —de astrólogos no estoy segura—, tiene cuartos de visita, una colección impresionante de meteoros y otros objetos como telescopios antiguos y astrolabios. El observatorio tiene enlace con un centro de investigaciones astrofísicas y observatorio en Tucson, Arizona. Siendo tú Virgo, es menester informarte que hay cursos de verano para los interesados.

 TU CLAVE SECRETA

Saber buscar, encontrar y disfrutar lo que te haga falta.

Celebridades de tu día:

Ricardo Flores Magón, Marc Anthony, Camilo Sesto, Jean Arp, Lauren Bacall, B.B. King, Peter Falk, Mickey Rourke, David Copperfield, Yolandita Monge y el día en que México se independiza de España en 1810.

TU DÍA, VIRGO

Escoge. Cada vez que dudes, escoge y verás que, sin titubear, a la primera de cambio, escoges bien. Tienes un sexto sentido para eso, no para vagar en lo que pudiera ser. Eres directo y quizá no tan honesto (verbalmente) como quisieras, porque en principio, tus valores no son los mismos que los del mundo que te rodea. Quisieras ser extrovertido, pero no puedes, y eso está bien porque tampoco debes. Para ti, la justicia siempre equilibra, pero tu sentido de justicia a menudo no encaja con el de los demás. Cuando esto te suceda, no cejes, simplemente cambia el modo de hablar, algo que no debe serte nada difícil, aunque es muy cierto que los nacidos un 17 de septiembre siempre deben tener un buen diccionario en casa.

Tu verbo motor:

Percibir

⚜ AMOR, SALUD Y BIENESTAR ⚜

El amor es como el agua, se prende y se apaga. ¿Esa frase la escribiste tú? Podrías haberlo hecho, cantado, dicho o vivido, ateniéndote a la gran simplicidad que es el verdadero gran amor. Una vez que lo o la encuentres, sabrás al instante lo que debes o no puedes hacer. Y eso te hará sentir como la persona más fuerte, saludable y feliz del planeta, por lo menos por un rato, que es lo que en realidad dura la felicidad absoluta. Aprende, pues, a no medirlo.

⚜ DESARROLLA TU RIQUEZA Y PROSPERA ⚜

En tu vida, tendrás bastantes pruebas de existencia —es decir, de varios tipos. Pero una de las cosas dentro de las cuales deberías mantenerte firme, con tus propósitos bien planteados contigo mismo, es el de saber lo que vales y cuánto quieres ganar por lo mismo. No regateas y mucho menos trances. Alimenta tu ego en esta faceta de tu vida, y verás lo bien y lo mucho que prosperarás.

Angelus:

Zotiel, ángel querubín, uno de los guardianes del paraíso.

⚜ PODER DAR ⚜

Lo tuyo es dar sin titubear, es decir, dar lo que tengas a mano.

17 DE SEPTIEMBRE

La ausencia de evidencia no es evidencia de ausencia.
—Carl Sagan

ASTRONOMÍA, HERMANA DE LA ASTROLOGÍA MODERNA

No debemos nunca olvidarnos de la batalla de Temístocles (con trescientos hombres) contra Xerxes, y miles de persas, quienes planeaban conquistar toda Grecia con millones de soldados. La batalla ha sido históricamente usada como ejemplo del poder de un grupo pequeño de héroes quienes patrióticamente defienden su tierra y cómo con valor y coraje suficiente contra una desventaja abrumadora, sí se puede ganar. Herodoto (seguramente era de signo Virgo), el padre de la historia, lo cuenta maravillosamente bien.

Curiosamente, ¿planeado por los astros quizá?, el 17 de septiembre de 1976, se devela la primera cápsula espacial, el Enterprise, por la NASA, y desde entonces hasta ahora hemos brincado al verdadero comienzo del espacio extraterrestre, realizado por hombres con suficiente valor y coraje a pesar de desventajas también abrumadoras. Y aquí estas tú, nacido un 17 de septiembre, listo para seguir adelante y forjar tu gran destino.

 **TU CLAVE SECRETA**

No cejar, no ceder y siempre querer.

Celebridades de tu día:

Hank Williams, Francis Charles Chichester, Baz Luhrmann, John Ritter, Jennifer Peña, se firma la constitución de Estados Unidos en 1787 y el Barón Rojo gana su primera batalla aérea en 1916.

18 DE SEPTIEMBRE

La necesidad es un rasgo objetivo de todo el universo.
—Grafiti

TU DÍA, VIRGO

Curiosamente hay muchas fiestas de grupos autóctonas de todo el mundo este día, y esto debería bañar tu ADN cósmico de ganas de hacer algo parecido. De ser el más divertido de todos los nacidos Virgo para que tu destino siempre tenga un baño de alegría.

Tu verbo motor:

Cuidar.

Pero eres quizá demasiado responsable, cosa buena. La suma de ambas cosas, alegría más responsabilidad, marca tu lugar en la historia. Y eso, a la vez, implica que tienes la capacidad de lograr cualquier empeño hasta su límite, para bien tuyo o para bien de los demás, siempre y cuando te decidas a hacerlo, porque de no ser así, de nada sirve nacer con tanta chispa, sería un verdadero desperdicio. El reconocimiento público es algo que bien podrías merecer y conseguir, si lo deseas. Tus fallas se olvidan. Tus méritos siempre están presentes.

⚜ AMOR, SALUD Y BIENESTAR ⚜

El amor es una cosa misteriosa, y tú eres un amante adorable, pero necesitas encontrar a quien querer que encaje en tu vida como una pieza de rompecabezas embona con otra. De lo contrario, no te acomodas. Dado a ser algo conformista por fuera y algo excéntrico por dentro, tienes que saber escoger. Con tu cuerpo eres parecido. Es decir, podrías ser algo leve con tu ritmo de vida y algo fanático con tus alimentos. Tu bienestar tiene mucho que ver con tu vida privada, así que cuídala.

⚜ DESARROLLA TU RIQUEZA Y PROSPERA ⚜

Sabes conseguir lo que realmente quieres, apropiadamente y con calma. Lo más conveniente para ti es ver tus posibilidades a largo plazo, como por ejemplo planear con varios años por delante ser profesor confuciano o lograr ir a China a estudiar mandarín. Paso a paso, tus metas deben tener que ver con tu profesión, por lo tanto aunque te tardes, escoge bien.

⚜ PODER DAR ⚜

Si logras dar algo que hace sonreír a quien lo recibe, eres genial.

ASTRONOMÍA, HERMANA DE LA ASTROLOGÍA MODERNA

La primera foto de la Tierra y la Luna juntas fue tomada desde el Voyager 1. El aparato, que parecía una araña mecánica, pesaba 722 kilos y fue enviado al espacio el 5 de septiembre para estudiar nuestro sistema solar allá en el lejano 1977. Es el primer artefacto hecho por el hombre que está en este momento más lejos que cualquier otro, tomando a la Tierra como centro del universo. Lleva ya más de treinta y cinco años viajando. A Saturno lo pasó en los ochenta. Y al final de 1980, se dirigió a lo que llaman "la misión interestelar Voyager I" Cada uno de los Voyagers lleva una placa bañada en oro por si alguien o algo impregnado de vida inteligente de otro sistema planetario lo encuentra. Y ya envió fotos familiares (las primeras en la historia humana) de nuestro propio sistema solar visto desde afuera del mismo, conocido aun como "el punto azul pálido", fotografiado en 1990. Busca la foto en Google bajo su título, "el punto azul pálido" así tú, nacido el 17 de septiembre, puedes verla y apuntar el dedo diciéndote: "Allí estoy yo".

Angelus:

Bne Seraphim, ángel que tiene dominio sobre Mercurio.

TU CLAVE SECRETA

Saberte capaz de ayudar a la humanidad, sirviéndole mientras logras que te sirva.

Celebridades de tu día:

Trajan, Tomás Burgos, Greta Garbo, Rocío Jurado, Steven Pinker, Ronaldo, Lance Armstrong, Frankie Avalon, CBS sale al aire y se edita la primera edición del New York Daily Times ahora el New York Times.

TU DÍA, VIRGO

Suave, calladita y fortaleciente eres tú. Dicen los anales de la astrología antigua que eres el arquetipo de Virgo y que formas parte del gran ritual de la evolución planetaria. Eso va de acuerdo con la monada. Es

Tu verbo motor:

Confiar

decir que tu esencia tiene que ver con cada una de las sustancias indivisibles, de naturaleza diferente, que componen el universo, según Liebniz, filósofo y matemático del siglo XVII, nacido Cáncer, signo que va bien con el tuyo. Todo esto significa que lo que quieras ser, serás. Lo que desees hacer, lo harás. Y lo que quieras, seas, hagas y decidas que quieres cambiar, lo resolverás a tu propio gusto también. Con razón dicen que son cuidadosos y prudentes. Lo único que necesitas aumentar es la esperanzas que tienes de lo que quieres hacer de tu vida.

⫷ AMOR, SALUD Y BIENESTAR ⫸

No exageres, ya sé que visualizas y también imaginas lo maravilloso que es el amor, pero ten en cuenta que es como la felicidad, viene a ratos. Si fuera todo el tiempo, sería demasiado carga. Y tú tienes mucha carga de por sí, simplemente siendo tú. Muchas vivencias tendrás, todas maravillosas, según las experimentes. Tu estructura corporal necesita ser revisada de vez en vez, porque cargas en el esófago y en el estómago todos tus pesares. Un médico de cabecera confiable es lo que necesitas, y una estrella bajada del cielo para tu bienestar.

⫷ DESARROLLA TU RIQUEZA Y PROSPERA ⫸

¿Sabes cuánto tarda una persona en contar hasta un millón? Dicen los matemáticos que tarda un millón de segundos, que son igual a 16 666 minutos, que son más o menos 278 horas u 11 días y medio (sin tomar agua). Basta con que lo sepas, para que así no desperdicies tiempo en tonterías y te ubiques para poner todo tu empeño en disfrutar lo que tendrás cuando comiences a prosperar como mereces. Es así de fácil. Y, si la primera idea no cuaja, enfócate en otra y verás.

⫷ PODER DAR ⫸

Hacerle entender a alguien que cualquier cosa es posible, es dar, lo demás, es poca cosa.

ASTRONOMÍA, HERMANA DE LA ASTROLOGÍA MODERNA

El 19 de septiembre de 1888, en Bélgica, ganó el primer premio de belleza internacional de la historia, junto con 5000 francos, escogida entre 350 aspirantes. Los jueces escogieron a 21 jóvenes, juzgadas so-

19 DE SEPTIEMBRE

La vida, la mente y la conciencia son partes centrales del funcionamiento de nuestro universo, y preceden de cierta manera con la energía y la materia.
—Robert Hand

lamente por hombres y en persona. Los hombres llevaban esmoquin y las mujeres vestidos largos. Ganó la señorita Marthe Soucaret de la isla Guadalupe. La condecoraron con un listón que decía en francés: La Mujer Más Bella del Mundo. Hoy día, Miss Universo es visto por seiscientos millones de televidentes. Se dice que la belleza está en los ojos de quien mira, y el gran escritor Umberto Eco (Capricornio), hombre renacentista de nuestro tiempo, escribe en su libro *Sobre la belleza*: "El cosmos europeo nos tiene inmergidos en su visión de la belleza" (Venus, el planeta, es su representante). Pero un ejemplo tan profundo como las ideas de todo Virgo nacido un 19 de septiembre, es la visión de los chinos, quienes hasta el siglo pasado le rompían los pies a las niñas de cuatro a seis años,

Angelus:

Natiel, ángel que aleja todo mal.

vendándoselas para hacerlas pequeñas. Unas morían porque el vendaje y el hueso roto se gangrenaban, y todas sufrían terriblemente hasta los catorce de dolores inimaginables.

En la antigüedad, en Troya por ejemplo, habían concursos de belleza pero el jurado estaba compuesto de poetas, escultores, filósofos, actores y guerreros. La Luna también tiene su relación con la belleza en cuentos y en fases, y curiosamente, un 19 de septiembre, cincuenta años antes de la competencia mundial de belleza humana, fue descubierta Hyperion, la luna más extraña de todas las lunas. Las fotos que envió la nave espacial Cassini cambió para siempre la idea de nuestro cosmos. Al verla de cerca, parece que le dio sarampión y le falta una parte. Da vueltas de manera extraña y sus cráteres están llenos de algo de color negro inexplicable; sin embargo, su superficie tiene un brillo fascinante. William Bond, al descubrirla, pensó que era lo más bello que había visto en su vida.

⚷ TU CLAVE SECRETA

Saber que te puedes quedar en tus trece cuando se te antoje y simplemente porque sí.

Celebridades de tu día:

Lila Downs, Mario Batali, Germán Valdés, Brian Epstein, Mama Cass Elliot, Jeremy Irons, Paulo Freire, Jimmy Fallon, Jim Abbott, Twiggy y Rufino José Cuervo.

*Es mejor la realidad que un sueño: si algo es real, e
ntonces es real y tú no tienes la culpa.*
—Umberto Eco

TU DÍA, VIRGO

Eres algo tradicional, y eso es bueno. Y si no lo eres, busca serlo porque allí es donde está tu fuerza, en tu conexión con el mundo que te rodea y lo que pasa, lo que ha sido y lo que será. Tienes algo de aristocracia en tu ser que debe ser usado para que puedas plasmar toda la eficiencia que tiene tu persona. Eso es lo que más te va a regalar en tu vida.

Tu verbo motor:

Facilitar

La palabra eficiencia tiene muchos sinónimos, como por ejemplo utilidad, energía, poder, positivismo, duración, virtud, fuerza, empuje, vigor y hasta competencia (doce, uno para cada signo del zodiaco). Estos sinónimos los puedes usar para tu propio bien y el esfuerzo que haces al levantarte y reconocer que cada día tiene algo especial, porque tú eres lo suficientemente combativo para afrontarlo todo.

⚜ AMOR, SALUD Y BIENESTAR ⚜

Todos nos enamoramos un poco a la antigua, qué bueno y qué bien. Al fin y al cabo, todos esperamos que al ser concebidos, haya sido con amor. Con eso en mente, no te limites cuando ames, ten confianza en ti y en el ser que amas. Para ti, la amistad en la pareja tiene la misma importancia que el gran amor, y por lo mismo, hacer algún ejercicio en conjunto podría hacerte un gran bien. Planear comida sana y sentarse cómodamente enfrente de una mesa familiar bien puesta es algo que debe llenarte de felicidad.

Angelus:

*Strateía,
ángel anfitrión.*

⚜ DESARROLLA TU RIQUEZA Y PROSPERA ⚜

Atrévete a preguntar, a refutar, a acercarte a la autoridad para mejorar tu posición y a buscar posiciones de autoridad a la vez. Y una vez que lo logres, ten cuidado de no herir a quienes están en donde tú estuviste. Pon a trabajar tus ideas y verás que prosperas. Y mientras más prosperes, al nacer un 20 de septiembre, más ideas tendrás. Cuenta con tus amigos y agranda tu círculo de amistades, quienes deben aportarte apoyo y ayuda en tu vida.

⚜ PODER DAR ⚜

Pudiera ser que te de trabajo dar fácilmente. No lo permitas. Para ti, dar es un gran aprendizaje.

ASTRONOMÍA, HERMANA DE LA ASTROLOGÍA MODERNA

Kan Balam es un clúster de computadoras con capacidad de 7113 teraflops, pero posiblemente no sepa tanto como Kan B'alam, el rey maya de Palenque, quien nació el 20 de septiembre de 524, y fue pronunciado rey a la muerte de su padre a la edad de cuarenta y siete años. La gran obra arquitectónica el *Grupo de las Cruces* de este personaje excepcional, fue construida en su honor y se dice que allí está enterrado, aunque no se han encontrado sus restos. Kan B'alam vivió hasta los ochenta años y bajo su mando, Palenque vivió sus mejores momentos. Gran patrón de las artes, los retratos que plasman su cara son exquisitos. Hay quienes relacionan a este gran hombre con el calendario maya y el 2012. Frans Blom, investigador excelso de la cultura maya, escribe: "La ciudad de Palenque, con el tiempo, se convierte en una obsesión".

El universo maya y su cultura se organizaba alrededor de la naturaleza cíclica del tiempo. Cuidaban sus bosques, sus animales y sus plantas como deberíamos cuidar los nuestros hoy día. Su idioma, su astronomía y sus matemáticas mostraban momentos precisos y fueron los más brillantes de Mesoamérica y Norteamérica. La fecha del 21 de diciembre de 2012 era muy significativo para ellos. Astrológicamente hay movimientos importantes alrededor de esa fecha, pero nada que pudiera indicar una catástrofe; más bien podría relacionarse con una nueva era, como por ejemplo, el hallazgo de alguna forma de vida en otra parte del cosmos. Así, tú, nacido un 20 de septiembre, únete a la cosmobiología y, con tu gran eficiencia, estate pendiente del movimiento eterno de nuestro planeta y su historia.

 TU CLAVE SECRETA

Saberte representante de una parte del poder que controla el orden del universo, pero no exageres.

Celebridades de tu día:

Kan B'alam, Sophía Loren, Fernando Rey, Upton Sinclair, Jelly Roll Morton, Móric Benyovszky, Ananda Mahidol y se inaugura el primer festival de cine de Cannes en 1946.

TU DÍA, VIRGO

La suerte está contigo, frase tomada de una película, pero que te va como anillo al dedo, simplemente por haber nacido el 21 de septiembre. Al sumar los dos números de tu día, se llega al 3, un número lleno de seducción, cordialidad, talento y creatividad. Salvador Dalí expresaba la numerología en sus cuadros. No dejes de leer su libro, *Los 50 secretos mágicos para pintar*, para descubrir pistas que te servirán. Y recuerda sus palabras: "Los ojos captan los más sutiles cálculos matemáticos". Ahora, volviendo a tu personalidad, lo importante es que sepas que tienes mucho potencial de ser una persona que puede usar su propia mente para reforzar sus ideas, sus deseos y su paso por la vida. Tú tienes potenciales importantes, siempre y cuando tú mismo o misma aprendas a dirigir y manejarlas.

Tu verbo motor:

Gozar

❧ AMOR, SALUD Y BIENESTAR ❧

En el amor te gusta mandar. Pero escoges parejas que les gusta lo mismo, porque una persona sin carácter no va contigo ni yendo a bailar a Chalma. La soledad no te conviene, así que mejor para ti es enamorarte varias veces hasta encontrar una pareja estable. Entre los dos, el poder de ambos cumpleaños los ayudarán a encontrar estabilidad y confort. Y con eso, como común denominador de muchos nacidos Virgo, la salud mejora y el bienestar se instala.

❧ DESARROLLA TU RIQUEZA Y PROSPERA ❧

El poder de tu voluntad y tu libre albedrío se conjuraron cuando naciste, y si usas esas dos cosas sin arbitrariedades, logras hasta más de lo que tienes programado, deseado o creído, esto, de nuevo está relacionado con el número tres. Será la tercera vez que te esfuerzas, o trabajarás con tres personas —eso y más, tú lo decides.

❧ PODER DAR ❧

Al dar tu personalidad brilla, llevas refuerzos y sabes cómo mejorar algo de la vida de quien lo recibe.

ASTRONOMÍA, HERMANA DE LA ASTROLOGÍA MODERNA

No se sabe a ciencia cierta si Gerolamo Cardano nació el 21 o 24 de septiembre de 1501. Yo creo que fue el 21 porque sus precisiones tan exactas y forma de estudiar el azar con tanta precisión parece

---

21 DE SEPTIEMBRE

El pensamiento crea el mundo a cada instante.
—André Maurois

como si fuera nacido Virgo. El historiador Anthony Grafton, en su biografía sobre Cardano, presenta al astrólogo (era a la vez médico notable, matemático célebre, filósofo y destacado enciclopedista, además de autor de una de las primeras autobiografías modernas) no como una persona dedicada a una actividad irracional, sino más bien como alguien que hizo una profunda presentación al mundo de una práctica teórica tan precisa como la medicina. Cardano situaba a la astrología dentro del área del estudio contemporáneo de la naturaleza humana. Grafton se pasó un año en el Instituto de Estudios Avanzados en Berlín (Wissenschaftskolleg zu Berlin), entre otros lugares, para estudiar sin interrupciones a los escritos de Cardano. Acusado de herejía por haber escrito el horóscopo de Jesús en 1554, fue encarcelado, consiguiendo, al salir, una pequeña pensión del mismo Papa Gregorio XIII. La leyenda dice que murió el día que él mismo predijo, y fue enterrado en la Iglesia de San Marcos. En uno de sus muchos libros de medicina, Cardano describe la fiebre tifoidea y sus cálculos de álgebra eran destacadísimos. Si tú, Virgo, nacido un 21 de septiembre, puedes conseguir y leer su libro sobre los juegos del azar, te harías un gran favor. Es sin lugar a dudas, el primer libro escrito sobre las probabilidades. ¡Suerte!

Angelus:

Susabo, ángel genio de los encuentros fortuitos.

 TU CLAVE SECRETA

Tener la certeza que a la segunda o tercera vez, las cosas salen como quieres.

Celebridades de tu día:

Girolamo Savonarola, H. G. Wells, Françoise Giroud, Leonard Cohen, Stephen King, Nicole Richie, Bill Murray, Mateo Zapata, Óscar Safuán y Jorge Drexler.

22 DE SEPTIEMBRE

No es bueno ser demasiado libre.
No es bueno tener todo lo que uno quiere.
—Blaise Pascal

TU DÍA, VIRGO

Por unos minutos, te pasmas. Y cuando quedas sorprendido o ano-nadado eso no es malo, ni contrapro-ducente. Todo lo contrario, porque tu regente, Mercurio, hace bastante por ti, y tú, a través del tiempo que es siempre relativo, sabes qué decir.

Tu verbo motor:

Tratar

Así que esos momentos de quedar callado, que en nanosegundos pueden ser eternos, aparecen como recordatorio de saber y enten-der quién eres. Este día, con el grado 29 de tu signo, da una fuerza personal especial. La necesidad de ser amable hierve en tus entrañas cuando no lo eres, y tu personalidad a veces abruma siendo a la vez una persona que está en sus mejores momentos cuando da conse-jos, sirve a la comunidad y explica lo que sabe con cuidado. Dicen que todos debemos tener un Virgo cercano para que nos "expliquen las cosas".

AMOR, SALUD Y BIENESTAR

La lealtad es casi tan importante para ti como el amor. Y qué bueno, porque oportunidades tendrás para amar y ser amado. Frecuente-mente, tus amores pasados se convierten en amistades, porque tú les haces falta. Con Virgo, nacido un 22 de septiembre, la pareja se reencuentra y reconoce cosas de sí que no sabía —eso, gracias a ti. Cuando estás entusiasmado con algo, ni caso le haces a tu salud y cuerpo, algo importante de cuidar para llenarte de bienestar perso-nal. ¡Tu ejemplo vale!

DESARROLLA TU RIQUEZA Y PROSPERA

Has pensado en la política? Algo relacionado con ello, de manera cercana o lejana podría ser un apoyo para desarrollar cierto tipo de riqueza —en cuanto a la prosperidad, quién sabe, porque para ti, las dos cosas no se parecen en absoluto. Próspero eres cuando te en-cuentras poniendo un ejemplo de cordialidad y sabiduría, mientras que la riqueza es eso: dinero, finanzas, cuentas. Evita lo que pudiera ser peligroso y llénate de la sabiduría que tanto bien te hace.

PODER DAR

El párrafo sobre riqueza y prosperidad está ligado con la manera en que das. Si vas por buen camino, das sabiduría y tranquilidad, a quien lo necesite o te lo pida.

ASTRONOMÍA, HERMANA DE LA ASTROLOGÍA MODERNA

La primera edición de *National Geographic* aparece a la venta en el año 1888, y 972 textos llamados Manuscritos del Mar Muerto fue-ron puestos a la vista para el público general en el año 1991. Ambas cosas ocurrieron un 22 de septiembre. Los días traen su propia magia. Pocas cosas escritas tienen la importancia significativa como los Manuscritos del Mar Muerto, escritos en hebreo, armenio y griego, casi todo sobre pergamino, algunos en papiro. Fueron elabo-rados entre los años 150 y 70 a. de. C. y encontrados adentro de once cavernas en el condado de Qumran (lugar suge-rido por Pliny el Mayor) a un kilómetro de la costa Oeste del Mar Muerto. De allí el nombre Cisjordania. Divididos en tres grupos, 40% son textos bíblicos,

Angelus:

Labusi, ángel de la omnipotencia.

30% son manuscritos de sectas y 30% son Las Leyes de las Bendi-ciones. El arqueólogo Bryant Word dice que este hallazgo ha tenido el mayor impacto bíblico del mundo. Además de proveernos de un acervo de información sobre aquellos tiempos, nos muestran mu-chas cosas sobre la vida de Cristo. Los reyes magos (dicen que eran astrólogos) seguramente tuvieron algo que ver con este hallazgo y maravilloso es que hayan sido divulgados bajo el profundamente pensante signo de Virgo (que todos tenemos en algún lugar de nuestro horóscopo personal).

 TU CLAVE SECRETA

Saberte dueño de una historia (propia)
de cierta importancia.

Celebridades de tu día:

Juan García Ponce, Erich von Stroheim, William Spratling, Ségolène Royal, Andrea Bocelli, Roberto Flores, Joan Jett, Luis Agote y Ellen Church.

TU DÍA, VIRGO

Quién sino tú para reconquistar lo perdido, algo que no te has ni dado tiempo de pensar. En tus mejores momentos eres altruista y sincero, en los peores puedes ser quisquilloso e hipocondríaco. A veces sientes que no estas llegando a nada, pero eso es porque a veces pides demasiado. Si tienes una colección de algo, tanto mejor, y si te acusan de ser demasiado mutable, lo eres y debes de saber cómo gozarlo. Brillas cuando haces las cosas o eres independiente, y eso es algo que debes recordar cuando tratas de coartar la independencia de otros, por favor. Al ser Virgo de este día en particular, eres el último compañero de tu signo, pero el mejor preparado para llegar primero porque así lo deseas.

Tu verbo motor:

Ganar

❧ AMOR, SALUD Y BIENESTAR ❧

Amas como si fuera tu meta en la vida, pero no lo es. Amar es compartir, eso lo sabes al ser Virgo, nacido un 23 de septiembre, pero te cuesta trabajo aceptarlo. El tuyo es el signo que sostiene la primera mitad inferior del zodiaco; cargas mucho. El siguiente, el que comienza su signo con la parte superior del círculo astral, es Libra, y tú lo ayudas a ser. Por eso tus amores son soñados y necesitas bajar a la realidad y darte cuenta que nadie es dueño de nadie, y que el mejor paso entre los amantes es el que se hace en conjunto, para bien o para mal, pues todo es aprendizaje, como la vida misma, sobre todo la tuya. Tu salud es decisión personal que se balancea en tu propio bienestar.

Angelus:

Luel, ángel que tiene que ver con el uso de la adivinación.

❧ DESARROLLA TU RIQUEZA Y PROSPERA ❧

Moverte y promoverte dentro del mundo de la comunicación y el público en general es lo tuyo. La permanencia y estabilidad es algo que sabes promover y disfrutar, y aunque el mundo de los números podría también ser tuyo, cuida de no cansarte demasiado, algo que te podría causar problemas físicos y mentales. Bien harías en encontrarte como foco de atención y aprovechar los momentos que esa pasada te da para desarrollar tus talentos en ser una persona bien educada, que sabe conversar con inteligencia.

❧ PODER DAR ❧

Lo tuyo es dar con elegancia y buena fe, sean mirruñas o castillos en el aire.

23 DE SEPTIEMBRE

La vida de la razón no es una reproducción exacta del universo, sino sólo la expresión del hombre.
—J. Santayana

ASTRONOMÍA, HERMANA DE LA ASTROLOGÍA MODERNA

En los planos de Bogotá yace el centro de la cultura chibcha, un pueblo grandioso y sumamente civilizado. Los conocimientos que se tienen sobre ellos muestran su avanzado estado cultural y su interesantísima mitología. Fray Pedro Simón, en sus *Noticias historiales* (1623), nos cuenta sobre sus dioses, los poderes de la Luna, del arcoíris y los personajes con varias cabezas llegadas de quién sabe donde. La celebración, relegada a nuestro moderno 23 de septiembre, como la fiesta del Chukem, cuyo máximo regente Bochira lleva en la mano algo parecido al caduceo de Mercurio, lo cual le sirve mitológicamente al signo zodiacal que rige para sostenerse. Virgo, regido por Mercurio, es quien tiene acceso directo a los negocios y las negociaciones, a las artes que tengan que ver con la sutileza y las estratagemas, a los artificios, a la curiosidad y a las ciencias liberales. Dichosos ustedes, nacidos este día, que pueden con tanta fuerza y esmero realizar ese sinnúmero de cosas, simplemente porque, como dicen desde hace miles de años y como dijo el poeta Shelley: "La historia es un poema cíclico escrito por el tiempo sobre las memorias del hombre".

 TU CLAVE SECRETA

Saber leer sabiduría de antaño y crear un buen futuro con esa sapiencia.

Celebridades de tu día:

Julio Iglesias, John Coltrane, César Augusto, Juan Martín Del Potro, Bruce Springsteen, Ray Charles, Mickey Rooney, Francisco Fiorentino y Ani DíFranco.

La ilusión es el primero de todos los placeres.
—Anónimo

TU DÍA, LIBRA

Ser el primero de la fila es siempre un regalo. Libra es el séptimo signo, el primero arriba del horizonte del horóscopo, significando esto que las relaciones con los demás es tu paso fundamental. Es decir, dentro de cada relación personal entre tú y otros, debe existir una visión especial, quizá única, sea buena o mala, difícil o fácil, pero con algún propósito. La manera en que funcionas con los demás, y lo que tú puedes aportar a quien se acerque a ti es un punto primordial en tu vida. Tu vida es un mar de posibilidades y crecimiento humano. Lo único que tienes que vigilar es no hacerte la idea de lo que la vida pudiera ser, lo que pudieras hacer o despegarte demasiado de la realidad. Si logras esto, tu vida será una maravillosa realidad, a sus horas.

Tu verbo motor:

Preparar

❧ AMOR, SALUD Y BIENESTAR ❧

Tu amor debe ser un proceso dinámico, no un sueño por realizar. Libra ama, y luego ama una y otra vez, pero tiene la opción de que sea a la misma persona (a quien le encuentras encantos inesperados) u otra. Allí, tu libre albedrío te lleva de la mano y escoge, para que tú escojas. Seguir tu salud a la letra, con un manual personal es lo indicado para que mantengas siempre una frescura que refleja tu bienestar.

❧ DESARROLLA TU RIQUEZA Y PROSPERA ❧

Manifiéstate dentro del área de la comunicación humana que mejore la vida de los demás, aunque en tener un bosque de madera que te permita fabricar palillos ecológicos hasta lo que puedas imaginar. El bienestar del planeta debe estar involucrado en el desarrollo de tu riqueza para que de algún modo devuelvas lo que la tierra te da.

❧ PODER DAR ❧

Lo tuyo es dar siempre algo que tenga ligas con la ecología.

ASTRONOMÍA, HERMANA DE LA ASTROLOGÍA MODERNA

A los cuarenta y ocho años, un 24 de septiembre, primer día de Libra en cualquier año, murió Paracelso, nacido Escorpión. Dicen que al morir en un signo diferente al tuyo, tu alma se convierte en ese signo. Así que Paracelso es ahora Libra. En la simbología zodiacal, Libra representaba quien pesaba, luego escogía el lugar de descanso eterno, según apuntaba la báscula. Tendré que repetir lo que dice el genial escritor Bill Bryson: "Todo los átomos que posees, casi seguramente han pasado por varias estrellas y ha sido parte de millones de organismos en su camino para llegar a ser TÚ... podríamos tener átomos compartidos con Shakespeare, Buda o Genghis Khan y Beethoven". Para eso tendremos que saber que según Richard Feynman: "Si tuvieras que reducir la historia científica a una frase importante, sería que todas las cosas están hechas de átomos". Libra, nacido hoy, antes y después de haber pesado almas, se queda con los átomos analíticos, de juicio y del razonamiento. Y quizá será por eso tú, siendo el primero de tu signo en el eterno conteo del zodiaco, eres representante de todo arquetipo que complazca: las flores con su exquisita perfección, la mariposa volando entre una parvada de pájaros y el hombre buscando su forma perfecta, material y espiritual. Qué bueno, pues, que todos tengamos a este signo en nuestra composición astrológica. Carl Jung escribe que siendo una figura legendaria, Paracelso era gran preocupación suya por su conexión con la alquimia, la astrología y la filosofía. Como bien dijo Paracelso: "Todo lo que está adentro puede ser conocido por lo que no es".

Angelus:

Tabiblik, ángel de la fascinación.

 TU CLAVE SECRETA

Saber que tú tienes el poder sobre las estrellas, y no las estrellas sobre ti.

Celebridades de tu día:

Severo Ochoa, Jim Henson, Nia Vardalos, Fats Navarro, Goya Toledo, F. Scott Fitzgerald, Fernanda Urrejola, Sergio Magaña, Linda McCartney y el debut del programa de televisión 60 Minutes.

TU DÍA, LIBRA

Muéstrate. Pavonéate. Aprende a salir a la calle sintiéndote bien contigo mismo, porque tu porte, tu arreglo y tu presentación son parte de tu personalidad, y debes mostrar lo orgullosa que estás con tu manera de verte y ser. Si te consideran presumido o demasiado orgullosa, buena cosa. Eso muestra que sabes lo que vales. Es también una excelente manera para poder escoger a tus amigos en vez de que te escojan a ti. Balancea bien tus hábitos de comer, ejercitarte y divertirte, teniendo en cuenta que mientras más satisfacciones alcances haciendo estas tres cosas, mejor para ti. Un ritmo metódico te hará mucho bien, y un hogar que realmente te complazca es imperante para que puedas proponerte a ti mismo todo lo que deseas, sabiendo en el fondo lo que mereces.

> **Tu verbo motor:**
>
> *Seducir*

AMOR, SALUD Y BIENESTAR

El romanticismo es tu fuerza motor. En realidad, lo es para muchos personas de tu mismo signo, pero por ser el segundo en la fila de Libra, y el número dos representa tantísimas cosas para la magia, tener pareja es parte importante de tu vida. Adelante, cada vez que te enamores, siempre y cuando no hieras a quienes dejas atrás o de lado. Nada mejor para ti que encontrar una pareja para comparar métodos de adelgazar, engordar, mejorar los bíceps o cualquier otra cosa, y si no es pareja, tanto mejor. Así podrás encontrar un balanceado bienestar con amistades y con amores.

> **Angelus:**
>
> *Donquel, ángel y príncipe del amor.*

DESARROLLA TU RIQUEZA Y PROSPERA

Aumentar lo que ya tienes es lo tuyo, aunque sea factible que tus finanzas se balanceen, como el símbolo de tu signo, varias veces durante tu vida. Por lo mismo, tener una profesión guardado como un plan B es recomendado. La posibilidad de cambiar de trabajo a medio camino de tu vida no debe preocuparte. Ten la seguridad de que si no haces una cosa, harás otra. Tu vida es todo lo contrario el dicho de "zapatero a tus zapatos". Recuérdalo siempre.

PODER DAR

Da con la seguridad que quienes reciben, se sienten honrados. Tú sabrás cómo, con un poco más de esfuerzo.

Dios no prometió días sin dolor, risas sin tristeza, sol sin lluvia. Pero sí prometió valor para el día, alivio para las lágrimas y luz para encontrar el camino.
—Madre Teresa de Calcuta

ASTRONOMÍA, HERMANA DE LA ASTROLOGÍA MODERNA

Ole Christensen Romer, nacido un 25 de septiembre en Copenhagen, en 1676 fue el primer astrónomo en hacer las primeras medidas cuantitativas de la velocidad de la luz usando observaciones de Tycho Brahe, después de estudiar matemáticas aplicadas y astronomía. A tal grado llegó su fama que el Rey Luis XIV lo contrató para ser tutor de su *dauphin*, (hijo delfín) mientras calculaba una parte de las fuentes de Versalles. Pareciera que su signo (Libra) le instigó a mejorar la vida a sus conciudadanos, algo que todo Libra debe procurar, mejorando él, su ciudad natal. Ya de regreso a Dinamarca, hizo poner luz artificial en las noches por las calles de su ciudad natal, ayudó a los pordioseros y buscó dónde acomodar a los sin hogar entre varias otras cosas filantrópicas.

En esa misma época, el Rey Felipe II de España ofreció un premio a quien encontrara un método para determinar la longitud y Felipe III acabó dando el premio —importantísimo dato para la cartografía y la navegación. Tú, nacido el 25 de septiembre, harías bien en medir y calcular tu propia luz —es decir, lo que tardas en realizar lo que planeas.

 TU CLAVE SECRETA

Relacionar tus hazañas con las estaciones del año.

> **Celebridades de tu día:**
>
> *Michael Douglas, Catherine Zeta-Jones, Christopher Reeve, William Faulkner, Barbara Walters, Glenn Gould, Will Smith, Pedro Almodóvar, Eduardo Yánez, Mark Hamill y llega Vasco Núñez de Balboa al Océano Pacífico.*

26 DE SEPTIEMBRE

Cada día tiene sus dones.
—Marcial

TU DÍA, LIBRA

Ni más ni menos que Julio César le dedicó todo un templo en el año 48 a. de C. a su propio ancestro mitológico Venus Genetrix, por los favores recibidos en su batalla de Farsalia, dos años después. Y tú, nacido un 26 de septiembre, ¿te has esforzado por darle las gracias a alguien recientemente? Porque dar las gracias (a parte de que la palabra *gracias* fue escogida como la segunda palabra más bella de la lengua española en el año 2011) es algo que debes saber usar, mejorar, emplear y regocijarte cuando puedas ponerla en acción, como si fuera prototipo de tu manera de ser.

> **Tu verbo motor:**
>
> *Atinar*

❧ AMOR, SALUD Y BIENESTAR ❦

Una doble dosis de amor es tuya por haber nacido en este día, por haber nacido el mismo día que Gershwin (el autor de tantas canciones de amor) y por ser tú. Recuerda siempre que tu sentido de estabilidad se refleja más que nada, en la relación de pareja. Por lo mismo, bien vale la pena tener a un suplente para lo que acontezca (pero no digas que yo lo dije por favor). Si tienes quién te cuide, tu salud prolifera, y si tienes dos que te cuiden, tu bienestar es absoluta.

❧ DESARROLLA TU RIQUEZA Y PROSPERA ❦

Cuidado, no confíes demasiado en el apoyo de los demás para resolver tus achaques, problemas y/o planes para llenar tus bolsas de monedas de oro. Mejor (como ejemplo), entérate del valor del oro y cómo, cuándo y dónde aprovechar su presencia en tu vida —y así, haz lo mismo con cualquier otra cosa que te interesa de las finanzas. ¿Sabías que una onza de oro puede ser convertido en un alambre de 80 kilómetros de largo; o sabías que en la tabla de elementos oro equivale a Au, lo cual está derivado del latín *aurum*, palabra que significa aurora, la diosa romana de eso mismo, la aurora.

> **Angelus:**
>
> *Tiriel, ángel que lleva amuletos de la buena suerte.*

❧ PODER DAR ❦

Lo tuyo es dar algo de oro, aunque fuese una lista de sus cualidades o algo envuelto en papel dorado.

ASTRONOMÍA, HERMANA DE LA ASTROLOGÍA MODERNA

Libra es una constelación del zodiaco que aparentemente parece una báscula o balanza. Alfa Librae es una estrella doble, Beta Librae es la estrella más brillante de la constelación y los nombres de ambas estrellas tienen su raíz árabe que significa pinza del Sur y pinza del Norte. La primera vez que aparece Libra en la era clásica es en el calendario juliano 40 a. de C., por Julio César con ayuda de Sosígenes, astrónomo de Alejandría. Poco se sabe de este personaje salvo lo que aparece en el libro de Plinio el Mayor, quien lo menciona como el "sabio astrónomo egipcio que hizo estudios sobre la órbita de Mercurio". El planeta próximo a Venus es Mercurio, tienen una órbita similar, con una revolución nueve días menor. Sabemos hoy que Venus tiene unas rarezas en sus días, su atmósfera gira una vez alrededor de Venus en noventa y seis horas, mientras que la parte sólida del planeta tarda 243 días terráqueos. Además, gira en el sentido de las agujas del reloj, mientras que los demás planetas giran en sentido contrario. ¿Así de raro serás tú, Libra? No lo creo, pero lo que sí es cierto es que tu signo es de aquellos que saben ver dos lados de cada historia, mejor que otros.

 TU CLAVE SECRETA

Saber tomar decisiones convenientes para ambos partidos, sin dejar de escoger decisivamente.

> **Celebridades de tu día:**
>
> *Alberto Gironella, Winnie Mandela, Martin Heidegger, T. S. Eliot, Johnny Appleseed, Olivia Newton-John, Ivan Pavlov, Serena Williams, Joseph Proust y el Concorde hizo su primer viaje supersónico sobre el Atlántico en tres horas.*

TU DÍA, LIBRA

De todos los habitantes bañados de Libra, los nacidos un 27 de septiembre tienen una relación especial y específica con su trabajo. Los mantiene contra toda marea, no les alcanza el tiempo y quienes trabajan con ustedes, generalmente no se dan cuenta de la gran profundidad que tienen para entender, clasificar y acomodar lo que otros piensan de Libra, y cómo pueden usar su energía molecular para comprometer su persona sin desgastarse. Tus relaciones son muy interpersonales en la amistad, en el amor de un día y en el trabajo, porque así es como tú te entiendes. Puedes observar, a través de los ojos de otros, como espejo, lo que eres tú.

Tu verbo motor:

Recrear

❧ AMOR, SALUD Y BIENESTAR ❧

El amor se vive, se mastica, se escucha, se prueba, se disfruta, se sufre, se tienta, se goza y siempre pulula a tu alrededor. Cuando lo encuentras, excelente cosa y cuando lo buscas, magnífico momento. Si lo pierdes, sabes qué hacer (después de sufrir, y por supuesto también sabes hacer eso). Tu salud es algo que mantienes si haces ejercicio sin exagerar, para no agotarte, algo que quizá no sabes, pero es lo que más daño puede hacerte. ¿Bienestar? Tu definición tiene demasiado que ver con los astros, las estrellas y tu destino, que tú forjas cada vez que te propones hacerlo.

❧ DESARROLLA TU RIQUEZA Y PROSPERA ❧

Curiosamente, el 27 de septiembre de 1905, fue publicado por primera vez en una revista de física, "La inercia del cuerpo depende de su contenido enérgico", introduciendo la ecuación $E=mc2$. Y tú, puedes traducirlo al desarrollo de tu propia riqueza sin tener que ser ni matemático, ni físico, como lo era el autor, Albert Einstein. La masa y la energía son dos formas de ver una misma cosa —trabajo y las ganas con que lo realizas— y la masa puede ser convertido en energía, así como la energía puede ser convertido en masa. Todo depende de ti; está en tus manos.

Angelus:

Kutiel, ángel que tiene poderes adivinatorios.

❧ PODER DAR ❧

Puedes y debes dar una parte de tus conocimientos a otros.

ASTRONOMÍA, HERMANA DE LA ASTROLOGÍA MODERNA

Si sumas los dos números de tú día, el 2 y el 7, llegas al 9, tu número de suerte. Por lo mismo, la lista de los primeros nueve países que han lanzado un artefacto en órbita terráquea es la siguiente, en orden: Unión Soviética (1957), Estados Unidos (1958), Francia (1965), Japón (1970), China (dos meses después de Japón en 1970), Reino Unido (1971), Agencia Espacial Europea (1979), India (1980) e Israel (1988). Todos estos países, además de la Agencia Espacial Europea, desarrollaron la capacidad para enviar objetos en órbita, usando sus propios vehículos de lanzamiento. Para lanzar algo en órbita alrededor de nuestro planeta, en primer lugar hay que agradecerle al genio de Albert Einstein, y su teoría general de la relatividad, la cual se usa hasta hoy día, hasta para las bases de las leyes de movimiento planetario de Kepler. La astrodinámica es parte importante del conocimiento para configurar una órbita peródica (el cuerpo sigue la misma trayectoria repetidamente). Estudia esto, Libra del 27 de septiembre, porque una vez que tu propia órbita alrededor de lo que importa en tu vida esté bien coordinada, no habrá quien te alcance ni te detenga.

 TU CLAVE SECRETA

Saber como salirte con la tuya sin herir, con gran maestría.

Celebridades de tu día:

Sandro Cohen, Henri-Frédéric Amiel, Avril Lavigne, Agustín de Iturbide, Benjamin Apthorp Gould, Gwyneth Paltrow, Martín Ryle y Eugenio Marcano.

28 DE SEPTIEMBRE

Existe por lo menos una realidad que sentimos desde dentro,
por medio de la intuición y no por simple análisis...
y así simpatizamos con nuestro propio yo.
—Henri Bergson

TU DÍA, LIBRA

Gente como tú, alguien como yo, gente afín, junto a ellos puedes concebir algo nuevo, diferente, una nueva sociedad y comenzar con nuevos valores que los tuyos comprenden, entienden y quieren forjar para comenzar una nueva visión, planetariamente posible. Si te lo propones, lo podríamos lograr, siempre y cuando tus ideas estén bien organizadas y no simplemente aventadas al aire. Organizar es tu coco y debería ser tu fuerza. Ser el centro de atención te va bien, y la excentricidad que tienes puede convenirte si usas tu encanto nacional como frente de fuerza, algo que debería serte bastante fácil. Muchos te admiran, espero que ya te hayas fijado que uno de los hombres y una de las mujeres más admirados en el cine internacional (Marcello Mastroianni y Brigitte Bardot) nacieron el mismo día que tú, y eso, se puede pegar sin demasiado esfuerzo.

Tu verbo motor:

Impactar

☙ AMOR, SALUD Y BIENESTAR ❧

No eres demasiado estable. Y contrariamente a la gran mayoría de nacidos bajo Libra, te enciendes fácilmente enamorándote y desenamorándote. Pero tienes el don de que te sigan queriendo, ya que tú eres capaz de hacerle creer (a veces es cierto) a cada persona que has amado, que es la o el más importante. Cuidado con las dietas malogradas, eso puede causarte enfermedades inesperadas, y ten en cuenta que la felicidad es una gracia interna, como dicen quienes la saben gozar.

☙ DESARROLLA TU RIQUEZA Y PROSPERA ❧

Tus metas dependen de las épocas de tu vida, y eso es algo realmente magnífico. Podrías convencer a más de una persona en apoyarte y darte el primer empujón, o podrías ser uno de los primeros pasajeros en la nave de SpaceX. De todas formas, podrías escribir las historias imaginadas de quienes quisieran llegar a conquistar una parte del cielo. Tu secuencia de desarrollo depende absolutamente de tus decisiones y de tu devoción para convertir tus dones en tener mucha suerte.

☙ PODER DAR ❧

Lo tuyo es dar y repartir apuntes sobre cómo inspirarse y crear.

ASTRONOMÍA, HERMANA DE LA ASTROLOGÍA MODERNA

El 28 de septiembre de 2008, fue lanzada la primera nave espacial privada, ¿en la próxima irás tú? El Falcon 1 salió y llegó a su órbita destinada. Lanzada por la compañía SpaceX, una compañía de transporte espacial fundado por la misma persona que inventó PayPal (Elon Musk, de signo Cáncer), desarrollaron también las naves llamadas Dragon, que podrán llevar hasta siete pasajeros. Estas llamadas cápsulas balísticas ya están bajo contrato para la NASA. Equipadas con control termal, control de medio ambiente, protección termal y todo lo necesario para que los pasajeros la "pasen bien", cada tres meses se fabrica una nave. "Queremos ver un futuro dentro el cual exploraremos las estrellas, donde iremos a visitar otros planetas, donde estaremos haciendo las cosas grandiosas que hemos leído en los cuentos de ciencia ficción y en el cine", dijo Musk, nacido en 1971 en África del Sur, gran filántropo y quien desde los diez años se auto-enseñó como programar su primera computadora —algo que tú podrías haber hecho, de haber sabido que se podía.

Angelus:

Hermesiel, ángel líder del coro celestial.

 TU CLAVE SECRETA

Saberte mejor que muchos y peor que otros.

Celebridades de tu día:

Confucio, Víctor Jara, Koko Taylor, Marcello Mastroianni, Brigitte Bardot, Naomi Watts, Ed Sullivan, Mira Sorvino y Mari Carmen Prendes.

TU DÍA, LIBRA

Lo que tenía que pasar, pasó; pero en tu caso, nacido un 29 de septiembre, las cosas pasan porque quieres, lo decides y te exaltas cuando no es el caso. Algo pasa este día para tener tanto ejemplar de perfección entre la lista de los nacidos el 29 del noveno mes de cualquier año. No se sabe a ciencia cierta cómo logras todo lo que logras, quizá ni tú mismo lo sepas, pero mientras haces el esfuerzo, tus recursos florecen. Si este no es tu caso, busca quien pueda indicarte cómo hacer, qué magia usar o cuál de tus encantos necesitas poner a buen uso. Siempre habrá alguien que aparezca en tu vida para ayudarte a triunfar, lo importante es que te des cuenta quién es.

Tu verbo motor:

Disponer

AMOR, SALUD Y BIENESTAR

Sabes demasiado bien lo que es amar y lo que es perder. Y ambas cosas te refuerzan para que, a la larga, encuentres a la persona adecuada para ser tu pareja hasta el final de tus días. Mientras permitas aflorar tu romanticismo, tanto mejor. Importante para ti es ser consistente en el cuidado de tu propia persona. Y, al lograr tener mente sana en cuerpo sano, el bienestar viene a ti, tú no tienes que andarlo buscando.

DESARROLLA TU RIQUEZA Y PROSPERA

El conocimiento (de lo que realmente te gusta, que a menudo no es tan común y corriente), la información y el cuidadoso estudio de lo mismo puede traerte hasta fama y fortuna. Como siempre, toda proporción guardada. Las finanzas te interesan para vivir como mejor se pueda, pero pocos nacidos en tu fecha enloquecen al pensar en tener más que nadie o en dejar que otros no tengan para tener tú más. Esto es cosa buena y positiva para todo nacido Libra, con un símbolo que nos recuerda el equilibrio de todo.

Angelus:

Zonoei, ángel cargado con ordenar el universo.

PODER DAR

Para ti, dar ordenadamente, y no al azar, es lo conveniente.

29 DE SEPTIEMBRE

En las sociedad del consumidor existen dos tipos de esclavos: los prisioneros de adicción y los prisioneros de la envidia.
—Ivan Illich

ASTRONOMÍA, HERMANA DE LA ASTROLOGÍA MODERNA

El doctor en botánica Joseph Banks Rine (nacido el 29 de septiembre de 1895), fundó el laboratorio de parapsicología de Duke University, la revista de parasicología, la Fundación de Investigación Sobre la Naturaleza del Hombre y la Asociación Parasicológica. La parasicología es un fenómeno mental que no puede ser explicado de manera ortodoxa (como la telepatía, la hipnosis, la clarividencia, la psicoquinesis y otros fenómenos psíquicos). Después de asistir a una conferencia impartida por Sir Arthur Conan Doyle (autor del detective Sherlock Holmes) sobre la posibilidad de comunicarse con los muertos, Rine se interesó en el asunto y su primer libro publicado, *Percepción extrasensorial*, tuvo gran éxito. Sus estudios sobre la posibilidad de que la mente humana puede influir en cómo ruedan los dados es algo que hoy día físicos quánticos y quienes estudian la nanotecnología analizan cuidadosamente. Se ha podido mover nanopartículas con luz, y se cree que posiblemente el cerebro pudiera hacer lo mismo. En la Universidad de Londres, investigadores estudian la esfera perfecta (electrones) para el mismo fin, con resultados interesantes, lo que quizá nos permita comprender la diferencia entre la materia y la antimateria. Tú, perfeccionista del 29 de septiembre, podrías interesarte en algo parecido.

 TU CLAVE SECRETA

Saber que la naturaleza no solamente es sabia, sino que tiene en su poder todos los secretos del universo.

Celebridades de tu día:

Miguel de Cervantes Saavedra, Tintoretto, Jerry Lee Lewis, Guadalupe Victoria, Miguel de Unamuno, Caravaggio, Miguel Alemán Valdés, Silvio Berlusconi, Aleks Syntek, Enrico Fermi, Michelle Bachelet y aparece el cómic Mafalda.

30 DE SEPTIEMBRE

Escucho y olvido. Veo y me acuerdo. Hago y comprendo.
—Confucio

TU DÍA, LIBRA

Con comprender y poner a buen uso la frase de Confucio, lograrás más de lo que podrías imaginar, porque es la parte inspiradora de todo Libra, signo considerado el de este gran filósofo chino. Sus frases sobre los valores de las relaciones humanas te quedan como anillo al dedo. Siempre estate pendiente a tu relación entre padre e hijo, marido y mujer, hermanos y amigos. La persona superior protege, la inferior debe ser leal y tenerle respeto a los demás. Tú decide cómo quieres que te denominen y escoge cómo prefieres cantarle a la vida. Siendo Libra y habiendo nacido un 30 de septiembre, llevas la virtud por dentro, y encontrarte con ella es trabajo personal. Tu signo te facilita ser una persona social. Usa ese don para lo que sea tu propia voluntad.

Tu verbo motor:

Evolucionar

AMOR, SALUD Y BIENESTAR

A menudo te enamoras del amor, pues el amor y las relaciones son tan importantes para ti que puedes enfermarte de algo tan común como una gripe al perder un amor. La canción mexicana "Tengo un amor" es algo que deberías poder chiflar o canturrear bajo la regadera diariamente para mantenerte firme, de buen humor y contento. Cuidado, a veces tu perfeccionismo desgarra a quienes te aman, y no dejes de confiar en tu propia percepción cuando estás de buen humor. Estarlo frecuentemente significa que vas escogiendo bien y así florecerá tu bienestar.

Angelus:

Zohar, ángel esplendoroso.

DESARROLLA TU RIQUEZA Y PROSPERA

Para ustedes, nacidos un 30 de septiembre, vivir con un sueldo fijo puede ser mucho más remunerativo que esperar porcentajes o dinero ganado al azar. Pero eso sí, si llegas diariamente a tu trabajo mejor vestido que los demás, significa que te sientes bastante bien contigo mismo, algo que bien vale la pena al nacer este día. Tener un socio que entiende bien el negocio es imperativo para tu prosperidad.

PODER DAR

Hacer un intercambio (quizá reconociendo que no sea a tu favor) sería, para ti, la mejor manera de dar.

ASTRONOMÍA, HERMANA DE LA ASTROLOGÍA MODERNA

El 30 de septiembre de 2004 el reino Animalia, nos permitió ver un molusco de la clase cefalópodo, del orden de los Teuthidas, de la familia de categoría Architeurthis, o sea, un calamar gigante de unos catorce metros de largo (uno de los organismos más grandes del mundo). Este fue visto y fotografiado en su hábitat natural. Jules Verne seguramente vociferó un gran "Se los dije". Este calamar enorme tiene ocho brazos y dos tentáculos que a veces dejan huellas de sus ventosas sobre las ballenas. El pene del animal mide casi un metro y penetra a la hembra, quienes producen posteriormente huevecillos de unos cinco kilos de peso. Lo que sí se sabe es que ya Aristóteles describió un calamar gigante, y Plinio el Mayor los menciona en su libro *Historia natural*. No sabemos lo suficiente sobre los animales que viven sobre nuestro planeta. Nacido Libra, una de tus tareas es cuidar de alguna manera a alguno. Como bien dijo Nietzsche, nacido Libra: "El mundo fue conquistado al comprender a los perros; el mundo existe por medio de la comprensión de los perros".

 TU CLAVE SECRETA

Ser conocedor del misterio de los días, recuerda la siguiente frase del Almanaque de Benjamin Franklin, de 1757: "Hay tres fieles amigos: una vieja esposa, un viejo perro y dinero alcanzable".

Celebridades de tu día:

Rumi, José María Morelos, Buddy Rich, Martina Hingis, Monica Bellucci, Truman Capote, Elie Wiesel, Héctor Lavoe, y el día del lanzamiento de la radio de BBC en 1967.

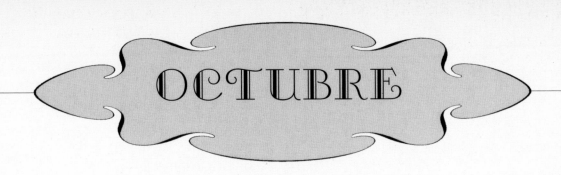

OCTUBRE

¿Quiénes cumplen años este mes?

1 _____
2 _____
3 _____
4 _____
5 _____
6 _____
7 _____
8 _____
9 _____
10 _____
11 _____
12 _____
13 _____
14 _____
15 _____
16 _____

17 _____
18 _____
19 _____
20 _____
21 _____
22 _____
23 _____
24 _____
25 _____
26 _____
27 _____
28 _____
29 _____
30 _____
31 _____

TU DÍA, LIBRA

Dice Dane Rudhyar (1895–1916), uno de los astrólogos que la ley más básica de nuestro universo es que cada puesta en marcha de nuevas potencialidades o modos de energía puede ser usada para construir o destruir, facetas relevantes en tu vida, en tus empeños y en tus prioridades. Pero esto es igual para todos y cada uno de los nacidos en todas y cada una de las fechas de *El poder de tu cumpleaños*, solamente que Rudhyar lo atribuye a tu día porque dice que los nacidos un 1 de octubre tienen el karma que les posibilita hacérselo saber a quien quiera. La responsabilidad de hacer ver y sentir esta fuerza está contigo, y si la utilizas para bien, tanto mejor.

Tu verbo motor:

Liberar

Amor, salud y bienestar

Nadie como tú para hacerle sentir a tu amorcito corazón que tu amor es fuerte, duradero y con una cierta magnificencia que solo tú sabes dar. Por lo mismo, cuida tus promesas para que no te llamen a cuenta si no puedes cumplir. De cuerpo sano, tendrás siempre que poner atención de no contraer enfermedades contagiosas, pero una vez que sepas de qué manera reforzar tu persona, las cosas más básicas, como lavarse las manos varias veces al día, te permitirán gozar de todo el bienestar que quieras.

⊰⊱ DESARROLLA TU RIQUEZA Y PROSPERA ⊰⊱

Lo mejor que puedes hacer para acomodar tus necesidades a la cantidad que dispones para hacerlo, es leer y re-leer el siguiente proverbio persa de la antigüedad: "Si tienes sólo dos monedas, gástate una en pan y con la otra compra flores". Para sentirte a gusto, no necesitas más, pero sí necesitas sentirte bien, confortable y a gusto en tu hogar y con tu persona. Recuerda que tú eres quien nos puede mostrar a los demás cómo dejarnos ir sobre las olas del deleite.

Angelus:

Thamy, ángel que ordena poderes.

⊰⊱ PODER DAR ⊰⊱

Siempre puedes dar algo que sea muestra de equilibrio personal.

ASTRONOMÍA, HERMANA DE LA ASTROLOGÍA MODERNA

"Una disposición que respalda la investigación hacia los problemas del vuelo adentro y afuera de la atmósfera de la Tierra, y para otros

> *En la profundidad del inconciente humano hay una necesidad penetrante para encontrar un universo lógico que tenga sentido. Pero el universo real siempre está a un paso más allá de la lógica.*
> —Frank Herbert

propósitos". Con esas palabras, y bajo esas premisas, el Congreso norteamericano y el presidente del mismo país crearon la National Aeronautics and Space Administration (NASA, por sus siglas en inglés) el 1 de octubre de 1958, y ese día con el Sol en Libra y la Luna en Tauro, Venus se regocijó, porque siendo el regente de ambos signos astrológicos significaría que la idea básica de la NASA podría perdurar con gusto, con futuro y con fuero. Y así ha sido. Tal y como Alejandro Magno venció a Darius III de Persia el 1 de octubre del año 331 a. de C., como la Universidad de Stanford abrió sus puertas en un día como este en el año 1891, y así como hoy día podemos saber con certeza que una de cada cuatro estrellas como el Sol puede albergar planetas como el nuestro, cada día tiene lo suyo. Tiene su luz, su monada, término usado por los filósofos de la antigüedad para explicar cada una de las sustancias indivisibles, pero de naturaleza distinta que componen el universo. Y tú, como ser único, tienes el tuyo, así como formas parte de la gran familia de Libra.

 TU CLAVE SECRETA

Saber encontrar situaciones ideales para mejorar tu vida.

Celebridades de tu día:

Vladímir Horowitz, Julie Andrews, Youssou N'Dour, Esaí Morales, Jimmy Carter, Bonnie Parker, Claudia Palacios, la fundación de la República China, y se publicó una de las primeras autobiografías, La historia de un alma por Santa Teresa del Niño de Jesús.

Mis nuevos planes son ayudar a que el mundo se una a la exploración de compañía cósmica.
—Jill Tarter

TU DÍA, LIBRA

"Me gusta cuando callas porque estas como ausente". Esa línea de Pablo Neruda te describe de maravilla. En tus horas más vacías, tramas algo y se te nota cuando comienzas a regresar de esa ausencia tan personal. Por lo mismo, la posibilidad de que los nacidos este día se despeguen de su espiritualidad innata existe, y eso sería una gran lástima. Estar inspirado en alguien o en algo siempre te permitirá ir hacia adelante en tu vida, lo malo es estancarte. Para aliviar ese procedimiento, lo mejor que puedes hacer es comenzar algo nuevo: un nuevo amor, un nuevo proyecto, un nuevo empleo o hasta un idioma por conquistar. ¿Algo totalmente nuevo? Excelente idea.

Tu verbo motor:

Superar

⇚ AMOR, SALUD Y BIENESTAR ⇛

Tu amor o tus amores son secretos. Es decir, guardas tus sentimientos en lugares recónditos, y bien te haría explayarlas un poco más, pues quien te ama necesita sentir que es respondido o respondida. Por lo general ustedes son bastante atractivos y mientras más te ocupes de tu persona y atuendo mejor. Las relaciones son parte importantísima de tu vida y aunque no tengas la pareja adecuada, teniendo simplemente pareja forma gran parte de tu bienestar.

⇚ DESARROLLA TU RIQUEZA Y PROSPERA ⇛

Para ti, aumentar tu capital si es para dos siempre será un aliciente mayor. Si tu trabajo no es de tu agrado, cambia. Obrar en un espacio que deprime puede convertirse en un especie de autocastigo que no vale la pena soportar. Embellecer tu oficina, mejorar tu silla de trabajo, poner algo que te complace mirar cuando estás ocupado es buena terapia. Cuidado, porque tienes la capacidad de gastar demasiado en lugar de ahorrar un poco más.

⇚ PODER DAR ⇛

Dar algo que mejore el ambiente de quien recibe es ideal.

ASTRONOMÍA, HERMANA DE LA ASTROLOGÍA MODERNA

The Twilight Zone tuvo su premier en 1959, en la cadena CBS, un 2 de octubre, y el mundo se despertó a la posibilidad de que cualquier cosa era posible —palabras que ahora los científicos cuánticos usan de manera común y corriente, como lo hace el físico cuántico del momento Michio Kaku cada vez que cierra una conferencia: "Recuerda, vivimos en el mejor de los tiempos, porque cualquier cosa es posible" Entre una cosa y la otra, el 2 de octubre de 1992, fecha escogida porque coincide con el aniversario número 500 de la llegada de Cristóbal Colon a América, NASA inauguró un programa que buscará mensajes de cualquier civilización sobre planetas o sobre otras estrellas, llamado el Search for Extra-Terrestial Intelligence (SETI, por sus siglas en inglés). Existen, según los científicos, dos maneras de hacer contacto: visitarlos en persona o enviar mensajes. Bernard Oliver, director del programa SETI entre 1973 y 1983, optó por enviar mensajes. Oliver, fundador de los laboratorios Hewlett Packard, falleció en 1995, y tiene un asteroide en su nombre: 2177 Oliver. La doctora. Jill C. Tarter (Capricornio) es la presente directora de SETI, y quien inspiró el video musical "La poesía de la realidad" (anatema para la ciencia) que pueden ustedes encontrar en YouTube —si naciste un 2 de octubre, no dejes de verlo. Es un mensaje que va muy enlazado con lo que yo siempre he dicho: la astrología es la parte poética de la astronomía. No lo olviden.

Angelus:

Hyperachíi, ángel o arcángel que guía el universo.

 TU CLAVE SECRETA

Saberte capaz de ser todo lo eficiente que necesitas para triunfar.

Celebridades de tu día:

Mohandas Gandhi, Graham Greene, Sting, Maribel Verdu, Don McLean, Donna Karan, Annie Leibovitz, Juan Ruiz de Alarcón, Groucho Marx y Antonio Gala.

TU DÍA, LIBRA

Al nacer un 3 de octubre, lo tuyo es ir a la búsqueda de nuevos valores, en lugar de buscar el tiempo perdido. Abócate a buscar y a encontrar los tres puntos clave de todo nacido Libra: rayando en el poder, en al amor-sabiduría y en la inteligencia en acción. Con eso, dominas lo que quieres, y si pudieras darte tiempo para meditar, sería excelente cosa. Tú puedes despertar inspiración en quienes estén a tú lado, ya que logras de manera no voluntariosa, sino que convincente, mostrar como tranquilizas tú propia persona de manera constante. Todos necesitamos remansos de paz en nuestras vidas, y tú podrías ayudar a muchos a encontrarlos, pero tienes que poner el ejemplo válido.

Tu verbo motor:

Prevenir

⧫ AMOR, SALUD Y BIENESTAR ⧫

Eres capaz de decir, "Ni tan tan, ni muy muy", cuando en realidad debes estar aprendiendo a decir, "Maravilloso, vida mía". Y para eso, tienes que irte con más cuidado, aprendiendo poco a poco que nadie es perfecto, empezando por ti misma o mismo y continuando con quien te guste, te interese o ya conquistó una parte de tu corazón. En las tradiciones pasadas, el número 3 contiene los rayos de felicidad, inteligencia y poder. Pero tú tendrás que escoger si esto se refiere a tus amores, tu fuerza personal o tu bienestar. No se puede tener todo, aunque tú sí puedes tener algo de todo.

⧫ DESARROLLA TU RIQUEZA Y PROSPERA ⧫

Tu puedes razonar y aprovechar lo sucedido y eso, a su vez, te puede ayudar a construir un futuro mucho más placentero de lo que imaginas. Es decir, si tomas riesgos, que sean porque tienes la seguridad de que realmente pueden funcionar y tienes quien te apoye. Ambas cosas son las que te permitirán realizar lo que crees que funcione. No caigas en las redes de quien te alaba sin razón, y pide consejo cuando no estés seguro de tu siguiente paso.

⧫ PODER DAR ⧫

Fácilmente puedes dar un buen consejo, pensado y analizado.

ASTRONOMÍA, HERMANA DE LA ASTROLOGÍA MODERNA

En esté día ocurrió el último viaje del trasbordador espacial Atlantis (STS-135). Al concluir su viaje número 32, ya había volado en

3 DE OCTUBRE

Medimos el éxito en acumulaciones. Error. La medida verdadera debe ser apreciación. Quien más ama, más tiene.
—H. V. Dyke

órbita de nuestro planeta más de 4600 veces, viajando más de 120 millones de millas en el espacio. Lo que equivale a más de 500 viajes de la Tierra a la Luna. Con este viaje, se aumentarán las millas por 5 millones más. Las naves espaciales Atlantis eran menos pesadas que las Columbia, pero quedaron estancadas posterior a su primer viaje el 3 de octubre de 1985, por la tragedia del Challenger de 1986. Pero retomó fuerza y entre 1988 y 1992, logró hacer diez viajes al espacio y en 2009 fue escogida como la nave que llevó a siete astronautas al telescopio espacial Hubble, quienes hicieron una misión de servicio. Un total de 155 individuos especialmente dotados han volado con el Atlantis, algunos más de una vez. El astronauta Rodolfo Neri Vela fue el primer mexicano que viajó al espacio sobre el Atlantis STS-61. Y luego el astronauta Michael Massimino, volando en el Atlantis STS-125, fue la primera persona en usar Twitter en el espacio, en mayo de 2009. En 140 caracteres, describió su emoción al llegar al espacio: "¡El lanzamiento fue increíble! Me siento súper, trabajando duro y disfrutando de la vista magnífica, ¡la aventura de una vida ha comenzado!".

Angelus:

Lumazi, ángel que forma parte de los siete ángeles creadores del universo.

 TU CLAVE SECRETA

No solamente puedes asesorar a quien te lo pida, pero tienes el don de prevenir lo que no debes hacer, antes de comenzar.

Celebridades de tu día:

Nicolás Avellaneda, Dr. Atl, Gwen Stefani, Chubby Checker, Zuleyka Rivera, Francisco Morazán y se funda el periódico Pravda por Leon Trotsky, Matvey Skobelev y otros exiliados rusos en Viena en 1908.

4 DE OCTUBRE

El comienzo de vida es tan inevitable como la formación de los átomos.
La vida existe en otros planetas y lo encontraremos antes de que pasen
otros veinte años.
—Andrei Finkelstein

TU DÍA, LIBRA

El 4 de octubre es un día cargado de energía; energía que puedes usar para bien o para mal, dependiendo de la situación. Te podrás defender o podrías equivocarte, pero al mismo tiempo si sales ganando, nadie te supera. Y eso es un

Tu verbo motor:

Contraatacar

don que ya quisieran muchas personas tener. Los retos te ayudan a situarte y las dificultades te muestran por dónde ir. Control mental es lo que necesitas activar ya que una vez que tengas seguridad en tu propia persona, tus hazañas comenzarán a aflorar como si te hubieran dado vitaminas para aumentar tu felicidad. Es más, así como los científicos han inventado algo que se llama termorregulación de comportamiento, tú podrías decir que eres en personaje que se ha inventado algo llamado *autoseguridad-personificada*, en otras palabras el modo y la manera de ser tu propio gurú. ¡Enhorabuena!

❧ AMOR, SALUD Y BIENESTAR ❧

Asegurándote de que amas, lo demás son cuentas pequeñas. Encontrada la persona adecuada que te cuadra, no habrá quien te pare o intervenga en el asunto amoroso, salvo si es quien te case, porque el amor para ti, habiendo nacido un 4 de octubre, es duradero. Como bien dijo hace poco el Dalai Lama: "No permitas que una pequeña discusión empale una gran relación". Yo agregaría la palabra NUNCA. Si

Angelus:

Empyrean, ángel que muestra el asiento de las deidades.

nunca has pensado en meditar, ahora es el momento; verás como aumentan tus facultades de ser un poco más feliz y estar menos angustiado. La lógica y la simplicidad te convienen.

❧ DESARROLLA TU RIQUEZA Y PROSPERA ❧

Repito dos palabras que debes y puedes usar para recargarte en ellos: lógica y simplicidad. Aplícalas tanto en tu vida personal como en relación al trabajo que desempeñas, es decir, en tu profesión. Aumentar tus bienes debe tener una lógica, seguir una secuencia y

concluir lo que has empezado. Al darte cuenta de lo que eres capaz de hacer, promover y conseguir, sentirás un gran alivio. Y, así, te darás cuenta de que nadie hace las cosas (en relación a tus hazañas personales) mejor que tú.

❧ PODER DAR ❧

Para dar como se debe, necesitas estar a solas un rato para pensarlo bien.

ASTRONOMÍA, HERMANA DE LA ASTROLOGÍA MODERNA

El lanzamiento del Sputnik 1 (primer satélite artificial), el 4 de octubre de 1957, repercutió negativamente en Estados Unidos que quedaba como retrasado en los ojos tanto de los habitantes de aquel país como los del resto del mundo. Cosa excelente a la larga para la NASA, ya que con eso se les aumentó su presupuesto anual, permitiéndoles llegar a tener hasta 8000 personas en su nómina, y a los pocos meses de haber sido creado, ya había comenzado sus primeros envíos al espacio extraterrestre.

Años después, durante la semana del 2 al 10 de octubre, se estableció La Semana del Espacio Mundial, como reconocimiento mundial al lanzamiento del Sputnik, y ya consiste de 54 países con más de 500 eventos en más de 245 ciudades con más de 26 millones de internautas interesados. Cada año, la semana tiene un título nuevo, como Explorando el universo o Educación espacial. Es una organización mantenida por voluntarios que incluyen a personalidades como Tom Hanks, Buzz Aldrin, Bill Nye y quizá tú, quien debe estar interesado en lo que pasa en el cosmos y repartir conocimiento de lo mismo.

 TU CLAVE SECRETA

Entender que tienes todo lo necesario para forjar tu propio destino a tus anchas.

Celebridades de tu día:

Violeta Parra, Alvin Toffler, Susan Sarandon, Alberto Vilar, Rocío Durcal, Jon Secada, Anne Rice, Buster Keaton, Jackie Collins, Charlton Heston y Francisco Morales Bermúdez.

TU DÍA, LIBRA

Para los egipcios antiguos, el número 5 representaba tu signo, Libra. Los seguidores de Pitágoras lo llamaban "privación de conflicto" y cierto es que los nacidos este día tienen el barniz de la Ley de Cinco, tan viejo como Matusalén. Sépanlo todos que el 5 es el único número prima que termina con el dígito 5.

Tu verbo motor:

Recapacitar

Como bien decía Confucio: "Practicar cinco cosas bajo toda circunstancia constituye la perfección de las virtudes... sobriedad, generosidad del alma, sinceridad, formalidad y gentileza". Y así debes ser tú, por tener la gran suerte de haber nacido este día. El ADN cósmico de este día llena el alma de los nacidos de una profunda necesidad de poder "lograr" lo que sea la santa voluntad de cada uno de ustedes, sea lo que escojan. Te reflejas mucho en lo que haces, y eso debe llenarte de una luz interna muy especial, que no te permita cejar de lo que crees necesario hacer.

⚜ AMOR, SALUD Y BIENESTAR ⚜

Posiblemente tengas el don de convencer (hablando) a quien quieras de lo que deseas, en primer lugar, al ser amado. De esta manera, el amor, su búsqueda y tu acoplamiento con quien ames puede llegar a llenar tu vida totalmente, así que cuidado. También hay que llenar el cuerpo de atenciones para que puedas hacer todas las cosas

Angelus:

Kemuel, ángel poderoso que imparte justicia divina.

que te inspiran. Sube, alcanza y mejora como puedas el bienestar tuyo y el de tus seres amados.

⚜ DESARROLLA TU RIQUEZA Y PROSPERA ⚜

Tu destino y lo que haces profesionalmente tendrán mucho que ver el uno con el otro. Sería interesante para ti indagar en las maneras que aumentaron su fortuna personas dentro de tu propia familia del pasado, y repetir sus hazañas de modo moderno, siempre y cuando tenga todo esto una liga de mejorar para quienes comparten hazañas contigo.

⚜ PODER DAR ⚜

No es lo mismo dar que ser dadivoso. Escoge una cosa o la otra, y serás más feliz.

5 DE OCTUBRE

Hay que lograr que a uno se le lea con atención; el derecho a la atención es lo que hay que conquistar.
—Miguel de Unamuno

ASTRONOMÍA, HERMANA DE LA ASTROLOGÍA MODERNA

Niel deGrasse Tyson es lo mejor que le ha pasado al Hayden Planetarium, parte del Museo Americano de Historia Natural. Ahora lleva el flamante nombre del Rose Center, inaugurado en Junio de 1999. Cuando fue inaugurado por primera vez en el año 1935, aun no teníamos nociones de los hoyos negros, quasares, mundos paralelos y muchísimos otros objetos que ahora acompañan a los jóvenes modernos en sus estudios además de sus intereses. Tyson es astrofísico y es de las personas que me gustaría invitar a casa a discutir nuestras diferencias. El ha expresado (frecuentemente está en programas de televisión y radio) que está de acuerdo con lo dicho por otros astrónomos cuando nos explican que los átomos que componen nuestros cuerpos podrían haber estado dentro de otras estrellas, en otras vidas. En eso estamos de acuerdo, así como con la idea de que biológicamente todos estamos ligados, tanto nosotros como nuestro planeta Tierra y el mismo universo conocido. Como bien dice Tyson: "Estamos dentro del universo y el universo está dentro de nosotros". Así que, la próxima vez que sueñes que estás volando en el espacio, no creas que es solamente un sueño erótico, como decía Freud, sino que es, seguramente, parte de un recuerdo de algún átomo que no se halla en tu cuerpo, ese que nació un 5 de octubre.

 TU CLAVE SECRETA

Si te sabes parte del universo, lo demás es bastante fácil de comprender.

Celebridades de tu día:

Denis Díderot, Louis Lumière, Teresa de la Palma, José Donoso, Bob Geldof, Ángela Molina, Neil deGrasse Tyson, Kate Winslet y el récord mundial de vuelo de veinticuatro millas en treinta y nueve minutos por uno de los hermanos Wright en 1905.

6 DE OCTUBRE

*No existe en el mundo nada más poderoso que una idea
a la que le ha llegado su tiempo.*
—Victor Hugo

TU DÍA, LIBRA

Si naciste un 6 de octubre, y estas leyendo esto, tu tiempo ha llegado. Es decir, es tiempo de que te des cuenta de todo el ímpetu que llevas para realizar lo que deseas. Más bien es hora de comenzar o de alcanzar tus sueños, pues tiendes a soñar en lugar de hacer, y por si no te has dado cuenta, tu capacidad de realizar lo que quieras es grande, en todos los sentidos. Simplemente necesitas ponerte a trabajar. Y si aun no has probado las artes, aplícate, pues eso podría abrirte muchos caminos de entendimiento personal, sobre todo. ¿Tienes en quien confiar y con quien ir en caso de necesitar consejo? Si la respuesta es sí, excelente cosa; si es no, busca con quien. No es porque seas débil, es porque todo Libra funciona mejor cuando tienen con quien explayarse.

> **Tu verbo motor:**
>
> *Apropiar*

AMOR, SALUD Y BIENESTAR

Los problemas que hayas tenido en tu niñez nada tienen que ver con tu vida presente. El amor que puedes dar y encontrar debe servirte como baluarte para tu propio bienestar, pero necesitas dar de ti un poco más. Tu salud se refleja frecuentemente en tu arreglo. Cuando te encuentras desarreglado es un reflejo de tu cuerpo que puede estar lastimado sin que tú lo hayas sentido. Y si diariamente tienes unos gramos de bienestar y felicidad, es porque estas aprovechando todo lo que eres y puedes dar.

DESARROLLA TU RIQUEZA Y PROSPERA

Algo que ver con las artes debe ser lo tuyo, sea coleccionar, vender, comprar o crear. Esto puede ser, además, tu única profesión, depende de ti. Acuérdate que tu ADN cósmico es solo una parte de tu ser, lo demás lo heredaste y tú mismo, con tu propio libre albedrío y tu energía, lo construyes.

PODER DAR

El dicho, "¡Dando y dando, pajarito volando!", te va como anillo al dedo.

ASTRONOMÍA, HERMANA DE LA ASTROLOGÍA MODERNA

Tomás Edison (Acuario) mostró su primera película el 6 de octubre de 1889. El cine es un médium de la mente. El filósofo Colin McGinn dice que el poder del cine se manifiesta de dos maneras: demográfica e individualmente. Tolstoy, uno de los más famosos escritores mundiales, quien curiosamente solapa su vida con el cine, no solamente se enamoró del cine sino que escribió un guión (perdido) y una vez dijo: "Verán ustedes que ese aparatito revolucionará nuestras vidas... El cine ha adivinado el misterio del movimiento. Y eso es grandioso". Ver la pantalla, verte en la pantalla, vernos en una pantalla es parte de nuestra vida moderna de hoy en día; quizá sea el primer paso para comprender que podríamos, en algún futuro no muy lejando, vernos en varias pantallas de once dimensiones —las cuales, según algunas teorías cuánticas, pueden llegar a existir. Tú, nacido un 6 de octubre, podrías ser de los primeros en comprenderlas.

> **Angelus:**
> *Devatas, ángeles que pertenecen a todas las religiones.*

 TU CLAVE SECRETA

Saber que este día ha sido escogido por varios personajes como el día de la renovación espiritual, conocido a la vez como la entrada al New Age, que tú sabrás valorar.

Celebridades de tu día:

Martín Luís Guzmán, Le Corbusier, Eddie Villanueva, Elisabeth Shue, Rubén Sierra, Lola Dueñas, George Westinghouse, David Hidalgo y la primera puesta en escena de una ópera en el mundo (Eurídice).

TU DÍA, LIBRA

El "yo" o el "nosotros", ese es tu eterno deambular. Lo hago por mí o lo hago por quien me acompañe, y en realidad tu fuerza estriba en el hecho de que si lo haces solamente por ti, pierdes la clave, que para ustedes, nacidos un 7 de octubre, tiene que ver con *otros*. Piensas a la vez en el tiempo de los demás, el espacio de ellos y en lo que le puede pasar por la cabeza de quien te acompaña, siendo tú quien maneja el asunto. Equilibrar es una palabra clave para tu vida, y la necesidad de ampliar tus horizontes, no tan ambiguamente como Sagitario, pero sí con pasos firmes y, de preferencia, acompañados. Tu espíritu puede captar la mitología de cada persona que se cruza por tu camino, si te dejas llevar por tu intuición.

Tu verbo motor:

Denotar

AMOR, SALUD Y BIENESTAR

Puedes ser hasta demasiado inquisitivo aunque tú no lo veas así, y ten cuidado con no desatar malentendidos por lo mismo. Tu signo te propone ser cuidadoso y buen amante, y te permite enamorarte de quien pudiera no ser como ellos u otros gustara que amaras, pero tú debes recordar que todo depende del cristal por el que se mira. No hagas caso más que de tu corazón. Tiendes a cuidarte demasiado. Con una pareja, tendrás quien se fije en tu salud mejor que tú mismo. Recuerda que en tu vida puedes lograr momentos de bienestar que a veces ni límites tienen.

Angelus:

Masniel, ángel de la guarda del zodiaco.

DESARROLLA TU RIQUEZA Y PROSPERA

Lo que te deleita puede impulsarte a gastar demasiado, y la palabra demasiado para ti tiene muchos significados, uno de los cuales es sobrado. Por lo mismo, si te sobra, gasta, y si no tienes suficiente, cuida lo que tengas para que cuando te sobre puedas juntar en demasía todo lo que deseas. Midiendo tus pasos prosperas de todos modos. Puedes causar tu propia volatilidad o aumentar tus bienes, de cualquier forma, casi siempre serás tú quien causa una cosa o la otra.

PODER DAR

Da poco, variado y con cuidado.

ASTRONOMÍA, HERMANA DE LA ASTROLOGÍA MODERNA

No es simple casualidad que este día, en el año 3761 a. de C., comenzó la cuenta del conteo del calendario hebreo moderno, aunque el calendario talmúdico judío se estableció en la época de la escritura del Talmud. Los años de aquella época eran determinados según la Luna Nueva y las puntas de la cebada. Los meses ahora son calculados según el tiempo de 29,53059 días, calculados estos desde tiempos paleolíticos. Significa el tiempo que tarda la Luna en dar la vuelta a la Tierra. El mes sideral, es lo que tarda la Luna en posicionarse exactamente frente a ciertas estrellas, y esto tiene una duración de veintisiete días, siete horas y cuarenta y tres minutos. Esta medida se usa de el Medio Oriente, en la India y en China; ellos a su vez dividieron el cielo en veintisiete o veintiocho mansiones lunares, una mansión por cada día del mes, identificados estos por las estrellas que aparecen en ellas (o al fondo de la Luna). Existen, hoy día, treinta y tres calendarios diferentes usados, desde el Anno Domini Christian Era hasta el Zoroastriano. Entre todos se comparten tres tipos de medidas: lunisolar, lunar y solar. La gran mayoría usamos el calendario gregoriano, introducido por el Papa Gregorio XIII. Escoge el tuyo, con la premisa de que tu día tiene una importancia histórica, antigua y espiritual.

 TU CLAVE SECRETA

Saberte dueño de tu propio tiempo y recordar que el 7 es, según Harry Potter, el número con mayor poder mágico. Tú sabrás si es cierto o no.

Celebridades de tu día:

Niels Bohr, R. D. Laing, Desmond Tutu, Vladímir Putin, Javier Álvarez, Simon Cowell, Diane Ackerman, Yo-Yo Ma, Lourdes Flores Nano y se toman las primeras fotografías del lado oscuro de la Luna.

8 DE OCTUBRE

Para mi el máximo pecado es rehusar a escuchar la razón.
—Colin McGinn

TU DÍA, LIBRA

El 8 de octubre de 1972, Arthur Koestler dijo: "Nada es una pérdida de tiempo si se ha disfrutado el día". Para ti, nacido un 8 de octubre, el verbo disfrutar tiene muchos significados, dependiendo con quién, cuándo, dónde y como están los signos del zodiaco repartidos en tu cielo cósmico. Con Aries, disfrutas complacientemente; con Tauro, poseyendo algo (alguno); con Géminis, regocijándote; con Cáncer, conservando; con Leo, gozando; con Virgo, disponiendo; con Libra, viendo que fue lo que apreciaron ese día; con Escorpión, alegremente; con Sagitario, benéficamente; con Capricornio, ostentosamente; con Acuario, placenteramente; con Piscis, teniendo tiempo y disponiendo de él. Siempre, los nacidos este día, deben pensar en cómo estar mejor. Si lo hacen, lo logran, a pesar de todo.

> **Tu verbo motor:**
> *Otorgar (cuando no es lo mismo que dar)*

❧ AMOR, SALUD Y BIENESTAR ❧

El amor aumenta con los años, preferiblemente con la misma persona, pero al nacer un 8 de octubre, añoras la paz y tranquilidad del hogar, sea uno o muchos. La opinión de tus semejantes te es bastante importante, y por lo general sales ganando al compararte con los demás —no en todo, pero en porte, vestir, pareja, familia, casa, algo que verdaderamente has logrado con esfuerzo. Es como si el cielo te premie porque te lo mereces. Y merecer, para ti, tiene que ver con el bienestar, pues si te caen las cosas del cielo, puedes sentirte hasta culpable.

> **Angelus:**
> *Gazardiel, ángel que ayuda a pedir con el rezo adecuado.*

❧ DESARROLLA TU RIQUEZA Y PROSPERA ❧

Las amistades echas por medio de la profesión son las buenas. Curiosamente tú puedes tener muy buenos amigos del sexo opuesto al tuyo, y tienes talento para aumentar tus redes sociales de manera impresionante. La profesión es lo que puede entregarte prosperidad. Y las ocurrencias que tiene que ver con inversiones, siempre y cuando tu pareja esté de acuerdo, te ayudarán a aumentar el capital.

Es importante que la casa donde vivas, realmente te guste, la puedas llenar de objetos que ames y tenga buena luz natural.

❧ PODER DAR ❧

Dar a la familia o recibir de la familia, es algo importantísimo para ti.

ASTRONOMÍA, HERMANA DE LA ASTROLOGÍA MODERNA

Todos los días encontramos novedades en el cielo cósmico, en el universo. El 8 de octubre de 2006, dos astrofísicos, John C. Mather y George F. Smoot, enviaron una fotografía al sitio de Astronomy Picture of the Day, que sintetiza sus hallazgos cósmicos y cuya importancia se resume en el hecho de que recibieron el Premio Nobel de Física de ese mismo año. La fotografía la pueden estudiar, es un huevo bañado con los colores del arcoíris, y el título que la acompaña es "A toda velocidad a través del universo". Eso es lo que hacemos mientras dormimos, amamos, leemos y soñamos: viajar a velocidades increíbles sobre nuestro planeta que le da la vuelta al Sol, cuyo sistema solar circula alrededor del centro de la Vía Láctea (nuestra Galaxia). Y ese gran conjunto de movimientos sigue hacia el conjunto de las galaxias llamadas Virgo Clusters. Todo ese movimiento de miles de kilómetros por segundo no es nada en comparación a la radiación del fondo cósmico de microondas (CMBR, por sus siglas en inglés). A 600 kilómetros por segundo, ¿por qué nos movemos tan rápido? Aun no se sabe, como tampoco se sabe, como dice Riccardo Giacconi (Premio Nobel 2002) que "noventa y siete por ciento del universo está constituido de formas y materia sobre las cuales no sabemos nada". Ahhh, pero tú, nacido el 8 de octubre, sabes cosas que nosotros ni nos imaginamos.

 TU CLAVE SECRETA

Saberte capaz de enseñarle algo de importancia a la generación que viene.

> **Celebridades de tu día:**
> *Jesse Jackson, Matt Damon, Sigourney Weaver, David Huerta, Chevy Chase, Juan D. Perón, Jerónimo Feijoo y Montenegro y la consagración de la Catedral de San Marco en Venecia (1085).*

TU DÍA, LIBRA

Curiosamente, en el año 1582, no existió el 9 de octubre por haber sido implantado el calendario gregoriano ese día en Italia, Polonia, Portugal y España. Nacer un día que alguna vez en la historia nunca existió te da algo especial. Por lo mismo, tienes unos gramos más de ambición que otros, y se dice que quien no tiene ambición puede ser alguien peligroso. Tú tienes suficiente ambición como para comprobar que sí existes, aunque hubiesen borrado toda la semana. Confianza y cuidado de tu ser es lo que tienes, y muchos pueden celar tu posición en el mundo, mientras que muchos otros te admiran. Y eso te puede embriagar de experiencias (defendiéndote) o marear porque crees que vales demasiado. Un justo medio es lo que necesitas, para poder seguir tus pasos, aumentando conocimientos y agradeciéndole al cielo el haberte permitido pasar unos cien años aquí, sobre este planeta, recolectando experiencias y mostrando tu poder.

Tu verbo motor:

Encomendar

◁ AMOR, SALUD Y BIENESTAR ▷

Tus amores son enloquecedores, y podrían ser todos usados para realizar un cómic, un libro o una película. Examínate para que aprendas a escoger debidamente, porque tu alma solo necesita una compañera fiel, pero tu persona, puede ser que crea que necesita más. El cineasta W. Wilder dijo en una ocasión: "Eres tan bueno como lo mejor que hayas hecho en tu vida". Examina esta frase ya que te queda como el zapato de la Cenicienta o el agua al pez. Cuando estas en el medio ambiente que te conviene o te complazca, tu bienestar te acompaña —y sea que estés sano, acatarrado o enfermo, al estar bien acompañado el pesar no aparece.

Angelus:

Sidquiel, ángel gobernador del planeta Venus.

◁ DESARROLLA TU RIQUEZA Y PROSPERA ▷

El dicho "Una onza de alegría vale más que una onza de oro", lo deberías llevar escrito en un papel como si fuera tu billete de cien dólares de suerte. Tú eres un reflejo del jardín secreto que tú mismo te has planteado, lo que significa que si has decidido construir para enriquecerte, puede funcionarte si realmente tú lo escogiste. De lo contrario, aunque las cosas pueden caer por su propio peso, no tendrás el ímpetu adecuado.

9 DE OCTUBRE

Cada uno es como Dios lo hizo, y aún muchas veces algo peor.
—Miguel de Cervantes Saavedra

◁ PODER DAR ▷

Puedes y debes dar como si fuera que quien lo recibe es tu mejor amigo, sin esperar agradecimiento.

ASTRONOMÍA, HERMANA DE LA ASTROLOGÍA MODERNA

El 9 de octubre de 1604 se vio el supernova más reciente de nuestra galaxia, la Vía Láctea, y hasta abril de 2011, no se ha visto otra. El gran astrónomo Kepler no solamente la vio, sino que también la dibujó, aunque se encuentra a 20 000 años luz de nosotros. Una supernova es una explosión muy violenta con la que algunas estrellan mueren. Y en algunos casos la brillantez es mayor a mil millones de soles como el nuestro. Durante semanas se puede observar, como lo hizo Kepler, quien comenzó a estudiarla el 17 de octubre de 1604, para posteriormente escribir un libro titulado *De Stella Nova in Pede Serpentario* (Sobre la nueva estrella en el pié de Ophiccus). En la misma época, unos años antes, Tycho Brahe pudo mirar otra SN1572. Los remanentes de este supernova aun existen y se estudian, muchos de ellos por medio del Observatorio de Chandra X-Ray. Los astrónomos de hace quinientos años hicieron sus observaciones a ojo pelón, porque aun no se había inventado el telescopio. Cada día tiene su magia, y que tal si nosotros cargamos algunos átomos de ese día, enviados a través del espacio y los años... ¡ojalá!

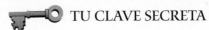 TU CLAVE SECRETA

Reconocer la magia de cada día, incluyendo la del tuyo.

Celebridades de tu día:

Ángeles Mastretta, Alfred Dreyfus, Chucho Valdés, Miguel de Cervantes, John Lennon, Guillermo del Toro, David Cameron y día en que una agencia soviética informó oficialmente que una nave extraterrestre había aterrizado en Voronezh.

TU DÍA, LIBRA

Tienes dos vertientes: la de tu consciente y la de tu ego, y para juntar ambas necesitas encontrar un camino definido. Podrías, por supuesto, estar a la deriva, pero si no te fijas unas metas factibles,

Tu verbo motor:

Verificar

podrías lograr estar siempre a la deriva, y eso por lo general no conviene. Sobre todo si eres Libra del 10 de octubre. Salirte del mundanal ruido es algo que sí te conviene, pero tampoco eres asceta y tú lo sabes mejor que yo. Y si lo eres, algún especie de convento es lo que mejor te va. Percibir es lo tuyo, pero no para otros, sino que para ti. Ni siquiera debes percibir para tus seres queridos, puesto que primero tienes que haber encontrado tu camino, tu destino, tu fuerza, y luego podrás integrar lo tuyo con lo que conviene, cosa bien importante.

ᨭ AMOR, SALUD Y BIENESTAR ᨮ

"Aquel amor", dice una canción y tú tendrías que terminar la frase con cada amor —el del hijo, el hermano, la madre, el padre y toda la familia— hasta encontrar el tuyo propio, a quien también debes cantarle cómo te sientes al amarla o amarlo. Diariamente, tu amor, el amor que sientes, se renueva, porque razonas lo que hiciste y lo que podrías haber hecho, y si mejoras diariamente, excelente cosa. Con dulzura amorosa, curas todo mal; y con una personalidad atractiva, logras todo el bienestar que necesitas.

ᨭ DESARROLLA TU RIQUEZA Y PROSPERA ᨮ

Justicia y verdad o verdad y justicia. Ambas cosas deben ser baluartes de tu personal modo de arrancarle a la vida la riqueza o los pesos y centavos que deseas. Como juez, pero también como parte. El chiste es que ese equilibrio dibujado en tu constelación cósmica, lo puedas traducir a algo parecido para que puedas colmar a los tuyos con atenciones gratas que muestran tu prosperidad activa.

ᨭ PODER DAR ᨮ

Tienes la posibilidad de dar cualquier cosa, pero a paladas, aunque sea sueños, papalotes, ideas, centavos o besos.

ASTRONOMÍA, HERMANA DE LA ASTROLOGÍA MODERNA

El Tratado del Espacio Exterior, formalmente conocido como el "Tratado sobre principios gobernando las actividades de los estados en la exploración y el uso del espacio extraterrestre, incluyendo la luna y otros cuerpos celestiales", hizo mucha huella cuando fue firmado el 10 de octubre de 1967. A partir del año 2008, noventa y ocho países participan en el tratado, mientras que otros veintisiete lo han firmado sin aun haber completado su ratificación. Prohíbe la instalación de

Angelus:
Izachel, ángel que tiene la llave mágica.

armas de destrucción masiva en órbita alrededor de la Tierra o instalarlas sobre la Luna o cualquier otro cuerpo celestial, y supuestamente se basa en algo llamado el "principio de la humanidad", que existe pero seguramente podría ser abolido por cualquier hacker adepto. Cabe mencionar aquí que ya existen corredores de bienes raíces extraterrestres. No se sabe a ciencia cierta si al comprarlos existe alguna autoridad que lo pueda validar, pero ya hay muchos compradores. Alguien nacido un 10 de octubre podría hacerse dueño de algunos metros cuadrados, ¡ siempre y cuando fuera una ganga!

 TU CLAVE SECRETA

Puedes ser el eslabón entre lo que la gente quiere y puede, para ti y para los tuyos.

Celebridades de tu día:

Adolph Joffe, Giuseppe Verdi, Alberto Giacometti, Helen Hayes, Thelonious Monk, Harold Pinter, Mariana Espósito, Mario López, Fridtjof Nansen y José Francisco Vergara.

TU DÍA, LIBRA

Contigo pasamos a la segunda mitad de tu propio signo, Libra, cuya expresión clave es "balanceo" o "se balancea". Todo signo tiene 30 grados de espacio, porque el círculo con sus 360 grados, dividido entre 12, dan 30. El día 11 te pone a un grado de la mitad. Y para comenzar, si las lunas de octubre son las más hermosas, quizá el mundo entero estará viendo hacia arriba con mayor frecuencia, y tú podrías estar a la vanguardia de lo mismo. Por eso tu capacidad de convertir cada experiencia nueva en un objetivo obtenible es maravillosa. No tienes que ser de avanzada edad para tener en ti la sabiduría de los viejos. Naciste con algunas experiencias ya impregnadas en tu persona y los sucesos vividos, sean para bien o tropezones, siguen alimentando tu consciencia. Sabes cómo conquistar tu mundo, a menudo, antes de que te suceda. Como alguna vez dijo la sabia Eleanor Roosevelt, nacida en tu mismo día: "Haz lo que sientas en tu corazón que es lo debido —de todos modos te van a criticar".

❧ AMOR, SALUD Y BIENESTAR ☙

Compañía humana es lo tuyo, y si por algún motivo no tienes el amor de tu vida a tu lado, busca un o una suplente para poder "pasarle bien", pues siempre estarás mejor acompañado o acompañada. La justicia, lo justo y lo que justamente esperabas es lo que puedes pedirle a la vida, aunque tendrás al mismo tiempo que tener que esperar a menudo más de lo que crees mereces. Fácilmente puedes desequilibrarte y necesitas tener tu cuerpo en buena forma para que este y su buena salud te sostenga cuando te suceda.

❧ DESARROLLA TU RIQUEZA Y PROSPERA ☙

Aunque pregones que no, lo material y el materialismo te interesa suficientemente para saber escoger cómo aumentar lo que necesitas para vivir con la comodidad que crees merecer. Para esto, bien harías en ir al grano desde el principio (de cualquier trabajo) y pedir lo que vales. Mientras defiendas la igualdad de todos, mejor para quienes estén a tu lado, y mucho mejor para ti, pues un Libra que no se entiende con sus compañeros de trabajo es un o una Libra mal orientada.

❧ PODER DAR ☙

Puedes y debes dar, sobretodo y siempre, en partes iguales. Y si no lo merecen, dilo como método de aprendizaje.

ASTRONOMÍA, HERMANA DE LA ASTROLOGÍA MODERNA

La primera misión Apolo con hombres a bordo, fue lanzado por la NASA el 11 de octubre de 1968. Exactamente 32 años después,

De las lunas, la de octubre es la más hermosa.
—Canción popular mexicana

el 11 de octubre de 2000, la misión número 100 de la nave espacial Space Shuttle alza su vuelo. Lo conseguido durante esos años fueron bases hacia los mayores pasos en la historia de la humanidad para conocer y reconocerse como parte de nuestro universo, desde que Copérnico nos demostró que la Tierra giraba alrededor del Sol. El enorme telescopio Hubble nos permite mirar al cosmos algunos billones de años hacia atrás. El ingeniero Karl Guthe Jansky descubrió que habían ondas de radio que emanaban de nuestra Vía Lactea, y así ayudo a convertir la astronomía radiofónica en una ciencia. Y luego llegaron el descubrimiento de los planetas extrasolares (planetas que podrían tener vida que se encuentran fuera de nuestro sistema solar) y el Fondo Cósmico de Microondas, (CMB, por sus siglas en inglés), que básicamente es el encuentro de los residuos de los primeros momentos del nacimiento de nuestro universo. Y ahora, nos toca la espera hacia el año 2013 hasta el 2030, porque entre esos años la carrera espacial tomará dimensiones inusitadas. Países emergentes entrarán a la misma carrera, y con suerte, nos informarán que el contacto con vida extraterrestre ya se estableció.

Tu verbo motor:

Reconstruir

Angelus:

Maadim, ángel cercano a la Luna, para calentar almas.

 TU CLAVE SECRETA

Saberte capaz de siempre reconstruir lo que necesitas poder hacer, y lograr lo que hacías de mejor manera.

Celebridades de tu día:

Eleanor Roosevelt, Orlando Hernández, Francoís Mauriac, Charles Revson, Henry John Heinz, la primera mujer "Investigadora Especial" comienza a trabajar en el FBI en 1922 y Albert Einstein le informa al presidente Roosevelt sobre la bomba atómica en 1939.

12 DE OCTUBRE

Donde estén, hagan pequeñas cosas bondadosas. Son esas pequeñas cosas amables, todas juntas, que colman al mundo.
—Desmond Tutu

TU DÍA, LIBRA

Consistencia es lo que necesitas encontrar, guardar y emplear para que tu vida tome los caminos adecuados y llegues a dónde tienes pensado llegar. La consistencia te ayuda a entrar un poco en orden, porque el desorden te desequilibra y te confunde de tal manera que no puedes entregarte a lo tuyo, sea lo que sea. A menudo parecería que te cuesta trabajo integrarte al mundo que te rodea, y cuando esto sucede, es por lo mismo: tu falta de coherencia contigo mismo. Lo importante es que te decidas por un camino que debe ser escogido por ti, no un camino que te hayan impuesto. Logrando eso, todo lo demás irá poniéndose en orden, porque lo tuyo, es ayudar a tu entorno a sentirse mejor y a reconquistar lo que quieras o alguna vez pensaste hacer. ¡Suerte!

Tu verbo motor:

Ensalzar

❦ AMOR, SALUD Y BIENESTAR ❦

Así como dice el gran astrofísico Hubert Reeves, "No se puede hacer un retrato *instantáneo* del universo", pues tampoco se puede describir lo que debe ser tu amor, porque es variado. Puede llegarte instantáneamente, como la luz que nos aparece noche tras noche al mirar las estrellas, o puede tardar porque no te decides, pensando que siempre habrá algo mejor. Quizá sea cierto, pero con esa manera de pensar, podrías arrepentirte también, y eso es algo que daña tu persona física. Tu bienestar aparece cuando encuentres tranquilidad en tu alma, no en tu alrededor.

❦ DESARROLLA TU RIQUEZA Y PROSPERA ❦

En muchos países, hoy es el llamado Día de la Raza, cuyo significado real es Día de los Descubrimientos, algo que debes tú, nacido un 12 de octubre, tomar en cuenta para desarrollar eso que se llama riqueza, y que cada quien necesita desenredar para ver como lograr lo que cree puede ser benéfico para su persona. Riqueza tranquila, riqueza mal lograda, riqueza del espíritu, riqueza compartida, riqueza en tu cuenta de banco, riqueza saludable, riqueza a largo término, cuál de todas o todas están a tu alcance es algo que solo tú sabes. Descubrir es para ti tan importante en tu diario deambular como lo fue para Cristóbal Colón llegar a tierras nuevas.

❦ PODER DAR ❦

Lo tuyo es dar como si, cuando das, fuera una gran fiesta.

ASTRONOMÍA, HERMANA DE LA ASTROLOGÍA MODERNA

Se dice que el 12 de octubre de 539 a. de C., los soldados de Ciro el Grande de Persia conquistaron Babilonia. Unos mil años después, un 12 de octubre, el rey Juan III de Inglaterra perdió las joyas de su corona pasando por un estero que hasta ahora ha sido estudiado por astrónomos, quienes en conjunto con buscadores de joyas calcularon exactamente a qué hora subieron las mareas que causaron esa pérdida —mal agüero para el rey, quien murió siete días después. Sigue el mundo dando vueltas y el 12 de octubre de 1810, mientras que en México se estaba peleando por su propia independencia, en Munich se celebraba el primer Oktoberfest, festejando una boda real; y ahora ya saben de dónde viene esa palabra, tan renombrada por restaurantes en todo el mundo. Ahora, acercándonos a lo que será quizá el futuro, el 12 de octubre de 1979 (día escogido por su escritor Douglas Adams), aparece el primer volumen del *Guía de la autoestopista galáctica*, libro que parte aguas para quienes se interesan en ciencia ficción. Y todo esto mientras aumentamos la especie humana, para llegar al ya bien pasado, 12 de octubre del milenio, cuando alcanzamos a ser seis mil millones en nuestro planeta con el nacimiento de Adnan Nevic en Sarajevo, Bosnia. Para el año 2045, cuando tus hijos tengan nietos, seremos probablemente nueve mil millones. Tú, que ya leíste este conteo, pasa la voz.

Angelus:

Dina, ángel de la ley y las leyes.

 TU CLAVE SECRETA

Saberte parte de un juego común del universo.

Celebridades de tu día:

Amanda Castro, Ilich Ramírez Sánchez, Félix María Samaniego, Santa Teresa Benedicta de la Cruz, Marion Jones, José María Luis Mora, Soledad Pastorutti, Luis López de Mesa y Luciano Pavarotti.

TU DÍA, LIBRA

Ya sabemos que tardamos cuatro mil millones de años para convertirnos de un alga marina a un ser humano, la misma cantidad de tiempo que tarda en llegarnos la luz de unas estrellas. Tú, al nacer un 13 de octubre, eres de las personas que sabe valuar, valorar y cuidar su propio tiempo y sabes aprovechar los 86 400 segundos que llenan cada día de nuestra vida. Dicen que de todos los nacidos bajo el signo Libra, tú eres el menos parecidos al resto del signo, por dedicarte con demasiada frecuencia a interpretar los sueños personales y ajenos, considerándolos tuyos, divagando entre quien eres y lo que quieres ser.

Tu verbo motor:

Explicar

⚜ AMOR, SALUD Y BIENESTAR ⚜

Los retos te hacen mucho bien, y por lo mismo, cada vez que te topes con uno (en el área de amor específicamente), échale ganas porque te esperan resultados inesperados.

Para ustedes, nacidos un 13 de octubre, comer menos que más es lo indicado, con todos los suplementos minerales que el médico les permita y alguna vitamina, pero con cuidado. A veces te encuentras en la búsqueda de dietas algo estrafalarias, pero lo mejor siempre para ti será lo más sencillo. Come menos o come más, dependiendo de cómo te veas en el espejo. Y recuerda mirarte con ojos complacientes, es lo mejor para tu bienestar.

⚜ DESARROLLA TU RIQUEZA Y PROSPERA ⚜

Traza un plan para conseguir lo que crees necesitar. Consigue un trabajo que te pague para que puedas hablar con orgullo sobre tu profesión, y verás que así logras lo que mereces. La clave es que tú mismo tengas la convicción de que tu profesión y lo que hagas con y en ella, vale la pena. Así, irás aumentando la fe en quien eres y la seguridad de poder conseguir lo que te permita prosperar.

⚜ PODER DAR ⚜

Lo tuyo es dar con técnica, es decir, calculado para que quien reciba lo que das verdaderamente sea cuantificable.

ASTRONOMÍA, HERMANA DE LA ASTROLOGÍA MODERNA

A unos veintitrés o veinticuatro millones de años luz de nuestra Vía Láctea, se encuentra la Galaxia del Remolino en la constela-

13 DE OCTUBRE

Cada segundo el universo prepara algo.
Y sube lentamente las escaleras de la complejidad.
—Hubert Reeves

ción Canes Venatici —una de las galaxias más famosas de nuestro cielo nocturno que puede ser encontrada por cualquier astrónomo amateur con simples binoculares. El 13 de octubre de 1774, el astrónomo Charles Messier (Cáncer) la miró por primera vez en la historia. Casi cien años después (1884), se estableció el Tiempo Universal, medida que en realidad es una continuidad del GMT (tiempo de Greenwich), tiempo que está basado en la rotación de nuestro planeta. Esa es la misma rotación que a la vez toma las estrellas y los cuásares como objetos celestiales lejanos que se miran en el cielo. Los astrónomos encontraron que es más exacto medir el tiempo observando cuerpos celestes cruzando el meridiano todos los días, en lugar de observar la posición del Sol en el cielo. Hoy día, existe le Tiempo Atómico Internacional (calculado al observar quasares muy lejanos), medida que tiene milésimos de segundo de precisión. Para mayor confusión, existen variantes del Tiempo Universal (UT0; UT1, UT1R, UT2R, UTC). Como buen Libra, consigue una explicación de algún astrónomo amigo para entender todo esto y, mientras tanto, ten siempre contigo un reloj funcional para llegar a la hora precisa de tus citas.

Angelus:

Ielahiah, ángel que reparte virtudes.

 TU CLAVE SECRETA

Tienes una gran capacidad para explicar lo que realmente necesitas decir; no lo desperdicies.

Celebridades de tu día:

Lenny Bruce, Nancy Kerrigan, Jacques de Molay, Yves Montand, Margaret Thatcher, Paul Simon, Carlos Marín, Paul Potts, Luis Tosar, Sacha Baron Cohen y Anita Álvarez.

14 DE OCTUBRE

Tengamos todos una mente abierta, pero no tan abierta que se nos caiga el cerebro de la cabeza.
—Richard Dawkins

TU DÍA, LIBRA

Si resulta constructivo, el amor, el trabajo, toda idea, el paseo, el acto o el sueño que tengas, engánchalo para engancharte tú. De lo contrario, déjalo ir como si no fuera más que una canción que te medio gustó. Esto podría ser la clave de tus hazañas, si es que quieres entrar y salir ganando por medio de los asuntos personales de tu vida como de la vida misma. Tu clave es construir, a veces comenzando de nada, a veces agarrado desde la mitad o completando algo ya empezado. Debes dejar atrás tu rigidez, ya que de Libra, eres el más rígido, y eso no embona bien con tu signo. Pero ahí está; conquistándolo puedes reorganizar algo de tu propia persona con lo cual resultará más fácil vivir. Y como pilón, tú y los tuyos podrán ser mucho más felices.

> **Tu verbo motor:**
>
> *Construir*
>
> *(así como edificar)*

❧ AMOR, SALUD Y BIENESTAR ❧

Enamorado o enamorada te conviertes en alguien comunicativo, cuidadoso de tu imagen personal y mucho más armonioso que cuando no tienes en quien pensar. Pero, si de casualidad escoges quien no te conviene por una razón o por otra, no dejes de buscar quien sí puede hacerte feliz, porque de lo contrario puede influir en tu persona física hasta la depresión. ¿Cómo saber? Poniendo a buen uso lo fácil (o no) que es planear juntos para encontrar lo que ambos deciden es su bienestar integrado.

❧ DESARROLLA TU RIQUEZA Y PROSPERA ❧

Buen sentido analítico es el tuyo, y debes aprovecharlo dentro del trabajo que desempeñes, sea lo que fuere, incluyendo la posibilidad de invertir en campos agrícolas novedosos o la elaboración de sabores aun inexistentes. Nada de lo que tú imagines para aumentar tu posición es capricho, sino más bien posibilidades a explorar con buenos resultados.

❧ PODER DAR ❧

Lo tuyo es dar explorando, es decir, sin pensar en lo que se necesita, sino en lo que es novedoso.

ASTRONOMÍA, HERMANA DE LA ASTROLOGÍA MODERNA

En el año 1755, más de dieciocho centímetros de algo que llamaron *lluvia rojo sangre* cayó sobre Locarno, Suiza, y a la vez, una nieve roja cayo suavemente sobre los Alpes, causado, se dice, por polvo llevado por vientos extraños desde el Sahara. Algunos hasta llegaron a decir que eran lágrimas de los dioses al ver tanta cosa que los humanos habían vertido sobre la Tierra, pero nunca se comprobó nada.

Gaston Bachelard buscó durante toda su vida respuestas a todo lo científico *no comprobable*, específicamente en las áreas de filosofía y ciencia. En sus escritos nos propone estudiar la epistemología de la ciencia (palabra del griego antiguo que significa el conocimiento de la ciencia) y nos pregunta ¿qué es el conocimiento?, ¿cómo se adquiere el conocimiento? y en tercer lugar ¿cómo aprendemos y sabemos lo que sabemos? Verdades, creencias y justificación parecen ser sus métodos más directos, pero en la física es imperante usar esos conceptos si de la mecánica cuántica se trata.

Para los nacidos un 14 de octubre, puede ser interesante que indaguen y en el pensamiento epistemológico de Bachelard.

> **Angelus:**
>
> *Atiphas, ángel para lo que es realmente de buena calidad.*

 TU CLAVE SECRETA

Comprender que el sentido de todo problema es lo principal.

Celebridades de tu día:

Carlos Mármol, Carolina Tejera, Hannah Arendt, Roger Moore, e.e. cummings, Farah Diba de Irán, Ralph Lauren y Martín Luther King recibe el premio Nobel de la Paz en 1964.

TU DÍA, LIBRA

Tu relación con el gran colectivo inconsciente es impresionante. El colectivo inconsciente es en realidad lo que sabe todo ser vivo simplemente por estar. Los ritmos del día y la noche, la organización de nuestras circunstancias como seres vivos, nada que ver con la inconciencia personal. Tú naciste con la capacidad de comprender el cómo y el por qué de tus semejantes sin haber estudiado psicología. Así de fácil. Y si te das la oportunidad de mejorar tu entorno de cualquier modo posible, estarás usando ese don. Eso puede causarte a veces angustia, porque estamos todos pasando por momentos angustiosos como humanos, pero a la vez gozas de la vida y sabes lo que puede dar placer sin tener que gastar más que palabras o acciones amables. Estas cosas pueden, a la vez, hacerte pasar por alguien un poco superficial, así que estará en tus manos acomodar tus acciones según la posición que desees tener.

Tu verbo motor:
Extender o ampliar,
tú decides

❧ AMOR, SALUD Y BIENESTAR ❧

Reforzar tu independencia es importante, y con eso logrado, encontrarás quien pueda ser tu alma gemela, algo que los que nacen este día suelen encontrar, aunque sean criticados. Una vez tranquilo en tu deambular amoroso, eres capaz de permitirle a tu pareja vivir como quiera, porque tú has encontrado en esa relación lo que buscas. Y haces bien. Un buen cuidado de tus habitudes alimenticias es importante para que logres sentirte contento con tu reflejo en el espejo, y bien harías en estudiarte cada vez ya que te produce el gusto personal que necesitas.

Angelus:
Banech, ángel protector de los planetas.

❧ DESARROLLA TU RIQUEZA Y PROSPERA ❧

Mientras más proyectos tengas, mejor. Así puedes ocuparte sin aburrirte haciendo y mejorando vidas, ideas y sobre todo horarios, porque para ustedes es importantísimo tener tiempo para hacer tanto lo tuyo como llenar las horas de trabajo debido. Solamente al lograr ambas cosas podrás comenzar a desarrollar el modo de ahorrar lo suficiente.

❧ PODER DAR ❧

Aunque fuese superficialmente, dar lo que no se puede comprar a la vez muestra lo mejor de ti.

15 DE OCTUBRE

Ayer es historia. Mañana es un misterio. Hoy es un regalo.
Por eso lo llamamos el presente.
—Eleanor Roosevelt

ASTRONOMÍA, HERMANA DE LA ASTROLOGÍA MODERNA

A mitades del siglo pasado, el 15 de octubre de 1956, bajo el signo de Libra, signo astrológico que pertenece a los llamados "grupo mental" (como Acuario y Géminis), fue presentado Fortran, el primer lenguaje programado y desarrollado por la IBM llamado de *propósito general*, o sea un lenguaje imperativo programado, un código para una máquina, es decir, un lenguaje para computadoras.

Como bien dijo Virgil: "Cada persona crea un dios de sus propios deseos". Y luego Friedrich Nietzsche declaró: "Toda credibilidad, toda buena conciencia, toda evidencia de la verdad, viene de los sentidos". Ambos nacieron un 15 de octubre y ambos son representantes de su propio y muy particular lenguaje. El HTML, por ejemplo, es un lenguaje de computación creado para permitir la creación de páginas web. Hay quienes consideran que cada signo del zodiaco tiene su propio idioma, llevado dentro de nuestro ADN cósmico por puro placer universal. ¿Podría ser un idioma específico el que nos relaciona con el mundo que nos rodea de manera tan particular como quisiera cada uno de nosotros? ¿Será que con este idioma universal nos podremos comunicar con seres de otros planetas y galaxias? Mejor tú, nacido un 15 de octubre, crea lo tuyo para conectarte con los demás.

 TU CLAVE SECRETA

Tener la paciencia de revivificar tu propio contacto
con la madre naturaleza.

Celebridades de tu día:

Virgil, Friedrich Nietzsche, Álvaro de Campos, Sarah Ferguson, John Kenneth Galbraith, Linda Lavin, Mario Puzo, Penny Marshall, Michel Foucault, Italo Calvino y José Miguel Carrera.

16 DE OCTUBRE

Hay un único lugar donde ayer y hoy se encuentran y se reconocen y se abrazan. Ese lugar es el mañana.
—Eduardo Galeano

TU DÍA, LIBRA

El 16 de octubre de 1384 fue coronada oficialmente como *rey* una mujer y monarca de Polonia llamada Jadwiga. Se la consideraba rey porque esto reflejaba que era soberana ante todo y con todo derecho, no simplemente una consorte. Esto tiene que ver directamente con los nacidos este día, quienes básicamente buscan una vida llena de gracia y oportunidades para sí y para los suyos. Y tienes la suerte de poderlo repartir. La representación gráfica de Dane Rudhyar sobre esto es imaginarse como quien reparte el agua a quienes tienen sed, para ustedes quienes viven al nivel de los sentimientos que comparten.

Tu verbo motor:

Encauzar

ᘏ AMOR, SALUD Y BIENESTAR ᘏ

Tu amor tiene medida. Pero el método de medición es particularmente tuyo y personal. La salud de tu cuerpo tiene momentos gratos e ingratos, dependiendo mucho de los amores del ahora, y tu bienestar es algo que puedes buscar en varios diccionarios, y verás que su definición varía. A ti te toca escoger con cuál te quedas.

ᘏ DESARROLLA TU RIQUEZA Y PROSPERA ᘏ

Tu arreglo personal tiene tanto que ver con tus finanzas como tu mirada. Ambas cosas traicionan tus propósitos así como el humor de cada día puede permitirte incrementar lo que necesitas o perder lo que no quisieras. El libro *El arte de amar* de Erich Fromm puede instruirte sobre el "arte de hacer dinero" si sabes hacer la debida interpretación.

ᘏ PODER DAR ᘏ

Lo tuyo es dar con la suficiente astucia para que quien reciba no sienta que te debe un favor.

ASTRONOMÍA, HERMANA DE LA ASTROLOGÍA MODERNA

Hoy es el Día del Diccionario, probablemente porque en este mismo día nació Noah Webster, considerado el padre del diccionario norteamericano. Comenzó a escribir su primer diccionario los cuarenta y tres años y tardó 324 cambios de signos astrológicos, o sea veintisiete años, para terminarlo. El primer diccionario conocido en la historia fue escrito en tabletas cuneiformes del emporio akadio realizado alrededor del año 2300 a. de C. Webster aprendió veintiséis idiomas para poder relacionar las palabras en inglés con su etimología, y recomendaba que diariamente habría que aprender una palabra nueva.

Angelus:
Sefoniel, ángel que puede ser invocado para favores especiales.

Aquí les dejo una palabra por signo, para que vayan a sus diccionarios o al Internet a buscar su definición y explicación (si tienen Internet, búsquenlas en www.google.com o www.rae.es):

- **Aries:** años luz
- **Tauro:** estrella T Tauri
- **Géminis:** Galatea, luna de neptuno
- **Cáncer:** estrella Beta Cancri
- **Leo:** latitud
- **Virgo:** vacío espacial
- **Libra:** luz
- **Escorpión:** eclipse
- **Sagitario:** satélite
- **Capricornio:** calendario gregoriano
- **Acuario:** astrobiología o exobiología
- **Piscis:** astrónomo

Ahora tú, nacido un 16 de octubre, tienes por lo menos una nueva palabra que puedes a la vez aprender y repartir entre los tuyos.

 TU CLAVE SECRETA

Recordar que aprender algo nuevo al día bien vale la pena.

Celebridades de tu día:
Noah Webster, Eugene O'Neill, Angela Lansbury, Gunter Grass, Bob Weir, María Pía de Saboya, John Mayer, Oscar Wilde, Tim Robbins y María Goretti.

TU DÍA, LIBRA

Soñador no eres. De los nacidos bajo el signo de Libra, eres quizá el más realista, y eso es bueno para todos, para ti y para los tuyos. Con tener una persona nacida un 17 de octubre que se ocupe de los demás, con idea de mejorar el entorno propio y envergadura, ya seremos dos agrandando corazones.

Tu verbo motor:

Proveer

¿Qué tal si se te hace adicción eso de ayudar a los que no tienen casa o viven bajo la mínima raya de pobreza? Pues tú naciste con la total posibilidad de comprender el dolor de los demás. Motivarte para hacer el bien es algo que fácilmente puedes hacer, para el bien de otros.

❧ AMOR, SALUD Y BIENESTAR ❦

Puedes ser invencible cuando del amor se trata, más que nada por divertido y cariñoso, sabiendo qué hacer cuándo y dónde. Podrías impartir clases sobre el buen amor o la sociología del comportamiento amable. No descuides tu salud ni tu apariencia, porque así como sabes bien de qué manera ocuparte de los demás, eres capaz de olvidarte de lo que sabes que te hace bien. Tus éxitos tendrán mucho que ver con el bienestar personal involucrado en el bienestar ajeno.

❧ DESARROLLA TU RIQUEZA Y PROSPERA ❦

Un dicho anónimo que te va como anillo al dedo es el siguiente: "El dinero sirve para procurar comodidades; pero la vida no ha de servir únicamente para procurar dinero". Los resultados de tus aciertos económicos posiblemente te preocupan menos de lo que gastas en tiempo para realizarlos. Buena cosa. Y el famoso dicho antiguo de que Libra debe medir su ego y comprenderlo como una toma de conciencia personal, está escrito para los nacidos en tu día.

❧ PODER DAR ❦

Para ti, dar es parecido a un espejo muy propio, y si no es así, aprende a dar de esta manera.

ASTRONOMÍA, HERMANA DE LA ASTROLOGÍA MODERNA

Cada 17 de octubre se celebra el Día Internacional para la Erradicación de la Pobreza, auspiciado por las Naciones Unidas. La primera vez que se festejó fue en el año 1987 con cien mil personas en el

Soy soñador de palabras, de la palabra escrita. Creo que estoy leyendo; una palabra me detiene. Dejo la página.
—Gaston Bachelard

Trocadéro de París. Sobre una piedra allí colocada está escrito: "En donde sea que hombres y mujeres están condenados a vivir en extrema pobreza, los derechos humanos están siendo violados". Esto sirve para unirnos y asegurar que es nuestro solemne deber respetar estos derechos. La Madre Teresa ha de estar contenta festejando este día, sea donde esté, hecha átomos viajando por el espacio extraterrestre o desde su cielo añorado. Y aunque la pobreza no aparenta tener lugar en

Angelus:

Hadiririon, ángel amado de Dios.

escritos astrológicos y astronómicos, me gusta pensar que dentro de la astrobiografía sí los tiene, porque parece una tremenda historia de ciencia ficción la cantidad de hombres, mujeres y niños que viven en extrema pobreza en el mundo moderno, en todos los países del mundo nuestro. Uno de cada seis humanos, hoy día, vive con menos de un dólar al día, en extrema pobreza. Hay quienes esperan erradicar este terrible mal para el año 2015. Muy buen año para la gran mayoría de Libra —te felicito de antemano.

 ### TU CLAVE SECRETA

Saberte capaz de mejorar algo del mundo, gozando al mismo tiempo con tus hazañas.

Celebridades de tu día:

Carlos Loret de Mola Álvarez, Arthur Miller, Rita Hayworth, Marcela Bovio, Eminem, Wyclef Jean, Montgomery Clift y la Madre Teresa recibe el Premio Nobel de la Paz en 1979.

18 DE OCTUBRE

El sentimiento sin acción es el acabose del alma.
—Edward Albee

TU DÍA, LIBRA

¿Quién sino tú puede gozar de la vida aunque la vida no te depare exactamente lo que esperabas? Gran talento, el tuyo. Las satisfacciones te llegan como por mandato, por oleadas. Como el paso de los signos, poco a poco te darás cuenta que mientras pasas por Sagitario, Acuario, Leo o Tauro, la vida te sonríe con más facilidad. Eso sí, no te acostumbres, pues las olas también

Tu verbo motor:

Dilucidar

tienen reflejo del paso de la Luna, y el flujo de tu suerte puede cambiar casi de un momento a otro. Sin embargo, la felicidad y la tristeza son cosas que poco tienen que ver con tu manera de afrontar la vida. Lo tuyo es saber descifrar como afrontarlo todo —excelente cosa para los seres creativos.

AMOR, SALUD Y BIENESTAR

¿Habrás inventado una técnica particular para que te quieran? Eres de las personas que podrían tener todo listo, al mismo tiempo, antes de comenzar. Pero ten cuidado, porque en la vida las cosas se repiten; no creas que cambiando, cambian las cosas. Tú, al nacer un 18 de octubre, tienes que acomodarte y saber cómo resolver los problemas en tus relaciones sin pensar inmediatamente en buscar el cambio.

Angelus:

Geburathiel, ángel de fuerzas divinas.

Libra la pasa bien cuando examina su humor, su estado de salud y su propia felicidad. Así, vas forjando tu propio destino más o menos como lo planeaste.

DESARROLLA TU RIQUEZA Y PROSPERA

En tu caso, vuelvo a usar la misma palabra para tu desarrollo y prosperidad: examinar. Para aumentar o desarrollar lo que tú consideras las riquezas o la prosperidad adecuada tendrás que comprometerte organizadamente. Y si planeas echar a andar nuevas posibilidades para el futuro, hazlo agresivamente si quieres, pero con buenos consejeros.

PODER DAR

Dar algo que nadie más ha podido explicar, y darlo bien explicado —mientras más, mejor.

ASTRONOMÍA, HERMANA DE LA ASTROLOGÍA MODERNA

Hace varios miles de años, Pappus de Alejandría —uno de los últimos matemáticos y filósofos griegos, nacido un 18 de octubre dentro del siglo IV de nuestra era— observó un eclipse del Sol en el año 320 y escribió su comentario sobre el asunto. En sus ocho tomos llamados *Colección*, escribe sobre geometría, matemáticas recreativas, los cubos y los polígonos, astronomía y astrología. Poco se sabe sobre la vida de este sabio, y algo se sabe sobre los ocho tomos y sus escritos, en uno de los cuales escribió: "Es por supuesto al hombre que Dios ha dado el mejor y la más perfeccionada sapiencia en general y sobre la ciencia en particular". Y continúa: "A otros animales, Dios les niega razonamiento pero les permite suficiente para mantenerse vivos, particularmente a las abejas". Con eso, pasa a describir el comportamiento de las abejas, cómo están ordenadas, la sumisión que tienen para con su reina y la limpieza y cuidado que observan cuando juntan y custodian la miel. Dos mil años han pasado, y ahora las abejas comienzan a desaparecer sigilosa y extrañamente. ¿Podrías hacer algo, Libra, para regular, mejorar, ayudar, componer o explicarnos algo de este asunto, con tu gran don de balancearlo todo?

 TU CLAVE SECRETA

Tener la habilidad de desarrollar nuevas respuestas a situaciones de vida inesperadas.

Celebridades de tu día:

Violeta Chamorro, Wynton Marsalis, Freida Pinto, Servando Teresa de Mier, Lucas Alamán, Justo José de Urquiza, Pedro Francisco Bonó, Georges Ohsawa, Martina Navratilova, Mauricio Funes, Zac Efron, Esperanza Spalding y Álvaro Henríquez.

TU DÍA, LIBRA

Frecuentemente los nacidos un 19 de octubre llegan a pensar que están sobre este planeta para hacer algo importante. Y frecuentemente tienen razón. A veces, cada descubrimiento y/o experiencia parece traer un mensaje, y feliz quien nazca este día y lo comprenda. Es como si tu propia vida te estuviera enviando mensajes para lograr ese triunfo personal que crees merecer.

Tu verbo motor:

Revelar

Y, si lo sabes descifrar adecuadamente, tendrás razón. El meollo de comprender cómo poner este don a buen uso es poderte mirar con ojos frescos, es decir, de manera personal y positiva, no como el eterno optimista pero como alguien que logra ver sus propios pasos como una subida por una escalera nueva, diferente y con un mensaje bastante fácil de comprender. Claro, todo esto, siempre y cuando no te distraigas. Tu realidad espiritual siempre te acompaña, pero tienes que saberla escuchar.

❧ AMOR, SALUD Y BIENESTAR ❧

No vayas a hacer del amor un concepto, porque para ti el amor debe ser poco complicado y bastante conmovedor. De todos los nacidos Libra, eres el más humanista, algo que debes aprovechar porque la gran mayoría de los nacidos Libra son bastante humanistas aun sin saber lo que la palabra significa. El humanismo tiene que ver con los valores y las preocupaciones humanas. El humanismo científico es otra faceta de esta manera de ser y pensar, y bien harías en indagar en su filosofía para el bien de tu salud física, mental y el camino hacia tu propio bienestar.

Angelus:

Barbiel, ángel de octubre.

❧ DESARROLLA TU RIQUEZA Y PROSPERA ❧

Argumenta, habla y di lo que creas, despeja tu mente y haz lo que sientas necesario para obtener lo que te hará feliz. Tú sabrás cómo convencer, maniobrar, juzgar y dejar tu imaginación volar para hacerlo y para triunfar (suficientemente) en esta área. Ten en cuenta que los estudios filosóficos alimentarán siempre tus ideales.

❧ PODER DAR ❧

Solamente da cuando sientes que te dan en retorno. Saber escoger esto no es fácil, pero debes asumirlo.

19 DE OCTUBRE

Los libros que distribuyen cosas, con una libertad tan atrevida como aquella que empleamos en nuestros sueños, nos vuelven a poner de pie.
—Marsilio Ficino

ASTRONOMÍA, HERMANA DE LA ASTROLOGÍA MODERNA

No hablar de Marsilio Ficino en un libro de astrología y astronomía sería casi un pecado. Uno de los filósofos de mayor influencia del Renacimiento italiano, Ficino era astrólogo, tradujo toda la obra de Platón al italiano y fue el escogido por Cosimo de' Medici para dirigir la Academia de Platón en Florencia. Ficino escribió en el año 1492: "Este siglo, como una edad de oro, ha restaurado a la luz las artes liberales... la gramática, la poesía, la retórica, la pintura, la escritura, la arquitectura, la música y ha perfeccionado la astrología". Uno de sus libros, *Libro de vida*, presenta una detallada liga entre el comportamiento y la consecuencia, o las consecuencias. "El TODO dentro del cual nos movemos y somos nosotros, está vivo", escribió en otra ocasión. En ese escrito, se considera su anotación de la palabra *vivo* como un especie de metáfora sobre la astrología. Ficino escribe mucho sobre su propia visión de la astrología y la influencia de la misma sobre la salud, algo que tú, nacido un 19 de octubre, harías bien en consultar cuando crees que lo podrías necesitar. Esto lo digo por el grado 25 de Libra en la fecha de tu cumpleaños, que a la vez podría ser tu número de suerte.

 TU CLAVE SECRETA

Saberte recrear con tus propias experiencias.

Celebridades de tu día:

Marsilio Ficino, Pedro Blanco Soto, Miguel Ángel Asturias, Subrahmanyan Chandrasekhar, Vinicius de Moraes, John le Carré, Divine, Verónica Castro, Evander Holyfield y Bernardita Pizarro.

Si supiera quién soy en realidad, dejaría de comportarme como creo que soy.
—Aldous Huxley

TU DÍA, LIBRA

El humor y a la vez una mirada distinta hacia el mundo es lo tuyo. Y si aun no te has dado cuenta ni sabes como aprovechar estos dos dones que ya quisieran muchas personas saber balancear, instrúyete, si es necesario, a través de algún profesional.

Tu verbo motor:

Premiar

Tu posición en el mundo tiene mucho que ver con que sepas repartir buenos consejos, tranquilamente. A la vez, entiendes cómo escoger el mejor momento para tus cosas, mirando tanto el tiempo como las posibilidades de los demás. Las buenas relaciones son lo que puedes y debes aprovechar para mejorar tu vida, tu posición y tus anhelos cada vez que puedas.

⚜ AMOR, SALUD Y BIENESTAR ⚜

Las dualidades y la posibilidad de que tus amores aparezcan con demasiada facilidad pueden hacer aparecer piedras en tu camino, que en realidad disfrutas, pues a los problemas amorosos les logras sacar cierto provecho. No sé cómo, pero sí sé que es cierto. Tienes la capacidad de convencer a quien quieras de lo que crees importante en ese momento y tienes el tino de saber perfectamente bien cómo aprovechar todo momento, quedando casi siempre bien. La música y la salud las traes por dentro y, por lo mismo, no creas que puedes curar todos tus males con tu poder mental. Tu verdadero bienestar es saberte dueño de lo que necesita tu cuerpo para poder aguantar o entretenerte en todo momento.

⚜ DESARROLLA TU RIQUEZA Y PROSPERA ⚜

Perfila tus propósitos para que sepas como adelantar y mejorar tu futuro. En otras palabras, para ganar tendrás que trabajar, estudiar y cumplir. En realidad, la historia de Alfred Nobel no será jamás como la de toda persona nacida un 20 de octubre, pero leyendo su vida con interés, encontrarás algo para aprender, específicamente porque debes tener para repartir, ya que así prospera tu felicidad muy personal.

⚜ PODER DAR ⚜

Tu puedes y debes dar bien planeado y a la larga, con miras a algo del futuro de quien recibe.

ASTRONOMÍA, HERMANA DE LA ASTROLOGÍA MODERNA

En el año 1833 nació en Estocolmo, Suecia, quién fundó el Premio Nobel: Alfred Nobel. Pocos años después, su padre tuvo que declararse en bancarrota, yéndose luego a Rusia a tentar nuevos proyectos que resultaron excelentes. Así, el niño Alfred, a los nueve años, volvió a reunirse con su padre en San Petesburgo, donde ya ganaba suficiente para sostener a la familia de nuevo. Para los diecisiete años, Alfred ya hablaba sueco, ruso, francés, inglés y alemán. Le interesaban las artes, pero su padre quería que estudiara algo más firme, y lo envió a París a estudiar con el inventor de nitroglicerina. A partir de ahí, se convirtió en una adicto al trabajo y, al morir en 1896, dejó 355 patentes y una inmensa fortuna. Nunca se casó ni tuvo hijos, y en su testamento dejó toda su fortuna al reparto del Premio Nobel para los campos de física, química,

Angelus:

Prunicos, ángel con poderes celestiales supremos.

medicina, literatura y la paz. Sus familiares pelearon duramente tratando de arrebatarle ese dote al mundo, pero gracias a algún movimiento cósmico, no lo lograron y hasta hoy y los años venideros gozamos, el mundo entero, con los descubrimientos impresionantes y las ideas geniales de los ganadores. El Premio Nobel de Economía existe desde 1969 como legado de Alfredo Nobel. Hay dos actas de nacimiento de Alfred Nobel, una del 20 y la otra del 21 de octubre, y yo opté por la primera. Tú, nacido un 20 de octubre, eres portador de una interacción entre el valor espiritual y el principio de la verdad que puedes, a la vez, poner a buen uso cuando sea necesario.

 TU CLAVE SECRETA

Saber que estando presente, todo mejora, porque tu capacidad de persuasión es grande.

Celebridades de tu día:

Alfred Nobel, Arturo Rimbaud, Bela Lugosi, Art Buchwald, Robert Pinsky, Elfriede Jelinek, Viggo Mortensen, Camila Mendez, Nancy de Rojas Ciudad, Mickey Mantle, Jomo Kenyatta y la fundación de La Paz, Bolivia.

TU DÍA, LIBRA

El estrés es parte de la vida diaria de más de la mitad de los humanos que viven hoy día sobre nuestro planeta, incluyendo los niños. La palabra *estrés* viene del inglés *stress* que a su vez significa tensión causada por una reacción fisiológica en cualquier ser vivo (humano o no), y también en ciertas materias que dan de sí. Tú eres de las personas que menos deben sentir estrés simplemente por haber nacido un 21 de octubre, ser Libra y pertenecer al grado 27 en el conteo del círculo original. Naciste con el don que se encuentra en realidad latente en toda persona, pero tú no necesitas buscarlo, porque tu propio cuerpo suelta la adrenalina y las hormonas necesarias para confrontar casi cualquier cosa con brío. Podrías también aconsejar a aquellos que tienen problemas de estrés, de manera amigable o de modo profesional.

> **Tu verbo motor:**
>
> *Tejemanejar (de tejemaneje)*

AMOR, SALUD Y BIENESTAR

Con el amor, nada debe estresarte. Y con mucho amor tienes suficiente envergadura para quitarle el estrés que podría tener tu ser amado. El amor te levanta, te enorgullece, te enloquece y te permite ser aun más aventurero de lo que eres. Procura siempre tener amor a tu lado, aunque no sea la persona perfecta, porque tú tampoco lo eres. Tener una buena báscula de buena calidad en casa es ideal para saber cómo reacciona tu cuerpo con tus extrañas maneras de alimentarte. Y si sientes que vas alcanzando tus metas, todo lo demás te importa poco.

> **Angelus:**
>
> *Nachiel, inteligencia solar que ilumina.*

DESARROLLA TU RIQUEZA Y PROSPERA

A veces podrás encontrarte en situaciones durante las cuales realizas dos cosas a la vez. Esto, para los nacidos en un día como este, es excelente cosa. Te pesas y te mides sin saberlo, balanceando tus hazañas, y al mismo tiempo mejoras y aumentas tu capacidad de prosperar. Ya te llegará el día cuando sepas exactamente cómo exigir la remuneración que mereces y puedas gastar todo lo que quieras en tus amores.

PODER DAR

Tener un guardado o un ahorrito de lo que sea para que siempre des la misma cosa sería lo ideal, como un libro u otra cosa; así, das sin sentirte aturdido.

21 DE OCTUBRE

De las lunas, la de octubre es la más hermosa.
—Canción popular mexicana

ASTRONOMÍA, HERMANA DE LA ASTROLOGÍA MODERNA

Hace relativamente poco, un 21 de octubre, fueron tomadas unas fotografías desde el Observatorio del Monte Palomar, del equipo de Mike Brown (Géminis), Chad Trujillo (Escorpión) y David Rabinowitz (quien nació en un años bisiesto), quienes posteriormente comprobaron que lo que aparecía en las placas podría ser el décimo planeta de nuestro sistema solar o un planeta enano, bautizado este con el nombre de Eris, formalmente llamado 136199 Eris. Este planeta enano es 27% mayor que Plutón, tiene el 27% de la masa de nuestra querida Tierra, y posee su propia luna, (que quizá también brilla mejor en octubre). La luna de Eris se llama Dysnomia y hasta ahora Eris parece vivir en dulce armonía con ella. Recientemente fue catalogada como un *plutoide*, categoría inventada para distraer. La definición de los *plutoides* es que pueden ser considerados (o parece que son) como la intersección de planetas enanos del grupo de objetos trans-neptunianos. El nombre Eris viene del griego, ya que era la diosa de la discordia y la destrucción; y Dysnomia se llamaba su hija, quien a su vez era el espíritu de la desobediencia. La obediencia lleva el planeta Saturno como regente astral, y Saturno se encuentra en el signo de Libra hasta finales del año 2012, así que alguna liga cósmica tienen ustedes con la obediencia o la desobediencia, dependiendo de la relación que escojan ustedes tener con el cosmos.

 TU CLAVE SECRETA

Siempre habrá una novedad a la vuelta de la esquina.

> **Celebridades de tu día:**
>
> *Celia Cruz, Benjamín Netanyahu, Carrie Fisher, Esteban Moctezuma, Kim Kardashian, Ricky Rubio, Dizzy Gillespie y Ronald McNair.*

TU DÍA, LIBRA

Tu fuerza estriba en la manera en que sepas defenderte. No porque lo necesitas como fuerza personal, pero porque el verbo *defender* te acomoda, tanto para lo que tú deseas hacer con tu vida como con el poder que tienes para ayudar a quien necesite ser defendido. En realidad, lo tuyo es un don espiritual invitándote constantemente a conseguir una vida tranquila y de paz a tu alrededor, siendo la serenidad una evolución constante de tu persona y regalando la tranquilidad a quien la necesite, sea cual fuese su situación. Mientras más tiempo pase, mejor te irá, y aumentarán las personas quienes te agradecerán tus sabios consejos.

Tu verbo motor:

Transmitir

❧ AMOR, SALUD Y BIENESTAR ❧

Necesario, necesarísimo es, para ti, encontrar tu media naranja para llegar a decir, "Tuve tanta suerte en encontrar a mis ser amado que aun no me repongo". Porque ese amor tan especial que debes conquistar, te ayudará a fortalecer todo lo que puedas comprender del párrafo anterior. Tu salud siempre mejorará cuando tengas quien se fije en ella, y teniendo a la persona adecuada, nada te detiene para sentirte dichoso.

❧ DESARROLLA TU RIQUEZA Y PROSPERA ❧

Tu prosperidad tiene que ver con tu vida espiritual. Es decir, es una manera alternativa (un poco, bastante o mucho, de ti depende) de considerar lo que realmente es la riqueza y la prosperidad. Mientras más relaciones tu manera de vivir con una filosofía propia, mejor te sentirás, y verás como tu sentir de la vida te permitirá sentirte una persona balanceada, que sabe lo que puede hacer y disfruta lo que quiere.

❧ PODER DAR ❧

Lo tuyo es dar conocimiento, examinando con cierta profundidad lo que puedes dar en ese momento preciso.

ASTRONOMÍA, HERMANA DE LA ASTROLOGÍA MODERNA

Erasmus Reinhold era un matemático y astrónomo alemán, nacido el 22 de octubre del año 1511. Se lo considera el astrónomo más importante de su época. Además de catalogar muchas, muchísimas estrellas, sus tablas astronómicas, en conjunto con los cálculos de Copérnico, fueron fundamentales para la elaboración de la reforma del calendario hecho por el Papa Gregorio XIII en el año 1582. A la vez, durante esta época histórica (el Renacimiento), el reencuentro con los conocimientos de la antigüedad impulsaron a los astrónomos y astrólogos a volver a leer a Ptolomeo y sus ideas "ejemplares", que a la vez revivieron lo que llamaban la "verdadera" astrología.

Angelus:

Gazardiel, ángel supervisor que vigila los rezos y los conduce al firmamento eterno.

Un 22 de octubre, 497 años después del nacimiento de Reinhold, sale al espacio la nave Chandrayaan. Fue enviada a la Luna, dio 3400 vueltas alrededor de nuestro satélite, permaneció 312 días sobre ella y envió más de 70 000 imágenes. Ahora ya reconocemos, como bien dijo Neil deGrasse Tyson, que todos estamos conectados biológicamente entre nosotros, químicamente con la Tierra y atómicamente al universo. Pero aun hay más. En la búsqueda para encontrarnos, estamos conectados desde el punto de nuestro silencio interior, porque, como dijo Jiddu Krishnamurti: "La forma más elevada de la inteligencia humana es la habilidad de mirarse a sí mismo".

 TU CLAVE SECRETA

Entender de manera excelsa el mundo que te rodea y saberlo difundir.

Celebridades de tu día:

Deepak Chopra, Doris Lessing, Guillermo Samperio, Franz Liszt, John Reed, Timothy Leary, Catherine Deneuve, Rita Guerra, Sarah Bernhardt, Curly Howard y Robert Capa.

TU DÍA, LIBRA

Comprender y entender a tus semejantes es algo que puedes desarrollar para tu propio bienestar. Dejarlos vivir a su manera sin interferir porque crees que lo tuyo es mejor, y compartir con quienes sientes que son tus amigos, familiares y/o seres queridos lo que ellos verdaderamente desean, es algo que puedes usar para mejorar tus propios conocimientos. Tú entiendes profundamente la diferencia que existe entre la sabiduría, la ciencia y lo que uno quisiera que fuese. Mostrarlo y apoyar a quienes no tienen apoyo es algo que los nacidos bajo tu signo, habiendo nacido en el último grado de Libra, el 30, te fortalece. Y eso, a su vez, te permite ser guía. Usa ese don.

Tu verbo motor:

Fraguar

⚜ AMOR, SALUD Y BIENESTAR ⚜

Sabes cómo hacerte notar y cómo usarlo. Cuando amas, te gusta guardar tu sentimiento bajo llave hasta estar seguro de que tendrás la misma respuesta, y cuando no lo logras, puedes perder la calma. Mide tu felicidad con la relación que tienes con tu propia familia, y si no es como quisieras, enséñate cómo amarlos para así caer con los brazos tendidos a los de tu amada persona. Naciste con la posibilidad de auto-curación, pero eso no significa que debas descuidar tu persona, y la comprensión filosófica de tu propia vida puede traerte mucha felicidad.

⚜ DESARROLLA TU RIQUEZA Y PROSPERA ⚜

Siendo Libra, unos mini destellos cósmicos de Escorpión te ayudan a planear de manera excelsa estrategias para mejorar tu bienestar material. Sin calma y propósitos, te confundes, y por lo mismo, necesitas un porcentaje de tranquilidad espiritual para conseguir y finalizar tus trazos.

⚜ PODER DAR ⚜

Poder dar dentro del mismo plan de mejorar tu posición en el mundo material es lo indicado, y totalmente factible.

ASTRONOMÍA, HERMANA DE LA ASTROLOGÍA MODERNA

En algunos lugares de nuestro planeta, hoy se celebra el Festival de los Dioses Olvidados. Para olvidar, tenemos que invocar a Saturno, representante eterno del tiempo (desde la época de los griegos

23 DE OCTUBRE

Tienes que encontrar el lugar dentro de ti en donde nada es imposible.
—Deepak Chopra

antiguos). Y su lugar como representante del tiempo nos llega de tiempos pre-socráticos (filosóficos). El nombre, escrito *khronos*, significa eso: tiempo. Él era quien le daba la vuelta personalmente a la rueda del zodiaco, llamado también frecuentemente, Aeon, que a su vez significa *tiempo eterno*. Los mitos cosmológicos se parecen frecuentemente a lo ocurrido en el cielo astronómico; y, por lo mismo, conocer y reconocer algunas de las historias de la antigüedad nos permite apartar tiempo para ponderar lo que nos han enseñado, lo que hemos adelantado desde que nos lo han enseñado (tanto personalmente como las constantes renovaciones maravillosas que los científicos nos proponen día con día), nuestra propia versión de la mitología comparada, la cosmología, la astronomía, la astrofísica y nuestros pensamientos personales. A cada quien lo suyo, y nadie mejor que alguien nacido un 23 de octubre para discutir sobre esto.

Angelus:

Melech, ángel del orden de los poderes.

 TU CLAVE SECRETA

Saber que puedes preparar a quien sea para lo que venga, incluyéndote a ti mismo.

Celebridades de tu día:

Pelé, Johnny Carson, Charlie García, Michael Crichton, Gustav Spörer, Jorge Iván Solís Pérez, Juan de Tovar, Ryan Reynolds, Masiela Lusha Kate del Castillo.

TU DÍA, ESCORPIÓN

Escorpión, a la vez, es un signo autosostenible, aunque no fuese darwinista. El científico Wilhelm Weber, nacido un 24 de octubre, estudiante de electromagnetismo, junto con los nacidos este día, curiosamente tienen un magnetismo inusual, enorme, que si lo ponen a buen uso, pueden lograr cosas inalcanzables para muchas otras personas. El misterio para los nacidos Escorpión es algo tan relacionado con su persona que a veces son difíciles de comprender.

Tu verbo motor:

Vencer

❧ AMOR, SALUD Y BIENESTAR ❧

Te sales con la tuya casi siempre en cuestiones de amor, y cuando no es el caso, no es por algo que tú hayas hecho, sino que los astros se interfirieron, ya que tu fuerza de voluntad, por lo general, conquista todo. Pueden despecharte, pero no te olvidan. Dicen que todo Escorpión tiene una vida sexual intensa, y que se refleja a veces en su salud. Piénsalo y recuerda que para ti, siendo el primer representante de Escorpión, limpieza de cuerpo y alma es importante. La pasión de ser, estar y sentir es lo que aporta bienestar.

❧ DESARROLLA TU RIQUEZA Y PROSPERA ❧

Cuidado con *cómo* guardas y consigues tu dinero y tu prosperidad. Si tu profesión es de algún modo peligrosa, tanto mejor, porque así gastas parte de tus fuerzas cuidándote. Si tu cuenta de banco no está balanceada, puedes caer en depresión, así que comienza desde ahora a ahorrar, si es que aun no lo has hecho.

❧ PODER DAR ❧

Descargar energía con otra persona o en compañía de otra persona puede ser tu mejor manera de dar.

ASTRONOMÍA, HERMANA DE LA ASTROLOGÍA MODERNA

La pregunta "¿qué es la vida?", aun no tiene respuesta. O tiene miles. Cuando la tenga, Escorpión estará presente o será alguien de este signo quien nos la explique. Esto es porque tú, al ser Escorpión eres como el sapo que encontraron el 24 de septiembre de 1888. Fue sacado de un bloque de arcilla de Escocia, mientras cavaban pasos para un nuevo tren, y estaba *vivo*, inactivo, ciego y totalmente flácido (parecía no tener huesos), pero aun respiraba, y era de signo Escorpión. Se dice que había permanecido así durante varios miles de años. Tú, Escorpión, eres así. Resurges y nos ayudas a resurgir. Será porque tu signo representa la fuerza creativa de la madre naturaleza, como Prometeo, divinidad griega que pasa por haber enseñado a los hombres el uso del fuego, haber creado la humanidad y haberla salvado del diluvio.

Angelus:

Elubatel, ángel omnípotente.

Platón nos habla de él, Herodoto también, Sófocles lo menciona y para los interesados en analogías, Pierre-Gilles de Gennes (Premio Nobel de Física, 1991), nacido un 24 de octubre, describía sistemas disimilares en términos analógicos, comparándolos a sistemas mucho más conocidos. Yo pretendo que la astrología sea la parte poética de la astronomía, y por lo mismo reproduzco aquí un poema que el maestro Gennes tradujo al recibir su premio:

> *Diviértete en el mar y en la tierra.*
> *Desconsolador es ser famoso.*
> *Riquezas, honores, falsos centelleos de este mundo,*
> *Todo no es más que burbujas de jabón.*

 TU CLAVE SECRETA

Reconocer que ser Escorpión es llevar en sí la posibilidad de construir sueños.

Celebridades de tu día:

Rafael Trujillo, Gilbert Bécaud, Adela Noriega, Bob Kane, Steven Hatfill, Rafael Urdaneta, Fernando Vallejo, Rafael Azcona, Pierre-Gilles de Gennes y Victoria Eugenia de Battenberg.

TU DÍA, ESCORPIÓN

La interacción que tú puedes repartir a lo largo de tu vida tiene que ver con el amor, de la misma manera que una botella de perfume que se rompe, deja su olor. Tú descubre la metáfora que quieras con esto, pero es un don único, regalado por el cosmos por haber nacido un 25 de octubre. Tu característica básica es la de tener la habilidad de enlazar el tiempo (algo explicado en la sección de Astronomía de esta pagina), un don que deja secuelas a quienes ayudas, para entender cómo mejorar el futuro. Y, cuando en tu búsqueda de alguna felicidad personal, te encuentres con sentimientos de soledad, intégrate a tu comunidad —algo que siempre deberías de hacer de por sí por tu bien.

Tu verbo motor:

Preparar

❧ AMOR, SALUD Y BIENESTAR ❧

El amor para ti puede ser tan profundo que piensas solamente en el bienestar de tu ser amado o amada. ¡Dichosos ellos! Amar te hace compartir (como la canción de Maná), y si llevas una canción en el alma para recordártelo, excelente cosa. El común lugar de cuidado para todo Escorpión son los genitales, pero lo que más debes cuidar ante todo son tus costumbres alimenticios. Se te da fácil la oportunidad de comer justamente lo que te hace daño. Cuidando tranquilamente ambas cosas, encontrarás un lugar pacífico y a gusto en el mundo que hayas escogido compartir.

Angelus:

Ninip, jefe de los ángeles en tiempos babilónicos.

❧ DESARROLLA TU RIQUEZA Y PROSPERA ❧

Muchas ganas tienes tú de lograr tus propósitos. A veces tantas, que se te olvida que no siempre el mejor sale ganando, y de nada te sirve enojarte. El enojo, en tu caso, te puede hacer daño físico. Por lo tanto, organízate de tal manera que tus propósitos en relación a tus finanzas siempre tengan una buena salida nueva a veces copiando lo que otros han hecho desde hace siglos (como coleccionar oro, por ejemplo).

❧ PODER DAR ❧

Dar como si fuera a un familiar y con cordura.

ASTRONOMÍA, HERMANA DE LA ASTROLOGÍA MODERNA

Podría parecer poca cosa descubrir un satélite de Saturno, nombrarlo Iapetus y ser Giovanni Cassini, en 1671; y a algunos de nosotros esto nos puede recordar la canción "Get Off My Cloud", grabada por los Rolling Stones un 25 de octubre de 1965. Cassini era matemático, astrónomo, ingeniero, astrólogo, profesor de astronomía en la respetadísima Universidad de Bologna y director del Observatorio de París.

La conexión entre un acontecimiento y otro, además de que ambas cosas sucedieron un 25 de octubre, es que parecerían en grado de importancia de "segunda", pero ambas cosas han contribuido a lo que se dice hace girar al mundo, cada quién llevando su propia parte de ese polvo de estrellas tan renombrado, tan presente y tan importante.

Cassini fue el primer hombre en observar cuatro de las lunas de Saturno, llamándolas *Sidera Lodoicea* (*sidera* significa estrellas y lodoica es una denominación del nombre Luis en honor a Luis XIV de Francia). Su descripción del por qué le puso el nombre honorando del rey, se parece algo a la letra de la canción arriba mencionada, el meollo del asunto siendo el amor que tú, nacido este día, conoces y puedes repartir.

 TU CLAVE SECRETA

Llegar a entender que tienes un mensaje para repartir.

Celebridades de tu día:

Pablo Picasso, Russell Schweickart, Johann Strauss II, George Bizet, Katy Perry, Pedro Martínez, Jon Anderson, Elías Figueroa y Alfonsina Storni.

TU DÍA, ESCORPIÓN

"Vamos todos. ¡Hagámoslo en conjunto! Ven y acompáñame", con estas tres frases debes construir tu vida. Es decir, los conjuntos son lo tuyo, tu fuerza y tu lar. Busca un sentido de comunidad, de ayuda al prójimo, y procura llenar tu vida de lo mismo. Se dice fácil, especialmente si eres Escorpión, que por lo general buscan momentos de soledad por lo menos una vez al día. Pero tú no tanto, por tener el número 26, número del cubo y número que para los mayas significaba el conteo largo, porque en algunos pueblos mayas comenzaban el año nuevo el 26 de julio, al aparecer Sirius en el cielo nocturno en esos lugares del mundo. Tú tienes una parte que necesita de tu propia privacidad, y combinar tu necesidad de vinculaciones con algo tan contrario es difícil, pero totalmente posible. ¿Por qué? Porque para todo Escorpión, casi cualquier cosa es posible.

> **Tu verbo motor:**
>
> *Tolerar*

AMOR, SALUD Y BIENESTAR

El amor debe tener algo mágico, de lo contrario, no te impresiona. Y para ti es casi más importante tu sentido del amor que la persona amada —algo difícil de comprender para quien te quiera. Y quien te quiere, te adora. Esto a veces confunde un poco las cosas, pero tú eres quien debe resolverlas, pues entre tú y otro, eres tú quien pone barreras. La salud va de acuerdo con la salud de tu alma, y si tienes con quien confesarte, tanto mejor. Así, cuando repentinamente sientas un gran bienestar, espero que tengas a tu lado quien te ame, pues eso es lo mejor que podría sucederte. ¿Complicado? Sí, así eres tú.

> **Angelus:**
>
> *Nirgal,*
> *ángel protector.*

DESARROLLA TU RIQUEZA Y PROSPERA

Curiosamente, tu riqueza, tu prosperidad, tu modo de abordar lo que gastas y lo que ganas tiene mucho que ver con tu fe (en ti y en quienes te proporcionan trabajo) y tu propia lógica —o la de quien trabaja a tu lado. Debe existir una relación entre lo que haces y lo que eres para que puedas gozar toda la prosperidad que la vida puede brindarte.

PODER DAR

Puedes dar aun sin querer hacerlo, y eso es una de tus grandes ventajas.

ASTRONOMÍA, HERMANA DE LA ASTROLOGÍA MODERNA

El lado oscuro de la Luna, cuántas fábulas, cuentos y cuánto interés en conocerlo. El 26 de octubre del siglo pasado (1959), fueron tomadas las primeras fotografías del lado que no vemos de la Luna, lo cual no es lo mismo que el lado oscuro de la Luna. Y catorce años más tarde, la banda de rock progresivo Pink Floyd lanza su disco ya legendario, conocido como uno de los mejores de todos los tiempos: *The Dark Side of the Moon* (El lado oscuro de la luna). Este se mantiene en la lista de más vendidos durante 741 semanas, entre 1973 y 1988, más tiempo que cualquier álbum en la historia.

Volviendo a la fascinación con nuestra querida Luna, es bueno saber que da vuelta sobre su eje una vez cada 29,5 días, el mismo tiempo que tarda en dar la vuelta alrededor de la Tierra. Y esto no es coincidencia; el efecto de la gravedad de la Tierra hizo que así tuvieran su baile estelar. Tú, nacido un 26 de octubre, podrías seguir los pasos de quienes han inventado, visitado y mirado maravillas del cielo. ¡Haz la prueba!

 TU CLAVE SECRETA

Interesarte en lo que vendrá; algo que te permite saber lo que otros no comprenden.

> **Celebridades de tu día:**
>
> *Rebeca de Alba, Primo Carnera, Evo Morales, Françoís Mitterand, Hillary Rodham Clinton, Miguel Otero Silva, Guillermo Kahlo, Francisco Solano López, Mahalia Jackson y se declara la libre expresión en la prensa argentina por decreto en 1811.*

TU DÍA, ESCORPIÓN

Urano tiene veintisiete lunas, veintisiete son los libros del nuevo testamento, Mozart escribió veintisiete conciertos para piano y orquesta, y veintisiete son las letras del alfabeto hebreo. Y para terminar, son veintisiete los huesos de cada mano humana. Nada de esto tiene que ver con tu signo, pero sí con el número del día en que naciste —datos bastante inverosímiles que pueden permitirte comprender que debes de ser una persona bastante especial. Diferente. Y siendo Escorpión, además, tu personalidad no es como te presentas, y a la vez intrigas. Reconoces casi de inmediato si algo te va a servir o te va a gustar, y tus necesidades individuales no son comunes. Sigue tus instintos y verás que bien te va.

Tu verbo motor:

Manifestar

⚜ AMOR, SALUD Y BIENESTAR ⚜

Miras los ojos de alguien y sabes sin entender porque puedes vivir con él o con ella; eso se llama simbiosis. ¿Será por el resto de tu vida? Quizá, pero lo importante es que te des la oportunidad. Tus amores pueden comenzar así, porque tú eres una persona simbiótica. Tienes ese don. Igual, sabes qué te hace bien y qué no, pero cuidado porque aunque lo sepas, a veces te descuidas, como si fuera a propósito, y eso significa que algo no anda bien. Un chequeo anual es lo que necesitas.

⚜ DESARROLLA TU RIQUEZA Y PROSPERA ⚜

Tu bienestar tiene que ver con la facilidad que tengas para prosperar. Y eres de los afortunados que sienten que prosperan cuando tienen un buen día. Lo demás va y viene, y de esto estás bien consciente. Cuando tu mente y tu cuerpo están tranquilos, funcionan como se debe y te sientes cómodamente feliz, y la prosperidad puede aparentar llenarte, al escuchar una melodía que realmente te gusta, al terminar un crucigrama, al ganar un juego de ajedrez o también, al recibir un aumento de sueldo.

Angelus:

*Kzuial,
ángel de la guarda.*

⚜ PODER DAR ⚜

Debes sentir que dar es un poder, ya que das porque sabes que hacerlo te sube de categoría, te produce adrenalina o te brinda puro placer.

27 DE OCTUBRE

Todos somos originales, y todos somos un número primo, divisibles solamente por nosotros mismos.
—Jean Guitton

ASTRONOMÍA, HERMANA DE LA ASTROLOGÍA MODERNA

Apenas en el año 2011, comenzaron a contar la cantidad de meteoritos en nuestro espacio. Hay ahora unos 1086 catalogados. Los vistos se llaman *falls* (caídas) y los que se encuentran sobre el piso tiempo después, son *finds* (encuentros). De estos últimos, existen unos 39 000, y yo tengo uno. Al año caen unos 500, de los cuales pocos son encontrados. El 27 de octubre de 1973, en Canon City, Colorado, cayó uno.

Los meteoritos pueden ser de hierro, piedra y hierro o simplemente piedra. También tienen diferente categorías, y en Estados Unidos existe el mayor número (encontrado), siguiéndole a la India. Un meteorito es un objeto natural que viene del espacio extraterrestre y sobrevive su impacto con la superficie terrestre. Muchos los llaman los mensajeros del espacio. Tenemos ahora en la Tierra meteoritos que han caído sobre Marte y sobre nuestra Luna. Se han encontrado meteoritos enterrados en la Edad de Hierro (en Danbury Inglaterra) y el impacto de un meteorito pudo haber acabado con los dinosaurios.

 TU CLAVE SECRETA

Tener la gran capacidad de construir, de cualquier cosa, una historia significante.

Celebridades de tu día:

Enrique Canales, Luiz Inacio Lula da Silva, Theodore Roosevelt, Dylan Thomas, Kelly Osbourne, Roy Lichtenstein, Emily Post, Capitán James Cook, Sylvia Plath, la fundación de Aguascalientes (1857) y la apertura de la primera línea de metro en Nueva York (1904).

TU DÍA, ESCORPIÓN

Una antiquísima historia inglesa dice que hoy es el día (cualquier 28 de octubre) que puedes aprender el lenguaje de las aves. Había muchas cocciones místicas y mágicas para lograrlo, pero ustedes, nacidos un 28 de octubre, ya traen en su ADN cósmico suficiente carga como para hacer algo espectacular de su propia vida, toda proporción guardada. Ser el más rico del mundo, nada tiene que ver. Comprender y participar haciendo algo que valga la pena para este planeta nuestro, para sus habitantes, su fauna, flora o simplemente una nueva poción mágica de tu parte, es lo indicado. Como el rey Alfredo el Grande, quien en el año 901, para que sus súbditos llegaran puntuales, inventó el reloj de velas marcadas, ahora a ti te toca algo para que pongas a buen uso la genial materia gris de tu cerebro.

Tu verbo motor:

Continuar

✤ AMOR, SALUD Y BIENESTAR ✤

Quien te ame necesita, a veces, rendirse a tus pies. O por lo menos, eso es lo que te encantaría. Lo importante es que tú no te rindas a los pies de nadie, pero que sí le brindes seguridad a quien ames en cuanto a tu amor. Tus amores no necesitan ser tranquilos, pero tu salud sí necesita de cuidados finos. Lo mejor es que quien te quiera vea por ti, para que sientas que tu bienestar, la felicidad y el desarrollo hacia lo que tú quieres surte todo el efecto que mereces lograr.

Angelus:

Daden, poder celestial secreto.

✤ DESARROLLA TU RIQUEZA Y PROSPERA ✤

Necesitarás lograr cierto ritmo en tu vida profesional para no perder el paso y así logres evolucionar como debe hacerlo quien trabaja a gusto. Altas y bajas suceden en tu vida frecuentemente, y de ellas debes sacar provecho, como de sabio (sin serlo totalmente). Tienes la suerte de que una cosa lleva a la otra. Cuando aparezcan nuevos horizontes, no dejes de acercarte a ellos.

✤ PODER DAR ✤

Da lo necesario a quien tenga menos que tú.

ASTRONOMÍA, HERMANA DE LA ASTROLOGÍA MODERNA

En una encuesta para ver quien conoce a quien para mi programa de radio, recorrimos las calles preguntando por Erasmo de Rotterdam y Bill Gates. Ambos nacieron un 28 de octubre, por ende son Escorpión, y su contribuciones a nuestro mundo de alguna manera u otra nos acercan y conectan en nuestro gran universo.

Erasmo, nacido en el año 1466, llamado el Príncipe de los Humanistas, dijo alguna vez: "En mi opinión, es más juicioso tratar a los demás y a las cosas como si considerásemos este mundo el padre único de todo". Bill Gates (uno de los hombres más ricos del mundo), en cambio, dijo: "Si no lo puedes hacer bien, haz como si lo hicieras bien". Gates (nacido en el año 1955), magnate de la revolución computarizada, fundador de Microsoft, a los trece años diseñó un programa para jugar *tres en raya*, mejor conocido como "gato", y aprendió a ser *hacker* para que lo contrataran (a los catorce años) a "limpiar" las computadoras (PDP-10). A los dieciocho años, considerado ya un genio en computación, entró a Harvard y dos años después despegó al registrar el nombre Micro-Soft. Ahora se dedica a la filantropía y es dueño del *Codex Leicester*, una colección de escritos de Leonardo da Vinci. En su casa tiene esculpido una frase de su libro favorito de Scott Fitzgerald: "Había venido de lejos a este césped azul, y su sueño se debe haber sentido tan cercano que casi no podía fallar al tomarlo". Pero dicen que su frase favorita es: "Esa es la cosa más estúpida que he escuchado". Conozco muchos personajes nacidos Escorpión que dicen algo parecido cuando no les complace algo.

 TU CLAVE SECRETA

Seguir adelante en tus planes aunque parezcan imposibles —nunca lo son.

Celebridades de tu día:

Ramón del Valle Inclán, Daphne Zúñiga, Yvonne Condé, Erasmo de Rótterdam, John Romero, Ivan Turgenev, Adolfo Camarillo, Jonas Salk, Bill Gates, Julia Roberts y la fundación de Harvard Collage que hoy es Harvard University.

TU DÍA, ESCORPIÓN

Cierto es que los cinco sentidos tienen mucho que ver con el signo de Tauro; cierto es también que todos tenemos al signo de Tauro en nuestra carta astrológica personal. Por algo existen los opuestos —no como fuerzas en discordancia, sino que como el yin y el yang, se complementan. Uno necesita del otro y por lo mismo, la necesidad de todo ser nacido Escorpión de relacionarse con sus propios cinco sentidos es importante. Por esto, tus anhelos deben ser cumplidos y facilitados por tu propia persona, toda proporción guardada como suelo decir cada vez que puedo. Este afán te permite ser una persona algo cambiante, casi de doble personalidad de vez en cuando. Si es para tu bien o el bien de tus seres cercanos, te felicito. Si esto te orilla a desestabilizarte, cuidado.

Tu verbo motor:

Vencer

⚜ AMOR, SALUD Y BIENESTAR ⚜

Querer siempre más te sucede cuando amas. Puedes dramatizar a tal grado que quien te quiere, corre. Ve despacito cuando te apasionas para que el amor no se acabe ni se apague por ser tan impulsivamente apasionado. Pertenecer a un grupo o a un club de deporte, es algo muy recomendable para quienes hayan nacido un 29 de octubre. La comunicación directa con quienes tienen intereses parecidos a los tuyos siempre te aportará un sentido fresco de bienestar, algo que debes procurar tener cada vez que puedas. Y para los retos que sueles imponerte, mejor aun.

Angelus:

Mahniel, ángel que manda y comanda.

⚜ DESARROLLA TU RIQUEZA Y PROSPERA ⚜

En cuanto puedas, balancea tus cuentas, tu dinero, tus acciones, tus pertenencias, porque tiendes a no darte cuenta de lo que necesitas. Algo que debería importarte y con lo cual es imperante que sepas lidiar. Tu día de nacimiento te da la fuerza para que puedas hallar cómo hacer un poco más, un poco mejor. No dejes de repetirte esto cada vez que puedas, porque para ti, poder es frecuentemente hacer.

⚜ PODER DAR ⚜

Si entiendes algo de la psicología de quien tengas a quien dar, excelente cosa. Así ambos tendrán una buena oportunidad para gozar.

29 DE OCTUBRE

Con paciencia y salivita un elefante levanta una hormiguita.
—Dicho popular mexicano

ASTRONOMÍA, HERMANA DE LA ASTROLOGÍA MODERNA

A los setenta y siete años, John Glenn se subió por segunda vez a una cápsula espacial con Pedro Duque (primer español en subir al espacio). Se lanzaron al espacio un 29 de octubre de 1998, y permaneció exactamente ocho días, veintiún horas, cuarenta y cuatro minutos y cincuenta y seis segundos por allá lejos, desvaneciendo cualquier inquietud sobre la fortaleza y la proeza que pudiera realizar alguien de la llamada tercer edad. Para cuando realizó el último viaje, la nave Discovery ya había volado 238 millones de kilómetros, 39 misiones, y 5830 órbitas alrededor del planeta Tierra. Durante los veintisiete años de su exitosa vida como ayudante de nuestras aspiraciones, había pasado 365 días completos en el espacio extraterrestre. Los viajes de esta nave de la NASA han tenido un sinnúmero de experiencias que, si fueran contadas como experiencias humanas, ¡serían quizá más enloquecedoramente excitantes que el conjunto de las películas de Harry Potter!

 TU CLAVE SECRETA

Buscar siempre el cómo, dónde y por qué de las cosas que verdaderamente te interesan, y así, todo siempre estará a tu disposición.

Celebridades de tu día:

Guillermo Valencia, Espinoza Paz, Winona Ryder, Espinoza Paz, Akiko Kojima, Dan Castellaneta, Richard Dreyfuss, Ellen Johnson Sirleaf, Narciso Campero, Baruj Benacerraf y Omara Portuondo.

Estoy firmemente convencido de que nuestro espíritu evoluciona a través de innumerables envolturas carnales.

—Francisco Madero

TU DÍA, ESCORPIÓN

Lo que dices, te convence a ti y a quien quieras convencer. Las ganas que tienes de conquistar el mundo no están tan presente para quien te conoce, pero tú las tienes y te causa cierta angustia, que en realidad es como un pequeño motor que traes en el alma. Yo, personalmente, te felicito. Sabes que puedes alcanzar más de lo que te ofrece tu diario deambular y quieres sobrepasar la vida diaria y hacerte notar. Tu fuerza espiritual puede ser respaldada, si encuentras un método que te permite recargarte en algo que sostenga tu búsqueda; meditación, ayurdeva, homeopatía, tú lo tendrás que escoger —algo poco convencional pero seguro. Y así debe ser la gran mayoría de tus asuntos, resueltos o abordados bajo una perspectiva personal y diferente, pero comprobada. De esta manera, irás aumentando lo que quieres conseguir, ganar y mejorar.

Tu verbo motor:

Preferir

❦ AMOR, SALUD Y BIENESTAR ❦

Aunque a ti no te parezca (por si acaso) tu corazón está lleno de palabras dulces, memorias deliciosas y lugar para amar mucho. Tu vida se complementa con el amor y dirás quizá que eso le parece a todo el mundo, pero en tu caso es aun mayor la necesidad de tenerlo. Amando te conoces y mejoras. Cada vez que dices "te amo" o "te quiero", se acomoda tu corazón y se reacomodan tus males. Y saber que tu cuerpo y tu corazón están en unísono, para ti, es bienestar.

❦ DESARROLLA TU RIQUEZA Y PROSPERA ❦

Aquí se despierta tu ego, tus ganas de tenerlo todo y tu necesidad de mostrar que, en el área de la prosperidad, puedes conseguirlo *todo*. Mientras más coordines y reflejes en cómo lograrlo, mejor. Es decir, no te esfuerces si no tienes planes y propósitos bien diseñados. Profesiones que te permitan viajar o relacionarte con personas de lugares diferentes, lejanos, pueden convenirte. Mientras más mejore tu situación económica, más cuidado deberás tener con tus asuntos personales.

❦ PODER DAR ❦

Da dejando un recuerdo de tu propia persona, para que seas recordado a través del tiempo.

ASTRONOMÍA, HERMANA DE LA ASTROLOGÍA MODERNA

Un domingo, 30 de octubre de 1938, Orson Wells (Tauro) despertó a la ciudadanía norteamericana con un episodio de su clásico *La guerra de los mundos*, novela de ciencia ficción, y causó más pánico que la espera del fatídico 2012. En forma de dramatización, oyeron los alarmados radio escuchas una narración por el mismo Wells, excelente actor: "Señores y señoras, les presentamos el último boletín de Intercontinental Radio News. Desde Toronto, el profesor Morse de la Universidad de McGill informa que ha observado un total de tres explosiones del planeta Marte... esto es lo más terrorífico que nunca he presenciado". Y, así, cundió el pánico en las calles de Nueva York y Nueva Jersey. Sesenta años después (aniversario de la transmisión) una emisora en Portugal y otra desde Morelos, México, transmitió una versión similar, con un éxito enorme y algunos sustos grandes. Gracias a la maravilla del Internet, lo pueden escuchar aquí: http://www.americanrhetoric.com/speeches/orsonwellswaroftheworlds.htm. Y yo me pregunto, ¿nos estarán viendo? ¿Y cuándo vendrán si no están ya entre nosotros? Tú, Escorpión, tienes la capacidad de averiguarlo. Tennos al corriente, por favor.

Angelus:

Nathanael, ángel que aporta un regalo de Dios.

 **TU CLAVE SECRETA**

Comprender con sagacidad que nos falta mucho por conocer.

Celebridades de tu día:

Francisco Madero, Matthew Morrison, Louis Malle, Ezra Pound, Rudolfo Anaya, Nia Long, Néstor Almendros, María Izquierdo, Charles Atlas, Paul Valery, Agustín Lara y Diego Armando Maradona.

TU DÍA, ESCORPIÓN

Dice el gran astrólogo Dane Rudhyar que el amor es un principio cósmico que se fija en las almas de los humanos, y ellos reflejan su luz. Eso te va como si tú mismo lo hubieras escrito, simplemente por haber nacido un 31 de octubre, último día del mes que en varios países se festeja de diferentes modos y maneras, bajo el magno signo de Escorpión. Y así tus cosas, podrías

Tu verbo motor:

Celebrar

dedicarte al ocio como el inglés Tom Hodgkinson, quien fundó la Academia del Ocio, en donde discuten dialéctica griega. A él la va bien, y a ti también podría irte bien en la vida con algo totalmente fuera de lo común. Escorpión, nacida un 31 de octubre, tiene que mostrar su individualidad. El poder de tu cumpleaños se encuentra en poderle mostrar al mundo que lo que tú deseas puede lograrse, siendo un poco diferente de la gran masa o de sus costumbres. ¡Te felicito!

⚜ AMOR, SALUD Y BIENESTAR ⚜

Mostrar que el amor sí vale la pena es lo tuyo. Disfrutas al amor por disfrutarlo. Ahora lograrlo es otra cosa, y la astrología no te va a indicar cómo. Para eso está tu libre albedrío. Lo explico en las primeras hojas de este libro: la astrología no pretende indicarte como llevar tu vida, te explica lo que puedes hacer para desarrollarla de la mejor manera posible. Las cantidades de

Angelus:

Unael, ángel que aleja lo malo.

lo que sea, las pones tú. Y así, si aprendes a disfrutar el amor, aprenderás a disfrutar tu cuerpo, un cuerpo saludable, y qué mejor que tener esas dos cosas para tu específico y especial bienestar.

⚜ DESARROLLA TU RIQUEZA Y PROSPERA ⚜

Trabajando manteniendo tu salud mental y de paso algo de espiritualidad debe ser lo tuyo. Para ti, la riqueza y la prosperidad te la deben permitir tus ratos libres, más que tu empeño profesional, y si pudieras amarrar las dos cosas, nada mejor. Ganarte el pan nuestro de cada día encabronado es lo peor que puede sucederte. Busca cómo trabajar en un lugar que te hace sentir que, de algún modo, participas en el bienestar del mundo.

⚜ PODER DAR ⚜

Lo tuyo es dar suficiente amor para que siga alumbrado tu alma, aunque el amor de vez en cuando palidezca.

31 DE OCTUBRE

Pintada, no vacía; pintada está mi casa del color de las grandes pasiones y desgracias.
—Miguel Hernández

ASTRONOMÍA, HERMANA DE LA ASTROLOGÍA MODERNA

Dan Alderson era científico del Jet Propulsión Laboratory de California, y construyó el software que usaron las naves espaciales Voyager 1 y Voyager 2. Pero, habiendo nacido un 31 de octubre, no podría ser totalmente parecido a sus compañeros, y después de hacerse amigo de varios escritores de ciencia ficción, creó el planeta imaginario de Wibblefubwilda, un planeta donde todo el mundo conseguía lo que deseaba su corazón. Esto es algo que quien nazca un 31 de octubre puede buscar además de lograr. Alderson es considerado el Santo Patrón de la Sociedad de Ciencia Ficción de Los Ángeles. En el portal de La Filosofía de Ciencia, anuncian la llegada de una cápsula espacial llamada New Horizons, (Nuevos Horizontes) que se espera llegue al ex planeta Plutón el 14 de julio de 2015, y a principios de 2012 la señal de radio de la nave tardará unas tres horas en llegar a la Tierra. En el mes de diciembre de 2011 habrá llegado más cerca de Plutón que cualquier otro aparato enviado de la Tierra, y en agosto de 2014, pasará la órbita de Neptuno.

Plutón tarda 248 años en girar alrededor del Sol a una velocidad media de 17 096 kilómetros por hora. Su día dura 153 horas y permanece en cada signo astrológico aproximadamente 19 años; entró al signo de Capricornio recientemente y allí permanecerá hasta el 23 de marzo de 2023. Plutón, en el lenguaje astrológico, tiene que ver con el poder y el mal uso de poder. Fue descubierto por el astrónomo Clyde Tombaugh a los veinticuatro años. Plutón rige tu signo, Escorpión. Se ve y se siente cuando tú estas presente.

 **TU CLAVE SECRETA**

Buscar en el fondo de las cosas, su auténtica verdad.

Celebridades de tu día:

Alondra de la Parra, Johannes Vermeer, Willow Smith, Helmut Newton, Reza Pahlaví, Michael Landon, Juliette Low, Ethel Waters, Chiang-Kai-shek, Peter Jackson, Dan Rather, Cristóbal Colón.

NOVIEMBRE

¿Quiénes cumplen años este mes?

1 _____
2 _____
3 _____
4 _____
5 _____
6 _____
7 _____
8 _____
9 _____
10 _____
11 _____
12 _____
13 _____
14 _____
15 _____

16 _____
17 _____
18 _____
19 _____
20 _____
21 _____
22 _____
23 _____
24 _____
25 _____
26 _____
27 _____
28 _____
29 _____
30 _____

TU DÍA, ESCORPIÓN

Para ti, estar aquí en este mundo, aunque no te cumpla todos los deseos, te hace sentir como si te hubieras sacado la lotería, simplemente por estar, por vivir y por enterarte de lo que es y lo que pudiera ser. Prueba de esto es la fotografía tomada por Ansel Adams el 1 de noviembre de 1941, titulada "Moonrise, Hernandez, New Mexico", una de las más famosas del mundo, que se vendió en 2006 por $609 600. Incluye todo lo que necesita alguien de tu signo: paz, belleza, hogares y aire puro. Porque el meollo de tus días tiene mucho que ver con sobreponerte a toda adversidad como personaje ejemplar.

Tu verbo motor:

Evaluar

➤ AMOR, SALUD Y BIENESTAR ➤

No te quedes sin amar; mejor es que ames tantito que nada. El amor, para todo Escorpión, es *vibramotor*, y aprendes las técnicas del diario deambular queriendo. Cuando encuentres la persona adecuada, lo sabrás, pero mientras, no te encierres. Mejor probar que nada. La salud es otra cosa. Necesitas reforzar tu cuerpo enseñándole que lo sano y lo conservador es lo bueno, comiendo dentro de horarios normales y cuidando lo que contiene cada cosa, en cuanto a calorías y otras cosas.

Angelus:

Nemamiah, ángel dedicado a quien se ocupa de causas justas.

➤ DESARROLLA TU RIQUEZA Y PROSPERA ➤

El éxito nos interesa a todos. Pero tú tienes un lugar en tu ser orientado a conquistarlo. Yo estoy convencida que el ADN cósmico de tu día está un poco más cargado hacia ser "el primero en" lo que sea. No te dejes influenciar por quienes quieran convencerte de lo que tú puedes o no puedes realizar. Tus ideas son buenas y la posibilidad de desarrollar tu prosperidad con ellas es fuerte. Como dice el título de este libro, el poder de tu cumpleaños está orientado a esto.

➤ PODER DAR ➤

Tu puedes dar cuando lleva una pizca de conveniencia personal, así será perfecto.

ASTRONOMÍA, HERMANA DE LA ASTROLOGÍA MODERNA

Dicen que el mundo nació con un gran tronido llamado el Gran Estallido, hace unos 14 mil millones de años, y que nuestro planeta apareció bajo algo similar unos 10 mil millones de años después de

1 DE NOVIEMBRE

El mundo, desafortunadamente, rara vez iguala nuestras esperanzas y constantemente rehúsa comportarse de manera razonable.
—Stephen Jay Gould

ese primer estallido. ¿Por qué razón estamos aquí y cómo llegamos? Esa es la pregunta de este siglo y posiblemente nuestros nietos ya la podrán contestar. Pero existen muchos mitos sobre la creación, y nadie mejor que tú para compartirlos y permitirnos comprender que todos son parte de nuestro consciente colectivo.

Aries: Muchos creen en la teoría del Gran Estallido.

Tauro: Gaia, nacida del Caos, es considerada para algunos la Madre Tierra.

Géminis: Para los haidas de Alaska, un cuervo era un dios que volando vio una pequeña isla y la convirtió en la Tierra.

Cáncer: Para los mayas, el Popol Vuh describe la creación del mundo por los dioses.

Leo: Los jívaros del Ecuador, Kumpara y su mujer Chingaso, con Etsa el Sol, concibieron a Nantu al escupir lodo.

Virgo: Para los Boshongo de África Central, existía solamente oscuridad y agua hasta que de una vomitada, Bumba creó el Sol.

Libra: En la civilización Egipcia, Horus en su forma de halcón, comenzó todo.

Escorpión: Con el descubrimiento de la expansión de universo, todo comenzó a cambiar, y el verdadero mito científico pronto aparecerá.

Sagitario: Para muchos, todo comienza con la historia de Adán y Eva.

Capricornio: Los muyscas de Colombia y Perú, dicen que Bochia aguantó las andanzas de su celosa mujer hasta que el Sol secara todo y su mujer se convirtiera en la Luna.

Acuario: El Génesis dice que el comienzo estuvo en manos de Dios.

Piscis: Los misterios cósmicos aun están por resolverse, y quizá la realidad sea mucha más sencilla de lo que nos imaginamos, porque todo lo que nos imaginemos podría ser.

 TU CLAVE SECRETA

Saber respetar, entender y asimilar los mitos y las historias ajenas.

Celebridades de tu día:

Anthony Kiedis, Fernando Valenzuela, Aishwarya Rai, Victoria de los Ángeles, Cheiro, y se transmite la primera predicción meteorológica oficial por el National Weather Service en 1896.

2 DE NOVIEMBRE

La astrología no es más que una ciencia de interpretación.
—Frase antigua

TU DÍA, ESCORPIÓN

Conocer tu entorno es clave para ti. Esto incluye no solamente aquellos que comparten tu vida directamente, pero tu cuadra, tu

Tu verbo motor:

Afirmar

calle, el barrio donde habitas. Hoy día frecuentemente existen palacios y palaciegos cuyas ventanas dan sobre casuchas sin piso ni techo de concreto y quienes viven en ellas ni las miran. Eso no debe ser caso tuyo, y si lo es, transfiere tu cortina de humo para que puedas ayudar a transformar la vida de algunos necesitados. Conocimiento de cómo compartir es lo tuyo, o por lo menos debería serlo. Y claro, conócete primero a ti mismo para dar lo mejor de ti, que siendo del 2 de noviembre es mucho de lo bueno con una pizca de lo difícil, que no molesta, solo te hace más interesante.

❧ AMOR, SALUD Y BIENESTAR ❧

Amar es vivir en conjunto, hacer cosas unidos y tener buen sexo. Esto último encaja bien para quien sea, es decir todos, pero para Escorpión es importantísimo y profundo. Tus amores siempre te marcan, y es conocido que hacer el amor para la gran mayoría de quienes nacen Escorpión es algo profundamente conmovedor. La salud tiene que ver con tu manera de aceptar esto, de entenderlo y reconfortarte con

Angelus:

*Tubatlu,
ángel omnipotente.*

esos conocimientos. Tu estabilidad emocional tiene mucho que ver con tu bienestar personal, relacionado a la vez con tus amores tranquilos, profundos y hacedores de milagros.

❧ DESARROLLA TU RIQUEZA Y PROSPERA ❧

Mientras más te retes, mejor para ti. De allí sale tu fuerza para lograr lo que quieres alcanzar, siempre y cuando no emplees demasiada terquedad o controversia entre tus jefes. Puede que seas mejor que ellos, pero ellos no lo saben, y si lo supieran, posiblemente no tendrías oportunidad para aumentar tus perspectivas. Con tenacidad personal, logras más.

❧ PODER DAR ❧

Tu puedes y debes dar solamente cuando tú creas que lo que das es merecido.

ASTRONOMÍA, HERMANA DE LA ASTROLOGÍA MODERNA

En el Comité de Definición Planetario (Planet Definition Comité of the Astronomical Union) aparecen siete miembros. Ellos y algunos otros (pero no todos y entre los no todos me incluyo) decidieron que Plutón es un planeta enano, pero hay que ser honestos y decir que de los 2000 astrónomos presentes, solo 424 votaron por dejar a Plutón como planeta. El astrónomo Alan Stern (no votó) dice lo que ahora es definido como planeta por algunos es algo mal hecho, descuidado y desgalichado. Es como si dijéramos que algunas personas son eso, personas; y otras no. Astrológicamente, Plutón sigue allí, con sus simbolismos de transformación, sigue dando la vuelta al Sol en 248 años y tarda entre doce a treinta años en pasar por un signo —ahora se encuentra en Capricornio desde el 26 de enero de 2008 hasta el 20 de enero de 2024. Sin importar como lo denominen, Plutón seguirá pesando 1,27 x 10 a la potencia 22; su órbita seguirá variando entre 4,4 a 7,4 mil millones de kilómetros del Sol, y la luz del Sol seguirá tardando entre 4,1 y 6,8 horas para llegar hasta Plutón. Un día sobre Plutón equivale a unos seis días y nueve horas. Por el momento, los viajes interestelares son solo un sueño, pero el camino existe. Cuando aprendamos a utilizar la energía solar para reflejar fotones contra espejos gigantes, metalizados, súper delgados, podríamos llegar a Plutón en meses, no en años, y volar hacia las estrellas, llegando en años, no en milenios. ¿Te atreverías? Por tu fecha, eso no se pregunta. Ya estarías allí.

 TU CLAVE SECRETA

Saber que hoy día, cualquier cosa es posible.

Celebridades de tu día:

Luchino Visconti, Reina Sofía de España, Marie Antoinette, Burt Lancaster, Día de Todos los Santos y día que fue declarado no culpable *nuestro queridísimo Penguin Books por haber publicado* Lady Chatterley's Lover *(1960).*

TU DÍA, ESCORPIÓN

La frase de uno de los hombres más ricos del mundo te va bien. No es por rico que su frase está incluida aquí, es porque él, tú y algunos otros seres (específicamente los nacidos este día) tienen una fuerza interna que los relaciona con una responsabilidad bastante interesante, hagan lo que hagan, como si fueran representantes de toda la humanidad. No tiene que ver con fama ni fortuna, tiene que ver con el comportamiento del ser único, pero representante de todos, pidiendo seguridad como ser humano, como los derechos básicos de techo, comida y salud, partiendo desde una base de igualdad. Y a la vez, siendo así, eres el representante del bien que todo humano puede dar si se aplica. Responsabilidad y trabajo es lo tuyo, seas príncipe o hacedor de milagros.

Tu verbo motor:

Superar

⋘ AMOR, SALUD Y BIENESTAR ⋙

Dicen que la distancia es el olvido, pero para ti, raramente es así. Tienes la capacidad de amar a quien hayas dejado o quien te haya dejado, porque tu lealtad amorosa es grande. La lealtad es algo que demandas y reconocer que sabes compartir es algo que a veces te es un poco difícil. Por momentos, juegas tu amor o con el amor y tu entusiasmo llena tu vitalidad haciéndote sentir una persona capaz de hacer cualquier cosa, aunque estés enfermo. Tu bienestar aparece cuando sientes que tú mismo has construido lo que tienes.

Angelus:

Demiurge, ángel salvador del universo.

⋘ DESARROLLA TU RIQUEZA Y PROSPERA ⋙

Capaz de dejar colgando quien no te trata bien, el desarrollo de tu prosperidad tiene mucho que ver con la seguridad de tu propia persona. Te sientes seguro al principio, y si no tienes respuesta a tu empeño, tiendes a desilusionarte cuando quizá lo que debes hacer es reconocer que no siempre la culpa de fracasos es de otra persona. Fe en ti es imperante para que logres la prosperidad que deseas.

⋘ PODER DAR ⋙

Nadie como tú para dar un empujón a otro en la dirección adecuada. Es parte de tu solidez.

3 DE NOVIEMBRE

No te compares con nadie en este mundo; si lo haces, te estas auto-insultando.
—Bill Gates

ASTRONOMÍA, HERMANA DE LA ASTROLOGÍA MODERNA

A Laika la mandaron al espacio extraterrestre. No tuvo oportunidad para decir que no, pero quizá le fue mejor que si se hubiera quedado en su natal Rusia. Laika fue el primer animal en darle la vuelta a nuestro planeta, y también fue el primer animal en morir en órbita. Era una perra callejera, escogida por inteligente entre otros tres perros. Salió hacia el espacio el 3 de noviembre de 1957, a la edad de tres años (veintiún años en equivalencia perruna). Dicen que era mitad huskey y mitad terrier. Gracias a Laika, hoy día el maltrato de los animales es algo bastante defendido, pero de los científicos rusos, solo uno, Oleg Gazenco (Sagitario) expresó pesar: "No aprendimos suficiente de esa misión para justificar la muerte de un perro; no lo deberíamos haber hecho".

No podemos dejar de defender a quienes no se pueden defender, y le agradecemos a Laika el haber dado un pequeño paso para todos ellos. Las leyes que defienden a los animales, quizá sea un sueño de Argos, el perro de Ulises, que reconoció a su amo a los veinte años de haber partido y con su último esfuerzo meneó la cola y murió. Dicen que él y Laika (que significa ladradora) ahora corren juntos por la Vía Láctea, y quizá haya quién de vez en cuando los escuché. ¿Tú que crees?

 TU CLAVE SECRETA

Saber sostener una responsabilidad universal humana hacia toda forma de vida.

Celebridades de tu día:

Alfredo Stroessner, Jesús Blasco, Monica Vitti, Amartya Sen, Anna Wintour, Roseanne Barr, Benvenuto Cellini, André Malraux, John Barry, Marcelino M. Pelayo y la inauguración del presidente Salvador Allende en Chile (1970).

4 DE NOVIEMBRE

*Tienes que tener un cuidado excepcional si no sabes donde quieres ir,
porque podrías no llegar.*
—Yogi Berra

TU DÍA, ESCORPIÓN

De cierto modo, todo Escorpión es un pura sangre. De algún modo, según los antiguos, son escorpiones los que decidieron serlo. Suena a mitología, y quizá lo sea, pero es importante que lo sepan. Para

Tu verbo motor:

Esclarecer

ti en particular, el dicho, "El alma nunca pierde corazón", es lo que te define. Tu intuición, por lo general, te defiende si la escuchas. Pero a la vez, cuidado, tu espíritu fuertemente crítico puede intervenir en tus proyectos, salvo que pongas a buen uso esa poción mágica que todo Escorpión tiene pero frecuentemente no sabe cómo utilizarla. Alguien de tu familia, incluyendo tu pareja, podría ayudarte, sin saber que lo hace. Importante es que sepas dialogar contigo mismo y con quien te interese.

❧ AMOR, SALUD Y BIENESTAR ❧

Decisivo en el amor, pero si te traicionan, no lo olvidas. Y para ti, una traición tiene demasiadas facetas. Tu inhibiciones son muy inconvenientes para la profundidad que quisieras encontrar, y mientras más amores tengas, menos sabrás querer de verdad. Lo tuyo es para siempre, si sabes encontrarlo. Enfermedades heredadas pueden lastimarte, pero con los avances de la medicina y buenos consejos puedes esquivarlas.

Angelus:

Zortek, ángel encargado de cuidar el cielo.

El bienestar tuyo siempre va a acompañado con algo de angustia, quizá porque sabes que la vida no es cosa tan fácil.

❧ DESARROLLA TU RIQUEZA Y PROSPERA ❧

Dicen que el oro y el diablo son hermanos, y dicen que el dinero y el excremento tienen un parecido, ya que ambas cosas se necesitan para desechar. Tú, Escorpión del 4 de noviembre, debes procurar tener tu cuenta personal, secreta, y tratar de incrementarla sea cual sea tu profesión. Dejar tus finanzas en manos de otra persona, ¡eso nunca!

❧ PODER DAR ❧

Puedes dar algo de tus ahorros escondidos. Otra cosa podría traerte problemas.

ASTRONOMÍA, HERMANA DE LA ASTROLOGÍA MODERNA

Existen ciertas cosas astronómicas que escuchamos diariamente y que no sabemos realmente lo que significan —o sabemos lo que significan, pero no sabemos qué son. Escorpión es quien lleva en su interior el genio de la parte secreta del inconsciente colectivo y debe, por lo mismo, ayudar a quienes no tienen ese poder para que se reencuentren. Hay muchas maneras complicadas de hacer esto, pero puedes comenzar por ayudar a los demás (comenzando contigo mismo) a sentir la brisa del cosmos mientras viajamos con ella como si la misma Tierra fuera una nave interplanetaria.

La luz viaja a 300 000 kilómetros por segundo. En un segundo la luz puede rodear siete veces a la Tierra. Esta es la mayor velocidad conocida. La Tierra viaja a 107 300 kilómetros por hora alrededor del Sol y da vuelta sobre su eje a 1670 kilómetros por hora. El sistema solar rodea nuestra Vía Láctea a razón de 250 kilómetros por segundo.

La Galaxia en la que estamos (la Vía Láctea) se mueve a 300 kilómetros por segundo. ¡Con razón a veces nos levantamos mareados! Pero al mismo tiempo, si todo esto nos sucede mientras estamos cómodamente sentados leyendo este libro y no sentimos nada, ¡cuántos misterios aun nos quedan por conocer de nuestro universo!

 TU CLAVE SECRETA

Saber reconocer tu propia escala de tiempo y espacio para tu vida personal.

Celebridades de tu día:

La Bella Otero, Laura Bush, Walter Cronkite, Pauline Trigere, Sean "Diddy" Combs, Matthew McConaughey, Ralph Macchio y la premiere de la primera película de Harry Potter en Londres (2001).

TU DÍA, ESCORPIÓN

Vive algo muy fuerte en ti. Es decir, tu persona y lo que representas tiene valor y coraje para lograr mover montañas si así lo escoges. Pero para eso necesitarías encontrar ese lugar de gran silencio, y no es tan fácil. Como bien dijo Thomas Keating, el silencio es el idioma de Dios, y todo lo demás es una mala traducción. No es que debas quedarte callado, pero sabes y necesitas lo que eso aporta, y si no lo sabes, debería aprenderlo. Tienes la capacidad de convertir tus ilusiones en realidades, pero para esto tendrías que practicar algún tipo de meditación. Prueba, quizá, con la menos difícil, llamada *biguan*, que fortifica las ilusiones para precisamente eso, hacerlas realidad. Sea lo que hagas, no dejes de trabajar tu mente, ya que es capaz de cosas inesperadas.

Tu verbo motor:

Comprobar

❈ AMOR, SALUD Y BIENESTAR ❈

Si encuentras la persona adecuada, que comprende y alienta lo que tú andas buscando, has encontrado oro puro. Atención, pon mucha atención porque de por sí Escorpión es difícil de domar. Si encuentras alguien de tu propio signo, mejor aun. Por lo general, el nacer un 5 de noviembre no te proporciona un cuerpo demasiado robusto, y necesitas comer, beber y cuidar tu vitalidad haciendo lo indicado para lograrlo. No necesitas sentirte lleno de ese bienestar que buscas; si lo aparentas, eres feliz.

❈ DESARROLLA TU RIQUEZA Y PROSPERA ❈

Ten precaución de no aparentar ser menos honesto de lo que eres por dejar pasar el tiempo o no decir lo que hubieras querido, porque tú sí que puedes herir. Correr riesgos es algo que sabes hacer en silencio. Si pudieras lograr comprobar lo que buscas mostrar, te abrirías todas las puertas que necesitas para triunfar.

❈ PODER DAR ❈

Tu puedes dar algo, arriesgando lo tuyo —es decir, dar lo que tú quisieras que te dieran o dar algo que personalmente querías.

ASTRONOMÍA, HERMANA DE LA ASTROLOGÍA MODERNA

Me preguntan frecuentemente quien es Daruma Bodhidharma (nacido un 5 de noviembre en el siglo V) y les contesto siempre que para sentirte parte del cosmos, es necesario saber algo sobre

5 DE NOVIEMBRE

Existe algo más allá de nuestra mente que vive en silencio dentro de nuestra mente. Es el misterio supremo. Dejen su mente y el cuerpo sutil descansar sobre eso y sobre solo eso.
—Meher Baba

este personaje patriarca legendario y fundador de la forma de budismo Zen. Moisés partió las aguas y Da Mo (así se conoce Daruma Bodhidharma) cruzó un río crecido de 400 metros de ancho en un junco, impulsado por la suave brisa del sudeste, visto en silencio por miles de personas que pensaban que moriría. Durante nueve años meditó, tolerando, en los veranos, enjambres de mosquitos, insectos y un calor intolerable. Hoy día se puede visitar "El lugar del profundo silencio" en su recuerdo. El profundo silencio se parece un poco a lo que Ptolomeo escribió sobre la música de las esferas. Y en el siglo XX hemos despertado a la posibilidad de que las enseñanzas epistemológicas se parecen de muchas maneras a las enseñanzas científicas. Si el verdadero entendimiento se puede alcanzar en el mundo de los hombres, entonces es Da Mo quien ha alcanzado ese fin.

Angelus:

Geminiel, uno de los ángeles que gobierna el zodiaco.

 TU CLAVE SECRETA

Darte la oportunidad de sentir cómo las interacciones de átomos y las enseñanza mística tienen que estar ligados.

Celebridades de tu día:

Daruma Bodhidharma, Art Garfunkel, Judy Reyes, Ike Turner, Tilda Swinton, Bryan Adams, Vivien Leigh, Fred Lawrence Whipple y Sam Rockwell.

6 DE NOVIEMBRE

Como los sabios prueban el oro quemando, cortando y tallándolo sobre una piedra, así deben aceptar mis palabras después de examinarlas.
—Buda

TU DÍA, ESCORPIÓN

La ingenuidad y el inventivo intercambio de ideas no es algo muy fácil para la gran mayoría de los nacidos bajo el signo de Escorpión, pero para ti, nacido un 6 de noviembre, debería serlo. Además, aprovecha, ya que con esos atributos, puedes conseguir lo que deseas.

Tu verbo motor:

Precaver

Tú sabes cómo ir a la raíz de toda cosa —sea conversación, problema o asuntos interpersonales— que poco tiene que ver contigo pero que tú sabes que puedes arreglar. En otras palabras, usar tu iniciativa individual para hacer, preparar y forjar tu propio destino es lo indicado, simplemente porque eso te lo pide tu ADN cósmico, algo que no dejo de repetir porque es el segundo paso después de comprender que sí somos parte de polvo cósmico, pero al mismo tiempo somos el pegoste de millones de células que han decidido ser parte de cada uno de nosotros por un buen rato.

◁▥ AMOR, SALUD Y BIENESTAR ▥▷

Los demás puede ser que te cuenten sobre sus amores, pero tú no cuentas de los tuyos por la simple razón de que ¡a veces resultas ser tan apasionado que espantas! Entregarte totalmente no te es fácil, y tienes un triste don de poder despedirte al instante aunque en realidad eso no es lo que querías hacer. Cuida tu persona favorita (que deberías ser tú)

Angelus:

*Heikhali,
ángel de la guarda.*

cuando tomas y no te atrevas a ser demasiado salidor. Surgen asuntos violentos cuando esto te sucede, lo cual realmente pone en peligro tu bienestar, cuando tenerlo a salvo y contento es lo que te conviene y lo que en el fondo deseas.

◁▥ DESARROLLA TU RIQUEZA Y PROSPERA ▥▷

Puedes arriesgar demasiado, pero tu carácter es tal, que sabiendo pedir un perdón algo inventado, tienes la gran capacidad de poder recomenzar bajo las mismas premisas, y a la segunda o tercera vez, lograr lo que deseas. Nadie como tú para arriesgar y ganar, por lo menos así lo cuentas, porque cuando pierdes, pocos se enteran.

◁▥ PODER DAR ▥▷

Lo tuyo es dar algo de lo que creías haber perdido, y así das más de lo que esperaban.

ASTRONOMÍA, HERMANA DE LA ASTROLOGÍA MODERNA

Tycho Brahe tenía una nariz de plata. De signo Sagitario (lean más sobre el en la página de su nacimiento, el 14 de diciembre), se construyó una teoría celestial combinando los beneficios geométricos del sistema copernicano con los beneficios del sistema de Tolomeo, y construyó lo que él llamaba su propio modelo del universo. El sistema tychoniano. Brahe hizo las observaciones astronómicas más exactas, precisas y fieles de su tiempo, usadas después por su asistente Johannes Kepler. Ambos eran astrónomos reconocidísimos y astrólogos famosos.

El 6 de noviembre de 1572, Tycho Brahe observó una estrella brillantísima que había aparecido en la constelación de Cassiopeia, la cual resultó ser una supernova. (Ahora sabemos que se encuentra a 7500 años luz de nosotros y que el poema de Edgar Allen Poe fue inspirado en su encuentro; además es también la estrella que Shakespeare usó en Hamlet, la que está al oeste del Polo. La estrella ahora se llama SN 1592.

Una supernova es una explosión estelar que es más energética que una nova. Cuando explota, a veces su radiación brilla más que toda una galaxia, y puede radiar a la vez más energía que lo que nuestro Sol emana durante toda su vida. A 30000 kilómetros por segundo (10% de la velocidad de la luz), envía una ola impresionante. Tú deberías festejar el cumpleaños de ese acontecimiento cada 6 de noviembre, junto al tuyo.

 TU CLAVE SECRETA

Tratar de aprender algo nuevo diariamente.

Celebridades de tu día:

María Shriver, Robert Musil, Harold Ross, Suleimán el Magnífico, Ray Conniff, Arturo Sandoval, Emma Stone, Ethan Hawke, Sally Field, James Naismith y el día que Abraham Lincoln ganó la elección en 1860.

TU DÍA, ESCORPIÓN

Dicen que nuestros hijos, a los siete años, se les personaliza el individualismo. Toma posesión el ego de cada quien a esa edad, tanto del ser material como del espiritual. Yo me acuerdo lo que me sucedió a esa edad, y creo que a ti, nacido el 7 de noviembre, te hará bien

Tu verbo motor:

Valer

buscar en tu pasado para descubrir cómo comenzaste a formarse. Lo que es cierto es que el número 7 tiene una mística especial que habrá que aprovechar. Dicen que existen siete tipos fundamentales de catástrofes y que los Premios de Problemas Milenarios, que son siete (matemáticos), serán entregados cuando resuelvan los siete —desde el año 2000, ¡ya han resuelto seis! Y las maravillas del mundo son siete, además de las tuyas.

❦ AMOR, SALUD Y BIENESTAR ❧

Paquita la del Barrio tiene su canción de "tres veces te engañé", tú podrías escribir la tuya reponiendo el tres por siete e igual salir bien parado. Esa suerte tienes en el amor o esas ganas tienes de tener esa suerte. Casi da lo mismo, pues en el amor tú mandas, en la salud te aguantas y en el bienestar apuestas y a veces ganas mientras que otras veces pierdes. Así te tocó vivir, pero siempre podrás cambiar de método y de nuevo salir ganando.

❦ DESARROLLA TU RIQUEZA Y PROSPERA ❧

Tu día está cargado de energías combativas, y a ti te toca usarlas para bien o para mal. La fuerza es la misma. El gusto es particular. Tus proyectos funcionan de una manera o de otra y tus ganancias serán según la orden del día y tu libre albedrío. Cuando analizas profundamente, por lo general vas por muy buen camino, pero eso también puede ser usado de mil maneras. De nuevo te digo, aprovecha.

❦ PODER DAR ❧

Enseñar lo que dijo Albert Camus: "El hombre no es nada en sí mismo. No es sino una oportunidad infinita, pero él es el responsable infinito de esa oportunidad".

ASTRONOMÍA, HERMANA DE LA ASTROLOGÍA MODERNA

En 1492, el mismo año en que Cristóbal Colón zarpó hacia el Nuevo Mundo, cayó en pleno mediodía, en un campo de trigo de Alsacia, Francia, un meteorito bautizado como el meteorito En-

7 DE NOVIEMBRE

Una sola conversación con un hombre sabio es mejor que diez años de estudios.
—Confucio

sisheim. Es, hasta hoy, el meteorito más antiguo con fecha de entrega del cosmos. Un meteorito es un objeto natural, originario del espacio extraterrestre, que sobrevive su impacto con la superficie de la Tierra. Este meteorito de 127 kilos, fue precedido por una gran explosión. Existe un dibujo de la época de dos personas saliendo de un bosque, pero en realidad la única persona que lo vio caer fue un niño que llevó al campo al pueblo entero para que vieran lo que él había visto caer. Creían que era algo sobrenatural y mágico y fueron llevándose pedacitos como protectores de almas. Hoy, lo que queda del meteorito es una piedra redondeada de unos 55 kilos sin su costra fusionada. Se puede ver en el palacio de Fernando de Austria, construido unos cien años después, acomodado en un elegante estuche para que los

Angelus:

Saaqael, ángel del presente.

humanos lo visiten. Después de un viaje por el espacio extraterrestre, si aun le queda algún fragmento de conciencia, no ha de estar contento, salvo si está a su vez enviando mensajes hasta su lugar de origen sobre los pensamientos de estos seres raros que se autonombraron humanoides, y que por lo visto saben poco del universo. De cualquier forma, esta es una historia que quién haya nacido un 7 de noviembre, puede comprender, escribir, repartir y ponderar.

 TU CLAVE SECRETA

Saberle dar su lugar a cada persona, ser vivo y cosa.

Celebridades de tu día:

Albert Camus, Leon Trotsky, Marie Curie, Konrad Lorenz, Joni Mitchell, Rafael Pombo, Dana Plato, Keith Lockhart y Alexandre Guimaraes.

8 DE NOVIEMBRE

La existencia está, golpe a golpe, puesta sobre una alternativa.
—Søren Kierkegaard

TU DÍA, ESCORPIÓN

Aunque hayas nacido un 8 de noviembre, Dane Rudhyar, astrólogo de cabecera de muchos *astrologistas*, nos recuerda que el grado de Escorpión de este día es el 15. La combinación de ambos números (8 y 15) es considerado simbólico, tomando en cuenta el pentagrama o la estrella de cinco puntas. El número 5 tiene que ver con la mente como algo creativo y penetrante. La combinación de todo esto significa que cuando pones a trabajar tu cerebro, puedes lograr más de lo que tú mismo imaginas. Desarrollar la mente, es decir, estudiar hasta más no poder, es lo indicado, en lugar de simplemente pasártela bien. Si te es posible estudiar hasta el doctorado sería maravilloso, pero si no te es posible, con lecturas personales y búsquedas individuales podrías a la vez ser portavoz, reconocido y admirado por muchos.

> **Tu verbo motor:**
>
> *Involucrar*

AMOR, SALUD Y BIENESTAR

Puede que te cueste trabajo decirle a quien quisieras amar todo lo que deseas expresar. No te imagines que no va a responder como anhelas, y así como tienes capacidad de estudio, busca el modo y la manera de interesarle, para luego mostrar tu amor. Lograrás encontrar a la persona adecuada, de eso estoy segura. En el área de salud, mientras más común y corriente sea el cuidado de tu persona, mejor, todo en moderación. El éxito vendrá solo, quizá antes del bienestar tan planeado.

> **Angelus:**
>
> *Eistibus, ángel y genio de adivinación.*

DESARROLLA TU RIQUEZA Y PROSPERA

Cierto es que el desarrollo de tu prosperidad puede que sea como la canción, golpe a golpe, paso a paso, más esto en realidad es un portento de buena suerte, ya que te dará la oportunidad para ir conociendo más y más sobre lo tuyo, hasta convertirte en experto de tus oficios. Logrado esto, podrás exigir, en vez de pedir, aumentos, premios, mejoras y promociones. Y nadie como tú para gozarlos.

PODER DAR

Lo tuyo es dar y que te den; nada mejor para ti.

ASTRONOMÍA, HERMANA DE LA ASTROLOGÍA MODERNA

El Museo del Louvre es uno de los museos más grandes del planeta y el museo más visitado del mundo, además de ser monumento histórico. Si bajaran extraterrestres interesados en nuestra historia, allí es donde tendrían que aterrizar para enterarse de lo que somos. Tiene 35 000 objetos de la prehistoria resguardadas en sus entrañas de 60 600 metros cuadrados; el edificio en sí comenzó como fortaleza en el siglo XII.

Abrió sus puertas como museo para el pueblo el 8 de noviembre de 1793, acto realizado por el gobierno de la Revolución Francesa. Tiene ocho departamentos de conservaduría: Antigüedades del Oriente Cercano, Antigüedades griegas y etruscas, Antigüedades romanas, Arte islámico, Escultura, Artes decorativos, Pinturas, Grabados y Dibujos. La palabra *Louvre*, según en el diccionario Larousse, viene de la palabra en latín *lupus* y se relaciona con la madriguera del lobo, a su vez relacionada con el hombre lobo, cazador de estrellas. Así deberías ser tú si naciste un 8 de noviembre.

 TU CLAVE SECRETA

Memorizar y difundir lo dicho por Georges Braque:
"El arte es una herida que se convierte en luz".

> **Celebridades de tu día:**
>
> *Edmond Halley, Bram Stoker, Christiaan Barnard, Alain Delon, Margaret Mitchell, Alfonso López Trujillo, Dania Ramírez, día que W. Rontgen descubre el rayo X y día en que Hernán Cortés entra a Tenochtítlán (1519).*

TU DÍA, ESCORPIÓN

¿Será que verdaderamente crees que con la fe todo se arregla? Pues deberías, porque tú, con fe, puedes realmente reacomodar, arreglar, corregir y mejorarlo todo —bueno, digamos que no absolutamente todo, pero si un buen 86% de tus asuntos. Fe en la vida es lo más importante, seguido por fe en seguir adelante y fe en tu propia imaginación. Fe en poder terminar lo que comienzas es una de las cosas más importantes para ti y tu mundo, y fe en tu manera muy especial de abordar problemas, que siendo humano, tendrás, es esencial. Podrías ser una de esas personas que diariamente ayuda aunque fuese con una sonrisa, a alguien o a todo tipo de vida —sea humana, animal o vegetal, no precisamente en ese orden, pues el orden sí altera todo producto relacionado con tu persona.

Tu verbo motor:

Acumular

❧ AMOR, SALUD Y BIENESTAR ❧

Esa misma fe que te sostiene para afrontar tus achaques, innovaciones y situaciones, te permitirá encontrar quien pueda ser tu pareja para hoy, mañana y pasado. Tu fecha de nacimiento está fijada en el cielo para que encuentres quien te acompañe a lo largo de tu vida, ¡dichoso! La salud puede traerte altas y bajas, pero teniendo en quien recargarte, estarás siempre salvado, ya que tu vida en compañía es tu gran bienestar. Lo demás, la fe te lo marcará. ¿Fe en qué? Para eso es el libre albedrío, depende de ti.

Angelus:

Orión, ángel de la guarda de San Pedro.

❧ DESARROLLA TU RIQUEZA Y PROSPERA ❧

La prosperidad tuya viene por ratos, como las olas del mar. Es más, cuando acumulas, gastas por ratos, y guardas días después como si fueras avaro. Los bienes materiales sirven para cuando se necesitan, debería ser tu lema, y nunca tienes la absoluta seguridad de cuándo se irán a necesitar. Esto es algo que a la larga te permite tener más de lo que esperabas, por lo mismo, es un don.

❧ PODER DAR ❧

Das porque sabes que puedes, pero si no fuese así, da también, de esa manera compartes.

9 DE NOVIEMBRE

El cosmos es todo lo que es, o ha sido o será.
—Carl Sagan

ASTRONOMÍA, HERMANA DE LA ASTROLOGÍA MODERNA

No se puede hacer un libro que tenga un capítulo sobre astronomía sin mencionar a Carl Sagan, quien alguna vez dijo, "Somos una manera para que el cosmos se reconozca", y tenía razón. Pero despreciaba la astrología. En YouTube, en el episodio 3 de *The Harmony of the Worlds*, expone sus puntos de vista sobre el error de los astrónomos, diciendo a la vez que Kepler fue el último de los astrónomos/astrólogos porque desmitificó la astrología, lo que no es cierto. Aquí están las palabras de Kepler en una carta escrita a Helisaeus Roslin en 1609 a la edad de treinta y ocho años: "La esencia de mi posición es simple; que los cielos hacen algo en la gente se ve con bastante claridad, pero qué hacen específicamente sigue siendo un misterio. Creo que los aspectos, es decir las configuraciones que forman los planetas entre sí, son especialmente significativos en la vida del hombre."

La descripción de Sagan sobre astrología está algo equivocada, pero su modo y manera de despertarnos el interés hacia la astronomía es maravillosa, y debe uno escucharlo cuando habla de su profesión como cosmólogo, astrofísico y astrónomo.

 TU CLAVE SECRETA

Saberte capaz de creer lo que quieras y deducir lo que debes.

Celebridades de tu día:

Carl Sagan, Ivan Turgenev, Benjamín Banneker, Sargent Shriver, Dominguín, Imre Kertész, Hedy Lamarr, caída del Muro de Berlín y sale la primera edición de la revista Rolling Stone *(1967).*

10 DE NOVIEMBRE

*Divide cada dificultad en cuantas partes puedas y
sea necesario para resolverlas.*
—René Descartes

TU DÍA, ESCORPIÓN

Concentrarte, una y otra vez, y no permitir que te distraigan; esto es regla para Escorpión del día que sea, pero para ti, aun más. La calma y concentración son tus aliados por lo general en todos tus empeños. Una vez establecido esto, logras más, lo haces mejor y te equivocas quizá una vez de cada cien por ciento, dándote la oportunidad de sentirte bien contigo mismo al entregar o al entregarte. Tu propio ego se entrega a lo que haces no a lo que presumes o muestras y esto te permite salir ganando al manifestar lo que consideras necesario. Tus ideas y tus ideales pueden necesitar una lucha constante para ser realizadas, pero el resultado final es generalmente positivo, siempre y cuando escondas tu agresividad y muestres tu eficacia, que es enorme, o por lo menos así debe verse el producto o la solución.

Tu verbo motor:

Reflexionar

✎ AMOR, SALUD Y BIENESTAR ✎

El alma, el sexo y los secretos misteriosos son las áreas importantes de tus sueños amorosos, y esto no es lo más fácil de comprender para quienes aun no se han entregado dichosamente a tus brazos. Ve con cuidado a buscar a tu ser amado para que contigo aprenda la dicha que le puedes mostrar poco a poco. Mientras tanto, ten especial cuidado con tu higiene, ya que tienes cierta tendencia a contagiarte con un estornudo. Una vez que veas que lo que escoges es lo debido, te acomodarás dentro del bienestar tan buscado por todos.

Angelus:

*Oreus, ángel mitológico
fenicio de presencia divina.*

✎ DESARROLLA TU RIQUEZA Y PROSPERA ✎

En tu vida material, siempre habrán riesgos, pero con consecuencias positivas y negativas. Si logras que las positivas sean mayores que las opuestas, irás subiendo escaños de manera sutil pero ascendiente. Usa la experiencia de familiares que puedan darte consejos que te permitirán aprender y podrás usar a tu gusto.

✎ PODER DAR ✎

Dar agresivamente es mejor que no dar; pero asegúrate de que lo que des sea bien recibido.

ASTRONOMÍA, HERMANA DE LA ASTROLOGÍA MODERNA

René Descartes (el gran ariano) hacía terribles cosas con animales para comprobarse a sí mismo que estos no tenían alma, pero la noche del 10 de noviembre de 1619 soñó lo que le inspiró para escribir *Meditaciones metafísicas: las pasiones del alma.* Construido con seis meditaciones, descarta toda creencia en las cosas que no son absolutamente certeras y trata de establecer lo sabido, lo comprobable y lo dudable, considerando la mente humana (mejor conocida que el cuerpo), que Dios sí existe, la verdad y lo falso, la esencia de las cosas materiales y la existencia de cosas materiales. Lo que Descartes dice que quería demostrar es la suspensión de todo juicio sobre sus creencias que podrían tener la menor duda sobre su certeza. Seguramente estarás pensando que esto nada tiene que ver con la astronomía, pero ten en cuenta que hemos visto que lo comprobable frecuentemente no lo es, salvo la velocidad de la luz, y tú, nacido un 10 de noviembre, podrías (quizá, pero esto no se podrá comprobarse) soñar algo de tal importancia que cambie el pensar de la humanidad y nuestro universo. A priori, cualquier humano podría hacerlo.

 TU CLAVE SECRETA

Indagar y reconocer que la glándula pineal sí tiene que ver con el llamado tercer ojo, y aprender a usarla.

Celebridades de tu día:

Paracelso, Luís Ríus, José Hernandez, Andrei Tupolev, José Gorostiza, Martín Lutero, Richard Burton, Ellen Pompeo, Andrés Manuel del Río, la independencia de Panamá y el debut de Sesame Street en PBS (1969).

TU DÍA, ESCORPIÓN

Creatividad de tu propio espíritu es lo que necesitas para seguirte desarrollando todos los días de tu vida, aunque llegaras a vivir más de cien años. Una vez que te acostumbres a esto y lo instales como manera de ser, todo se te facilita. En el momento mismo que alguien te diga "bien hecho", sabrás que estás dando el paso o los pasos adecuados para vivir tranquilamente. A la vez, cuando te reclamen que algo está mal hecho, en lugar de fastidiarte o enojarte, aprende, mejora, comienza de nuevo. Esto está tan relacionado con tu vida personal como con el acto de hacer el amor y hasta la manera de servirte café en la mañana. Una vez que lo aceptes, comenzarás a sentir los beneficios.

Tu verbo motor:

Reglamentar

⋙ AMOR, SALUD Y BIENESTAR ⋘

Cuando verdaderamente amas, eres capaz de soportar cualquier crítica; de lo contrario, tu agresividad puede saltar a la vista en un santiamén y descomponer una relación en vías de hacerse. Tú, desde luego, mandas en tus propios amores, así que si puedes controlarte un poco y aprender a responder cuidadosamente (a veces por lo menos) vas de gane. Y esto es parecido en relación a tu salud; cuida tus excesos y escucha a quien te recrimina cuando no lo haces. Mente sana en cuerpo sano debería ser tu meta para todos los días de tu vida, hasta lograr beneplácito y bienestar.

Angelus:

Barchiel, ángel de Escorpión.

⋙ DESARROLLA TU RIQUEZA Y PROSPERA ⋘

Si encuentras un modelo ejemplar o una persona que pudiera funcionarte como mentor, no habrá quien te pare en tus ganas de prosperar. Cierto es que hay quienes predicen suertes que a veces se cumplen y a veces no; pero la astrología no debe ser usada para eso, pues es entremeterse con el libre albedrío, algo que nunca se debe hacer. Búscate un modelo a seguir y, a la larga, lo mejorarás.

⋙ PODER DAR ⋘

Puedes y debes dar con el poder que usas para seguir adelante y mejorar tus pasos, porque cuando das, también siempre aprendes algo.

11 DE NOVIEMBRE

El hombre es un microcosmos, porque es un extracto de todas las estrellas y los planetas de todo el firmamento, y por eso es su quintaesencia.
—Paracelso

ASTRONOMÍA, HERMANA DE LA ASTROLOGÍA MODERNA

En las matemáticas, la integración es un concepto fundamental, específicamente en el área de cálculo y análisis matemático. Es un especie de suma de infinitos e infinitamente pequeños. Los científicos Arquímedes, René Descartes, Isaac Newton y Gottfried Leibniz la usaron, la mejoraron y llegaron a generar el teorema fundamental del cálculo integral, sin el cual no sabríamos nada de lo que nos permite calcular la gran mayoría de cosas que aplicamos a la ciencia y a la ingeniería. En el año 1800 a. de C., ya habían cálculos que hicieron posible la construcción de las pirámides de Egipto. Todo esto se utiliza, hoy día, para desde rellenar una alberca que no sea rectangular hasta imágenes en tercera dimensión. El 11 de noviembre de 1675, Gottfried Leibniz demostró el cálculo integral con la gráfica y = f(x), y el mundo se nos facilitó un poco más. Tú, nacido el 11 del noviembre (mes que también lleva el número 11) podrías aportar algo que le facilitara la vida a quienes se topan contigo. Haz la prueba.

 TU CLAVE SECRETA

Buscar magia en escritos de Paracelso y experiencias vividas en los libros de Dostoevsky.

Celebridades de tu día:

Fyodor Dostoevsky, Kurt Vonnegut, René Clair, Demi Moore, Anabel Alonso, Carlos Fuentes, George Patton, Calista Flockhart, Leonardo DiCaprio, Mark Sánchez y Luz Casal.

TU DÍA, ESCORPIÓN

Una gran capacidad para transmitir conocimientos que bien valen la pena es la tuya, casi como si fueras un canal de repetidoras tras-cendentales. Esto equivale a conocimientos con bases intuitivas y no experimentadas o la aserción de que existen elementos supernaturales en cada experiencia. Tú escoge. Mientras más atención pongas a lo que dicen los demás, mejor podrás aprender a repartir una cierta sabiduría, como una cierta sonrisa (aunque la sonrisa sea más parecida a la del libro de Françoise Sagan escrita en 1956). Ella presumía haberlo escrito en dos meses, y tú necesitarás un mínimo de dos años para superar cualquier relación trascendental. Tu carácter es fuerte, a veces se muestra muy fuerte, y bien harías en aprender a balancear tu presura para lograrlo todo.

Tu verbo motor:
Solucionar

❧ AMOR, SALUD Y BIENESTAR ❧

Tu reputación de ser difícil, aquí, cuando amas, desaparece. "Tienes razón", es algo que debes aprender a decir con voz apasionada a tu o a tus seres amados. Todo Escorpión necesita enfocar sus sentimientos de tal manera que los pueda amaestrar un poco. Para ti, al nacer el 12 de noviembre, debe ser un poco más fácil que para otros. Cuidado con exagerar tu pasión por la comida y la bebida, ya que esto es algo que podría dañar tu salud y por supuesto entorpecer tus gran ganas de vivir rodeado de calma y bienestar.

❧ DESARROLLA TU RIQUEZA Y PROSPERA ❧

Te gustaría ofrecerle manjares de los dioses a tus seres queridos y amados, y para esto necesitas enriquecer tus cuentas de banco, caja fuerte o bonos. El planeta Júpiter, el llamado gran benefactor, es quien supuestamente nos ayuda a conseguirlo, y a ti te bendice con la posibilidad de construir, almacenar y a guardar tu dote personal de energía, que bien pensado se convierte en más bienes. Es así de simple, así que aprovéchalo.

❧ PODER DAR ❧

Lo tuyo es dar con dinamismo y repentinamente, no tan pensado como la mayoría de los que comparten tu signo.

ASTRONOMÍA, HERMANA DE LA ASTROLOGÍA MODERNA

Gerard de Nerval no era de signo Escorpión, pero tenía muchos planetas en este signo y eso a veces resalta la fuerza de un signo con mayor énfasis que si fuese del mismo. Este ser enloquecido, tanto insistía en la significación de los sueños que influenció a André Breton, Marcel Proust, René Daumal y Antonin Artaud, y hasta Umberto Eco lo considera un maestro de lo escrito. Nerval llevaba a pasear a su mascota, una langosta, por el jardín del Palais Royal en París, jalándola con un listón azul de seda. "¿Por qué sería más ridículo una langosta acompañándome que un perro?", solía decir. Una de sus frases escritas famosas es: "Nuestros sueños son nuestra segunda vida". Y

Angelus:
Beshter, ángel que ayuda a la humanidad.

la verdad es que podría yo rellenar un libro con sus anécdotas y con los escritores del pasado y recientes que lo han citado o han usado sus palabras. Nerval está enterrado en el cementerio Pere Lachaise, habiendo dejado una nota a su tía antes de suicidarse que decía: "NO me esperas esta noche, pues la noche será blanco y negro".

Todos estos datos lo comparto con ustedes simplemente porque no se puede escribir un libro de este tipo sin mencionarlo. Y, por lo mismo, noten que Herodoto escribió que el sabio Solon estimó que la vida de una persona dura 26 250 días. Si pudiéramos leer un libro diario durante todos estos días, necesitaríamos cuarenta vidas para leer todos los libros en una biblioteca de un millón de libros, y eso cubre solo una mínima parte de los libros escritos del mundo. Aunque tú, nacido un 12 de noviembre, deberías leer uno por semana como mínimo, ¿no crees?

 ## TU CLAVE SECRETA

Comprender cómo, cuándo y de qué forma un libro, como bien dijo Franz Kafka, debe ser esa hacha que rompe el congelado mar que llevamos por dentro.

Celebridades de tu día:
Sor Juana Inés de la Cruz, Nadia Comaneci, Neil Young, Auguste Rodin, Anne Hathaway, Grace Kelly, Sammy Sosa y el Día Nacional del Libro en México.

TU DÍA, ESCORPIÓN

Energizas a veces tu conciencia humana con tal fuerza que dejas impávido a quien te acompaña; a veces energizas tu conciencia animal de la misma forma, pero ten en cuenta que quien energiza la energía dinámica del universo, ayuda a que los demás comprendan el mundo. Dentro de cada uno de nosotros, supuestamente existe una parte que no conocemos y que el signo Escorpión sabe despertar. Por eso, todos tenemos a Escorpión en algún lado de nuestro horóscopo personal, pero tú, nacido un 13 de noviembre, te distingues por disentir y reafirmar palabras, ideas además de cosas para que las veamos de forma diferente. Tu visión del mundo nos abre otros mundos, aunque cuidado, esto puede convertirse en algo obsesivo. Por lo mismo, tener un pasatiempo que verdaderamente te apasione es muy recomendable.

Tu verbo motor:

Reforzar

❧ AMOR, SALUD Y BIENESTAR ❧

Parecería que a veces te creas un amor para ajustarlo a lo que tú sabes necesitar. Esto sí que es tener suerte si logras encontrar a la persona adecuada, aunque puede hacerte la vida difícil si siempre estás en búsqueda de algo inexistente. Excelente cosa sería si comenzaras con una gran amistad que se convirtiera en amor para que poco a poco tuvieras la paciencia de enamorarte. No vayas a creerte tan especial que cuando algo te duela o te moleste creas poderlo curar solo o sola. Tu bienestar físico y mental necesitan tener tanto médico de cabecera como una ayuda espiritual.

Angelus:

Teletarchae, inteligencia celestial depositada en este ángel para ser usada cuando es llamado.

❧ DESARROLLA TU RIQUEZA Y PROSPERA ❧

El éxito tuyo es algo muy personal y definitivamente interesante, porque no tiene bases materiales. Si te llega lo material, excelente cosa, pero podría ser mucho más importante para ti el respeto y el reconocimiento de tus talentos. A veces, te convendría ser un poco más materialista, porque no solo de pan vive el hombre, como dice la frase popular.

❧ PODER DAR ❧

Lo tuyo es dar a tu entorno lo que ves que físicamente es necesario.

---

13 DE NOVIEMBRE

Para todo se halla prueba y razón en qué fundarlo; y no hay razón para nada de haber razón para tanto.
—Sor Juana Inés de la Cruz

ASTRONOMÍA, HERMANA DE LA ASTROLOGÍA MODERNA

Al nacer el 13 de noviembre, deberías tener fiesta doble. Una para ti, por supuesto (todos debemos celebrar nuestro cumpleaños siempre), y otra festejando el Mariner 9 que en 1971 llegó al planeta Marte, siendo la primera nave espacial del mundo que pudo orbitar a otro planeta. Después de varias tormentas de polvo, pudo enviar fotografías de su superficie.

Plutón es el planeta o, oficialmente, planeta enano (como quieran llamarlo) quien rige tu signo, pero más de la mitad de los astrólogos te han asignado, a la vez, el planeta Marte. Después de estar 349 días en órbita, el Mariner 9 había ya enviado más de siete mil imágenes, cubriendo un 100% de la superficie del planeta. El Mariner 9, aunque ya ha sido apagada, estará rodeando el planeta Marte hasta el año 2022, posteriormente pueden suceder una de ambas cosas: puede caer directamente sobre la superficie marciana o quemarse al descender. Se podría decir que tú, al nacer un 31 de noviembre, siempre podrás escoger entre dos opciones y ambas serán igualmente fructíferas e interesantes.

 TU CLAVE SECRETA

Tienes la gran suerte de poder disentir, dando paso a que otros te comprendan.

Celebridades de tu día:

Antonio Porchia, Robert L. Stevenson, San Agustín, Linda Christian, Michel Gauquelin, Whoopi Goldberg, Andrea Manuel López Obrador, Día Internacional de la Bondad y Xavier Suárez toma posición como el primer alcalde de Miami nacido en Cuba.

14 DE NOVIEMBRE

El arte de vencer se aprende en las derrotas.
—Simón Bolívar

TU DÍA, ESCORPIÓN

Dicen que los nacidos un 14 de noviembre le cobra a la vida lo que la vida le debe y que su habilidad para hacerlo es infinito. Yo digo que quienes lo dicen, tienen razón. No puedes evitar ser ofrecido y audaz, algo que puede meterte en problemas, pero tu gran gusto es salirte de embrollos y mostrar que eres mejor de lo que la gente cree y mejor haciendo lo que te gusta. Teniendo fuero, puedes mejorar. Puedes hacer muchas cosas, pero falta que realmente lo desees. Tus límites los trazas según el día que va pasando y lo que pensabas nunca hacer o decir, repentinamente en otra ocasión, sale a relumbrar. Nadie te conoce tan bien como tú mismo, algo que te permite reconocer que tus propios valores siempre serán las más adecuadas, bajo toda circunstancia.

Tu verbo motor:

Reglamentar y reglamentarse

☙ AMOR, SALUD Y BIENESTAR ☙

Te odio y te quiero, me queman tus besos, me sigue tu voz. Esto es algo que o tú lo dices o ella te lo canta. En realidad no importa quien se lo diga o cante a quien, ya que cuando has encontrado el verdadero amor, siempre estará lleno de controversia porque tú no lo puedes evitar. Toda consecuencia tiene costo y se paga consecuentemente todo (en tu caso), así que, por favor, escoge bien. En el área de salud eres igual; tu cuerpo sufre las consecuencias de tus actos aunque te creas Superman. Pero eso mismo, creerte Superman, te produce bienestar.

Angelus:

Prunicos, ángel con poderes celestiales.

☙ DESARROLLA TU RIQUEZA Y PROSPERA ☙

Tendrás que aprender a curtir tu agresividad para lograr todo lo que sientes necesitar y sabes poder desarrollar, y así llegarás a tu bien merecida prosperidad. Algún ejercicio que para calmar ansiedades (como la natación, el yoga, la meditación o el Tai chi) puede ayudarte a controlar tu paso veloz y permitirle a tus superiores ver que sabes hacer lo que te dicen. De esa manera podrás salir muy bien librado.

☙ PODER DAR ☙

Serías excelente maestro de alguno de los ejercicios arriba mencionados; hazlo como regalo en tu tiempo libre.

ASTRONOMÍA, HERMANA DE LA ASTROLOGÍA MODERNA

El 90377 Sedna, descubierto el 14 de noviembre de 2003, es un objeto trans-neptuniano que se encuentra aproximadamente a tres veces más lejos del Sol que Neptuno, lo cual lo hace uno de los objetos más distantes conocidos de nuestro sistema solar. Más chico que Plutón, tarda unos 11 400 años en recorrer toda su órbita y su origen es desconocido. Su superficie es una de las más rojizas de nuestro sistema solar, y con la espectroscopia —el estudio de la interacción entre la energía radiada y la materia— se pudo ver que está constituido de agua, metano y hielo de nitrógeno. Al analizar la luz blanca dispersándola con un prisma, usamos la espectroscopia.

Chad Trujillo, Michael E. Brown y David Rabinowitz hicieron en conjunto el descubrimiento de Sedna 90377 (Trujillo, por cierto, es de signo Escorpión). Desde entonces, los descubrimientos cósmicos han ido creciendo, impresionándonos y mostrándonos que en el universo, todo es posible, como las nubes inmensas de agua que miden 140 trillones de veces más que todos los océanos de la Tierra o los planetas que giran y viajan solos en el cosmos. Escorpión, tu imaginación no lo podría superar, y sigue la mata dando.

 TU CLAVE SECRETA

Reconocer tu propia firmeza, capaz de aguantar.

Celebridades de tu día:

Leopold Mozart, Johann van Beethoven, Claude Monet, Jawaharlal Nehru, Barbara Hutton, Veronica Lake, Narciso Yepes, Príncipe Carlos de Gales, Día de la Mujer Colombiana y la BBC comienza su servicio radiofónico (1922).

TU DÍA, ESCORPIÓN

Tu casta no te permite olvidar lo que representas. Así, cada persona nacida este día tiene la oportunidad de decidir *cómo* lograr lo que quiere ser, porque su gran intuición se lo permite. "Todo lo que se piensa y se hace es afecto o aversión", dijo alguna vez Robert Musil, de signo Escorpión. Y siendo tú Escorpión del 15 de noviembre, podrías leer una y otra vez esa frase y cada vez te es posible pensar en otra cosa, resolviéndolo todo, simplemente porque tienes la capacidad de hacerlo. Así naciste. Toda cultura tiene cierto ritual, los nacidos un 15 de noviembre tienen el don de poder socializar y modernizar los instintos primitivos que nos quedan y reformarlos de tal modo que quienes comparten su vida, aprenden a poner en perspectiva sus tensiones inmediatas —algo que tú podrías conquistar. El *descontento* es algo que dominas si te aplicas a relajarte con los pequeños placeres del diario deambular.

Tu verbo motor:

Dosificar

⚜ AMOR, SALUD Y BIENESTAR ⚜

El placer de amar encuentra su mayor fuerza en Escorpión, y por lo mismo, le agradecemos al cielo permitirnos gozar teniendo Escorpión en todos los horóscopos del mundo. Escorpión detesta la mediocridad y puede sufrir estados nerviosos inconcebibles que se reflejan en su salud constantemente. Dicen que eres agente secreto de ti mismo, cosa buena porque esto te permite encontrar tu propio bienestar, renovable cada 15 de noviembre.

⚜ DESARROLLA TU RIQUEZA Y PROSPERA ⚜

Hay gente que cree que tus bienes los logras por medio de poderes secretos, y pudiera ser posible, si vivieras en otro planeta. Aquí, sobre la Tierra, tienes por lo general lo que mereces, en las buenas y en las malas, porque sabes buscar placer y complacer. Por eso, algunos confían totalmente en ti y otros desconfían. Así te tocó vivir. Tu prosperidad crece cuando el espíritu de Gilgamesh te acompaña, como lo dicho por Obi-Wan Kenobi de *Star Wars*, quien era, por cierto, extraterrestre de signo Escorpión.

⚜ PODER DAR ⚜

Te cuesta trabajo no dar, porque quisieras darlo todo. Restríngete algo porque de lo contrario, te quedarás sin nada.

15 DE NOVIEMBRE

La vida es simple, pero no es fácil.
—Anónimo

ASTRONOMÍA, HERMANA DE LA ASTROLOGÍA MODERNA

Antares, una de las estrellas más grandes del firmamento conocido, tiene aproximadamente 800 millones de kilómetros de diámetro y es también conocida como Cor Scorpii, o corazón del escorpión. Se puede ver en el cielo nocturno durante el verano (en el hemisferio norte) y desde el grado 67 latitud Sur, se puede ver todas las noches del año. De un color rojizo, parpadea como hablándote. Mide tres veces la distancia de nuestro planeta al Sol, llamado en lenguaje astronómico 3 AU (unidades astronómicas) —un AU es la distancia media desde la Tierra al Sol.

Angelus:

Shamlon, príncipe de los ángeles y de los que mandan.

Si Antares estuviera en el lugar de nuestro Sol, la superficie de Antares llegaría hasta más allá de la órbita de Marte. Expide más de 60 000 veces la energía del Sol, y si la mitología es la conciencia del alma de los humanos, entendemos desde donde viene tanta intensidad del ser nacido Escorpión. Antares en griego significa *rival de Marte*. Ptolomeo nos habla de Antares en su *Sintaxis*, y también se encuentra en historias arábicas, chinas, hindúes y donde quieran. Antares era una de las cuatro Estrellas Reales de Persia en el año 3000 a. de C., y dentro de la astronomía egipcia representaba la diosa Selkit, apuntando hacia el amanecer del equinoccio del otoño, alrededor del año 3700 a. de C.

 TU CLAVE SECRETA

Tener la seguridad de que el futuro de tus ilusiones se están construyendo en este, tu presente.

Celebridades de tu día:

Daniel Barenboim, René Avilés, Leopoldo Gout, William Herschel, Bill Richardson, Georgia O'Keeffe, Billo Frómeta y los primeros Juegos Olímpicos modernos en Atenas (1859).

El humano es alguien que está siempre "construyéndose", pero a la vez, de manera paralela, se encuentra en un estado de destrucción constante.
—José Saramago

TU DÍA, ESCORPIÓN

La *tolerancia* es una palabra que debería estar a la cabeza de lo que nos enseñan en casa, en oficinas y en la iglesia. Dicen que los escorpiones tienen algo llamado el poder de su signo, y a veces parece cierto. Pero no hay que olvidar que todos tenemos a Escorpión en algún lugar de nuestra carta astral personal, así que todos lo traemos en algún lado y podemos combatir o fusionar nuestra fuerza con la del nacido Escorpión. Los nacidos un 16 de noviembre, sin embargo, tienen una abundancia corporal que les permite a menudo mostrar su fuerza, sea como súper mandones, súper generativos o de un superlativo escogido por ustedes mismos, que si no lo orientan bien, puede bloquear esa misma fuerza. Con una buena guía personal crece el espíritu y llegas lejos, no lo olvides.

Tu verbo motor:

Transigir

❧ AMOR, SALUD Y BIENESTAR ❧

Puedes impactar, pareciendo ser o más listos de lo que eres, o más inteligentes de lo que tú mismo crees. Por lo mismo, encontrarás el bienestar al escoger a la persona que encaja en tu modo de ver, de querer y de compartir. Cuidado con tu alto grado de frustración cuando las cosas no salen como quieres, porque si no la restringes, puedes terminar relaciones de manera abrupta y a la vez inconvenientemente. La buena voluntad es lo que necesitas usar tanto para permitirle a los tuyos no solamente comprenderte mejor, pero también para que tú les proporciones la felicidad que todos anhelamos. La salud debe ser abordada de una manera bastante estricta, sino caes en gustos esotéricos que no te harán demasiado bien.

Angelus:

Sar ga-Paním, ángel que representa a los príncipes de las presencias.

❧ DESARROLLA TU RIQUEZA Y PROSPERA ❧

La buena voluntad que puedas usar en tus propósitos financieros, no debe ser puesta de lado para aumentar lo que tú crees posible. El ocio y sus derivados son cosas que podrían aportarte grandes beneficios, y el bienestar físico, para otros, será igual de bueno. Para ti son mejores las asociaciones que los negocios personales.

❧ PODER DAR ❧

Poder ampliarle los horizontes a quienes puedes ayudar, sea de manera de becas o inversiones con grupos de beneficencia.

ASTRONOMÍA, HERMANA DE LA ASTROLOGÍA MODERNA

El 16 de noviembre de 1811 sucedió lo imposible. El río Missisipi cambió su curso, y comenzó a fluir al revés. Esto ocurrió por un temblor que ocasionó el movimiento de una parte de la tierra al fondo del río, a unos ocho metros, algo inusitado en el mundo entero.

Ustedes, nacidos un 16 de noviembre, deberían buscar entre la historia mundial para enterarse de los extraños movimientos y hechos de tu planeta Tierra. Por ejemplo, tomen en cuenta los siguientes datos. El desierto del Sahara casi llenaría todos los Estados Unidos y crece día a día. La Cordillera de los Andes tiene más de 7000 kilómetros de largo, lo cual la hace la cordillera más larga del mundo. Al año, hay aproximadamente un millón de temblores, muchos ni son registrados ni son tan fuertes. Aproximadamente mil toneladas de escombros espaciales caen sobre nuestro planeta al año. Y como premio los dejo con esto: la Tierra es el cuerpo más denso del sistema solar y la densidad tiene signo: Escorpión. Tú, mejor que nadie, puedes sentir las vibraciones de nuestro planeta; úsalas para mejorar algo.

 TU CLAVE SECRETA

El verbo mejorar es tu clave secreta, porque sabes que tu vida va mejorando mientras mejoras al mundo.

Celebridades de tu día:

Tiberius, José Saramago, Chinua Achebe, Valeria Bruni, Maggie Gyllenhaal, Julio Lugo, Lisa Bonet, W. C. Handy, Diana Krall, Mauricio Ochmann y la fundación de UNESCO en 1945.

TU DÍA, ESCORPIÓN

Alguna fuerza espectacular tiene este día y por eso, a veces pasan cosas inusitadas, como lo del 17 de noviembre de 1966, cuando cayeron 46000 meteoritos en veinte minutos sobre Arizona; y en 2010, que por primera vez en la historia humana, investigadores atraparon antimateria, lo cual nos transportó al mundo del futuro. el 17 de noviembre es una fecha que nos permite brincar al día de mañana simplemente porque sí. Y tú formas parte de la comprensión de esta posibilidad, noticia que debe mostrarte de qué forma puedes construir ese pasado mañana que siempre está presente. Considera esto: científicamente, quien ves en el espejo es el anti-tú —algo que los físicos están maquinando. Con esta manera de pensar, te adelantas al mundo, lo cual a ti, particularmente te conviene.

Tu verbo motor:

Colmar

❧ AMOR, SALUD Y BIENESTAR ❧

Para el bien de los dos, se necesita mucha espiritualidad en el encuentro de tu amor o tus amores. Tú no te limitas. Encontrar el sosiego del ser amado te costará trabajo. Tienes la gran capacidad de entender a quien te quiere, y a la vez la ligereza de dejarlo ir si no te comprende. Tu intensidad puede hacer huir a quien te quiere, y necesitas cuidar la salud para sostener el vigor que pretendes usar para conquistar. Ese punto es la clave para tu propio bienestar, algo que debes poder alcanzar si te aplicas.

❧ DESARROLLA TU RIQUEZA Y PROSPERA ❧

Serías una excelente figura la combinación de tu lado contemplativo y tu gran voluntad de tener lo necesario, para vivir sin preocupaciones relacionadas con tus finanzas. Esto es algo que la gran mayoría de las personas desean y que muchos tendrán que olvidar. Tú, no. Usa tu lado práctico para estos propósitos y verás qué bien te va.

❧ PODER DAR ❧

Dar como una ociosidad sería excelente cosa, es decir que dar a diario podría ser parte de tu vida.

ASTRONOMÍA, HERMANA DE LA ASTROLOGÍA MODERNA

El Dalai Lama, cuyo nombre religioso es Tenzin Gyatso (su verdadero nombre es Jetsun Jamphel Ngawang Lobsang Yeshe Tenzin

Gyatso), nació Cáncer. Es el Dalai Lama número 14, formalmente reconocido bajo el signo de Escorpión el 17 de noviembre de 1950, a sus quince años. Es considerado la segunda persona de nuestro mundo moderno con mayor influencia espiritual. Y por lo mismo, no podemos hacer un libro sobre revelaciones sin mencionarlo. Los tibetanos (lugar de su nacimiento) escogen a quien creen ser una reencarnación de sus predecesores, y así llegamos a este Dalai Lama. Ganador del premio Nobel de la Paz en el año 1989, una de sus mayores búsquedas es la promulgación de los derechos humanos, y con este fin, ha tenido diálogos extensivos con el Papa Pablo VI, con el rabino principal de Israel, con el Papa Benedicto XVI. En una de sus últimas conferencias estipuló que las investigaciones científicas deben tomar precedencia apropiadamente sobre las supersticiones religiosas. Su recientemente inaugurado Centro Común, un centro que une al islamismo y el budismo, es uno de sus grandes logros. La paz, la educación y la meditación son sus búsquedas. Uno de sus últimos libros, *El poder del budismo*, fue co-editado con Jean-Claude Carriere (Virgo), quien a su vez escribió varias películas con el genial Luis Buñuel. Nacido este día, tu persona bioquímica te permite entender lo que otros necesitan y proporcionarles algo de lo necesario.

Angelus:

Líwet, ángel del amor y de la inventiva.

 TU CLAVE SECRETA

Mientras más curioso seas, mejor para todos.

Celebridades de tu día:

Gregorio López y Fuentes, Isamu Noguchi, Martín Scorsese, Danny de Vito, Daisy Fuentes, Jacqueline Aguilera, Rachel McAdams, August Mobius., Lee Strasberg y se registra la patente del primer ratón de computadora.

18 DE NOVIEMBRE

Nosotros, los que creamos, somos todos enloquecidos.
—Lord Byron

TU DÍA, ESCORPIÓN

Guillermo Tell tiró la flecha que partió la manzana sobre la cabeza de su hijo y la historia desde entonces (1307) cambió este día, convirtiéndolo en algo espectacular para quien nazca dentro de sus entrañas.

Tu verbo motor:

Colaborar

Porque los días viven, tal como nosotros, y tienen entrañas, entre otras cosas. En 1926, George Bernard Shaw aceptó el Premio Nobel, más no el dinero, diciendo: "Perdono a Alfred Nobel por inventar la dinamita, pero solo un espíritu malévolo humano podría haber inventado el Premio Nobel". El 18 de noviembre suma $1 + 8 + 1 + 1 = 11$; y $1 + 1 = 2$. Aunque la numerología y la astrología no son ni siquiera primos segundos, ese número representa (sumado de esa mágica forma) innovación, descubrimientos y brillantez (del tipo intelectual), siempre y cuando sepas colaborar, tu verbo personal.

❦ AMOR, SALUD Y BIENESTAR ❧

Tu amor necesita mucha estructura. Es decir, necesitas ponerte bien de acuerdo sobre el cómo, cuándo, dónde, por qué hasta-que-la-muerte-los-separe o simplemente por una noche, porque tu vida amorosa es importante, pero más importante es tu bienestar mental. Cierta calma y sosiego diario te convienen más que la pasión momentánea. El amor, para ti, es algo que tendrás que medir y pesar, como algo aparte a tu vida personal, para realmente gozarlo. Y de esto depende en gran parte tu estabilidad mental, y por supuesto que tu gran facultad de gozo.

Angelus:

Mazhian, ángel espiritual que te permite ver lo que otros no comprenden.

❦ DESARROLLA TU RIQUEZA Y PROSPERA ❧

Es impresionante lo que puedes lograr, queriendo. Tu energía vital tiene mucho que ver con lo que produces, y lo que produces puede, si te empeñas, traerte, llevarte y aportarte la dicha que crees merecer. Puedes trabajar tanto a la vista de todos o secretamente, pero necesitas sentir que se te rinde el premio que mereces con tu empeño. De lo contrario, cambia tu carácter simplemente porque sí. Necesitas exigir respeto, al merecerlo.

❦ PODER DAR ❧

Lo tuyo es dar a más de uno, o simplemente a varios, si te lo permites, porque dar no tiene que hacerse a paladas.

ASTRONOMÍA, HERMANA DE LA ASTROLOGÍA MODERNA

Quien podría imaginarse que Mickey Mouse podría ser de signo Escorpión. Pero así es, ya que fue presentado por primera vez en animación sobre una pantalla el 18 de noviembre de 1928. Dicen que su frase más conocida es, "La aritmética es poder contar hasta veinte sin quitarse los zapatos", y tal ingenio es lo que lo hizo famoso. Aunque no lo creas, esto tiene que ver contigo, siempre y cuando hayas nacido un 18 de noviembre.

Al nacer este día, eres de los más ingeniosos. Sí, aunque te creas demasiado serio, cansado y poco platicador. Walt Disney, los mundos Disney y sus allegados han hecho mucho por promover el mundo astronómico, mostrando a Pluto, Mickey, Tom y Jerry y otros subirse a una nave espacial y recorrer planetas, estrellas y la Luna. En los parques infantiles venden binoculares que muestran lo que podrías ver si viajaras en el cosmos, y el ex planeta Plutón fue bautizado en honor al perro Pluto. Y yo misma conozco quien es hoy día astrofísico gracias al interés hacia el universo que le despertó los cuentos de Disney. Tú debes saber que para ser astrofísico tienes que estudiar mecánica, electromecánica, termodinámica, mecánica cuántica, electromagnetismo, relatividad, física nuclear, física molecular y quizá ingeniería. Todo esto para la búsqueda del mundo perfecto aristotélico, que nos mostraba Mickey Mouse al final de sus historias.

 TU CLAVE SECRETA

Entender y saber explicar que nada es perfecto, pero el buen humor puede mejorarlo todo.

Celebridades de tu día:

Pedro Infante, Compay Segundo, Louis Jacques Daguerre, Luis Somoza Debayle, Alan Shepard, Wilma Mankiller, Owen Wilson, Oscar Nunez y Mickey Mouse.

TU DÍA, ESCORPIÓN

Tú eres un gran complejo de valores paralelos, que puedes usar como quieras, divulgar si deseas o profundizar para ser un especie de personaje que cambia según le conviene. Hazlo con inteligencia, pues ese es el meollo de tu signo y la fuerza que el cosmos debe haberte regalado. A ti te toca saber cómo asumirla, desperdiciarla o hacerla crecer. Bien harías en cuestionarte

Tu verbo motor:

Remunerar

varias veces al día sobre tus propios pasos para juzgar personalmente tu forma de llegar a lo que quieres, porque a veces te sientes tan seguro o segura de tus actos que no permites cambios. Y aunque seas Escorpión, por haber nacido un 19 de noviembre, los cambios por lo general te benefician, no te hostigan ni deben fastidiarte. Esto te ayudará a comprender, como dijo Bertolt Brecht: "Porque las cosas son como son, no serán siempre como son".

AMOR, SALUD Y BIENESTAR

Es fácil que te amen, y no tan fácil que te comprometas a amar. Porque no tratas de buscar esos pequeños gustos que quien te ama puede darte en lugar de buscar la felicidad eterna (que en realidad pocas veces existe, salvo quizá en el más allá). Escorpión siempre debe tener un especial cuidado con su persona, con la frescura de su ropa y su comida. Eso, a ti, te protege suficientemente como para asegurar tu bienestar personal a tal grado que a menudo te curas de todo mal con las cosas más sencillas.

Angelus:

Zaday, ángel de los siete planetas.

DESARROLLA TU RIQUEZA Y PROSPERA

Para Escorpión, la prosperidad podría ser una estatua de su misma persona en oro o su peso en diamantes. Pero, aunque tus deseos pueden ser vastos, en realidad la justicia y la verdad son tus grandes búsquedas (o deben serlo) y por lo mismo, al nacer un 19 de noviembre, podrías ser de las personas que están formando el nuevo mundo, el de una sociedad mucho más justa.

PODER DAR

Tú puedes y debes dar ideas para que los demás prosperen.

ASTRONOMÍA, HERMANA DE LA ASTROLOGÍA MODERNA

Un telescopio es un instrumento diseñado para la observación de objetos remotos al juntar radiaciones electromagnéticas. Un telescopio de radio es una forma de antena de radio direccional usado en la radioastronomía. En el mundo existen miles de observatorios, pero algunos de los que son considerados como los mejores son el Observatorio Géminis (en Chile); el que se encuentra en el desierto de Atacama (también en Chile), el primer telescopio del mundo que tiene espejos controlados por computadoras; el Hubble, con el cual podemos mirar partes del universo nunca antes visto, como por ejemplo una mirada profunda de unas 1500 galaxias tomadas durante diez días consecutivas; y el Observatorio de Keck, que tiene dos bóvedas de ocho pisos cada una con dos telescopios de 300 toneladas, donde cada espejo primario consiste de treinta y seis segmentos hexagonales que funcionan en unísono como un solo pedazo de vidrio, una técnica revolucionaria. Y si tienes oportunidad, lee y aprende más sobre el telescopio de Galileo, construido por él mismo en 1609, desde donde vio la Luna y descubrió algunas lunas de Júpiter. Ver hacia lo desconocido y hacia el interior a lo conocido es un arte que Escorpión domina. Haz la prueba.

 ## TU CLAVE SECRETA

Dicen que la piedra filosófica es el elixir de la vida, y a la vez el alma del mundo. Y que todos la traemos por dentro de nosotros mismos.

Celebridades de tu día:

Richard Avenarius, José Raul Capablanca, Indira Gandhi, Larry King, Ted Turner, Calvin Klein, Jodie Foster y nacen los primeros septillos del mundo en 1997 (Kenneth, Alexis, Natalie, Kelsey, Nathan, Brandon, Joel, aun vivos).

20 DE NOVIEMBRE

Casi ninguna persona tiene palabra, pero todos tienen silencios y eso es lo esencial.
—Isabel Mellado

TU DÍA, ESCORPIÓN

Tu silencio es tu mejor aliado. Tu talento para ajustarte a cualquier situación nueva es impresionante, porque sabes voltear las cosas como un mago de la providencia. Importantísimo para ti es comprender la naturaleza y la fuerza de tu persona a la vez.

Tu verbo motor:
Cautivar

Esto lo consigues siempre y cuando lleves buen ritmo en tu vida. Con eso quiero decir que tengas horarios para todo, para el despertar, las comidas, hasta la hora del cigarro, de la copa o del baño. Vivir rodeado de tus silencios, que logras llenar como mejor te plazca, sería el mayor regalo que pudieras hacer.

❦ AMOR, SALUD Y BIENESTAR ❧

Orgullo en quien te ama y orgullo hacia quien amas —con eso, la dicha está cuajada como las abejas y la miel. La excelencia que ambos pueden encontrar (no tiene que ser física, aunque puede serlo, y tampoco tiene que ser mental, aunque puede serlo) tiene que hacerlos sentir que sus personas se unen y que públicamente, son aceptados. Con esto, mejoras tu entorno, perfeccionas tu propio cuerpo y el bienestar que puedes encontrar será bastante envidiable, algo que tú podrás aprovechar para enseñar y comenzar a repartir.

Angelus:
Hushmael, ángel para alejar los malos espíritus.

❦ DESARROLLA TU RIQUEZA Y PROSPERA ❧

La lealtad te importa mucho. Podrías quedarte trabajando al lado de alguien durante años, simplemente porque sientes que es tu deber, y esto puede restringir tu prosperidad si dejas que eso suceda. La justicia y la justicia para los demás deben siempre interesarte, hagas lo que hagas en la profesión que lleves.

❦ PODER DAR ❧

Dar desde un punto de vista humanista es lo mejor para ti, así como para los demás. De antemano, se te agradece.

ASTRONOMÍA, HERMANA DE LA ASTROLOGÍA MODERNA

Sin la exploración de Edwin Hubble, nacido el 20 de noviembre de 1889, no tendríamos tanta comprensión sobre nuestro universo, ya que este astrónomo es quien nos abrió los ojos hacia la existencia y confirmación de otras galaxias además de nuestra Vía Láctea. Esto, entre otras cosas. Interesado de joven en el deporte, es el matemático, filósofo, juris prudente, con beca Rhodes, científico y hombre de una inteligencia superior, una oda a su signo.

La exploración espacial del futuro es aun desconocida. Según el genial Richard Feynman, la búsqueda de vida en otro lugar del universo es lo más importante de este nuevo milenio; y según Hubert Reeves, la explicación de los hechos más simples de nuestra vida común y corriente tiene que ver con la intervención de toda la historia del mismo universo. Al mismo tiempo, si supiéramos algo definitivo del futuro, algo tan sencillo como por ejemplo el futuro de la exploración del espacio, seríamos millonarios. Pero ni la astrología puede predecir el futuro (que quede claro) ni lo puede hacer la ciencia tampoco. Estamos todos siempre en desarrollo; eso sí se puede palpar en tanto la ciencia con sus intrigantes investigaciones y la astronomía poética (alias la astrología) que pretende ayudarte a conocer un poco más sobre ti mismo. Esto es algo que Séneca ya nos propuso hace algunos miles de años. Sabemos que el turismo espacial es algo ya planeado y esperamos que algún día haya una presencia humana permanente sobre nuestro satélite, la Luna. Recientemente fue lanzado una misión hacia Júpiter (la nave espacial Juno), lo cual a los nacidos un 21 de noviembre, les debe fascinar ya que un buen porcentaje de ustedes cree que seguramente existe vida en otro lugar del universo, mientras otros nos aseguran que eso es imposible. Tú, toma partido y apuesta.

 TU CLAVE SECRETA

Saber balancear dos fuerzas personales: tu intensidad y tus ganas de controlar. Con ellos ganas, siempre y cuando no exageres.

Celebridades de tu día:

Norbert Guterman, Jose Revueltas, Edwin Hubble, Robert F. Kennedy, Bo Derek, la Primera venta general de Microsoft Windows en 1985 y se celebra la Revolución Mexicana.

TU DÍA, ESCORPIÓN

Reconocer casi al instante lo que conviene y lo que no es lo tuyo. No cejes ni dejes de creer en tu intuitivo ser. Lo que presientes, será, y si te aplicas, podrás leer entre los éxitos o fracasos de tus días, lo que vendrá. Mantén siempre tu ego firme, y si tienes necesidad de ayuda espiritual, búscala, pídela y encuéntrala. En algunos lugares, este día se festeja por algo que solo tú podrías comprender: el Día de la Nostalgia del Futuro. Tú sabrás descifrar el significado de esto mismo. Sería preferible si tú tuvieras nostalgia para el futuro que viene que sabes olvidarás. Si eres místico, medievalista o historiador fantasioso, busca entre lo que fuiste para encontrar quien eres. Esto es algo que solo los nacidos un 21 de noviembre pueden lograr.

Tu verbo motor:

Osar

◅〰 AMOR, SALUD Y BIENESTAR 〰▻

Posiblemente eres una persona algo complicada, pero tu amor es directo, intenso y parte central de tu vida. Si no has leído *El arte de amar* de Erich Fromm, te has perdido de algo que pudiera ayudarte a gozar aun más tus amores. Tus humores tiene mucho que ver con tu salud. Procura hacer algún ejercicio mental para que puedas mantener y sostener ese buen humor que llevas en el alma, especialmente cuando estás rodeado de las personas que amas.

◅〰 DESARROLLA TU RIQUEZA Y PROSPERA 〰▻

Actualízate en los últimos sucesos de la bolsa de valores, las acciones y los movimientos bursátiles, pues tienes el mismo don para todo lo relacionado entre las alianzas humanas como para lo que puede aumentar y mejorar los movimientos financieros. Si tu profesión te divierte, vas por buen camino.

◅〰 PODER DAR 〰▻

Eres de los suertudos que saben dar alegría.

ASTRONOMÍA, HERMANA DE LA ASTROLOGÍA MODERNA

"Esto no es una pipa:, escribió René Magritte, quien nació el último día de Escorpión del año 1898, en el último grado de Escorpión —considerado como el más difícil para el desarrollo de la vida de la persona en cuestión. Él supo como maniobrar su ADN cósmico para hacernos la vida difícil, retando nuestras percepciones tan acondicionadas a la realidad, y haciéndonos mirar nuestro alrededor de

21 DE NOVIEMBRE

Toda osadía viene de adentro de uno mismo.
—Anónimo

otra manera. Dicen que Magritte acompañó a su padre a reclamar el cuerpo de su madre, muerta por suicidio cuando él tenía trece años. Y de cierto modo, en lugar de destruirlo, lo cimentó. Esto es un regalo cósmico que toda persona nacida un 21 de noviembre puede acceder, si se atreve. Tus males sirven para reedificarte. Tus momentos difíciles te permiten aprender lo que otros no se han atrevido ni a soñar, y

Angelus:

Hodidiron, ángel esplendoroso.

nos ganas en fuerza de alma por haber digerido algo tan diferente, o a veces conviertes algo común y corriente en una cosa soñada, distinta, con connotaciones increíbles, que nos permite pensar a la vez que cualquier cosa imaginada puede suceder, para bien o para mal. Uno decide.

 **TU CLAVE SECRETA**

Saber que traes buen karma, simplemente por haber nacido el 21 de noviembre.

Celebridades de tu día:

René Magritte, Voltaire, María Casares, Goldie Hawn, Bjork, Inés Sastre, Lucía Jiménez, Tina Brown, Thomas Edison anuncia su nueva invención de sonido (1877) y Judas Maccabaeus restaura el Templo en Jerusalén y se festeja Hanukkah (en 164 a. de C.).

22 DE NOVIEMBRE

Nuestros mejores pensamientos provienen de otros.
—Ralph Waldo Emerson

TU DÍA, ESCORPIÓN

Eres receptivo a más no poder, pues llevas los grados últimos de tu signo entrelazados con los primeros del signo de Sagitario. Esta ocurrencia solo sucede el 22 de noviembre, cuando este cae como el último día de Escorpión. Cómo están en la cúspide entre ambos signos, no siempre, al nacer el 22 de noviembre, eres Escorpión. Por ejemplo, no sería así en los años 2012, 2016 ni en 2020. Tú eres un poco menos intenso que el Escorpión de todos los días, y te encuentras en tu mejor momento cuando nutres, si te atreves a hacerlo. Recuerda que tu fervor *escorpionífico* se convierte en el dulce modo de tu andar, si recuerdas que eres capaz nutrir.

Tu verbo motor:
Evaluar

ᗶ⊪ AMOR, SALUD Y BIENESTAR ᚜ᚐ

El amor puede ser como una revolución renovada, porque cada vez que te sucede es así. De por sí, según la magia del número 22, a menudo quien nace en el 22 de noviembre tiene una relación con su madre que marca fuertemente su vida. La unidad entre la pareja es algo que puede ser difícil para ustedes, pero al mismo tiempo, lo hace muy especial. Importante es encontrar quien te responda como mereces. No escondas de ti mismo o misma lo intrínseco de tu relación con el sexo, que mucho tiene que ver con la salud de tu persona. Y ten la seguridad de que tu bienestar está relacionado con tu paz interior.

ᗶ⊪ DESARROLLA TU RIQUEZA Y PROSPERA ᚜ᚐ

Tener una buena estrategia para lograr lo que deseas, bajo todos los rubros, es importante. No necesitas desarrollarlo, pues tú eres tu propio entrenador y lo traes ya en tu alma. Si aprendes a calcular con cuidado, encontrarás exactamente lo que necesitas para sentirte tan próspero como quisieras ser —aunque la grandeza de tu prosperidad estriba en tus ideas.

ᗶ⊪ PODER DAR ᚜ᚐ

Mostrar a quienes quieras cómo aumentar su propia bondad y repartir algo de lo mismo.

ASTRONOMÍA, HERMANA DE LA ASTROLOGÍA MODERNA

La estrella brillante Ophiuchus, aparece en unos escritos llamados *Anónimo del 379* (del año 379 a. d. C.). Mencionado por Antiochus de Atenas, y un astrólogo del siglo IV, así como por Hephaestion de Thebes, sin gran seguimiento. Ophiuchus aparece como constelación notada por Ptolomeo y es una de las ochenta y ocho constelaciones referidas a la vez como *serpentarius*. Se encuentra entre Serpens y Hércules, en el centro de la Vía Láctea, en oposición directa a Orión en el cielo nocturno. Se ve como una especie de casita en el cielo con las estrellas Ophiuchus (Rasalhague) en la cabeza y la estrella de Barnard, una estrella cercana a nuestro sistema solar. En el año 2005, algunos astrónomos descubrieron una superburbuja, una cavidad de cientos de años luz de diámetro lleno de gas. Se llama la Superburbuja Ophiuchus. Antes, había un signo llamado Ophiuchus que se interponía entre Escorpión y Sagitario, pero en aquel entonces el número 13 no gustaba. De vez en cuando, aparece una nota hablando del signo número trece zodiacal, pero este no existe. En enero de 2011, Parke Kunkle, un astrónomo de Minnesota, hizo meollo al pretender explicarle al mundo que habían cambiado los signos de temporada y que a Ophichius lo habíamos olvidado, pero no se dio el tiempo de ver que la astrología para quienes vivimos sobre este planeta Tierra no considera la influencia de las estrellas; eso es así, desde que comienza la historia.

Angelus:
Prion, ángel para deseos fuera de lo común.

Cuántas cosas nos quedan por descubrir en el cielo nocturno, para que comencemos desde este momento a creerle a Michael Seeds (astrónomo) quien dice: "Estamos todos hechos de átomos que celebraron su primer cumpleaños en el momento del Gran Estallido, cuando comenzó el universo". Festejemos, pues.

 TU CLAVE SECRETA

Llevas en ti el poder de tu propia consciencia.

Celebridades de tu día:

André Gide, Joaquín Rodrigo, Louis Néel, Scarlett Johansson, Terry Guilliam, Richard Carmona, Jamie Lee Curtis, Chad Trujillo y se estrena Toy Story *(la primera película creada usando solo imágenes generadas por computación).*

TU DÍA, SAGITARIO

Ser Sagitario es un don. Tu voluntad envigoriza y llena todo tu ser, pero es la voluntad de hacer durar y perdurar en lo que has decidido lograr, específicamente si naciste un 23 de noviembre. Este Sagitario defiende lo suyo si es necesario, pero a la vez tiene muy consciente la necesidad de quienes tienen que ser amparados, y siempre encuentran a quien ayudar. Por lo general, usa su poder para esto, lo cual le provoca luchas y controversia. Si no eres rígido, estas dificultades te permitirán entender aun más sobre el mundo que te rodea y los beneficios que puedes conseguir una vez que te liberas de lo que tú mismo has provocado. Tu paso por esta vida es la de una vida que construye un mejor mañana, poco a poco pero siempre.

Tu verbo motor:

Vencer

❧ AMOR, SALUD Y BIENESTAR ❧

Tus amores deben ser encontrados para estructurar tu propia vida. Tu amor puede aspirar a durar toda una vida, pero para que esto suceda, necesitarás esperar y encontrar a la persona adecuada, y si esa persona no sabe divertirte, busca otra. Eso, por supuesto entre otras cosas, pero saber pasarlo bien con tu pareja es algo que necesitas, inclusive para mejorar tu estado de ánimo y mantener una buena salud. El bienestar es algo que aparece en tu vida, repentinamente, sin que lo busques.

❧ DESARROLLA TU RIQUEZA Y PROSPERA ❧

Tu profesión debe tener una buena raíz. Es decir, debe estar fundamentalmente recargada en un principio con bases sólidas, que tenga que ver con actividades entre muchas personas, en unísono. Como cuando dicen en las canciones de amor, "enciende mi pasión", así debes poder inspirar a quienes trabajan contigo, aportando novedades que entre todos puedan desarrollar para conseguir la prosperidad en conjunto.

❧ PODER DAR ❧

Lo tuyo, más bien, es dar poder o permitirle, a quien tengas frente a ti, encontrar cómo dar poder.

ASTRONOMÍA, HERMANA DE LA ASTROLOGÍA MODERNA

En el libro de récords Guinness, la serie *Doctor Who*, producida por la BBC, es considerada como el show televisiva más largo de ciencia

---

ficción del mundo. El primero y más exitoso de todos los tiempos. Fue un programa pionero en música electrónica, historias creativas e imaginativas, de bajo costo, con efectos especiales y un favorito de un gran número de televidentes del mundo entero. La historia cuenta las aventuras de un humanoide que viaja en el tiempo conocido como El Doctor. Con varios compañeros, El Doctor se encuentra con enemigos extraterrestres, mientras salva civilizaciones enteras, ayuda a quien puede y mejora algunos males. Duró desde 1963 hasta 1989, un total de veintiséis años. Fueron once los actores que tomaron el lugar del doctor, quienes aparecían como personajes regenerativos, donde uno a veces conocía a otro, como pudiera suceder si viajáramos en el tiempo o viviéramos en mundos paralelos. Fue elaborado para ser visto los sábados en la noche, para toda la familia, con la gran mayoría (al principio) de los capítulos ideados para despertar el interés en la ciencia. El genial escritor Douglas Adams llegó a ser en sí un Doctor Who con sus libros, y tú, nacido un 23 de noviembre, seas Escorpión o Sagitario, entérate. Esta serie tiene lo mejor de ambos signos en sus entrañas: la inteligencia, la diversión y los recuerdos.

Angelus:

Chismael, ángel y espíritu de Júpiter.

 TU CLAVE SECRETA

Aprender cómo vencer sin esforzar ni herir a quien tengas enfrente.

Celebridades de tu día:

José Clemente Orozco, Harpo Marx, Alfonso X el Sabio, Billy el niño, Manuel de Falla, Miley Cyrus, José Napoleón Duarte, Juventud Guerrera, Nicole Polizzi, y ocurre la primera huelga registrada por los obreros de una pirámide en Egipto (en 1170 a. de C.).

Cuán importante es el futuro en relación al presente cuando nos encontramos rodeados de niños.
—Charles Darwin

TU DÍA, SAGITARIO

Si despiertas contento o contenta, antes de pensar en cualquier otra cosa del día, moldea tus horas de manera excelsa y lograrás repartir algo que bien valdrá la pena durante ese día. Tus esfuerzos deben ser motivados hacia tu propia persona, de esa manera triunfarás. Y si por lo mismo te tildan de egoísta o egocéntrica, ignóralos. Tus días deben estar repletos de un dinamismo espiritual que solo tú conoces y debes dominar. Llevas un ritmo interior que tienes que seguir, lo sientes, si te aplicas. Es un ritmo que te permite usar lo mejor de ti misma o mismo. El gusto tan fuerte que tienes por la aventura te hace bien, siempre y cuando no te encuentres cazando algún arcoíris. Eso mejor déjaselo a los nacidos acuarianos, signo con el cual te llevas bien y bien harás en buscar como fiel amigo.

Tu verbo motor:

Regocijar

◄█ AMOR, SALUD Y BIENESTAR █►

Amar es conquistar, aunque ya lo haya cantado el grupo musical Maná. Pero para ti conquistar también significa dar algo de ti, y eso es lo que puede convencer a quien tú escojas, porque Sagitario, por lo general, escoge a su ser amado saliéndose casi siempre con la suya. Procura siempre mantener alejado de tu persona cualquier problema de constipación que es, en general, un reflejo de mal de amores. Y recuerda que enviando una flecha hacia un nuevo amor, siempre sabrás cómo estar contento.

Angelus:

Octínomon, ángel sagrado que ayuda.

◄█ DESARROLLA TU RIQUEZA Y PROSPERA █►

Demasiado cambio en tu profesión no es lo indicado, pero muchas ideas nuevas entorno a tu trabajo puede aportarte ganancias seguras. Tiendes a veces a entusiasmarte con novedades inconvenientes. Para amortiguar esto, sería excelente cosa si tuvieses a quien recurrir cuando se te ocurre algo que en el fondo desconoces, pensando que con eso lograrás obtener todo lo que quieres. Ya lo tendrás, con más calma.

◄█ PODER DAR █►

Lo tuyo es dar inventiva, reconocimientos, placeres y amistad.

ASTRONOMÍA, HERMANA DE LA ASTROLOGÍA MODERNA

A veces lo inverosímil del mundo, como una gran canción, se conjuga con un hallazgo maravilloso, y el todo el mundo se entera y cuando lo recuerda, sonríen sus habitantes. Con esto debemos regocijarnos, y el verbo de esta acción le pertenece a los nacidos cualquier 24 de noviembre.

El Awash es uno de los grandes ríos de Etiopía, y en su valle han vivido seres humanos desde tiempos llamados "desde siempre". Allí fue encontrado un esqueleto *Australopithecus afarensis*, de unos 3,2 millones de años de antigüedad, bautizado con el nombre de Lucy. Donald Johanson (Cáncer), paleo-antropólogo, y sus compañeros fueron quienes bautizaron a estos huesos, los más conocidos del mundo, con el nombre de una de las canciones más famosas del mundo, escrita por uno de los mejores músicos del mundo. Y "lo mejor" puede pertenecer al signo de Sagitario, que gracias a Dios, todos tenemos en algún lugar de nuestro horóscopo personal. Todo esto un 24 de noviembre de 1974. La canción *Lucy in the Sky with Diamonds*, escrita por John Lennon y Paul McCartney, la tocaba con gran frecuencia el científico. Y les agradecemos el acontecimiento que ahora podemos escuchar, platicar y divulgar con una buena sonrisa. Buena cosa para Sagitario.

 TU CLAVE SECRETA

Aprenderse algún secreto personal para no perder su optimismo.

Celebridades de tu día:

Lucky Luciano, Baruch Spinoza, Junípero Serra, Katherine Heigl, Henri de Toulouse-Lautrec, Dale Carnegie, Libertad Lamarque, Pedro León, Julieta Venegas y la apertura oficial del FBI en 1932.

TU DÍA, SAGITARIO

A menudo lo que dices y/o lo que haces parece irresistible. Para otros más que para ti, pero eres una persona que puede logar auto-convencerse hasta hartar a quien tienes enfrente. Tu vida pinta hacia la filantropía, de manera pequeña o de manera inmensa, porque de eso dependerá tu fortuna, y la fortuna es algo que los astrólogos no pueden proporcionar, salvo que vengan de otro planeta quizá. A Sagitario el fracaso le duele más que a cualquier otro individuo del zodiaco, pero por lo mismo, está dotado con la fuerza del planeta Júpiter quien tiene voz y voto para defenderte, pues es el planeta que rige tu signo. Por lo mismo, en los porcentajes astrológicos, hay pocos Sagitarios que se sienten fracasados. Saben que querer es poder, y al nacer un 25 de noviembre, más todavía.

> **Tu verbo motor:**
>
> *Sostener*

☙ AMOR, SALUD Y BIENESTAR ❧

El amor es energía, especialmente cuando de Sagitario se trata. Tu signo, mitad hombre mitad caballo, convertido en centauro, te premia cuando haces el amor y cuando piensas en el amor. Difícil es para ti cuando no tienes amor, el cual no siempre tiene que ser con una pareja. Amar a un familiar, algún amigo o amiga, hasta a una mascota, te abastece y te enseña a vivir mejor. Importante es vivir con ese sentimiento hacia otro ser para que tú te mantengas saludablemente contento. Ejercicios que te permiten reforzar tu manera de caminar son importantes, y mientras más cuides tu hígado, mejor.

> **Angelus:**
>
> *Kerub, ángel del aire que cuida el paraíso terrenal.*

☙ DESARROLLA TU RIQUEZA Y PROSPERA ❧

Lope de Vega, nacido un 25 de noviembre de 1562, tiene una cita maravillosa que dice: "No sé la razón de la sin razón que a mi corazón aqueja". Esta tú la debes redondear como algo personal, pero hablando de los bienes materiales con un *no se la razón de la sin razón cuando a mis beneficios aquejan*. Los nacidos en tu fecha tienen dos caras en relación a su prosperidad. O saben, con ese instinto innato que tienen algunos, cómo agrandar su fortuna, o simplemente desperdician sus esfuerzos por no comprender el porqué de que 2 + 2 siempre equivale a 4 y nunca a 22.

☙ PODER DAR ❧

Tu mayor poder es el de dar. Da ideas para que sean realizadas a quien creas que podría hacerlas bien.

No es el tiempo lo que nos falta. Somos nosotros quienes le faltamos a él.
—Paul Claudel

ASTRONOMÍA, HERMANA DE LA ASTROLOGÍA MODERNA

John Niemeyer Findlay, presidente de la asociación aristotélica, presidente de la Sociedad Metafísica de América, honorable partícipe de la Academia Británica y de la Academia Americana de Artes y de la Ciencia, se ganó un premio por haber escrito lo que es considerado el mejor libro sobre la metafísica por la misma sociedad, revivió el hegelismo y escribió inspiradamente sobre el budismo, sobre Plotino y sobre el idealismo. Después de retirarse, Findlay fue profesor superior de metafísica y la filosofía moral durante más de veinte años en la Universidad de Yale y en la Universidad de Boston. Si esto les despierta alguna curiosidad, pueden acceder a la revista *Dionysius*, cuyo premio anual es de importancia suprema. "El mundo como metáfora" es un ejemplo ideal de las palabras voladoras de estas materias. Además, Findlay desarrolló el misticismo racional, un sistema dentro del cual las perplejidades filosóficas —que tienen que ver con el universo y sus partículas, mente y cuerpo, el conocimiento, los objetos además del conocimiento de otras mentes así como el libre albedrío— son experiencias humanas profundamente antinómicas y absurdas. Según él, lo único que tiene sus razones es la existencia y su evaluación. Parece algo complicado, pero este señor con su mente tan abierta, diferente y gustoso de contradecir lo que está tan de moda, es un buen representante de quien haya tenido la suerte de nacer un 25 de noviembre.

 TU CLAVE SECRETA

Saberte metafísico, aunque no uses la palabra, la cual es una parte de la filosofía responsable por el estudio de la existencia. Trata de contestar la pregunta: ¿Qué es?

> **Celebridades de tu día:**
>
> *Gloria Lasso, J. N. Findlay, Lope de Vega, Andrew Carnegie, Ernst Schröder, Ricardo Montalbán, Joe DiMaggio, Arturo Pérez Reverte, John F. Kennedy Jr., Guillermo Cañas y Mauricio Rua.*

26 DE NOVIEMBRE

Es bien posible que el Monte Olimpo pudo haber suplido a los poetas con la alusión para decir que Júpiter obtenía el reino del Cielo.
—Lactantius

TU DÍA, SAGITARIO

Tu signo es amante de la libertad y tiene el don de ser entusiasta; al mismo tiempo, es un eterno juego de ajedrez. Pones, quitas y realizas lo que puedes, haciendo movidas programadas para salir

Tu verbo motor:

Adaptar

como querías, algo que logras con frecuencia. A veces, por escoger sin pensar, te surtes de problemas que posteriormente usas y regulas, saliendo de nuevo y ganando. Para ti, el aburrimiento es lo más difícil de aguantar, y el toque mágico de tus relaciones es cuando te das cuenta que con él o con ella nunca te aburres. Cuando no te sientas tan bien como quisieras, un buen paliativo siempre será reunir gente en tu casa, algo que por lo general no solamente te alivia, sino logra calmar tu persona, que frecuentemente padece de más nervios de lo que parece. No prometas lo que no puedas cumplir, y si lo haces, busca en la sección "Poder dar", para que no te guarden rencor.

❦ AMOR, SALUD Y BIENESTAR ❧

Si lograras, a primera mirada, decir o confesar, "aquí me quedo", genial cosa. Para ti, nacido este día, una relación es larga, duradera, soportable y difícil a sus horas, pero las palabras *para siempre* te quedan bien. Y vale la pena decirlo claramente cuando crees haber encontrado a esa persona, para no perder tiempo. Tus siete a ocho horas de dormir diaria-

Angelus:

Halqim, ángel de la guarda.

mente es imperativo para mantener el paso tan imponente que luchas por continuar. El bienestar es algo que te llega cuando crees merecer un descanso.

❦ DESARROLLA TU RIQUEZA Y PROSPERA ❧

La autodisciplina es lo principal para hacer de nuevo ese gran juego de conseguir lo tuyo porque jugaste bien tus cartas, a veces dándote importancia y a veces cediendo. En realidad, lo más importante para avanzar en tus tentativas de aumentar lo que consideras que vale la pena, es fijar tu meta y no ceder sin que los demás lo sepan. A veces, hacer parecer que cedes puede ser tu clave para prosperar aun más.

❦ PODER DAR ❧

Lo tuyo es dar con gran sabiduría, especialmente cuando has cometido algo que hiere.

ASTRONOMÍA, HERMANA DE LA ASTROLOGÍA MODERNA

En 1965, Francia logra ser el tercer país en enviar un satélite (Asterix-1) al espacio extraterrestre, desde el Desierto del Sahara. Mucho antes, el 26 de noviembre de 1865, se hicieron públicas las ecuaciones de la existencia de radiaciones electromagnéticas propagadas a la velocidad de la luz por J. C. Maxwell. Y en 1888, Heinrich Hertz demostró la generación de ondas electromagnéticas similares a las de la luz. Los conceptos ahora conocidos como micro-ondas fueron descubiertas en aquel entonces, incluyendo estudios sobre las respuestas de plantas a las ondas electromagnéticas, hechos por el científico Chandra Bose.

Y volviendo unos años atrás, el 26 de noviembre de 1864, la niña Alice Liddell recibió el cuento escrito a mano de *Alicia en el País de las Maravillas*. Posiblemente Sagitario, regido por Júpiter, algo tiene que ver con las maravillas que han sucedido en la historia de este día, mientras las averiguas, estudiemos mejor a Júpiter, el planeta más grande de nuestro sistema solar y el segundo más brillante (después de Venus). El planeta está rodeado de luz que se refleja por las nubes de hidrógeno y helio. Tarda 11,86 años en rodear el Sol, pero su día dura solamente diez de nuestras horas. Mientras tanto, su luz tarda entre nueve y trece minutos en llegarnos. Conocido en Babilonia como Mulu-babbar, su presencia siempre fue considerada como benéfica, algo que todo sagitariano debe tomar en cuenta, ya que es el planeta que rige su signo.

 TU CLAVE SECRETA

Calcular cómo hacer que las cosas sean fáciles, aunque sean difíciles, y salir bien parado.

Celebridades de tu día:

Omar Chaparro, Eugene Ionesco, Charles M. Schulz, Auguste Charlois, Adolfo Pérez Esquível, Bill Wilson, Tina Turner, Norbert Wiener y Vernon Luís Gomez.

TU DÍA, SAGITARIO

Caiga el día de la semana que caiga, este es un día de fiesta. Y si diariamente una doceava parte del mundo es de un signo (Sagitario si contamos el día de hoy), a la vez, diariamente existen 13 661 203 personas que cumplen años contigo. Matemáticas puras. Poca cosa si medimos números con la velocidad de la luz, y muchísimo si nos ponemos a contar hasta trece millones en voz alta, que tardaríamos en hacerlo 260 días sin parar. Pero eso sí, mientras más nacidos Sagitario existan, mejor. Son siempre los más optimistas, y los nacido un 27 de noviembre, nos llenan de luz y de buen humor. Tú eres capaz de enseñarle a un niño a caminar sin desesperarte, o a relajarnos cuando estamos desesperados. Nos ayudas a crecer, aunque a menudo, quisiéramos (quienes te queremos) que fueras más estable en tus cometidos. Pero bueno, nadie es perfecto.

Tu verbo motor:

Impresionar

✠ AMOR, SALUD Y BIENESTAR ✠

Te gusta tanto ser el centro de atención que aguantas lo que sea para que esto pueda suceder, en reuniones, en juntas y al gozar con tu pareja. Por lo mismo, saber lo que eres capaz de hacer siempre salva tu honor y te predispone a salirte con la tuya. Por lo general, ves, conquistas y amas. Pero cuidado, porque también tienes la disposición de exagerar y creer que cualquier cosa te es posible. Se activo, pero cuida tu cuerpo ante todo. Tu bienestar viene con el hecho de haber nacido un día afortunado, aunque no siempre estás protegido.

Angelus:

Advachiel, ángel que rige sobre todo Sagitario.

✠ DESARROLLA TU RIQUEZA Y PROSPERA ✠

El mismo talento que tienes para exagerar, lo tienes para gastar. ¡Cuidado! Deja siempre una cantidad por lo que vendrá, y sigue el camino más ortodoxo en lo que a inversiones y emplazamientos de la bolsa de valores se trata. A largo término, por lo general te cae suficiente para presumir un poco, producto de tu propio esfuerzo.

✠ PODER DAR ✠

Con maña y moños, puede siempre parecer que das más de lo que puedes. Se trata, pues, de dar para que se sepa que diste.

ASTRONOMÍA, HERMANA DE LA ASTROLOGÍA MODERNA

La nave espacial Juno levantó su vuelo en agosto de 2011, y así dio el primer paso, de gran éxito, hacia Júpiter, con la meta de investigar cómo nació. Le toca viajar 716 158 000 kilómetros para llegar al planeta grande de nuestro sistema solar. Por suerte va a la velocidad de 16 000 kilómetros por hora, y al llegar, orbitará al planeta treinta y tres veces. Una vez que termine su trabajo, su destino está calculado. Hará un clavado en el planeta para no contaminarse con sus Lunas, que dicen podrían tener vida. Se cree que esta nave puede llegar a darnos la llave del nacimiento de todos los planetas y la teoría de su existencia. Y para lograr esto, estará volando a unas tres mil millas sobre sus nubes. Será la primera nave que volará dentro de los cinturones de radiación de este imponente cuerpo. Todo esto es parte del programa Nuevas Fronteras de la NASA, y tú, al nacer un 27 de noviembre, ya tienes qué festejar además de tu propio cumpleaños.

 **TU CLAVE SECRETA**

Apaciguar cualquier conflicto es lo tuyo, incluyendo los personales.

Celebridades de tu día:

Pedro Salinas, Jimi Hendrix, Caroline Kennedy, Vladímir Malájov, Bruce Lee, Aimé Jacquet, Kathryn Bigelow, Pedro Salinas y Manolo Blahnik.

28 DE NOVIEMBRE

En cada humano existe un mundo y un universo.
—Giordano Bruno

TU DÍA, SAGITARIO

"El ser humano... es de todos los seres sobre la Tierra, de naturaleza doble, mortal por su cuerpo, inmortal por la esencia del hombre. Y por lo mismo, aquel que se conoce, se integra hacia sí", escrito por Francis Yates, una de las mejores historiadoras de nuestro tiempo cuyo libro *Giordano Bruno y la tradición hermética* me lo regaló hace muchos años el filósofo pisciano Manuel Lavaniego y hasta la fecha lo considero entre los mejores de mis aproximados 4000 libros de mi biblioteca. Yates nació un 28 de noviembre, como tú, y gran parte de sus escritos tienen que ver con la influencia de la magia en la ciencia moderna y en la filosofía, algo que tú debes tomar en cuenta continuamente. Va con tu persona y te ayudará siempre a reencontrar lo que buscas cuando te sientes perdido.

Tu verbo motor:

Esclarecer

AMOR, SALUD Y BIENESTAR

Con todos los atributos serios que tienes en el área del amor, puedes ser tan inconsciente como necesites para caer en los brazos de tu ser amado y entregar tu pasión con locura. Cuando amas, despiertas facetas desconocidas en tu ser, y quien te ama, percibe que das lo que se necesita para encontrar la verdadera felicidad de la pareja. Excelente cosa. Cuidado, porque pueden encontrarse tan felices que Sagitario y su pareja olvidan lo que deben hacer para tener la salud que necesitan para seguir gozando, y si sigues ese camino, le puedes decir adiós a tu bienestar. Cuídate aun más cuando enamorado para poner el ejemplo.

Angelus:

Arelim, ángel valiente.

DESARROLLA TU RIQUEZA Y PROSPERA

Tener debe ser un talento, no un objeto para ti, y si ponderas la adivinanza que siempre uso para sagitarianos, te harás un gran favor: "Todo el que vende me enreda, todo el que compra me suelta y además coge la vuelta", que es, pues, el dinero. Sagitario se sabe alquimista de las cosas que necesita para tener otras cosas, pero a la vez, tú, al ser Sagitario del 28 de noviembre, sí te gustan las cosas que se compran. Así que te conviertes a veces en una paradoja de ti mismo o misma. Conquista esa dificultad, y tendrás más de lo que quieras.

PODER DAR

Dar oportunidades para que a quien quieras dar, vea la luz al final de todo túnel.

ASTRONOMÍA, HERMANA DE LA ASTROLOGÍA MODERNA

La palabra *paradigma* se usa mucho en la ciencia. Viene del griego antiguo y significa patrón, ejemplo, muestra del verbo que a su vez significa exhibir, representar o exponer; y la palabra *para*, también del griego antiguo, significa mostrar o apuntar. Platón la usa mucho, así como varios filósofos de la antigüedad, al describir el modelo o el patrón que el dios Demiurge usó para crear el cosmos. Hoy día, la palabra paradigma puede referirse a cualquier patrón de modo de pensar o a una disciplina científica en su propio contexto. El libro *La estructura de las revoluciones científicas* define un paradigma científico como logros universalmente reconocidos que por un tiempo proveen problemas modelos y soluciones para un grupo o comunidad de investigadores. Y esto lo podríamos emplear, a su vez, para describir por qué podría funcionar la astrología. También explica por qué ahora sabemos que existe agua en la Luna —cosa que si hace unos años lo hubiéramos dicho en la escuela, nos hubieran reprobado sexto grado— y cómo es que la Luna afecta las mareas y, por consiguiente, a nuestro cuerpo (¿y alma?) ya que un adulto normal tiene en su cuerpo entre 50 a 55% de agua.

Yo creo que existe un patrón astrológico en el cosmos. No sé exactamente cómo ni por qué, al igual que no sabemos lo que es la energía oscura del universo, aunque tenemos claro que abarca aproximadamente 30% del universo. Tú, nacido el 28 de noviembre (y yo me uno) tienes que comprender que el misterio es magnífico, y saber que no lo sabes todo es aun mejor.

 TU CLAVE SECRETA

Tener tu propia paradigma para resolver cualquier problema insoluble.

Celebridades de tu día:

Francis Yates, Ana María Alvarado, Margarita Tudor, William Blake, Alberto Moravia, Celin Romero, Príncipe Hitachi, Alfonso Cuarón, Jon Stewart, José "Chemo" del Solar, Friedrich Engels, Claude Leví Strauss, apl.de.ap. y José Iturbi.

TU DÍA, SAGITARIO

Tus metas deben estar de acuerdo con el tiempo, es decir, con lo que necesita la sociedad de hoy o mañana. Con eso, no solamente mejoras tu posición o puesto, pero haces algo que le va bien al día que naciste. Justicia y cooperación es lo que puedes lograr para quienes se cruzan en tu camino, excelente cosa. Naciste con una buena dosis de responsabilidad, y eso anudado con tus ganas de "pasarla bien" podría orillarte a conquistar esa parte del mundo que tanto deseas conquistar. Buena educación es importante, y el papelito habla, como decían en tiempos pasados. Maestría, doctorado, lo que puedas, hasta donde el cuerpo aguante, para que exijas, en un momento dado, que se sepa lo que eres capaz de hacer. Bien comprobado que para ti, nada mejor.

Tu verbo motor:

Conducir

⫷ AMOR, SALUD Y BIENESTAR ⫸

Experiencia y tiempos adecuados te llevan hacia la persona que será tuya en las buenas y en las malas, como si al conocerse ya supieran que el uno está hecho para el otro. Alguna vez leí que ustedes, del 29 de noviembre, recolectan amores como quien levanta una fruta madura y se la lleva a la boca, para premiarse con un sabor único, delicioso. Suertudo si te pasa, y suertudo de nuevo si te sucede más de una vez. La historia de Prometeo debes leerla para encontrar ciertos mensajes que bien puedes recolectar, asumir y aprovechar. Algún buen amigo o familiar médico deberías tener para lo que sea necesario, pues tiendes a ser un poco hipocondríaco. Con eso resuelto, nada interviene con tu propio bienestar.

Angelus:

Eleínos, ángel con poderes sobre el tiempo.

⫷ DESARROLLA TU RIQUEZA Y PROSPERA ⫸

Leer sobre lo que quieres hacer para adelantar y mejorar tu posición material es muy conveniente. Es decir, toma ideas ya resueltas, y úsalas para convertirte en lo que quieres o para alternar tus deseos con la realidad y conseguir aun más, siempre y cuando alguien te diga *cómo*. Otro puede indicarte de qué manera y tú pones el talento. Un poco como Mark Zuckerberg, quizá sin que sea un vil robo.

⫷ PODER DAR ⫸

Podrás dar una vez que te hayas establecido como alguien que está a punto de conseguir todo lo que quiere. Así, te pones como ejemplo.

Ver al mundo en un grano de arena / Y a Dios en una flor salvaje,
Sostener la infinidad en la palma de la mano / Y la eternidad en una hora.
—William Blake

ASTRONOMÍA, HERMANA DE LA ASTROLOGÍA MODERNA

Christian Doppler, descubridor del efecto Doppler, nació el 29 de noviembre de 1842. Este efecto es el cambio de frecuencia de una ola o una onda de un observador moviéndose en relación a la fuente de la onda. Astrónomo y matemático, a la edad de treinta y nueve años, Doppler publicó un libro notable: *Sobre la luz de colores de las estrellas binarias y otras estrellas de los cielos.* Existe el efecto Doppler de colores y de sonido. Haberlo encontrado es de suma importancia para la óptica, ya que la velocidad de la luz es enorme, y este tiene muchas aplicaciones para medir la luz de galaxias distantes, sonares marinas, precipitaciones de las nubes, medidas corridas y más. Einstein lo consideró como uno de los descubrimientos más importantes del mundo, y saber de qué se trata, si naciste un 29 de noviembre, puede encender tu cerebro para que comprendas asuntos que nada tienen que ver, pero sí alumbran tu vida.

TU CLAVE SECRETA

Saberte capaz de desmitificar el mundo que te rodea para surfear por tu propia vida.

Celebridades de tu día:

Andrés Bello, Louisa M. Alcott, Marcel Lefebvre, Mariano Rivera, Benjamín Vicuña, Joel Cohen, John Ambrose Fleming, Silvio Rodríguez, Janet Napolitano y C. S. Lewis.

30 DE NOVIEMBRE

Una persona que no lee no le lleva ventaja a quien no sabe leer.
—Mark Twain

TU DÍA, SAGITARIO

Dane Rudhyar, uno de los mejores astrólogos del siglo pasado, dijo alguna vez sobre los nacidos un 30 de noviembre: "Aquí cupido toca la puerta de un corazón humano", y tú tendrás que descifrar si con esto quiso decir que te enamoras fácilmente, que todo te apasiona o que tienes una gran debilidad sentimental que quisiera curar toda desesperanza. Cualquier cosa de estas es buena, y lo que es muy cierto es que por medio del amor aprenderás todo lo que necesites. Amor cantado, escrito, sentido, olvidado, a futuros, amor a tu trabajo, a la vida, a los sueños y a tus semejantes. ¡Con razón ha habido tantas inauguraciones de cosas humanas, pero inusitadas a través de la historia de este, tu día.

Tu verbo motor:

Justificar

AMOR, SALUD Y BIENESTAR

Vuela tu imaginación cuando te enamoras. ¡Cuidado! Eso puede ser bueno o malo o todo lo contrario, porque depende de lo que tú consideras es el amor. Y eso es tan personal como tu ADN; nadie tiene dos versiones iguales. Lo que tendrás que aprender es a no entrar en crisis cuando el amor no funciona como tenías planeado, porque eso puede influir en tu salud. Tus amores deben ser un reto para mejorar tu vida, y con eso tranquilizarás, aumentarás y reforzarás siempre tu bienestar.

DESARROLLA TU RIQUEZA Y PROSPERA

Debes ser buen vendedor de tus ideas, tus deseos y tu arte. Tener dos profesiones podría convenirte porque podrías con una prosperar y con la otra hacer lo que te gusta realmente. Cuidado con las apuestas en la vida y en lo material, porque puede llamarte ese algo que podría convertirse en adicción. Tendrás momentos en tu vida donde todo te vendrá fácil, y otros donde esa misma suerte no te acompañara, por lo tanto, aprender a moderarte es algo importante.

PODER DAR

Tú debes dar solamente cuando te sobra tiempo o dinero. Mientras tanto, promete dar a sabiendas que lo podrás hacer algún día.

ASTRONOMÍA, HERMANA DE LA ASTROLOGÍA MODERNA

El 30 de noviembre de 1756, nació Ernst Chladni, nombre y personaje poco conocido, pero su trabajo sobre la velocidad del sonido y la velocidad de varios gases resultaron en que sea considerado el Padre de la Acústica. A la vez, hizo estudios novedosos y únicos sobre los meteoritos por lo que también es llamado el Padre de los Meteoritos. Curiosamente, Chladni viene de una familia de varias generaciones de teólogos, y tuvo que batallar con su padre para que accediera a que estudiara esta ciencia. Lo que Chladni le mostró al mundo es lo que aun se usa al emplear un generador de señales. Además, variaciones de esta técnica hoy día se usan en los diseños de instrumentos acústicos tales como los violines, las guitarras y los chelos. Lo que hizo el maestro Chladni podría ser como un entrecomillado del estudio de la llamada *musica universalis*, o música de las esferas, concepto filosófico estudiado por Pitágoras y seguido por Ptolomeo y Kepler (entre otros) sobre las proporciones en los movimientos de los cuerpos celestes, como el Sol, la Luna y los planetas, como una forma musical. Esto es algo que los nacidos bajo todos los signos del zodiaco (a quienes les gusta la música) deberían estudiar aunque sea un poco. O es que acaso tú, nacido un 30 de noviembre, ¿no sientes una energía especial cuando escuchas tu música consentida?

Angelus:

Eíael, ángel que domina las ciencias ocultas y la longevidad.

 TU CLAVE SECRETA

Si Pitágoras encontró una relación entre la astronomía, la óptica, la música y la astrología, tú podrías buscar algo parecido para entretenerte, ya que los entretenimientos para los nacidos un 30 de noviembre son importantes.

Celebridades de tu día:

Jorge Negrete, Gregorio de Tours, Jonathan Swift, Ernst Chladni, Mark Twain, David Mamet, Sir Winston Churchill, Andrés Henestrosa, Sergio Badilla Castillo, Iván Rodríguez, Gael García Bernal y sale a la venta Thriller *(1982) de Michael Jackson, el álbum más vendido de todos los tiempos.*

DICIEMBRE

¿Quiénes cumplen años este mes?

1 _____ 17 _____
2 _____ 18 _____
3 _____ 19 _____
4 _____ 20 _____
5 _____ 21 _____
6 _____ 22 _____
7 _____ 23 _____
8 _____ 24 _____
9 _____ 25 _____
10 _____ 26 _____
11 _____ 27 _____
12 _____ 28 _____
13 _____ 29 _____
14 _____ 30 _____
15 _____ 31 _____
16 _____

TU DÍA, SAGITARIO

¡Alquimia pura! Es decir, tienes la capacidad de cambiar una cosa por otra, de convertir un momento triste en algo alegre, algo difícil en algo sostenible. Tu persona siempre está viable y lista para ser el alquimista de tu calle, cuadra o ciudad. Todo depende de saberlo regular. Tienes el gran don de poder encontrarle cinco patas al gato, o de contarle las manchas negras a la jirafa, y de convencer a quien quieras que tú tienes la razón, aunque tú mismo lo dudes. Y posiblemente, en algún momento de tu vida, cambiarás de país, profesión, deseos profundos o de modus vivendi, porque repentinamente te encontrarás aburrido o cansado de lo que estás haciendo y crees haber encontrado la fuente de la felicidad, que en realidad podrían ser un conjunto de respuestas nuevas que reaniman tu vida.

Tu verbo motor:

Ambicionar

⋙ AMOR, SALUD Y BIENESTAR ⋘

La confusión es algo que te nace aun estando de vacaciones en la playa —confusión por querer aun más, temor a aburrirte o simplemente por estar buscando significados nuevos en estilos viejos. A la vez, tu entusiasmo abarca tantas cosas que a menudo te convences de estar enamorado porque te contaste el cuento adecuado. El amor debe divertirte además de llenar tu corazón de bendiciones. Las posibilidades de encontrar amor son grandes, espero que te des el tiempo de encontrarlo con la sabiduría que puedes emplear. Los nervios a veces te confunden, para eso, nada mejor que unas buenas vacaciones, ¿o por qué no pensar en pasar gran parte de tu vida como si fuera una vacación?

Angelus:

Reaul,
ángel del zodiaco.

⋙ DESARROLLA TU RIQUEZA Y PROSPERA ⋘

Todos queremos, pretendemos o pedimos algún tipo de cambio, pero tú, nacido el 1 de diciembre, tienes la capacidad de presentarnos ideas nuevas que sí pueden cambiar muchas cosas. Si aprendes a usar el carisma que tienes, hay una gran posibilidad de que lo que propongas no solamente te ayudará a enriquecerte, sino que le abrirás nuevas puertas a quien se una contigo a lanzar algo nuevo.

⋙ PODER DAR ⋘

Da el cuidado y el amor a quienes lo necesiten, a paladas o en pequeños dosis, pero no dejes de hacerlo.

1 DE DICIEMBRE

El tiempo, dentro de su circulación irresistible e incesante, lleva consigo en su inundación todas las cosas creadas.
—Anna Comnena

ASTRONOMÍA, HERMANA DE LA ASTROLOGÍA MODERNA

Hay cosas que no se pueden dejar de mencionar, aunque no hayan subido al cielo ni tengan un hermano del alma que liga las fases de las lunas de Júpiter con su día. Tengan bien en cuenta que el Día Mundial de la Lucha Contra el SIDA forma parte de nuestra conciencia colectiva. Promulgado por la UNESCO, la campaña escoge un tema anual —Compartiendo el reto, Estigma y Discriminación, Cumple tu Promesa, Acceso Universal y Derechos Humanos, Escucha, Aprende y Vive— consultando a la vez con otras organizaciones. Cada uno de los temas tienen que ver con el ser humano y su entorno.

Curiosamente, hay muchos "primeros" en tu día: la apertura del primer cine (Cinema Omnia Pathe, en París, en 1906), la inauguración del primer metro de Latinoamérica en Buenos Aires (1913), el primer juego de Bingo (1929), la fundación del primer kibutz (Deganya Alef, en 1909), la primera mujer del Parlamento Británico (Lady Nancy Astor, en 1919) y la gran cadena continua de ensamblaje de carros introducida por Ford (1913). Con esta última, lo que tardaba catorce horas, logró transformarse en noventa y tres minutos, y Henry Ford (Leo) se convirtió en héroe nacional. Vean bien, el 1 de diciembre es una fecha que achica espacios en la historia del mundo.

 TU CLAVE SECRETA

Sentir la importancia de tu día, y saber que tú también puedes dejar huella en él.

Celebridades de tu día:

Anna Comnena, Marie Tussaud, Alicia Markova, Richard Pryor, Lou Rawls, Woody Allen, Lee Treviño, Pablo Escobar, Bette Midler, Sebastián Piñera, Javier Aguirre y ocurre el famoso concilio entre Carlomagno y el Papa Leo III.

TU DÍA, SAGITARIO

Sagitario, por lo general, es buen maestro. Pero tú te llevas la corona, o por lo menos aparentas llevarla. Tu gran don es saber mostrar, no tanto enseñar, sino que ilustrar a quienes se dejen, como estar mejor consigo mismo, de qué manera responder correctamente y

Tu verbo motor:

Progresar

qué hacer para aprovechar lo que se tiene. Si logras identificar las oportunidades que parecen caerte de vez en cuando del cielo, no habrá quién te pare, siempre y cuando tú mismo sepas hasta dónde llegar, porque no hay caminos interminables salvo el de las naves espaciales que siguen viajando hasta el final del universo —cosa que, en realidad, es imposible imaginar.

⫷ AMOR, SALUD Y BIENESTAR ⫸

Cada nuevo amor debe mejorar el amor pasado. Y si es uno solo el amor o el amor de tu vida, excelente. Pero siendo tú, Sagitario, lo dudo. Y siendo Sagitario del 2 de diciembre, lo dudo aun más. Mejorar y crecer, paso a paso, forma gran parte de lo que puede aportarte tu muy personal bienestar; así que no solamente apréndete *una* canción de amor, apréndela *todas*. Así mismo, adáptate a conocer tu cuerpo mejorando o aumentando la capacidad de tus ejercicios o dieta, con resultados básicos. Pregúntate cuánto puedes correr y cuál es tu peso, y verás cómo lograrás alcanzar todo lo que tu signo implica y tu persona quiere.

⫷ DESARROLLA TU RIQUEZA Y PROSPERA ⫸

Busca lo que te gusta, en relación a los demás. Es decir, en tu profesión, debes buscar soluciones que mejoren tanto la vida (o la trata de mejorar) de los tuyos como la de los que se acerquen a lo que tú desarrolles. De lo contrario, no prosperarás, porque lo indicado es tu participación —de alguna manera, aunque sea mínima o fuese agigantada— en el progreso de la humanidad.

⫷ PODER DAR ⫸

Lo tuyo es dar pensando en que lo que le das a una persona pudiera hacerle bien a muchas.

ASTRONOMÍA, HERMANA DE LA ASTROLOGÍA MODERNA

Hay días que se llenan más que otros con asuntos astronómicos, pero habrá que recordar que esto es según nosotros, los terráqueos, pues tantas cosas pasan arriba como abajo, eso lo decían en la Biblia y antes. Un 2 de diciembre, por ejemplo, en 1971, se posó el primer objeto en Marte; en 1974, el Pionero 11 voló cerca de Júpiter (planeta que rige a Sagitario, ¿qué casualidad, no?); en 1988, se lanzó el Columbia al cielo extraterrestre; en 1992, el Discovery salió sin problemas, también al cielo extraterrestre; en 1995, ocurre el lanzamiento del Endeavor con el SOHO incluido; y ahora falta lo que viene.

Angelus:
Yehemiel, ángel que aleja los malos espíritus y personas.

Interesantísimo es, a la vez, lo sucedido el 2 de noviembre de 1957 (que claro está no es tu mes de diciembre, pero que siendo el número tan importante para ti, te podrás sentir conectado) cuando dos inmigrantes, Pedro Saucedo y Joe Salaz, hablaron por teléfono para reportar un ovni (objeto volador no identificado). Su historia parecía salida de una película de ciencia ficción. Y lo más asombrador fue que otras quince personas que no se conocían entre sí, hicieron llamadas parecidas. El asunto llegó a transformarse en un informe llamado Project Blue Book, sobre el caso de Levelland, Texas. ¿Será o no será, que algún 2 de diciembre sabremos más?

 TU CLAVE SECRETA

Saberte capaz de enseñarle cualquier cosa de bien a cualquier persona.

Celebridades de tu día:
Gianni Versace, María Callas, Nelly Furtado, Brítney Spears, Georges Seurat, Lucy Liu, Ibrahim Rugova, Alejandro Lora y Osvaldo Pugliese.

TU DÍA, SAGITARIO

Para ser un sagitariano merecedor del 3 de diciembre, tienes que darte cuenta que el número tres es algo muy especial, por lo tanto, tú también lo eres. A la vez conformista y rebelde —dependiendo de las fases de la Luna o quizá de la posición de tus ganas de afrontar cualquier novedad, este o cualquier otro día— tus aventuras son momentos personales que difícilmente compartes porque son demasiadas.

Tu verbo motor:

Invocar

Tu persona necesita sentirse bien, para aprender a gozar lo que tu gran corazón aguante, ya que los nacidos este día pueden encontrar la dicha de toparse con el lado positivo de cada historia y nunca fijarse en lo difícil. Cuando sucede lo contrario, tu instinto natural de "conquistar el mundo" se contrae y te pierdes en un mar de vicisitudes que realmente no van con tu persona. ¡Lee esto tres veces para que lo recuerdes!

❦ AMOR, SALUD Y BIENESTAR ❦

El amor es tu campo de batalla, o tú eres quien le canta al amor en un campo de batalla, depende de la persona amada. Y tú, gustoso y esperanzado en el amor noble, al ver que no todos los amores son dichosos, te conviertes en aventurero que casi siempre complace. Vigila tu tiroides, y practica un deporte que puedas hacer hasta los cien años, algo que hará feliz a quien te ame y te llenará de dicha cuando lo logres hacer a los noventa y nueve.

❦ DESARROLLA TU RIQUEZA Y PROSPERA ❦

Mejor para ti si te ocupas más de tus riquezas espirituales que de las materiales, porque lo que más necesitas desarrollar es tu fuerza y tu capital energético. Recuerda que ser Sagitario es un don con una falla; sientes el dolor físico y moral con más dureza que los otros once signos del zodiaco; y por lo mismo, necesitas recargarte y edificarte de mayor manera.

❦ PODER DAR ❦

Lo tuyo es dar repartiendo fuerzas, parte de las tuyas y mostrándoles a otros cómo reforzar las suyas.

ASTRONOMÍA, HERMANA DE LA ASTROLOGÍA MODERNA

Podría o no podría ser casualidad, y algunos lo consideramos causalidad, el hecho de que la nave espacial Pionero F pudo llegar lo

3 DE DICIEMBRE

Sueña como si vivieras para siempre. Vive como si murieras hoy.
—James Dean

suficientemente cerca de Júpiter (planeta que rige tu signo), un 3 de diciembre y enviar datos sobre el viento solar, los rayos cósmicos del planeta y las primeras imágenes cercanas de Júpiter, por primera vez en la historia. Esto ocurrió bajo el programa El Gran Tour Planetario de la NASA.

Cada vez que alguien mira hacia el cielo, esa persona se convierte por un rato en un astrónomo, y hoy día ya sabemos que las infinidades posibles del espacio nos permiten soñar, inventar, creer y estar. En la nueva serie de podcasts sobre astronomía (aquí lo encuentras en inglés: http://curious.astro. cornell.edu/index.php) puedes encontrar maravillas sobre esta antigua ciencia simplemente apretando *play*. Te viene como anillo al dedo, siendo

Angelus:

Mibí, ángel cabalístico y ministerial.

Sagitario y habiendo nacido bajo el fructífero y significativo número tres. Nuestro planeta es el tercero del Sol, y para ustedes, conquistadores del espacio, sepan que la hipótesis trifuncional de Georges Dumezil, divide a los primeros hombres en tres clases: sacerdotes, guerreros y plebeyos. Escoge.

 TU CLAVE SECRETA

Tener y gozar con un sentido alegre y contagiosa de cualquier diversión.

Celebridades de tu día:

Rogelio Naranjo, Noel Claraso, Antonio Canales, Anna Freud, Concha Buika, Jean Luc Godard, Amanda Seyfried, Ozzy Osbourne, Julianne Moore, Mike Ramsey Daryl Hannah y María del Carmen Millán.

4 DE DICIEMBRE

La hermandad es el precio y la condición de la supervivencia humana.
—Carlos P. Rómulo

TU DÍA, SAGITARIO

Existe una canción, "December 4th", cantada por Jay-Z, donde aparece la voz de su madre hablando de su nacimiento: "El único que no me dejó dolor al nacer". Tú, nacido el 4 de diciembre, debes ser quien menos dolor le inflige a sus semejantes, simplemente porque

Tu verbo motor:

Ascender

eso es algo implantado en tu ADN cósmico (con la excepción de Francisco Franco). El número cuatro por sí, casi desde tiempos prehistóricos, filosóficamente significa lo que es sólido, símbolo de integridad, y en el mundo de los reyes (tanto mágicos como reales) representa el Rey de los Cuatro Soles. Por último, recuerda que los cuatro elementos alquímicos y astrológicos son la tierra, el agua, el aire y el fuego. Tú tienes mucho que aprender, siendo del 4 de diciembre, y una de las cosas para mejorar tu vida de manera ascendente, siempre será tratar alguna manera de hacerlo.

⋙ AMOR, SALUD Y BIENESTAR ⋘

Los budistas tiene cuatro nobles verdades: Dikkha, la noble verdad del sufrimiento; Samudaya, la noble verdad de la causa del sufrimiento; Nirodha, la noble verdad del cese del sufrimiento; y Magga, la noble verdad del camino que lleva a cesar de sufrir.

Esto te va de maravilla tanto para el amor como para tu estado de salud. ¿Sabías que existen solo cuatro tipos de sangre humana? Son A, B, O y AB. Tú llevas la de ganar cuando usas ese número, el cuatro.

⋙ DESARROLLA TU RIQUEZA Y PROSPERA ⋘

El número romano IV representaba una estrella sub-gigante, algo que te hará bien recordar cuando pienses en cómo y cuándo juntar más. Porque juntar más de lo que necesitas, a ti no te beneficia. Balanceando tus ganas de triunfar con tu necesidad de prosperar, siempre y cuando tengas el conocimiento adecuado para promoverte, es en lo que debes confiar para lograr la riqueza, y el tipo de riqueza, que te importa sostener.

⋙ PODER DAR ⋘

Lo tuyo es dar conocimiento en todo caso. Pero ojo, solo entrega lo que tú verdaderamente sepas.

ASTRONOMÍA, HERMANA DE LA ASTROLOGÍA MODERNA

¡Júpiter está en auge! En la segunda mitad de 2011, a las 5:30 de la tarde en España, o a las 11:30 de la mañana en México, salió hacia Júpiter una novedosa nave espacial, impulsada con energía solar. Esta llegará al planeta más impresionante, por su tamaño y campos magnéticos, en el año 2016. Cuando finalmente arribe, esperan poder averiguar si Júpiter tiene un interior rocoso y de dónde procede tanto elemento volátil en su atmósfera. Júpiter, siendo tu planeta regidor, debe

Angelus:

Za'afiel, ángel que con cuidado, sabe acabar con todo mal.

interesarte, por lo que es importante que aprendas más sobre este gran planeta. Es conocido en el mundo astrológico como el "gran benefactor". En tiempos antiguos se lo consideraba el único planeta que no hacía o producía más que el bien y siempre aportaba bienestar. Hoy día, siendo la astrología moderna algo que pretende a través de su arte permitirnos conocer más del "yo" profundo, se considera que Júpiter es el planeta que puede enriquecer tu vida personal, desde el punto de vista del esclarecimiento interno. Úsalo con cuidado, pues, como si fuera un objeto muy valioso.

 TU CLAVE SECRETA

Tu propio cuerpo tiene una sabiduría interna que debes reconocer y emplear siempre para tu propia persona.

Celebridades de tu día:

Rainer María Rilke, Claude Renoir, Jeff Bridges, Gérard Philippe, Tyra Banks, Wassily Kandinsky, Marisa Tomei, Jay-Z, Carlos Gómez y la primera edición del Los Angeles Times (1881).

TU DÍA, SAGITARIO

Al nacer un 5 de diciembre, eres sumamente afortunado en algunos momentos de tu vida. Esto te ocurre por estar en el grado 12 de tu signo. Existe la idea de que ustedes son quienes aportan ideas para el llamado New Age desde el punto de vista holístico. En español podría ser explicado como los albores de una nueva época. Pero en realidad, para que sea nuevo, tú tienes que implementar lo que tú crees que representa, sabiendo que sus adherentes tratan de rechazar el materialismo. Ante todo, ten respeto hacia los ciclos de la naturaleza.

Tu verbo motor:

Enterar

⚜ AMOR, SALUD Y BIENESTAR ⚜

Un buen balance espiritual relacionado con el amor va bien con tu fecha. "Es una monada", es un buen principio para acercarte a quien pudiera ser pareja tuya. Eso abre puertas y te permitirá reconocer su personalidad real, la que es y la que parece ser. Con eso, tu bienestar estará fijado, y por consiguiente tu salud, ya que casi todos los seres de tu signo mejoran cuando sienten querencias.

⚜ DESARROLLA TU RIQUEZA Y PROSPERA ⚜

Profesiones fuera de lo común y corriente, además de asuntos que tienen que ver o tienen alguna conexión con un mundo mejorado, deberían de atraerte y traerte prosperidad. No te estoy diciendo que seas astronauta, pero sí deberías buscar algo que tenga que ver con la nueva gasolina, el Instituto Interestelar, o cómo hacerle la vida más placentera a cualquier animal, y la lista puede seguir creciendo interminablemente. Mejor tú haz tu propia lista, que de todas maneras prosperarás.

⚜ PODER DAR ⚜

Recomendaciones filosóficas o religiosas pueden ser lo tuyo, siempre y cuando procures no exagerar.

ASTRONOMÍA, HERMANA DE LA ASTROLOGÍA MODERNA

Robert Hand es uno de los astrólogos e investigadores que más ha hecho para el estudio formal y la seriedad de la astrología en estos últimos cuarenta años. Es historiador, con una maestría en historia medieval, cofundador de un grupo de estudiosos que se dedican a traducir libros antiguos del latín, griego y árabe, sobre los astros y

su influencia en el mundo moderno. Gracias a *Project Hindsight* existen hoy día traducciones de astrólogos de al antigüedad como Antiochus, Porphyry, Thetorius, y traducciones de otros sabios desde a. de C. en los albores del desarrollo de este arte que yo llamo la parte poética de la astronomía. El proyecto (*hindsight* podría traducirse como *percepción retrospectiva*) es un baluarte para el estudio serio astrológico. Hand es el editor general de este proyecto, elaborado para el público interesado y moderno, y es miembro de un enorme número de asociaciones astrológicas. Quien tenga un mínimo interés en astrología, debe tener algún libro suyo en su biblioteca. Su filosofía es la de presentar una astrología posmoderna, algo que nada tiene que ver con el movimiento posmoderno de Barreda o Foucault, pero tomado desde el siglo XX con los astrólogos Alan Leo, Dane Rudhyar y la Escuela Cosmobiológica de Hamburgo, un renacimiento de la astrología. Un toque para la modernidad proviene desde la boca de Robert Zoller, cuando dice: "Los viejos modos son los buenos", una recreación de la astrología. Nadie mejor que Robert Hand para hablar sobre la astrología, y algo como *El poder de tu cumpleaños* para presentarla. Esto es reencuentro de la astrología, bajo el rubro de Sagitario con Júpiter a su lado, un 5 de diciembre cualquiera.

Angelus:

Huphatriel, ángel de las inteligencias del planeta Júpiter.

 TU CLAVE SECRETA

Indagar sobre la historia antigua para comprender la modernidad y nuestro mundo.

Celebridades de tu día:

Robert Hand, Fritz Lang, José Narro Robles, Elizabeth Cabot Agassiz, Little Richard, Walt Disney e inauguración del Berkeley Center for Cosmological Physics (2007).

6 DE DICIEMBRE

La magia no es una práctica. Es un red de energía que vive y respira, y con nuestro permiso puede encausar toda acción.
—Dorothy Morrison

TU DÍA, SAGITARIO

Necesitas conocer por nombre a Robert-Houdin, quien a los dieciocho años llevó a su casa un juego de libros equivocados. En lugar de que fuesen un tratado de relojería, se encontró con un tratado de magia. Diversiones científicas, y unos días después de leerlos, no hizo más que practicar los rudimentos de la magia que los libros mostraban, convirtiéndose en un mago profesional a tal grado que la película *The Illusionist* está parcialmente basada en su vida. Tú, nacido un 6 de diciembre, necesitas enterarte que cuando algo no funciona, lo que lo reemplace mejorará tu mundo, a veces a grandes rasgos, a veces en pequeñeces. Tienes el don de poder escoger para mejorar lo que quieras en tu vida. ¿Podría esto ser un legado de Houdin? ¡Quién sabe!

Tu verbo motor:

Acrecentar

✥ AMOR, SALUD Y BIENESTAR ✥

No esperes encontrar perfección para enamorarte, aunque en realidad cuando amas, encuentras la perfección en el amor, simplemente porque así eres. Pero, por lo mismo, no te desanimes si te falla un amor porque para encontrar a la persona adecuada, necesitas probar un poco más. Algunos nacidos un 6 de diciembre necesitan ponerse de acuerdo con su propio karma para entender lo que necesitan ustedes mismos para amar. Ahora, el enfoque en sentirte bien contigo mismo, es algo tan frecuente que muchas veces no piensas en tu salud personal. Y sé necesitas cuidarse. Sintiéndote con el cuerpo sano, tu bienestar te acompaña.

✥ DESARROLLA TU RIQUEZA Y PROSPERA ✥

Si no eres abogado, aboga por quien puedas, porque tu talento estriba en ayudar a quien puedas, si quieres. Lo que sucede a tu alrededor te importa, o debe importarte por si no te has dado cuenta, y tiendes a enriquecerte sin mucho trabajo, por supuesto que toda proporción guardada. Pero ten en cuenta que desde el punto de vista del sociólogo Leonard Beegley (Sagitario), quien excede un millón de dólares en su cuenta de banco, él es rico. Y contados, por ahora, existen doce millones de seres en el mundo que lo son. Es equivale a un 5% de la población mundial.

✥ PODER DAR ✥

Lo tuyo es dar mágicamente, si puedes, para que quienes no tengan, ahora tengan un poco más.

ASTRONOMÍA, HERMANA DE LA ASTROLOGÍA MODERNA

Si hace dos décadas hubieras dicho en la secundaria que había agua sobre Marte, te hubieran reprobado *ipso facto*. Pero a partir del 6 de diciembre de 2006, la NASA reveló fotografías tomadas por el Mars Global Surveyor, sugiriendo que en Marte, había agua líquida.

Hoy día, hay aproximadamente 40 000 astrónomos en el mundo y miles más que practican astronomía sin haberse graduado en esta ciencia. Ambos nos informan, investigan y comprueban novedades que a los astrónomos de antaño les causaría gran impresión. Niccolo Zucchi, por ejemplo (escogido por haber nacido un 6 de diciembre), era jesuita, físico y astrónomo. Se cree que fue la primera persona en mirar los cinturones de Júpiter en 1630, y en 1652 se cree que fue la primera persona (no está comprobado) en tratar de construir su propio telescopio. Antes de entrar al orden de los jesuitas, estudió retórica, filosofía y teología. Conocido de Kepler, y gracias a Zucchi, cuando el genio no pudo gastar en un telescopio, un amigo le envió uno. Zucchi es una de las miles de personas que han hecho descubrimientos importantes, pero que son poco conocidos. De una familia de ocho hermanos, todos entraron en algún orden religioso, y aunque era de familia aristocrática, nunca tuvo fortuna. Su vida es un ejemplo de quien tiene la suerte de haber nacido un 6 de diciembre de cualquier año.

Angelus:

Hodiel, ángel de la creación.

 TU CLAVE SECRETA

Encontrar la formula secreta para acrecentar tus conocimientos.

Celebridades de tu día:

Niccolo Zucchi, Ira Gershwin, Joyce Kilmer, Dulce María, Dave Brubeck, Ana María Martínez de Nisser, la fundación de la ciudad de Quito (1534) y sale la primera edición de la Enciclopedia Británica (1768).

TU DÍA, SAGITARIO

Y así tú, con un festejo cada año, ten confianza en que tus pasos son o deben ser, por tu ADN Cósmico, de las personas o personajes que luchan por un futuro accesible (para el mundo, no solamente para ti y los tuyos). Dicen algunos que quienes nacen 7 de diciembre, son custodios de la sabiduría de "semilleros" de vidas existentes en un ciclo anterior. Yo solo les paso el dato. Muchos recuerdos están plasmados en tu conciencia, si naciste este día, cosa que a la vez, tú puedes aportar en grandes o pequeñas cantidades como fórmulas e ideas evolutivas. Es decir, mientras más uses tu mente, mejor. Estudia un poco sobre la glándula pituitaria, llamada también el tercer ojo interno, debe serte de gran ayuda para comprender lo que aun ni siquiera sueñas.

Tu verbo motor:

Perfeccionar

❧ AMOR, SALUD Y BIENESTAR ❧

El tercer ojo tiene que ver (según los metafísicos) con la glándula pituitaria, glándula que mide lo que un chícharo, en la parte inferior del hipotálamo, secretando siempre nueve hormonas diferentes llamada a la vez la glándula "maestra". Se dice que tú encuentras a tu ser amado con tu tercer ojo, regidos ambos (el tercer ojo y la glándula pituitaria) por Júpiter. ¿Será por eso que a través de la historia se los halaga tanto?

Un buen cuidado de la función de esa glándula tuya mantendrá en buen equilibrio tu salud y, por lo tanto, tu bienestar.

❧ DESARROLLA TU RIQUEZA Y PROSPERA ❧

Tu verdadera misión en la vida, por haber nacido Sagitario, es ayudar a quién puedas, cómo puedas y cuándo puedas. Y gracias a que todos tenemos a Sagitario en algún lugar de nuestra carta astral u horóscopo, tenemos todos esa capacidad también. Pero al nacer un 7 de diciembre, se fija la importancia de ayudarte a la vez a ti mismo, poniendo el ejemplo en tu trabajo, en tu oficina, en tus oficios y en casa. El don de la plenitud lo tienes. Ponlo a buen uso y la prosperidad será tuya.

Angelus:

*Homadiel,
ángel del Señor.*

❧ PODER DAR ❧

Lo tuyo es dar siempre sabiendo que lo que das se pondrá a buen uso.

Los átomos que nos forman, tuvieron su primer cumpleaños en el Gran Estallido, al comenzar el universo.
—Michael Seeds

ASTRONOMÍA, HERMANA DE LA ASTROLOGÍA MODERNA

En 1972, la fotografía que de cierta manera inspiró a los diseñadores de la portada de este libro fue tomada un 7 de diciembre. Los astronautas la bautizaron The Blue Marble (La canica azul), si quieres ver la foto original, ve a la siguiente página web: http://visibleearth. nasa.gov/view_rec.php?id=2429. La foto fue tomada a unas 45 000 kilómetros de distancia, desde la nave espacial Apolo 17. Los astronautas le habían puesto un título más largo, "Vista de la Tierra observada por la tripulación del Apolo 17 viajando hacia la Luna", aparentemente se encontraban algo nostálgicos al ver tanta belleza. "The Blue Marble" es considerada la fotografía más distribuida en existencia.

Exactamente veintitrés años después, una nave espacial llamada Galileo llegó —luego de un viaje de 6 años— a Júpiter desde donde envió datos atmosféricos y registró los volcanes de Io, una de sus Lunas, lo cual despertó inquietud sobre la posibilidad de encontrar mares líquidos. Además, los datos ayudaron a llevar a cabo un mapa de su magnetosfera. La nave terminó su vida con un impacto programado sobre Júpiter. Y así, este Galileo cambió para siempre la identidad de Júpiter para los científicos mundiales, e inspiró al gran Carl Sagan a escribir, "Criterios de vida Sagan", explicando lo que él creía posible dentro de las posibilidades de encontrar vida extraterrestre. Tú, nacido un 7 de diciembre, tienes el derecho de saber.

 TU CLAVE SECRETA

Encontrar la parte metafísica de tu propio ser.

Celebridades de tu día:

Noam Chomsky, Tom Waits, Richard W. Sears, Larry Bird, Eli Wallach, Carmen Campuzano, Jasmine Villegas y el astrónomo persa Abd al-Rahman al-Sufi observa la Galaxia de Andrómeda, describe estrellas y calcula su magnitud en el año 964.

TU DÍA, SAGITARIO

Tú naciste con una gran dosis de seguridad personal, y si no te has dado cuenta aun, necesitas buscar quien te ayude a conectarte con tu brújula interna para que la pongas a buen uso. Para lograrlo, es bueno que sepas que mientras más decisiones tengas que tomar, mejor uso haces de ese componente tuyo, y si logras encontrar una profesión, un lugar en tu familia, y una prominencia entre tus amistades desde donde te consultan frecuentemente, estarás bien parado. No necesitas mostrar esa seguridad en ti a gritos, pero igual muéstrala. Confía en tus propios instintos y permítele a otros darte su opinión, pero ten la frescura de responder lo que tú crees y quieres. Planea todo lo que puedas hacia el futuro sin desánimo. Así verás que aunque a veces te falten palabras, no te faltará tener la razón.

Tu verbo motor:

Anímar

❧ AMOR, SALUD Y BIENESTAR ❧

Y así, a la vez, cuando encuentres a quien amar, lo convencerás de que debe amarte. No hay reglamentos para el amor, no creas que lo que decides tiene que ser como tú dices, porque no se trata de imponerte. Se trata de hacerle ver a quien decides amar que le conviene amarte. Tus arrebatos no ayudan y podrás arrepentirte si no los controlas. Tu salud depende mucho de tu propia manera de abordar tu vida, usando la frase: "Me hace bien", pero sin mentirte. Y tu bienestar es a veces exagerar dentro de áreas que tú mismo escoges. No exageres, y verás que bien te sientes.

❧ DESARROLLA TU RIQUEZA Y PROSPERA ❧

Mostrar tu generosidad es algo que te produce placer, pero no lo hagas sin tener con que respaldarlo. Ganar con dignidad es lo que conviene, y a veces se te puede olvidar por querer apurar las cosas antes de tenerlas bien calculadas. Un trabajo que puedas desarrollar a la larga no es lo más indicado. Procesas mejor a corto plazo, y a corto plazo eres capaz de saber lo que te conviene o no.

❧ PODER DAR ❧

Curiosamente, aquí el *dar* debe aparecer cuando te sientas bien, contento existoso. De lo contrario, das lo que no debes.

ASTRONOMÍA, HERMANA DE LA ASTROLOGÍA MODERNA

Diego Rivera no lo sabía (nacido un 6 de diciembre), pero quizá por eso pudo contar tantas historias que impresionaban a tanta gente. Júpiter, el planeta que rige tu signo, tiene un campo gravitacional impresionantemente fuerte, con dos veces y media la intensidad del de nuestro planeta. Tiene muchos satélites (lunas), y ese conjunto se parece a nuestro sistema solar en pequeño —siendo un sistema de satélites interior y otro exterior, como Mercurio, Venus la Tierra y Marte, el gran espacio y siguen Júpiter, Saturno, Urano, Neptuno y Plutón, en ese orden. Júpiter es 318 veces el tamaño de la Tierra, es el planeta de nuestro sistema solar que da vuelta sobre su eje con mayor velocidad (aproximadamente en diez horas) y su gran mancha roja ha ido disminuyendo. Hace cien años medía unos 40 000 kilómetros de ancho; ahora mide apenas la mitad de eso. Su campo magnético es el más fuerte del sistema solar y, curiosamente, partículas ionizadas del viento solar son aceleradas a casi la velocidad de la luz, creando un campo peligroso alrededor del planeta —les cuento por si pensaban ustedes irlo a visitar.

Angelus:

Lahabiel, ángel que ayuda a regir.

 **TU CLAVE SECRETA**

Saberte capaz de ir hasta donde quieras sin escatimar.

Celebridades de tu día:

Diego Rivera, Bill Bryson, Georges Melies, Sammy Davis Jr., Manuel María Ponce, Vicente Emilio Sojo, Lucian Freud, Carmen Martín Gaite, Kim Basinger, Sinéad O'Connor, Elsa Benítez y Cristian Castro.

TU DÍA, SAGITARIO

Las circunstancias del momento forman y reforman tu vida, de modo y manera conveniente. Por supuesto que tú tendrás que escoger debidamente, porque la astrología nunca debe decirte lo que debes hacer, sino que sugiere lo que puedes hacer siempre y cuando tú pongas las medidas adecuadas, y de eso depende tu libre albedrío. El tuyo funcionará si te dejas llevar por la corriente y te fijas en el lado asoleado de cada situación, porque allí se encuentra el detalle de tu fuerza. Prueba lo que quieras, siempre y cuando tengas tiempo para hacerlo y no hagas cosas dejando de hacer otras a la mitad. Te distraes con demasiada frecuencia, y eso interviene en tus aciertos, que culminan si te tomas el tiempo suficiente para realizar lo que has prometido.

Tu verbo motor:

Integrar

⚜ AMOR, SALUD Y BIENESTAR ⚜

Si tu amorcito corazón te divierte, estas en buenas manos. Aburrir, aburrirte, o aburrirse es la única cosa realmente negativa en una relación (para ti), y debe ser tu termómetro de amor. Pueden aburrirse juntos, acompañándose, más no juntos y como si estuvieran separados. Siendo una persona por lo general saludable, cambiar de aire cuando no lo estás es lo conveniente. Así, matas dos pájaros de una pedrada. Sanar y aprender algo nuevo es lo más importante para tu bienestar personal.

⚜ DESARROLLA TU RIQUEZA Y PROSPERA ⚜

Curiosamente, hoy se celebra algo llamado el festival del ciber-gnosticismo. El gnosticismo considera que la materia en principio tiene que ver con la maldad y que todo lo espiritual es bondad. Valdrá la pena que tú, nacido un 9 de diciembre, indagues en este festival o pensamiento, para que valores ambas cosas y te atengas a las consecuencias que aparecerán si te orillas más por un lado o por otro. A la vez, la cibernética tiene que ver con la generación *net*, y con eso puedes desarrollarte a tu plenitud. Volviendo al principio de este párrafo, une las tres cosas y verás lo bien que te va.

Angelus:

Malachí, ángel de Dios.

⚜ PODER DAR ⚜

Lo tuyo es dar lo que tú escogerías tener si fueras quien recibe, aunque no lo, la o los conozcas, porque dar a sociedades también conviene.

---

9 DE DICIEMBRE

Los buenos días de ayer, ni eran tan buenos, y mañana no pinta tan mal como parece.
—Billy Joel

ASTRONOMÍA, HERMANA DE LA ASTROLOGÍA MODERNA

No estás para creerlo, pero yo si estoy para contarlo. La materia oscura es algo misteriosa, invocada por científicos para explicar masa que saben existe, pero no puede ser visto. Y, conforme lo que van estudiando, han aprendido que no tienen que preocuparse al no verlo, porque no desaparecerá. Y si esto parece cuento de hadas, así es. Lo que si han calculado es que faltan 2,1 millones de mil millones de años para que desaparezca, si es que desaparece. Muy abstracto, sí. Absolutamente real, también. Y en algunos lados lo tienen localizado. El *Bullet Cluster* es uno de esos lugares. Lo que sucede es que aun no tenemos (los terráqueos) aparatos que lo puedan ver, pero sí sabemos que está formada (la materia oscura) de una partícula de algún tipo. El astrofísico Signe Riemer-Sorensen del Centro de Cosmología Oscura de la Universidad de Copenhagen tiene sus teorías, muy largas para explicarlos en este espacio, pero si les da curiosidad, lo pueden investigar. Se sabe, ciertamente, que la materia oscura forma un 85% de toda la materia del cosmos. ¿Si lo de arriba es igual a lo de abajo, igual estaremos con nuestro propio ser?

 **TU CLAVE SECRETA**

Saber todo lo que tiene que ver con la cibernética te abre los ojos, desde la ingeniería mecánica, lógica, biología evolutiva, neurociencias, antropología y sicología.

Tú escoge.

Celebridades de tu día:

Gioconda Belli, San Martín de Porres, Judi Dench, John Milton, Sonia Gandhi, Nando Parrado, Kirk Douglas, John Malkovich, Barbara Palacios y la primera aparición de la Virgen de Guadalupe a Juan Diego en 1531.

10 DE DICIEMBRE

Dios llamó al suelo seco "tierra" y a la masa de agua "mares".
Y vio Dios que todo era bueno.
—Génesis 1:10

TU DÍA, SAGITARIO

Los Diez Mandamientos son piedra angular en su conjunto del judaísmo y del cristianismo. Por lo mismo, tú, nacido el día 10 del último mes del año, eres baluarte de lo que te rodea, y piedra firme para quien te necesite. No lo debes olvidar, así como tampoco debes

Tu verbo motor:

Entregar

olvidar que las añoranzas que llevas por dentro son producto de ser y tener una comunicación trascendental con el mundo que te rodea. Mientras más sepas sobre las ciencias metafísicas y las ciencias científicas, mejor. Mira arriba y siéntete uno con la noche estrellada, siéntete todo lo pequeño que eres como ser único en el mundo y a la vez, grandioso por ser parte de un todo. Te diremos gracias por comprender los anhelos y las ansias del mundo.

✿ AMOR, SALUD Y BIENESTAR ✿

Eres tan creativo que puedes imaginar que a quien amas es la perfección absoluta, simplemente porque llevas algo parecido en la cabeza. Mejor para ti, si te cumple aunque fuese en parte. Y si la o lo haces feliz, excelente cosa. De Sagitario, eres quien más privacidad en tus asuntos amorosos necesitas. Para amar y para tener salud a largo plazo, tienes que saber cómo relajarte. Toma siestas, haz meditación, camina en un parque, ya que sin equilibrio emocional, el bienestar no se presenta.

✿ DESARROLLA TU RIQUEZA Y PROSPERA ✿

Horacio (65 al 8 a. de C.) dijo en su famosa frase: "De manera justa si puedes, pero como puedas, haz dinero". Este es el mejor dicho para tu prosperidad, aunque pueda que suene algo duro. Pero así tienes que ser tú si decides que quieres desarrollar tu riqueza para poder repartir algo y gozar aun más. Recuerda a la vez que Sagitario tiene la capacidad de tomar todo, querer todo, tratar todo, aguantar todo y también dejarlo todo.

✿ PODER DAR ✿

Haz un buen balance de tu riqueza para dar una décima de ella al prójimo durante tu vida.

ASTRONOMÍA, HERMANA DE LA ASTROLOGÍA MODERNA

"De motu corporum in gyrum", es un documento perdido. Supuestamente es un manuscrito, sobre la moción de los cuerpos en órbita, escrito por Isaac Newton, enviado a Edmond Halley, dos gigantes sobre cuyos hombros nos paramos todos. Halley, el 10 de diciembre de 1684 (en el calendario juliano), lo reportó a la Sociedad Real (Inglesa) y, posteriormente, Newton escribió su libro ahora conocido como *Principia*, cuyo título completo

Angelus:

Cadat, uno de los ángeles más puros.

es *Philosophieae Naturalis Pincipia Mathemática*. Si les interesa, se encuentra en linea en latín, además de una versión en inglés. Newton presenta once proposiciones que llama "teoremas" y "problemas" y abarca algunas de los problemas más importantes, presentados, preguntados y asumidos como posibles resoluciones del mundo de la física. Sus tres leyes de movimiento, su trabajo sobre la gravedad —que estipula que todos los objetos del universo pueden producir y pueden ser afectados por la gravedad— y su fórmula más famosa es precisamente la fórmula para la atracción entre dos objetos. $F = G * m1 * m2 / r2$. Sin Newton, la física estaría perdida, y tú también, con todo y haber nacido un 10 de diciembre.

 TU CLAVE SECRETA

Saber algunos secretos científicos pueden ayudarte
a reconstruir tu propio mundo.

Celebridades de tu día:

Abelardo Quinteros, Kenneth Branagh, Ada Lovelace, Emily Dickinson, Eladio Dieste, Mr. Águila, seis astronautas abren las puertas de la nueva estación internacional espacial (1998) y se entregan los primeros premios Nobel (1901).

TU DÍA, SAGITARIO

Todo para ti tiene que tener alguna referencia reflejada desde tu propia conciencia. Explorar el mundo, tu entorno y tus propios sueños vale la pena. Y así, los compaginas con lo que quieres alcanzar.

Tu verbo motor:

Elucidar

Eres inconscientemente complicado, a tal grado que dos personas podrían describirte de manera contraria —y si tú te describes, van tres. Cuando te des cuenta de la gran importancia que tiene preocuparte un poco por el futuro y lo que puede aportar, verás que tu vida se convertirá en un suave vaivén. Tú eres quien puede mostrarnos que polucionar nuestro entorno (la Tierra) y polucionar la mente, va de la mano. Una búsqueda hacia mejorar algo para el bienestar de algunos sería conveniente. Ojalá tú seas uno de los apropiados.

❈ AMOR, SALUD Y BIENESTAR ❈

La *supervivencia* es una palabra que va de la mano con los nacidos un 11 de diciembre. Saben cómo encontrar el amor como si fuera un rompecabezas, uno ayuda y cuida al otro —cosa buena. Y si encuentras con quien tratar de transformar el mundo, excelente. Puede ser la mejor de las experiencias para ambos, porque quien nace un 11 de diciembre sabe compartir. Con muchos mimos y cuidados, siempre te sentirás dichoso; algo que quien te quiera necesita saber. Y como se te dan los hábitos no tan sanos, escucha a quien te quiere.

Angelus:

Shemael, ángel portentoso parado bajo las ventanas del cielo.

❈ DESARROLLA TU RIQUEZA Y PROSPERA ❈

Invertir en compañías que mejoran la Tierra, ayudan a animales, protegen a niños, construyen escuelas o simplemente invertir en campañas aledañas pueden ayudarte a prosperar, sincera y mentalmente. Es decir, pueden ayudarte a enfocar tus ganas de aumentar tu riqueza intercambiando bienestar moral por oro en el banco, lo cual no significa que debas dejar de tenerlo.

❈ PODER DAR ❈

Lo tuyo es dar en la medida de tus circunstancias como ejemplo de lo que crees otros deben hacer.

El universo existe porque lo observamos.
—Martin Rees

ASTRONOMÍA, HERMANA DE LA ASTROLOGÍA MODERNA

Si te interesan la mecánica cuántica, tienes que saber quién es Max Born, puesto que este matemático alemán fue absolutamente esencial para el desarrollo de precisamente, la mecánica cuántica. Curiosamente, su nieta es la cantante inglesa Olivia Newton-John. Born fue ganador del Nobel de Física en el año 1954, por su interpretación estadística de la mecánica cuántica. Se dice que las mecánicas cuánticas son una cosa rara. "Para comprenderlas, necesitamos olvidar todo lo que sabemos sobre causa y efecto, realidad, lo cierto, y otras cosas... es otro mundo con sus propias reglas y leyes de probabilidad que no tienen sentido en nuestro mundo común y corriente", así lo describió Richard Feyman, uno de los físicos más importantes de nuestra época. Puede que sea la teoría más impresionante en existencia, de la que han hablado muchos. Einstein dijo, "No puedo aceptar la mecánica cuántica porque me gusta pensar que la luna está allí, aunque yo no la vea"; a la vez, Pascual Jordan dijo, "Las observaciones no solamente alborotan lo que se va a medir, lo producen".

 TU CLAVE SECRETA

Saber que lo que dicen, puede ser, si tú lo crees y luego lo comprendes.

Celebridades de tu día:

Carlos Gardel, Dámaso Pérez Prado, Carlo Ponti, Aleksandr Solzhenitsyn, Rita Moreno, Enrique Bermudez, Pablo Perez Companc, Eduarda Mansilla y el Che Guevara habla ante las Naciones Unidas en Estados Unidos (1964).

12 DE DICIEMBRE

Las apariciones son un método mágico de transportación y básicamente el poder de viajar cuando el usuario se enfoca en un lugar deseado, mentalmente.

—Harry Potter

TU DÍA, SAGITARIO

La combinación 12 del 12 no es cualquier cosa. El mismo San Agustín de Hippo escribió: "Los números son la lengua universal ofrecidos por la deidad a los humanos como confirmación de la verdad." Y allí estas tú, muy bien parado, por el simple hecho de tener un doce doble. Tus ciclos son temáticos, pero tus gustos a menudo te llevan a lugares extraños o al extranjero, fuera de tu ámbito social. A veces muestras lo que quisieras ser en lugar de lo que eres, pero logras convencer a quien verdaderamente quieres, que así eres. Hay, sin embargo, quienes dicen que es el número más solitario porque uno está siempre solo y a veces, aumentado a dos, también se siente uno solo. Pero eso no debe sucederte, porque 1+2=3. Y con 3, siempre hay problemas que pueden ser resueltos.

Tu verbo motor:

Conceder

⚜ AMOR, SALUD Y BIENESTAR ⚜

El amor es algo que se tiene que gozar. Que tú sabes gozar y que mientras más generoso seas con tu pareja (compartiendo más que dando) mejor para ambos. Una vez que amas y toleras, tu tolerancia llega hasta a beneficiar tu ser amado, por estar conectado con tu signo astrológico y con Júpiter, el gran planeta benefactor. La intransigencia es algo que debes usar con mucho cuidado porque puede apartarte de personas que verdaderamente te adoran. Por lo mismo, Sagitario es un signo que se hace un favor si se psicoanaliza, ya que es excelente cosa para su bienestar personal.

Angelus:

Mikiel, uno de los ángeles que cuidadosamente vigila al zodiaco.

⚜ DESARROLLA TU RIQUEZA Y PROSPERA ⚜

Cuidado, puedes ser demasiado autoritario y eso distancia a la gente. Mídete y no tomes cada ganancia como algo que mereces. Algunos nacidos en esta fecha no pueden dejar de apostar o de enredarse en movimientos financieros aventureros. A muchos, una vida bien burguesa les atrae, y si lo logran, simplemente recuerden que cada cabeza es un mundo.

⚜ PODER DAR ⚜

Da siempre, sin pensar que te puede beneficiar, a quien lo necesita verdaderamente.

ASTRONOMÍA, HERMANA DE LA ASTROLOGÍA MODERNA

Las gemínidas nada tienen que ver con el signo Géminis. Son una lluvia de estrellas que acontece entre el 12, 13 y 14 de diciembre, año con año, causados por algo que lleva el nombre de 3200 Phaethon, un asteroide con el mismo nombre. Solo hay dos lluvias de estrellas que caen regularmente sobre la Tierra que no tienen su origen en un cometa. Las gemínidas se intensifican con cada año, y son consideradas uno de los mejores programas "reality" que nos brinda el cielo nocturno. Los meteoros que lo acompañan llegan repentinamente desde cualquier punto en la noche estrellada, de color un poco amarillento, a veintidós millas por segundo, aproximadamente. Se cree que vienen desde la constelación de Géminis y se ven desde el hemisferio Sur y Norte. Si les interesa ubicar las lluvias de estrellas, hay un sitio excelente: http://meteorshowersonline.com/index.html.

Seas del signo que seas, sentarte en una noche clara en una silla reclinable, cómoda o acostados viendo hacia arriba, podrán ver algo del tamaño de un chícharo atravesando la noche estrellada. Está viajando a miles de kilómetros, y quien sabe qué cosas que tú desconoces no habrá visto. Así que, por si traen suerte, haz tu deseo. Siendo del 12 de diciembre, qué tal si se te cumple.

 TU CLAVE SECRETA

Como dijo John Lennon:

"Creo en todo hasta que me comprueben que no es cierto; todo existe aunque sea en tu mente".

Celebridades de tu día:

Elena Garro, Manuel Felguérez, Sheila E., Gustave Flaubert, Edvard Munch, John Osborne, San Basílio de Ostrog, Frank Sinatra, Miguel de la Madrid y el primer servicio de rabina por Paula Akerman en 1950.

TU DÍA, SAGITARIO

Para Sagitario, la naturaleza y su relación con la misma es importante. Para Sagitario nacido un 13 de diciembre, es aun más importante. Un buen cuidado de tu propio cuerpo, ejercitándolo, comiendo adecuadamente, llenándote de placeres físicos, consintiendo tu piel y siguiendo tu propio ritmo, es para cada uno de ustedes algo muy personal. Habrá quizá que sacrificar algo de tiempo para llenar todo el día debidamente con lo necesario, pero para lograr esa paz y tranquilidad que debes sentir al ver tu reflejo en algún espejo, bien vale la pena. Tu persona podría o debería ser un diccionario de salud, y si logras implacablemente dominar tu cuerpo, lograrás a la vez controlar lo que necesitas para sentirte, como dicen los franceses, a gusto contigo mismo.

Tu verbo motor:

Aconsejar

⚜ AMOR, SALUD Y BIENESTAR ⚜

Tus amores pueden ser retos a tu personalidad, porque necesitarás tener éxito para sentirte bien, y eso no es siempre lo que depara el destino. Tienes la capacidad de enamorarte con la misma rapidez que tienes para desenamorarte. A su vez, encontrar un camino espiritual para calmar tus ansias podría ser una buena respuesta para lograr amar como sueñas. La salud tuya depende muchísimo del cuidado que le entregas a tu ser, y una vez encontrado esto, tu bienestar es un regalo de más.

Angelus:

Hípeton, ángel del planeta Júpiter.

⚜ DESARROLLA TU RIQUEZA Y PROSPERA ⚜

Naciste con gran confianza en ti, pero tendrás que mostrártelo para poder ponerlo a buen uso. La responsabilidad es algo que te ayudará a regular tus excentricidades, y conforme vayas madurando, irás descubriendo nuevas maneras de aumentar con precisión lo que necesitas para lograr la prosperidad que realmente requieres. No te engañes a ti mismo, y ten confianza en la manera que crees poder aumentar tus bienes.

⚜ PODER DAR ⚜

Tener un acervo de objetos que puedes regalar dando placer y algo de alegría, eso es lo tuyo.

13 DE DICIEMBRE

Todo tiene una explicación natural.
La Luna no es un Dios sino que una gran roca, y el Sol es puro calor.
—Anaxágoras

ASTRONOMÍA, HERMANA DE LA ASTROLOGÍA MODERNA

El 13 de diciembre fue la fecha de la última misión a la Luna, del programa Apolo, la última caminata sobre la Luna del siglo XX. Algo habrán leído de Nicholas Kollerstrom, famoso científico y profesor de estudios tecnológicos del University College, Londres, y a su vez autor del libro *Gardening and Planting by the Moon* y *Newton's Forgotten Lunar Theory*. Su tesis sobre la historia y la filosofía de las ciencias naturales para recibir su doctorado en UCL, fue precisamente sobre la teoría de Newton sobre los movimientos de la Luna. Según la revista *National Geographic*, muchos jardineros plantan semillas, cortan hojas, recolectan, riegan y consienten sus plantas usando las varias fases de la Luna. Esto podría ser tan alocado como lo que hace Marcus Bachmann, quien expone música clásica a las barricas de su vino mientras se fermenta el líquido. Bachmann jura que las ondas del sonido mejoran el proceso de fermentación.

La horticultura y la jardinería han usando las fases de la Luna desde siempre. La Luna, que controla las mareas y tiene influencia sobre las aguas que corren bajo la Tierra a cientos de kilómetros, indudablemente deja su huella sobre todas las cosas. Aquí no vamos a dar consejos para tal cosa, pero vale la pena saberse (por lo menos) sus fases: Luna Nueva, Cuarto Creciente, Luna Llena y Cuarto Menguante. Y tú, nacido un 13 de diciembre, averigua más y aconseja siempre.

 TU CLAVE SECRETA

Confiar un poco más en la Luna para conseguir el tono físico que deseas.

Celebridades de tu día:

Nicholas Kollerstrom, Abel Quezada, Heinrich Heine, Carlos Montoya, Irene Saez, Antonio Tápies, el Papa Sixtus V, Laurens van der Post, Ben Bernanke, Carlos Nolasco, Taylor Swift, Jamie Foxx y Christopher Plummer.

TU DÍA, SAGITARIO

Dicen que mientras más uses tu imaginación, más puedes desarrollar tu persona, y esto podría describirte de manera excelsa. Por haber nacido el mismo día que Nostradamus, se te perdonan muchas cosas (por transmutación, lo que hacían los alquimistas de antaño y ahora hacen los científicos modernos al transformar un elemento a otro con reacciones nucleares). Pero no por haber nacido este día creas que tus premoniciones son siempre buenas.

Tu verbo motor:

Conjeturar

Confía más en tus ambiciones y lo que sientas que puedas lograr una vez alcanzadas estas. Poniendo tu dedo sobre cualquier llaga por pequeña o grande que sea, con sinceridad, hace que tu compasión salga siempre adelante, permitiéndote resolver problemas que para algunos parecerían insolubles, y para ti serán acciones resueltas de maneras novedosas.

✎ AMOR, SALUD Y BIENESTAR ✎

Al nacer un 14 de diciembre, es posible que te encuentres diciendo: "Nunca creí que me hicieras caso, y aquí estamos, amándonos". Pero recuerda que tú, siendo Sagitario, no estás preparado para los fracasos, ya que esa palabra ni siquiera entra en tu vocabulario. Tu optimismo a veces te ciega, y tu sagacidad a menudo te salva. Cuando estés pasando por momentos erráticos de tu vida, cuida tu salud. Y cuando tu salud está "viento en popa", toma unos minutos al día para meditar o simplemente estarte quieto y recargarte de energía. Eso, para ti, es el comienzo de todo bienestar.

✎ DESARROLLA TU RIQUEZA Y PROSPERA ✎

Crees que puedes dominar al mundo, mejorarlo y conquistar lo que quieras. Quizá sea posible, pero la frase que me encuentro repitiendo en este libro es "toda proporción guardada", una frase mágica, compuesta de tres palabras. El número 3 resulta ser el cuarto número más usado del mundo. Por esto, ten siempre tu plan puesto a la orden del día, pero ten el número dos y el tres a la mano por si tienes que cambiar de giro. Esta facultad es lo que te aportará más riqueza y prosperidad que cualquier otra cosa.

✎ PODER DAR ✎

Lo tuyo es dar algo que pueda servir a quien lo recibe hoy, mañana y en el futuro.

ASTRONOMÍA, HERMANA DE LA ASTROLOGÍA MODERNA

El Mariner 2 enviado por NASA se ha convertido en la primera nave espacial que volará cerca de Venus. ¿Qué nos diría Tycho Brahe o Nostradamus viendo lo que nosotros vemos hoy? Tycho Brahe, danés, astrónomo, astrólogo y con sus medidas encontradas, mostró en el siglo XVI la realidad de las estrellas nuevas ahora conocidas como supernovas. Johannes Kepler fue su asistente, siendo Brahe el último de los astrónomos en mirar con sus propios ojos lo que medía, ya que aun no existían los telescopios. Brahe era alguien especial. Se paseaba sin pena con una nariz de plata que se mandó a hacer después de haber perdido la suya en un duelo. Sus observaciones fueron contribuciones importantísimas para la revolución científica y al mismo tiempo escribe mucho sobre lo que él pensaba que era la gran importancia de la astrología. Al igual, sus notas sobre plantas medicinales son usadas aun hoy día.

Angelus:

Haríton, ángel que devisa una nave interplanetaria.

Sobre Nostradamus tendríamos que recordar lo que alguna vez dijo: "Nada en el mundo puede ser imaginado antes de que suceda, ni la más mínima cosa, porque todo está compuesto de tantas particularidades únicas que no puede uno prever". Y que así sea, es lo que debe de asegurar quien haya nacido un 14 de diciembre.

 TU CLAVE SECRETA

Saber que el futuro solo se puede esperar, y que vivir el día presente como mejor puedas es lo mejor.

Celebridades de tu día:

Xul Solar, Tycho Brahe, Leonard Beeghley, Nostradamus, Dilma Rouseff, Paul Éluard, Leonardo Boff, Jorge Vaca, Julio Pimentel, Salvador Díaz Mirón, los hermanos Montgolfier levantan el primer vuelo en un Globo en 1782 y los hermanos Wright levantan vuelo por un ratito en su Wright Flyer en 1903.

TU DÍA, SAGITARIO

Puedes sentirte algo apartado de aquellos que amas o respetas, por razones tan personales que no te permites explicar. Podrían ser ancestrales, o por intereses que parecen lejanos de los tuyos. Por lo mismo, eres algo diferente de los demás sagitarianos. Al mismo tiempo, estas diferencias te aportan razones con las cuales puedes mejorar tu estancia en el mundo, es decir, te dejará tiempo para ti, para tus cosas e intereses y sabrás como acercarte con cuidado, pero al mismo tiempo con certeza, a quienes podrían de alguna manera cambiar tu destino. Esta singularidad es muy positiva, siempre y cuando no ponga demasiado distancia entre lo que eres y lo que crees que puedes ser, porque finalmente, tu personalidad sagitariana sigue acompañándote.

Tu verbo motor:

Deleitar

✠ AMOR, SALUD Y BIENESTAR ✠

Tus amores pueden ser complicados, pero de no ser así, pronto te aburrirían, ya que buscas lo que no se puede encontrar y a menudo encuentras lo que en realidad, no buscabas. Y al mismo tiempo, sabes amar con locura. A veces hasta demasiado intenso, y asustas a quien quisieras tener como pareja. La salud irá por buen camino si sabes separar tus ansias emocionales de las otras. Y el bienestar es algo que logras varias veces al día, en pequeñas dosis que se van sumando. ¡Dichosos, pues!

✠ DESARROLLA TU RIQUEZA Y PROSPERA ✠

Con suerte tu vida pública te permitirá suficientes logros como para no tener que preocuparte por lujos caros o accesorios específicamente rebuscados. Saber cómo apreciar en pesos y centavos lo que te gusta siempre te servirá, y cuidado con no derrochar lo que tienes, algo que fácilmente podrías hacer. Si tienes una pareja que te ayuda en asuntos financieros, tanto mejor.

✠ PODER DAR ✠

De preferencia, lo tuyo es dar con un poco de desparrame.

ASTRONOMÍA, HERMANA DE LA ASTROLOGÍA MODERNA

El centro del placer del cerebro se llama *nucleus accumbens*. Al conocer cómo y cuándo accederlo, podrás disfrutar de la vida con mayor énfasis. ¡Qué tanto habrá sentido el placer el aviador Charles Lind-

Las supercuerdas y las mariposas son dos ejemplos que ilustran dos aspectos diferentes del universo, y dos nociones diferentes de belleza.
—Freeman Dyson

bergh cuando en 1927 voló de Washington a México sin escalas en veintiséis horas! Y qué tal cuando se firmó la primera Carta de Derechos de Estados Unidos el 15 de diciembre de 1791, sabiendo que iba a ser eternamente un símbolo de las libertades y culturas de su nación. Y para un futuro no lejano, si pudieran vislumbrar los científicos un *Boson de Higg* que por el momento es una predicción, pero esta partícula, si se descubre, explicaría el origen de masas en partículas elementales y el comportamiento de partículas subatómicas. Los boson se llaman así en honor al físico indio Satyendra Nath Bose. O imagínense el placer que pudo tener Santiago Ramón y Cajal cuando pudo acertadamente originar la teoría de la neurona, componente fundamental de las ciencias del cerebro. Pues, tú puedes lograr este estilo de momento, estimulando el placer en el cerebro de los demás y el tuyo también.

Angelus:

Xexor,
ángel benévolo.

 TU CLAVE SECRETA

Saberte capaz de dar y recibir gran placer.

Celebridades de tu día:

Freeman Dyson, Nerón, Sergio Zurita, Eddie Palmieri, J. Paul Getty, Chico Mendes, Valeriano León, Elisa Montés, Octavio Uña Juarez, Paula Molina y F. Hundertwasser.

16 DE DICIEMBRE

Hemos encontrado una cosa importante de la historia de los inventos
y los descubrimientos, es que a la larga, y a menudo a la corta,
las profecías más estrafalarias parecen risiblemente conservadoras.
—A. C. Clarke

TU DÍA, SAGITARIO

Aunque conquistar no es tu verbo de primera instancia, es un verbo que traes bajo el brazo al nacer. No pides, ni tomas, ni quieres. Conquistas. Casi todo lo que haces de importancia, dices o sueñas tiene que ver con eso mismo, y tu fuerza para hacerlo y lograrlo es impresionante. Encontrarse dentro de relaciones fuera de lo común, gustos fuera de lo ordinario y viviendo en lugares que te ofrezcan nuevas experiencias, son cosas que te ofrecerán las nuevas oportunidades que el día en que naciste te pide. Ajustarte a lo desconocido es algo que tienes el poder de hacer para a la vez servir como ejemplo (inevitable) para mostrarnos qué tan lejos puedes llegar. Tener a quien o cómo explayar estas cosas es algo necesario para lidiar contigo mismo. Una vez que consigas eso, todo te será más fácil.

Tu verbo motor:

Enaltecer

⚜ AMOR, SALUD Y BIENESTAR ⚜

Por tu carácter inquieto e inquisitivo posiblemente seas capaz de olvidar lo que te conviene. No gustas de apoyarte en otros, pero necesitas encontrar alguien que pueda aconsejarte porque por tu obvio altruismo y optimismo, te ciegas y frecuentemente no ves claro. Toma algo de la presunción de Aries, de la tenacidad de Tauro, de lo calculado de Géminis, de lo tangible Cáncer, del orgullo de Leo, de la precisión de Virgo, del gusto de Libra, de la decisión de Escorpión, del tiempo de Capricornio, de la envergadura de Acuario y de la tranquilidad de Piscis para calmar tus ansias y ser tan saludable y feliz como mereces.

Angelus:

Aríoc, ángel de la guarda
de los ancestros.

⚜ DESARROLLA TU RIQUEZA Y PROSPERA ⚜

Gastar con sentido y ganar solucionando gustos de otros podría ser el camino directo para tu propia prosperidad. Hacerte la vida agradable a ti mismo es lo que debes proponerte desde el punto de vista desarrollable en lo que a lo material concierne. Sagitario tiene el don de la plenitud. Sabes cuándo dejar de comer, amar, juntar y aumentar tus bienes. *Ni tan tan ni muy muy*, podría ser un lema que te llevará a gozar a largo plazo.

⚜ PODER DAR ⚜

Lo tuyo es dar, sin contar el valor material, sino que el valor espiritual de lo que das.

ASTRONOMÍA, HERMANA DE LA ASTROLOGÍA MODERNA

Arthur C. Clark era inventor, futurista y autor de ciencia ficción, quien pasó los primeros años de su vida como instructor de radares y técnico del Royal Air Force. Era el presidente de la junta directiva de la Sociedad Interplanetaria Británica, autor de muchísimos libros, y coautor de una película basada en un cuento suyo, "El Sentinela", que se convirtió en *2001:Odisea Espacial*, realizado en conjunto con Stanley Kubrick.

La computadora Hal 9000 (abreviación para computadora algorítmica heurísticamente programada) tiene un ojo icónico y su especie llamado de inteligencia artificial parece que nos está alcanzando. Capaz de reconocer el habla, caras, procesamiento de lenguaje y razonamiento, fue declarada hace poco el villano del cine más interesante de todos los tiempos. Se puede encontrar hoy día su historia en YouTube. Cuando se estaba filmando la película, varios científicos quisieron visitar los estudios para adiestrarse en las posibilidades futuras de Hal, que hoy son totalmente alcanzables. Yo le aconsejo a todo nacido un 16 de diciembre que tenga una copia de la película en casa —cada vez que lo veas, algo interesante aprenderás.

 TU CLAVE SECRETA

Reconocer que muchos sueños sí pueden hacerse realidad.

Celebridades de tu día:

A. C. Clarke, Ludwig Beethoven, Magaly Ruiz, Remedios Varo, Jane Austen, George Santayana, Wassily Kandinsky, Margaret Mead, Rafael Alberti y dicen que la verdadera Pocahontas nació este día en 1595.

TU DÍA, SAGITARIO

Orienta tu mente para que algo espiritual te acompañe en tu deambular por la vida. Lo necesitas, y te haría mucho bien. En libros antiguos, el 17 de diciembre está relacionado con el pájaro azul, animal que es un símbolo de la felicidad. Y la felicidad es una gracia interna que tú llevas en el alma. Una pizca de felicidad al día sería algo genial, algo que podrías encontrar si no te aíslas de tus propios sentimientos. Por lo general, cuando ves al nacido Sagitario, da la impresión de una persona abierta y franca, pero los nacidos un 17 de diciembre, a veces se cierran porque no se conocen. Por eso, te recomiendo que te consideres como un ser mágico, simplemente porque eso lo traes en tu ADN cósmico.

Tu verbo motor:

Demostrar

❧ AMOR, SALUD Y BIENESTAR ❧

Una capacidad enorme para amar es lo tuyo. Aunque ese gusanito que te hace sentir que quizá habrá algo mejor, a veces interrumpe tus amores y buscas un reto psicológico sin pensar con profundidad o sin darte cuenta de lo que haces. CUIDADO. Necesitas libertad de expresión, pero entre amores, es un dar y recibir, y tú lo sabes. Cuidado de nuevo, porque el mal de amores puede afectar tu hígado, y eso te produce agruras, tanto físicos como mentales. Recuerda que tu bienestar es dar bienestar; recibirlo es cuento de nunca acabar.

Angelus:

Omael, ángel que perpetúa las especies.

❧ DESARROLLA TU RIQUEZA Y PROSPERA ❧

Tus potenciales en el área del trabajo son grandes, bastas y de largo alcance y corta duración, esto si te aburres. Relacionarte con tus semejantes, cuidar animales o mejorar el medio ambiente son lugares donde puedes sentirte a gusto. A menudo, ustedes tienen dos profesiones: una que produce más y otra que te hace prosperar sintiéndote participante del bienestar de algo que mejora este planeta tan bello y tan especial.

❧ PODER DAR ❧

Da lo que crees que puede tranquilizar el mal de nuestro tiempo: el estrés. Tú sabrás cómo.

17 DE DICIEMBRE

El conocimiento de lo que es posible es el comienzo de la felicidad.
—George Santayana

ASTRONOMÍA, HERMANA DE LA ASTROLOGÍA MODERNA

Orville Wright levantó su primer vuelo el 17 de diciembre de 1903, y aunque Leonardo Da Vinci dibujó, alrededor del año 1500, un paracaídas y un helicóptero, los hermanos Wright fueron los primeros en levantar el vuelo en esta fecha durante doce segundos y otro durante cincuenta y nueve segundos. Así es que fue considerado el primer vuelo sostenido del mundo. A finales del año 1908, se inauguró el primer gran Salón de Aeronáutica en París, con doce máquinas voladoras expuestas. Y sesenta y nueve años más tarde, en 1977, el Voyager 1 y 2 fueron enviados hacia Júpiter y Saturno. A más de treinta años de su despegue, aun siguen viajando hacia Urano y Neptuno. Ahora parece que existen más de dos compañías planeando y ya vendiendo boletos para viajes extraterrestres comerciales. El doctor Diamandis es un individuo clave en el desarrollo de vuelos extraterrestres industriales, mejor conocido por haber ofrecido diez millones de dólares de premio (ya ganado) por una nave espacial no-gubernamental. Él tiene, interesantemente, el signo de Sagitario emplazado en su carta astral. Esto significa que habrá tenido una experiencia convertida, algo que lo hace interesarse en asuntos fuera de lo común y corriente. Esto, tú, nacido un 17 de diciembre, lo puedes haber vivido o lo logras entender mejor que muchos.

 TU CLAVE SECRETA

Permitirte volar todo lo que quieras, hacia una idea, una estrella o simplemente en sueños.

Celebridades de tu día:

Arthur Fiedler, Milla Jovovich, Penelope Fitzgerald, Eddie Kendricks, Manny Pacquiao y el descubrimiento del calendario azteca en 1790.

18 DE DICIEMBRE

Solo tenemos que mirarnos a nosotros mismos para ver cómo la vida inteligente puede convertirse en algo que no quisiéramos conocer.
—Stephen Hawking

TU DÍA, SAGITARIO

¿Será cierto que tienes algunos poderes que otros quisieran tener y gozar? Eso dice uno de mis libros antiquísimos sobre astrología, y solo tú lo puedes contestar. El símbolo de tu signo puede ser interpretado como algo sexual y de uso *conquistadorífico* (de espacios o corazones). Creces mental y físicamente por medio de tu imaginación, y con suerte, tus hijos gozarán contigo ese don. Lo real y lo irreal se confunden cuando te conviene, y eso te da otra fuerza personal: la de poder divertir o entretener a tus allegados. La imaginación viaja contigo hasta el final de tus días, y casi todo acto comienza imaginándolo, en la mente, y luego lo haces o conviertes en realidad.

Tu verbo motor:

Renovar

◀ AMOR, SALUD Y BIENESTAR ▶

El amor es un juego de azar, por lo general en tu caso. No lo puedes evitar, aunque sufras o conquistes. Y además, tu capacidad de amar es enorme. Casa grande, casa chica, mujer en cada puerto, o un gran amor, en todos los casos, sales por lo general, ganando porque al amor lo gozas. Bien te haría ver en qué signo se encuentra tu Luna, regidora de las emociones, (hay varios sitios en línea que son gratis y confiables, como www.astrotheme.com, donde puedes averiguar estos detalles). Tu salud se puede mantener en forma si practicas algún deporte regularmente, y tu bienestar siempre está a la vuelta de la esquina, ¡mejor para ti, para que no te aburras!

Angelus:

Tsedeck, nombre antiguo de Júpiter, ángel del bien.

◀ DESARROLLA TU RIQUEZA Y PROSPERA ▶

Lo que quieres, lo tienes que lograr y, así, un gran porcentaje de los nacidos un 18 de diciembre salen ganando. Pero cuidado, así como puedes tener entre manos el mejor negocio, si no te cuidas, también lo puedes perder por des-cui-da-do. Bien harías (en tu vida profesional) en tener alguien a tu lado que pueda aconsejarte con la cabeza fría. Tú a veces ya crees haber ganando sin firmar el contrato. Con todo y eso, por lo general sí puedes salir ganando (o medio ganando).

◀ PODER DAR ▶

Darte cuenta que dar de tu tiempo para el bienestar de otros te hace mucho bien.

ASTRONOMÍA, HERMANA DE LA ASTROLOGÍA MODERNA

Hoy se celebra el Día Internacional del Migrante, establecido por la Asamblea General de las Naciones Unidas. Curiosamente, este día nació Steven Spielberg, y me pregunto si E.T., uno de los seres cinematográficos más conocidos del mundo, producido por el mismo director, sería considerado migrante si llegara hoy día a nuestro planeta. El concepto de E.T. fue inventado por el mismo director de la película cuando a los dieciséis años se divorciaron sus padres. Es considerada la mejor película de ciencia ficción jamás realizada. Spielberg ganó su primer premio cinematográfico a los trece años, y como buen sagitariano "diferente", terminó finalmente sus estudios universitarios a los cincuenta y seis años. Sus películas han ganado hasta ahora más de nueve mil millones de dólares a nivel mundial. Su empresa Dream Works (que quiere decir trabajos soñados o soñar funciona) lleva un nombre ad hoc con alguien nacido un 18 de diciembre. El instituto privado SETI usa radio telescopios pertenecientes a observatorios de todo el mundo para recorrer diariamente y a toda hora los cielos estrellados en búsqueda de señales de otras civilizaciones. El astrofísico Stephen Hawking asegura que los extraterrestres están allí. (Vean su reciente documental *Into the Universe with Stephen Hawking*). Volvamos a la pregunta de manera personal: ¿Tú, que harías frente a E.T.?

 TU CLAVE SECRETA

Saber que eres capaz de responder cualquier cosa.

Celebridades de tu día:

Keith Richards, Steve Biko, Paul Klee, Joseph Stalin, Willy Brandt, Steven Spielberg, Alejandro Sanz, José Acevedo, Katie Holmes, Christina Aguilera y se lanza SCORE (primer satélite de comunicaciones mundial) en 1958.

TU DÍA, SAGITARIO

Pitágoras decía que todo el universo está construido de acuerdo a siete relaciones proporcionales, de acuerdo a las notas musicales, y que los siete planetas que controlan las natividades de los mortales se mueven en armonía, cuyas distancias corresponden a intervalos musicales. Conocido como el primer matemático, no sabemos su fecha de nacimiento, pero bien pudo haber sido un 19 de diciembre del año 570 a. de C. (sí se conoce el año de su nacimiento). Tú, nacido el mismo día, tienes música en el alma. Esto significa que la música te cura de todo mal, espero que tengas un buen acervo en tu mp3, o cualquier aparato reproductor de música, y que sepas gozarla, como sabes gozar la vida. Con eso, puedes alegrarle la vida a quien quieras o deseas. Calma las ansias y hazte perdonar por tus errores, que son muchos, pero no los voy a plasmar aquí en negro sobre blanco para que gastes algo de tu tiempo en buscarlos tú mismo y, generosamente, los corrijas.

Tu verbo motor:

Entusiasmar

❧ AMOR, SALUD Y BIENESTAR ❧

No te alcanzan los días de una vida para repartir todo el amor que sientes poder dar. Ah, pero eso sí, si te restringen o te quitan algo de tu libertad, saldrás corriendo. Ojo con la palabra *dogma*. Puedes engancharte en ella y echar a perder relaciones si no tienes cuidado. Acuérdate de vez en cuando de tomarte la vida con calma; aprender a jugar ajedrez sería buena terapia. Y no seas tan indulgente con tu apetito para que nos dures muchos años, ya que cuando estás junto a quien sea, produces bienestar y lo recolectas al mismo tiempo.

Angelus:

Grigori, ángel superior que cuida.

❧ DESARROLLA TU RIQUEZA Y PROSPERA ❧

Trabajar en equipo es recomendable. Los riesgos te atraen, cuidado. La suerte sí te acompaña, pero no todos los días a todas horas y, por lo mismo, cuando alguien te de una señal de alarma, escucha. Recuerda siempre tener un guardadito para lo que se ofrezca, algo que puede sucederte con frecuencia. Los préstamos sí son recomendables, si tienes seguridad de poder pagar la deuda.

❧ PODER DAR ❧

Buenos consejos y objetos que traen suerte. Recuerda cumplir el regalo que prometiste dar.

19 DE DICIEMBRE

El tiempo perdido nunca se vuelve a encontrar, y lo que llamamos tiempo suficiente, siempre nos comprueba que es demasiado poco.
—Benjamín Franklin

ASTRONOMÍA, HERMANA DE LA ASTROLOGÍA MODERNA

El 19 de diciembre de 1732, salió la primera edición del almanaque de Benjamin Franklin (Poor Richard's Almanac), una guía para el clima (pronósticos) con frases sabias. Duró su anualidad veinticinco años, siendo un éxito de ventas impresionante, vendiendo más de diez mil ejemplares por año. Él decía que esa publicación era un servicio suyo hacia su educación y para engatusar su "apetito intelectual".

En el año 238 de nuestra era, el sabio Censorinus le hizo un regalo a su mejor amigo, llamado *De die natali liber*. Este es un pequeño libro que habla sobre la naturaleza del humana, la influencia de los astros, el genio mitológico que cada quien tiene como dote al nacer, cuyo padre era (curiosamente) Júpiter. En su regalo para su mejor amigo incluía una sección sobre música, ritos religiosos, astronomía y las doctrinas de los filósofos griegos. "¿Qué es el espíritu del cumpleaños?", pregunta, y responde allí mismo. El genio es depositado sobre cada persona que vive bajo la protección de un Dios, desde el momento que nace. "Gen-io de gen-eración" que nos pertenece.

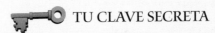 TU CLAVE SECRETA

Recordar y aprender del pasado para cuidar continuamente el futuro.

Celebridades de tu día:

Miguel Piñero, Antonio Caso, Salvador Elizondo, Jean Genet, Alyssa Milano, José Lezama Lima, Iván Vallejo, Edith Piaf y zarpan tres barcos en 1606 de Inglaterra para fundar la primera colonia que se convirtió luego en Estados Unidos.

20 DE DICIEMBRE

Nunca espero perder. Ni cuando me clasifican como "los de abajo".
—H. Jackson Brown Jr.

TU DÍA, SAGITARIO

La habilidad de protegerte y proteger los tuyos es un don que viene con haber nacido un 20 de diciembre. Es más, esa es tu primera habilidad, la segunda es saberte proyectar, (visión y formas). Y tu individualidad personal debe, puede o sabe cómo hacerse brillar. Eso, si haces el esfuerzo, porque de lo contrario, todo pasa porque no has tomado tu lugar. Las aventuras que pasas, ganas o pierdes, acontecen porque te las mereces. Cuando no has encontrado la oportunidad adecuada, es porque no la has sabido buscar con esmero. Aries y Sagitario se llevan bien; quizá por eso te van tan bien las palabras de Leonardo da Vinci (Aries): "Todo conocimiento comienza por las sensaciones".

Tu verbo motor:

Merecer

⚜ AMOR, SALUD Y BIENESTAR ⚜

Dicen algunos psicoanalistas que comprar tiene que ver (algo) con el gusto natural por el sexo, así que cuando te enamores o fascines por alguien, cómprate algo nuevo para lucir y algo interesante para conquistar. Pero mide las circunstancias, porque cuando no son propicias, no debes comprar. Consulta contigo mismo y mide tus pasos, porque encontrar alguien con quien crees poder pasar el resto de tu vida es algo que no tiene precio. Gasta en sostener o en mejorar tu salud y, con firmeza versatilidad y ternura, reparte bienestar para que te toque un buen porcentaje.

⚜ DESARROLLA TU RIQUEZA Y PROSPERA ⚜

Tus talentos individuales pudieran despertar una creatividad hacia cómo desarrollar tu riqueza personal. Pero para eso necesitas, a la vez, tener la seguridad de que lo que propones, funciona. Ustedes, sagitarianos, son los optimistas del cosmos, pero cuando las cosas les salen mal, son los que más dolor sienten. Eres una excelente persona para aconsejar sobre cómo prosperar, aunque cuidado con la repartición personal de tu capital de energía. Si no la mides bien, perderás fuerza para cuando las cosas no salen como prometiste. Tener un tren de vida envidiable, siempre te hará bien —aunque claro, ¿a quién no?

⚜ PODER DAR ⚜

Lo tuyo es dar como si estuvieras repartiendo parte de lo tuyo.

ASTRONOMÍA, HERMANA DE LA ASTROLOGÍA MODERNA

En varios países del mundo se celebra el poco conocido Día de los de Abajo. Ejemplos podrían ser el doctor Watson (ayudante de Sherlock Holmes); David, el que le tiró la piedra a Goliat; y el gato Tom, de *Tom y Jerry*. El libro *Los de abajo*, escrito por Mariano Azuela (Capricornio) es un portento de información sobre la Revolución Mexicana. Muestra poderosamente cómo aquellos sin voz ni voto pueden lograr lo que dice su autor, "la revolución beneficia al pobre, al ignorante, al que toda su vida ha sido esclavo, a los infelices que ni siquiera saben que si lo son porque el rico convierte en oro las lágrimas, el sudor y la sangre de los pobres". Esta frase hizo mella en 1915, cuando el libro se publicó en fascículos en el periódico *El Paso del Norte*, y luego un año después en forma de libro. Carlos Fuentes dijo alguna vez que "no existe la libertad sino la búsqueda es la que nos hace libres". Esa búsqueda también tiene que ver con viajar a las estrellas, creer en la magia para hacer un deseo mirando a Júpiter en el cielo nocturno o pensar que la astrología sí puede ser la parte poética de la astronomía, cuando se trata del poder de tu cumpleaños. El genio de quien nace en 20 de diciembre esto lo comprende y lo asimila.

Angelus:

Quelamia, ángel de los tronos que ejecutan las órdenes de los portentosos.

 TU CLAVE SECRETA

Tener siempre en mente que apoyar lo que sabes que vale la pena es lo que te ayudará a triunfar.

Celebridades de tu día:

Cameron Mullinder, Uri Geller, Arturo Márquez, Sandra Cisneros, Martín Demichelis, Harvey Firestone, David Tavaré y Adrián Varela.

TU DÍA, SAGITARIO

Desarrollar la razón, algún tipo de inteligencia y humanismo con altruismo parece ser lo que puedes hacer y debes proponer diariamente. Siendo del último grado de Sagitario, (cada signo tiene 30 grados, avanzando día a día) tienes el don de saber usar tu cuerpo y tu mente como deseas. Ese es tu gran poder y eso es lo que puede darte el valor de ser quien quieras ser, seas el jardinero de tu propio jardín, la Madre Teresa o un obrero en la fábrica de Peugeot. Al desarrollar tus propias capacidades como ser humano, la vida te pasará la posibilidad de ser feliz, dentro de tu medida de posibilidades.

Tu verbo motor:

Averiguar

❧ AMOR, SALUD Y BIENESTAR ❧

Sagitario se inflama cada vez que piensa en el amor, y cuando la o lo tiene en sus brazos, se la come a besos (se puede). Es posible que a la mañana siguiente se le haya olvidado todo, pero si regresa, o si extrañas a la que dejaste, encontraste el plus cuan perfecto de tu vida. Sagitario sube a su ser amado en el lomo y la o lo lleva a pasear, pues es un alado ser que goza de manera excelsa. A veces queda desahuciado por tanto querer, o le faltan vitaminas para seguir. Por eso, Sagitario del 21 de diciembre necesita vitaminizarse correctamente durante toda su vida. Tú dejas gotitas de bienestar por donde pases, y se te recuerda siempre con cierta adoración.

Angelus:

Sealiah, ángel de la vegetación y la buena voluntad.

❧ DESARROLLA TU RIQUEZA Y PROSPERA ❧

El hombre primitivo también tenía que juntar su fruta y prosperar. Y George Santayana dijo alguna vez que la vida de la razón era una vida de armonía, y tu vida necesita más harmonía que prosperidad. Aunque, cabe destacar que entre los millones de seres que nacieron en tu día existen millonarios y pobres con todo lo que hay en medio. Tu modo de ganar y aumentar tus bienes nunca debe intervenir con tu amor propio, que es una parte importantísima de tu persona. Una vez que balancees esto, estarás viento en popa, viviendo un poco del mundo ideal que tantos aspiran tener.

❧ PODER DAR ❧

Lo tuyo es dar con decencia y propósitos honestos, porque sabes que lo que das enaltecerá su alma (no la tuyo, la del beneficiario).

---

21 DE DICIEMBRE

El sentido de la vida puede ser encontrado comiendo del suculento Árbol de la Vida y al mismo tiempo viviendo en el aquí y en el ahora tan plena y creativamente como podamos.
—Paul Kurtz

ASTRONOMÍA, HERMANA DE LA ASTROLOGÍA MODERNA

Algunos lo logran y otros no tanto, pero quienes nacen este día viven con la sensación de que deben dejar su huella en este mundo. El matrimonio Curie si lo logró, descubriendo el 21 de diciembre el elemento radioactivo *radio*. Y el Apolo 8, salió hacia la Luna setenta años después. Entre unos y otros nació, Paul Kurtz, filósofo llamado el padre del humanismo secular y fundador del Comité para la Investigación Científica de quienes sostienen algo Paranormal, ahora llamado Comité de los Investigadores Escépticos. Y para beneficio de todos, el asteroide 6629 fue bautizado en su honor: 6629 Kurtz. ¡Suerte tenemos que crea en esas piedras voladores! Kurtz, de signo Sagitario, tiene su luna en Piscis, pero no me lo cree.

Tu manifiesto número dos tiene algo del optimismo del número uno, diciendo que las guerras serán eliminadas y no habrá más pobreza. Pero todo lo demás es un portento de un sagitariano optimista y honesto. El asteroide 6629 Kurtz se encuentra entre Marte y Júpiter. El astrónomo Edward Bowell es quien le puso nombre y ha encontrado más de 550 asteroides, el siguiente encontrado y nombrado por el mismo astrónomo se llama Scepticus.

 TU CLAVE SECRETA

Recordar que la filosofía es el gusto del saber y que preguntarte "quién soy" bien vale la pena.

Celebridades de tu día:

Claudia Poll, Augusto Monterroso, Thomas Becket, Benjamín Disraeli, Heinrich Boll, Alicia Alonso, Jane Fonda, Frank Zappa, Paco de Lucía, Fabiana Udenio, Ray Romano, Paloma Herrera y despierta el volcán Popocatepetl con gases y cenizas en 1994.

Para una tecnología exitosa, la realidad tiene que tomar precedencia sobre las relaciones públicas, porque la naturaleza no se deja engañar.
—Richard P. Feynman

TU DÍA, CAPRICORNIO

Dharmendra S. Modha, de quien hablamos más en la sección de astronomía, suele decirle a quienes le preguntan sobre sus logros lo siguiente: "Cambian las perspectivas de 'qué tal sí' a simplemente 'y ahora qué'". Así eres tú. Comienza Capricornio y todo se vuelve más serio. Regido por Saturno, es el signo con el cual terminamos el año gregoriano. Y quien nace este día lleva como premio "el que lo hace, lo paga", curiosamente en este día muchas cuentas históricas se han soldado. Lo que prometes, lo cumples. Los falsos valores no te molestan demasiado. Tu estrella es Vega, quinta en brillantez, cuyo nombre viene del árabe y significa el águila arrolladora. Vega está a veinticinco años luz de nosotros, y es considerada por astrónomos como la estrella más interesante e importante, después del Sol. Estudiando los atributos de Vega, comprenderás tu psique.

Tu verbo motor:

Construir

⫸ AMOR, SALUD Y BIENESTAR ⫷

Pueden llamarte frío, pero se equivocan. Sucede que tu manera de amar es muy diferente a la de los demás signos. Y tu capacidad para terminar una relación es impresionante. Te da por reprimir tus sentimientos, para no ser herida o herido, y la soledad no te da miedo. Un matrimonio razonado podría durar toda la vida, queriéndose más y más mientras se van conociendo, a largo plazo en lo que a ti concierne. Pero ojo, todo Capricornio repentinamente es despertado (por lo menos una vez en su vida) a la pasión total. Y qué bueno, porque con esa vez encuentras tu bienestar recordado, soñado, vivido. Las molestias cotidianas son las que fácilmente te contagian, y una buena alimentación, sana, siempre ayudará.

Angelus:

Krishna, ángel y uno de los avatares.

⫸ DESARROLLA TU RIQUEZA Y PROSPERA ⫷

La frialdad que algunos tienen se convierte en pasión cuando de alcanzar lo que crees necesitar se trata. Algo de *codería* te hace bien.

Hay quienes te nombran "el príncipe" cuando de finanzas se trata. Prudencia y desconfianza son tus mejores aliados y, por lo general, todo Capricornio logra ahorrar lo que se propone, de manera simple y honesta.

⫸ PODER DAR ⫷

Lo tuyo es dar con cuidado para que no necesites gastar en demasía. Mejor buscar lo más barato con cariño que algo despilfarrado.

ASTRONOMÍA, HERMANA DE LA ASTROLOGÍA MODERNA

El mismo día que escribía yo sobre el primer día de Capricornio para *El poder de tu cumpleaños*, leí en futureoftech.msnbc.msn.com, que investigadores de IBM acababan de presentar chips con una inteligencia parecida a la de un ser vivo, un paso gigante hacia su meta de crear computadoras que funcionen como el cerebro humano. Dharmendra Modha, el llamado "cerebro" de IBM, famoso y reconocido en el mundo entero por sus inventos, es un personaje impresionante por estar tan lleno de sabiduría.

La tecnología, de signo astrológico Capricornio, ha avanzado tremendamente en los últimos años. Dicen los que saben, que cada año se duplica o se triplica lo del año pasado. La astrofotografía (la fotografía de objetos celestiales), por ejemplo, comenzó en el año 1840. Diez años después, Vega se convirtió en la primera estrella a parte del Sol a ser fotografiada. La brillantez de las estrellas se mide (visto desde la Tierra) con una escala de logaritmos, y su magnitud tiene un valor numérico. Vega, posiblemente tiene un sistema planetario formándose a su alrededor, y desde el año 1215 ya lo dibujaban —en aquel entonces, por órdenes de Alfonso X (el sabio). Los asirios llamaron a esta estrella El Juez de los Cielos, y de allí su relación con tu signo, con el día 22 de diciembre y contigo.

 TU CLAVE SECRETA

Saber que tu orgullo te ayuda bajo toda circunstancia.

Celebridades de tu día:

Jean Racine, Guru Gobind Singh, Federico Gamboa, Diane Sawyer, Giacomo Puccini, Manuel Gutiérrez Nájera y fecha en que el samurai japonés Itō Hirobumi se convierte en el primer Primer Ministro de Japón en 1885.

TU DÍA, CAPRICORNIO

De los nacidos Capricornio, el tuyo es el día que le regala al mundo más seres cambiantes, a veces inclusive enigmas, y son bastante sino muy autóctonos. Es decir, escuchan su propia palabra y solo a esa palabra le hacen caso. Invertir en ti misma o mismo, sea en estudios, en facultades, en gustos, es lo mejor que puedes hacer. Y si por lo mismo te dicen alguna vez que eres egoísta, considérate casi plus cuan perfecto o perfecta, porque eso es lo que necesitas hacer para triunfar. Eso puede a la vez hacerte parecer autoritario, lo cual no es tan bueno para desarrollar a la vez tu magnanimidad, que bien harías en hacerla presente. A veces pareces lo que no eres, y te es difícil mostrar lo que quieres de los demás. Si estudiaras psicología, sociología o algo de esa misma familia, te harías un gran favor.

Tu verbo motor:

Discurrir

❧ AMOR, SALUD Y BIENESTAR ❧

Quédate cuando amas. No te dejes influenciar por quienes no te conocen, y cuando encuentres quien aparentemente te ve como tú quieres que te vean, déjate ir. Experimente un poco en el amor, permítete gozar sin escatimar y deja que te consientan, que mucho bien te hace. Tu salud puede ser tan extraña como tu persona, y tener un doctor de cabecera que te conoce desde temprana edad sería algo bueno para que pudieras explicar tus males. No hay común denominador para Capricornio, por lo mismo dicen que necesitamos —los que no somos capricornianos— varias vidas para conocerlos. Tu bienestar reside en controlar.

Angelus:

*Chayo,
ángel con su propio trono.*

❧ DESARROLLA TU RIQUEZA Y PROSPERA ❧

Quedarte en la segunda línea, aprendiendo de la primera, es lo más conveniente para quien haya nacido un 23 de diciembre, porque poco a poco vas mejorando y poco a poco aumentas tus conocimientos, hasta alcanzar el punto clave para aumentar tu riqueza, sea de conocimientos o de prosperidad y bienes acumulados. Sabes ahorrar con precisión y enriquecer las arcas que tengas a mano.

❧ PODER DAR ❧

Lo tuyo es dar incorporando tus facultades y habilidades ejecutivas.

23 DE DICIEMBRE

No estudio para saber más sino para ignorar menos.
—Sor Juan Inés de la Cruz

ASTRONOMÍA, HERMANA DE LA ASTROLOGÍA MODERNA

El 23 de diciembre de 1986, Dick Rutan y Jeana Yeager dieron la primera vuelta a la Tierra sin recargar gasolina. No sería tan impresionante si no hubieran tardado 9 días, 3 minutos, 44 segundos y 40 211 kilómetros sobre un el Voyager.

Mucho antes, en 1672, Giovanni Cassini descubre a Rhea, una luna de Saturno. De signo Géminis, Cassini era matemático, astrónomo, ingeniero y astrólogo. En sí, descubrió cuatro de las hasta ahora sesenta y dos lunas conocidas de Saturno (podemos llegar a descubrir más), y fue de los "atrevidos" a darle la razón a Tycho Brahe, y posteriormente a Copérnico, sobre su modelo del sistema solar (que los planetas giraban alrededor del Sol). Cassini estudió cuatro siglos después de Cecco d'Ascoli en la Universidad de Bolonia, donde d'Ascoli fue profesor de astrología en 1322. D'Ascoli fue invitado a trabajar con el Papa Juan XXII y era amigo y consejero (a veces astrológico) de Dante. George Steiner, nacido Aries, en su libro, *Los libros que nunca he escrito*, dice que le hubiera gustado saber más sobre este genio, predecesor de Giordano Bruno y Galileo. "La esperanza persiste", esta frase relacionada con D'Ascoli le va muy bien a quien haya nacido un 23 de diciembre, y el propósito de tantos nombres juntado en esta página es para que ustedes comprendan que toda fecha tiene una liga y segmentos encontrados.

 TU CLAVE SECRETA

*Saberte capaz de no perder la esperanza
y lograr lo esperanzado.*

Celebridades de tu día:

Jean-Francoís Champollion, Carla Bruni, Manuel Lopes, José Greco, Sainte-Beuve, Chet Baker, Agustín Delgado, Yuriorkis Gamboa, Madam C. J. Walker, Emperador Akihito de Japón, Ana María Perez de Taglé, y se celebra La Noche de los Rábanos en México.

24 DE DICIEMBRE

La paz y la felicidad llenarán la profundidad de tu mente si actúas según la verdad y la disciplina personal.
—Gobind Singh

TU DÍA, CAPRICORNIO

Todos tenemos por lo menos un gen egoísta, interesado en sí más que en otros. Tú posiblemente tengas unos veinte, que no es mucho para una sola persona, pero inevitablemente es más de uno.

Tu verbo motor:

Establecer

Tienes suerte porque esto te permite (además de cuidarte un poco más) ser altruista, algo no muy permitido a los nacidos Capricornio. Así que saliste ganando. Para todo Capricornio, el poder es algo importante, y tu siendo del grado 1 del signo (en la rueda de 360 grados, cada uno de los doce signos tienen 30 grados), llevas la posibilidad de engrandecer el poder y la necesidad de hacerlo. Por eso ha habido un gran porcentaje de políticos nacidos bajo este signo. Tu capital es tu persona. Nunca lo olvides, y saldrás siempre bien librado.

❦ AMOR, SALUD Y BIENESTAR ❦

Ese mismo poder no lo viertas todo en quien ames, porque no les estarás dando el tipo de amor que ellos buscan. Frecuentemente, los nacido bajo Capricornio encuentran amores en quienes tienen un carácter mucho menos fuerte para tener a quien mandar en casa" y eso a la larga no permite una relación muy feliz. Tú eres de los nacidos bajo el signo de longevos y lo más impor-

Angelus:

Coch, ángel de la sabiduría.

tante para guardar esta fuerza es cuidar bien el cuerpo, sanamente, respetando tus propias necesidades. ¡Cuerpo sano en mente sana es tu bienestar!

❦ DESARROLLA TU RIQUEZA Y PROSPERA ❦

El trabajo a veces lo tomas tan en serio que aunque el 24 de diciembre sea día de fiesta, eres capaz de olvidar que además es tu cumpleaños. Recuerda que el cumpleaños de cada uno de nosotros conlleva una fuerza particular. Para encontrarte con la tuya, necesitas sentir que prosperas y progresas al hacer lo que hagas profesionalmente. Y tu profesión, compartida con quien sientes confianza, puede a la vez traerte bienestar. Capricornio, generalmente, llega a la segunda

mitad de su vida en mejores condiciones de bienestar que en la primera. ¡Así espero que te suceda!

❦ PODER DAR ❦

Tú puedes y debes dar cosas que duren, que permanezcan, que sirvan.

ASTRONOMÍA, HERMANA DE LA ASTROLOGÍA MODERNA

Conocido como el "Christmas Eve Broadcast", el 24 de diciembre de 1968, los astronautas en órbita rodeando la Tierra, dentro de una cápsula espacial llamada Apolo 8, lograron ser los primeros humanos en transmitir un programa radial de Nochebuena. desde el espacio. ¿Qué habría dicho Jean-Louis Pons, descubridor de cometas nacido este día en el año 1761? Y qué genial saber que las primeras palabras dichas desde la Luna unos años después por el astronauta Neil Armstrong, escuchado por 450 millones de personas, tienen inspiración del escritor J. R. R. Tolkien en su libro *El Hobbit*, con su frase: "Un pequeño paso para el hombre, un gran salto para la humanidad".

Así, el mensaje de Nochebuena del año 1968 puede ser escuchado en este sitio: http://en.wikipedia.org/wiki/File:Apollo_8_genesis_reading.ogg. Esto es un regalo de quien haya nacido un 24 de diciembre a quien lo quiera escuchar.

 TU CLAVE SECRETA

Saber que escuchando a quien quieres, aprendes lo que quieras.

Celebridades de tu día:

Ricky Martin, San Ignacio de Loyola, Concha Urquiza, Juan Ramón Jiménez, Ava Gardner, Howard Hughes, Mauricio Kagel, José María Figueres, Marcelo Salas y ocurre la primera emisión mundial de un programa musical en radio logrado por el físico Reginald A. Fessenden.

TU DÍA, CAPRICORNIO

Vertidos en tu camino hay miles de disposiciones, oportunidades y propuestas que tú, solo tú, sabrás aceptar, negar o balancear. Importante es que ni los desperdicies ni los tomes sin saber en qué te estás metiendo para luego ser un ni-ni (ni trabajo ni estudio) porque crees que la vida es demasiado fácil. Habrán momentos durante los cuales así te sentirás. Tu disposición saturnina (descrita a la perfección por Wittgenstein quien era filósofo y nada tenía que ver con astronomía y mucho menos con astrólogos) es demasiado complicada y larga. Leer a Wittgenstein alguna vez en tu vida valdría la pena, pues las cosas largas y complicadas te ilustran. Tienes un mar de poder de resistencia que te ayuda en momentos difíciles y te permite aguantar y salir ganando. Conócelo, para eso te sirve el libre albedrío.

Tu verbo motor:

Desenvolver

❧ AMOR, SALUD Y BIENESTAR ❧

Dicen que no hay que darle un amor a cuidar a Capricornio porque te lo gasta. Y se sabe que Capricornio puede amar una sola vez en su vida, y los demás (amores) siempre quedarán en segundo lugar, (sobre todo Capricornio del 25 de diciembre). Platicar y recordar, memorar pues, es excelente para tu salud. Y si encuentras un buen escucha regular, mejor todavía. Tu bienestar tiene mucho que ver con la paz que necesitas o sabes encontrar: paz interna, paz personal, paz familiar.

❧ DESARROLLA TU RIQUEZA Y PROSPERA ❧

A largo plazo, el oro bien guardado y dando consejos a quienes lo necesitan es lo que puede retribuirte todos los bienes que crees desear, siempre y cuando tú mismo estés seguro de lo que dices. Al azar, no es recomendable porque tu austeridad funciona de maravilla cuando la usas en situaciones financieras. La palabra austeridad tiene varios sinónimos —sobriedad, inflexibilidad, ascetismo— que pueden (cuando bien empleados a tu manera) instigar crecimiento económico. Tú sabrás cómo.

Angelus:

Mahish,

ángel con mucho poder.

❧ PODER DAR ❧

Lo tuyo es dar sin austeridad, aunque tú lo promuevas.

---

25 DE DICIEMBRE

Es perfectamente creíble que la música tiene relación con nuestros cumpleaños. Hay música en la voz y en los movimientos del cuerpo, así como en la modulación del alma.
—Censorinus

ASTRONOMÍA, HERMANA DE LA ASTROLOGÍA MODERNA

La nave espacial Cassini-Huygens se lanzó desde la Tierra el 15 de octubre de 1997, y el 25 de diciembre de 2004 la sonda espacial Huygens se despega del módulo orbital Cassini, y aterriza exitosamente sobre Titán, luna de Saturno, el 14 de enero de 2005. Si enlistara todo lo que ha sucedido en la magia, la astrología y la astronomía del 25 de diciembre a través del tiempo, llenaría seis libros como este, pero habiendo nacido Isaac Newton este día, no podemos dejar de mencionarlo. Newton es el genio quien nos regaló, entre otras cosas, los fundamentos de la gran mayoría de la mecánica clásica.

Joseph-Louis Lagrange decía que Newton era el genio más genial de todos los tiempos, y además aun más afortunado porque no podemos encontrar más que una sola vez un sistema establecido del mundo. The Newton Project (el Proyecto Newton), www.newtonproject.sussex.ac.uk, tiene como meta ofrecerles todo lo escrito por este genio —ya tienen disponible más de 4,2 millones de sus palabras.

 TU CLAVE SECRETA

Atreverte a ojear algo que tenga algo que ver con lo desconocido.

Celebridades de tu día:

Isaac Newton, Helena Rubinstein, Anwar al-Sadat, Ingrid Betancourt, Louise Bourgeois, Tony Martin, Rod Serling, Carlos Castaneda, Cab Calloway, Annie Lennox, Humphrey Bogart, Israel Vázquez y Jesús de Nazareth.

TU DÍA, CAPRICORNIO

Definitivamente estarás siempre a la búsqueda de nuevas experiencias, pero cuidado. Puedes meterte en lugares desconocidos y tener experiencias inesperadas que tendrás que resolver. Creces cuando comprendes, pero necesitas tiempo para entender lo que te sucede. Eso no es poca cosa. Y cuidado, nadie necesita cargar el complejo de Atlas todo el tiempo. Se usa en porcentajes. Cuando lo abordas, a menudo no sabes si es algo constructivo o destructivo, ese es el problema. Aprende a evaluar lo que comienzas, lo que planeas y lo que estás haciendo al momento. Nadie mejor que tú para hacerlo. ¿Qué no sabías que tu signo es el representante del tiempo? Y el tiempo es llamado la revolución inconclusa de Einstein, un concepto emergente, o como dijo alguna vez Victor Hugo: "Más poderoso que todos los ejércitos del mundo, es una idea cuyo tiempo ha llegado". De eso se trata este libro, por cierto.

Tu verbo motor:

Captar

✦ AMOR, SALUD Y BIENESTAR ✦

Te es difícil decir que quieres acurrucarte en los brazos de tu amada o amado, pero es lo que necesitas, más que todos los otros capricornianos, y tienes que aprender a pedirlo. Con palabras, con mirada, como sea, pero es importantísimo tanto para tu salud como para tu bienestar. Soltarte y dejar que tus sueños se hagan realidad, o que tú hagas lo necesario para que eso suceda, es algo que puedes cultivar como si tuvieras un jardín secreto.

✦ DESARROLLA TU RIQUEZA Y PROSPERA ✦

Tu trabajo, y la manera en que prosperas, debe ser algo serio. A veces dicen que los capricornianos nacen ya viejos, por sabiondos o a veces porque su niñez fue algo difícil. Eso te permite tener aun más conocimiento y sabiduría que los demás de tu propio signo, porque esto se enfatiza para los nacidos un 26 de diciembre. A veces, tus amistades duran más que tus amores, pero otras veces tus amistades se convierten en amores, y ese tipo de prosperidad a veces es más valiosa.

✦ PODER DAR ✦

Da solamente si quieres, y que nadie te obligue a dar, aunque de vez en cuando, déjate convencer.

ASTRONOMÍA, HERMANA DE LA ASTROLOGÍA MODERNA

El tiempo pasa según lo sentimos, y en el siglo pasado, la portada de la revista *Time* escogió como hombre del año, en 1983, a una computadora. La computadora aparecía en papel plateado y se veía muy especial. El 26 de diciembre de 1927, el hombre del año (ahora llamado persona del año) de *Time* fue nada más y nada menos que el aviador Charles Lindbergh. Que tal si escogen para el 2013 (treinta años después) al extraterrestre del año? ¿Será posible? Capricornio podría ser el primero en decir que no, salvo si es Stephen Hawking quien nos asegura que sí.

Pero volviendo a la escogida computadora de 1983, en aquel entonces, se hablaba de la revolución de la computadora y presumían que para el próximo año, todos los escritores de la revista tendrían *procesadora de palabras*. Décadas más tarde, *Time* ahora nos indica cuales son las 50 mejores páginas web y vemos en www.space.com las tormentas solares que dicen pueden afectar el comportamiento de una persona. Es increíble a la velocidad que vamos evolucionando tecnológicamente. Hasta existe en Internet información llamada Herramientas para gestionar tu vida online después de la muerte. Nada que ver con la astronomía, pero sí con la impresionante necesidad de tener una computadora en casa, la cual pronto llegará a comportarse como un cerebro humano, gracias al trabajo en curso de IBM. Al nacer un 26 de diciembre, podrías hacerte un favor y ver el futuro con palabras de quien nació tu mismo día, Alejo Carpentier: "Debemos buscar el comienzo de todo, de seguro, en la nube que reventó en lluvia aquella tarde, con tan inesperada violencia que sus truenos parecían de otra latitud".

Angelus:

Nectaire, ángel que remeda el flautista encantado.

 TU CLAVE SECRETA

Buscar lo que necesites sin escatimar, para lo que lo necesites, escatimando.

Celebridades de tu día:

Alejo Carpentier, Jean Ferrat, Henry Miller, Mao Tse-tung, Charles Babbage, Maurice Utrillo, Gina Pellón, Régine, Leonel Fernández, David Sedaris y sale la patente de radio FM en 1933.

TU DÍA, CAPRICORNIO

Uno de los más románticos de los nacidos Capricornio, si aun no te has dado cuenta, es porque no te has topado con la persona adecuada. Reticente, sí. Pero cuando te encuentres con quien sabe como abordarte, abandonas tu sensibilidad (por fin). Esto no es meramente relacionado con el amor, tiene que ver con tu mirada al mundo y el lugar que tú has escogido tomar. Porque los nacidos en esta fecha, tienen ese don de poder escoger cómo integrarse al mundo que te rodea con los recursos naturales que tienes.

Tu verbo motor:

Localizar

Tu viaje de vida debe ser rodeado de gente, de público, del séquito y lo que construyes a tu alrededor. Mientras más, mejor. La soledad que goza Capricornio, no es tuya. Aprovecha tu familia, tu lar, tu país y verás que las cosas te llegan solas.

⋙ AMOR, SALUD Y BIENESTAR ⋘

Continuar amando sobre todo, ese debe ser tu lema, y cada vez que pierdas un amor, recuérdalo. Tienes (en lo que al amor se refiere) una innata determinación y persistencia para buscar y encontrar lo que crees necesitar. Pero alto. A veces te encuentran, en lugar de que tu encuentres, y espero que sepas recibir lo que te ofrecen. De lo contrario, la dureza que existe en tu signo se mostrará con pequeños achaques, que mientras más soledad tengas, peores serán. Para vivir con el bienestar que mereces, necesitas algo de ternura todos los días. No lo olvides.

Angelus:

Sarphiel, ángel de la guarda y protector.

⋙ DESARROLLA TU RIQUEZA Y PROSPERA ⋘

En lo que a finanzas se refiere, lo práctico y el enfoque adecuado son dos puntos de vista importantes para celebrar la realización de tus deseos, que son muchos y que quisieran abarcarlo todo. Excelente cosa, porque lo puedes lograr, siempre y cuando aprendas a ser profundo, original y discreto en el área de tu profesión. Búscate tres pasos que siempre seguirás. Como los números 1, 2 y 3. Y si puedes, lee algunas fábulas de Esopo, que siempre te darán buenas pautas.

⋙ PODER DAR ⋘

Da siempre que puedas, algo relacionado con el tiempo.

---

27 DE DICIEMBRE

Mañana es solo un adverbio de tiempo.
—Juan Manuel Serrat

ASTRONOMÍA, HERMANA DE LA ASTROLOGÍA MODERNA

La descripción de Ptolomeo de las consonancias musicales, aspectos astrológicos y la estructura del sistema planetario como una manifestación de una armonía universal que puede ser explicada en términos matemáticos, corresponden en principio con la misma visión de Johannes Kepler, nacido el 27 de diciembre de 1571. Pero sin la continua investigación de genios como Copérnico, el mismo Kepler, Galileo, William y Caroline Herschel, Albert Einstein, Edwin Hubble, Karl Jansky, Arno Penzias y Robert Wilson, Didier Queloz y Michel Mayor, entre tantos otros, no nos hubiéramos enterado de que un *magnetar* es una estrella neutrón. El magnetar número SGR 1806-20 está a 50 000 años luz de nosotros, tiene apenas 20 kilómetros de diámetro y rota sobre su eje a 30 000 kilómetros por hora. Su magnetismo es el mayor percibido por la humanidad (en intensidad). Su campo magnético es un cuatrillón de veces más fuerte que el de la Tierra. El 27 de diciembre de 2004, la radiación de esta estrella nos llegó aquí a la Tierra. Sus rayos gamma chocaron con nuestra ionosfera y creó ionización. Lo impresionante es que en una décima de segundo, el magnetar soltó más energía que nuestro Sol ha liberado en cien mil años. Por lo visto, podríamos imaginar que posiblemente la estrella estaba festejando la Fiesta de la Marimba y la Eterna Felicidad con sus hermanos de África del Sur, algo que celebran cada 27 de diciembre. ¿O será que estaba festejándote?

 TU CLAVE SECRETA

Saber sumar lo real con lo que podría ser para comprender este magnífico universo.

Celebridades de tu día:

Johannes Kepler, Louis Pasteur, Marlene Dietrich, Gerard Depardieu, Joan Manuel Serrat, Ernesto Zedillo y fecha en que Darwin sale de viaje en su HMS Beagle, donde comienza a formular su Teoría de la Evolución (1831).

TU DÍA, CAPRICORNIO

Dichosos los nacidos este día. Tienen tiempo para descansar de las navidades, festejar su día y amanecer a tono con el nuevo año. Y haber nacido este día de cierto modo te permite ser un poco más jovial que otros capricornianos, porque debes movilizarte más —no de cuarto a cuarto, ni de ciudad a ciudad, sino que de interés en interés. A veces te conviene hasta encontrarte en situaciones demasiado dinámicas para tu propio gusto. Pero vives en actividad constante, y si no es el caso, cuidado. Llevas dentro de ti algo del Día de los Santos Inocentes, algo del niño que dejaste hace mucho. Por eso necesitas tanta actividad y sosiego cuando te sientes mal. De lo contrario, te sale repentinamente una agresividad que ni tú puedes controlar debidamente. Fíjate en cómo te responde la gente para comprender cuándo dejar de sentir que tus propósitos no son los adecuados.

Tu verbo motor:

Pronosticar

◀☀ AMOR, SALUD Y BIENESTAR ☀▶

Puedes lograr ser el gran maestro de tu ser amado, tus seres queridos o el amor de tus amores. Y tienes el don instintivo de mostrarles a ellos mismos cómo construir su relación amorosa. Se dice que si tú, nacido un 28 de diciembre, logras llenar tu vida de orden y control personal a pesar de toda la actividad que necesitas, podrías deducir a la vez cómo conquistar lo que quieras. Capricornio aguanta casi lo inaguantable, pero tú, si sientes que soportas demasiado, cuidado, se reflejará de inmediato en tu estado de salud. Capricornio con un catarro, pierde bienestar, así que indaga como ser el más sano de la casa para gozar cuando se te pegue la gana.

Angelus:

Jariel, ángel de presencia divina.

◀☀ DESARROLLA TU RIQUEZA Y PROSPERA ☀▶

Resumidas cuentas, es lo que necesitas para lograr sumar todo lo que crees necesitar, porque en realidad, necesitas más de lo que crees, simplemente por haber nacido un 28 de diciembre. Dicen que las pirámides de Egipto fueron construidos por Capricornianos, que solo ellos podrían haber llevado esos bloques de piedra al desierto y construir algo que durara tanto tiempo. Y yo digo que, además, eran todos del 28 de diciembre, (después de festejar su inocencia).

◀☀ PODER DAR ☀▶

Tú puedes y debes dar, por favor, como si fueras de nuevo niño.

ASTRONOMÍA, HERMANA DE LA ASTROLOGÍA MODERNA

Pocos han oído el nombre Carl-Gustaf Rossby, pero muchos han escuchado las predicciones del clima en el radio, visto el pronóstico en la televisión, y consultan el clima como las predicciones astrológicas en sus columnas respectivas de los periódicos del mundo. ¿Cuántos de ustedes han coleccionado nubes? Y quien está enterado de que existe una Sociedad de Apreciación de Nubes (cloudappreciationsociety.org)? Dicen que no tienes que ser dueño de algo para coleccionarlo, y si es una nube, solamente tienes que anotarlo. Pues, Rossby, meteorólogo sueco, es quien explico los movimientos de la atmósfera a gran escala, estudiando las físicas matemáticas mientras combinaba su trabajo teórico sobre las turbulencias atmosféricas. Estableció el primer servicio climático para la aviación civil. Yo tengo toda una teoría sobre el clima y su relación con los aspectos de los astros sobre nuestro planeta. La temperatura, la presión del aire y el vapor del agua (las tres variables de nuestra atmósfera) se parecen a las tres cualidades astrológicas: cardinal, fijos y mutables. Tú, nacido un 28 de diciembre, podrías ser, entre otras cosas, un interesante meteorólogo de los humores humanos o del cielo y lo que nos depara.

 TU CLAVE SECRETA

Estudiar y comprender la naturaleza en la que vives.

Celebridades de tu día:

Manuel Puig, Don Francisco, Maggie Smith, Denzel Washington, Sienna Miller, Ana Torroja, Pío Baroja, Nichelle Nichols, David Archuleta y se celebra el Día de los Santos Inocentes.

TU DÍA, CAPRICORNIO

Primero averigua, y luego actúa. Esa debe ser tu cita favorita y con ella podrás viajar por el mundo conquistando lo que imaginas necesitar, dejando de lado lo que sabes no querer. Recuerda que Saturno, regente de tu signo, está presente siempre, con todos sus bienes y sin hacerle caso a sus males.

Tu verbo motor:

Imponer

Al el 29 de diciembre te hace partícipe de las fuerzas del planeta que te rige y, por ende, conocer sus atributos debe facilitarte la vida. Saturno te permite mirar a tu alrededor y sentir tu mundo, conforme lo vas construyendo, además, representa en todo horóscopo lo que cada persona busca en el fondo de su ser. Y eso, justamente, es lo que tú haces veinticuatro horas al día, a menudo sin darte cuenta. A la vez, construyes un "yo" bastante más serio de lo que la gente cree, algo que a veces restringe tu propia manera de ser.

❦❧ AMOR, SALUD Y BIENESTAR ❦❧

Los amores problemáticos parecen aparecerse en tu vida cuando tú quieres específicamente otra cosa. Naciendo un 29 de diciembre, Saturno te propone que cuando ames de inmediato te imagines que te sacaste la carta del Tarot que simboliza la suerte. Pon todo el esfuerzo que puedas en que "funcione". Con persistencia encontrarás el amor de tu vida y aprenderás a expresar tu gusto y felicidad. Eso alivia tus males (dolores de cabeza y achaques) para que entiendas y aprendas que queriendo y siendo querido, tienes bienestar. Todo lo demás te importará menos o poco.

❦❧ DESARROLLA TU RIQUEZA Y PROSPERA ❦❧

Estructurando tus planes e integrándote a un consorcio que te permite subir de categoría y por supuesto ir ganando de más en más es lo que necesitas. Eso mismo se parecerá al motor que hará que tú mismo o misma logres escalar lo que se te antoje. Importante es que cuando ya estés contento con lo que tengas, no busques más. Mejor, busca otra cosa. Recuerda que a veces para los nacidos bajo tu signo, la magia tarda en aparecer. Toma su tiempo, pero siempre llega.

❦❧ PODER DAR ❦❧

Lo más conveniente es que des algo que se puede relacionar con la alegría y el buen sentido del humor, para que tú, a la vez, aprendas algo.

29 DE DICIEMBRE

El grado sumo del saber es contemplar el por qué.
—Sócrates

ASTRONOMÍA, HERMANA DE LA ASTROLOGÍA MODERNA

Es bueno que conozcas tu familia astrológica y astronómica, y Saturno tiene que ver contigo porque rige tu signo. Es el planeta menos denso del sistema solar; si lo echaras a un mar inmenso, flotaría. Galileo, al usar su telescopio rudimentario en 1610, al principio pensó que sus anillos podrían ser lunas, encajadas a sus lados —a veces hasta los genios se equivocan. Ahora sabemos que tiene sesenta y dos lunas —todas llevan nombres mitológicos— y podemos llegar a descubrir más. A Saturno solamente se lo ha visitado cuatro veces, y una sola nave espacial ha pasado a unos veinte mil kilómetros del planeta. Su día dura un poco más de diez horas (creen), y sus anillos no tienen (por ahora) edad —no se sabe si están allí desde el comienzo del sistema solar

Angelus:

Tzaphníel, ángel que te procura una alfombra mágica.

o si se formaron después. Hay astrónomos que piensan que puede haber vida en alguna de las lunas de Saturno. Saturno se puede ver en nuestro cielo, a ojo de buen cubero, como una estrella (sin parpadear) amarillenta. Existen muchísimos sitios que te explican cómo encontrarlo. Búscalo y acostúmbrate a pedirle algo al encontrarlo en el cielo, si naciste el 29 de diciembre.

 TU CLAVE SECRETA

Reconocer cuándo estás en el umbral de algo o cuándo ya entraste.

Celebridades de tu día:

Venustiano Carranza, David Alfaro Siqueiros, William Gaddis, Huberto Batis, Jon Voight, Marianne Faithfull, Diego Luna, Jude Law, Pablo Casals, Jeanne-Antoinette Pompadour, Charles Goodyear y Walter Taborda.

La religión es hacer, no se piensa ni se siente, se vive tanto como te sea posible, todo lo que puedas. Sino, no es religión, es fantasía o filosofía.
—George Gurdjieff

TU DÍA, CAPRICORNIO

El complejo de Atlas lo cargan los nacidos bajo Capricornio. Los del 26 y ustedes del 30 de diciembre. Pero tú sabes lo que es y a veces gozas usándolo, mientras que los nacidos cuatro días antes que tú, lo usan sin saber que son portadores del mismo. Para ti, es algo que se usa en porcentajes, no lo puedes evitar, pero podrías hacer la prueba (ya que sabes que lo tienes) de usarlo en un 20 o 25 %. Si lo usas más, se convierte en un problema eterno, como si el mundo lo estuvieras cargando sobre los hombros todo el tiempo. Si lo usas en menor grado, acabas ayudando a mucha gente, algo que a Capricornio le sirve como panacea. Ahora que sabes que desde hace años se celebra el Festival de Cambios Enormes al Último Minuto este día, hoy puedes planear una cosa y hacer otra, al fin y al cabo, es uno de tus talentos: cambiar y salir ganando.

Tu verbo motor:

Transmutar

❦ AMOR, SALUD Y BIENESTAR ❧

Tu buen humor contrasta con muchos capricornianos que guardan sus risas para la intimidad. Tú no debes hacerlo, porque mientras más rías, mejor para tu psique. Prepárate, pues lo inesperado acontece más de lo que imaginas, y tu gran fuerza de voluntad (algo que Saturno te confiere), hace y deshace tus amores, que serán posiblemente más de uno en tu vida. Con la salud, ten cuidado, ya que guardas demasiados secretos en tus entrañas que necesitas tomar en cuenta para liberarte de molestias extrañas en tu cuerpo. Pero tú eres quien puede, cuando así lo desea, cambiar el amor a una persona hacia el amor a lo que haces, siempre y cuando sea algo sano. Allí está tu verdadero bienestar.

❦ DESARROLLA TU RIQUEZA Y PROSPERA ❧

Si puedes mandar, estás en un buen lugar. Y cuando dejas de mandar, las cosas no funcionan como quisieras. Ni modo. Así es cuando eres Capricornio del 30 de diciembre. Lo mejor que puedes o podrías hacer es injertar en tu vida alguien que pueda ayudarte, de tu mismo signo (o con la Luna en tu mismo signo) para que tenga el fuero tuyo. Lo mejor para ti es tener tu propio negocio, recordando siempre que la frase "si no hay socio, no hay negocio", no es lo tuyo.

❦ PODER DAR ❧

Tú puedes dar con la idea de mejorar el mañana de quien reciba lo que das.

ASTRONOMÍA, HERMANA DE LA ASTROLOGÍA MODERNA

El 30 de diciembre de 1924, el astrónomo Edwin Powell Hubble, nacido Escorpión, le anunció al mundo que existían otras galaxias en nuestro universo, y con eso cambió el sentido de la historia del mundo, para algunos. Nos explicó el desplazamiento Doppler, que según el Diccionario Complutense Oxford es "un cambio de onda de la radiación electromagnética como resultado de los movimientos relativos entre la fuente y el observador", explicación que también podría describir los acercamientos y alejamientos de los seres humanos entre unos y otros, como con Sagitario y Capricornio, por ejemplo.

Angelus:

Urím, ángel que ilumina.

Una galaxia se define como un sistema de unos 100 mil millones de estrellas. Nuestro Sol es una estrella y miembro de la galaxia llamada Vía Láctea, nuestra nave madre. Existen a la vez mil millones de galaxias en el universo, y las búsquedas e investigaciones, tanto científicas como metafísicas, están en proceso de encontrar cómo comenzó todo. En el Physics arXIv Blog, www.technologyreview.com/blog/arxiv, nos dicen que una galaxia se define con lo que dice cualquier diccionario, pero en realidad no existe determinación que reúna todas las teorías en una sola definición, y por lo mismo, astrónomos de la Universidad Swinburne en Australia y la Universidad de Bonn en Alemania nos intrigan con una solución novedosa: el buscar la sabiduría exacta entre nosotros, lo cual en inglés se llama *crowdsourcing*. Se utiliza el Internet para crear grupos en donde se puede recibir retroalimentación sobre posibles negocios o creaciones, y donde se pueden hacer y responder la pregunta que quieras. Nada mejor para alguien que busca siempre respuestas contundentes.

 TU CLAVE SECRETA

La búsqueda y el encuentro de una vida balanceada te proporciona felicidad.

Celebridades de tu día:

Titus, Simon Forman, Rudyar Kipling, Laila Alí, Adolfo Ruiz Cortines, Lebron James, Vladimir Bukovsky, Meredith Vieira, Matt Lauer, Heidi Fleiss, Tiger Woods, Victor Serge, Ramana Maharshi y Bo Diddley.

TU DÍA, CAPRICORNIO

Sin reservas, debes o deberías afrontar la vida con brío. ¿Por qué? Porque naciste un 31 de diciembre, y debes comprender los patrones de la cultura que te rodea para mejorar algo del mismo, por pequeño o grande que sean tus posibilidades. Eso es lo tuyo. Saturno, planeta que rige tu signo, era quien repartía la sabiduría de la Edad de Oro, dicen las mitologías correspondientes. Cuando mejoras algo, cuando participas entre aquellos que comparten tu vida, estas dando algo dorado de ese pasado cósmico. Gozar la vida es algo que necesitas aprender, y si te cuesta trabajo, toma un curso o estudia algo que te proponga cómo hacerlo o mejor dicho cómo *hacerle*. Y esto lo lograrás con algo que aprendas a gozar, sea bailar salsa, la patineta, surfear o ser maestro, mago, cirquero. Quizá es un poco fuera de lo común, pero debe llenar tu alma de gusto y, así, todo se te hará más fácil. Pondrás el debido ejemplo y la vida te lo agradecerá.

Tu verbo motor:

Admirar

❦ AMOR, SALUD Y BIENESTAR ❦

Tú mismo o misma eres capaz de impresionarte cuando te enamoras porque mostrar tu cariño te puede parecer indispensable, y las ganas de cuidar, abrazar y acompañar a toda hora a tu ser querido es lo que crees ser vitamina de tu amor. Ten en cuenta los gustos de tu pareja, porque tu capacidad de escoger alguien muy diferente a ti existe. Y el otro lado de la medalla es tu incapacidad para saber quien puede estar enamorado de ti. Orgullo, frialdad y avaricia son cosas que pueden dañarte físicamente. La contemplación inteligente es algo que puede sanarte y aportarte bienestar, si sabes lo que quieres para ser feliz.

Angelus:

Phorlakh, ángel de la Tierra.

❦ DESARROLLA TU RIQUEZA Y PROSPERA ❦

No caigas en ideas fijas, ten un poco de calma y permítele al tiempo irte guiando. Existen mayor número de millonarios de signo Capricornio que de otro signo, pero eso no significa que tú serás uno de ellos. Estudia como han desarrollado sus riquezas algunos de ellos, y ve como puedas encajar en lo que tú haces, algo parecido. Tu signo te permite descifrar como mejorar las cosas, y ese es un gran don.

❦ PODER DAR ❦

Lo tuyo es dar siempre a quien tú creas que más lo necesita, no a quien te digan que más lo necesita.

31 DE DICIEMBRE

Todas las verdades son fáciles de comprender una vez que son descubiertas; el detalle es descubrirlas.
—Galileo Galilei

ASTRONOMÍA, HERMANA DE LA ASTROLOGÍA MODERNA

El 31 de diciembre de 1695 salió el aviso del "impuesto de ventanas" en Inglaterra, donde la cantidad de ventanas mostraba la prosperidad del dueño de su hogar. Las ventanas, entonces, fueron bloqueadas y las llamaron "robo de la luz del día". Años más tarde, el 31 de diciembre de 1864, nace Robert Aitken, otro gran astrónomo que ha iluminado nuestra vida con conocimientos inauditos. Su especialidad eran las estrellas dobles y la diferencia entre ellas y las binarias.

Entre el robo de la luz del día y lo que hoy vivimos existe un mar de diferencia y un magno conocimiento sobre lo que existe en lo que nosotros consideramos está arriba de nuestras cabezas, que en realidad nos envuelve a nosotros y la Madre Tierra, que gira dentro del gran universo tan conocido y tan desconocido. Hoy día, la investigación dentro de la ciencia, la astronomía y la física cuántica se ha ido desarrollando a pasos gigantes y ya no son considerados temas excéntricos y latosos. Así fue que, en 1810, Wilhelm von Humboldt creó la Universidad de Berlín, introduciendo académicamente la química, la física y las matemáticas, entre otras cosas, de donde salieron veintinueve premios Nobel. Leamos en conjunto lo dicho por el neurocientífico y laureado Nobel Santiago Ramón y Cajal: "La posteridad duradera de las naciones es obra de la ciencia de sus múltiples aplicaciones al fomento de la vida y de los intereses materiales." La astronomía, hermana de la astrología moderna, con sus maravillas, sin duda está conectada a la astrología, que al fin y al cabo es la imaginación humana que nos regala la parte poética de la astronomía.

 TU CLAVE SECRETA

Mientras más busques conscientemente el contacto con tus sentimientos para compartirlos, mejor para ti.

Celebridades de tu día:

Junot Díaz, Andreas Vesalius, Henri Matisse, Elizabeth Arden, Diane von Furstenberg, Anthony Hopkins, Barbara Carrera, Paul Rodríguez Jr., Horacio Quiroga y la primera celebración de año nuevo en Times Square, Nueva York, en 1904.